谨以此书庆祝中泰建交五十周年

泰国德教会紫真阁委托汕头大学科研项目 "《郑王研究》编纂出版" 课题成果

汕头大学国际潮学丛书

郑王研究

陈景熙　主编

社会科学文献出版社
SOCIAL SCIENCES ACADEMIC PRESS (CHINA)

陈景熙

    汕头大学图书馆馆长、潮汕文化研究中心主任、宗教文化研究中心主任、文学院教授，广东华侨历史学会副会长，中国华侨历史学会理事、中国宗教学会理事、中国海外交通史研究会理事，泰国德教会紫真阁荣誉顾问。

目 录

四 郑王散论

五　中暹通使

凡　例

1. 本书系统汇集、整理清代后期至 1950 年代初，中国、泰国、新加坡、英国学者关于郑王的中文撰述、译著，以及泰国华人历史学家黎道纲先生《郑王研究散论》一书（2020 年泰中学会印行，现受黎先生授权辑入本书）。

2. 本书采用简化汉字，酌加规范标点符号，左起横排。

3. 1950 年代初之前的郑王研究论著中，专有名词往往或缀以拉丁字母拼写的泰语原文，或泰语拼写原文。由于早年印刷条件有限，加之迄今年代久远，纸质蜡黄，辗转复制后，泰语拼写原文均漫漶难辨，录入、校对困难。因此，本书对于 1950 年代初之前郑王研究论著中泰语拼写的字词，原则上径删；对以拉丁字母拼写的泰语原文，则尽量移录保留。

4. 本书出于对学术史文献的尊重，对各篇研究文献中术语（职官名、人名、地名、朝代名等）的前后不同，均保留原貌。文中文献名缩略的，保留原貌。

5. 凡原文无法辨识者，以“□”表示；如字数无法估算，则以省略号表示。

6. 除专有名词外，异体字径改通用汉字。结构助词“底”径改“的”。明显错别字径改。写于 1980 年前的文章，用词、语法等与今天汉语不同者，保留原貌。

7. 小历纪年、佛历纪年、中国年号纪年的年月日用中文数字，公元纪年的年月日用阿拉伯数字。

8. 地名中出现的数字（如“十二点泰”“六侯地”），用中文数字。人数、面积等计量的多位数，如单纯以中文数字表示（如“二〇〇〇〇”），则径改为阿拉伯数字；如为编号的数词（如“一万五千”）则原则上不予改动。

9. 著作者署名方面，原称“原著”“著”“撰”者，统一为“撰”。原文中作者、原编者的署名，如略其姓者，概径补全，如“云樵/许云樵”“犹荣/谢犹荣”。

10. 原文中、文末的注释，径改为脚注。如注释包括原文作者注和译文的译者注二种，则脚注中分别缀以“作者注”“译者注”标识。原载《南洋学报》诸文，正文、注释中的主编按语“云樵按”，概增补为“许云樵按”。至于本书主编所加校勘语及说明，亦以脚注出之，前缀“编者按”。

11. 泰语书名正体书写。

一　郑王史略

癸巳类稿（节录）*

俞正燮

　　暹罗国踦长，居缅西南海，其人裹人脑骨曰圣铁，骑象而战。缅于乾隆三十六年灭之。郑昭者，中国人也。乾隆四十三年，暹罗遗民愤缅无道，推昭为王，乘缅匪抗拒中国，人伤财尽之后，尽复旧封。又兴师占缅地，赘角牙为所困者屡矣。暹罗于四十六年入贡陈其事，不使亦不止也。四十七年，郑昭子华嗣。华亦有武略，孟云不能支，乃东徙居蛮得。五十一年，郑华受封，孟云惧。五十三年，由木邦赍金叶表入贡，送杨重英等出。高宗哀怜之，谕暹罗罢兵。五十五年，使贺八旬万寿，受封爵，许通使，定十年一贡。嘉庆十年秋，暹罗贡表，又言方出师攻缅得胜。皇帝颁敕谕解之。冬，缅甸叩关求入贡，盖乞救也。疆吏以非贡期拒不纳，而缅已削弱矣。

---

　　* 俞正燮：《癸巳类稿》卷九，道光十三年（1833）求日益斋刻本，第 26 页。

圣武记（节录）[*]

魏　源

　　暹罗者，居缅西南海，与缅世仇，缅酋孟驳于乾隆三十六年灭之。……既并暹罗，征取无艺。乾隆四十三年，暹罗遗民愤缅无道，推其遗臣郑昭为主，起兵尽复旧封，又兴师侵缅地，于四十六年航海来贡告捷，朝廷不使亦不止也。至是昭子华嗣立，亦材武，缅酋孟云不能支，乃东徙居蛮得。五十一年，诏封华为暹罗国王，于是缅益惧。……

　　国史馆《郭世勋传》：乾隆五十五年，暹罗国王郑华奏称："乾隆三十一年被乌土国构兵围城，国君被陷。其父郑昭克复旧基仅十分之六，其旧地丹著氏、麻叨、涂坯三城尚被占踞，请敕令乌土割回三城。"诏以乌土即缅甸国别名，前此缅酋孟驳与暹罗诏氏构兵，非新王孟陨之事。今缅甸已易世，暹罗且易姓，何得上烦天朝追索侵地？命两广总督郭世勋檄谕止之。

　　源案：谢清高《海录》称暹罗东境满剌加之北为乌土国，与东印度接界，即缅甸也。

---

　　* 魏源：《圣武记》卷六《外藩·乾隆征缅甸记》，道光二十二年（1842年）古微堂初版。兹据岳麓书社2011年版《魏源全集》（3）第267、270页辑录。

暹罗王非汉人[*]

李 勋

　　暹罗国王郑昭，邑下布乡人，有祖墓在乡外，甚佳，今废。先是乾隆三十六年，暹罗为乌肚（即缅甸）所灭。昭率土人克复，王其地，传子华（俞正燮《癸巳类稿》："乾隆四十七年，郑昭死，子华嗣。"）。其族人往，不礼焉，归而毁其墓。华即得狂易疾，不视事，遂为其婿所篡。今在位之和尚王，即其后也（或云篡国者，华之妻父。今立法惟宗女得为王后，谓之"王骨头"，盖鉴华弊云。按《宏简录》："高丽王徽为东裔良主，然犹循其俗，王女不下嫁臣庶，必归之兄弟宗族。"则此风不止暹罗为然）。魏氏《圣武记》："暹罗国王本华人后，常有尉佗思汉之心。"徐氏《瀛环志略》："郑华嗣位，诰封为暹罗国王，相传至今焉。"二公所纪，皆不得其详也（《外国史略》："缅甸军陷其都城，汉人愤之，倡义起兵驱敌，即今国王之祖也。"所说亦与徐魏二公同。盖暹罗无姓，而今王宗庙灯笼犹书"郑"字，想其王赴告各国文，犹以郑为姓，故知其篡者少焉）。或曰和尚王近已死（王尝舍身为僧，故国人以"和尚王"称之），未知是否。俟暹客回，当往问之。

---

　　[*]　原载李勋《说㘅》卷十四，第 266 页，澄海莲阳兰芳居，1949。按《说㘅》"家传"，李勋光绪十年甲申岁（1884）中举，光绪十三年丁亥岁（1887）卒，年四十七。又按《说㘅》饶宗颐序"先生甫掇科名，即厌薄仕进，退居潜秀，耽思旁讯，撰《说㘅》十六卷"，可推测李勋生于 1841 年，撰《说㘅》则在 1885—1887 年。

暹游笔记（节录）[*]

廖道传

  在中国乾隆时代，潮州人郑昭，实王暹罗，居晚勘明，在今暹都网角湄南河对岸。郑王之时，全暹分为多数部落，实未统一。第观网角郑王当日所建之佛寺，规模壮丽，所用之石，皆唐地运来。又骨备之王家山，王所建之塔，中存器具颇多，皆用唐式（南洋各岛称中国曰唐，西北各部称中国为汉，皆本交通之朔而言。今姑沿其称，以见各地之习惯焉）。可想王势力之伟大矣。自今王之祖，即郑王之外孙，嗣统以来，始都网角。今暹历称一百二十四年，即肇于此时。

  * 廖道传：《暹游笔记》，1905 年岭东日报馆初版，2011 年廖国薇校订重印，第 1 页。

暹罗国王郑昭[*]

梁启超

　　王，广东潮州人也。随父流寓暹罗，仕焉，位至宰相。暹罗与缅甸密迩，世为仇雠。前明永历中，李定国尝遣部将江国泰约暹攻缅，共分其地。会吴三桂弑永历，事乃寝。以是缅人益憾暹。乾隆三十六年，缅王孟驳遂攻暹，灭之，前王遗族悉歼焉。王时已罢相，居南部，年五十余矣。国变后，乃卧薪尝胆，阴结国人，图光复。乾隆四十三年，遂起义，与缅人三战三破之，尽复故地，暹民戴为王。明年，复大举征缅，破之。时缅方与中国交兵，前此一切饷源，半取诸暹，至是益窘蹙。乾隆征缅之役，所以卒获奏凯者，王犄角之功最高云。乾隆五十年薨，传位于其婿华策格里。华氏者，暹罗土人，王早年之养子，而复以女妻之者也，以骁勇著，建国时战功第一，王无子，故袭位焉。五十一年，遣使北京告丧。表文称郑华，即华策格里，以子婿袭先王姓，而以本名之首字译音为名也。于是册封华为暹罗国王，传至今未替焉。中国伦理，重父系不重母系。《春秋》书莒人灭鄫，谓以甥继舅也。故近人皆称现今暹罗王统为非郑氏后（人多知暹今王为华策格里之后，因其不复姓郑，故谓郑氏已斩。不知华策格里即郑华也。吾以西史参合中史，校其年代及事实，乃知之）。虽然，今英皇爱华德第七，非前皇维廉第四之子也，而史家犹谓之为亨诺华朝王统，不曰易姓。然则谓暹罗今日非郑氏王统，安可得也？（郑华之后，昭昭甚明。郑华为郑昭子，则见于官书也。）呜呼！孰知我黄帝子孙在祖国，虽无复寸土，而犹有作蛮夷大长于海外，传百余岁而未艾者耶？太史公作《越世家》，称禹之明德远矣。吾观于郑王，吾不知悲喜之何从也。（据魏源著《圣武记》，日本北村三郎著《暹罗史》、久保得二著《东洋历史大辞典》）

　　* 原载梁启超《中国殖民八大伟人传》，《新民丛报》第 3 年第 15 号，1905 年，第 83—84 页。

暹罗郑氏建国轶史*

陈　沅

前暹罗王郑昭者，为潮之澄海县人。其父于清康熙间，随海舶至暹，娶同籍人之女为室（即华人在彼所生之女），遂生王。王少长，读暹书。父亡后，不能继营商业，入县署作书记，办事精干，由小吏仕至达州知州。时暹都尚在功告，去今滨角京城约百五十华里，在滨角之东北部。达州在滨角之西北，与缅甸之姆罗荫省交界。□适缅兵破暹都，王起兵勤王。缅兵败退。王至功告时，暹王已殂，王族亦流散，欲求其后而立之，已不可得。众乃拥王为暹国主，徙都于功吞（即今滨角京城新河之越政寺旧址）。时缅兵尚扰边境，王率师亲征，命其将披耶作纪为留守（披耶作配①即王之人丈②，为今暹王开基之祖）。王去后，披耶作纪萌篡念，乃示意于廷臣，廷臣多赞同，未敢发，留守如旧。暹王平缅回，披耶作纪命将率兵，拒王于河上（即湄南河）。经数元老之调停，异披耶作纪为全国水陆马步兵大元帅，王入主如旧。未几，披耶作纪与群下谋，囚王于别宫，矫诏谓王病偏枯，不克理朝攻③，禅位于世子孟（或云名华，误），命披耶作纪监国。俄，王遇弑。时郑孟仅十三岁，政权皆操于外祖父。披耶作纪恐上国声罪（上国即前清），乃假郑王名，遣至清廷，疏彼病状，请准禅位于世子孟，并致丰贡。纯庙过④谕允之。盖交通不便，消息梗塞，于王被弑之事，清廷尚不知也。迨郑孟年长，拟收监国权。披耶作纪惧，召群下密谋，幽孟于后宫，矫太后诏（太后即孟之母，披耶作纪之女也），谓孟发神经病，不能主社稷，命披耶作纪摄太政。此诏一出，廷臣中有忠于孟者，虽知系披耶作纪逆举，然军政全权，在彼掌握，亦无能与彼抗也。未半载，孟又遇弑。披耶作纪遂自立，徙都于滨角（即今之京城，与郑氏旧都仅隔一河。郑都河西，彼都河东）。郑氏遂亡，计两世十三年。其亲族多被诛夷，存者亦逃之远方而变姓易名焉。其宫殿被改为禅寺（即今之越政寺）。时乾隆四十八年至五十年事也。

---

* 原载《中国与南洋》第 2 卷第 2、3 期合刊，1921 年，第 58 页。目录中题为陈沅《暹罗郑氏建国轶史》，内文题为陈梅湖《郑氏之建国》，兹以目录标题、署名为准。

① 编者按：据上下文，"披耶作配"当为"披耶作纪"之讹。
② 编者按："人丈"当系"丈人"乙。潮汕方言谓岳丈为"丈人"。
③ 编者按："朝攻"当系"朝政"讹。
④ 编者按："过"字疑讹。

梅湖按：郑事迹，人言人殊，出入甚远。后于某暹绅家，得观彼所藏秘记。盖彼之祖，尝仕郑氏为吏部侍郎，入新朝，出为某省巡抚，原籍交趾，今其子孙为官者尚有四人。其秘记即乃祖入新朝后，追念旧朝，不忍事迹湮没，记而秘藏之。卷末批语谓廷臣之助披耶作纪而篡郑氏者，纯为种族起见。盖郑氏之为君，无丝毫过失，且靖难复国，有功于暹，伟且大矣！廷臣何不惟于郑氏耶！

殖民暹罗者[*]

胡炳熊

暹罗国王郑昭，广东潮州澄海县人，随父流寓暹罗。

暹罗者，古之扶南也。三国时吴康泰使扶南归，著《扶南土俗传》，是为华人至暹罗见于载籍之始。唐时扶南为真腊所并。宋时复自立，分为罗斛、暹二国。元时暹常入贡。后罗斛强，并有暹地。明洪武中入朝，赐印文，始称暹罗国。而其本国人自称，则音近台云（台借用，原文上从台下从火）。华人流寓者，皆籍闽粤而粤人尤多。有由海道往者，有由钦州王光十万山穿越南境往者。明中叶，闽之汀州人谢文彬，以贩盐下海，飘入其国，仕至坤岳，犹中国学士也。成化中，充贡使来朝，是为华人官暹罗见于载籍之始。明末桂王遗臣江国泰入暹罗，暹罗妻以女。因遣使约李定国夹攻缅甸，会定国死，不果。语具上文《桂家宫里雁传》。顺治九年，暹罗请使请贡，并换给印、敕、勘合。从之。自是入贡不绝。雍正二年，其贡船稍目①九十六人，本系华人，求免回籍。许之。盖华人流寓暹罗，辄长子孙，故其民半华种也。

其地西邻缅甸，世为仇敌。乾隆三十六年，缅王孟驳攻暹，灭之，资其财赋，以抗中国。郑昭故仕暹，位至宰相。时方罢职，居于南部，年五十余矣。乾隆四十三年，偕国人起义师，与缅一战，大破之，众戴为王。乘缅抗拒中国，人伤财困之后，尽复旧壤。明年，复兴师占缅边地。缅当两大敌，力莫能支，乃不敢再犯中国。论者谓乾隆官军征缅一役，得以竣事者，郑昭实有犄角功云。

初暹之灭于缅也。前王二子，一奔柬埔寨，一奔广南国河仙镇（今越南南圻地）投法国教士。河仙守莫氏，故与暹前王有隙，乃责教士，执王子。时柬埔寨王方避乱出亡在暹，谋复国。郑昭既王暹，以兵送柬埔寨王，并求暹前王子，遂入柬埔寨，进陷河仙，虏莫氏戚属，略昭笃及南旺等地。广南王阮福顺起兵分二路，由乐嘉及水道来拒，暹军失利。寻莫氏劝和，昭乃返其俘与广南王，专力于缅。乾隆四十六年遣使入贡，奏称："自遭缅匪侵凌，虽复土报仇，绍裔无人。兹群吏推昭为长，遵例贡献方物。"

四十七年，昭卒，无子，国乱。其婿华策格里，方率师在柬埔寨，闻变归平乱，遂

---

* 原载胡炳熊《南洋华侨殖民伟人传》，上海：国立暨南大学南洋文化事业部，1928，第35—39页。

① 编者按："稍目"当为"艄目"讹。

嗣位。华策格里，本暹罗土人。昭早年养以为子，复妻以女。材武类昭，建国时战功第一者也。五十一年，遣使入贡，表文称郑华，实即华策格里（或作达约德富，亦即此人。其云昭之弟者，盖传讹也。《皇朝通考》[①] 及《癸巳类稿》并称昭子郑华，实则昭养子也）。诏封华暹罗国王，是为今王家始祖。百余年来，君临暹罗者，固犹是郑昭之女之遗裔也。

　　暹罗自古为中国殖民[②]地。《明史》已载谢文彬为彼国坤岳，是华侨势力之发展，在前代已然。入清朝而尤盛。雍正间陈伦炯著《海国见闻录》[③]，言暹罗尊敬中国，用汉人为官属，理国政，掌财赋，是其证矣。郑昭本潮州人，随父流寓，竟以旧相而王其地。故自乾隆以后，潮州人多有受暹罗封爵，而握国权者（见西人所撰《每月统纪传》）。其余闽粤侨民，婚土女、从土俗者颇多，国王亦择以为官（见西人所撰《外国史略》）。其俗藐视外国人，有商舶至其地者，辄待同蛮夷，以为无能为役，而独尊中国。《四洲志》所述如此，则是道光时尚然矣。固缘怵于大国声威，抑郑昭原籍中国，其丰功伟烈，足以服其人心耶。

　　咸丰以后，中国多故，暹罗始不通贡，然华人移殖彼地者益多。计今暹罗人民约二千万（校者按：暹罗全国人口仅八百余万，无二千万之多）。华人遗裔居三分之一，其未隶彼国籍者，尚百五六十万。呜呼，何其多也！合南洋诸群岛国华侨共六百余万，而暹罗独占四分之一，无一地足与相比。若溯其远因，何得断然谓与彼国王统绝无关系哉？呜呼，郑昭之遗泽长矣！日本山田长政及木谷久卫[④]，前明时并为暹罗藩王（山田长政，日本骏河人，天启中客暹罗。会六昆来侵，长政以策干暹王，王命为将，大破六昆兵，追击至六昆国都。暹王封长政为六昆王，妻以女，使当国政。尚威猛，众颇怨怒。后暹王为其下所废，长政亦寻卒。其女名因，雄武似父，兼王六昆、大呢两国。同时有木谷久右卫者，日本和泉人，亦旅于暹，适缅甸以兵六万，自阿瓦来侵。久右卫与长政率暹兵迎击破之，暹王赏其功，封附庸王，仅足与吾国之施进卿相伯仲。施进卿事，见《明史》，详上文《苏门答剌岛梁道明传》），而日人恒夸耀以为国荣，况于郑昭者，收暹罗败亡之余烬，恢复全国而君之，其雄伟更何如哉！（据《皇朝通考》、俞正燮《癸巳类稿》、近人重译《东洋史要》、日本人所撰《暹罗史》《东洋历史大辞典》）

---

　　① 编者按：《皇朝通考》当系《皇朝文献通考》简称。下同。

　　② 编者按：此"殖民"非现在所理解之"殖民"。

　　③ 编者按：当为《海国闻见录》。

　　④ 编者按：当为木谷久右卫。

郑昭之功业[*]

李长傅

满清入关后，华侨仍源源前往，颇为暹人所尊敬。多有为暹人官吏，理国政掌财赋者。[①] 乾隆间有郑昭者，暹名大克新（Tak Sin）[②]，父为潮州人，母为暹人，生长于暹，仕于暹廷，位至总督。乾隆三十二年（1767 年）四月，缅甸王孟驳（Megra）兴师侵暹，暹京大城（Ayuthia）为缅军所陷。国王伊克塔（Ekatat）逃出王宫，为缅人所困，饿死于荒野。前王乌吞勃（Utump）被掳至缅。暹国大乱。时昭在暹京，则[③]势不敌，率五百人退之东部之拉容（Rayong）地方。尖竹汶（Chantaban）之总督，思消灭之，为昭所袭击，据有其地，附近诸地皆归附之，部众增至五千人，乃兴师伐缅谋恢复。时大城缅兵大半退回，仅余少数军队防守之，归缅将苏格伊（Sugyi）统率，其扎营地曰三宝树（Three Bo Tree）。郑昭率战舰多艘，溯湄南河而上，至他拉富里（Tanabari，今盘谷），杀暹叛臣奈东因（Nai Tongin），占有其地。苏格伊遣将蒙耶（Manng Ya）率大军攻之，其兵士半为暹人，皆叛去。蒙耶退回三宝树。昭追与战，杀苏格伊，恢复大城，距陷落之期仅六月耳。

郑昭至大城。掘起伊克塔王之尸，行火葬礼，优遇前王遗族。见城垣崩坏，宫殿颓倾，乃迁都于盘谷（在今城之对岸），暹人拥之为王，时年仅三十四岁也。遣使至中国告捷，贡使于乾隆三十六年（1771 年）抵北京，奏称"自遭缅匪侵陵，虽复土复仇，绍裔无人，兹群吏推昭为长"云。

当时缅军虽退，然暹罗则入割据之时代，不受中央命令。全国分为五部，除中部为郑昭所据外，余地分为四部，各成独立之势。而大兵之后，继以凶年，内争不息，盗匪丛生。郑昭不屈不挠，以统一全国为己任，乃发粟散财，以赈民众，慈祥为怀，仁义爱民，崇信佛教，建立寺观，为民众所爱戴。乃兴师次第统一诸部，恢复原有国土。其对

---

* 原载李长傅《南洋华侨史》，上海：国立暨南大学南洋文化事业部，1929，第 97 页。又载李长傅《暹罗史略》，《南洋研究》第 2 卷第 6 号，1929 年，第 57—70 页。
① 见陈伦炯《海国闻见录·南洋记》。
② 亦作昭大克新（Chao Taksin）。Chao 者，王也。Tak，其封地。Sin，其名也，即郑之译音。郑为土生华侨，无华名，昭即 Chao 之译转。或作赵德臣，误。
③ 编者按："则"疑为"见"讹。

于敌人也，不加杀戮，反锡以官爵，为史学所艳称焉。

时清师攻缅，缅甸自顾不暇，不遑东顾。至乾隆三十四年（1769 年）中缅觏①和，缅甸无内顾忧，先后出师攻暹罗之青迈等地，皆为郑昭所击退。

据《暹罗史》所载，郑昭晚年因国政太平，日以信佛为事，沉迷于佛教，自谓身已成佛，能知他人之吉凶生死。因暴虐无道，恣意横行，以验其言，人民怨恨，其臣讪加富里（Sankaburi）见势可乘，欲袭取其位，乃起师伐之，捕昭而纳诸狱中。时昭婿暹人华策格里（Phya Gharkkri）方有事于柬埔寨，闻变，急归平乱，杀讪加富里，宣言郑王神经错乱，暴虐百姓，弑之，时年仅四十八也。昭之为人也，雄才大略，暹史称为暹罗帝王中最有干才之一人。西史亦谓其自信力之强，与拿坡仑第三相似云。华策格里于乾隆四十六年（1781 年）继王位，遣使至北京告丧，表称郑华，谓系昭子，即今暹王之祖也。②

与郑昭同时称王于暹属马来半岛者，尚有一吴王。吴，福建人，轶其名。当郑氏建国之初，自厦门入宋卡（Singora），征服马来人，据有其地，筑城垣，立官署。半岛之东西海岸，皆在其势力之下。死后诸子争权，遂为暹人所有，任其子为地方长吏，今后嗣犹给恩俸云。③

①　编者按："觏"当为"媾"。

②　郑昭事迹，据魏源《圣武记》卷六。Pallegoix《泰伊王国》（Description du royaume Thai ou Siam）第 2 卷，第 94—98 页。Wood《暹罗史》，第 251—272 页。

③　据 Graham《暹罗》第 1 卷，第 31—32 页；谢明章《宋卡合艾记略》，《钟灵中学校刊》创刊号；McCarthy《暹罗探险记》，第 9 页。

吞武里朝史略[*]

谢犹荣 译

基于佛历二三一〇年泰国战败于缅甸，以至举国上下一切建筑物、财产皆为缅甸所毁灭抢掠，终于成为一个荒城。这因为那时候缅甸军的行为都脱离了纪律，他们唯一的目的是搜掠当时泰国官民的珍贵财产，与赶着泰民回到缅甸作俘虏。那时缅军行迹到处，无不将寺越等伟大建筑物予以焚毁。经过这次凶狠的行为以后，缅军始回师返国，但仍立一名"素基"的军曹，统有三千人在大城都（是亚育他也）驻军，其任务为继续搜掠泰民的财宝以运回缅甸。所以当时泰国人民脱离了君主的保护之下，为避免缅军捕拘与抢掠计，咸相卒逃入山林里去。

但那时候的泰国版图，并不完全失于缅甸。上面已经说过，缅军的行为其目的仅在乎抢掠财物，并不将泰国成为其属国的统治。所以缅军未到的地方，还是一块完整的自由国土。基于这缘因，当时泰境内便发生了众诸侯扩充势力、互相称雄的局面。那时较有势力的诸侯有五，即：（一）昭披耶彭世洛，据有彭世洛地。（二）披宏王，据有砂旺卡武里。（三）昭那坤，据有那坤是贪吗叻地。（四）公摩贴披碧地，据有披迈地。（五）披耶达（郑昭王），据有庄他武里地。

五诸侯中，以披耶达的思想与本领超人一等。自佛历二三一〇年举兵战败缅军并杀死素基后，即迁徙到吞武里府为京城，并于同年登位，统一泰国版图。

此后的历史大事，便是吞王出师征讨泰国境内各诸侯，与失于缅甸为其所统治下如清迈等地。在七年内卒完成统一的政治局面，从此光复了泰国的统治权。虽然佛历二三一七年至二三一九年间泰国用了坚强的力量抵抗着侵略国——缅甸的蹂躏，但在四次的大接触下，缅军都吃了败仗！

泰国自力更生，在政治军事上有了相当的稳固以后，便开始向东扩充版图，出征旺庄、銮帕曼，至佛历二三二一年泰国版图直达湄公河东的东京境。这次战争，泰军又获得了一尊圣贵的玉佛，现在置于曼谷王家田玉佛寺内。

佛历二三二三年泰属高棉国内因争王位事发生内变，吞王（郑王）即命其大将

---

* 原载《泰国研究》第 1 卷，1940 年，第 30 页。原文无作者署名，文末原注："译自หลักไทย"。

（后为"集基"朝开国第一世皇）领师前往征压。但同一时期，吞京发生重大的变故，引起披耶讪反叛夺得权位。该出征高棉大将闻得吞京内乱事，遂中途班师回朝，镇压事变。停妥后，朝内各大官臣，遂拥推彼继续吞京王位，是为"集基"朝开国元首，时佛历二三二五年。后又建新都于湄南河东岸，赐名"泰国叻打那高信大京城"，为泰国皇都。

吞武里京城虽然只有十五年历史时间，但这是伟大的，因为那时的泰国不但境内诸侯分争，还受着外力缅甸的压迫。就在这短短的十五年时间内，郑王发挥了神威的军事与政治力量，卒至造成了泰国历史上不可磨灭的光荣史，奠定了今日的泰国繁盛的基础，这是值得我人纪念的。

吞武里王成功史略[*]

นายกลับ ส่งศร 撰　　方海萍 译

　　佛历二三一〇年即公历 1768 年，在昭华易甲达统治下的大城是第二次丧失于缅甸手中的时候。此次丧失大城之损失最严重，可以说整个大城成了一片焦土了。其原因系缅军到处任情烧毁民房宫殿以及佛像也都被毁坏，一切有价值的物品也被搜掠无遗。

　　大城既丧失于缅甸手中，但还有极多区域尚未被侵占。各区域长官以为国已无君乃纷纷自称为王，其中有六国。

　　第一国伪王为拍叻功，其疆域位于婆三东地，其能为领袖原因系拍叻功代缅军夺得万拉尖地，故得缅皇赏赐而为伪王。

　　第二国领袖为奏拍耶彭世洛，又名练，是一个精练能干关于朝中事务之人，曾治理彭世洛之政务，故得该地人民之敬佩与信仰。靠从前之势力得能建都于彭世洛而称王，但另方面则因缅甸从清迈起兵攻打大城时没有从此地经过故得苟延残生。其领土从碧猜直下至那空沙旺。

　　第三国领袖为拍防，又名墨哈良，创都兀禾拉立越拍防。初拍防至此地研究经学，成功后为僧会会长名拍耶君天于大城越中，继而获得尊主之位。彼精通经学及其他智识，故得民众之崇拜拥护而为王，但那时彼尚未脱离袈裟，惟变其黄色袈裟为黄色衣裳而已。占有北部一带地方，北接彭县、难、銮拍挽，南连奏拍耶彭世洛沿域至碧猜为止。

　　第四国领袖为奏那空，原名奴，初为乃荣亲信，受抬举得任为那空是贪玛叻副省长，后因正省长拍耶叻差素抛活里被革职，才能称王于那空是贪玛叻。据南方区域一带，南毗马来亚半岛，北邻春蓬。

　　第五国领袖为奏碧迈，又名甘玛民贴丕，系拍奏波隆淑皇之子。竖立于那空叻差氏玛碧迈县中，占有领土从巴萨河至旺尖及坤缅。在奏华易甲达初治政时，彼曾暗中谋反，被觉遂放逐于锡兰加岛。彼于岛中探悉拍奏曼猎攻打大城，想乘此良机再振旗鼓。莫奈在严厉监视之下，又被迫到尖竹贲。但时因大城困于缅军之下，无暇顾及于此，遂

　　*　原载《中原月刊》第 8 期，1943 年，第 28—30 页。

得乘机会聚集旧部，攻打那空叻差氏玛，杀省长夺城而居。又命銮炳袭攻碧迈，而得迁居于此。

第六国领袖为拍昭达，即郑王之名。竖立于尖竹贲，其版图从坤缅至春武里。拍奏达乃一中国子嗣，受泰文高等教育。最初居于大城中，得达官贵人之青睐，被任为达府府尹。继而被调至京，保护京城。屡建奇功，得赐为拍耶甘平碧。

郑王逃脱大城之因①

第一次，郑王举泰兵与缅军作战，虽得优胜，但因兵马缺乏不能继续作战，屡请上司增兵无效，故从胜转败。

第二次，郑王与拍耶碧武里兴水兵与缅军交战于越艾区，时缅军兵势浩浩荡荡而来。郑王知自己兵力不及缅军之雄厚，遂命暂时退兵，以避免无价值之牺牲。但拍耶碧武里不信其言，只顾前进，致被缅军击毙。郑王归兵被诬有蓄害拍耶碧武里之意。

第三次，缅军起兵攻打京城，从郑王扼守之区而进。郑王以土炮击之，但因未及上诉皇帝，故虽击退缅军却逆皇上之命（当时皇帝有令，凡在城内要发炮时必先奏知）。

以上各种原因，足使郑王灰心意冷于扼守京城。况在这昏庸无能的皇帝统治下及外患日迫的大城，郑王以为不论如何必至丧失于缅甸，不如先脱身他处以备将来讨复大城。因此郑王决意逃脱大城。

郑王及二百名勇士出大城后，从东南方迈进，途中每与缅军或泰军作战。当初出京城外，即有缅军大队追击而来。至万婆铁训衡，缅军赶到，遂激战于万婆铁训衡。郑王亲身先士卒，奋勇直前，士卒同心合力抵抗，遂告胜利，继续前进。旋缅军再调兵从巴真武里追赶。至隆氏玛哈婆，两军再开火猛战，郑王又得胜利。缅军惧怕郑王之战术，故不敢调兵再赶，从此郑王得暇收夺根据地。

当郑王至罗勇时，城主立即投降。但另一班人，如坤查亡②、坤蓝、民颂，主张不该投降，因彼系一叛军，不服上司指挥而私逃出京之辈。郑王驻军于罗勇二日。至晚，坤查、坤蓝等夜半领兵劫营，但反被郑王击败，乘夜逃至尖竹贲。罗勇逐被郑王占为根据地。

郑王遣使与拍耶尖竹贲磋商联络反攻缅军，但拍耶尖竹贲敷衍此事。至大城丧失于

---

① 编者按：全文仅此一小标题。

② 编者按：下文作"坤查"，未悉此"亡"字是否衍。

缅军手中，拍耶尖竹贲尚未正式答复郑王。郑王推测彼有欲自称为王之意，遂兴兵讨伐。但拍耶尖竹贲已备坚若金城汤池①以拒郑王之攻。

郑王至尖竹贲，见拍耶尖竹贲已有备，况自己粮料预备极少，知难取胜。又不便运粮，惟雄心勃勃，乃命士兵煮饭，尽各人之食量进食，然后把一概所有之粮料及锅炉毁坏无遗。又鼓激士兵以取尖竹贲才得粮食以求生存。遂于佛历二三一〇年七月占尖竹贲。

郑王驻军于尖竹贲四阅月。在此四阅月中，郑王苦心设备武器兵力，造船百艘，募军五千人，完整后开始攻取吞武里。治吞武里之伪官乃通因竭力抵抗，但败于郑王之后被杀。郑王再进与缅军大将素忌大战于婆三东营地，素忌被杀于沙场上。

虽然郑王杀缅军大将素忌，得夺回大城，但大城已是一片焦土，倘要再建为国都亦得费了极多之财力。故郑王另行选吞武里中心点建筑皇宫（即现在网銮港口海军官学校）。于佛历二三一〇年得称为泰国正武②皇帝。

当郑王驱逐缅军出境后，其领土有旧都大城、叻丕、那空猜是、巴真武里、尖竹贲。郑王谕难民回归原乡，赈济以粮料、金钱及其他所须之物，使回复固有之生计。又以越巴鲁及亚章通里为僧皇，继续治理僧界事务。在政治上及其他事业逐渐改良，使臻兴盛。

佛历二三一一年，郑王开始兴兵出征彭世洛。奏拍耶彭世洛用銮哥沙为第一防线指挥者，战于鸡猜。郑王被銮哥沙之火炮炸伤左腿，不得已收兵回吞武里。奏③拍耶彭世洛极喜，以为郑王必死于炮下，故择吉日加冕为帝，坐位七日即生喉病寿终。其弟拍因亚功继位。

拍防闻奏拍耶彭世洛逝世，便举兵攻夺。作战二月之久，得彭世洛，杀拍因亚功，奏拍耶彭世洛所有之领土概归拍防管理。

不久，郑王伤势痊愈，其征服各王之心复炽。又适北部各国纷争之时，乃起兵征讨昭碧迈。同出征者，有拍拉差活辇、拍玛哈蒙治及其他各名将为助。昭碧迈大将昭拍耶氏素列王遂被活擒。昭碧迈无心恋战，逃至旺尖，却被坤差纳捉住贡献于郑王杀之。郑王得昭碧迈领域，大封功臣，以资奖赏。

佛历二三一二年，郑王命昭拍耶察甲里为元帅，并部下拍耶仍玛叻、拍耶氏丕䨄，及士卒五千往征昭那空。所经之地，皆势如破竹。昭那空用最精之兵阻之，遂大战于途

---

① 编者按："坚若金城汤池"当系"坚若金汤城池"。
② 编者按："武"疑为"式"讹。
③ 编者按：原文脱"奏"字，据上补遗，下同。

中。昭拍耶察甲里之部下拍耶氏丕雹不幸战死，昭拍耶察甲里退兵至猜耶。郑王得悉昭拍耶察甲里败，即亲身带兵出征，遂败之。

佛历二三一三年，郑王亲讨伐拍防，得彭世洛、沙旺各武里，命昭拍耶素拉氏管理彭世洛。

四年中，郑王以战术之超群，士卒之同心合力，驱缅军出境，内征服各王，遂统一大业而为泰国历史上之皇也。

吞武里王朝大事记（1767—1782）[*]

黎道纲

1767年

披耶哇栖拉巴干（信）和中泰军民驱缅复国成功。建新都：古龙吞武里室利摩诃沙没。

与缅军交战于龙仔厝曼贡一地。

1768年

在吞武里大事修缮寺庙。

立巴鲁寺住持拍阿曾里为首任僧王。

剿自立为王的彭世洛王（亮）不果，王负伤而归。

剿平割据为王的披买王公摩万贴披匹。

12月28日登极为国王。

1769年

剿平洛坤王。

首次攻柬埔寨，不果。

立拍阿曾锡为第二任僧王。

1770年

著《拉玛坚》剧本。

---

* 原载黎道纲译著《郑王研究散论》，曼谷：泰中学会，2020，第162—163页。

丁加奴城和椰加达城回人献大炮 2200 尊。

剿平地方割据的昭拍房。

大事调整北部城的行政和宗教事务。

吞武里军队首次攻清迈。

1771年

第二次攻柬埔寨，收柬埔寨复归入泰国版图。

1772年

清迈缅军南下首次攻披猜城。

1773年

缅军再次攻披猜城。在保卫战争中产生披耶披猜（断刀）的英雄事迹。

1774年

吞武里军队第二次攻清迈，把兰纳国土纳入泰国版图。

在叻武里曼缴一地与缅军交战，掳缅兵 1328 人

1775年

缅方出兵攻清迈，不果。

缅方统帅阿社文吉率兵侵泰北，与泰军大战于彭世洛。

在挽字粮岱寺为皇太后举行火化大典。

1776年

缅军再次攻清迈，不果。因战争故，清迈被废为荒城。

开始绘三界壁画。

攻下寮国的占巴塞。

西方船长法兰西土·莱献炮 1400 尊。

托莱往椰加达和南印度购大炮一万尊。

大事修缮挽字粮岱寺（今哒叻蒲因伽蓝寺）。

大事修缮越凤寺（今凤叻达那寺）。

1777年

英国驻印度总督来函和献物。

1778年

泰军攻下永珍。

1779年

泰军自永珍返回，带来玉佛。

銮梭拉威添（洪）著长诗《伊瑙》。

1781年

泰使团赴中国。泰诗人披耶摩诃奴帕著《广东纪行诗》。

泰军往柬埔寨平乱。

1782年

吞武里骚乱，吞武里王被弑。

二　郑王传记

郑昭传[*]

温雄飞

郑昭，广东潮州人。生于北暹罗之万特村（Bantak），故暹史称之曰"特侯"（Phya Tak）。盖其幼年时，曾任本城副城长之职，未几被擢升为城长，此"特侯"之称所由来也。母暹人，其父之事业无可考，大抵总为该地之大农，而势力及于政治者。故王乃能于幼年，凭借其势，自拔为该地之城长。然生而勇敢，具远志，不屑屑于以一城之守长，以囿其前程。故暇时恒留心于政治之得失，地方吏治之情弊，及军事之攻守。盖逆知尔时之暹罗国势，文恬武嬉，稍有外患，必崩溃不可收拾。时机一至，会当扶摇直上也。未几擢升为甘壮披烈（Kam-Chong-Philet）市之市长。当其擢迁此职之时，暹廷左右，曾要索贿赂。王以阴有四方之志，苟不得其位，无所凭借，赤手空拳，何足以展其怀抱，乃毅然许之。此王在野潜龙待用之时代。

暹之王统，邈远难稽，又杂神话，荒诞不经。自奠都军告（Ayuthia）后，始有世系可寻，文献足征。于1344年间，有王名乌旦，干材之主也，于该年嗣位，励精图治，举兵四出，征服南暹，且及马来半岛，王业丕振。后以旧都水土不宜，乃迁于军告。新都既奠，国运蕃庶，蒸蒸日上。各族之人，如寮，如蒲甘，如柬埔寨，如中国，如印度，均来聚居，受廛为氓。前三者耕稼之民，垦辟土莱；后二者则贸迁通商。乌旦崩殂，一系相承，传世十八。至于纳剌，颇著贤声，得希腊人为之顾问，内政井然，外交亦循序有法。纳剌死而暹难作矣。

1759年，缅甸王蒙隆率大军，分三路入寇暹罗，合围军告京城。其时暹王柔懦，左右佥壬，专事淫荒，乏术应战。当国大臣，议战守之策，又意见相左，不能尽同。于是中枢无主，外省官吏，无所适从，只知闭城自守，保境安民。时郑昭既为甘壮披烈市长后，日简料其民而训练之。搜军实，缮守备。骁勇之名，蜚声一时。于是暹王乃召郑昭率军入卫。郑昭闻命即行，入军告。旋被命为捍卫东城，抗拒敌军。旋即开城与敌军相薄，死伤山积。虽强敌未退，而亦气夺矣。在围城之内，郑昭与权贵议战守方略，往往不洽。权贵乃沮之于暹王，攻讦其短，谓不遵命令，贻误军情。暹王荒于酒色，惟权

---

[*] 原载温雄飞《南洋华侨通史》，上海：东方印书馆，1929，第238—241页。

贵之言是听。郑昭虽力白于王而争之，终不见信。郑昭自念以忠而受谤，信反见疑，含冤负屈，无所赴诉。又念军告孤城，危在旦夕，与其株守受困，同归一烬，曷若乘间突出，召集国内英豪，共谋恢复。于是郑昭乃率其所部，突围而出，至暹罗湾沿岸之东而暂驻焉。当郑昭突围出亡之后，暹京军告益陷于不利之境。围困两年。虽缅将主帅病殁军前，仍不懈其攻击，别选他将以代之。会天旱不雨，城内久困，已乏粮食，又遭水涸，守城之兵，饥渴已极，疲病不堪。缅人乃乘势破门而入，焚杀屠掠。数百年之精华，至是扫地无存。暹王则受伤而逃，虽免俘馘之辱，而国破身僇，亦云惨矣。

缅人既屠军告，沿门搜索珍宝财物，尽情劫掠。二三月后，断瓦颓垣，触目皆是，已成荒凉之境。缅人乃捆载而去，别立一蒲甘人为暹王，隶归缅属。军告既破，王政失驭。各处土匪流寇乘机窃发，拥戴头目，各自成帮。缅兵又复纵横调遣，无复以治安民生为念。国无政府，野多逋寇，暹人之苦，亦云酷矣。其时1767年也。

当郑昭之由军告突围而出也，沿暹罗湾海岸而东趋，暂驻于针塌巫里（Chantaburi）左右附近。未几，即袭针塌巫里而据之。时军告已破，暹王生死存亡未卜。郑昭乃召集各乡义民之首领，及各帮流寇土匪之头目，勖以大义，晓以国家将亡，须捍卫乡土为先，并严禁其劫掠，编为部曲。时郑昭有众万人，骁勇善战，俨然该地军人之领袖。更遣使四出，与北地之网拍刺塞（Bangplasoi）首领，互订条约，共保乡境。又东南与安南及柬埔寨人，亦订同样之条约，睦邻保境。郑昭自审虽奄有北方之地，为己根据，本可以进图中原，究嫌力薄，未足与此强悍之缅甸人相抗。乃回顾南部，率师将缅人所置之首长伪暹王，战而戮之。截获其军械辎重，兼其货贿。郑昭乃建立暹罗首都于曼谷。以故都精华，均被毁灭，乔迁新邑，诞膺天命。于是建筑宫殿于河西，附近炮垒处而居之，号令四方，征调卒伍，编练成军。乃提军四出，驱逐缅人，屡战屡胜之。前此缅人征陷之地，淫虐屠劫，人民不堪其苦。及闻郑昭起兵逐缅，暹人大喜，咸怀来苏之望。故大军所过，箪食壶浆，喁喁向戴，欣慕之诚，于此可见。郑昭虽未王暹，而暹人已王郑昭矣。在曼谷发号施令，如委派总督，处分政事，遐迩之人，莫不悦服。至1768年之末，郑昭受群臣劝进，固辞不获，乃即暹王位于曼谷。版图入于王府者，有暹罗之南部，及暹罗湾沿岸，与东部之省分也。

其时适中国有征缅之役，缅人自顾不暇，乃调戍防暹境之精锐，回缅自守。郑昭乃乘此时机，率师收复哈剌（Harahh）省分，兼及前为外人征服之地，北部亦复统一，金瓯无缺。暹罗版图，至是始由破碎复归完整。居民皥熙，咸歌脱离异族之桎梏。郑昭王业，益以巩固。更于1771年，率师远征缅甸，复国仇也。南伐马来半岛，至于李哥（Lagor），取之，掳其总督及眷属财宝等。该总督有女甚美。郑昭纳为后宫，至是马来半岛，亦奉郑昭为宗主。其时暹罗之国威，赫奕四邻矣。

郑昭既威震四邻，群僚慑伏，赞颂功德者不绝于耳。而谗陷佞谀之人，亦相因而至。功德高盛，易致骄盈，金壬乘之，黩货弄权。措施政令，渐不洽于人心。郑昭有部将华格里者（Chakri），乘人心离涣，密谋作乱。由柬埔寨率军入京，囚郑昭而死之，遂自立焉。现今暹罗王统，一系相承，华格里之胤裔也。

郑昭于暹罗君死国亡之际，全国受蹂躏于缅人铁骑之下，提孤军奋斗，历十余年，始恢复国境。前王之裔，国破之时，已遭敌屠杀净尽。乱离之后，无法访寻，始不得已而王之。然复国之泽，及身而斩。报施之酷，无与伦比，亦云惨矣。

郑昭之后，我华人之仕于暹罗而握有政治大权者甚多，难以枚举。举其近者，如董里省之总督罗沙丹氏（Phya Rasadan），则纯粹之中国人也。彼有两弟，一为长官于舞廊（Renong），一为长官于弄旋（Langsuan）。彼于区域之内，施政敷治，骁著手腕，采用缅甸之村制。于其省内，缮治道路，整顿公共工程，改良农区，穷治盗匪，治绩优越，为各省模范。然此三人者，均尚保存其辫发之制。至1901年，始至曼谷，在内务大臣之前，将辫发剪去，示其入籍暹罗之意。观礼者有亲王及官吏多人云。

郑昭传[*]

四十二梅居士

郑昭，潮州澄海华富里人（或作惠州人，误，今华富里尚有王祖墓及遗族）。父达，旷荡不羁，乡人号之曰"歹子达"。歹子，犹言浪子也。以贫不自聊，且见恶于乡，乃附航南渡。时暹都大城（暹名犹地亚，或作阿由提亚，或作军告，华人名大城。今朝为一省，原辖七府，去年减政裁省，增辖至九府，首府亦名大城），侨民商业萃焉。遂诣大城，借赌为生，渐致富，更名曰镛（侨民之富者，俱有二名，一为原名，多鄙俚。及富，即易名以行世），为摊去[①]。暹旧政右赌，重征以维国用（至拉吗六世王始行改革）。俱华人擅其业，标领者多豪富，出入宫廷。镛缘是锡爵坤拍（或作昆曝，《明史》作坤岳。暹职衔分三等：首曰披耶，次曰坤拍，次曰坤銮，惟最高等则曰昭披耶。昭或作照，意谓贤也。故凡尊贵职衔多加昭字。郑王贡表名昭，当亦取此），娶暹扫[②]浴尖，生一子，即王也。原名信，暹名大克新（或作德新，或作批他克新），华人名之曰昭。性仁孝忠勇，幼为贵族披耶作基养子，洎长，循俗剃发为僧（暹俗礼重僧人，男子无贵贱，成年即须披剃，多则三年，少亦三月，期满复出寺）。届期易服筮仕，锡爵为銮。会达府王（达府及甘烹碧府，原属那空斯旺省，去年减政，裁那空斯旺省，并入大城省，而以达府及甘烹碧府改属彭世洛省。暹中昔日分国甚多，国各有王。后并入暹，其王至今尚多存者，大都领俸闲置，间任省长或太守。又王族亦多出任守长，谅此当亦如是）公披耶达卒，暹王命昭嗣其位。乾隆二十五年，甘烹碧王殁，迁昭任之。时三十四世王伊克塔（或作伊加特，或作素里耶吗舜），器其才德，礼遇殷渥。数年征入京，晋封披耶哇栖叻巴干，任如故。未行而难作。初明匡宗入缅见囚，李定国约古喇暹罗夹攻。缅见匡宗已弑，兵遂罢。然自是暹、缅日寻怨。逮清乾隆间，缅酋瓮藉牙（或作阿隆披耶）立，有吞暹志，窥其柔懦，潜师袭之，连下玛利万麦利及他威三府（此三府虽以郑王之英武，竟终身不复，即一世王亦莫能复之。予尝询暹人今为何地，皆以诸地名译自英文，竟莫能考。意者今已沦为英领之缅地矣）。将攻大

---

* 原载《珊瑚》第 3 卷第 3 期，1933 年，"暹罗杂志（二）"，第 1—7 页。

① 编者按：据四十二梅居士《今朝开国小史》，"去"为"主"讹。

② 编者按："扫"当为"妇"讹。

城，中道病卒。子孟驳（或作懵驳，西人名新由程）秉遗志，立未三年，乘暹大饥，大举伐之，连战俱捷。乾隆三十一年（西历一七六六），进攻大城。暹人死守，昭亦率部登坤。缅军为长围以困之（初进军为旱季，约当二三月。已而雨季，淫潦纵横，乃移师高阜。及旱季，复进攻，故逾年始克之）。牲军入援，不克。翌年四月，遂陷大城，火其宫宇，掳前王乌吞勃，掠卖其民为奴。暹王伊克塔走死。昭率勇士五百人突围遁，至春武里府（属巴真省，在曼谷东南隅海滨），据之。尖竹汶（暹名庄他武里，省辖之府，在春武里东南）省长畏迫，谋灭之。昭遂袭夺其地，附近归心，有众五千人。愤缅人之无道也，礼士训兵，造舟缮械，密谋匡复。时缅大军已归国，命其将苏格伊（或作苏卡里）统余军留守，营于三宝树。昭遂竖义，率战舰溯河而上，至拍那空府（即今曼谷），讨叛臣奈东因，诛之。苏遣裨将蒙耶剿捕。所募士兵途中多溃，蒙耶狼狈归。昭追讨，悉歼之，斩苏格伊，凯歌入大城（距陷落日，或云六月，或云一年，未详孰是）。礼葬故王，优恤其遗族。国人欣戴，奉即王位，年仅三十四岁。王目见故都残毁，全国邱墟，乃迁湄河下游，奠都于吞武里（或作统富里，或作洞务哩，或作真他武里。在湄河之西，与曼谷相对）。发粟赈农，兴业裕贾，弘奖佛教，盛筑浮屠，励精图治，暹民大悦。柯叻（即那空叻察诗吗府，属那空叻察诗吗省，地在大城东北）不用命，乃命汶吗及其兄华策格里（或作批耶却克里，或作隙乌批亚隙克里），将兵讨平之。沙旺巧武里（即宋胶洛府，属彭世洛省，地在大城之西北，中都之北。暹中复有地曰宋卡，名字略同，但在马来半岛，为洛坤素贪吗叻省之首府）王叛，复命移师进讨，下其城。缅师之入暹也，故王有二子，一奔柬埔寨，一奔广南国河仙镇。河仙守莫氏夙有隙，拘王子囚之。时柬埔寨王亦以难亡在暹。至是王发兵护之返国，且求前用①王子。遂入柬埔寨，进取河仙镇，虏莫氏戚属，更略昭笃及南旺等地。广南王阮福顺分兵二路拒之。暹军失利，寻莫氏请平，乃归其俘，专志于缅。三十四年，中缅行成。缅无内顾忧，复启衅，蹂躏清迈府（或作青迈，今为抛叶首府，地在暹之西北，距缅境不远）各地，王击却之。自遭丧乱，暹疆粉②裂，政权莫属，守土者多割据争雄。王以次遣兵勘③定，惟西境犹负固。马来半岛之隅，有洛坤素贪吗叻府（属洛坤素贪吗叻省，洛坤素或作那空是），亦乘衅而自立。三十七年，王兴师讨，克之。太守窜入北大年，大年守逮之入朝。王贳其罪，命置其帑于京师。偶见其女美，纳之，产一子，乃复其职。太守衔王德，为招降吉打（或作吉达，或作给达，或作结德）、吉灵丹

---

①　编者按："用"，疑为"朝"字讹。
②　编者按："粉"当为"分"。
③　编者按："勘"当为"戡"。

（或作吉能丹，或作急兰丹）、丁加奴（或作丁家楼，或作榜葛刺）诸省，遏地复归一统。其后，王屡伐缅，覆其军，残其境。缅酋赘角牙数为所困。四十昭年①遣使清廷告捷。贡表以四十六年始达（近人以入贡为三十三年，表至为三十六年者，误。其时三②虽击败缅军，克复大城，然四境分裂，未归一统。宵旰忧勤，奚暇贡事？其后以次削平诸叛。迨至四十三年，国基已固，始行入贡。据《癸巳类稿》云"乾隆四十三年，遏罗遗民愤缅无道，推昭为王，乘匪缅抗拒中国，人伤财尽之后，尽复旧封，又兴师占缅地"数语实总括以前之成绩。后人或误以为复国为四十三年一载之事，或误以入贡为三十三年建国之时，皆缘未加深考耳。然龚此文叙事亦未明晰，其谓缅之灭遏在三十六年，亦属传闻之误）。表陈复仇绍绪，并请出师夹击。清廷不使，亦不止也。然缅经屡创，内乱频仍，国势顿衰，遏遂称霸。盖自建国以来，勋业之隆，于斯为盛，遏君主所未有也。王有季父某，素无赖，闻王贵，诣遏请谒。王曰："若不能事事，可速归！"赠以盐蒜头三十坛，曰："以供行李。"季父大愤，舟中悉货之，仅余一坛，曰："归馈细君，征吾犹子之吝也。"抵家启视，盐蒜中实以黄金。盖其时海盗猖獗，故王不欲昌言，惧其招摇贾祸。至是季父始大悔恨，顾乃迁怒先人，谓不福己而福若，竟残其祖坟以遏（相传，墓发，中有乌七头，其一最巨，飞至十余丈坠死，余雏亦毙。予家南洋，距华富仅数里。少时尝访其墓，颓败已甚。遗族数家，亦贫不自存。民国初，邑人为之修饰。今犹焕然）。王暮年皈心慈民③，恒入定于秘室，自诩妙契玄机，豫④知人生死祸福。（此事诚不虚，然谓其因是贾民怨，则今朝之言，非信史也），性宽仁。与为敌者，得即释之。大臣获罪者，恒予曲全。宠任华策格里，今朝之祖也，以王姻娅，数将兵，有大功。尝违令，终不忍严谴。顾乃潜怀异志，为巫蛊以魇王（遏中有术曰哃头，僧侣多擅之。其术能以牛腿咒之，小如豆，飞入人体，渐涨大致死。侨民有以是死者，剖其尸，蛊物即见。又取用物咒成佩之，刀斫不入。予尝试之，良然），王遂病狂瞀。王妃已卒，子仅七龄，孤子独立，久之颠狂日剧。大臣汕加富里遂兴甲入宫，捕王囚之（或谓华与汕通，事后杀之以解滂）。华策格里方平柬埔寨，凯旋在道，闻变急归，讨杀汕加富里，而以铁箍拶王前，弑之。在位十五年，年仅四十八岁。并扑杀其子，宣谕国人，历数王之狂悖、汕之篡逆以自解。遂自立，时乾隆四十七年也。既而宫中屡见王为厉，乃祷于宫，誓奉其祀，且迁都于曼谷（或作盘谷，或作网哈）。嗣是每岁首，宫

---

① 编者按："四十昭年"当为"四十三年，昭"脱致误。
② 编者按："三"疑为"王"字讹。
③ 编者按："慈民"当为"慈氏"讹。
④ 编者按："豫"通"预"。

中辄悬郑氏灯笼数日，至近始废，国人慕思不已。数十年前，犹哄传王子不死，将出而袭位，盖王之明德远矣。

论曰：郑王以一成之旅，摧强敌，复故封，国势之隆，卓绝古今，至今中外论者，咸推为暹中首出之英主。伟矣哉！予至暹，与其贤士大夫游，访王遗泽，盖犹讴歌不绝且深痛其不幸。此古之遗直，不以荒外而遂泯也。及咨于侨老，益深感喟。谓当王之世，所以爱护吾人者备至。定例，侨民登岸，诣署报告，人给暹币二枚〔暹币名铢，字本俗撰，每重四钱。《明史》卷三二四《暹罗传》：交易用海贝①。贝②与铢当为一字。亦其时之俗撰。但海贝③为蜐贝之类。暹中昔用蜐贝、陶饼（大如银圆）为辅币，至朱拉隆坤王始尽废之，改用银铜二品。迨近始行纸币，近年用金镑制，每铢原值墨银约六角，今值至一元四五角矣〕，俾资其生。吾人得臻今日之盛者，宁非王之赐耶？不意事势迁流，乃有今日之身税。慨念前徽，盖不觉涕之何从也。

---

① 编者按：原文左贝右几。
② 编者按：同上。
③ 编者按：同上。

郑昭传[*]

郑唯龙

　　民族英雄者，顾其名，思其义，谓于民族事业上，有所发扬光大之人也。世之持论者，恒以扬威疆场，奔驰戎马，得志于干戈杀伐之士当之，盖亦昧于其义矣。一稽中外古今史籍所载，其功盖一时，名倾一国，冠绝一代，莫之与京，而为史家称美，世俗钦佩之英豪俊杰，世有其人焉；而其要皆风云际会，时势有以成之。若夫以匹夫眇眇之身，远涉重洋，寓处蛮域，遭遇变故，用能展其雄才伟略，树建大业，宣扬国威，光加于民族，功施于异国，则予之所知，有郑昭其人。惜乎世之治史者，恒多忽之，能稽考其事之始末而传述之者，我未之见焉，致使其湮没弗称于世，岂不悲哉！予既略有所闻，焉可不为一述？

　　昭，清初时人，籍粤之潮州邑^①，其祖若父数世业商海外，往返于今南洋之间。及昭之世，因家于今之暹罗国焉。

　　昭少而聪颖，有胆略，父母俱异爱之，不令习商，延师教之句读。长，使就学于暹某校习暹文。昭不以为苦，孜孜攻读。成绩冠侪辈，师长交为赞誉，同学争相友好，由是而从游日众。

　　时暹国内乱频仍，政治窳败。外则结怨近邻缅甸，故暹边鄙，鲜有宁日，而缅人气焰日张。明识之士，固早为暹人忧矣。昭默察时势，慨然有鹏鲲之志。乃日与暹之达人志士，邀游山水之间，纵谈时事，淋漓陈辞，众皆为之折服。时暹今之一世皇拉玛，亦从昭游，惟是时则皆一介匹夫耳。昭奇其为人，交之独厚，浸而互布腹心，订为金兰之好，昭年长为兄。后数年，昭父死。越一年，母亦陨丧。昭时已三十许，有子一，才三岁，伤于父母之变，哀毁悲思，壮志几挫。拉玛力劝勉之，责以男儿当乘时有为，胡可以变故而易初志，遗憾既成，悔其何及？昭亦为动。无何，暹局益乱，缅人之势日强，鄙边之交，辄以小故启衅，几亡有宁时。越二年，暹、缅果兴戎以战，暹人弗敌，不及一稔，御侮之军悉奔北，重邑要镇俱决失，缅军长驱以入。始犹集败残之卒，为困兽之斗。既则力尽且竭，而缅人凶焰莫之能遏，百谋弗遂。终乃收颓覆之余，罢弊之马，退

---

　　* 原载《遗族校刊》第 2 卷第 4 期，1935 年，第 183—186 页。
　　① 编者按："邑"字前当脱"澄"字。

守国都大城（暹古都，亦今之重镇），勉矢国人以死守。缅军乘已胜之威，从而围之，断其通道，绝其进出。期年之后，食尽于内，援绝于外，士卒鸠形鹄立，民胥咨嗟，国都遂破。缅人恨之，杀戮极惨，自大僚至于皂隶小民，几靡有所幸免。暹王及其后妃、太子数十人，亦死于难。暹人痛之，于是反抗之旅四起。昭时居草莽之间，至是乃奋然而兴，尽斥其资财，与拉玛共谋起事，集死士数百人，以亡族之耻揭于暹人，而以复国灭仇大义责之。不及匝月，得众逾万，暹爱国之士多归之。富有者输其币帛，少壮者执戟从军，共奉昭为之主。居暹之华人激于义愤，且以昭故，助之者亦夥。于是揭橥而起，四方风动，从之者如景之应身，应之随响。缅人大忌，以倍蓰之众逼之。缅将尝使人谓昭曰："吾缅所仇者暹人耳，与贵国无相及。公奈何为暹所用，自取所怨乎？"昭曰："吾惟义是视。暹人何辜，城破而俱戮乎？禽兽吾犹惮见其死，况人邪？吾救人者也，乌知乎暹与缅？"卒不为动。缅人益怒，以大军临之。昭率其旅众，奔走南北，日与拉玛及其谋士统筹机要，以令四方。历时数载，聚众十数万，险阻艰辛备尝之，卒兴暹国，恢复故都。缅将率其败残之卒以遁。

于是暹人感昭之勋，拥之为王，坐镇大城，底定全国。拉玛与昭共终始，果敢有断，刚毅倔强，声望仅次于昭。昭既陟王位，国内粗安，然边邑尚多陷于缅人，乃命拉玛抚其旅，乘优胜之势而征之。昭执其手而告之曰："大业光复，凶焰溃遁，惟吾弟与诸忧国君子之力。昭实无功，忝居大位。今边鄙之邑，尚多暴众。内虽底定，疮痍未疗。吾当与弟各分其任。军族进退之事，弟所忧为；运筹帷幄之务，吾差可处。弟勉之矣，却敌旋归，民将欢欣鼓舞，壶浆以逆，吾将与弟抚镇众庶已耳。"拉玛感泣，顿首而别。

越三年，拉玛尽驱缅人于外，失邑悉复。昭则致力求治于内，辟荒坠，兴水利，便运送，复旧观，民用是稍获安堵。国境既靖，拉玛功高望重。昭令其率众反①京，将授之政。拉玛受命，其谋士皆忌昭，沮于拉玛曰："昭匪我族类，今召君恐有异心。功高者其忌多，君奈何弗思而进？"拉玛曰："昭与我交二十年，腹心相照，其情虽兄弟父母弗易。我国无昭，诸君与我安得重睹今日之山河哉？人以诚待我，我则忌疑之，宁无所愧乎？诸君以非道教我，非所愿闻，请无再言！"谋者惭而出，相与扬言于诸将曰："诸君所以出生入死罔恤身命者，求复我国族之尊也。今昭以异类居我国，遭窃时变，以王我众，非有大功也。缅人之驱，实我帅与诸君之力。今功成而昭怀异志，以疾妒之心临我。此去恐为翦灭尽矣，盍早图之？"众闻皆惶惧而怒曰："若是，其奈之何？"

---

① 编者按："反"通"返"。

曰："是无难！诸君诚戮①力同心，共图大事，匪特无害，且可告②我族万世之患矣。"
众曰："苟有利，必图之。"曰："今禁畿防弱，昭虽有备，不足惧也。诸君至彼，斩关
而入，执昭而杀之，王非主帅而诸属？是乃国族之利，亦诸君自安之道也，舍此，无他
计矣。"众曰："善！"谋既定，入见拉玛，皆行尊礼。拉玛惊曰："诸君云何？"皆曰：
"复国所以求我之尊也，今则使异类王我族，耻莫大焉！君功被竹帛，民之所怀。昭乃
有他心，其谋既得矣。众惧大业陨坠，敢有所请！"拉玛曰："诸君欲令我为不义邪？
请勿复言！"皆大声曰："否！非此之谓也。今而弗图，后悔不及矣。君为一己之私，
而摈弃民望，罔以国族为念，诸将恐弗敢从矣！"拉玛曰："吾素知昭为人，必无是心
也。"曰："人心久而弗变，未之有也。彼一时，此一时。君弗忍人，人将忍君矣！"于
是诸将胁拉玛以从，长驱而至京都。昭知拉玛既至，使谓之曰："弟与诸将劳涉数年，
功被于国。请与卒进，吾将劳之，无有讳也！"左右或谏曰："王见拉玛足矣，何必使
其俱进？且拉玛功高望重，诸将多骄，盍略备之？"昭曰："拉玛从我数十载，吾知之
详矣，汝毋多疑忌！"逆拉玛而见之。抵宫，诸将遽以兵至，尽杀守与从者。及昭，拉
玛弗忍。众不容其说，执而并弑之。计其事成不及数时。至翌日，京师之民犹未有
知者。

昭有子数人，拉玛不忍并诛，欲纵之。谋者曰："昭素获民心，今留其子，是贻后
乱也！"皆杀之无遗，亲贵亦罔有幸者！事讫，乃告于民曰："昭以异类王我邦，其心
罔测。国基重建，实今王陛下之力。昭窃其功，心怀异志。今既伏其罪矣，王陛下顺众
即位，重昭我族！"众闻皆歔欷悲之，然莫敢有言。

今暹国谓建国皇帝者，指拉玛也，其传至今七世，历二百五十有四年。而暹民于今
念及郑皇（暹人称昭者）犹多悲思不置！暹之故都，今尚有郑皇宫巍然耸立焉。予旅
暹五稔，暹人之审其事者，恒娓娓为予言之不倦。及昭死事，则尤相为太息！以今人知
之者少，故特为述之。所书者皆暹民所传，就记忆所及而叙之，以暹国史禁载此事故
也。然有其人有其事则毋庸疑义，试询之旅暹者，能道其始末之人必甚众也。

嗟呼！今人莫不知有秦始皇，莫不知有汉武帝。执略知历史之士而问之曰："始
皇、武帝，可谓民族英雄矣乎？"则我知其必曰："信然矣！"而如郑昭者，何知之者少
也？始皇、武帝尚矣，然一则处形胜之地，乘有为之时，退足以坚守而无害，进足以制
胜而有余，使得中主，窥六国之弊而乘之，则席卷中原，混一车书，固莫之能阻矣。及

---

① 编者按："戮"应为"勠"。
② 编者按："告"疑为"去"讹。

乎天下既定，收四海之兵，集八荒之锐，举刃北指，意气豪雄，胡马不敢南牧，勇士不敢报仇，其势然也，焉足异乎？一则承厥祖遗绪，无汉高经营之劳，有文景积聚之富，当安平无事之秋，得大可肆志之日，举中国之力，而击一匈奴，胜负优劣之势，岂不昭昭然若白黑之已分哉！至若以匹夫之身，寓异域之表，率亡国之众，抗强劲之师，以复国易主，功施蛮貊，方之始皇、武帝之所成，易邪？难邪耶①？然昭也，暹之人尚不知之敬之，我则稔其名者且甚寡，遑论以民族英雄相称乎？

---

① 编者按："耶"字衍。

暹罗王郑昭传[*]

朗苇吉怀根 撰　许云樵 译

弁　言

　　中暹问题，近日在国内讨论得非常热烈，喜欢谈掌故的每引郑昭王暹一事以为荣。其实，国人对于郑昭的史实，知道得极少。清道光时，俞正燮所著的《癸巳类稿》和魏源所著的《圣武记》，虽曾记其事，却都简略不详。至于坊间的历史课本等，那更是寥寥数语，不过一提而已。近人有根据西籍为之补充，或摭拾逸闻略加考订者，据管窥所及，当以李长傅《南洋华侨史》中所载的郑昭事迹，和《珊瑚》半月刊第三卷第三号所刊四十二梅居士的《郑昭传》为最详了。（此外也许有比较更详的记载，则恕我侨居海外，耳目不及，未曾见到。）但是我一考暹罗史籍内的郑昭事迹，非但知道二位所记不及十分之一，而得到很多从未为中西史籍所引述到的新史料，并且还发现不少为中西史籍所传误的地方。

　　最奇怪的是，郑昭的真名，中国史籍都根据乾隆四十三年所进贡表上他自称的郑昭，以为他的名字便是昭。《南洋华侨史》所记他的事迹，系据魏源《圣武记》，Pallegoix 的 Description du Royaume Thai ou Siam 与 Wood 的 A History of Siam，故郑昭的名字，也没有弄清。其实，昭乃暹文 Jao 的译音，其意为"王"，并不是他的真名。据暹史所载，他的原名为信，所以一般暹籍都称他为佛昭达信，暹文作 Phra Jao Tak Sin。佛是"圣"的意思，通常拿来称呼和尚、神佛或三品爵位的官绅的，但称呼君王，也须用"佛"冠于"昭"字之前，即所谓"圣君"或"圣主"之意。达是地名，最初郑信受封在该府为太守（Jao Mu'ang）的。暹人谈话时，都简称他昭达（译言达王）。史籍中，多正式称他颂戴佛昭恭统婆里，暹文作"Somdet Phra Jao Krung Thonburi"。"颂戴"是用于御名或极尊的亲贵封爵之前的，含有"至尊"之意。"恭"是"京""朝"的意思。"统婆里"是地名，为郑信建都之处。因此，这个尊号译成中文，便是"至尊

---

　　[*] 朗苇吉怀根（Luang Wijit Watkan）：《暹罗王郑昭传》，许云樵译，上海：商务印书馆，1936。1955 年中华书局再版。今据 1936 年初版本全文录入，并据 1955 年再版本参校。本篇脚注如无说明，则为译者注。

之统婆里朝圣王"。《暹罗国史》（Phra Racha Phongsawadan）又称他为颂德佛勃隆喇杰第四，暹文作"Somdet Phra Jao Borom Racha Thi Si"。当他作前皇朝的系统（前皇的尊号为颂德佛勃隆喇杰第三），实在是不当的。

《郑昭传》虽略，据暹史有所增补。可惜作者本人不谙暹文，因此也不免于传误，并且过信传说，参入传中，失之不经。例如：

"王有季父某，素无赖。闻王贵，诣暹请谒。王曰：'若不能事事。可速归！'赠以盐蒜头三十坛，曰：'以供行李。'季父大愤，舟中悉货之，仅余一坛，曰：'归馈细君，征吾犹子之吝也。'抵家启视，盐蒜中实以黄金。盖其时海盗猖獗，故王不欲昌言，惧其招摇贾祸。至是季父始大悔恨，顾乃迁怒先人，谓不福己而福若，竟残其祖坟以逞。"

原注且云：

"相传，墓发，中有乌七头，其一最巨，飞至十余丈坠死。余雏亦毙。予家南洋（按，为潮州寨名），距华富（里名，即郑信祖乡）仅数里。少时尝访其墓，颓败已甚。遗族数家，亦贫不自存。民国初，邑人为之修饰。今犹焕然。"

不免涉于怪诞了。作者能搜集这些材料，是可贵的，可不能这样参入传记正文。这些既是澄海一带的传说，拿来考证郑信的祖籍，是有力的证据。《郑昭传》开头所说：

"郑昭，潮州澄海华富里人（或作惠州人，误，今华富里尚有王祖墓及遗族）。父达，旷荡不羁，乡人号之曰'歹子达'。歹子，犹言浪子也。以贫不自聊，且见恶于乡，乃附航南渡。时暹都大城……侨民商业萃焉。遂诣大城，借赌为生，渐致富，更名曰铺……为摊主。暹旧政右赌，重征以维国用……俱华人擅其业，标领者多豪富，出入宫廷。铺缘是锡爵坤拍（原有注，误。按，为 Khun Phra 之译音，三品爵位之称），娶暹妇洛央，生一子，即王也。"

是可信的。因为不但和传说相合，而且也根据竹叶本《暹国史》所载的事实：

"其时大城中有华人名郑铺者，中国海丰人，爵居坤佛，为摊主，娶妻洛央，生一子，名信，即皇也。"

不过竹叶本《暹国史》的记载，除这一些外，其余大多是伪造的。例如下文说的：

"皇年长于一世皇二岁，同时披剃为僧（暹俗：男子既冠，必须一度入寺披剃，为期至少三月）。某晨，二皇托钵出寺化缘（暹寺不举火，每晨必须沿街化缘），植立道隅。忽有一老年华人，行经其旁，顾而大笑，行数武，驻足详审，复大笑，如是者数。郑皇异之，呼之至，询以是否相士。老人颔之，随执皇手察掌纹，且咨诞辰。皇俱以告。老人曰："君当贵为人君。"一世皇亦以询。老人咨之如郑皇，曰："君亦当贵为人君。"三人相顾大笑。二皇以年龄相差仅二岁，同时一国安有二君之理，因以为诞。比一世皇登极后，恒举以语群臣，若昭佛爷六坤室利谭马剌（Jao Phraya Sri Thamarat）、圩坚王（Jao Wiang Jan）等，皆亲聆其语者也。

荒诞且不必说，一再声明年龄相差仅二岁，不过要想避免如中国史籍所载，二人有岳婿关系而已。其实，年龄相似而为岳婿，并非不可能的。遏史且载一世皇之弟入朝时，称郑皇为父，郑皇爱之如己子。又怎么讲呢？难道郑皇又生得出这样大的儿子吗（按，郑皇长其弟十二岁）？至于一世皇奉表中国告丧，（乾隆五十一年）自称昭子郑华，二世皇也入贡清帝（《南洋华侨史》以为其子三世皇。但我考遏史，二世皇遣使入贡二次：公元 1810 年与 1821 年，是确实的。三世皇奉表却不可考），表称郑福。遏史中更是讳莫如深，并且声明奉表入贡是一种友谊的表现，而非藩宗的关系。竹叶本《遏国史》甚至连弑君篡位的一件事，也伪造诡说，加以否认：

"一世皇出征柬埔寨，凯捷，兵士见其跨白象，身发异光，咸爱戴之。未及京师，而皇已崩，遏民遂拥之为皇云。"

所以我们参考遏籍，很须谨慎。因此，我虽久想将郑信的史迹介绍给国内学者，但在未能博读遏罗史籍之前，未敢谬然从事，免得自误误人。三年前，小说家顾明道先生因为要将郑昭史事演为《海外争霸记》说部，曾从苏州来信遏罗，托我收集材料。但那时我方初习遏文，不能遍阅遏籍，只得将我所知道的一些材料告诉他。很抱歉，我所根据的却是竹叶本《遏国史》、《佛昭达信唱词》（Lamtat Luan-luan Kamno't Phra Jao Tak Sin）和 Siam, From Ancient to the Present Times 等书，既不详尽，又不正确，虽然有些地方，我曾指出它的歪曲。

最近曾万寿君介绍给我 Luang Wijit Watkan 所著的《世界史纲》（Prawatsat Sakon）第六、第七卷《遏罗史》（Prawat Khong Sayam）。我本来也知道这部书，只一向不曾去注意它。因为我想既称《世界史纲》，《遏罗史》虽占两卷，也未必能及遏罗专史详确。但我一读之后，却爱不释手，非但觉得他提要钩玄，叙事明晰，并且还发现很多史料，为一般遏史所隐蔽不敢说的，尤其是关于郑信王遏的史迹，特别详确，占九十余面篇幅，不禁使我狂喜。例如：郑信晚年致疯的原因，大家都以为是沉迷佛事过甚所致，他却告诉我们实在为了两个王妃的缘故；一世皇弑君篡位的真相，他也有详确的描述，不偏不倚，的确是可贵的。在一般遏罗史籍中，我实在没有看见过这样公正的记载。因此，我赶紧将关于郑信王遏的两章，译成中文，分为三记，而用《遏罗王郑昭传》的书名问世（原书第七卷第十章"六国"，第十一章"颂戴佛昭恭统婆里"，我将后者分为二记）。

著者 Luang Wijit Watkan 是遏罗现代有数的外交家而兼大著作家，学问渊博，著作宏富。但是他对于郑信的史实，虽叙述得很公正，可惜他的意识不十分正确。他所以敢那么大胆地将收罗到的秘史暴露出来，原想为一世皇大大的辩护，以一显他自己的才识的，可是他的语调却全是歪曲的。我已于附注中为之纠正，这里不再多说了。

本书只记郑信王暹的始末，被弑以后的事便不载了。皇子昭发宫坤印陀嚣塔（Jao Fa Krom Khun Inthra Phithak）和皇孙宫坤伦普倍（Krom Khum Ram Phubet）被絷后，如何处置也没有下落。但后来（原书第七卷第十三章）曾提起另一个皇子名叫昭发宫坤甲萨剌努溪（Jao Fa Krom Khun Krasatranuchit）的，于二世皇登极时起而叛变，事败被杀。从此，郑信的无后，也就可想而知是怎样一回事了，虽暹史不载（《郑昭传》云："王妃已卒，子仅七龄，孤子独立。"不确。皇纳妃多人，各有所出，当不止十人）。

有几件事须附带声明的：

（一）暹人自称其国为暹（Sayam），自称其民族为泰（Thai），我一律译作"暹"或"暹罗"，因为有时他们也有混用的。

（二）人名、地名以及少数特别语词，全根据暹教育部暹语罗马字委员会所议定的规则，用罗马字附注，不过有一个ǒ字，我恐它和 C 或 Ch 相混，故根据国语罗马字的音值，改用 J 字。至于中文译音，先求其能和音义兼顾（如工 Kan、客 Khek、第 Thi、三 Sam、四 Si、王 Ong、象 Chang 等），有些却因此不免与原音稍错（如万 Mu'n、佛 Phra、宫 Krom、银 Ngo'n 等），但用方块字要译正暹音，根本是不可能的，暹语有五声高低、长短，罗马字也不成功，除非用国际音标，再加上符号才行。

（三）暹罗封爵计分五等，最高者为昭佛爷（Jao Phraya），次为佛爷（Phraya），再次为佛（Phra），为銮（Luang），为坤（Khun）。和中国古时的公、侯、伯、子、男五爵，泰西的 Duke、Marquis、Count、Viscount、Baron 等相似。不过暹罗封滥了，不但官吏可得封，绅商受爵的也极多，最近已停止赐封了。坤之下尚有万（Mu'n），是出品之爵，不在五爵以内的。没有封爵者，通称乃（Nai），相当于英语的"Mr."一字。有于爵号前冠以宫（Krom）字的，表示是皇族。

（四）暹文史籍中的人名（都用官爵的），都是很冗长的，而且行文时鲜有用代名词的，直译很容易使读者生厌，因此我在可能范围内，尽量用代名词来代替那些冗长的人名。

（五）译文我本想用白话的，但翻译暹罗史籍，若不用文言，便不能曲达原文的意义，最显著的是那些宫廷用语了。同时我还要使译文简洁，不多占篇幅，更不得不用文言，但是我保证，没有一些是被遗弃了的。

1935 年 7 月 6 日于暹罗

上 六国争雄记

暹罗既亡，缅①军大肆掠劫，逞性残杀，迨其欲壑满，始引师退，仅留蒲甘②人苏基③统军一支，驻守于大城④以北之菩三墩⑤，又令一暹人名铜隐（Thong In）者，驻守冲婆里（Chonburi），以查捕逃犯而处决之，并搜刮财物送往缅甸。故缅甸之蹂躏暹罗，殆⑥将扫荡其国，勿使少许有所遗留。

时暹罗既无君主统治全国，各府太守之强者，遂割据称雄；其弱小而无割据之力者，咸为之附庸。于是暹罗遂成六国争霸之局，其情形有似中国史上之三国分割时。六国（Hokkok）者：

其一即苏基——或称之曰将军——所驻守之地，盖苏基曾征服刺监村（Bang Rajan）之人民；至其职守，缅甸固未尝顾之，卒死昭达将士之手。

其二，太守昭佛爷辟萨努禄（Jao Phraya Phisanulok），自立于辟萨努禄府，据有辟产府（Mu'ang Phichai）至六坤萨王府（Mu'ang Nakhon Sawan）一带。太守本名仑（Ru'ang），雄才大略，亦能威胁缅军，颇为民众所爱戴。古时辟萨努禄曾为京都要镇，故时人每以为大城倾覆后，是处或将更为首都矣。

其三，宋客婆里府（Mu'ang Suangkhaburi）——即房府（Mu'ang Fang）——之佛门宗师⑦，原名轮（Ru'an），北方人，初就学京都大城，后入佛门宗师团（Phra Racha Khana）通玄司（Fai Wipatsana Thura），称佛琶公特刺（Phra Phakunthera），卓锡室利阿育塔耶寺（Wat Sri Ayothaya）。旋升宋客婆里宗师，亦为人民所爱戴。后自立为王，称昭佛房（Jao Phra Fang）。

其四，佛柏（Phra Plat），本六坤室利谭马刺⑧太守，自立，称昭六坤（Jao

---

① 缅甸（Burma），暹语作"Phama"，疑为八莫（Bhamo）之转讹。唐书作骠。宋始称缅。
② 蒲甘，暹语作"Mon"，疑即缅字。蒲甘（Paguan）盖其南部国都，今作勃卧（Pegu）。
　编者按：1955 年中华书局再版本将正文此处"蒲甘"易为"摆古"，并注释云："摆古，暹语作 Mon，此指孟族，又称得楞族。摆古即孟语 Bago 之对音，今作勃卧（Pegu），曾为缅甸之首都。"
③ 苏基（Suki）实缅语"Chukhayi"，意谓将军，并非其名。
④ 大城，暹语作"Ayuthaya"，有译为犹地亚者，为暹古都。
⑤ 菩三墩（Pho Sam Ton）义译当作三菩提树，《南洋华侨史》作三宝树（Three Bo Tree）。
⑥ 编者按："殆"应为"迨"。
⑦ 佛门宗师，译音当作佛圣格喇杰（Phra Sangkha Racha）为一府之僧侣领袖。全国另有佛门大宗师一人，居京师佛门宗师国团，掌全国教权。
⑧ 六坤室利谭马刺（Nakhon Sri Thamarat），简称六坤，西籍作"Ligor"（利挝）。"六坤"一名，源出梵文，意为"京城"，暹地之冠以六坤者，均昔时之国都，惟六坤室利谭马刺得简称六坤。

Nakhon)，据有马来半岛一隅，北达冲逢（Chumphon）。

其五，宫万帖辟匹①自立于六坤喇杰西马省（Manthon Nakhon Rachasima）之辟迈府（Phimai），称昭辟迈（Jao Phimai），掩有全省之地。

其六，佛爷达（Phraya Tak），其生平宜述之较详，盖为匡复暹社，功业盖世之大英杰，永为暹人所崇拜者也。其功业之伟大，实不稍逊于古代之佛祢雷巽大王②。其未得称大王者，非不足称，实吾人之称佛昭达信，或佛昭恭统婆里，其崇敬之意，固无异于大王也。

佛爷达诞生于佛历二二七七年③，岁次甲寅，为赌捐税吏中国海丰人（Jin Haihong）之子也。④《伟人传记》（Nangsu' Aphinihan Banphaburut）云：方其初生，卧摇篮中，有蛇入，蟠居其旁。其父以为不祥，拟弃之。初海丰人与财政大臣昭佛爷碻克里（Jao Phraya Jakri）相友善。昭佛爷碻克里闻其事，见是儿貌不凡，乃请收为义子。及九岁，令入歌萨瓦寺（Wat Kosawat）从高僧铜棣（Thong Di）攻读。年十三，率之出，晋觐颂戴佛勃隆歌索皇（Somdet Phra Borom Kosot），得侍卫职。暇则习华语，越⑤语，及印度⑥语，均能流利。比年二十有一，昭佛爷碻克里乃命之剃度为僧。越三载乃返，复任原职。迨佛第襄苏里耶阿默辚皇（Phra Thinang Suriyat Amarin）即位，始赐爵为銮岳甲拔（Luang Yot Krabat），仕于达府（Mu'ang Tak），既而擢为太守。未既，晋爵为佛爷洼卿巴工（Phraya Wachin Prakan），迁治甘丕璧府（Mu'ang Kam Pheng Phet），惟人民犹称之为佛爷达。即登极后，尚自称昭达。现为行文便利计，非必要时，概称昭达。

当缅军入寇时，昭达奉诏晋京，率部登坤。缅军作长围困大城。昭达见大势已失，如仍死守勿去，必徒然牺牲，决无卷土重来之望，一世功业将尽付流水，盖是时朝中皆

① 宫万帖辟匹（Krom Mu'n Thiphit）为前朝皇子。
② 佛祢雷巽大王（Somdet Phra Naresuan Maharat），为暹罗开国以来第三十四世君主，公元 1590 年至 1605 年，在位十五年，屡挫缅军，雄霸一世，与第三君主坤伦坎亨（Khun Ram Kham Heng），及本皇朝五世皇（Somdet Phra Jm Kiao Joao Yu Hua），并为历代三“大王”（Maharat）。
③ 佛历为释迦灭度纪元，但计算各有不同，多至十余种。暹罗所用者，起于公元前 543 年，即周景王二年。余曾为文论之。此间佛历二二七七年，合公元 1734 年，清雍正十二年。
④ 原注云：“史称佛爷达为赌捐税吏之子者，信然。佛爷达本身亦嗜赌，据云少时居寺内，为摊主，致为其师痛挞几毙。国史亦载。当其攻六坤室利谭马刺府时，思有以娱其士卒，乃设撝蒲，分银令博。虽然，博亦其致富之道也，且能救其民于贫困，使能自给，而民众竟未有能悟其财源之由来者。”此间轶其父名字，著者似误以海丰为其名然，惟竹叶本《暹国史》载其父名镛。海丰亦有误，据四十二梅居士《郑昭传》，当作澄海。
⑤ 越，暹语作“Yuan”，即安南古称林邑，汉置交趾、九真、日南三郡。
　　编者按：1955 年再版本此处注释云：越，暹语作“Yuan”，实系阮字之对音，盖以王越南之阮氏来指越南也。
⑥ 原文作“Khek”，直译为“客”字，指印度言也。南部居民则以“Khek”为马来。

庸愚无足与言大计者。佛历二三〇九（公元 1766 年）丑月白分初四①，土曜日，率众五百人，自城东突围出。官吏之从而走出者，据国史所载，为佛庆银（Phra Chiang Ngo'n）、銮婆罗门室祯（Luang Phram Sena）、銮辟产阿沙（Luang Phichai Asa）、銮喇杰刹内哈（Luang Racha Saneha）、坤阿徘帕克棣（Khum Aphai Phakdi），与万喇杰刹内哈（Mu'n Racha Saneha）。缅军遣二千人追击之。昭达部卒均极骁勇，大杀缅军，使不敢复追。所过之处，率劝降其民，而以其地为领土。军行六日而至巴秦府（Mu'ang Prajin），旋抵坚塔婆里（Janthaburi）。惟坚塔婆里太守不用命，时昭达所部已甚众，遂困陷其城，深沟高垒而驻焉。

时复有一伟人出焉。据国史所载，初名乃叔今达②，最后为喇塔衲歌姓皇朝③之宫佛喇王勃皇（Krom Phra Rat Wang Bawon），固昭达匡国时之右臂也。社稷既复，其兄佛菩提跃发丘拉禄④出仕，始降为左臂。

乃叔今达生于佛历二二八九年（公元 1746 年），其忠勇英武，吾人得于其水战缅军一役见之。当其既随昭达，叠封佛祃哈门德吏（Phra Maha Mantri）、佛爷阿努契喇杰（Phraya Anuchit Racha）、佛爷耶默喇（Phraya Yamarat）及昭佛爷苏尔须辟萨努瓦第喇（Jao Phraya Surasi Phisanu Wathirat）等爵，为近侍大臣，先其兄（一世皇）称昭佛爷掌帅印，继任辟萨努禄藩镇，要职也。胆略逾人，勇健如铁。某日，因失职被笞背六十。随即出浴，以巾猛擦创处，使背皮尽脱乃止，盖勿欲其留笞痕贻羞也。昭达爱之如己子，故入觐时，称王为父。⑤当其受笞也，昭达勿令他人执行，竟自笞之，盖其间已非君臣之礼而实为父子之情矣。

乃叔今达之入仕，缘其兄銮岳甲拔⑥——时居喇杰婆里（Rachaburi）——之作荐。时銮岳甲拔尚未得志，见其弟英俊有为，他日之功业将谁属，佐治将谁归，未可知也。因思昭达方据坚塔婆里，而其母仍居璧婆里（Phetburi），音信不得相通，存亡难卜，

---

① 暹罗史籍内之纪时，颇不一致：纪年有佛历、大历、小历，以及本皇朝之开国纪元等，历法有阴阳之别，建岁有迟早之分，每使读者如堕五里雾中，非深悉者，不易明了，余曾作《暹历概说》一文（曾载《星洲日报》星期刊《南洋研究》第 25 期，及暨南大学《中南情报》第 1 期）释之。此间丑月，即中国旧历之腊月，惟暹历建岁于辰。其阴历每月分望（khu'n）、晦（rem）二部，即《法苑珠林》及《涅槃经》等所谓白月、黑月，《大唐西域记》所谓白分、黑分是也。白分初四，原文直译当作"望四夜"（khu'n si kham）或言白月四日亦可。

② 乃叔今达（Nai Sut Jinda）即一世皇之弟，《伟人传记》及竹叶本《暹国史》均作"名文祃"（Bunma），行五。一世皇则原名铜昙（Thong Duang），行四。

③ 喇塔衲歌姓皇朝（Krang Rathanakosin）即本皇朝。

④ 佛菩提跃发丘拉禄（Phra Phutha Yot Fa Julalok）为一世皇登极后之尊号。

⑤ 弟既为子，兄之称郑华，即非婿，亦有自矣。

⑥ 銮岳甲拔（Luang Yot Krabat）为一世皇初受之封号。

苟令其弟乃叔今达，护送其母往，昭达必大感激，胜以巨金为寿。銮岳甲拔与乃叔今达均识昭达，盖銮岳甲拔昔曾与昭达同时披剃于寺内者也。

乃叔今达如其兄言，往逆昭达母，护送之坚塔婆里。昭达大喜过望，立授爵为佛祃哈门德吏。迨昭达已逐缅军，建都统婆里后，佛祃哈门德吏乃请逆其兄。昭达深器之，擢为佛喇杰瓦林（Phra Racha Walin）。

今将为述各国争雄之局矣。初佛房之国为最强，遂引兵攻辟萨努禄。辟萨努禄王坚守不屈，佛房军不得逞，乃退。

昭达据坚塔婆里，修战舰，养精锐，迨实力已充，乃引军入撒木巴工府（Mu'ang Samut Prakan）河口，进逼统武里，盖暹奸铜隐驻焉。接战未久，矮铜隐[1]之军即溃，而身死之。溃军奔告缅将苏基。苏基即率部迎敌。时昭达已引军北上，抵大城，苦鏖甚烈。苏基卒以身殉，缅营遂陷。一国亡，而成五国分割之局。

是役也，乃昭达无上之光荣也。以此一捷，遂使暹罗反败为胜，而昭达亦成为匡复之英杰，盖是时虽尚有数国分割，然均为暹人矣。

王既逐缅军，乃车驾故都，见满目荒凉，宫阙民居，率成灰烬，盖尽燃于缅军焚掠之浩劫矣。王欲兴筑，重复旧观。忽一夕，梦前皇来逐之勿使留。王以为不祥，乃弃大城，南下奠都于统婆里，遂登极为暹皇。时佛历二三一〇年[2]，年仅三十有四，为暹罗立国以来第四十世君主，国史称之为颂戴佛勃隆喇杰第四（Somdet Phra Borom Racha Thi Si），吾人则均称之为佛昭恭统婆里（Phra Jao Krung Thonburi），今将用之矣。

佛昭恭统婆里之王暹也，实较佛衲雷巽大王之责任为尤重。盖佛衲雷巽大王时，国家尚安宁，但佛昭恭统婆里则须重行建国兴教。时值凶年，死亡枕藉，哀鸿遍野，王乃大举赈济，并分封诸心腹出任太守，招降民众，使仍安居如昔日。

暹罗为佛教国，但教之兴衰，须视国之安危而定。时国事蜩螗，教亦必随之而衰，僧侣无所得斋，有不守法戒而堕落者，有投效缅军为爪牙者。佛昭恭统婆里率执而鞫之，褫其袈裟，处以教规。既而诏访高僧，入组佛门宗师团，颁定其制，并敕皇族为之护法。王亦自恩助僧侣之睿智者研习经典，复兴佛教。

建业之年，缅甸皇[3]思暹罗仍丧乱未已，拟乘机重复入寇，乃命土瓦府（Mu'ang

---

① 矮（Ai）为暹语詈辱之词，义为“逆”。原注云：“史氏之忠厚过度者，仍称之昭铜隐，余以‘矮’较‘昭’为当也。”

② 当公元1767年，清乾隆三十二年。近人有以翌年入贡中国，表达北京为三十六年者，误。盖宵旰忧勤，实未暇贡事。或以乾隆四十三年郑昭破缅王暹者，亦误，实与入贡事互混也。

③ 原文作“Phra Jao Angwa”，译言“阿瓦皇”，指孟驳（Mangru）。

Tawai，即 Tavoy）守率该处军民二万人窥犯。佛昭恭统婆里得闻，即遣佛祃哈门德吏为前锋，御驾亲征。是为佛祃哈门德吏初次之勋绩。佛昭恭统婆里之声威，因以大振，使其他暹人分割诸国咸闻而敬畏也。

虽然，佛昭恭统婆里之功业，正方兴而未艾也，盖除扫荡缅军残孽于暹地外，尚须征服分割诸国，使归一统。诸国中以辟萨努禄为最重要，宜先取之，遂移军往讨。惟是时辟萨努禄方强盛，负固顽抗。佛昭恭统婆里督战阵上，为敌铳中左体，始知是时尚未易克之，乃引军退。

攻辟萨努禄未下，佛昭恭统婆里因悟先攻大国为失计，当先取易克之小国，以增己势，然后乃往收复之。时国之最弱者为辟迈，盖其民均心向皇而勿复爱昭辟迈矣。且昭辟迈亦庸碌无治国材。于是佛昭恭统婆里乃决先往征六坤喇杰西马。俟其创愈，当兴师。

是时佛喇杰瓦林（即一世皇）始与其弟佛祃哈门德吏同任先锋。暹军屡战皆捷。辟迈主将佛爷瓦喇王萨喇（Phraya Warawong Satrat）败退至鲜喇府（Mu'ang Siamrat）。暹军乘胜追击，又下一城，乃返六坤喇杰西马，时宫万帖辟匹闻风率家欲出走室利刹那崑笏（Sri Satnakhonhut），为其民坤旗呐（Khum Chana）擒而献焉。皇下令弃市，并赐坤旗呐为佛爷甘衡讼坎（Phraya Kamheng Songkhram），即治六坤喇杰西马。又亡一国，余者凡四国。

是役也，佛喇杰瓦林与佛祃哈门德吏二昆仲居首功。皇遂封其兄为佛爷阿徘骆纳烈（Phraya Aphai Ronarit），其弟为佛爷阿努契喇杰。

时辟萨努禄极强盛，佛昭恭统婆里既攻之不克，其王即自登极称皇。未既①病殁，其弟佛印阿贡（PhraIn Akon）嗣立，但未敢称皇，盖信其兄之殁，缘于僭称至尊所致也；然其治国极平庸。昭佛房见其易与，即引兵侵之。昔昭佛房曾先佛昭恭统婆里攻其国，未克而去，斯时则不然，辟萨努禄已非昔比矣，不特军民庸愚无能，且有卖国者。佛房军乃陷其城，执佛印阿贡而戮之。辟萨努禄遂属于昭佛房。

又一国亡，余者为北方佛房之国，中央佛昭恭统婆里之国，及南部六坤室利谭马剌国，于是遂成鼎足之势。

佛昭恭统婆里方欲举兵征六坤室利谭马剌，忽有事于柬埔寨②。盖其王子名衲王佛乌秦喇杰（Nak Ong Phra Uthai Racha）者，乞越师略棚泰璧府（Mu'ang Ban Thai Phet）。

---

① 编者按："未既"当为"未几"讹。
② 柬埔寨（Cambodia）暹语作"Khamen"，即《唐书》之吉蔑，古为扶南、真腊、占婆等国。

王子衲王佛喇嘛提勃棣（Nak Ong Phra Rama Thibadi）不能守，率家奔避，入暹乞倚于佛勃隆菩提颂槃（Phra Porom Phothi Somphan）。佛昭恭统婆里即乘机欲开拓疆土，乃敕佛爷阿徘骆纳列与佛爷阿努契喇杰昆仲率师往讨，别遣昭佛爷磇克里（客卿）为帅，偕佛爷耶默喇（Phraya Yamarat）佛爷室利辟珀（Phraya Sri Phiphat），佛爷璧婆里（Phraya Phetburi），率众五千，往征六坤。入六坤境，即降其冲逢及却涯（Chaiya）二要隘，军势大振。但六坤亦顽强，犹负固。佛爷璧婆里及佛爷室利辟珀均战死。昭佛爷磇克里与佛爷耶默喇遂中馁。皇知非亲征不为功，乃率御军由海道往，飓发，覆舰数艘，仍不止。皇于却涯登陆，统军进讨，水师则由海道直逼六坤。

六坤军不支，城陷，昭六坤出奔，大军遂入驻。佛昭恭统婆里之声威益著，盖佛昭恭统婆里之作战也，辄身先士卒，勇冠三军，部众且有追随莫及者。

昭六坤遁未及远，即为所执。[1] 群臣咸议斩，而皇不谓然，且曰："昭六坤固非朕臣也，朕得自立，昭六坤当亦得自立也。"乃命随驾入京，而封皇侄昭衲剌苏利耶王（Jao Nara Suriyawong）于此。[2]

佛昭恭统婆里治国不忘兴教。其将去六坤也，即下诏命迎《三藏经典》（Phra Trai Pidok），缮写一份，妥为保藏，而送其原本返。

至讨柬埔寨之军，初亦屡战屡捷，直抵佛塔邦（Phra Thabong）。忽军中谣传佛昭恭统婆里出征六坤，崩于阵。佛爷阿努契喇杰闻之，惧京中有变，留其兄佛爷阿徘骆衲烈驻守六坤喇杰西马，引军返。至络婆里（Lopburi），始悉其妄。佛昭恭统婆里闻其未奉诏而谬然返，因召诘其故。佛爷阿努契喇杰以实对。佛昭恭统婆里嘉其忠而赏之。

六坤既克，又亡其一国，存者惟佛昭恭统婆里与昭佛房二国相对峙，争为长雄耳。

时昭佛房及其徒党犹披袈裟，恬不为耻，而其行则卑污之至，酗酒、残杀、奸淫，无恶不作。佛昭恭统婆里遂封佛爷阿努契喇杰为佛爷耶默喇，与其兄率师为前锋，亲统御军讨伐之。佛爷耶默喇克辟萨努禄，进逼昭佛房之国都宋客婆里。既而皇即擢佛爷耶默喇为帅，率军进讨，己则驻跸辟萨努禄坐镇。佛爷耶默喇与其兄进军，与宋客婆里军

---

[1] 据 *Siam, From Accient to the Present Times* 云："昭六坤窜渳大泥（Pattani），渳大泥酋擒之以献。"

[2] 考《六坤府志》（Phongsawadan Mu'ang Nakhon Sri Thamarat）载："佛历二三一二年，佛昭恭统婆里御驾亲征六坤室利谭马剌，擒其王，惟谕曰：'昭六坤乘乱割据，非可以叛逆论也。'遂令晋京仕于朝，封皇侄昭衲剌苏利耶王于六坤。后，昭衲剌苏利耶王毙，时佛历二三一九年也。佛昭恭统婆里谕曰：'昭六坤来京供职循良，且献其女入宫，已生二子——佛蓬萨衲麟（Phra Phongsana Rin）与佛印阿徘（Phra In Aphai）——朕可无虑矣。'乃命返治六坤。"其封建仪式，极为隆重。再，佛昭恭统婆里不仅克六坤，据《宋卡府志》（Phongsawadan Mu'ang Songkhla）载："同时复取宋卡，识拔华侨漳州人吴阳，封之子爵，后遂为该地开辟之祖。"二书余已译为中文，惟尚未问世。

激战甚剧。时昭佛房之坐象忽产一小白象，昭佛房见不敌，乃携小白象，自佛爷阿徘骆纳①烈防地突围出奔。大军遂陷宋客婆里。佛爷阿徘骆衲烈得报，即遣人踪之，获其小白象归，昭佛房则不知所终。

佛爷耶默喇既灭其国，遂使暹罗复归一统，厥功甚伟，逐晋爵为昭佛爷苏尔须辟萨努瓦第喇，驻辟萨努禄府，为北部之疆吏。年二十七而得称昭佛爷之显者，实为暹国有史以来之第一人也。

至佛爷阿徘骆衲烈，则勿逮其弟远甚。据《伟人传记》云，佛昭恭统婆里见其佚昭佛房，坐失军机，罪当斩，惟念其汗马功高，从轻发落，仅笞背三十。②迨其献小白象，乃赐袭其弟旧爵，称佛爷耶默喇，时年三十有四。③

昭佛房既灭，佛昭恭统婆里即统治北方，使之平静，并搜捕曾为昭佛房党羽之淫僧，处之以法。

暹罗成割据之局者凡三载，结束于佛历二三一三年④。换言之，即佛昭恭统婆里能于三年之内创建一新国家。

中 拓地功业记

颂戴佛昭恭统婆里凭其雄才大略，及其右臂英杰昭佛爷苏尔须之辅佐，既于三年之内，重建暹社，此后之要务有三：一，抗御敌寇；二，开拓疆土；三，治国安民。此三者，颂戴佛昭恭统婆里乃欲同时行进，而同收良效焉。

---

① 编者按："纳"据上当作"衲"，下径改。

② 原注云："余尝闻诸父老言：佛昭恭统婆里幼时与颂戴佛菩提跃发丘拉禄（即一世皇）同居一寺内。佛昭恭统婆里为华人子，留有发辫，颂戴佛菩提跃发每喜执其辫以为戏。佛昭恭统婆里怒，辄愤然曰：'如吾一朝得志为王，必笞尔背！'信否余未敢必。《伟人传记》尚载：'后已称昭佛爷碻克里时，又以得罪，被笞背五十；盖奉旨以金叶饰宫饰褪琶祸督（Krom Phra Thephamatu，按即母后）骨塔，竟为雨所剥蚀，致圣威蒙不吉故也。'"按父老所云，未可信，盖暹史既载其为昭佛爷碻克里之义子，当已暹化，安有发辫？至《伟人传记》所载，亦与竹叶本《暹国史》有出入。竹叶本云："一日，皇入定静室，禁群臣勿妄进。昭佛爷碻克里请觐，侍卫挥手止之，误为招手，犯禁入。皇令搜其身，无所获，谕以自劾。请死，皇曰：'卿功臣，何可死？'请无期徒刑，亦勿许。请笞背六十，许之。"证之任何史籍，皇之笞其背，非为私怨也明矣。

③ 至是使余对于三人之年龄不无疑也，本书载郑皇生于佛历二二七七年，一世皇生于二二七九年，其弟生于二二八九年。郑皇登极时为佛历二三一〇年，皇年三十四。灭昭佛房为二三一三年，皇年三十七。以此类推，时一世皇当为三十五岁，其弟当为二十五岁。乃此处以一世皇年三十四，其弟为二十七，且言之凿凿，前后必有一失。更据竹叶本《暹国史》云：一世皇行四，其弟行五，为同母所出。后其母殁，其父继娶其妹，生一子，即宫銮衲麟（Krom Luang Narin）。则二人年龄相差十岁，亦有可疑。

④ 当公元 1770 年，清乾隆三十五年，暹史有以是年为佛昭恭统婆里元年，而以前三年为乱世无君主者。

恭室利阿育塔耶（即大城皇朝）既亡，而恭统婆里乃代之而兴。前记所载佛昭恭统婆里之一统暹罗，依昭佛爷苏尔须如右臂，但此后之三大政纲，则将以佛爷耶默喇（一世皇）为右臂，其弟为左臂矣。

佛爷耶默喇固亦一超群绝伦之人杰也，向之未能与乃弟昭佛爷苏尔须并驾齐驱者，盖尚未惯军旅之事也。当缅甸陷大城时，佛爷耶默尚为銮岳甲拔，仕于喇杰婆里。昭佛爷苏尔须则为乃叔今达，居京师，目击战事，且曾参预其役，故一投佛昭恭统婆里，即能建功立勋。佛爷耶默喇则尚须习练也。迨从戎于出征六坤喇杰西马，辟萨努禄及宋客婆里诸役后，经验乃富，至是已成佛昭恭统婆里之良将，即缅军亦称誉之。

今将为述颂戴佛昭恭统婆里一生之功业矣。其功业之荦荦大者，厥为战绩。

一 征景迈（佛历二三一三年）

自缅甸攻大城以迄佛昭恭统婆里之建国，南那国（Prathet Lanna）均为缅甸所统治，以缅人贲育案（Pom yu Nguan）任景迈①太守。当佛昭恭统婆里统一暹罗之年，（佛历二三一三年），暹缅又起战事矣，盖景迈缅人率缅、罗②联军，进犯巽客禄（Suankhalok）。太守昭佛爷巽客禄坚守勿却，并入京告急。

颂戴佛昭恭统婆里即下诏，命辟萨努禄、苏库泰及辟产三府，引军往援。此三府之军中，有昭佛爷苏尔须在，固已足拒缅军，逐之出境矣，而皇犹统率三军，御驾亲征。大军至，北方诸军已将缅军击退。于是遂进压景迈，抵沛府（Mu'ang Phre），太守缅人出降，乞为扈从。大军方欲开拔，忽有人入谏云，前途苦旱，未可谬然进也。皇不听，仍欲前进，以或能幸免于厄也。是夕竟得甘霖，士卒得饮水，御军遂行。

景迈太守遣兵出城迎敌，不利，乃退守城中，负固坚持。暹军攻之不下。皇因思古来暹之攻景迈，固未能一举即下者，乃下诏班师。

军方退，缅军突出猛击，后卫溃，乱及御军，颂戴佛昭恭统婆里即亲持长刀杀敌，与士卒无异。缅军大败，狼狈遁去。御军乃得安抵京师。

二 征柬埔寨（佛历二三一四年）

前记所载柬埔寨之役，因其王子衲王佛喇嘛提勃隶失地，颂戴佛昭恭统婆里即命昭

① 景迈（Chiangmai）俗作青迈，古大八百媳妇国（世传，其酋有妻八百，各领一寨，故名。但不可信）地也，又称八百大甸，明初内附，设八百大甸军民宣慰司。《庸庵日记》云："景迈为老挝西部之最富有者，城在湄南江上游，湄滨江右岸。"
② 罗（Lau）今作老挝，即《明史·暹罗传》"罗斛"之省文也，与暹人同属泰族，详见美教士 Dodd 之 *The Tai Race*。

佛爷苏尔须——时尚为佛阿努契喇杰——与佛爷耶默喇——时尚为佛阿徘骆衲烈——为之收复。后因谣传皇出征六坤阵亡，佛阿努契喇杰急遄返，征柬埔寨之役遂中止。至是，皇复思往讨，乃封佛爷耶默喇为昭佛爷碛克里，拜帅，率众万人，取道巴秦府，往攻佛塔邦、菩提萨（Phothisat），直捣棚泰璧，并令载衲王佛喇嘛提勃棣于军中。皇自统水师出河口沿海，取道坚塔婆里，入棚泰玛（Ban Thai Mat）河口，直达城下。时柬埔寨已占领其地，皇乃命下书招降。书去，三日不得覆，遂攻陷其军，太守越人出走。封一暹吏为佛爷喇杰绥蒂（Phraya Racha Sethi），统治其地。皇复进军攻棚泰璧，盖是时柬埔寨已建都于此矣。

昭佛爷碛克里之师，亦所向克捷，连下佛塔邦、菩提萨、勃烈蓬（Baribun）诸城，几与御军同时抵棚泰璧。衲王佛乌泰喇杰惧，出奔越国。暹军因取棚泰璧甚易。皇即封衲王佛喇嘛提勃棣为柬埔寨王，并命佛爷碛克里与佛爷歌萨帖拔棣（Phraya Kosathibadi）佐治其地，待其平静。

颂戴佛昭恭统婆里既克柬埔寨，立其王，柬埔寨遂为暹之藩属，且王亦感戴其恩。事定，皇不忘兴教，驾幸瓦阿蓝佛寺（Wat Wa Aram），谒高僧，献四施①，以越语与论佛理，勖以法戒。已，仍由海道班师。

既返，出奔在外之棚泰玛太守，复率众攻城，最后溃退。皇闻之，知棚泰玛必多事，保守甚难，徒折将士耳；因下诏召佛爷喇杰绥蒂弃棚泰玛晋京，并令昭佛爷碛克里亦班师。

此次出征柬埔寨，实为昭佛爷碛克里建功之初，嗣后遂成皇之良将，取其弟昭佛爷苏尔须——方治北方——之地位而代之矣。

三 征景迈（佛历二三一七年）

当佛历二三一五年，御驾亲征柬埔寨之役方起，景迈缅军即乘隙入寇，困辟产城，太守佛爷辟产奋力抗御，昭佛爷苏尔须亦不待诏即率师往援。双方激战甚烈，直至短兵相接，缅军始不支，溃退。

翌年，佛历二三一六年，缅军复犯辟产，昭佛爷苏尔须仍率师往援。是役也，皇复有一良将大显其身手，盖辟产太守佛爷辟产也。佛爷辟产奋身杀敌，至折其长刀，得"折刀佛爷辟产"之号云。北方既战乱频甚，皇思非大举讨伐景迈不为功。佛历二三一六年，

① 四施（Jatu Patjai）直译当作生活四要素，此间指僧衣（Jiwon）、斋（Binthabat）、道场（Senasana）、药材（Khilanphesat），即常人所谓衣食住药也。

下诏稽查国内之壮丁，俾知能参战者为数若干，入征者刺其腕以为记。次年（佛历二三一七年），调集京畿及北方二路大军，御驾由水道北上，会师于达府，诏命昭佛爷碛克里为京军都督，昭佛爷苏尔须为北军都督，进讨景迈。

是役，不仅得景迈，且又有足称者，盖于是役得见暹人之孟晋，军中自都督以迄士卒，莫不戮力同心，尽职效忠。昭佛爷碛克里亦大显身手，不逊于乃弟昭佛爷苏尔须矣。斯二英杰于是役建功于暹国甚巨，盖景迈既克，足示暹人之不复畏惧缅甸矣。

时缅甸国内适以蒲甘叛变而多事。盖缅甸有老将名阿佘温基（Asewunki）者，威胁蒲甘，使不得独立。蒲甘人怨怒，相率遁去，俟隙而作。乱起，缅甸遂不暇兼顾景迈。且南那国之罗人，亦有愿内附者，如南邦（Lampang）王然。暹人官吏亦极才干，即如昭佛爷巽客禄之吏胥，亦能劝说南盆（Lamphun）、景迈之土人，使其归向暹人而能心服者甚众。

初缅军之作战也，率众出袭昭佛爷碛克里之营地，营内士卒抗拒之，卒不得逞而退。是时二都督即率所部夹攻，俱得利。间谍走报御营，皇拊掌大喜曰："今将安辨其兄弟之才武孰强哉？"

固也，昆仲二人实无分轩轾，盖二人同时陷其城。缅人贲育岸——景迈之统治者——及其吏佐波凤泼拉（Posupla）——缅京阿瓦所遣派者——携其家族自白象门（Pratu Chang Phu'ak）出走，是处盖昭佛爷巽客禄之阵地也（后昭佛爷巽客禄曾以此受笞背五十）。御军入驻城中，分封暹官吏及诸暹酋于南那国各地，并命昭佛爷碛克里坐镇焉。于是回銮京师。未及旬日，缅甸复举兵来犯；惟仅小股，暹军以二千人拒退之。

方御驾之回銮也，御船触礁沉，随驾者均溺死，惟皇精于游泳，泅水登沙滩脱险。

皇既克景迈，遂得以南那国土入暹版图，迄于今日。其未能同时获得者，则昭佛爷碛克里剀切晓谕，以言辞悦服之，使奉诏内附，勿萌异志。

四 征缅甸（佛历二三一七年）

战事起于喇杰婆里府之盘沟乡（Tambon Bang Keu），未有若何重大之原因，仅暹国欲干卫疆土，并收容奔避入境之人民而庇护之耳。盖蒲甘既叛，缅皇乃自阿瓦敕阿佘温基大将往平乱。蒲甘人遂相率奔避于暹国境内。是时暹罗不仅许若辈谋生国内，且出兵庇护之，另驻一军以断缅军之追击。故蒲甘人民之入暹也，犹行脚炎日之下，得入浓荫，惟暹人则因之而流血牺牲焉。

当蒲甘人民奔避入暹，阿佘温基即令部将峨约孔温（Nguyokhongwun）追击，并命之曰："如可及，虏之返。不及，如已入暹，则舍之。"峨约孔温固骁勇，前曾战胜暹军者，因颇自负，以为歼暹军直类宰牛耳，当可令其全军覆没，盖以为暹军犹如大城覆亡之时，一击即溃也。于是进压三塔关（Dan Phra Jedi Sam Ong），遂与暹驻军遇。暹军单薄，不支而退。是时，皇已抵京师，遂命于京中调集兵马，令皇子佛王昭水①与侍尉佛爷帖佩勃棣疆王（Phraya Thibet Badi Jangwang），率众三千驰守喇杰婆里府，并召北军至。北军将抵京，驾幸浮宫（Tamnak Phe）。今将士入朝毕，即将出征。谕将士不得更逗留家园，因北军至，亦不得稍事休息而须继续进行②也。有将校一人，名佛投约他（Phra Thep Yotha）者，逆旨，往省其家。皇大怒，下令逮之入浮宫，绑于柱，手刃之。盖不如是则无以正威信而救危亡也。

缅军凡五千人，房人民，掠财物，行同大盗。苏畔（Suphan）、甘郡婆里（Kanjonburi）、六坤蔡室利（Nakhon Chai Sri）、喇杰婆里、璧婆里及撒漠讼坎（Samut Songkhram）一带，咸遭其蹂躏。璧于喇杰婆里府之盘沟乡。佛王昭水之军至，即围缅营。皇亦统军至。方车驾之将行也，适母后宫佛褆琶袆（Krom Phra Thephamat）违和，病且剧，苟常人必暂止矣，皇则不然，以国事为重，立开拔。同时且分军各路以困缅军。

此役也，暹军着着均占优势，盖兵力雄厚于缅军者一也；吾军确知缅军之阵地，得以全力攻之者二也；三，缅军骄敌过甚，任暹军安营困之，盖以为随时得攻而出也。缅军之轻视暹军也，甚至见暹军筑营垒，包围之，不即出战，任其安置既妥，乃使人高呼问曰："营安也未？"已，乃自知其失，盖暹军既雄厚，复精锐，缅军远非其敌，遂不得脱。缅军饷粮日匮，皇知之，遂用饥困饵诱之计以制之。

阿佘温基方驻莫笪麦③，见峨约孔温久而不返，知有变，乃令缅皇亲贵笪铿麦尔农（Takhengmaranong）率众三千赴援。抵屹峨山（Khao Changum）璧焉，盖阻于暹军不得入，惟频传书与困军，俾知援军已至。困军屡冲重围，终不得出。后昭佛爷碛克里与昭佛爷苏尔须亦率所部自北至，诏封昭佛爷碛克里为全权大元帅，御驾则亲临督战。缅军屡图突围，率为暹军击回，不得出。粮绝，乃有头目乌麦星角崛（Utmasingjojua）等率部出降，乞为俘房。惟主将峨约孔温犹与暹军谈判，谓愿缴械，并率献所有，但乞纵之归国。暹军则谓既愿投降，当不必加害，至纵之归国则不可。交涉数日未决，缅军饿毙殆半，乃出乞降。仅余千三百许人，盖饿死者达千六百许人云。

缅军既降，逐下诏进击他处缅军。大败之，残众奔投阿佘温基。于是暹军大捷。

是役暹军虽未得重大之利益，但俘获降卒一千三百余人，较逐之出境为尤愈也。且

---

① 佛王昭水（Phra Ong Jao Jui）之"水"字，非暹语，盖潮州土音之华名也。
② 编者按："进行"当为"行进"。
③ 莫笪麦（Motama），按，即今之毛淡棉（Maulmen），或作摩尔门。

此次之胜利，亦能使国人深信暹军之不弱。皇之神机，又能不战而困服之。至缅军三千，无一得返者，至少亦足以沮丧其气，而吾人得以自诩者也。

五　征缅甸（佛历二三一八年）

此次战事，盖统婆里皇朝一大事也，其因实缘于第四次之战事。当笪铿麦尔农返报阿佘温基以峨约孔温全军被俘之消息后，阿佘温基见暹军所向无敌，亟宜制之，乃调大军三万五千人，进压姆辣麻关（Dan MeLamao）。

阿佘温基举军将入，京中又得报，谓景迈逃将波夙泼拉（Posupla）与波麦育岸（Pomayungan，按，即赍育岸）卷土重来，拟夺回景迈。皇即命诏佛爷苏尔须驰援，并命昭佛爷碻克里佐之。缅军闻讯，即退据景线①。暹军方欲移师北伐，忽闻缅军进压姆辣麻关，乃急驰援辟萨努禄。

至是缅甸大将阿佘温基②出马矣。阿佘温基昔曾于中缅之战挫清师，性谦恭而志英武，常以婆楞农皇（Phra Jao Bulengnong）之风度自拟。婆楞农皇者，昔曾以大军陷暹北部诸地者也。

阿佘温基引军至巽客禄，即欲一显其英武，逐执巽客禄胥吏二人，询之曰："辟萨努禄太守'虎侯'（Phraya Su'a，指昭佛爷苏尔须）在否?"时昭佛爷苏尔须尚在景迈未及返，辟萨努禄（疑为巽客禄之误）胥吏答称，尚未返。阿佘温基乃曰："主将不在，且勿往辟萨努禄。"遂驻苏库泰。

迨昭佛爷碻克里与昭佛爷苏尔须抵辟萨努禄，阿佘温基乃进围攻。暹军抗拒甚烈，且反攻缅营焉。初，昭佛爷苏尔须引军出战，败退；及昭佛爷碻克里引军出，始转败为胜，屡迫缅军退守营内。阿佘温基见昭佛爷碻克里英武特甚，因请相其身，赞叹其雄梧英武，且预言其终当为人君者③；惟谓必克辟萨努禄，以后则缅军勿复能操胜算矣。是日为休战日，双方士卒均相酬酢，融融如也。

---

① 景线（Chiang Sen），即古小八百。

② 原注云："阿佘温基（Asewunki）即缅语 Asiwunkhyi，译言'卿秩皇军军需税务司'（Maha Amat Phu Kep Sui Samrap Phra Rachathan Thahan）也。"

③ 此段颇可疑，军中而能私与敌戏嬉酬酢者，于理未合；预言云云，更显然与刘邦大泽斩蛇、陈涉狐火篝鸣，同出一辙。前节之所以特称阿佘温基者，亦不过欲为此节作张本耳。于此可知昭佛爷碻克里之异志，盖萌于斯时也。

颂戴佛昭恭统婆里闻阿佘温基率大军至，即统御军万二千余人北上。同时命皇侄[①]昭蓝腾（Jao Ramlak）——宫坤阿努剌讼坎（Krom Khun Anurak Songkhram）——往守璧婆里，以防缅军之由星坩关（Dan Sign Khan）方面袭击。

战事之枝节甚繁，此处为篇幅所限，不获详述，读者可参考颂戴佛昭勃隆王头宫佛爷昙隆喇杰努琶[②]所著《暹缅战史》（Ru'ang Thai Rop Phama）。战事连绵凡十逾月，盖自佛历二三一八年，岁次乙未，子月，至佛历二三一九年，岁次丙申，酉月始止。实未有胜负，盖双方均告绝粮矣。暹军遂弃辟萨努禄，缅军进占之，仅得一空城耳。缅军方入城，阿佘温基奉召须班师，盖缅皇孟驳（Mangru）薨，新皇赘角牙（Jinkuja）立，缅师须均召返也。

战事虽未有胜负，然流血牺牲，缅军实较暹军重大数倍。此次又使缅军确知暹人诚非昔比。方阿佘温基之入据辟萨努禄也，尝谓其部将曰："今之暹军，精锐忠勇，迥非昔日可比矣。辟萨努禄之失守，非战之罪也，盖粮不济耳。后之欲入攻暹国者，苟其将材未能过吾，或竟不及者，勿攻为上，否则决无胜理。如才高于吾，则攻之或可胜也。"

六　征缅甸（佛历二三一九年）

此次战事，盖为前次之余波，缅甸阿瓦皇赘角牙见缅军占领辟萨努禄，损失甚巨，欲有以取偿之，乃调集缅甸及蒲甘军队，得精锐六千，命庵玛乐温（Ammalokwun）为帅，率之往，与现壁景线之波麦育岸部众，会攻景迈。景迈守佛爷尉乾巴工（Phraya Wichian Prakan）知不敌，乃行文告急于京师，己则携家弃景迈，奔巽客禄。诏命昭佛爷苏尔须反攻景迈，克复之。缅军既退，皇思景迈人民颠沛已极，欲求其如昔日之繁盛，不可得矣；且亦决无干卫之能力，苟暹师退，缅军心再犯，徒苦苍生耳。乃命弃之。于是景迈遂废为荒墟，约历一十五年，追颂戴佛菩提跃发（即一世皇）立，始收复重建之。

---

① 皇侄，暹语作"Lan Tho'"，亦可译作皇孙，本篇中称"Lan Tho'"者凡三人，即封于六坤之昭衲剌苏利耶王，此间之昭蓝腾及为一世皇篡位时所囚之宫坤伦普倍，惟末一人曾声明为皇孙（Rat Natda），余二人，余以皇年仅四旬左右，其孙未必能长成而有统军出征之力，故译为侄。至皇子，暹语作"Luk Tho'"或"Rat Orot"，据余所知，有出征缅甸之佛王昭水，六坤郡主所生之佛蓬萨衲麟与佛印阿徘，一世皇篡位时所囚之昭发宫坤印陀嚣塔，与二世皇登极时叛变被杀之昭发宫坤甲萨剌努溪等五人，不见于史者当必更多。

② Somdet Phra Jao Borom Wong Tho', Krom Phraya Damrang Racha Nuphap 为五世皇弟，六、七皇之叔，今幼皇（Ananda）之叔祖，现任皇家学院院长，为暹罗惟一之国史家，暹人尊之为"暹史之父"（Phra Bida Heng Prawatsat Sayam），专攻暹史凡四十余年，著述甚富，暹人之言史者皆宗之。

此次盖统婆里朝与缅最后之一战也，后暹军即转辗作战于他方，未已而京中难作矣。

七　征柬埔寨（佛历二三一九年）

暹军方与阿佘温基作战时，忽六坤喇杰西马有变。盖囊龙（Nang Rong）太守佛爷囊龙——本隶六坤喇杰西马所辖——忽与佛爷六坤喇杰西马龃龉，献其城于占霸寨（Jampasak）王昭阒（Jao O）——时盖一独立之酋长也。颂戴佛昭恭统婆里得佛爷六坤喇杰西马之报，即命诏佛爷碢克里引军往讨。克囊龙，斩佛爷囊龙。六坤占霸寨王即引众万余，犯六坤喇杰西马。时昭佛爷苏尔须适在京中，皇即命之引军往攻占霸寨。暹军二路并进，所向克捷，连下占霸寨西探盾府（Mu'ang Sithandon）、阿堡府（Mu'ang Atpu'），并招降柬埔寨之苏陵（Surin）、桑克（Sangkha）、枯坎（Khunkhan）诸城。国势大振。皇大喜，将士咸蒙恩赐。昭佛爷碢克里居首功，晋爵亲王，赐封号曰颂戴昭佛爷祃哈甲萨塞、辟勒祃希马、托衲克喇尔阿戴、衲雷巽喇杰苏烈耶王、昂阿克尔、拔模立加贡、勃皇刺笪衲伯列那龠①，贵显甲朝廷，举世无与匹矣。

八　征南掌（佛历二三二一年）

至是发生一极不幸之事焉，盖南掌②，或称室利刹那崑笱（Sri Satnakhonhut），向为吾国良友者，竟背弃初衷，与吾宣战矣。考其原因，盖其相佛卧（Phra Wo）与其王不睦，自国都圩坚（Wiang Jan）出走，投六坤占霸寨王。当暹军克占霸寨，佛卧乞降。迨暹军班师，圩坚王即令佛苏坡（Phra Supho）引军往逮佛卧而斩之。佛昭恭统婆里闻而大怒曰："此佛昭恭室利刹那崑笱轻朕也。"遂命颂戴昭佛爷祃哈甲萨塞偕昭佛爷苏，尔须讨伐之。

銮佛邦国③王闻暹军伐圩坚，因思苟默然，暹军克圩坚后，必乘胜攻銮佛邦。銮佛

---

① Somdet Jao Phraya Maha Kasat Su'k, Philuk Mahima, Thuk Nakhra Ra-adet, Naresuan Rat Suriyawong, Ong Akhrabat Muli Kakon, Bawon Ratana Prinayok 译言"至尊公爵征讨大君王、无上雄伟、威镇八方，衲雷巽皇祚胤、万民瞻仰，一品贵显宪台"。暹制：封号愈长，爵位愈尊。此间冠以"至尊"者，盖已以皇族视之矣，是则中史言其为婿，事出有因也。至所谓"衲雷巽皇祚胤"者，犹华人之自谓为黄帝子孙然，初无实据，仅褒奖之耳，乃原注云："余于此名，思之久矣，颇信碢克里皇朝系之出于苏库泰皇朝也。颂戴佛昭恭统婆里赐名颂戴昭佛爷祃哈甲萨塞以'衲雷巽喇杰苏烈耶王'者，当指其为衲雷巽之裔胄，必无疑也。余颇欲断言苏库泰皇朝之复兴，惜无其他证据，且未尝有人言之，故未敢独创其说。"此正与以孔明为孔子之后，同一笑话，可谓善于附会者矣。
② 南掌（Lanchang），或作缆掌，《庸庵日记》云："老挝本哀牢夷种，遍于西南徼外，《明史》之老挝，不过其部落之一，嘉靖间始称南掌。"
③ 銮佛邦（Luang Phra Bang）本亦南掌之一部，原注云："时已与圩坚分裂矣。"

邦王素与圩坚王有隙，遂迎颂戴昭佛爷祃哈甲萨塞，请助攻圩坚，并愿内附于统婆里朝。

暹军既有能将二员，益以銮佛邦军之助攻，圩坚国之覆亡，固无疑也。暹军围圩坚四月而得之，实则早日克之，非不可能也。

于是南掌国——或称恭室利刹那崑笏——与銮佛邦遂俱属于暹。颂戴昭佛爷祃哈甲萨塞请翡翠宝佛（Phra Ken Morakot）及邦佛（Phra Bang），自圩坚南下至统婆里，置翡翠宝佛于佛室利剌笪衲裟师大伦寺（Wat Phra Sri Ratana Sasda Ram），至今尚存。[①]

九　征柬埔寨（佛历二三二三年）

前已叙述颂戴佛昭恭统婆里大胜柬埔寨，并立其衲王佛喇嘛提勃棣[②]为柬埔寨王，柬埔寨遂为暹罹之藩属。至佛历二三二三年，有乱臣刺杀衲王谭祃哈乌伯喇[③]，未既而衲王祃哈乌伯岳喇亦病薨，二王之臣僚以为衲王佛喇嘛提勃棣所谋杀，因群起作乱，执衲王佛喇嘛提勃棣，沉之江中。柬埔寨遂无国君，仅存祃哈乌伯岳喇之幼子，年才四龄。于是发塔剌纥（Fathalaha）自立为王，且附于越以自固，勿复朝暹焉。颂戴佛昭恭统婆里即调集大军二万，令颂戴昭佛爷祃哈甲萨塞为元帅，昭佛爷苏尔须为前锋，皇子昭发宫坤印陀嚭塔（Jao Fa Krom Khun Inthra Phithak）为后备，并勇将多人，同往征讨柬埔寨；并谕颂戴昭佛爷祃哈甲萨塞，攻克后，即立昭发宫坤印陀嚭塔为柬埔寨国王。是为暹罗君主之欲以皇族治藩属之始。由是可见颂戴佛昭恭统婆里之雄心，实与欧罗巴洲之拿破崙大君主相伯仲。今更欲别建一国祚，以衍其皇裔。惜哉！壮志未酬，其皇系乃及身而止，绍裔无人，几令吾人忘其为何皇系者矣！

暹军入柬埔寨，颂戴昭佛爷祃哈甲萨塞驻军鲜剌，昭佛爷苏尔须引军自大湖（Thale Sap）畔西进，进棚泰璧——时为柬埔寨之附庸——诸将俱奋勇。发塔剌纥得讯，知不敌，即携家奔金塔城[④]，既而乞援于西贡（Sai Ngon）之越军。越王即遣兵一支壁金塔城。昭佛爷苏尔须引军追踪发塔剌纥，但尚未与越军接战。时昭发宫坤印陀嚭塔即入驻棚泰璧。战事至此中止，盖京中乱作，颂戴昭佛爷祃哈甲萨塞须遄返也。

---

① 原注云："圩坚亦有宝佛寺（Wat Phra Keu），惟现已残毁，除一殿宇外，均存废基而已。余曾访之，见其残殿建筑之式，与吾之宝佛寺同。因知吾人实仿其式而建者，惟雄伟壮丽则远过之。"

② 原注云："颂戴宫佛爷昙隆作颂戴佛伦喇杰（Somdet Phra Ramracha）。"

③ 祃哈乌伯喇（Maha Uprat）译言抚台，祃哈乌伯岳喇（Maha Upyorat）译言制台，故原注云："祃哈乌伯岳喇位高于祃哈乌伯喇。"

④ 金塔城（Phanompen），或译百囊奔。

下　病癫遇弑记

颂戴佛昭恭统婆里之结局，简言之，则为病癫耳。

考其病癫之原因，吾人咸知其为沉迷谶步（Wipatsana）、坐禅（Kamathan）过深所致者。非也。盖沉迷谶步、坐禅，起于已癫之后；其致狂之由，实缘于蒙琴（Mom Chim）、蒙斌芄（Mom Ubon）二妃①之故耳。

蒙琴为昭发吉（Jao Fa Jit）之女。蒙斌芄为宫万帖辟匹之女。昭发吉为佛爷辟萨努禄夺位时沉于江。宫万帖辟匹——昭辟迈——亦已正法。二女则为颂戴佛昭恭统婆里纳为妃，宠爱逾恒，常命伴卧左右。时有葡萄牙人二名，服役宫中为侍卫，赐衔企普蟠与骞普贝②。一日，有鼠啮宫幔，遂召此二侍卫入宫捕鼠。后有妃名昭葩嫭（Jao Prathnm）者，密奏于皇曰："蒙琴、蒙斌芄与西籍侍卫有染。"事之真相如何，不得而知。惟余不之信：一，此二妃眷宠逾恒，不免为他妃所妒嫉。二，二侍卫既忙于捕鼠，而同时复能于同一室内相对宣淫者，于理亦不合；即寻常绝色女子亦所不愿，矧蒙琴、蒙斌芄出身皇族，当决不至厚颜乃尔，遽然与人私通也。三，宫禁防卫森严，而此二侍卫能毫无事故，公然入内与皇妃私通，是亦决不可置信者也。虽然，既有人告发，自当鞫讯。但二妃方悲恸，愿随父于地下，因随口承之。至二妃之所以痛心欲死者，其理固易释也。盖二妃自恃其郡主之尊，见颂戴佛昭恭统婆里本一平民耳，起自行伍之中，及登大宝，收诸郡主为妃；二妃既自尊生傲，皇又非年少俊秀，纵宠爱蔑加，亦难博其欢心，至是遂萌死志。

二妃已承之，遂就戮。至二妃就戮之情形，据国史所载，厥状至惨，余亦不忍于此述之矣。及二妃死，皇乃大戚，且觉事之不确，而蒙斌芄方有妊焉。于是皇遂因悲恸过度而神智昏乱矣，竟欲追随二妃于地下。凄然顾左右曰："孰愿随驾于黄泉者?"有愿殉之者数人应旨。遂召浮图入宫，为皇及从殉诸臣诵经超度，俾就死焉。亲贵闻之大骇，亟请浮图谏阻之，乃已。虽然，皇之悲戚未能少解也，病癫遂剧。

其次，皇本为佛教之大护法。前记已述其虔信之诚，不论国内乱离若何，未常稍懈；每攻克一地，车驾所幸，必立即布教。奈何不获善果，竟以笃信之故，益使皇陷于大厄也!

---

①　蒙（Mom），暹语妃也。二妃均前朝郡主。

②　企普蟠（Chiphuban）译言"侍御"，骞普贝（Chanphhubet）译言"皇族之亲信"，均衔而兼号者也。

自阿佘温基犯北塞之役后，颂戴佛昭恭统婆里即常幸盘贰桡寺（Wat Bang Yi Ru'a）坐禅。至是乃重建寺宇，修饰而扩大之，盖已潜心于坐禅矣，神经于是益错乱。颂戴昭佛爷祸哈甲萨塞出师柬埔寨未久，京师骤乱。盖皇下旨令诸禅师召集佛门宗师大会，幸临而诘之曰："寻常比丘入觐，均尊朝仪跪拜，道行高尚诸尊者其未能乎？"宗师多畏其权威，即诌佞之曰："可遵也。"惟大盘瓦寺①方丈佛门大宗师（Somdet Phra Sangkharat）、菩提�寺②方丈佛辟玛拉谭（Phra Phimalatham）、小盘瓦寺③方丈菩达伽烈（Phra Phuthajari）三尊者对曰："毋须跪拜。"皇勃然大怒，遂下诏执此三浮图，并议职司（Thananu Krom）诸比丘，及其徒众，率论笞。从此，浮图入觐，均须跪拜如常人矣。

于是人民怨望，有悲浮图之困厄而愿代受夏楚者。未几，皇复疑大臣相率盗御库，竟命下狱鞭挞，施以炮烙，胁之招认。大臣之不忍其苦痛者，遂贿赂原告乞援。于是逞欲勒索之弊生，而群小得志矣；专事诬告，恣意横行。甚至有相率借此而糊口者。

颂戴昭佛爷祸哈甲萨塞闻之，遂于戌月或亥月（佛历二三二四年）停战，但未即晋京，仅命佛爷苏烈耶阿徘④引军返驻六坤喇杰西马，如京中果有变，则令进驻京师镇压。佛爷苏烈耶阿徘乃退驻六坤喇杰西马，颂戴昭佛爷祸哈甲萨塞仍坐镇鲜剌，惟战事则已于戌月或云亥月中中止矣。

此诚不免令人感叹者也，盖颂戴昭佛爷祸哈甲萨塞如能于中止昭佛爷苏尔须之进攻后，遄返京师，乘乱之未作，凭其元勋之尊，幽皇如疯人，立太子昭发宫坤印陀嚣塔嗣位，越自亦必能戡定也。乃颂戴昭佛爷祸哈甲萨塞计不出此者，亦自有故。盖皇之病癫，犹未知其确讯，且稍有变乱，谅即能平息，苟知其乱之将大作者，余知其决不致失视若不经意者也。

皇真不幸极矣，苟乱作于颂戴昭佛爷祸哈甲萨塞或昭佛爷苏尔须在京时，则亦不致有大变。二人既行，遂无一人效忠于陛下，诸贵显大臣，亦不知避于何所。致令群小用事，朋比为奸，专以诬告盗御库为谋生之道者，多至三百人。皇且封其为首者二人，其名潘西（Phan Si）者为坤吉币君⑤，名潘拉（Phan La）者为坤巴蒙喇杰霎⑥。于是大

---

① 大盘瓦寺（Wat Bang Wa Yai）亦称犍椎寺（Wat Rakhang）。
② 菩佗崙寺（Wat Photharam）亦作佛祇捧寺（Wat Phra Chetuphon）。
③ 小盘瓦寺（Wat Bang Wa Noi）亦作庵林寺（Wat Amrin）。
④ 佛爷苏烈耶阿徘（Phraya Suriyn Aphai），原注云："为颂戴昭佛爷祸哈甲萨塞之侄，官居六坤喇杰西马太守，时亦参预征越之役。"
⑤ 坤吉币君（Khun Jitrajun）译言"小美男爵"。
⑥ 坤巴蒙喇杰霎（Khun Pramun Rachasap）译言"聚宝男爵"。

肆诬陷，敲骨吸髓，惨遭夏楚或受戮者，日必多人。京中人民莫不怨怒于色，相率迁避于山野者无算。

人民既怨怒，变乱遂生，此固理之所当然者。

乱事起于故都，其原因如下：昔缅甸困大城时，居民咸埋其财宝于地下。及战事平静，物主尚存者，乃返发掘之。若其物主已死难而无嗣者，他人亦得往发掘之，惟须纳赋税，遂须有司专理其事。佛爷威纳隆（Phraya Wijit Narong）以岁纳税银五百斤①包承之；但掘藏之余，犹勒民以苛捐，遂使故都人民怨声载道。比京师居之迁避者，告以朝中混乱之状，故都人民遂蠢然而动，骤起作乱，入据府署。皇犹以为打家劫舍之类，仅命佛爷讪（Phraya San）往折狱。乃叛众②竟拥佛爷讪为首以长其焰也。

佛爷讪率叛众南下窥京师，时卯月黑分十一夜，土曜日（佛历二三二四年）也。抵京，时已晚，即入围宫禁。叛众虽乌合不及万人，兵器亦窳劣不全，乃竟无有能抵拒而逐之者。皇见势已危，急召凤寺（Wat Hong）方丈佛门大宗师（华人），偕佛辟梦谭（Phra Phimon Tham，方新立）、佛剌笪衲摩泥（Phra Ratana Muni），出乞和于佛爷讪。佛爷讪逼皇让禅披剃璟寺（Wat Jeng），并以兵围之，勿使逃遁，并搜捕诸皇族，下之狱，宫坤阿努剌讼坎（按，为皇侄）与焉。于是乃宣言暂执国政，以待颂戴昭佛爷祸哈甲萨塞。已，乃尽释皇所下狱诸臣民。民众既释，乃群往执潘西、潘拉等奸徒，杀之雪愤。于是到处相杀，死亡枕藉而无人制之者。

京中既混乱如是，颂戴昭佛爷祸哈甲萨塞闻讯，即命其侄佛爷苏烈耶阿徘率部晋京。既至，佛爷讪初自证其贤，未几，突变志欲僭位，乃就商于其所幽之宫坤阿努剌讼坎，使之率众围佛爷苏烈耶阿徘之私邸③。惟佛爷苏烈耶阿徘部下已防御于先，且昭佛爷苏尔须夫人昭锡侣尔嘉娜（Jao Sirira Jana）亦遣人往援，宫坤阿努剌讼坎之众遂溃散。佛爷苏烈耶阿徘即擒之下狱，遂擅权。佛爷讪亦无如之何④。佛爷苏烈耶阿徘复褫皇僧服，并囚之。

颂戴昭佛爷祸哈甲萨塞得讯，即命各军俱退，密遣心腹致书昭佛爷苏尔须，命包围太子宫坤印陀嚣塔，勿使知其事，并命驻守甘彭色崴府（Mu'ang Kam Pheng Sawai）之

① 斤（Chang），暹币制名，合八十铢（Bat），每铢（英语作 tical）现合国币一元一角余。
② 原注云："佛爷讪之弟与也。"
③ 佛爷讪，《南洋华侨史》作讪加富里（Sankaburi）且谓其"见势可乘，欲袭取其位，乃起师伐之，捕昭而纳诸狱中"，实不确。据本记所载史实证之，且贤于一世皇。此间言其欲僭位，亦有可疑，否则不应就商于皇侄也。今有二理得释之：一，或为其诈术，欲以皇族为之傀儡，消灭一世皇之势力；二，或因一世皇之野心已暴露，而使之追悔以往逼宫之失，欲赎前愆，乃予兵权与皇侄。两者均属可能。
④ 他史咸载佛爷讪为一世皇所杀，本记不详。

佛爷谭祃（Phraya Thama），执皇孙宫坤伦普倍（Krom Khun Ram Phubet）幽之，于是拔营入都。时京中佛爷苏烈耶阿徘即备御船以待，万民欢跃，盖变乱以还，仅颂戴昭佛爷祃哈甲萨塞负众望而能息乱也。颂戴昭佛爷祃哈甲萨塞既明变乱之真相，即提皇鞫之，令供述无故杀戮僧伽、京民，以及出征诸将士之家属，种种不当行为。皇为之气夺，无以自辩，愿承其过。颂戴昭佛爷祃哈甲萨塞命诸大臣议罪，咸谓当诛，遂下令处决。刽子手及卫兵即拥皇出，植以斩条。皇顾卫兵及刽子手曰："余[1]必死矣，乞引余入见彼王者，俾作二三语之谈判。"卫兵遂负之入。颂戴昭佛爷祃哈甲萨塞见之，急摇手止之，勿使入。卫兵乃径负之出宫，至奏凯堡（Pom Wichai Prasit）前斩之。旋即葬之于盘贰桄寺南。[2]

于是暹罗史上遂起一重大之公案焉，论者各持其说，但尚未有人能下一断语，亦无人敢下之者，即颂戴昭佛爷祃哈甲萨塞之弑君，当乎否乎？

历来史氏均未尝以充分之理由解释之。颂戴佛昭勃隆王头宫佛爷昙隆喇杰努琶所记，亦仅三行耳。其语云："盖颂戴昭佛爷祃哈甲萨塞卓见深远，是时外有战役，内生变故，而佛昭恭统婆里实为祸首，恐将大乱，为防患于未然计，惟有从群臣之议耳。"虽犹极简略，惟此外余固未见更有较详之论也。[3]

此案之论断，实为至难。苟论者为碻克里皇族裔胄，尤难置辞。盖若以为不当，则自侮其始祖；以为当，则瓜田李下，不免为人所责难也。

但吾人苟不辩之确，而任史记之暧昧不明，则必令人疑其为篡逆矣。如是，将大不利于碻克里皇朝，即碻克里皇朝恩泽邦国，至于无极，蒙此玷污，亦难有光明之日。诚如法哲伏尔戴之言[4]曰："虽光荣足以勾消一切，然不及罪愆。"岂不惜哉！盖国朝诸皇，上自一世皇，下讫当今圣主，其造福于暹罗邦国至巨。吾人敢言，自暹罗立国以来，任何皇朝之功绩，均不足与国朝相颉颃者。国朝诸圣主之恩泽，即不满百分之百，亦必在百分之九十五以上。因此，吾人对于此段史实，尤宜慎重推敲，极尽吾人智力之所及，作公正之论断也。

---

① 余，暹语"tua rao"，常人用语，非皇之自称矣。

② 此节记述颇可贵，盖言人之所未敢言者。盖世英雄之末路乃如此，哀哉！一世皇之忘恩负义及其野心，跃然纸上，令人发指。时皇年四十八。

③ *Siam, From Ancient to the Present Times* 为暹政府对外宣传之作，故用英暹文对照刊行，所记昭达事，不特简略暧昧，且加以罪状三条云："昭达之所以见恶于臣民者，厥故有三：为华侨之子，非暹人，一也；以国家为私产，而皇族之居高官者，又不称职，一也；至其末一端，则因其品性之不良。"并谓因此为臣民所逐，迎一世皇嗣位。可谓荒谬绝伦矣。盖是时之六世皇（著有《东方犹太》一书）固排华之鼻祖也。然其弟七世皇则又自认其皇族及大臣大率均含有华人之血统者。

④ 按为法人 Voltaire 之语："La gloire efface tout, tout excepte le crime."

余也，一介臣民，与皇族无血统之关系，不致有瓜李之嫌者。余之对于颂戴佛昭恭统婆里及颂戴佛菩提跃发丘拉禄二圣主，俱敬爱之，盖二皇均暹国之伟大英杰也。苟余有意欲贬损颂戴佛菩提跃发丘拉禄者，则余亦决不于此哓舌，而必漠然放过此史实矣。余之所以刺刺不休者，盖别有所见，与一般史家有大相径庭处也。

余以为苟有疑二皇之曲直者，未可取亦不可言也。设有疑之者，是于斯案未尝知之审耳，实不得谓畴曲畴直也。颂戴佛昭恭统婆里之使民怨怒，不得谓其过，盖斯时皇已疯癫，非复皇矣。不幸颂戴昭佛爷祃哈甲萨塞及昭佛爷苏尔须均不在朝，若谓伊谁之过者，则朝中诸大臣实不能辞其咎也。苟群臣诚能爱国，当辅皇理政。不能，则由大臣一人驰报颂戴昭佛爷祃哈甲萨塞。苟得报而知其详，安有置若罔闻之理，自必遄返以防乱之作，中央遂亦不致有变故。奈何无人为此[1]，致使颂戴昭佛爷祃哈甲萨塞闻讯时已迟矣。

至若颂戴昭佛爷祃哈甲萨塞，不论其纳议弑颂戴佛昭恭统婆里，或自僭其位，亦均不得谓其罪，盖时势使然，非其初衷也。彼实未尝为之，亦不能任意为之也。彼亦未尝逼皇逊位，皇之逊位在其抵京之前，逼之逊位者，乃佛爷讪[2]耳。比其抵京，京中建行宫，备御船，迎之如接御驾，百官咸往朝拜，实为之傀儡耳，[3] 事故未明，而身已被拥为皇矣。

如对于余上文所述之事实，有作如是之疑问者：

一、何以颂戴昭佛爷祃哈甲萨塞于班师之前，竟命围捕太子宫坤印陀嚣塔及皇孙宫坤伦普倍？

二、何以一任京中玩弄如傀儡，甚至纳议弑君？

三、何以不准皇于临刑前有所遗嘱？

则余于答此三疑问之前，请先一考颂戴昭佛爷祃哈甲萨塞之性情及习惯。

颂戴昭佛爷祃哈甲萨塞与颂戴佛昭恭统婆里之性情习惯，迥然不同，甚至相反。颂戴佛昭恭统婆里之性情坚毅激烈，然易偾事。至颂戴昭佛爷祃哈甲萨塞之性情，则和柔迟钝而有智谋。因此，若论坚毅不挠之精神，颂戴昭佛爷祃哈甲萨塞不逮颂戴佛昭恭统婆里；如言智谋谨慎，则颂戴昭佛爷祃哈甲萨塞胜于颂戴佛昭恭统婆里。二人生于同时，诚暹国

---

① 时颂戴昭佛爷祃哈甲萨塞贵显甲朝廷，乱事之起，大臣安有不走报之理？否则，何以令奏凯之军，突然折返，并絷囚太子及皇孙？蛛丝马迹，不难寻见其处心积虑之阴谋也。

② 佛爷讪诚不幸极矣，暹史每以一世皇之血污，移之其身。实佛爷讪仅不及一世皇之枭雄耳，彼犹以其能忠于朝，故逼宫之后，即扬言以待其至，初不料其侄之突然跋扈也。

③ 京中一切，均其侄奉命为之，安得谓傀儡？百官实为傀儡耳。

之大幸也：当需坚毅不挠之精神，恢复自由时，则有颂戴佛昭恭统婆里出，以其激烈之性格，匡复故国；当国祚已复，须以智谋谋治安之策矣，则有颂戴昭佛爷祃哈甲萨塞出而当权。此亦事理之当然趋势也。不然，二人若互易其地位，使颂戴昭佛爷祃哈甲萨塞复国，而令颂戴佛昭恭统婆里治安，则二人均不免于失败。颂戴佛昭恭统婆里之失败，已酿成大变乱①，至颂戴昭佛爷祃哈甲萨塞，亦必难成就，盖毅力犹不足也。

如是云云，似诚离题甚远，然此二伟大英雄之性情，尚有一端相异者，厥为自尊②。按颂戴佛昭恭统婆里之所以能匡复社稷者，除坚毅不挠之精神外，尚有自尊心存焉，此固颂戴昭佛爷祃哈甲萨塞所无者，即或有之，亦极微，不足以匡复故国，征讨各方，而自立为皇者也。昭佛爷苏尔须之自尊心，实较其兄为大，故头角峥嵘，出其兄之上，先得昭佛爷之显爵。至颂戴昭佛爷祃哈甲萨塞则始终未尝有自尊之心，且无志于功名，故初仅遣其弟往图上进，使之飞黄腾达，己则澹泊自甘。既供职于朝，亦未尝岌岌于显达，致失机而身受夏楚者亦有之。其所行事，除奉旨遵行者外，必小心翼翼，视其事之确当无误而急不容者始为之，如招降诸国，使之内附等是。③

繇是可知颂戴昭佛爷祃哈甲萨塞固非妄自尊大之徒，更非“宰象取牙”，僭篡大宝之辈也，其性盖和顺弗燥而谨慎者。读者当已见余于所著《暹罗史》内，未尝对于任何宰象取牙，僭篡大宝之辈，或其本身又无足取者，加以褒扬也，即贵为君主如颂戴佛喇梅巽（Somdet Phra Ramesuan）、颂戴佛昭巴刹铜（Somdet Phra Jao Prasat Thong）、颂戴佛丕喇杰（Somdet Phra Phetracha）、颂戴佛昭虎（Somdet Phra Jao Su'a）、颂戴佛昭育华勃隆阁（Somdet Phra Jao Yuhua Boron Kot）等，余亦决不轻予一字之褒，因若辈所为固非当者。至颂戴佛菩提跃发丘拉禄，则余极欲褒奖之，然固非因余生于碻克里皇朝之故，盖皇实当褒耳。且余深信皇未尝有宰象取牙之行，是亦其性之所使然也。④

吾人既深知颂戴昭佛爷祃哈甲萨塞之品性及习惯，则答复上列三疑问，毫无困难矣。

一、颂戴昭佛爷祃哈甲萨塞之执宫坤印陀豁塔及宫坤伦普倍一事，不见于宫佛爷昙

① 所论二人性情之言，全为虚构之谈，不过欲为一世皇出罪作张本耳。前自言皇因疯无道，非其罪，今又责其疯癫，时不能治国，直自掴其颊也。

② 自尊，暹语为“pen yai”，原注有英语“野心”（ambition）一词。

③ 此节纯为阿谀曲解之辞。所谓无自尊心——野心——者，不知何所据而云然。盖无野心，甘于澹泊，而又性和缓多智者，决不愿为傀儡。为傀儡若是者，实虚荣熏心之徒耳；安得谓无野心。至以失机受笞为无野心之证，斯诚可笑，且与下文谨慎相矛盾。再，苟为傀儡，而性又迟钝，亦决不能有立提皇出，鞫而处之死之胆识矣。世乱而畏惧不前，国定而弑君篡位，实卑鄙不足道也。

④ 著者既为皇曲解，复欲自护其短，乃不知自暴其丑也：既深恶宰象取牙之辈，今同一篡逆，何厚于此而薄于彼哉？然亦环境使然，不足怪也。

隆喇杰努邑之《暹缅战史》，惟国史则载之，余未忍舍弃。是盖一大疑窦也，似颂戴昭佛爷袔哈甲萨塞已准备篡位者然；余故引之，欲有所释也。若颂戴昭佛爷袔哈甲萨塞已存篡位之念，何以不将二人并戮之，而仅执？至所以执之者，盖其谨慎耳。当其闻变乱之起由于皇，知必须执而鞫之，若不预防，则鞫皇之时，宫印陀嚞塔及宫坤伦普倍必因误会而起兵攻之矣。且是时民众方怨怒，如令二人轻率入京，反易为人民所杀害。所以携之入京，以余度之，盖欲立之为皇耳①。比入京，乃知民情激昂，不可抑而致之，否则将使昭佛爷河②尽赤，宫廷又将成为邱墟矣。

二、何以一任京中人玩弄如傀儡，甚至纳议弑君者，则苟熟知史实，尽人皆能答之矣。盖是时国内变乱，战事起于中央，为元首者，惟有二端可行耳：其一，毅然起，尽杀诸人；不然，则惟有身为傀儡，任人玩弄而已③。如为大国，国大民众，则行其前者可也，盖即杀百万之众，而存者犹有数百万。彼时之暹罗则不能，因人民之死于缅军之难者甚众，余者极寥寥，苟更大加杀戮，则国内无人矣。尚得称国否？颂戴昭佛爷袔哈甲萨塞有鉴于此，故宁为傀儡也。

至弑佛昭恭统婆里一事，其理亦同。盖是时万民百官，俱皆怨怒，然犹不及出征诸将士之妻孥无辜被戮者之甚也，苟颂戴昭佛爷袔哈甲萨塞不之弑者，则此辈将士将群起劫而弑之矣。故实处于两难之地位，惟皇之生命必不可保矣。据国史所载，颂戴昭佛爷袔哈甲萨塞之令甫下，卫兵立曳之去④。苟是日而不弑之，则必有极可怕之记载发现于史籍中矣。颂戴昭佛爷袔哈甲萨塞又安得而平息之哉？救皇一人之命，遂使诸皇族将并为鲸鲵，即彼本人亦必因附皇之嫌而不免也。由此更可明其心迹矣。

三、至其不容皇之有所遗嘱者，正见其爱皇之切，而自知其意志勿坚之明也。苟令其返语，则必因意志勿坚而自食其言，以贻后患。彼既爱皇之切，设令入内相谈判，则笞背了事，亦有可能。故所以摇手令卫兵负之出者，盖已明知其重开谈判，必致心软无疑也。⑤

---

① 执而王之，是岂合理之道哉？皇虽因疯无道，然以往之功绩盖世，深入人心。民众虽怨，然非狂疾，安有迁怒于其子孙之理？颂戴昭佛爷袔哈甲萨塞之所以不敢轻杀之者，亦以此耳！

② 昭佛爷河（Menam Jao Phraya）译言"公爵河"，中西书籍均误作湄南河（Menam River），实不知"湄南"者，暹语"河"也。

③ 设计二端，简直不成说话矣。一世皇如真无野心，何不能以其威望，辅幼主，治国安民，而必欲自僭其位？是时之人民，皆丧乱余生，苟得元勋辅政安居，正求之而不得，又安有起而创乱者？矧皇之功德又深入人心哉！故杀人之说，比之梦呓可耳。

④ 苟"卫兵立曳之去"为其怨怒之表现，则何以皇欲有所嘱时，仍肯负之入内？至诸将士之愤怒若是其甚，亦不见于史，仅其私言耳。

⑤ 皇之与一世皇之恩德，至高至厚矣，乃临刑而犹不容其有所遗嘱，是可见小人得志之可畏也。著者尚欲曲解事实，谓为爱皇，滑稽极矣。

故此事之发生，既非颂戴佛昭恭统婆里之过，亦非颂戴昭佛爷祃哈甲萨塞之罪，盖事之所必然者，而皇之神经错乱实为主因。设是时无颂戴昭佛爷祃哈甲萨塞其人者，国必复大乱，缅甸亦得乘隙而入，是时且不仅缅甸，柬埔寨与越南均方与暹构兵，必将同时进犯；暹国之覆亡，斯可必矣。

碻克里皇朝所得而建立者，仅因为能抒方殷之国难耳。故圣主颂戴佛菩提跃发丘拉禄得之以纯洁，而人民复爱戴之，非血污其手而篡位僭号若佛昭巴刹铜、佛丕喇杰，或佛勃隆阁等比也。吾人实当以"正大光明"（Uptosuchat）一词以褒之，且不仅堪用之于圣主，即用为国朝之形容词，亦无不当。盖国朝之有天下，恃纯洁与万民之爱戴二者兼有耳。皇朝之能兼具此二者，实极寥寥。有得之纯正而勿为人民所爱戴者，于泰西各国之史籍中，数见不鲜矣。例如德王子之入主英伦①，虽为前皇朝之裔胄，以纯正之手续嗣位，奈人民不爱其新皇何？有虽得人民之爱戴，而不纯洁者，例如吾国之巴刹铜皇朝。有既不纯洁而又不获人民之爱戴者，例如棚泼露銮皇朝（Wong Ban Phalu Luang）。惟碻克里皇朝兼具此二者，正大光明之称，实足当之。②

至颂戴佛昭恭统婆里，后虽因癫致乱，然其德入人之深，固无有或忘者。皇之所以能得暹罗万民无上崇敬之者，盖匡复暹社之功勋，至高至巨，而重建新国之伟业，确无人堪与之相伦比。皇不仅为一征战之雄将，亦且治国之英主，理财之专家也。无论其于三年之内，能扫荡缅军，匡复暹国，抑或于年荒世乱之际，能为人民谋鱼米之需，及兵革不绝，而饷馈犹足者，在在足证其为雄才大略之圣主，鲜有能望其项背者也。

当皇之未罹疯疾也，意志坚毅，遇事果断，苟有处笞背斩首之刑者，决不徇情阿私；惟其平时则仁慈温和，尽人皆称颂之③。后变乱之生，皇已癫狂，实不能负其咎矣。

且不论皇之为疯癫抑佯狂，不论皇之为唐叔④之子，华人之子，赌捐税吏之子，留有发辫，为其师系而沉之水，抑为其他一切，但皇之于暹罗功德盖天地。其恢复自由，抒⑤解国难，开拓疆土，远达澜沧江（Menam Khong）左岸，除坤伦坎亨⑥之外，无与匹焉。

---

① 按指乔治一世。
② 篡囚皇储，惨弑盖世雄主，窃取现成天下，犹以正大光明歌颂之，正令人有肉麻之感。窃以客观态度研究暹史，其真能俱纯洁与人民之爱戴者，仅吊民伐罪，匡复故国之佛昭恭统婆里一人而已。后虽因癫而无道，岂能损其光明正大之毫发哉？盖其德入人深矣，即著者犹不敢加一字之贬。虽然，其论调因欲献媚主子而歪曲，然其揭露篡谋真相之功，不可抹也。下文云云，则允论也。
③ 原注云："见《圣君追思录》（Nangsu' Phra Racha Wijan）。"语出有据，非著者私言。
④ 昔暹人以华人留有发辫（Phom pia），每以"叔"（jek）呼之，叔虽为潮语之译音，其实盖含有侮辱之意，不啻"索虏"之称也。平时则称华人为"Jin"，盖秦之译音也。
⑤ 编者按："抒"当为"纾"。
⑥ 坤伦坎亨（Khun Ram Kham Heng）为暹罗立国后第三任君主，在位四十年（公元1277年至1317年），拓地甚广，为历代三大王之一。

潮侨光荣史：暹王郑昭传略[*]

澄　人

郑王原名信，广东省澄海县华富乡人，生于公元 1734 年（清雍正十二年），岁次甲寅。其先世务农，颇足温饱，传及其父，家道中落，遂有出洋谋生之举。父郑镛，又名达，素性不羁，放浪形骸，明末流寇蠢起，天下大乱，农村破产，民生涂炭，郑乃挈家南渡，背井离乡，流浪至暹罗都城犹地亚，及栖止焉。时涉洋者众，该城华侨聚居日盛，商业因之发达。郑颇工心计，操奇制赢，一帆顺风，渐以致富。遂为暹王所青睐，乃易名郑镛，得常进出宫廷，赐封三品爵位。旋复娶一暹妇名乐英，期年举一雄，即未来之国王郑昭也。

相传郑昭于诞生之际，卧摇篮内，忽有一青色巨蛇，昂首吐舌蹯绕其侧，父认为不祥，拟弃诸郊野。适挚友财务大臣昭佛爷塞加利来访，见此孩两目炯炯，仪表非凡，乃恳收为义子。及九岁，使随高沙窟寺铜黎高僧攻读。迨年十三，其义父领之出寺，进谒国王，奏明所学，遂得赐侍卫职。昭天赋特厚，聪明睿智，除精治经国军旅之学外，间尝研习各国语文，遂通汉、越、印语文。二十一岁，复削发进寺，潜心修养。越三载，暹王叩关再启，始复出任前职。及昭华苏利耶阿马玲即位，昭进爵曼格府府尹，暹人称之曰"拍昭达"，迨即位乃称"吞武里王"。

公元 1765 年（佛历二三〇八年）缅甸国军寇，暹将与战不利，暹王乃起用郑昭。郑衔命入京，受封为抗敌大元帅，统率三军，誓师前进。时缅军声势浩大，饶^①勇善战，所向必克，以破竹之势长驱直入，陷暹都犹地亚。郑见大势已去，为重整雄师光复国土，乃于残师中严格选出智勇兼全者五百人，及能吏十余众，于 1766 年二月二日，乘缅军疏防，于城东突围走出。缅将遣大军五千追击，由名将沙墨田指挥及誓灭逃师，穷追不舍。郑王知难幸免，乃勉其余众，借城背一，于万婆铁汕冲大败缅军，俘获甚众。遂继续转进，抵罗勇城，城主降服。旋其部属坤茶亡及坤蓝等阴谋抗拒，郑王乃杀之，占有其地及尖竹贲城。继即广招天下豪杰，独霸一方。

暹都既陷，缅军乃陈师其中，作为大本营。复四出掳掠，搜刮财物，暹人苦之。时

* 原载《潮州乡讯》第 3 卷第 7 期，1948 年 11 月 16 日，第 15—17 页。

① 编者按："饶"当为"骁"。

各地督军，以国已无主，乃纷纷称王，计共六国：（一）拍乃功伪王，（二）奏拍耶彭世洛，（三）拍房，（四）奏那空，（五）奏碧迈，（六）拍昭达（郑昭）。其中以郑昭所部兵力最强，组织最优。

郑王驻军竹尖贲之四阅月，造船百艘，募兵五千，不断训练演习，努力加强其战斗力。既而一举攻取吞武里，乃进而与缅军主力战，相持数日，斩其主将素忌，光复大城。然该城沦陷半载，已成焦土，故郑王乃选吞武里为国都，建筑皇宫（即今暹罗网銮港口海军军官学校），于佛历二三一〇年即位，称暹罗正式皇帝，时为公元 1767 年，即清乾隆三十二年，年仅三十四耳。

翌年，郑王进攻彭世洛，左腿受伤。未几伤势痊愈，得将领拍拉差活辈、拍马吟蒙洛及陈联楚辅弼，四年之间，南征北讨，尽灭五国。继复以长胜之师，出奇制胜，连败缅军，击破其主力，逐之出境，轻①奠定统一之大业，御位十余年，为暹罗国史上之名王。

初郑王统一时，适逢凶岁，饿殍载道，之民辗转于沟壑，死亡率实增。郑王乃大施白米，遍济贫民。并分封诸贤者出任各度尹②，招安百姓，天下赖以平。继即复兴佛教寺观，拨款修筑粉饰一新，并遣使入中国朝贡，求取三藏佛经，延聘高僧，创立佛门宗师团。

数年后，暹罗民康物阜，军威震耀邻邦，高棉（即柬埔寨）、万象、南掌（即老挝）、景迈、缅甸等国，皆为降服，朝贡称臣。然至晚年，因纵情娱乐，国政废弛。遂惹外患，缅甸复入寇，边境告急，仓卒不能御。国内因连年饥馑，农民亦起暴动。内忧外患，纷至沓来，郑王不能应付，于失意之余，复惨罹疯癫之疾，遂为亲王颂戴昭佛耶马甲萨塞所弑，享龄四十八，一代豪雄于焉逝殁。然其匡复社稷，扩展疆域，敷陈德政，光大佛门之功，诚为暹罗有史以来所未有，而为暹罗世代所不能忘者也。郑王既殁，吾传亦终。

---

① 编者按："轻"字疑讹。
② 编者按："度尹"当为"府尹"讹。

三．郑王生平（附部曲）

郑昭外传[*]

许云樵

溯我侨拓殖南洋垂两千年，稽之载籍，其功业之光荣伟大，德化之入人深远者，未有能出暹罗王郑昭右。按华侨之在暹罗，已失其黄金时代，近更阮途日促，刀俎由人，良可慨已。然而暹人之对郑昭，初不因其裔出华胄而少衰。年前暹罗朝野群议于郑昭故都吞富里（Dhanabur，俗称对河）立一铜像，以供万民瞻仰。政府旋将大罗斗圈（Wongwiang Yai）地基填平，征求图像，鸠募巨款，着手进行。并规定该像置立基上高约三丈，凡输捐助建者，均得勒名像基，同垂不朽。从此我侨先贤之得立铜像于海外者，将不让岷埠陈谦善专美于前矣！惟暹人办事素以滞缓著称。动议迄今，转瞬二载有余，大罗斗圈依旧蔓草寂寥，邪许无闻。吾人之欲睹先贤飒爽英姿，兀立于湄南之畔者，尚有待焉。

郑昭虽为我侨拓殖史上最光荣之人物，然其史迹除魏源《圣武记》，及俞正燮《癸巳类稿》所载寥寥数语外，漫漶无可考。近人虽据西籍移译，事固稍备，然遗误仍多。三年前，余曾据暹籍译《暹罗王郑昭传》一书问世。每以从事草率，考订未详为憾。近更搜求秘文，得郑昭史料多种，暇拟编译专书。《郑昭外传》即其中一篇，译自《先贤行述》（Himhara Ban）一书，其特点在略正史所详，详正史所略，搜集掌故逸闻，弥足珍视，不特可供史家参考，抑亦堪作民俗研究之资料也。

《外传》著录其宗室，与《族谱》各有出入，详略不同。《外传》云郑昭有王子四人、世子七人，而《族谱》则谓有子女二十九人。兹为著录如左，俾与《外传》参照：

（一）宫坤因陀罗毗陀迦刹王子（Cao Fa Krom Karm Indrabidlksha），幼□名水。

（二）幼王子（Cao Fa Chu Noi），不著其名。

（三）颂婆治世子（Phra Ong Cao Chai Ambavan）。

（四）陀舍蓬舍王子（Cao Fa Chai Dacabongca）。

（五）拘摩罗公主（Cao Fa Ying Komala）。

（六）佛颇公主（Cao Fa Ying Bubpha）。

＊ 原载《南洋周刊》第 25 期，1938 年，第 590—591 页。

（七）僧诃罗王子（Cao Fa Chai Singhar）。

（八）师罗王子（Cao Fa Chai Cila）。

（九）阿罗尼迦世子（Phra Ong Cao Chai Avanika）。

（一〇）婆摩梨郡主（Phra Ong Cao Ying Same Ii）。

（一一）昙隆世子（Phra Ong Cao Chai Damrong）。

（一二）罗蔓世子（Phra Ong Cao Chai Lamang）。

（一三）小王子（Pha Ong Chai Lek），佚名。

（一四）陀舍婆耶世子（Cao Chai Dacabhaya）。

（一五）赡朱里郡主（Cao Ying Camdnr）。

（一六）僧伐罗郡主（Cao Ying Sang Vala）。

（一七）商梨□那郡主（Cao Ying Samlivarna）。

（一八）那罗因陀罗罗阇丘摩罗主子（Cao Fa Chai Narendra Raja Pumara）。

（一九）达皇舍世子（Phra Ong Cao Chai Gandha Vongca）。

（二〇）弥祇那世子（Phra Ong Cao Chai Meghina）。

（二一）伊①。

（二二）波罗毗婆迦多罗郡主（Phra Ong Cao Ying Prabaibaktra）。

（二三）娑槃头皇舍王子（Cao Fa Chai Sabandhuvorgca），幼名明。

（二四）婆伐世子（Cao Chai Bua），"婆伐"此言荷。

（二五）般若波卑公主（Cao Fa Ying Pagncapapi），本朝一世王偅宫坤伊娑罗奴罗（Krom Kunlssanuva）妃也。

（二六）幼世子（Cao Phraya Nakhon Noi）。

（二七）世子某（Phra Ong Chu），佚其名。

（二八）奴定世子（Phra Ong Cao Chai Nudeng）。奴定者，此言红鼠，盖乳名也。

（二九）索阇多利郡主（Phra Ong Cao Ying Sndjatri）。

迄今百五十余年，郑氏宗室繁昌，已达十代。直系计分八姓，旁系凡三十三氏。兹著录其直系八支如下：

（一）信修伽（Sinsuk）

（二）因陀罗蹢庭（Indrayodhin）

（三）皇舍信（Bongshasin）

---

① 编者按：此处原文仅"伊"一字，当有脱漏。

（四）师兰那陀（Ctlannada）

（五）龙毗卢遮那（Rungfairocane）

（六）拘摩罗丘罗那那伽罗（Komarakula Na-nagara）

（七）那那伽罗（Na-nagara，或作 Na-nakhon）

（八）遮头隆伽丘罗（Catnrouggakul）

郑氏宗室迄今犹多为朝野闻人。现任八世王摄政委员昭丕耶毗阇因陀踰庭（Cao Phraya Bija Indrayodhin，属第二支系）上校，即其八世孙。至其宗女，则大抵为本朝亲王王妃，然率皆暹化，非复唐人子矣。

兹将□昔传说，为述吞富里朝君主（Phra Caokrung Dhanadur）之史迹如次：

当故都古龙提婆摩诃六坤波和罗堕罗本底室利阿踰陁（Krungdob Maha Nagara Povara Davaravadi Cri Avudhaya，简称大城）尚承平无事，前朝君主之在位者，尊号曰丕婆陀参烈丕波罗摩罗阇提罗阇丕佛陀昭于化波罗摩拘他（Phra Bada Som Decaqhra Barama Rajadhiraca Phra Buddha Cao Yu Hua Barama Kotha），第三十二世君主也。王在位之第三年，丞相昭丕耶遮迦利（Cao Phraya Cakri）建宅于大城附郭。时有华籍赌税吏名海丰（Hai Hong。按误，海丰当为地名而非人名，其名实为郑镛，且非海丰人，盖澄海人也。详《暹罗王郑昭传》弁言。又按，本篇译名与该书全不一致，其理由，详载暹罗《华侨日报》星期刊第一卷第二十三期，拙作《关于暹名译写的统一问题》一文）者，爵衔坤婆达（Khun Badha），久为昭丕耶遮迦利对邻，其妻妊十月而举一雄（考《族谱》，其妻暹名洛央 Nok-iang，此言八哥，善语之谓也），时小历一〇九六年（公元 1734 年，清雍正十二年，岁次甲寅也）。是儿状貌俊秀，体作四平相：自足至脐，自脐至顶，自胸达左右手指尖，长度率等，无稍参差。脐深陷，足容带壳槟榔一枚。盖略[1]于常人者。是相合正方形，与瞿昙（Phra Samana Godama）佛像同。当其诞生也，天本清朗，风云息影。乃忽有霹雳击屋梁，然儿卧其下而竟无恙。殆[2]有福祐，盖儿将为暹罗佛教之大护法，盘谷国（Pradeo Bangkok，本指吞富里，今人以暹京为盘谷者误。暹人自称其新都数十言，惟通常以其首二字为简称 Krung Deb，此言仙都）吞富里朝之君主者也。生甫三日，有大蟮蟒入摇篮，蟒卧儿周。父母见之皆大惊，以为不祥。华俗，生儿遇异兆若是者，父母必生埋之（按，生埋异儿之俗，华人谅不若暹人之博闻，且为尊重原作，故不删之）。然是儿生暹地，海丰惧触暹国王法，不敢循华俗，惟决弃

---

① 编者按："略"疑为"异"讹。

② 编者按："殆"当为"迨"。

之，以杜后患。

昭丕耶遮迦利适晨起斋僧于宅前，闻其事，不忍见儿之惨遭祸害，因乞为养子。海丰不敢违，不得已予之。

昭丕耶遮迦利自螟领是儿后，福禄频添，因名之曰"乃信"（Nai Sin。乃者，此言君，相当于英语之 Mr. 一字；信，此言财富也）。乃信渐长，迨九龄，昭丕耶遮迦利乃携之就学于拘刹伐舍那寺（Wat Ko-havasan）高僧铜棣大师（Phra Acan Thongdi Mahathen，此言精金大师）处。乃信既攻吉蔑文（Khom）、暹文（Thai）有成，即习三藏（Phra Dhammajarik），年十三，内典悉通。惟时乃信忽起博兴，设摊于寺，自为摊主，招诱拘刹伐舍那寺诸沙门掷注为博。大师知之，立惩诸弟子，而乃信为摊主，因重处之：先缚其双毛①，击②之水梯之上，揭其罪状面告诫于众，以正佛门清规。已复浸之水次。时当薄暮，潮方涨焉。大师旋即循例往诵经礼佛于殿。迨所事毕，时已更许，大师乃念及之，亟偕僧众仓皇趋水次，见涨③已高涨及岸，料乃信必遇祸，因命弟子燃炬往索上。得之于寺岸之旁，双手犹系于梯之④，惟梯则脱落而上浮，乃信盖将为人君，神明呵护故也。僧众遂曳梯使起，救之登陆。大师及诸僧伽见乃信无恙，皆大惊异，遂群起拥之入殿，令坐诸僧中，面对佛像。僧众乃讽经庆贺，宛然为乃信作补偿焉。凡此种种，均为众目昭彰之事，大师曾笔而记之。迨登大宝后，其笔记发现，遂以流传云。上文所述，即据拘刹伐舍那寺铜棣大师之笔记所载。厥后，学者相率记其事，编入史籍，惟各有增删，不尽同焉。

乃信已十三，昭丕耶遮迦利遂为之剃顶髻，大张喜庆。昭丕耶遮迦利贵为相国，贺客盈门，盛极一时。当乃信之剃髻也，有御蜂趋圣水台顶，止九日乃四散飞去。既而昭丕耶遮迦利携之入朝，乞补侍卫于丕婆陀参烈丕波罗摩罗阇提罗阇丕佛陀昭于化波罗摩拘他君主。乃信既为侍卫，奉命守护昭丕耶遮迦利公子銮乃舍迦提（Luang Nai Cakd）。当乃信自宫廷出，即遍访华（Cin）、越（Yua）、巫（Bu）各籍名师，苦攻其语文，卒能流利对语。迨年二十一，昭丕耶遮迦利命之剃度为比丘僧，仍居拘刹伐舍那寺铜棣大师处。乃信出家凡三载，乃回俗复职（按剃顶髻及出家，均暹俗男子所必须履行者，详见顾德隆译《暹罗一瞥》）。

上见乃信精明干练，因谓丞相曰："若乃信者，堪为朕之耳目。"丞相称善。因授

---

① 编者按："毛"当为"手"讹。
② 编者按："击"当为"系"讹。
③ 编者按："涨"当为"潮"讹。
④ 编者按："之"疑为"上"讹。

乃信为内政及宫廷两部传奏侍卫。小历一一二〇年，岁次戊寅（公元 1758 年，乾隆二十三年），丕婆陀参烈丕波罗摩罗阇提罗阇丕佛陀昭于化波罗摩拘他君主崩，在位二十六年。王子优昙婆罗罗阇丘□罗（Cao Fa Uthan Bua Raja Kumara），或称优昙华王子（Cao Fa……①），初为副王，至是即位，为室利阿蹂陁朝（Krung Cri Avudhaya，或作大城朝）第三十三世君主，嗣位三月许，即让禅与其兄太子宫坤阿耨罗刹曼多利（Krom Khun Anuraksha Montri）。时仍小历一一二〇年，岁次戊寅也。即位后，上尊号曰丕婆陀参烈丕波罗摩罗阇摩诃迦刹多利耶波和罗修遮利多（Phra Bada Som Dec Phra Barama Raja Maha Krashatriya Bavara Succari），是为大城朝最后之君王，盖缅甸（Phama）即于三十四世王时覆亡暹国者。

当第三十四世君主尚坐享承平时，曾敕封传奏侍卫乃信为钦差，持狮印巡视北部诸府。比返，深邀嘉奖。王自思曰："德府（Muang Tak）銮踰迦罗婆多罗（Luang Yukradatri）故，其职久虚，今当封故昭丕耶遮迦利义子，侍卫乃信袭其爵，以佐丕耶德（Phaya Tak）治其地。"乃就任未久而丕耶德亦去世。銮踰迦罗婆多罗信，持书晋京，时封昭丕耶遮迦利者（按暹罗封爵非世袭者，且随其职位而时迁，惟既得爵，即不著其名，而以爵称），已非其义父，为之转差②，又蒙恩封为丕耶德。乃德府府丞丕波罗多（Phra Prad）亦与丕耶德同时逝世云。

丕耶德信（Phraya Tak Sin）既奉旨履任，统治德府。一日，赴府属罗亨村（Ban Raheng）之宝山寺（Wat Khoi Khao K③）及中央寺（Wat K④）布施功德。丕耶德信竟宣誓祝告曰："如某之功德已臻圆满者，则余以此钟槌投玻璃杯（按《郑昭本纪》作琉璃钟），当能中其腰，击去其上部而杯不损。如是则某当以此杯储舍利而建浮屠于是。不然，祈勿使此槌命中。"祝告毕，即于离杯约十肘（□⑤ok，暹席制名，每肘约合半公尺）处投之。槌中杯腰，断为两截，□巧一如所盟，至为神奇。在场之僧伽、沙弥、善男、信女、优婆塞、优婆夷及诸百姓，皆喧哗庆贺，群相敬服其德威。

宝山寺住持曾将此吉兆笔之于书，迨丕耶德信登极为吞富里朝君主，史官始采是项札记，辑入国史；□今已残缺，不能窥其全豹矣。

未几，朝廷以甘烹璧府（Muang Kampheng Phet，此言金刚城）太守丕耶伐示罗波

---

① 编者按：此处二单词漫漶不辨。
② 编者按："差"疑为"奏"讹。
③ 编者按：该单词除首字母 K 外，其余字母漫漶不辨。
④ 编者按：该单词除首字母 K 外，其余字母漫漶不辨。
⑤ 编者按：该单词首字母漫漶不辨。

罗迦罗（Phraya Fa①）去世，敕内政大臣持狮印往召丕耶德信入朝。王口丕耶德信为丕耶伐示罗波罗迦罗，继任甘烹璧太守。留京未发而难作焉。缅甸兴师入寇，困京师二年许，城陷，时小历一一二九年（公元 1767 年，乾隆三十二年），岁次丁亥，未月白分初九夜（夏历六月初九日），火曜日，下午四时许也（按《宫廷备忘录》载，陷落之日为是年辰月白分十一夜，土曜日，即夏历三月十一日。与此不符。国史本纪则未记月日，暇当别考之）。大城朝第三十四世君主丕婆陀参烈丕波罗摩罗阇摩诃迦刹多利耶波和罗修遮利多在位凡九年，为缅所亡。大城朝自开国迄亡，国祚凡四百一十七载，传三十四世。

京师既陷，丕耶伐示罗波罗迦罗信遂募集华暹民众之避居山林而未为缅军所俘虏者。时常凶年，米盐匮乏。丕耶伐示罗波罗迦罗信即散粮赈民，勿使饥馑。已，引军抗敌于东路。初据阇罗富里（Jalabur，或作冲富里）海滨，募集既众，遂统军进讨占领故都之缅军。斩缅将，除国贼，征讨四方，宵小绝迹，百姓安居，国家太平。于是万民感戴，拥丕耶伐示罗波罗迦罗信为暹罗君主，建都于吞富里府盘谷镇（Tambon Bargkok，此言野橄镇）。吞富里朝君主即位于小历一一三〇年（《暹罗王郑昭传》作佛历二三一〇年，较早一年。此则公元 1768 年，乾隆三十三年），岁次戊寅（按：误，当据国史作戊子）。登极时，年三十四。在位十四稔。崩于小历一一四四年，岁次壬寅，（公元 1782 年，乾隆四十七年），距诞生于小历一〇九六年，岁次甲寅，享寿四十有八载。吞富里朝有宗室二十四：王子三人，公主三人，共"昭华"（Cao Fa）六人。世子封"宫"（Krom，爵号）者三人，郡主封"宫"者二人，共封"丕王昭"（Phra Ong Cao，世子或郡主）五人。世子之未封"宫"者五人，郡主之未封"宫"者四人。"丕王昭"之已封未封者共十四人。女"王孙"（Mom Cao，蒙昭）四人。统计昭华、丕王昭之已封未封者及王孙等，共二十有四人。其中系出前朝贵胄，未为缅军所俘而居留于吞富里朝者凡十一人云。

兹述吞富里朝宗室如次：计太后一人，元妃一人，王子四人，王侄七人，共十三人；并前朝宗室十一人，共计凡二十有四人。其一曰修利耶公主（Cao Fa Ying Suriga），其二曰旃陀本底公主（Cao Fa Ying Candavadi），其三曰频陀本公主（Cao Fa Ying Bindavadi），其四曰南瓜郡主（Phra Ong Cao Ying Fak Thong）。四人者，均前大城朝第三十二世君主丕婆陀参烈丕波罗摩罗阇提罗阇丕佛陀昭于化波罗摩拘他女也。其五曰石榴郡主（Phra Ong Cao Ying Thaothini），前大城朝第三十世君主老虎王（San Dec Phra

---

① 编者按：该单词除第一、二字母外均漫漶不辨。

Buddha Cao Sua，为暹罗史上最淫恶之暴君）女也。其六曰密多罗郡主（Phra Ong Cao Ying Mitra），其七曰波昙郡主（Phra Ong Cao Ying Prathum）。二人皆前大城朝第三十三世君主优昙华王子——因让禅为僧，人咸称之为访寺君（Khun Luang Ha Wat）者——女也。其八曰女王孙佛颇（Mom Cao Ying Bubpha），宫万支多罗嵩陀罗（Krom Mun Citra Sundra）女，第三十二世王孙女也。其九曰女王孙优本罗（Mon Cao Ying Upala），宫万提婆毗毗达（Krom Mun Debabitibha）女，波罗摩拘他君主孙女也。其十曰女王孙摩腻（Mom Cao Ying Mani），宫万斯婆迦底（Krom Mun Seba Bhaki）女，第三十二世王孙女也。其十一曰女王孙琴（Mom Cao Ying Chim），王子支多罗（Cao Fa Citra)[①]。凡此十一人，皆前大城朝王室女入侍于吞富里朝者也。

复次，其十二曰宫参烈丕提婆摩头（Kvon[②] Som Dec Phra Debematu），吞富里朝君主之太后也。其十三曰宫銮婆陀婆利遮（Krom Luang Baba Bariea），元妃也。其十四曰长王子，元妃所出，早夭，不著其名。其十五曰仲王子，国戚所出，生甫九日即夭，其名亦不著。其十六曰幼王子，嫔长所出。嫔长者，相国参烈昭丕耶摩诃迦刹多利耶疏迦（Som Dec Cao Phay Maha Koshatriyacuk。按：即篡位后之一世王，今朝始祖也）。幼王子名明（Men），后赐号修槃头皇舍王子（Cao Fa Chai Subandhu Vongsha）。其十七曰嗣君世子水（Pha Ong Cao Cui），即宫坤因陀罗毗刹（Krom Khun Indra Bidaksha。按：与郑昭同时遇害）。其十八曰王侄世子成（Phra Ong Cao Chai Seng），即宫坤阿奴罗刹僧伽蓝（Krom Khun Anuraksha Songgram）。其十九曰王侄世子文（Phra Ong Cao Bun Candana），即宫坤罗摩浮毗舍（Krom Khun Ramabbubeca）。其二十曰王侄那罗修利耶皇舍世子（Phra Ong Cao Nara suriya Vongsha），其二十一曰罗摩罗刹那世子（Phra Ong Cao Chai Rama Lakshana），其二十二曰王侄婆罗昙毗支多罗世子（Phra Ong Cao Chai Pradum Baicitra），其二十三曰王侄阿奴楼达提婆世子（Phra Ong Cao Chai Anurudha Deva），其二十四曰王侄逝茶丘摩罗（Phra Ong Cao Jetha Kumara）。

统计吞富里朝宗室，仅此二十四人。前朝遗裔十一人，本朝宗室十三人。位高爵尊者均著其名，其未授封爵者概从略焉。

1938 年 10 月 5 日

① 编者按：此处当脱"女"字。
② 编者按：此"Kvon"未悉是否"Krom"之讹。

郑王族系[*]

陈毓泰

依一般所明了的，郑王（中国史籍则称"郑昭"，其实就是郑王之意，因"昭"即等于"王"也）经整整十五年的奋斗，由匡复国家为起始，巩固国基，直至拓展疆土为止，所给予泰族的恩惠，确非常重大，其价值实难予以估量；但其结局，反而是世间最不幸的了：虽然郑王本人遭受了斩决重刑，然而郑王的后裔，也一样被杀！一般人总以为泰国这次的政局大变动，郑王的后裔，已是无一留存了。这种观念，原属不足怪，因当时被杀的，不但限于郑王一族，就是郑王部下的虎将，也纷纷遭杀，所以遗留给后人的印象，当然是"斩草除根，无一遗存"了。

可是事实上，郑王的后裔，并无如一般所以为已经灭绝了。直至现在，虽然经过了百六七十年的长时间，也还存在着。非但存在着，更进一步地繁荣滋长着，形成了一大族系，分散于各地。每年届4月6日郑王升遐纪念日，皆不约而同地为其祖先举行着有意义的纪念仪式。尤其在吞武里府万瑜罗县因陀蓝寺的郑王骨灰塔及郑王后骨灰塔皆在是日举行隆重的纪念典礼，一般崇敬郑王的公务员、军人及民众，咸参加此纪念典礼！这可看出郑王的伟大人格，还能吸引着现代的人们的公平信仰。

关于郑王族系的记录，一部分有关郑王史的文籍，也有着记录，惟甚简略，且残缺不全。中央学术研究会于佛纪元二四六三年所印行的《旧族谱》第一集，虽详载着郑王族谱，然而其中仍脱漏了不少，当然不能称为完整的专籍。不过，在这册该族^①里，却提示了很多为我们所不知道的郑王后裔。但我们对于这本专籍的记录，也还感到不满足，同时实感到郑王的后裔，并不止此。

也许上述的实感，是含有了共通性，泰国艺术厅尝委托□王史专家吴福元先生设法向郑王后裔调查，努力将《旧族谱》第一集加以修改、增补，使其形成为郑王族谱全集。这册新增修的郑王族谱，经于佛纪元二四八○年公历8月间印行问世，定名为《旧族谱》第四集，这是一册更为完整的郑王族谱，出版后颇为人所欢迎，因属于非卖

---

* 原载《泰国研究》第3卷第135期，1940年，第269—288页。编者按：原文在梳理郑王世系时，混合采用了天干、地支和中文数字作为序号，兹为便利读者阅读，统一改为如下序号系统：壹、一、（一）、1、（1）。

① 编者按："该族"当系"族谱"讹。

品，所以不甚普遍。

这册新增订的郑王族谱第四集，复于佛纪年二四八一年公历 3 月间再版。这册再版本，再经吴福元先生增补，较前更为完备。惟依艺术厅在再版本的序言里，仍声明这本郑王族谱，只属于草稿，将来仍需增补，务使其完整无缺。

在这里所提述的郑王族谱，当然是根据郑王族谱第四集的佛纪元二四八一年再版本。不过，为更加便利阅读起见，特根据其他文籍的记录，尽量在郑王的后裔名单后，按名加以备注，以利查考或参阅。

壹　郑王父

依据《祖先的伟绩》"郑王传"篇载，系华人，名海丰。同书"一世王传"篇，则称中国海丰，姓郑名镛。四十二梅居士著《郑昭传》载："郑昭，潮州澄海华富里人。父达，旷荡不羁，乡人号之曰'歹子达'。……见恶于乡，乃附航南渡。时暹都大城……侨民商业萃焉。遂诣大城，借赌为生，渐致富，更名曰镛……为摊主。……镛缘是锡爵坤拍……取暹妇洛央，生一子，即王也。"

据此，中泰文籍称郑王父名镛，是可靠的。这位郑镛，善赌，为赌税司，爵坤铋陀那，居大城。但何时来暹？是否返祖国？何时去世？中泰文籍皆无载，且不可考。①

贰　郑王母

郑王母，原名洛央，中泰文籍所载，皆符合。当郑王正式被拥立为吞武里朝君主后，这位洛央，遂被晋封为宫銮披达砂陀帕麦耶。薨于佛纪元二三一七年阴历八月白分初六，火曜日。②

叁　郑王

郑王，讳"信"。登极后王号，依吞武里朝首相致室利瞿多那伽那廛多都的要函③，

---

① 关于郑镛的提述，拙作《郑王的童年》有详载，刊《中原月刊》第 2 期，可供参阅。
② 参阅小历一一三七年（佛纪元二三一八年），末年六月黑分初二，火曜日之记录书，以及小历一一三八年（佛纪元二三一九年）一月白分十二，金曜日之诏文。
③ 见五世王评注《记忆录》。

称拍室利训碧；至于对属国所称的王号，则为颂绿拍阿迦陀砂罗搭。一世王所修纂的《吞武里史》，则称颂绿拍武仑诺□提汤顾罗昭。

生于寅年，即佛纪元二二七七年，领有华人血统。初任侍卫职。未满卅一岁以前，晋爵披耶德，任德城太守职。后晋升为二等城市金刚城太守，锡爵披耶哇栖罗巴干。亥年，即佛纪元二三一○年，室利阿瑜陀耶都为缅军攻陷。郑王即进行复国，于同年杪完成复国大业。子年，即佛纪元二三一一年，一月黑分初四，火曜日，正式被拥立为吞武里朝君主。迨至佛纪元二三二五年公历4月6日被杀，更换新王系。佛纪元二三二七年在吞武里万瑜罗因陀蓝寺举行火葬。

肆　郑王姨母

郑王姨母，原名安。当郑王登极后，晋封为宫銮陀温陀罗素啦。迨至却克里王朝一世王时代，被降格为蒙安。

伍　郑王后

郑王后（正宫），原名萱，封宫銮铢武里乍。迨至却克里王朝一世王时代，被降格为蒙萱。

陆　太子及公主（共廿九位）

一　储君昭华宫坤因陀罗披达砂。

二　昭华查耶内。

三　拍翁昭查耶庵帕湾。

四　昭华查耶达砂蓬砂。

五　昭华仁哥蒙。

六　昭华仁巫帕。

七　昭华查耶新拉。

八　昭华查耶皙拉。

九　拍翁昭查耶阿罗尼迦。

十　拍翁昭仁戍玛丽。

十一　拍翁昭查耶贪隆。

十二　拍翁昭查耶拉盲。

十三　昭华查耶勒。

十四　昭华查耶达砂派耶。

十五　拍翁昭仁占朱莉。

十六　拍翁昭仁盛湾。

十七　拍翁昭仁叁里湾那。

十八　昭华查耶那麟陀罗罗阁顾曼。

十九　拍翁昭查耶康陀汪砂。

二十　拍翁昭查耶美庆。

廿一　拍翁昭查耶易信吞。

廿二　拍翁昭仁巴派钹多罗。

廿三　昭华查耶戌潘汪砂。

廿四　拍翁昭查耶禾。

廿五　昭华仁槃乍巴卑。

廿六　昭内。

廿七　拍翁昭查耶。

廿八　拍翁昭查耶拏铃。

廿九　拍翁昭仁戌查蒂。

柒　郑王亲侄（共有四位）

一　拍昭那拉索里汪砂，任吞武里朝属国六坤藩王，薨于佛纪元二三一九年。[1]

二　宫坤阿拏叻颂堪，原名汶美。初封昭罗摩叻砂纳，后因作战有功，遂晋封宫坤爵衔，于佛纪元二三二五年被斩决。

三　宫坤罗摩蒲迫砂罗，原名汶庄。初封昭汶庄，后因作战有功，遂晋封宫坤爵衔，于佛纪元二三二五年被斩决。

四　宫坤戌麟陀罗颂堪。[2]

---

① 暹史以及诏文皆有记载。

② 《内务录》有记录，见《暹史大全》第65集，第114页。

捌　不知阶级的郑王亲族（共有四位）

一　宫坤因陀罗披达砂，薨于佛纪元二三二〇年。①

二　蒙昭盛，薨于佛纪元二三二一年。②

三　蒙昭巴涌派集多罗，委任六坤藩王。③

四　蒙昭那拉披迫砂。④

玖　郑王族系

（由第一级起至第八级为止，经查出者，共有一千二百位）

一　郑王族直系各支

（一）信成支：储君昭华宫坤因陀罗披达砂所传。

（二）因陀罗瑜定支：储君昭华宫坤因陀罗披达砂所传。

（三）蓬砂信支：昭华查耶达砂蓬卡所传。

（四）晳拉暖陀支：昭华查耶晳拉所传。

（五）仑派洛乍那支：昭华查耶那麟陀罗罗阁顾曼所传。

（六）纳那空支：昭内（即昭披耶六坤）所传。

（七）哥曼功·纳那空支：昭内（即昭披耶六坤）所传。

（八）乍都隆卡功支：昭内（即昭披耶六坤）所传。

二　郑王族直系地位的统计

（一）任一国至尊的君主一。

（二）任储君一。

（三）任昭华十一。

（四）任拍翁昭十六。

（五）任蒙昭十七。

（六）任昭披耶八。

---

① 诏文内有载。

② 诏文内有载。

③ 诏文内有载。

④ 《暹史大全》第 65 集有载。

（七）任披耶廿三。

（八）任第一级王妃二。

（九）任西宫卅七。

（十）任宫妃十六。

（十一）任坤仁十四。

三 郑王族女系各支

（一）易砂罗社那·纳阿瑜陀耶支。

（二）达摩砂洛支。

（三）诺帕汪砂·纳阿瑜陀耶支。

（四）戍巴立·纳阿瑜陀耶支。

（五）室利陀越·纳阿瑜陀耶支。

（六）越陀那汪砂支·纳阿瑜陀耶支。

（七）叻多那阁砂支。

（八）帕拏吗砂·纳阿瑜陀耶支。

（九）干查那威阁耶·纳阿瑜陀耶支。

四 与郑王族女系有关系的各支

（一）易砂兰功·纳阿瑜陀耶支。

（二）巴拉迦汪砂·纳阿瑜陀耶支。

（三）社尼汪砂·纳阿瑜陀耶支。

（四）功春·纳阿瑜陀耶支。

（五）春柿·纳阿瑜陀耶支。

（六）叻拉湾耶·纳阿瑜陀耶支。

（七）戍里耶功·纳阿瑜陀耶支。

（八）盛柱多支。

（九）叻多那帕拏支。

（十）威帕德信拉滨支。

（十一）室利苹支。

（十二）室利耶派支。

（十三）贴遢砂粦·纳阿瑜陀耶支。

（十四）汶纳支。

（十五）武罗暖陀支。

（十六）戌汪砂支。

（十七）叻砂那速支。

（十八）戌伽晢功支。

（十九）武罗那晢里支。

（二十）铃砂横支。

（廿一）伽摩叻砂·纳阿瑜陀耶支。

（廿二）盛苔支。

（廿三）美多罗功支。

（廿四）朱拉里洛支。

（廿五）砂耶信拉卑支。

（廿六）夫南湾·纳阿瑜陀耶支。

五　与郑王族女系有关的各支地位统计

（一）拍翁昭十五。

（二）蒙昭廿三。

（三）披耶三。

（四）西宫三。

（五）宫妃二。

上面所列的，仅属于郑王族直系和有关的各支系的大概而已，现在作更进一步地提述郑王所传下太子和公主的各支系的详情，各别地介绍如下：

一　储君昭华宫坤因陀罗披达砂：

原名"水"，为正宫所出，居长，封储君。① 郑王被杀后第廿七天，储君昭华宫坤因陀罗披达砂被捕获，于佛纪元二三二五年公历 5 月 4 日（阴历六月黑分初八，土曜日）斩决。依郑王纪念像筹委会所编《郑王史料汇编》第二集载，其遗体亦被埋葬于吞武里万瑜罗县因陀蓝寺内。

储君昭华宫坤因陀罗披达砂，传子女四，被列为郑王族系第三级（直系）。

（一）昭仁吗鲁，为宫蒙那罗陀卫砂罗之妃，生子女三：

1. 蒙昭寒陀·巴拉迦汪沙（男）。

2. 蒙昭乍甲罗庄·巴拉迦汪沙（男）。

3. 蒙昭巴拉迦汪沙（女）。

---

① 见《泰史大全》第 39 集，第 134 页。

（二）昭仁沙梨，为宫銮社尼武里叻沙之妃，生子一：蒙昭锭功·社尼汪沙（男）。

（三）昭查耶。生子二：

1. 坤查耶漆。

2. 坤查耶阇耶，在却克里王朝三世王时代，锡爵銮因陀罗哥沙。

（四）昭查耶通因，生子六：

1. 坤查耶萱，爵至拍阇的素麟陀罗。

2. 坤查耶堕，爵至拍摩诃颂堪。

3. 坤查耶恩，爵至乍蒙摩诃沙匿。

4. 坤查耶戍，爵至昭披耶荣吗罗阇。

5. 坤查耶奴。

6. 坤查耶克鹿。

昭查耶通因所传六子，实可算为郑王族直系的第四级。不过，在这里应得提述一下直系第四级里的昭披耶荣吗罗阇（坤查耶戍）及坤查耶奴所传的后裔。因拍阇的素麟陀罗（坤查那萱）等所传下的，究有些什么人，目前仍未调查清楚。

郑王族系（直系）第五级：

昭披耶荣吗罗阇所传下的信成支有：披耶披阇耶颂堪、銮梭罗社尼、拍梵武里叻沙、披耶陀帕、坤素里耶披曼、坤那空客甲森室利、披耶帕拏潘汪沙哇罗绿等。

坤查耶奴所传下的因陀罗瑜定支有：陀沙严·因陀罗瑜定，侍卫官。

郑王族系（直系）第六级：

信成支：仅限于披耶帕拏潘汪沙哇罗绿所传下的一支而言，子女有：

（一）披耶威遏沙扬信拉巴失特。

（二）名雍，女，为诺帕汪沙族之贵族妻，传一女，名蒙銮颂潘·诺帕汪沙。

因陀罗瑜定支：坤沙严·因陀罗瑜定所传下的一支，有：

（一）陆军上将昭披耶皮阁仁陀罗瑜定，现任泰国摄政委员会委员。

（二）拍梵素麟陀罗等。

二　昭华查耶内：

为正宫所出，行二，于佛纪元二三二五年被杀，是否传有子女，不明。

三　拍翁昭查耶庵帕湾：

为西宫琛（系刀颂罔兰，通蒙之女）所出，与室利苹支有亲属关系，传子女七，被列为郑王族系第三级（直系）：

（一）坤查耶赖，传女一：景，任王叔武仑蓬沙披穆保姆。

（二）坤仁盛，为宫拍披达砂陀越砂罗之妃，传子女各一：

1. 蒙昭仁拉蒙·功春（女）。

2. 拍翁昭查耶新纳罗阁鹿隆卡勒·功春（男）。

（三）坤仁砂源，为谁妻、有无传下子女皆不明。

（四）坤仁涌耶，为宫拍披达砂陀越砂罗之侧室，传女一：蒙昭仁沙特耶·功春（女）。

（五）坤仁贲，为宫坤罗阁西遏威宫之妃，传女一：蒙昭仁茉莉湾·春柿（女）。

（六）坤仁梵，为谁妻、有无传下子女皆不明。

（七）坤仁洛因，为谁妻未详，传女一：洛庄，为宫拍披达砂陀越砂罗之侧室。

四　昭华查耶达砂蓬砂：

为副后宫武里乍博室底利素拉叻砂（即是昭仁静，或六坤方面通称的大公主，为六坤藩王女）所出，居长。迨至却克里王朝二世王时代，爵居拍蓬沙庵舞陀罗或称拍蓬沙那舞陀罗，为蓬砂信支始祖。传子女十七，被列为郑王族系第三级（直系）：

（一）坤仁晳拉，不详。

（二）坤查耶沙越，任乃蓬派职。

（三）坤仁沙严，为披耶成遏蒙蒂（系昭内之子）之妻，传子一：名蓬，领有乃沙匿育砂吞。

（四）坤仁顾腊，未详。

（五）坤仁蒲，未详。

（六）坤仁秦，未详。

（七）坤仁景，未详。

（八）坤仁越，为乃塔·纳那空妻，子女三：

1. 名碧绿，为五世王弟之妃。

2. 名暖，任职于五世王弟宫内。

3. 名漆（男），爵坤帕栖查的。

（九）坤查耶奴，传子一：名匿多罗。

（十）坤查耶罗阁，爵拍那舞陀罗，传子女二：

1. 名萱（男），任陆军中尉职。

2. 名聆（女），未详。

（十一）坤仁帕腊，为宫蒙蒲盟陀罗博底妃，传子女三：

1. 蒙昭沙拉卑·叻拉湾（女）。

2. 蒙昭赉耶·叻拉湾。

3. 蒙昭蒲·叻拉湾。

（十二）坤仁栈，为却克里王朝五世王乳母，传子女二：

1. 名泛（女）。

2. 名洛（男），爵坤博底阿沙。

（十三）坤仁集，传子女二：

1. 名洛（男）。

2. 名开（女）。

（十四）坤仁仑，未详。

（十五）坤查耶春，未详。

（十六）坤查耶财，未详。

（十七）坤仁胶，为昭华宫拍却克铍蓬之乳母，传女一：名榜。

五　昭华仁哥蒙，不详。

六　昭华仁巫帕，不详。

七　昭华查耶新拉，不详。

八　昭华查耶皙拉：

至却克里王朝三世王时代，爵至披耶巴查漆，系皙拉暖陀支始祖，传子女五，被列为郑王族系第三级（直系）：

（一）坤仁塔，为宫蒙甲塞室利塞底绿之妃，传子四：

1. 蒙昭萨多卜·易沙罗社那。

2. 蒙昭甲章·易沙罗社那。

3. 蒙昭庄蒂·易沙罗社那。

4. 蒙昭兆哇洛·易沙罗社那。

（二）坤仁帕腊，为宫拍罗摩易沙历沙之妃，传女四：

1. 蒙昭帕荣·戌里耶功。

2. 蒙昭陀暖·戌里耶功。

3. 蒙昭景·戌里耶功。

4. 蒙昭保·戌里耶功。

（三）坤仁奴，未详。

（四）坤查耶任，爵至銮罗阇那拉叻沙，传子女四：

1. 涌·皙拉暖陀（男），后官至陆军少将披耶素罗纳社尼。

2. 庄·皙拉暖陀（女）。

3. 汪沙·皙拉暖陀（女）。

4. 汪·皙拉暖陀（女）。

（五）坤查耶栗沙，传子女三：

1. 冈（男）。

2. 沙罗卑（女），为坤沙严·因陀罗瑜定之妻。

3. 勒（女）。

九　拍翁昭查耶阿罗尼迦：

为西宫庵潘（系六坤总督昭庄陀罗之女）所出，居长。在却克里王朝二世王开始时，即佛纪元二三五二年阴历十月白分初五水曜日，同昭华宫坤甲塞多罗挐漆被杀。系叻多那帕挐支的始祖，传子女六，被列为郑王族系第三级（直系）：

（一）坤查耶景，传女一：盛。

（二）坤查耶平，不详。

（三）坤查耶象，传子女二：

1. 铃（女）。

2. 勒（男）。

（四）坤查耶班，传子女四：

1. 栈（男）。

2. 铮（女）。

3. 堕（女）。

4. 乍仑（男）。

（五）坤查耶多腊，不详。

（六）坤仁卡利，不详。

十　拍翁昭仁戌玛丽，不详。

十一　拍翁昭查耶贪隆，传女三：

（一）坤仁颂达，不详。

（二）坤仁帕腊秦，不详。

（三）坤仁茜赛，不详。

十二　拍翁昭查耶拉盲：

当却克里王朝三世王时代，爵至披耶颂越万，有无传下子女不详。

十三　昭华查耶勒，不详。

十四　昭华查耶达砂派耶。

为副后宫武里乍博底室利素啦叻砂所出，行二。迨至却克里王朝二世王时代，爵居帕因陀庵派（或称拍因陀罗阿派耶），惟在佛纪元二三五八年被斩决。系西宫内之父，且为诺帕汪沙支及戍巴立支的始祖，传子女十三，被列为郑王族系第三级（直系）：

（一）坤查耶古兰，在却克里王朝四世王时代爵居銮蒙坤叻陀纳，传子二：

1. 阁。

2. 谷。

（二）坤仁内，在却克里王朝四世王时代任西宫职，传子二：

1. 宫蒙摩隙砂罗皙瓦威拉砂，传诺帕汪沙·纳阿瑜陀耶支。

2. 宫蒙委西奴□尼帕吞，传戍巴立，纳阿瑜陀耶支。

（三）坤仁洛因，不详。

（四）坤仁阿兰，或称坤仁喜兰，不详。

（五）坤查耶楼，传子一：察廉。

（六）坤仁蓬，传子一：錬，爵居披耶罗阁叁帕罗功。

（七）坤仁派，不详。

（八）坤查耶孟功，传子女六：

1. 莱（男）。

2. 艾（男）。

3. 暖（男）。

4. 特（男）。

5. 颂汝（女）。

6. 戍齐（男）。

（九）坤查耶绿，不详。

（十）坤仁勃，不详。

（十一）坤仁奴，传女二：

1. 甲叻，为宫蒙摩隙砂罗皙瓦威拉砂之妃。

2. 帕莱。

（十二）坤查耶水，迨却克里王朝四世王时代，爵居銮蒙坤叻陀纳。

（十三）坤查耶内，传女一：奴内。

十五　拍翁昭仁占朱莉，不详。

十六　拍翁昭仁盛湾，不详。

十七　拍翁昭仁叁里湾那：

为西宫庵潘所出，行二。迨至却克里王朝二世王时代，为王弟之妃，于佛纪元二三五二年与昭华宫坤甲塞多罗拏漆同被杀，系易砂罗社那·纳阿瑜陀耶支始祖，传子女五：

（一）拍翁昭仁巴春汪砂，不详。

（二）拍翁昭仁卡尼砂陀，不详。

（三）拍翁昭仁纳婋，不详。

（四）拍翁昭查耶蓬砂易砂黎砂，爵居宫蒙甲塞室利塞的绿，传易砂罗社那·纳阿瑜陀耶支。

（五）拍翁昭仁那勒蒙，不详。

十八　昭华查耶那麟陀罗罗阇顾曼：

为副后宫武里乍博底室利素婋功砂所出，行三。在却克里王朝二世王时代，爵居拍那麟陀罗罗阇，直至三世王时代仍健在，系仑派洛乍那支的始祖，传子女十八：

（一）坤查耶水，在却克里王朝三世王时代任乃察隆耐耶纳，传子女三：

1. 钉（男）。

2. 卜（女）。

3. 铃（男）。

（二）坤查耶汪砂，爵居派那仑卡。

（三）坤查耶甲森，爵居銮摩诃威成多罗哥砂，传子女四：

1. 笃（男）。

2. 堕（女），为四世王弟之宫妃。

3. 蓬（女），为四世王弟之宫妃。

4. 勒（男）。

（四）坤查仁坎。

（五）坤耶奴，初爵居拍万罗罗阇，后晋升披耶乌泰达摩，传子三：

1. 坛。

2. 应。

3. 铃。

（六）坤查耶诺，爵居拍罗阇披蒙陀。

（七）坤查耶纳，爵居銮披铍陀那顺陀罗。

（八）坤仁庄。

（九）坤仁盛。

（十）坤查仑，初爵居披耶叁勃派，后晋升披耶集罗瑜蒙蒂，传子女六：

1. 吹·仑派洛乍那（男）。

2. 严·仑派洛乍那（男）。

3. 秦·仑派洛乍那（女）。

4. 扁·仑派洛乍那（女）。

5. 温·仑派洛乍那（女）。

6. 勃·仑派洛乍那（女）。

（十一）坤仁翁。

（十二）坤仁灰。

（十三）坤仁塔。

（十四）坤仁碧。

（十五）坤查耶因陀粦。

（十六）坤仁庵蓬。

（十七）坤仁庵潘。

（十八）坤仁戍。

十九　拍翁昭查耶康陀汪砂，不详。

二十　拍翁昭查耶美庆，不详。

廿一　拍翁昭查耶易信吞，不详。

廿二　拍翁昭仁巴派钹多罗：

为西宫银所出，其他不详。

廿三　昭华查耶戍潘汪砂：

为西宫大静（系却克里王朝始祖一世王朱拉绿之公主）所出。在一世王时代，被改称王伫昭华阿派耶特迫砂罗，后晋升宫坤甲塞多罗挐漆。在曼谷三升区建立阿派耶陀蓝寺。却克里王朝二世王初叶，即佛纪元二三五二年，阴历十月白分初五，水曜日，与所生的幼儿共六位同被杀，传子女十三，被列为郑王族系第三级（直系）：

（一）蒙昭查耶艾，被杀。

（二）蒙昭仁多腊（女）。

（三）蒙昭仁榜（女）。

（四）蒙昭查耶戍湾，被杀。

（五）蒙昭仁怡舜（女）。

（六）蒙昭查耶奴蒲，被杀

（七）蒙昭查耶砂越，被杀。

（八）蒙昭仁砂梨（女）。

（九）蒙昭仁莎拉卑（女）。

（十）蒙昭查耶勒，被杀。

（十一）蒙昭仁美（女）。

（十二）蒙昭查耶铃，被杀。

（十三）蒙昭仁……（女）。

廿四　拍翁昭查耶禾，不详。

廿五　昭华仁槃乍巴卑：

为副后宫武里乍博底室利素拉叻砂所出。迨却克里王朝一世王时代为一世王朱拉绿外甥昭华宫坤易砂罗拏叻砂之妃，传子女五，被列为郑王族系第三级（女系）：

（一）蒙昭查耶艾·易砂兰功。

（二）蒙昭查耶甲兰·易砂兰功。

（三）蒙昭仁室利华·易砂兰功。

（四）蒙昭查耶顺砂·易砂兰功。

（五）蒙昭仁洛砂戌空陀·易砂兰功。

廿六　昭内：

为副后宫武里乍博底室利素拉叻砂胞妹西宫巴兰（即六坤藩王所出之二公主，或称小公主）所出，惟领有六坤总督养子之地位，迨至却克里王朝二世王时代任昭披耶六坤，系纳那空支、哥曼功·纳那空支、乍都隆卡功支的始祖。传子女三十五，被列为郑王族系第三级（直系）：

（一）坤内艾（女），为却克里王朝三世王妃（西宫）。

（二）坤内勒（女），为却克里王朝三世王妃（西宫）。

（三）坤内艾（男），爵居昭披耶摩诃晢力达摩，传下哥曼功·纳那空支。

（四）坤内甲兰（男），爵居昭披耶六坤。

（五）坤内益（男），爵居披耶成遐蒙蒂，传下乍都隆卡功支。

（六）坤盛（男），爵居披耶武里叻砂蒲吞，任西武里城太守职，后迁任攀牙城太守职。

（七）坤笃（男），爵居披耶社那奴漆，任大瓜巴城太守职。

（八）坤冈（男），爵居披耶威漆梭罗皆，任六坤副尹职。

（九）坤蓬（男），爵居披耶干差那立武底，任干差那立城太守职。

（十）坤网（男），爵居拍乌泰陀尼，任董里城太守职。

（十一）坤鸿（男），爵居拍威漆梭罗皆，任六坤城副尹职。

（十二）坤静（男），爵居拍乍仑罗阇博底，任砂美岛太守职。

（十三）坤甫（男），爵居拍罗阇奴叻砂，任陀通城太守职。

（十四）坤参（男），爵居拍室利素攀立，任干差那立城副尹职位。

（十五）坤景（女），任刀室利蓬乍。

（十六）坤田（男），任侍卫职。

（十七）坤庄（男），爵居拍尼功武里万，任攀牙城太守协理职。

（十八）坤绿（男），任侍卫职。

（十九）坤杏（女）。

（二十）坤应（女），为却克里王朝三世王妃。

（廿一）坤潘（女），为却克里王朝三世王妃。

（廿二）坤扎（女），为却克里王朝四世王妃，后晋升为"刀"。

（廿三）坤蓬（女），为却克里王朝三世王时代宫拍罗阇旺武哇罗妃。

（廿四）坤槃（女），为却克里王朝三世王时代宫拍罗阇旺武哇罗妃。

（廿五）坤多腊（女），为却克里王朝三世王时代宫拍罗阇旺武哇罗妃。

（廿六）坤碧（女），为却克里王朝三世王时代宫拍罗阇旺武哇罗妃。

（廿七）坤塔琛（女），为却克里王朝三世王时代宫拍罗阇武哇罗妃。

（廿八）坤因（女），为却克里王朝三世王时代宫拍罗阇武哇罗妃。

（廿九）坤克黎（女），为却克里王朝四世王时代宫拍罗阇旺武哇罗妃。

（三十）坤禾（女），为却克里王朝四世王妃。

（卅一）坤恩（女）。

（卅二）坤参（女）。

（卅三）坤农（男）。

（卅四）坤若（女）。

（卅五）坤暖（男），爵居拍威塞勒特颂堪。

昭内所传下的一支，实较储君昭华宫坤因陀罗披达砂所传的广泛，仅就被列为郑王族系第三级而言，储君传子女四，而昭内则传子女三十五，相差几近八倍！此外昭内所传的后裔，不管其列为何级，因数量关系，所占的地位（指政治上的地位而言），也比较重。为利便叙述起见，特将其列为等级，以资读者的参考：

第四级（直系）：

基于这一级里，有一部分仍调查未清楚，暂不列，只就已调查清楚的，则有如下所列的十七位：

1. 坤内艾，为却克里王朝三世王西宫，传拍翁昭（男）一位：拍翁昭察仑汪砂。

2. 昭披耶摩诃晢力达摩，传子女六：

（1）奴大隆·哥曼功·纳那空（男）。

（2）奴艾·哥曼功·纳那空（男），任乃披集讪帕干。

（3）奴克兰·哥曼功·纳那空（男），爵居披耶万罗武里叻砂，后晋升披耶阿派耶披碧。

（4）奴赵·哥曼功·纳那空（女），为却克里王朝四世王西宫。

（5）奴勒·哥曼功·纳那空（男），爵居披耶室利梭罗罗阇博底。

（6）名不详，爵居拍那罗提罗阇博底。

3. 昭披耶六坤，传子女十：

（1）奴蓬·纳那空，爵居昭披耶成达摩蒙蒂。

（2）达·纳那空（男），爵居拍素里达摩武里叻砂，任六坤副尹职。

（3）金·纳那空（男），爵居披耶博底南隆勒，后晋升披耶武里叻砂蒲迫砂罗。

（4）荏·纳那空（女），为却克里王朝四世王西宫。

（5）克兰·纳那空（女），不详。

（6）莎旺·纳那空（女），为却克里王朝五世王西宫。

（7）禾·纳那空（男），爵居銮阿奴萱罗晢迪甘。

（8）吉·纳那空（男）。

（9）芮克立·纳那空（女）。

（10）芮琛·纳那空（女）。

4. 披耶成遐蒙蒂，传子女四：

（1）蓬·乍都隆卡功（男），为乃砂匿耶砂吞。

（2）暖·乍都隆卡功（女），为宫蒙摩隙砂哇罗晢瓦威叻砂妃。

（3）奴·乍都隆卡功（男），任侍卫职。

（4）金·乍都隆卡功（女），为却克里王朝四世王四宫。

5. 披耶武里叻砂蒲吞，传子女二十七：

（1）怡舜·纳那空（女），为却克里王朝三世王西宫。

（2）坎·纳那空（男），爵居披耶武叻砂蒲吞，任攀牙城太守职位。

（3）克兰·纳那空（女），为披耶阿派耶颂堪之妻室。

（4）集·纳那空（女），为披耶阿派耶披碧之妻室。

（5）柏·纳那空（男），不详。

（6）砂越·纳那空（男），任侍卫职。

（7）帕莱·纳那空（男），爵居拍碧博底室利披阁耶颂堪，任攀牙城副尹职。

（8）保·纳那空（女），为却克里王朝四世王西宫。

（9）绿砂·纳那空（男），任侍卫职。

（10）孔·纳那空（女），不详。

（11）砂旺·纳那空（女），为拍蓬帕怡遐颂堪之妻室。

（12）仑·纳那空（男），爵居拍戍麟陀罗博底，任攀牙城检察职。

（13）尼多罗·纳那空（男），不详。

（14）甲棕·纳那空（女），为披耶社那奴漆之妻室。

（15）崙·纳那空（男）。

（16）吉·纳那空（男）。

（17）拉迈·纳那空（女），为拍仑勒迪叻砂叻之妻室。

（18）潘·纳那空（女）。

（19）奕芮·纳那空（女）。

（20）恩·纳那空（女），为拍颂越耶奴叻砂之妻室。

（21）湾·纳那空（男）

（22）芮若·纳那空（女）。

（23）爱·纳那空（男）。

（24）甲腊·纳那空（男），任侍卫职。

（25）卜·纳那空（女），为披耶阿派耶披碧之妻室。

（26）若·纳那空（男）。

（27）金·纳那空（女）。

6. 披耶社那奴漆，传子女五十八：

（1）碧·纳那空（女），为披耶阿派耶颂堪之妻室。

（2）金·纳那空（男），爵居披耶社那奴漆，任大瓜巴城太守职。

（3）立·纳那空（男），爵居拍颂越耶奴叻砂，任大瓜巴城太守亲信。

（4）尊·纳那空（女）。

（5）叁摩勒迪·纳那空（女）。

（6）信·纳那空（男），爵居拍仑勒迪叻砂叻。

（7）景·纳那空（男），爵居拍易砂罗迪猜耶社尼汪砂达摩罗阇，任甲贝城太守职。

（8）庵帕·纳那空（女）。

（9）乾·纳那空（女），为却克里王朝四世王妃（西宫）。

（10）暖·纳那空（女）。

（11）凤·纳那空（男），爵居拍颂越耶奴叻砂，任大瓜巴城太守之财政亲信。

（12）辩·纳那空（女）。

（13）砂源·纳那空（男）爵居拍顺吞博底，任大瓜巴城太守协理职。

（14）瑟·纳那空（女）。

（15）克兰·纳那空（男），爵居拍蓬帕瑜遐颂堪，任甲贝城太守职。

（16）塔琛·纳那空（女），为却克里王朝四世王妃。

（17）皙特·纳那空（男），爵居拍那罗贴博底，任大瓜巴城检察官职。

（18）潘·纳那空（女）。

（19）卡鹿·纳那空（男），任侍卫职。

（20）克郎·纳那空（男），爵居拍武里戌罗遐蒲孟陀罗特武底，任大瓜通城太守职。

（21）玛丽·纳那空（女）。

（22）云·纳那空（女）。

（23）蓝·纳那空（男），爵居銮塞乍武里叻砂，任大瓜通城太守协理职。

（24）庵·纳那空（男）。

（25）考·纳那空（男），爵居拍社那奴汪砂博底室利达摩罗阇，任企里叻陀尼空城太守职。

（26）迈秦·纳那空（女）。

（27）皙拉·纳那空（女）。

（28）春·纳那空（男），爵居拍因陀罗塞迪社那奴汪砂武里叻砂，任大瓜巴城太守协理职。

（29）克立·纳那空（女）。

（30）团·纳那空（男），爵居拍顺陀罗哇罗纳罗阇博底，任大瓜巴城太守协理职。

（31）克莱·纳那空（女）。

（32）吉·纳那空（女）。

（33）帕荣·纳那空（男）。

（34）潘·纳那空（男），爵居拍仑勒特叻砂叻，任大瓜巴城太守协理职。

（35）蒲·纳那空（男），任侍卫职。

（36）平·纳那空（男）。

（37）戍特·纳那空（男），爵居銮碧企里室利披阁耶颂堪，任大瓜通城副尹职。

（38）武砂耶·纳那空（男），任侍卫职。

（39）大越·纳那空（男）。

（40）庄·纳那空（男）。

（41）暖·纳那空（女），为却克里王朝五世王妃。

（42）禾·纳那空（女），为銮丹隆戌粦陀罗勒特之妻室。

（43）吹·纳那空（女）。

（44）若·纳那空（男）。

（45）克腊·纳那空（男）。

（46）砂严·纳那空（女），为宫坤晢里达查盛角妃。

（47）尧·纳那空（女）

（48）年·纳那空（男），任侍卫职。

（49）筀·纳那空（女）。

（50）顿·纳那空（男）。

（51）冯·纳那空（女）。

（52）剥·纳那空（男）。

（53）蒙·纳那空（男）。

（54）帕莱·纳那空（男），爵居披耶空卡陀罗特武底，任素叻省省长职。

（55）春·纳那空（男）

（56）篡·纳那空（男）。

（57）汪·纳那空（男），爵居拍汪企里叻砂，任干东县县长职。

（58）古腊·纳那空（女）。

7. 披耶威漆梭罗皆，传子女十六：

（1）拉迈·纳那空（女），为拍那罗特罗阇博底之妻室。

（2）班·纳那空（男），爵居拍社尼那勒迫砂罗。

（3）吉·纳那空（女），为却克里王朝四世王妃。

（4）奴·纳那空（男）。

（5）班·纳那空（男）。

（6）水·纳那空（男），任侍卫职。

（7）庄·纳那空（男）。

（8）若·纳那空（女）。

（9）都·纳那空（男）。

（10）苹·纳那空（女），为拍素里达摩武里叻砂之妻室。

（11）天·纳那空（男），爵居銮攀纳尼空堪。

（12）柳·纳那空（女）。

（13）钦·纳那空（女），为拍蓬帕瑜遐颂堪之妻室。

（14）银·纳那空（男）。

（15）秦·纳那空（女）。

（16）保·纳那空（女）。

8. 披耶干差那立武底，传子女三：

（1）占仑·纳那空（男），爵居拍干差那立武底，任干差那立城太守职。

（2）纳·纳那空（男）。

（3）戌湾·纳那空（女），为却克里王朝五世王妃。

9. 拍乌泰陀尼，传子女十八：

（1）蒙·纳那空（男），任万多攀城代理太守职。

（2）庵潘·纳那空（女），为却克里王朝四世王妃。

（3）古腊·纳那空（女），为却克里王朝四世王妃。

（4）仑·纳那空（男），爵居銮披蒙颂越，任董里城委员之一。

（5）克兰·纳那空（男），爵居銮披蓬砂那哇，任董里城委员之一。

（6）派·纳那空（女），为乃湾纳佛头廊之妻室。

（7）屋·纳那空（女），为拍碧博底之妻室。

（8）洽·纳那空（女），为乃卡鹿·纳那空之妻室。

（9）碧·纳那空（女）。

（10）越·纳那空（男）。

（11）洛·纳那空（女）。

（12）姜·纳那空（女）。

（13）塔·纳那空（男）。

（14）奴·纳那空（男）。

（15）郑·纳那空（男）。

（16）多腊·纳那空（女）。

（17）奴·纳那空（女）。

（18）尼多罗·纳那空（男）。

10. 拍威漆梭罗皆，传子女十六：

（1）洛砂（男），爵居披耶育猛权。

（2）春·纳那空（男），爵居銮披庄暖特塞。

（3）泛·纳那空（女），为乃漆·室利平之妻室。

（4）室利·纳那空（女），任职于皇宫内。

（5）信·纳那空（男），爵居銮贴阿耶。

（6）铃·纳那空（男）。

（7）仑·纳那空（男）。

（8）盛·纳那空（男）。

（9）庄·纳那空（男）。

（10）等·纳那空（男）。

（11）砂仑·纳那空（男）。

（12）暖·纳那空（女），为乃仑之妻室。

（13）塔琛·纳那空（女），为拍武里戌特罗遏蒲孟砂特武底之妻室。

（14）应·纳那空（女）。

（15）苹·纳那空（女）。

（16）侬·纳那空（女）。

11. 拍乍仑罗阇博底，传子女八：

（1）芮·纳那空（男），爵居銮北巴笃叻。

（2）若·纳那空（女），为披耶武里叻砂蒲迫砂罗之妻室。

（3）叁·纳那空（女）。

（4）旺·纳那空（男）。

（5）占仑·纳那空（女）。

（6）乾·纳那空（女），为銮贴阿耶之妻室。

（7）肥·纳那空（男）。

（8）尖·纳那空（男）。

12. 拍室利素攀立，传子女十：

（1）多·纳那空（男）。

（2）奴·纳那空（女）。

（3）卡越·纳那空（男）。

（4）节·纳那空（男）。

（5）苹·纳那空（女），为却克里王朝五世王妃。

（6）作·纳那空（女）。

（7）应·纳那空（女）。

（8）若·纳那空（男），爵居銮甲塞多罗春蓬康陀。

（9）勒·纳那空（女），为乃乍仑·室利耶派之妻室。

（10）恋·纳那空（男），任景迈城财政官职。

13. 四世王西宫，传子女四：

（1）宫坤素里达成角砂（男），系室利陀越支的始祖。

（2）拍翁昭阿罗泰贴干耶（女）。

（3）宫坤摩卢蓬砂晳里钹陀那（男），系越□那汪砂支的始祖。

（4）拍翁昭南仑勒特（男）。

14. 坤·纳那空，传子女二：

（1）芮·纳那空（男）。

（2）芮·纳那空（女）。

15. 拍尼功武里万，传子女十一：

（1）冈·纳那空（男）。

（2）信·纳那空（男）。

（3）密多罗·纳那空（男）。

（4）奴·纳那空（男）。

（5）饷·纳那空（女）。

（6）塔·纳那空（男），任侍卫职。

（7）皱·纳那空（女）。

（8）克兰·纳那空（男）。

（9）苹·纳那空（女）。

（10）仑·纳那空（男）。

（11）铃·纳那空（女）。

16. 坤·纳那空，传子二：

（1）农·纳那空。

（2）蒲·纳那空。

17. 拍威塞勒特颂堪，传子女六：

（1）诺·纳那空（男）。

（2）脑·纳那空（男），爵居坤威吞万阁。

（3）农·纳那空（男）。

（4）蒲·纳那空（男）。

（5）若·纳那空（女），为坤仁陀汪·纳塔兰。

（6）达·纳那空（男）。

上面已说过，昭内所传下的一系，分布最广，而且人数最多，倘予以一一列出，则未免繁杂，同时不必要，现在就其第五级、第六级……选出比较重要者，罗列如后：

哥曼功·纳那空支：在第五级内比较重要者，厥为披耶室利梭罗罗阁博底所传下的子女十名中，以乃川·哥曼功·纳那空及乃察隆·哥曼功·纳那空两人最重要，前者职至乃蓬派，后者在却克里王朝第六世王时代，爵居昭披耶蓬拉贴，官至农务大臣职。此外有乃初·哥曼功·纳那空，爵居拍室利皆罗拉砂。

乃蓬派所传下的第六级，仅有一男，即在却克里王朝第七世王时代，曾任财政大臣之披耶哥曼功蒙蒂，原名乃真·哥曼功·纳那空。

至于昭披耶蓬拉贴所传下的第六级，则有子女十三：

（一）察金·哥曼功·纳那空（女），为坤仁武罗那素里。

（二）察洛·哥曼功·纳那空（男）。

（三）察佬·哥曼功·纳那空（女），为乃潘·勃陀阿奴罗阁之妻室。

（四）察佬·哥曼功·纳那空（男）。

（五）里洛·哥曼功·纳那空（男）。

（六）崇室利·哥曼功·纳那空（女）。

（七）察潦汪砂·哥曼功·纳那空（男）。

（八）察隆蓬·哥曼功·纳那空（男）。

（九）蓬特·哥曼功·纳那空（男）。

（十）察叻蓝·哥曼功·纳那空（男）。

（十一）崇采·哥曼功·纳那空（女）。

（十二）察隆潘·哥曼功·纳那空（男）。

（十三）威勃·哥曼功·纳那空（女）。

第七级，只就披耶哥曼功蒙蒂一支而言，共传下子女九：

（一）巴仑·哥曼功·纳那空（女）。

（二）梭潘·哥曼功·纳那空（女）。

（三）拉仑·哥曼功·纳那空（女）。

（四）查耶内·哥曼功·纳那空（男）。

（五）真网·哥曼功·纳那空（男）。

（六）哇罗铍·哥曼功·纳那空（男）。

（七）梭铍·哥曼功·纳那空（女）。

（八）春真·哥曼功·纳那空（女）。

（九）梭蓬·哥曼功·纳那空（女）。

乍都隆卡功支：乃砂匿耶砂吞所传下的第五级，共有子女八：

（一）美·乍都隆卡功（女），为却克里王朝五世王妃。

（二）邦·乍都隆卡功（男）。

（三）艾·乍都隆卡功（男），爵居拍室利特勃。

（四）扁·乍都隆卡功（男）。

（五）占·乍都隆卡功（男）。

（六）奴仁·乍都隆卡功（女）。

（七）巴·乍都隆卡功（男），任陆军中尉职。

（八）绿·乍都隆卡功（男）。

列第六级之乍都隆卡功，则有如下所列：

（一）拍室利特勃，共传子女七：

1. 查耶铃·乍都隆卡功（男）。

2. 颂冈·乍都隆卡功（男），爵居披耶乍都隆颂堪。

3. 顿·乍都隆卡功（男）。

4. 渥·乍都隆卡功（女）。

5. 喔·乍都隆卡功（男），爵居坤威戍勃万罗。

6. 通阇耶·乍都隆卡功（男），任实突府审判官职。

7. 戍素里·乍都隆卡功（男）。

（二）陆军中尉巴所传下的子女，共有十：

1. 冬·乍都隆卡功（男），爵居坤越察塞披匿。

2. 安·乍都隆卡功（女），为蒙昭陀拉潘·功摩叻之妻室。

3. 禾·乍都隆卡功（女）。

4. 吉·乍都隆卡功（男），爵居銮春察叻披拉仑。

5. 宾·乍都隆卡功（女）。

6. 戌·乍都隆卡功（男），爵居坤戌廸阁耶，任陆军中尉职。

7. 锐·乍都隆卡功（女）。

8. 砂芸·乍都隆卡功（女）。

9. 威叻·乍都隆卡功（女）。

10. 加仑·乍都隆卡功（男）。

（三）乃绿所传下之子女，共有二：

1. 皱·乍都隆卡功（女），为披耶乍都隆颂堪之妻室。

2. 斗·乍都隆卡功（男），爵居坤春拉干披匿。

第七级之乍都隆卡功支如：

1. 乃顿·乍都隆卡功，仅传下一子：多·乍都隆卡功。

2. 坤威戌勃万罗，传子女六：

（1）金·乍都隆卡功（女）。

（2）阿铍·乍都隆卡功（男）。

（3）巴安·乍都隆卡功（女）。

（4）拉乌·乍都隆卡功（男）。

（5）阿特·乍都隆卡功（男）。

（6）爱阇耶·乍都隆卡功（男）。

3. 乃通阇耶·乍都隆卡功，传女一：乍仑室利·乍都隆卡功。

4. 坤越察塞披匿，传子一：巴允·乍都隆卡功。

5. 銮春察叻披拉仑，传子女三：

（1）阿兰·乍都隆卡功（男）。

（2）加暖·乍都隆卡功（男）。

（3）帕那里·乍都隆卡功（女）。

6. 坤戌廸阁耶，传子女五：

（1）素里潘·乍都隆卡功（男）。

（2）素贴·乍都隆卡功（男）。

（3）戌蓬·乍都隆卡功（男）。

（4）温潘·乍都隆卡功（女）。

（5）铃·乍都隆卡功（女）。

第八级之乍都隆卡功，依现时所调查者，只有乃多所传下之一支，共有子女三：

（1）万专·乍都隆卡功（女）。

（2）颂素里·乍都隆卡功（男）。

（3）顿·乍都隆卡功（男）。

纳那空支：这一支所传下的，尤见广泛，在这里仅举其中比较重要的数位而已。有昭披耶成达摩蒙蒂所传下的子女，被列为第五级，共有十九位：

（一）芮艾·纳那空（女），为披耶顺砂多罗社罗吉披查之妻室。

（二）若·纳那空（男），为披耶那空功拉策摩隙砂罗博里收为养子。

（三）真·纳那空（男）。

（四）泛·纳那空（女）。

（五）应·纳那空（男），爵居昭披耶武粦陀罗莱查奴漆，任却克里王朝六世之国防大臣。

（六）聆·纳那空（男）。

（七）多腊·纳那空（女）。

（八）荔枝·纳那空（女），为拍披柿之妻室。

（九）胶·纳那空（女）。

（十）侬·纳那空（女）。

（十一）苹·纳那空（女），为拍坞特塞·披甲暖陀之妻室。

（十二）蓬·纳那空（男），爵居披耶成·罗贴博底。

（十三）吉·纳那空（男），爵居坤武里叻砂蒲迫砂罗。

（十四）侯·纳那空（女）。

（十五）克兰·纳那空（男）。

（十六）蓬·纳那空（女）。

（十七）拉越·纳那空（女）。

（十八）占仑·纳那空（女）。

（十九）楷·纳那空（男）。

拍易砂罗特阇耶所传下子女，共有七位：

（一）蓬·纳那空（女），为却克里王朝五世王妃。

（二）练·纳那空（男），爵居拍那仑卡威漆，在建都曼谷一百十二年间暹法事件发动后，尝与法军作战。

（三）仑·纳那空（男），爵居銮威庄阿武。

（四）若·纳那空（女）。

（五）占仑·纳那空（男）。

（六）砂横·纳那空（男）。

（七）仁芮·纳那空（女）。

关于第六级，特依照上列的纳那空支第五级男性所传下的子女列出，女性从略：

（一）披耶那空功拉策，所传下的子女，共有十二：

1. 兰·纳那空（女）。

2. 砂南·纳那空（男），爵居銮卡万那讪。

3. 保·纳那空（女）。

4. 汪砂·纳那空（女），为披耶威漆梭罗皆之妻室。

5. 砂诺·纳那空（男）。

6. 砂侬·纳那空（女）。

7. 应·纳那空（男）。

8. 聂·纳那空（女），为拍室利万耶之妻室。

9. 雍·纳那空（男），爵居銮社威越查舜陀罗。

10. 拉瑜·纳那空（女），为乃威漆·都隆卡塞之妻室。

11. 砂尼·纳那空（男）。

12. 阿奴专·纳那空（男），任陆军上尉职。

（二）昭披耶武舜陀罗莱查奴漆，所传下的子女，共有四：

1. 腊·纳那空（女）。

2. 玉·纳那空（男），任少士大夫职。

3. 帕荣·纳那空（女），为乃砂尼·纳那空之妻室。

4. 帕雍·纳那空（女），为披耶社尼那仑卡勒特之妻室。

（三）乃聆·纳那空，所传下的子女，共有三：

1. 陀暖·纳那空（男）。

2. 苹·纳那空（女）。

3. 潘·纳那空（女）。

（四）披耶戍·罗帖博底，所传下的子女，共有八人：

1. 苹·纳那空（男），任警少尉职。

2. 绿·纳那空（男），业医。

3. 聆·纳那空（男）。

4. 武里·纳那空（男），任陆军上尉职。

5. 勃·纳那空（男）。

6. 披落·纳那空（男）。

7. 钹婙·纳那空（女）。

8. 那罗·纳那空（男）。

（五）坤武里叻砂蒲迫砂罗，仅传下一子：志·纳那空。

（六）乃克兰·纳那空，所传下的子女共有十一：

1. 若·纳那空（女）。

2. 多婙·纳那空（女）。

3. 万若·纳那空（男），任警中尉职。

4. 帕荣·纳那空（女），为乃振·陀哇罗之妻室。

5. 蓬·纳那空（女）。

6. 少哇叻·纳那空（女）。

7. 巴允·纳那空（男）。

8. 巴荣·纳那空（女）。

9. 汪砂·纳那空（女）。

10. 若·纳那空（女）。

11. 巴特·纳那空（男）。

拍易砂罗特阁耶子女所传下的第六级，则有如下所列：

（一）拍那仑卡威漆，传子二：

1. 扑·纳那空。

2. 洛·纳那空。

（二）銮威庄阿武，传子女六：

1. 荔枝·纳那空（女）。

2. 铮·纳那空（女），为銮披讪厄萱吉之妻室。

3. 仑·纳那空（女）。

4. 察金·纳那空（女）。

5. 汶龙·纳那空（男）。

6. 汶纳·纳那空（男）。

（三）乃占仑·纳那空，传子二：

1. 砂匿·纳那空。

2. 查耶·纳那空。

至于第七级，则有如下所列：

1. 銮卡万那讪（披耶那空功拉策之子），仅传下一女：蓬猜·纳那空。

2. 銮社威越查舜陀罗（披耶那空功拉策之子），仅传下一子：巴越·纳那空。

3. 乃砂尼·纳那空（披耶那空功拉策之子），传子女三：

（1）砂威耶·纳那空（女）。

（2）素叻·纳那空（女）。

（3）无名（男）。

4. 乃业·纳那空（昭披耶武舜陀罗莱查奴漆之子），传子女三：

（1）钹陀那蓬·纳那空（男）。

（2）瑜陀讪·纳那空（男）。

（3）干妮加·纳那空（女）。

5. 乃陀暖·纳那空（乃聆·纳那空之子），传子女四：

（1）尼特·纳那空（男），任兽医。

（2）阿奴·纳那空（女）。

（3）阿泛·纳那空（男）。

（4）春甫奴·纳那空（女）。

6. 乃剥·纳那空（拍那隆卡威漆之子），传子女三：

（1）巴哇迪·纳那空（男）。

（2）巴越·纳那空（女）。

（3）巴维·纳那空（男）。

7. 乃洛·纳那空（拍那隆卡威漆之子），传子一：查力·纳那空。

8. 乃汶龙·纳那空（銮威庄阿武之子），传子女九：

（1）巴允·纳那空（女），为乃占叻·春罗西之妻室。

（2）无名（女）。

（3）巴束·纳那空（男）。

（4）巴勃·纳那空（男）。

（5）巴帕·纳那空（女）。

（6）巴派·纳那空（女）。

（7）巴涌·纳那空（女）。

（8）巴吉·纳那空（男）。

（9）女（名未定）。

廿七　拍翁昭查耶，不详。

廿八　拍翁昭查耶挐铃，不详。

廿九　拍翁昭仁戌查蒂，不详。

郑王的童年[*]

陈毓泰

室利阿瑜陀耶朝首都大城为缅军所攻陷后，即有披耶坎亨碧，出而领导军民，约经一年的时间，赖英勇的部将协力辅佐，冲锋陷阵，出生入死，终于击溃了缅军的实力，光复了暹罗的锦绣山河，恢复了泰族固有的自由。这位披耶坎亨碧，即是泰族人通称的披耶德信，亦即华侨所称的郑王。披耶坎亨碧光复了暹罗，将都城迁至吞武里以后，始被拥立为一国之君。虽然郑王为后代的暹罗奠定了国基，迄今维护其独立地位，历百五六十年，其伟大的勋业，当为泰族人所永记而不忘者。然而比较特殊而使人几乎不能置信的，厥为这位一世的英君，其身世实甚模糊。我们阅读暹罗史籍，往往感到郑王系历代君主中最不幸，而且受到了最重的指摘的一位了。关于郑王努力光复暹罗，而至被杀为止，其中有不实不确和"莫须有"的传说，甚至子子孙孙的无辜受罪诸情事，混乱如麻，整理非易。就是郑王的身世，亦是千头万绪，莫衷一是。造成这种局势的，除了一般历史作家的误植，和被人的补削以外，后代的人们，懒于发掘和探索，也是促成的一主因。

虽然郑王的身世，几乎湮没了，可是我们在现存的文籍堆里，假如细心一点研究的话，也还能够发掘出多少的真理，这只是有没有耐心的问题而已。在这里作者所提述的一些，仅是依作者所搜得的材料以内所查出的有限的小部份，或许在作者未有发现的其他文籍还有更多的真理，这是要请大家努力合作予以发掘的。由于作者的搜索结果，更引起了他人的更多的发现从而补充作者的缺漏，则作者将深感到无限欣慰的！

关于郑王的身世，在现代的暹罗历史专家，仍然是意见纷纷，不能取得一致。依现存的文籍而言，其中有提述及郑王身世的，就有好几册。在这几册的文籍里，所提示给我们的郑王身世，更是莫衷一是，混乱而不能一致。大概历史专家的不一致的意见，或许是受了这些文籍的影响也说不定。

我们姑且放开这些问题，回头查现存的文籍，有关于郑王身世的，究有若干册？其中比较有点确实性的有几本？

---

* 原载《中原月刊》第 1 卷第 2 期，1941 年，第 26—31 页。

首先应提到的，就是皇家学术研究会所印行问世的《柬埔寨史》。依这册《柬埔寨史》的内容而言，显然是后人所著，有些地方的年代反被误植了，如丑年变为子年，这是译原文者有意的呢，还是手误，则无从晓得。不过丑年为子年，确是有错。①

《柬埔寨史》称郑王系华裔。这种提示，也许是由曼谷方面抄袭而去，因行文在在显示出系根据暹文籍而编成的。

另一册为乃荣所译的《安南史》。这是厚厚的两册，大概系由《越南史记》所转译的，因未备有《越南史记》，不能加以对照，究竟有无错误，不得而知。惟依这两巨册的《安南史》的记载，同样提示我们说，郑王系华裔。

被列为《暹史大全》第卅九集所集的法国传教士函件，其中有传教士阿尔柯尔氏在公元 1768 年（佛纪元二三一一年）6 月 3 日发自柬埔寨的函件，内称"披耶德（即郑王）系带有华人血统的混血儿"，意思当然是说郑王系华裔了。

上面所提及的三本文籍，几乎完全一致地说郑王系华裔。不过另有一本目前仍保存于国家图书馆的文籍，被登记为第二号แข，系手抄本，用白粉书于黑纸上。内容开始叙述大城行将陷落时的事态，这和一世王时代修纂的《吞武里史》（此书后来被编入《暹史大全》，列为第六十五集）行文颇相似。关于郑王的身世，则散落于行文里，形成了残缺不全的片断，其中一段载：

"当时有一位居于蒴叶园港的华人儿子，北上经营商务至猛德城，历有多年。这位华人聪慧，且志力过人，时常帮助地方官审理各种案件。猛德城太守患病，不久死去。这位华人即割去辫发，成为泰人，转赴大城，四出奔走，意图运动任猛德城太守职。"

还有一珍本，亦系国家图书馆所保藏，未有印行，所登记的号码为第二号ไข，亦系手抄本。惟其全部内容如何，不得而知，但依《暹史大全》第六十五集第二页所载的注释里，有着这么的一小段：

"原名振，系牛车商，因有功于国，乃被委为猛德城太守职。"

这和第二号แข本尤相近，只不过后者指出了该华人的名字和行业的种类。这册《暹史大全》第六十五集，在七十五页还有一段：

"六月黑分十一，月曜日，拍罗阇颂堪献上越迈寺方丈书于棕榈叶上的《摩诃梭碧》，系依照《大族经》佛预言曰：大臣家族②成为一国至尊的君主，共有四位。最后

① 见郑王纪念像筹铸委会所印行的《郑王史料汇编》第 2 集，第 3 页。
② 大概系指拍贴罗阇家族而言。

一位君主将有缅军来侵，首都必被攻陷。都陷后，有牛车商，将统治南部海岸之曼谷城⋯⋯"

上举的三本书，即第二号本 แฆ、第二号本 ไฆ 以及《暹史大全》第六十五集，所记述的互有关联，如出一辙，虽然著作者以及著作的时间皆不同。依这三本书说来，郑王纯粹是华人，而非华裔了。然而有关于这三本书记载的其他旁证，迄今仍未被发现，所以无从证实此说。此外这三本书的记载，完全系片断的，郑王的童年的种种事态，则无只字道及！所以，关于郑王的血统问题，还有待于将来搜集其他更重要资料的考证。

除了这些文籍以外，在暹文中仍有一册比较重要的文籍，书名为《祖先的伟绩》，有人译为《伟人传记》。这册《祖先的伟绩》收了不少伟人的传记，有郑王、一世王、一世王弟（即宫拍罗阁汪巫钵罗摩诃梭罗信）等，互相间皆有关系。"这册书印行于佛纪元二四七三年，提述了有关郑王的初期史颇详。惟细察此书的行文，有好几段和四世王的笔调相似，例如：

"ครั้งกรุงเทพมหานครบวรทวาราวดีศรีอยุธยา คือกรุงเก่า ยังตั้งดำรงสมบูรณ์เปนราชธานี

โดยปกติอยู่นั้น ฯลฯ ในกาลครั้งโน้นนั้น จีนมีชื่ออ้ายฮองเปนขุตพัฒนานายอากรบ่อน

เบี้ย และกอบด้วยภรรยา ทาษชายหญิง แลทรัพย์สมบัติ โดยสมบูรณ์

"这段文字，请以《暹史大全》第 8 集御著《原始族系编》相对照，即可看出其行文的类似点。"①

"另外还有几段，亦和暹罗名记者乃固腊的文笔相同。据此，细察这册书的内容，叙述的是旧事，可是行文则属于后人的著述。所以这册书记载的事件，实不能使人完全相信是事实。不过其中也包含了不少真理，须予以选择，去其荒谬，而存其可信者。"②

大概只有这本《祖先的伟绩》提述及郑王初期的事态较有系统，所以暹罗历史作家，皆以此书为叙述的张本。然而有一部份新书，兼收并蓄地把神话化的事态也收入了，詹益明君所著的《值身王》，就是一个很好的例子。

---

① 见《郑王史料汇编》第 2 集，第 6 页。
② 见《郑王史料汇编》第 2 集，第 7—8 页。

关于这本《祖先的伟绩》的神话化，荒诞不经的提述，在这里姑且举出一二，以证其荒诞的程度。

"小历一〇九六寅年（佛纪元二二七七年）第六旬，举一雄，华人海丰坤铵陀那之子，生来相貌英伟，具有四方相。据释称，自足至脐为一部，自脐至额前发际为一部，自左乳头至左手指为一部，自右乳头至右手指为一部，此四部份的长度皆相等，脐深可容未剥壳的槟榔实，与普通人有异，始被称为四方相。明言之，与佛祖圣体相若。"

另一段则称："此儿生仅三日，卧簸箕内，有巨蟒，蟠绕其身，其父以为不祥，拟杀之。依中国俗，应加以活埋，惟此地为暹罗，不能依中国俗而行，须弃儿于屋外，始可脱祸害。"

更有一段则称："乃信（即郑王）九岁后，昭披耶却克里（郑王养父）令入哥砂哇砂那寺，从通底长老为师……年十三，乃信在寺内与各徒聚赌，为师所见，聚赌众徒皆受鞭挞，乃信系首倡者，师将其缚于岸旁梯板，以示儆。事后师入室诵经，忘其事。迨至深夜，始忆及乃信，生死不卜，急率众僧出视，在火把高举之下，发现乃信卧于岸㳽，手足仍紧缚于梯板，但梯板为水所冲脱，浮入岸干，因此乃信未被溺毙。师惊为异事，知此儿将来可贵，乃导其入佛堂，乃信居中，周围绕以和尚，为乃信举行安魂仪式……"

上面所举的各例，当不难看出这本书著作光怪陆离事态的一斑了。这些不实的记载和描述，我们不想深究，仍让其过去好了。在这里将尽量摘录一些可信的材料，并□于他书的记述，从而证实其事。

依《祖先的伟绩》的提示，使我们了然郑王的身世，尤其是郑王父母的地位、行业如下：

"当大城仍成为安全的国都时，在位的君主称拍武仑阁，列为大城朝第卅二世君。内务大臣昭披耶却克里筑居于城畔。有华人名海丰，领有坤铵陀那爵衔，为赌税司。"

在这里我们知道"华人名海丰"，就是郑王的父亲。可是这位华人究竟姓什么，没有说出。同时所说的"名海丰"，也还有疑点。其实这位华人依后来史家的查考，非名海丰，而且也不是海丰人。照四十二梅居士所著的《郑昭传》所载："郑昭，潮州澄海华富里人（或作惠州人，误，今华富里尚有王祖墓及遗族）。父达，旷荡不羁，乡人号之曰'歹子达'。歹子，犹言浪子也。以贫不自聊，且见恶于乡，乃附航南渡。时暹都大城……侨民商业萃焉。遂诣大城，借赌为生，渐致富，更名曰镛……为摊主。暹旧政右赌，重征以维国用……俱华人操其业，标领者多豪富，出入宫廷。镛缘是锡爵坤拍……娶暹妇洛央，生一子，即王也。"①

潮州澄海方面流传着上述的传说，这位四十二梅居士把它收入了《郑昭传》内从而考证郑王的祖籍，是可贵的。②

由于这段传说所述的，郑王父原名达，后改名镛，非名海丰，原籍潮州澄海华富里，证诸《祖先的伟绩》所收的"一世王传篇"第廿四页载：

"拍昭德（即郑王）讳信，为中国海丰郑镛子，镛得坤钹陀那爵衔，为摊赌税司，子乃信则为昭披耶却克里收为养子。"

这是暹方的记载，不期然地与中国方面的传说相符合。所以暹方对郑王父的记载，虽略有误点，但还可取，因出处同一，流传以后，难免发生多少的出入。不过，使我们感到遗憾的，就是郑王的父亲郑达或郑镛的下落如何，史籍无载。同时作者手边所有的文籍，也没有道及，因此难予以查考。将来有人在这方面加以补充，那是最值得推崇的。

至于郑王的母亲，依四十二梅居士所集的澄海传说，称系"暹妇洛央"，然而在《祖先的伟绩》"郑王传篇"中，则未有道及其名；可是在同书"一世王传篇"中第卅六页载：

"………四出查访，卒遇披耶德信之母洛央。"

四十二梅居士所述的"娶暹妇洛央"和《祖先的伟绩》所载的"披耶德信之母洛央"正相吻合。据此，郑王母亲名洛央，是可信的。郑王贵为一国至尊的君主后，这位洛央遂被晋封为宫拍陀帕蔑耶，在郑王于佛纪元二三一七年御驾亲征叻丕城万缴缅军，正包围缅军期间，王太后宫拍陀帕蔑耶病势危笃，结果于是年驾崩。③ 关于王太后举行火葬以及庆祝骨灰盛典时的口文（佛纪元二三一八年六月），有着详细的记载。此稿现存于国家图书馆，未有印行问世。

《祖先的伟绩》"郑王传篇"继续叙述称：

① 关于郑昭之"昭"字，系暹文"เจ้า"之音译，义为王。非郑王名昭的解释，《暹罗王郑昭传》弁言有详述，兹不赘。
　　还有"坤拍"这个名词，实有提出讨论的必要。按《暹罗王郑昭传》所附注的西文为"Khun Phra"，还原为暹文则为"ขุนพระ"，这在暹罗爵位上并无此种称呼，当系暹文籍中"ขุนพัฒน"之误。假如非"ขุนพัฒน"之误，则"坤拍"可还原为"คุณพระ"，此种称呼，在暹罗非常普遍。"คุณพระ"系对领有拍（พระ）爵位者的尊称。可是郑王父亲在当时所领有的爵位仅是"坤"（ขุน），根本就不会跳上"拍"（พระ）爵位，因"坤"与"拍"之间，还有"着銮"（หลวง）的爵位。所以四十二梅居士所录的"坤拍"，可决其为"ขุนพัฒน"之误。
② 见许云樵译《暹罗王郑昭传》"弁言"。
③ 王太后驾崩的日期，依艺术厅所编印的《郑王族谱》载：系薨于佛纪元二三一七年八月白分初六，火曜日。

"华人海丰任赌税司后，妻妾奴隶颇众，家境富裕，乃迁至大城，筑居于昭披耶却克里家前，为时颇久。其妻（指洛央）怀胎满十足月，即产下一雄，貌英俊。昭披耶却克里爱之如己出，请收为养子。华人海丰不能却，遂许之。

"昭披耶却克里自得华人海丰儿为养子后，家境愈形富裕，乃赐养子名'信'，义取家财之兴，皆由此儿也。

"乃信九岁后，养父昭披耶却克里令入哥砂哇砂那寺（或称□铃寺），从通底长老为师，攻读吉蔑文、泰文，继研读三藏经典，颇有心得。

"乃信满十三足岁时，其养父昭披耶却克里率之离寺，并为其举行盛大而隆重的剃髻礼。

"继剃髻之后，昭披耶却克里领带乃信入宫觐见拍武仑阁王，得侍卫职。在职期间，遇有空暇，辄从华师习华文华语，从越师习越文越语，从印度师习梵文梵语。"

关于郑王习华、越、印语文事，其他文籍亦作有力的旁证。

国家图书馆所印行之《暹史大全》第六十五集第八十四页载：

"酉年第九旬（佛纪元二三二〇年）七月黑分十四，木曜日，晨间，僧王以及其他高僧入宫。时郑王正在坐禅，乃朗诵巴利经奉聆，同时卓利斯、卓通、卓洛等印度师，亦导梵文经典朗诵圣闻。"

此外《暹史大全》第六十六集首篇《行军日记》第廿五—廿六页载：

"一月白分初十，月曜日，晨间，御驾赴越寺布施、礼佛。越僧诵经毕，乃恩赐御款予僧侣、尼姑等。郑王且亲操越语向所有僧侣示训，应严守戒律，力避与妇女发生肉体关系，努力发扬教义，以光佛门。"

同书第卅四页亦载称：

"一月白分十五，土曜日，晨间，传令延请泰籍、华籍、越籍僧正，为数颇众，会集于越寺，以各原有言语诵经。完毕后，恩赐泰籍僧正每一位现金一铢、绸一方，华籍僧正每一位现金一铢、绸一方，越籍僧正每一位现金一铢、绸一方，沙弥亦各赐现金一铢。继此，郑王操华语训示华籍僧正，操越语训示越籍僧正。郑王之训示，略称：各须谨守法规，切戒与妇女发生肉体关系。如有意触犯，概将赐以死刑。郑王训示毕，步出佛堂，华籍、越籍贫民咸鹄候于外，郑王亲手分发御款每人一铢，全无轩轾。"

由此观之，郑王之能操华、越、印语，并非过奖，而系事实。郑王努力孜孜于攻读各国文字，后来身居五尊，皆能利用之，此实为暹罗历代君主所无者。

郑王得侍卫职，并非指为国服务的开始。依暹罗的习惯，诸大臣遣派其子弟任侍卫，□是一种训练，使其领略一些有关于宫廷方面的事务罢了。所以郑王参加政治生活，系开始于削发为僧以后。泰族人往往认曾经过剃度礼者，始算成人，成家立业亦在此时期。任侍卫职的郑王，依然不算成人。

除了任侍卫职，空暇攻读华、越、印语文以外，对于其他方面的活动，或建树，史籍未有记载。在这时候的乃信，当然还没有机会发挥其天才。

照《祖先的伟绩》"郑王传篇"载：乃信满廿一岁，养父昭披耶却克里乃令其剃度为僧，驻于其师拍通底长老之哥砂哇砂那寺。留寺院共历三季，始还俗，复任原职。

1941 年 1 月 11 日于曼谷

郑王的出仕[*]

陈毓泰

侍卫乃信年龄满廿一岁①后，即由养父内务大臣昭披耶却克里令其剃度为僧，历三季始还俗，并复侍卫原职。

乃信复任原职，年龄当在廿四岁之间。在此时期的乃信，大概在某种场合里尝发挥了天赋的才干，《祖先的伟绩》里才提述及当时的君主鉴于侍卫乃信对政务上的种种习惯甚熟练，乃召各大臣会议，拟予以升职，并加重用。各大臣咸表同意，拍昭武仑阁王乃下诏晋升侍卫乃信任内政厅及皇室宫廷厅政务通报侍官。

无何，拍昭武仑阁王即告驾崩，时为小历一一二〇寅年第十旬，在位廿四年零三个月。② 皇储昭华武涌贲或称昭华吗杜花继位，为室利阿瑜陀耶都第卅三世君。

第卅三世君昭华武涌贲在位只约一个月③，即让位与其兄昭华阿迦达，为室利阿瑜陀耶都第卅四君，号拍第囊素里耶摩狲陀罗王。

在这短促的时间内，室利阿瑜陀耶都更换了三位君主。而领有通报侍卫官职的乃信，并不受到任何影响，仍担任着原职。新君拍第囊素里耶摩狲陀罗王即位不久，乃信的养父昭披耶却克里也与世长辞了。

---

* 原载《中原月刊》第 1 卷第 3 期，1941 年，第 21—27 页。

① 此系根据《祖先的伟绩》所载。唯《郑王史料汇编》第 2 集则称廿岁剃度为僧。依泰族习惯，普通皆以年龄满廿岁剃度，因廿一岁即须服军役。不过，也有人在中年始剃度为僧者。廿一岁为僧，并非不移的原则，须视情形而定。依《祖先的伟绩》所载，一世王的剃度为僧系在廿二岁；因此郑王在廿一岁剃度，亦不足怪。姑从《祖先的伟绩》之说。

② 关于拍昭武仑阁王在位的确期，暹方史家还是意见分歧。据《钦定本纪年史》载，王即位于小历一〇九四年，即佛元二二七五年，或等于公元 1732 年；薨于小历一一二〇年，即佛纪元二三〇一年，或等于公元 1758 年，在位廿五年。依丹隆亲王的考定，即位年期以及驾崩年期皆与《钦定本》相同，惟所统计之在位年期，则为廿六年，多出了一年。不过根据艺术厅最近考定，乃即位于小历一〇九四年，即佛纪元二二七五年，或等于公元 1733 年，薨于（小历未列）佛纪元二三〇一年，或公元 1758 年，在位廿四年零三个月；同时批明即位于阳历二月初，薨于阳历四月杪。依《祖先的伟绩》的统计则在位廿六年。此处特根据艺术厅所考定的年期。

③ 昭华武涌贲在位的确期亦有问题，《钦定本》载王即位于小历一一二〇年，即佛纪元二三〇一年，或公元 1758 年，逊位于小历一一二〇年，即佛纪元二三〇一年，或公元 1758 年，在位十日。据丹隆亲王的考定，其所列之即位及逊位年期与《钦定本》相同，惟所统计在位日期，则为二个月。依艺术厅在最近所考定的，则称在位约一个月，计即位于阳历四月杪，逊位于阳历六月一日。《祖先的伟绩》则称在位约三个月有奇。此处亦从艺术厅所考定的日期。

也许乃信在这时候，处处表现其卓越的天才，邀得了新君的宠信。恰巧北方诸城有事，新君认为乃信必能胜任此事，乃委其领狮印赴北方，代君主处置政务。乃信荣任此钦差后，愈有机会发挥其才干。北方的政务经乃信折冲之下，结果获得了美满的效果。

比乃信自北方返京朝见，并奏闻一切后，新君鉴于乃信此次措置，立有殊勋，应予以奖励，乃以德城的銮育甲钺（法庭检察官衔）去世，且职位空悬已久，乃信尤为适合，因此王遂晋升通报侍卫官乃信为德城銮育甲钺，着其赴德城，协助德城太守措施政务。

德城銮育甲钺职，为什么让其空悬，而不加以补充？关于这项问题的解答，《郑王史料汇编》第二集第十二页载：

"大概系德城为暹北方与缅界接近的重要的城镇，凡任职于德城的人员，必须君主所宠信者。因胡乱委任后，要是缅军自这方面入侵，则国家所遭受的损失，必非常重大。所以人员的遴选，自属必要，以资截堵缅军的进侵。"

所提示的理由，颇为中肯。德城确系暹罗的重要前卫城，上自太守下至士卒，皆须经过严密而慎重的遴选。乃信之获得德城銮育甲钺职，当然没有再恰切的了。

不久原任披耶德（即德城太守）因病逝世。銮育甲钺（信）亲将此噩耗带入京华奏闻。王旋谕令銮育甲钺（信）晋升为披耶德，统治德城。同时德城的副尹亦随同而逝世，惟此职另委何人充任，则未载明。

乃信获得披耶德爵衔后，必在职务上显示了其天赋的才干，因此披耶德爵衔之后，还要缀上一字，即披耶德信。这分明是要指出这位披耶德，非历届的披耶德，而是名信的披耶德；人民称呼这位太守，皆曰披耶德信。

《郑王史料汇编》第二集第十三页载：

"乃信任披耶德，系在缅军未大举进侵暹罗以前。据此乃信之任披耶德，当在未满卅一岁的时候。因缅军侵暹系在申年年杪（佛纪元二三〇七年）。未满卅一岁的人即获得披耶衔（侯爵），而非世袭，确应目为超人。惟披耶德信是否属于超人，我们应得把后来的事迹加以检讨，从而坚定我们的信心。如披耶德信真属于超人，则纯系其自身所奋斗者，实非后世人捏造以欺骗，或故意加以抬举者可比。"

披耶德信统治德城，究有多久，史籍无载。不过，以人们称呼披耶德信而言，即可看出乃信在任时，必多所建树，始获得了普遍的推崇和拥戴。不久，金刚城太守披耶哇栖罗巴干病故，朝廷方面当即召德城太守披耶德信晋京。

当披耶德信晋京时，大概缅军亦已发动其侵暹举动了。侵暹的缅军西路主力，由缅将摩诃那罗陀（《钦定本》称任统帅，领军万五千人，首先进攻塔瓦城）陷之。塔瓦城太守逃赴顿逊城，顿逊城太守立即向朝廷飞报。朝廷方面得悉后，乃调集各地军队，组成六路军，分头截堵缅军的侵入。其中的一路军，由披耶披钹哥砂任司令，披耶德信受其指挥，开赴顿逊城及丹老城截堵西路的缅军。①

披耶披钹哥砂军努力作战，尤以披耶德信更为英勇。惟因缅军众多，难以抵御，被迫次第后撤。至于北方的战事，也许失利，朝廷方面鉴于各军在外堵敌无效，不若固守首都之为愈，于是将在外各军召调回京，以谋固守。

依《祖先的伟绩》载：披耶德信被召晋京后，因对缅作战有功，特晋升披耶哇栖罗巴干，补金刚城太守之空职。

待缅军次第深入，结果迫近京华时，披耶德信即被晋升为军长了。②

依照上面所述的，也许就是这时候晋升为金刚城太守披耶披钹巴干，但仍未上任；人们皆习惯以称呼披耶德信，虽然爵衔已更换，官职提高。③

关于当时阿瑜陀耶都的动态，却克里王朝第五世王朱拉隆功在评注《记忆录》里，有着详细的解释，特引述如下：

"缅甸方面所发生的事态，即在未进侵暹罗以前，颇为奇特，似乎阿瑜陀耶都方面未能敏捷地探悉其变动的详情。拍昭武仑阁王在位时起，直至首都陷落为止，株守着不成样的旧习，耳目欠灵活，固执性成，于是国势日弱。出生于这时代的人们，不能及时有所建树，甚或不显示出有出人头地的才略。盖能者皆在小历九六〇年起，即在不断叛变的时局下，遭受杀害。这种局势，从未间隔达四十年。既然不断地变动，更换人员，无充分的时间加以教养，结果在每一次的变动中，思想力也就次第削弱了。

"当拍昭武仑阁王在位时代，受治于缅族的懵族，久已无君主统治，卒宣布独立，且选出君主自行统治，脱离缅族的羁绊。在这时候的缅方纠纷，暹罗略得了端倪，那就是曾避难于阿瑜陀耶都的砂孟桃，不断地与缅抗战，卒擒获缅王。当时暹缅邦交颇为密切，并不思予以任何的帮助，因大家还在争权夺位中。

"缅王成为俘虏，出现了一位楚波村长王齐耶，不愿受治于懵族，努力奋斗，最后领军攻鸿刹钵底城，懵王成为俘虏，这和懵族擒缅王的事态相同。

"进行复国的这位缅王，暹方称孟龙；惟缅方称阿龙披耶，意为菩萨。这位缅王平服缅甸后，即思进侵暹罗。暹方全没有想到这位孟龙王会有惊人的权威，以前能和缅甸来往，完全系缅甸和暹罗一样地软弱。更甚的，拍昭武仑阁王驾崩后，所遗下的太子，

---

① 见佛纪元二四五七年版本《大城俘虏供词》，第 177 页。
② 见佛纪元二四五七年版本《大城俘虏供词》，第 162 页。
③ 见《郑王史料汇编》第 2 集，第 15 页。

也还在互相杀戮，不能和睦。成为君主的，又因愚蠢不过，无人敬畏。至于大臣们，只存有显耀的位置，全无实质。就是枪弹或炮弹，大都非属于大得塞枪管或炮管，否则就小得入枪炮管后，一如无物！

"暹罗的衰弱，进达最高峰的一年中，缅王孟龙所率领的大军即进抵了暹都城下。然而比较幸运的，缅王突病，班师回朝，途次驾崩。缅军来时，从猛桂耶城方面入，出时经金刚城。这些城市的荒凉，还未能恢复。由于缅甸更换君主，侵暹的计划乃迟了三年，缅王又弱了一位，第三位称孟罗王。

"缅军再度侵暹的动机，完全系当时受治于缅的塔瓦城太守，乘缅王递换期间，把缅守军杀害，然后遣使与暹修好。孟罗王悉其事，即派军讨伐塔瓦城，陷之，并将暹属的丹老城和顿逊城一齐夺去。缅军于是逐渐向暹境推进，经佛丕城，而叻丕城，而北碧城。暹军虽出而截堵，但颓唐的军队，当不值缅军一击，逐步后撤，最后纷纷逃入阿瑜陀耶城内固守。缅军只顾四处抢掠，各地皆被踏遍后，始进而包围首都，其所历的时间，计有三年之久。"

由于暹方抵抗力不充分，缅军始得逐渐进迫。迨至佛纪元二三〇九年，缅军临城下，并完成其包围圈。暹方最高统帅不思进击缅军的某一方，意图在同一期间，击破缅军的每一面营寨，分散缅军的攻击力。事实上如在起始即放任缅军深入，使其忽视暹方的军力。继此暹方即集中军力，采取上述的各面总攻击法，或许有胜利的希望。然而缅军此来，采取了逐步迈进的战略，稳扎稳打。当时的暹军，复精神不振，且遭受了相当的损失。所以最高统帅的实施各面总攻法，并不能目为完善的战略。依《大城俘虏供词》载：

"缅军进迫城下，并筑了十六座营寨，完成其包围圈。朝廷方面配军队出城，向每一座缅军营进攻。当时出城作战的暹军，共分六路：

"第一路：由披耶碧武里（与郑王有亲属关系，系昭披耶宋加绿之父）统率。

"第二路：由披耶德信（即郑王，时已晋级为披耶哇栖罗巴干，金刚城太守职）统率。

"第三路：由披耶洛坤罗阇西吗统率。

"第四路：由室利绿统率。

"第五路：由披耶阿派罗阇统率。

"第六路：由昭披耶拍克琅统率。

"上列的六路军，各配有水师后援部队，每队战船卅艘。作战的结果，并未获得良效。第一路军统帅披耶碧武里战死沙场，第二路军主将披耶德信则保全性命，至于其他各军主将或生或死，皆未载明。"

关于各路军出城作战后不利，除了披耶碧武里战死以外，披耶德信则保全性命。依《暹史大全》第六十五集第廿五页所载，第三路军主将披耶洛坤罗阇西吗并未战死，后来在柯呐城自立为王，称拍昭洛坤罗阇西吗，后为宫蒙贴披碧所杀，为郑王时代荣任柯呐城太守的坤查那的近亲。

此外还有第六路军主将昭披耶拍克琅，依《暹史大全》第卅九集第四十九页所载，亦未有战死，京华陷后，始成为缅军的俘虏。第四、第五路军主将的收场如何，全无可考。

这时候城内的人们见军队纷溃退入城，深①怕缅军将乘机混入，乃由统帅下令把城门关闭，并派军在城堞上各岗位守护，防缅军攀援而上。那些溃退的泰军，有一部份得入城，其退得较迟的一部份，则被留在城外。首都城门关上后，即不复见开启。

由此观之，出城作战的六路军队，并未能全部进入城内。那末留在城外的军队，究属于哪一路？我们在这里应得加以缜密的推测。得开入城内的军队，必是首先撤退的军队。谁先撤退，谁就安全退入城内。先撤退的军队，当然属于作战最不力的了。至于披耶哇栖罗巴干，系著名的勇将，作战皆身先士卒，论理是最后撤退的军队。基于城门早已关闭，于是披耶哇栖罗巴干的军队遂被遗留于城外了。

依事实而言，披耶哇栖罗巴干系对缅作战最能干的一员，关于缅军所惯用的战略，必了然于胸。不过，披耶哇栖罗巴干未有机会充分地发挥其天赋的才略，同时也不能凭一己的思想而行。虽然如此，对于取胜缅军，依然不愿就此放弃，同时也不愿就此束手待毙。

既然被遗留在城外，而不纳其入城，在这种形势之下的披耶哇栖罗巴干将作何图？解答此问题最清楚的，莫过于《郑王史料汇编》第三集第八页载：在此种特殊情势下所应采取的，不外有三条途径。

第一途径：在城外驻扎，继续与缅军作战，至身死为止。要是缅军进攻迟慢，则将先饿死，因扎于城外，根本无法觅取充分的粮秣。反之，如缅军急于进迫，则不免遭受缅军的集中炮轰，同时城内为驱退缅军进至城墙下，亦必集中向城外轰击；于是介于两军互轰之间的披耶哇栖罗巴干军，必无一幸存。这种裹尸沙场，系战将所应循的吗？其实这种死法是最愚笨者，非属于为国捐躯，死者全无光荣可言。所以这种死法，不单是无价值的死，而且也是最卑劣的死，任谁也会指为懦弱的行动。

---

① 编者按："深"为"生"。

第二途径：假如不愿作此愚笨的死法，则大家一致同心协力冲破城门进入里面，奏请更换最高统帅，从而增强对缅的抗战力量。然而这种大胆的行径，尤属危险。明言之，在撞破城门期间，缅军伺机开到，则京华将不保，除了同归于尽外，泰族也就沦为奴隶了。退一步说，撞破城门时，作算缅军不知道，平顺地进入城内，但披耶哇栖罗巴干亦将被指为叛变，或是倡乱的罪魁。这是不足取，而且有损声誉的途径。虽然采用此法，作算拯救了将倾覆的局势，而为国家建树了殊勋，但撞破城门的罪名，也得经历长时间始能洗刷。所以这一条途径，也是不应循行的。结果只有

第三途径：努力突破缅军的重围，在外面招集军马，继续对缅抗战。即不能突围，死亦瞑目。

披耶哇栖罗巴干采取了第三途径，他非常谨慎地率领着他的有限的军队，择地驻扎。缅军的追击，犹如运送军械给他，增强其抵抗力。

当行军将靠近坤西育时，尝在挽仑村邀请该地的将士参加合作对缅作战。[1] 这不是请随同着逃跑。要是只图逃命的话，为什么要费时间去游说当地将士？在这里即可看出披耶哇栖罗巴干并非图自保，实际上系突围出来觅取实力的。陷于危险之下的人，仍不愿束手待毙，努力率领有限的军力，突出缅军重围，从而集合相当的实力，再图报复，这种人难道不值得我们赞扬的吗？

然而令人扼腕的，有人尝在朱拉隆功大学授课，指披耶德信突围的初衷，为（一）只图逃命，（二）集合实力回去解围，领取朝廷的奖赏。[2] 这种理由，必无人再敢授课学生了，因为和这种理论相反的证据多着。

此处应顺便根据《郑王史料汇编》第三集解释披耶哇栖罗巴干突出重围后，为什么指向暹罗东部沿海区，而不转向他方面？关于这问题，有人以为当时的东部沿海区依然富庶，未受缅军的蹂躏，人民安居乐业。还有人对上述的意见，作更进一步的补充称，既然是缅军未扰及，同时居民还未尝到战争的滋味，要是予以游说合作，必然轻而易举。

可是经过详细的查考后，上列的两项意见，距离事实太远了，同时亦可说与事实不符。东部居民颇踊跃参加宫蒙贴披碧的军队，以为宫蒙贴披碧必能与缅军抗战，但对缅作战的初衷并未实现，反而相率着伤亡了不少。[3]

宫蒙贴披碧的事件，依查考所得，初犯有关于政治上的罪案，被放逐于锡兰岛，继

---

① 见《暹史大全》第 65 集，第 4 页。

② 见陆军少将昭通提卡瑜亲王《暹史讲义》第 1 卷。

③ 见《暹史大全》第 39 集，第 21、140 页。

而潜回丹老城，奏请准其进入大城居住，反触圣怒，谕将其扣留于尖竹汶城，听候发落。

迨缅军大举进迫京华后，宫蒙贴披碧认为为国服务的时机已成熟，且可解除在过去所受的罪罚，乃在东部实行招军买马，公岛、桐枩、尖竹汶、罗勇、北柳、巴真，包括坤西育、北票等地的居民纷纷投效，组成军队后，即驻扎于巴真城内，然后向朝廷奏闻，请缨对缅作战，维护京华的安全。可是奏章上后，反触圣怒，认宫蒙贴披碧胆敢在未获得准许以前私自组立军旅，实含有谋反，或自大的企图，如放任不过问，将来必形猖獗，养成后患。因此君主方面特谕令军队作速加以镇压。至于宫蒙贴披碧，则出死力抗争。双方争持不下。在此期间，宫蒙贴披碧遂正式宣布反叛了。东部居民之投其部下，目的在对缅抗战，结果自相残杀，致双方的战斗力均遭受削弱。比缅军完成其包围首都的各据点后，乃分军一支进攻宫蒙贴披碧军，结果被击溃，退出巴真，逃向北票，继转向柯叻城。至于溃散的士卒，有一部份必逃返其原籍，但相信数量必不众。

由此观之，当披耶哇栖罗巴干军未开抵东部以前，宫蒙贴披碧早已率领了东部居民，死亡了不少。所以，东部仍丰富以及居民不知战争滋味的意见，还远离着事实。

既然东部居民的数量削减，而且缅军又在巴真城驻扎，但披耶哇栖罗巴干为什么还要指向东部沿海区觅取实力？其实不单认为东部沿海区居民强悍英勇，同时还得注意及地方形势以及当时的局势的演进为何如，作为衬陪，始克明了其因果关系。爰提述如下：

（一）由万佛岁起至尖竹汶为止，形成了绵长的沿海线。其左方为深林峻岭，横亘着成为一段段，利于军队的埋伏截击。其右方则为暹海湾，可使溃散的敌军无路可逃。要是缅军大胆追击，沿途尤易于伏击，或诱敌深入罗勇，然后在万佛岁及尖竹汶方面实行夹击，更易进行。据此实可说东部沿海区领有天然的地利，足以御敌。

（二）当披耶哇栖罗巴干开向东部时，为阴历二月间，已届东部沿海区的飓风季候。如缅军用水师救援陆上部队，必难办到。盖当时缅军所领有的船只，全属轻便的小船。此种小船便利行驶于无浪的浅水上，如开入海湾内，遭受了海上的飓风，必难安全归返。所以水师救援部队根本不必顾忌，只在陆上有受进攻的可能。可是陆上的进攻又受了地形的限制，因此披耶哇栖罗巴干能从容布置抗敌。

（三）要是披耶哇栖罗巴干能够进抵尖竹汶，则进行招集军马的机会更为充分，因其他的沿海区居民易于投效，且召集容易。当时的缅军仍无充分的力量可远离昭披耶河口从事巡逻。此外，在这一带从事向外购备军械以及粮秣亦甚便利，足以完成原定的计划。

　　总而言之，披耶哇栖罗巴干选取了东部沿海区为发动复国大业的根据地，确是最适切不过。参加复国运动的，计有：北榄、坤西育、北柳、巴真、万佛岁、罗勇、尖竹汶、桐焱、公岛等地的同志们，而为现代泰族遗留下永不可磨灭的伟迹！

郑王的战斗经历[*]

陈毓泰

披耶哇栖罗巴干（即郑王）领军突破缅军包围圈，转赴东部沿海区生聚及教训军队，囤积粮械，以资再度开回大城与缅军决战，从而解除大城被围的危难，其发祥地，依史籍所载，系在披阁耶寺。

依《暹史大全》第六十五集载，披耶哇栖罗巴干率领部属实行突围的日期，为戌年，第八旬，（佛纪元二三〇九年）二月白分初四，土曜日，时大城仍未陷落。披耶哇栖罗巴干在当时所领有的部属，计有泰华籍士卒约千人。^① 英勇的部将则有六位，如拍景银、銮梵社那、銮披阁耶罗阁^②、銮罗阁社那、坤阿派耶博底、蒙罗阁砂尼遐等，^③ 选定黄昏时间在披阁耶寺发动。似乎是天意，时适下雨，对于突围的进行，尤为有利。大小将士受披耶哇栖罗巴干指挥之下，勇猛地齐向缅军营冲进。这种突如其来的袭击，在此濛濛细雨之下的缅军，根本就未有料及，因此受攻的这一面缅军不免慌乱。虽然披耶哇栖罗巴干的军力薄弱，但赖士卒用命，奋勇冲杀，卒于最短的时间内杀开了一条血路，缅军无力截。于是披耶哇栖罗巴干遂突出了重围。^④

披耶哇栖罗巴干突出重围后，即率领部属指向考冒村。抵叁万勒村时，已是午夜。遥望首都，火光融融，照得满天通红，盖此时首都适发生大火，起火地点在陀晒，一直延烧至粟河、象桥，波及椰林、葫芦林、火炭林、金树林、药材林，罗阁布罗那寺、佛骨灰寺、察涌多寺的僧侣宿舍及佛殿为止。这次大火，民房毁于火者，不下万座，实可

---

 * 原载《中原月刊》第 1 卷第 4 期，1941 年，第 51—64 页。

 ① 有一部分文籍载当时披耶哇栖罗巴干所统率的士卒共有泰华籍军约五百名。

 ② 后官至昭披耶宋加绿，任一等城市宋加绿城太守职，系郑王部下著名四虎将之一。关于昭披耶宋加绿的史迹，依暹史所载，有数处不符事实。拙译《昭披耶宋加绿传》刊《南洋学报》第 1 卷第 2 辑，有极详尽的辩正，可供参阅。

 ③ 当时披耶哇栖罗巴干的部将，还有一名銮梭罗社尼，依《钦定本纪年史》载，銮梭罗社尼并未随披耶哇栖罗巴干实行突围，系事先率领其有限的部属逃往他处，不知所终。

 ④ 有一部分文籍，如《钦定本纪年史》、《暹史大全》第 6 集皆载披耶哇栖罗巴干此次突出重围，目的在求自保，逃命而已。惟综观后来披耶哇栖罗巴干率领其部属指向东部沿海区时，对抗来追缅军的军事上的精密部署，以及稳扎稳打的情事，可以证出披耶哇栖罗巴干并非逃命，或求自保所采的行动。实际上披耶哇栖罗巴干突出缅军重围圈后，如属于个人生命的确保，那早应溜之大吉了，为什么要小心翼翼地行军？所以，一部分文籍所载的逃命、图自保，全非事实！

目为首都陷落前的空前大火灾了。

"披耶哇栖罗巴干眼见首都大火，对僧侣、婆罗门、皇族以及臣民的安全深为担忧，甚且泪下。乃仰天祈祷，赐予魄力，从而解脱首都的危难，贯彻其初衷！"①

是夜即宿于叁万勒村，以资部属获得相当的憩息。

翌日（二月白分初五，日曜日），继续前进，而抵菩叁浩村②。

至于缅军方面，悉披耶哇栖罗巴干得突出重围后，立即派出部队力追，结果在菩叁浩村赶及。披耶哇栖罗巴干深知此次突出重围，无论如何，缅军必不轻易放过，因此在行抵菩叁浩村后，认此处系有利地带，当即下令部属暂停留，以资应付缅军的力追。当缅军驰至，不待其立定阵脚，披耶哇栖罗巴干即率领部属加以闪击，率将来追的缅军击溃，并卤获军械甚夥。这好像缅军有心输送军实给披耶哇栖罗巴干。由于缅军的溃退，结果愈激发了部属对缅作战的精神和勇气。

经将缅军所遗下的军械收拾齐全后，即继续开赴猎乌村留宿焉。

时另有一支缅军，来自挽康村③，实力有步兵二百名，骑兵卅名任前导。此支缅军系开赴首都者，惟与披耶哇栖罗巴干所派出觅取粮秣的士卒相遇。缅骑兵以为可欺，立即追捕。那些士卒皆逃回猎乌村，向披耶哇栖罗巴干报告途遇缅军。披耶哇栖罗巴干当即下令部属分为两翼，并佐以炮。披耶哇栖罗巴干本人则乘马偕同四虎将出击追来的缅骑兵。缅方的先遣骑兵队遭受了意外的突击，当即后退，以致殿后的步兵队阵形紊乱。披耶哇栖罗巴干乃发号两翼部属实行夹攻。结果缅军四散奔逃，损失马械尤夥。于是披耶哇栖罗巴干的部属再度获得军械的补充，因而实力愈强。

那些颠沛流离而伏匿不出的居民，悉披耶哇栖罗巴干两次大胜缅军，不禁大喜，咸纷纷来投。披耶哇栖罗巴干亦派出部属四出招收居民。自立为地方小头目的人，多愿投顺。其中有坤参南派罗颂陀偕同象卒来投，献雄象五头、雌象一头，且声请任向导，引披耶哇栖罗巴干军赴挽仑村，在此处宿一宵。尝召村长及区长等出见，以资解释此来目的。惟彼等以筑有坚固营寨可恃，拒绝所请，且准备反抗。披耶哇栖罗巴干悉其事，不引以为怪，认定反抗的动机纯系嫉妒，乃派出部将加以劝谕，前后凡三次。村长等非但不接受劝告，反而挑战愈甚。披耶哇栖罗巴干知不可理喻，乃于"二月白分初七，火

---

① 见《暹史大全》第65集，第3页。

② 依其他文籍所载，有称菩兆限村，有称菩盛限村，此处从《暹史大全》第65集。

③ 挽康村，位于巴真城炮台区现址。丹隆亲王在其所著的《泰缅战争史》中，对披耶哇栖罗巴干作战精神尝赞扬称："披耶坎亨碧（信）（即郑王），实系天生的战士，每战皆身先士卒，因此部属咸精诚拥护。"这是由衷之言，证诸两次击退缅军，即系最好的例子。

曜日，乘马亲领士卒约廿名，实行进攻村长所守的营寨。村长方面恃人众，立即下令开炮轰击，但未命中。披耶哇栖罗巴干奋勇直冲，士卒用命，卒冲破其寨。经肉搏后，挽仑村民遂四散溃退。此役卤获象七头，以及其他粮械甚夥。"①

披耶哇栖罗巴干平服挽仑村抗命的村民后，翌日即驱军指向廊迈松区。沿坤西育城公路而进，约二日抵那灵村。离那灵村一日程而入巴真武里城界，通过谷节关②，在东岸略事休息，即横过广阔的原野，时已下午五时。拍景银、坤披碧陀哇第、柬埔寨王纳翁卡罗摩三人赶不上。披耶哇栖罗巴干令部属略候，偕同銮梵社那乘马循原路而返，以资催促落后的拍景银等，但不遇。

二月白分十三，月曜日，行军进入瀼木林，停于池沼旁，部属烧饭充饥。下午二时，拍景银等始赶到。

在猎乌村遭受重创的缅军，立向驻守于巴真武里城南面坐鲈港口③的缅守将报告。缅守将据报，乃派出陆上部队以及水师，由水陆两道兼程并进，以资追赶披耶哇栖罗巴干军，企图一鼓予以歼灭，铲除后患。缅军开抵巴真武里城界时，披耶哇栖罗巴干军已渡河，缅军乃在陀堪岸集结。时殿后伺察动静的步哨乃汶美，聆见锣鼓声以及旗帜，知缅军追来，乃急报披耶哇栖罗巴干。时为下午四时，部属皆憩息于原野，建立营寨已不及，缅军且迫近。披耶哇栖罗巴干当即命令辎重队向前进发，然后选一矮林，作为屏风，将大小炮位集于孔道，部队则散伏于附近，伺机行动。披耶哇栖罗巴干则亲领士卒约百名，预在原野旷地诱敌，略事接触后，即佯为败退，由孔道没入矮林中。缅军不知是计，在后力追。俟缅军迫近，并涌入孔道时，披耶哇栖罗巴干下令开放排炮，即大小炮一齐开放，死伤缅军不少。缅军虽遭此意外，仍不顾一切勇猛冲入。于是排炮第二次开放，死伤缅军更众。殿后的缅军开到，仍挣扎前冲。待第三次排炮放出后，缅军阵形全乱，迫得向后退却。披耶哇栖罗巴干知机会不可失，振臂一呼，部属纷纷出自矮林，向敌军追逐。缅军被杀，尸首狼藉，余者咸逃散一空。经此役后，缅军再也不敢追击了。

披耶哇栖罗巴干把来追的缅军完全击溃后，即安全地通过通兰村、金桥村、万佛岁而抵盐田村④。

---

① 见《暹史大全》第65集，第4页。

② 谷节关，后改名庄多坎城，隶巴真武里城。

③ 坐鲈港口，有一部份文籍称昭鲈港口。披耶哇栖罗巴干所采用的开放排炮法，确是当时稀有的战术。盖当时还没有爆裂弹，披耶哇栖罗巴干实施了排炮，其效果等于爆裂弹，进攻敌军主力，奏效奇捷。虽军力薄弱，如能调度合法、指挥有方，亦能取胜实力较强的敌军。由于排炮奏功，披耶哇栖罗巴干后来对缅作战皆用此法，均取得胜利。佛纪元二三一七年围攻吩丕城万缴村缅军时，排炮更发挥了充分的威力。

④ 盐田村，属于万拉蒙城所辖。

　　盐田村有一头目，名乃甘①，领有一部份部属，立营堵塞孔道，不让披耶哇栖罗巴干部属通过。披耶哇栖罗巴干乘象，手持枪械，率领部属直冲。乃甘下令开枪，实行抵抗；但所发枪弹，未有伤人。此种奇相，乃甘深为恐惧，乃令部属弃械投诚，并领披耶哇栖罗巴干进入营内。披耶哇栖罗巴干并不谴责，反劝令彼等应安份守己，勿为害地方。

　　二月黑分初六，火曜日，投诚的乃甘任向导，领披耶哇栖罗巴干军赴铵耶村②，在此地宿一宵。翌日继续向那尊天村进发，通过矮鸡村、色桃邑③，达海岸，转向崇石村而抵旧水村。

　　在这里应先提述一下当时的罗勇城代理太守披耶罗勇，《钦定本》载名汶猛，丹隆亲王所著《泰缅战争史》载名汶，为人中庸。属下有銮蓬、坤乍猛、坤罗摩、蒙宋、乃通瑜等，见缅军蹂躏地方，非但不尽其职守，维持地方治安，反而暗中为非作恶，愈增地方的不靖，基于代理太守无能，驾驭无方，因此愈使彼等肆无忌惮。

　　披耶哇栖罗巴干领军突出缅军重围，谨慎地向东部沿海区进军。沿途虽受缅军的追击，但富有作战经验的披耶哇栖罗巴干指挥有限的部属，与优势的缅军抗战，屡获战果，因此披耶哇栖罗巴干的威名大振。由四处来依的人民愈形增加，盖彼等皆深信披耶哇栖罗巴干必能保护其安全。事实上，亦如一般所期望者，披耶哇栖罗巴干确能给予生命以及财产上的保障。

　　罗勇城职官耳闻披耶哇栖罗巴干的威名，中心④不免引起嫉妒，且有意加害披耶哇栖罗巴干。因此在披耶哇栖罗巴干领部属行抵离罗勇城不远的旧水村后，即派员驰赴旧水村迎接，且献上粮秣□牛车，以示彼等迎接的诚意。披耶哇栖罗巴干不疑有他，下令部属随罗勇城职员的领导开赴罗勇城，惟不即入城，先转赴仑寺驻扎。

　　这时候，留居于罗勇城内的尖竹汶城太守妻舅乃汶洛、乃汶吗、乾安来投，并告密，谓罗勇城职官暗中聚集有党羽不下千五百名，有意乘虚加害。

　　披耶哇栖罗巴干据报，立即传罗勇城代理太守披耶罗勇询问其虚实，并谓："余此次不辞劳苦，毅然肩负解救首都危难重任，目的纯在使僧侣以及民众获得幸福，及安居乐业。然而罗勇城职员反而存心加害吾侪，有无其事？"代理太守披耶罗勇极力否认其事，但神色仓皇。披耶哇栖罗巴干洞烛其奸，乃下令銮梵社那将其看管，同时下令部属

---

　　① 依《钦定本纪年史》载，乃甘被写作乃宫，是否笔误，不得而知。
　　② 《钦定本》作 หัว บขา 。
　　③ 色桃邑，现被辟为泰国海军根据地。
　　④ 编者按："中心"应为"心中"。

准备一切，以资应付此次意外急变。①

　　迨至晚七时许，那些不怀好意的罗勇城职员，私下领其党羽实行进攻披耶哇栖罗巴干部属，并开炮轰击。至于披耶哇栖罗巴干方面，则着部属熄灭灯火，各守岗位。披耶哇栖罗巴干手持长刀，且有华暹士卒随后，巡视营寨一周，以便查察敌人进袭的方向。

　　这时候罗勇城职员坤乍猛，带领了士卒卅名，企图跨过暖寺木桥进击营寨。披耶哇栖罗巴干下令部属开放排炮，那些偷营者皆被轰落河内。披耶哇栖罗巴干身先士卒，直向敌人队伍冲进，部属亦奋勇向敌人进攻。结果在短时间内将敌人全部击溃，并乘胜冲入城内，而占据了罗勇城。

　　这一次黑夜偷营，而被披耶哇栖罗巴干所击溃的罗勇城职员，其中有坤罗摩、蒙宋以及乃通瑜·诺绿等三人，依史籍载，皆保全了性命。然而这辈人虽经了重创，仍不悔悟，依旧骚扰地方。乃通瑜率其残余退守于万佛岁城。至于坤罗摩及蒙宋，则据有了克琅村。他们集合着党羽，更明目张胆地打家劫舍，造成不靖的局面。坤罗摩及蒙宋的党羽更进一步地偷窃披耶哇栖罗巴干部属的马象，以致披耶哇栖罗巴干被迫实行扫荡，为地方除害，这将在下一章内叙述。

　　在这里须得提出暹文籍对披耶哇罗栖巴干所加为"莫须有"，这是重大的历史污点，理应加以洗刷，以正史文。

　　依建都曼谷一百卅一年印行的《钦定本纪年史》第三卷首页载，披耶哇栖罗巴干率领部属未抵罗勇城以前，即宣布自立为王，称："沿海岸线行军抵欣公村及旧水村，而入罗勇城界，每一村皆停宿一宵。披耶哇栖罗巴干即召集部属会议，谓首都必为缅军所攻陷无疑，余有意在东部从事招收人民，补充实力，以资开回首都，实行复国，从而复兴宗教，救济流离颠沛的人民，恢复旧时繁荣气象。余拟自立为王，借此可使人有所敬畏，复国大业始易于实现，你等以为如何？部属咸表赞同，遂一致拥披耶哇栖罗巴干为王，依其原名称之为德王或称昭德。"

　　照上面所抄录的，当不难看出其中有着好几个重要点，须一一加以讨论的。

　　依当时的事实演进而言，当披耶哇栖罗巴干统率其部属行抵罗勇城界时，适在阴历二月黑分，系在首都未陷落前二个月。这就是说当时的首都，仍然是完整的首都，颂绿拍弟南戍里耶砂那庵摩麟陀罗王仍然是暹罗的君主，暹罗依旧是具有主权的国家，并未沦陷，何来复国之说?！这指出史籍作者在暗示披耶哇栖罗巴干有先知之明，无论如何首都必沦陷。待首都沦陷后，即进行复国。这只不过是一种假设，从而作为推断披耶哇

① 见《暹史大全》第65集，第7页。

栖罗巴干自立为王罢了。此类论调，根本就无所指证。至于自立为王后，复国大业始易于实现，也是不足置信。盖当时东部沿海岸的民众，皆尝到了拍贴罗阇王族的利害了。基于宫蒙贴披碧的劝诱，东部民众不单未能与缅军作战，反与首都的王军抗战，双方死伤了不少，最后始受了缅军的压迫，卒溃不成军。这不是受了劝诱，而中了宫蒙贴披碧的骗局吗？披耶哇栖罗巴干对此必非常明了，为何会盲然地自立为王，而采取了自绝于良众的笨计。因当时的东部居民，一提起王族，咸深恶痛绝。披耶哇栖罗巴干当不致采取此项下策，以博居民的痛恶。此外，披耶哇栖罗巴干自立为王后，称昭德。这更使人怀疑，为什么不直接称昭信，或昭哇栖罗巴干，焉何反称为昭德？其实披耶德的官衔低过披耶哇栖罗巴干，因猛德系三等城市，而金刚城则为二等城市，为什么降格袭用昭德称号，而不用金刚城王称号？

查昭德这种称号，直至现时仍有一部份人乐于称呼。惟应得明了的，昭德称号纯系郑王遭受杀害后始出现的。在初期还是称披耶德信①，迨至二世王时代，即出现了昭德的称号。②

总而言之，诬披耶哇栖罗巴干在未进入罗勇城以前即自立为王事，纯属四世王时代正式修纂《吞武里朝全史》期间，始予以编立者。因此只在《钦定本》才有此类记载。较《钦定本》前的各文籍，根本就未见有此项记载。

至于被列为《暹史大全》第六集第二卷，系完成于六世王朝末，以《钦定本》为张本，所叙述的情节较《钦定本》为精到而圆婉，但亦不无破绽。

继《暹史大全》第六集之后的，还有《暹罗史讲义》第一卷，则直接指披耶哇栖罗巴干占据罗勇城，纯属对中央政府的反叛行动。其实如细心地阅读了作者在上面所叙述的，披耶哇栖罗巴干占据罗勇城，并非一起始即予以强制或压迫的。披耶哇栖罗巴干进至城下，完全出自代理太守的邀请。其后罗勇城职员企图陷害，这显然指出罗勇城方面全无诚意合作。为求自保以及维持地方的安全起见，披耶哇栖罗巴干在击溃了偷营者以后，即实行占据了罗勇城。披耶哇栖巴干这种顾全大局的措施，也是反叛的行动吗？

为证出披耶哇栖罗巴干并未在罗勇城自立为王，我们还待作更进一步地搜集其他有力的证据，加以证出一部份文籍之存心歪曲事实：

（一）《星相录》：拍庵摩罗披叻吉长老所著，于佛纪元二四六四年印行问世。虽在佛纪元二三一一年（在击溃三株菩提树缅军之后），也还称呼披耶德（未载有昭德的称号）。

① 参阅《暹史大全》第2集却克里王朝一世王撤销委封昭六坤的敕文。
② 参阅五世王评注《记忆录》附录；二世王向安南王报告斩决颂绿昭华宫坤甲塞多罗奴漆——郑王太子的函件。

（二）《山支迪耶汪砂》：拍披蒙达摩长老在却克里王朝一世王时代著成，未言及披耶哇栖罗巴干在罗勇城自立为王。假如真有其事时，拍披蒙达摩长老决不会放过此优美的机会的，盖拍披蒙达摩长老头脑较旧，同时对披耶哇栖罗巴干并不拥戴。虽然受了披耶哇栖罗巴干的保护，得安全地、幸福地过其寺院的幽静生活。

（三）一世王时代所修纂的《吞武里朝全史》，以及《记忆录》，包括四世王时代初次增修的《纪元史》（即比勒黎传教士所印行的版本），也未述及披耶哇栖罗巴干在罗勇城自立为王的事件。

（四）《暹史大全》第卅九集七十五页，法国传教士的信札叙述及郑王未正式即位以前的事态，皆称呼以披耶德。迨至佛纪元二三一一年公历 11 月，始改称为拍昭德、泰族之新君（估计这时候，系在平服三株菩提树缅军后几达二年的时间，郑王始正式被拥立为暹罗王）。这是最重要的证据。因信札的作者系当时的人物，且系目击者，同时系外籍人，对任何一方皆无利害关系，所述的全属坦白的言词，这还不能使人相信是事实吗？

总之，照着上面所提的种种证据，披耶哇栖罗巴干在罗勇城并未自立为王，对中央政府且无敌对行动，是昭然若揭的了。披耶哇栖罗巴干清除不良的地方官，替中央政府保护地方治安，尤其在此非常时期——人心浮动的混乱时代，确是最恰当不过了。

披耶哇栖罗巴干占据了罗勇城后，即布告安民，并整顿地方秩序。在罗勇城约七八天，召集部属会议，讨论应付尖竹汶城方面的情势。因披耶哇栖罗巴干不愿见同族相残害，希望大家精诚团结，以资对抗缅军，此次占领罗勇城，被迫而采用实力，不免使民众陷于水深火热中。认为尖竹汶方面，应先派员与之接洽，大家合作，勿生无谓的斗争，以快敌人。

经详细的讨论后，遂一致公举侍卫乃汶眉，尖竹汶城太守妻舅乃汶洛、乃汶吗、乾安等三人为使者，负责向披耶尖竹汶游说合作。另由乃蒲（越籍人）、纳吗（吉蔑人）任向导，自罗勇城港口出发，扬帆凡五日，抵尖竹汶城港口。翌晨进见披耶尖竹汶，述明来意。披耶尖竹汶在当时表示愿意合作，答应于十天后将亲来迎接披耶哇栖罗巴干赴尖竹汶城共商大计。

同日下午三时，使者辞行。披耶尖竹汶亲自送至港口，然后在港口的神庙偕同使者向神明宣誓合作。礼成后，披耶尖竹汶突向使者发问，经已①宣誓表明心地，可算作一家人了；但仍不无担忧者，对方的真相何如，希据实说明。使者立即答称，吾侪已成为同志，百事决无蒙蔽，将永守盟约而勿渝！至于主将，性刚直，不知虚为何物，凡有所

---

① 编者按："经已"在粤语中同"已经"。下同，不再标出。

诺,从无食言或后悔,恪守教义,信诚如一!无论何人,倘不存心加害,则主将绝对不致加以压迫,请太守安怀,实践誓言,依约往迎可也。

使者费一日一夜的航程,而返抵罗勇城港口,将经历据实报告。披耶哇栖罗巴干聆后,默然良久,不表示任何意见。

迨十天约期告满,披耶尖竹汶未如约亲自来迎,仅派代表带了四车谷来献而已。

在这时候,有侍卫乃汶猛任万拉蒙城代理太守职,率领了士卒约廿名来投,称缅军着其携函赴尖竹汶城,令披耶尖竹汶备金银花树赴三株菩提树进献。披耶哇栖罗巴干的部属咸以为乃汶猛此来,或出诸缅军的阴谋,刺探吾方虚实,此种人实不应收留于军中;此外乃汶猛任缅方使者,迹近背叛朝廷,应予以斩决,以儆效尤。乃汶洛、乾安,甚且请任刽子手,负责斩此奸雄。披耶哇栖罗巴干急加以制止,认为缅军此次围攻首都,凡属泰族,当不致与缅方合作,惟有一部份地区,为缅军所统辖,处其势力范围内,实难谋自主;更有进者,代理万拉蒙城太守乃汶猛,前曾一度为披耶哇栖罗巴干供驱使,此次或不难再予以利用;同时尖竹汶方面,迄今仍未获得要领,披耶尖竹汶态度暧昧,乃汶猛系披耶尖竹汶的莫逆交,不若令乃汶猛依然携缅书赴尖竹汶城,披耶尖竹汶接书后,如能就此有所反省,从此与吾人合作,则进行解除首都危殆,可望早日实现无疑。部属表同意,因此乃汶猛在罗勇城未受若何阻碍而通过,指向尖竹汶城。

披耶哇栖罗巴干复忆及河仙镇(暹方称菩泰目)太守莫舒麟(暹方称披耶罗阁塞第),因缅军攻陷吞武里城,直迫首都期间,朝廷特派员令莫舒麟倾军赴京解围。莫舒麟奉旨,立派军由水路赴援,惟进达北榄口,即受阻于缅军,无法通过,比粮秣告罄后,即收军返河仙镇,救援首都遂未能实现。虽然救援首都未果,但莫此次出兵之举动,当然仍忠于朝廷。披耶哇栖罗巴干认为莫或可求其合作,完成解围大计。经过缜密的考虑后,乃选定銮披阁耶罗阁为使者,携披耶哇栖罗巴干亲笔函赴河仙镇。

据《暹史大全》第六十五集载:四月黑分初一,日曜日,那些被击溃的罗勇城职员坤罗摩、蒙宋,集其余党守于巴纱村、万开村、万卡村、甘村、克琅村等地,不时派其党羽四出打家劫舍,甚且进入罗勇城,偷窃披耶哇栖罗巴干部属所饲养的马牛象,居民咸不能安枕。披耶哇栖罗巴干鉴于这批匪徒,如再纵容,必为地方大害,乃亲自率领部属直向坤罗摩、蒙宋党羽聚集的根据地,实行剿荡。结果这批匪徒四散窜逃,而坤罗摩、蒙宋则逃出,投奔尖竹汶城。

披耶哇栖罗巴干此次实行扫荡坤罗摩、蒙宋残余,除了活擒以外,还搜获了数量颇多的牛马象、车辆,然后班师罗勇城,从事训练部属,同时派人四出劝诱一般仍逃匿于林间的人民,返归原籍,各安其业。

　　四月黑分十四①，奉命赴河仙镇的使者銮披阁耶罗阁及乃汶眉行抵河仙镇港口，乃入见莫舒麟，同时递上披耶哇栖罗巴干的亲笔函以及西式的外衣一袭。

　　莫阅来书以及聆悉使者所奉告后，深为喜慰，答应切实合作；但以现时适值飓风季，且未作准备，候八九十月间，当派部队来助，无误。

　　迨五月黑分十四，日曜日，使者銮披阁耶罗阁偕同乃汶眉带了莫舒麟的复函以及礼物返抵罗勇城，进见披耶哇栖罗巴干，并报告一切。披耶哇栖罗巴干对使者此次奉公获得美满成绩深为嘉奖。

　　这时候，自罗勇城溃退，而盘踞于万佛岁的乃通瑜·诺绿行动更为放肆，无恶不作，地方混乱，居民咸陷于水火中。乃通瑜除为害地方以外，对于一般企图投向罗勇城的壮丁，即从中阻挠，且多力压迫，因此引起更广泛的不安。有一部份乘机逃出万佛岁的居民，多投向披耶哇栖罗巴干，同时对于乃通瑜的种种暴行报告无遗。起初披耶哇栖罗巴干仍不信其事，但众口一词，事实昭彰，亦不由得不信。乃于六月白分初四，金曜日，率领一部份部属，由陆路指向万佛岁，先在廊蒙村停留，派探卒进入万佛岁城，探其虚实，悉乃通瑜适驻于城内。披耶哇栖罗巴干下令部属作相当准备，以资应付意外，谨慎地向前移，并止于离城约一百先的大寺。

　　依史籍所载，披耶哇栖罗巴干尝派出素与乃通瑜有交情的乃汶洛、乃真，入城晓以利害。乃通瑜未示倔强或反抗。因此乃汶洛、乃真率领乃通瑜赴大寺见披耶哇栖罗巴干，以示投诚。继而亲请披耶哇栖罗巴干入城，憩息于一座中国式的宫室内。乃通瑜复特备巨象一头，请披耶哇栖罗巴干乘坐，出巡全城市衢。

　　万佛岁职员皆守候。披耶哇栖罗巴干一一接见，并慰问有加。

　　据《郑王史料汇编》第四集载：披耶哇栖罗巴干对于乃通瑜虽宽恕前咎，不予责罚，但亦提出三条件，着乃通瑜保证及履行，计：

　　（一）须尽其职守，设法整顿万佛岁，恢复地方秩序，保护居民的生命及财产的安全，并使各安其业。

　　（二）遇附近城镇市民来投，应妥为收容，予以平等的待遇，不得过事压迫。遇有人拟赴罗勇城投军，尤须加意保护，或指示路线，以利彼等实现其初衷，不得故意留难或阻挠。

　　（三）须放弃其抢掠民财的卑劣行为，痛改前非。

　　乃通瑜对上述的三条件表示全部接纳履行，且宣誓忠于披耶哇栖罗巴干。披耶哇栖罗巴干乃酌量分发粮秣，以供乃通瑜部队享用。

_____

　　① 　有些文籍载黑分十五。

《暹史大全》第六十五集页十四载，披耶哇栖罗巴干将乃通瑜事措置妥当后，即雇人将城内的饿殍全部予以掩埋，拨巨款散给城内贫民，同时延请高僧为无辜幽灵行道场，予以超渡。

同日，披耶哇栖罗巴干率领部属归返罗勇城。

当披耶哇栖罗巴干努力镇压罗勇城及万佛岁城的坤罗摩、蒙宋、乃通瑜期间，适届佛纪元二三一〇年的新正。降至公历4月7日，阿瑜陀耶都即宣告沦陷。

关于首都陷落的情形，特根据《泰缅战争史》的记载，作相当的补述。

大城首都被包围，经相当时日后，城内粮秣，原已呈不敷，更于二月白分初四晚，土曜日，发生空前大火灾后，愈呈缺乏，居民愈陷于困难，同时盗贼如毛，白日打家劫舍，公然抢掠。当时的大城君主知已难幸免，乃派人出城求和，愿受阿瓦都统辖。但缅军统帅不允其请。因缅军此次围城，业费去较长的时间，倘准大城求和，则所得无几，不若将城攻破，任意搜刮，满载而归之为佳。

依缅史载，缅将尝下令总攻多次，皆不能陷。盖暹军一经陷于危殆中，仍能全力抵抗，职是之故，大城仍得暂时保全。缅军因一时攻不下，亦只有按兵不动。城内居民因受不了饥寒交迫，纷纷攀越城墙而逃。缅军统帅见此现象，知城内民心已涣散，抵抗力必薄弱，遂下令驻扎于红坛寺、三宝殿寺、尖顶堂寺方面的缅军，乘黑夜推进至河畔，在城的东北角花罗头对过，从事架设浮桥，企图渡河。因在这方面的河道，较任何方面为狭。缅军在架拱浮桥期间，另树立冬树干作为屏风，以防城内的炮轰。是时城内探得缅军架设浮桥企图渡河，为打击缅军的计划起见，大城君主委乍蒙室利梭罗叻砂领军出击。依缅史载，此次出击的暹军作战英勇，架设浮桥的缅军被击溃，甚至进而夺得缅营。然而首都方面不派军增援，结果被缅大军反攻，而宣告溃退。经此役后，城内的暹军不复出击了。缅军架设浮桥完成，大军次第进迫主城下，同时挖掘隧道，通至墙下，运大批木材堆积其下，同时造了大批竹梯、索梯，备作攀城之用。

迨至五月白分初九，火曜日，（佛纪元二三一〇年）下午三时，缅军即在凯旋炮台（在花罗头）旁纵火焚烧墙根，同时向城内集中炮轰。降至黄昏，受火烧的那扇城墙突告下陷。晚八时，缅方发放信号，各方面的缅军即用备就的竹梯及索梯实行攀城。缅军首先攀上下陷的城墙，守卫这方面的暹军见缅军如水般地自这方面涌进，无力截堵，结果缅军遂得入城。统计缅军包围大城都，历时一年零二个月，始告沦陷。

缅军入城时，适在晚间，到处纵火焚烧，进迫王宫。全城是时陷入红光中。缅军到处，皆无人抵抗。因这时候的居民，咸只顾逃命，谁还有心抵抗，其实即抵抗亦无效。时在夜间，逃出的居民为数颇众，但成为俘虏的仍有三万余。缅军见无人抵抗，即着手搜刮财物。

在这时候的大城君主拍昭阿伽达砂，则由侍卫保护趁①小船逃匿于僧侣寺旁的万榈村的丛林中。缅军并未注意及，捕去经已出家的拍昭乌涌蓬以及其他王族，包括大小臣员及和尚沙弥，缅军皆解押于三株菩提树营内。继此，缅军仍不断搜查民物，略有价值的，全被抢去，甚至各寺院内的佛像，遇有贴金的，亦不免为其剥去。例如拍室利讪碧佛像所包的黄金，缅军用火焚烧，使佛像所包的黄金熔化，然后拾取而去。此外，缅军进而拷问俘虏，迫其供出埋在地下的藏金所在。凡能指出藏金所在地的人，缅军即予以自由，不加拘禁。其不愿供出藏金地的，则遭受重刑，甚至拷打而死。

缅军在大城勾留约九天或十天，搜刮民财至无可再搜刮后，即准备返国。缅军统帅特委任尝在万拉庄击破暹军，而建有战功的懵族苏基，暹方称拍那功，为总指挥，缅军曹蒙耶任副指挥，领军三千名驻扎于三株菩提树的军营里，负责搜刮民财以及拘捕泰族，以资继续送往缅都。此外，委投顺的泰族人乃通因任吞武里城太守职。这位乃通因，纯粹是一位道地的暹奸，在吞武里城称孤道寡，因此普通皆称昭通因。

缅军统帅旋将侵暹的大军分为三路：北路由缅统帅亲自统率，负责将搜刮所得比较珍贵的物品以及俘虏，由湄拉毛关方面进入缅境。南路由蒲甘城太守统率，负责运比较笨重的物品，自吞武里城、他真、夜功方面而入缅境。另一路则由陆路，通过素攀城，会合北碧城的水师而由三塔关方面进入缅境。此役缅军所掳去的人民不下三万名，大炮一千二百门，小枪不下数万支！

当缅军凯旋时，有一部份大城王族因病被留于三株菩提树，未被掳去。缅大军去后不几天，留守大城的缅军始在僧侣寺的丛林里发见了拍昭阿伽达砂。时王已十天未有食物下腹，气息奄奄。比抬至三株菩提树，即宣告驾崩。大概苏基（拍那功）曾受王的惠恩，乃妥为安葬于大城拍蒙坤武披多罗佛殿前的灵山下，准备地方略告平静后，再予以举行火葬。

至于被掳至缅都阿瓦的暹王族，缅王孟罗令拍昭武涌蓬还俗，居于阿瓦城对过的作皆城，其他王族大概多数亦在此城集居。缅方尝盘问有关于大城朝各种风尚以及官方的制度，集成文籍一册，称为《坤銮遐越供词》，或称《大城居民供词》。这册文籍，暹方已译成泰文。为数不下三万名的暹人，则被着令散居于各地，其中有一部份逃回，但大部份皆遭受缅方同化了。

统计大城朝，历四百十七年，君主卅四位，卒为缅军所攻陷，沦为属国。

当大城首都被缅军攻陷期间，披耶哇栖罗巴干仍在罗勇城，所积聚的实力仍未充分。首

---

①　编者按："趁"疑为"乘"。

都陷落的消息传至罗勇城，披耶哇栖罗巴干深为扼腕，因未料及首都会如此易于陷落。可是，事实上首都已沦陷，已难挽回。当前的急务，只有积极增强实力，作复仇之准备。

依《暹史大全》第六十五集载：披耶尖竹汶虽答应合作，但约期届满后，消息仍沉沉。自罗勇溃退的坤罗摩、蒙宋，一经投在披耶尖竹汶门下后，即从中鼓动披耶尖竹汶准备抵抗，修葺城堡，增强防卫工事，大小炮亦积极补充。此外复布下骗局，派出高僧四位，亲至罗勇城，迎披耶哇栖罗巴干赴尖竹汶城，然后予以活擒。可是这四位高僧抵罗勇城时，适披耶哇栖罗巴干仍留于万佛岁，正在措置乃通瑜事件，因此只得守候于罗勇城。

迨披耶哇栖罗巴干自万佛岁返抵罗勇后，那四位高僧即请见，依披耶尖竹汶所嘱的陈述。披耶哇栖罗巴干聆后，即察出其伪，认局势如此，已无力加以挽救了。当即召集部属会议，决定接受四位高僧的邀请，以示此方无他。不过内部亦须作相当的准备，以资应付万一。惟未立即起程，先让部属略事休息。

披耶哇栖罗巴干领军随着四位高僧向尖竹汶城进发，抵万甲乍禾湾村①时，已是首都沦陷已达二个月了。

万甲乍禾湾村距尖竹汶城约二百先。披耶尖竹汶悉披耶哇栖罗巴干已行近，乃派出副府尹来迎，并称披耶尖竹汶经在城内对岸南面设有行辕以供憩息，副府尹愿为领导。披耶哇栖罗巴干乃下令部属开拔。但还未近城，即察出副府尹所领导的路线不对。披耶哇栖罗巴干当即令部属勿渡河，反转向北面，并驻扎于缴寺，离城只有五先。

这时候的披耶尖竹汶见披耶哇栖罗巴干不渡河，计划未能实现，同时迫近城垣而驻军，不免着惊，下令士卒各上城垣，各守岗位。此外令坤梵提万偕同其他随员出城向披耶哇栖罗巴干解释，并邀入城内。惟披耶哇栖罗巴干则宣称：披耶尖竹汶首先派僧侣为使者来请，以资合作，对缅抗战。认为系出于至诚，乃随来此间。然而披耶尖竹汶始终避而不见，只派使者故延时间。同时收容坤罗摩、蒙宋，并增强守卫力，此种举动，纯属敌对。若果有诚意合作，则请披耶尖竹汶出见。否则，送出坤罗摩、蒙宋。坤梵提万乃入城据实报告。披耶尖竹汶不单不出见，甚且不送出坤罗摩、蒙宋，只着人捧出食物款待而已。

依披耶哇栖罗巴干的习性，每不喜乘人之虚而进攻，因此在披耶尖竹汶最后一次派出副府尹说明不能交出坤罗摩、蒙宋后，即向使者坚决表示，既然披耶尖竹汶食言，不愿合作，以为坤罗摩、蒙宋可靠，力足保卫城池时，则请好自为之，此方即将实行攻城，请加意准备。使者入城报告，披耶尖竹汶急下令部属增强守卫力，接受披耶哇栖罗巴干的进攻。

据丹隆亲王所著《泰缅战争史》第二卷页廿载："当时披耶哇栖罗巴干处境颇为危

---

① 现时称万甲乍村及珠戒山村，相距不远，惟古时合称为万甲乍禾湾村。

险，盖深入腹地，敌方军力较众。只不过敌方耳闻披耶哇栖罗巴干作战英勇，不敢正面出击而已。要是退出，则难免遭受敌方的围攻，因系敌腹地。反之，如继续驻扎下去，则未携带有充分的粮秣，徒使敌方选择时间加以逐渐聚歼而已。但是披耶哇栖罗巴干系天生将材，在此场合，深知须采用先发制人的方法。乃下令部属在用完晚膳后，将饭锅以及余剩的菜全部击破及倾去，准备今夜攻城，明晨在城内再行果腹。假如今晚攻城不下，则不若一同死亡。"

"七月白分初七，月曜日，三更，即实行攻城，预先埋伏于城下的士卒，四面高声呼应，披耶哇栖罗巴干则独自乘象，负责冲城门。敌方鸣炮轰击，弹在象肚下穿过。象奴立即用钩钩象，企图使象转头退下，而保安全。惟被披耶哇栖罗巴干所喝止，同时驱象向城门直冲。结果城门倒塌，部属见状，乃一拥而入。披耶尖竹汶的部属见披耶哇栖罗巴干英勇，且身先士卒，咸皆胆寒，无心抵抗，纷纷逃命。至于披耶尖竹汶，眼见大势已去，乃带同其眷属，投奔河仙镇。"[1]

可是坤罗摩、蒙宋，经此役后，即不复出现。究竟死于乱军中呢，还是逃出后而客死他乡，则无从查考。

也许是首都沦陷，国无君主，各地稍有点势力的人们，皆各自独立，不愿受治于他人。当披耶哇栖罗巴干进攻尖竹汶城时，离城不远的通艾村，即今桐艾府港口，聚集有不少帆船，乘机企图不轨。因此披耶哇栖罗巴干席不暇暖地略事在尖竹汶城内整顿地方秩序后，即领军赴通艾村，实行围攻港内的帆船队，费一夜及半日的时间，始平服。

披耶哇栖罗巴干次第取得尖竹汶、桐艾城后，势力较前更为增强。盖沿东部海岸各城，咸受披耶哇栖罗巴干所节制。一般恐惧缅军的人们，见披耶哇栖罗巴干在东部沿海地所表现的种种英勇事迹后，深为拥戴，咸愿投其部下。

基于尖竹汶城地位适中，可兼顾东部沿海各地，披耶哇栖罗巴干乃选定为生聚教训的场地，栽养相当的实力，准备与缅军作殊死战，从而光复大好的江山。披耶哇栖罗巴干意志坚定，尤能吃苦耐劳，在当时所肩负的艰巨工作，如：

（一）派出探卒，混入缅军的占领区，刺探缅军的实力以及其他方面的布置，随时报告，以资计划进击的步骤。

（二）派员四出劝令藏匿于各处的泰族各返原籍，操其故业，从而增强后方的供应力量。

（三）从事囤积粮械，准备作长时间的苦斗。

---

① 见《暹史大全》第 65 集。

（四）陆上部队以及水上部队，皆分别予以军事上的必要训练，使各具有单独应付缅军的能力。

关于军队的进发，采用陆路呢，还是水路？这是应得详加计划的。依据当时的情形，已是阴历七月，进入雨季，陆上交通受阻；至于水路，倘用小船，亦同样不便利，盖这时候系飓风季，海面不平，航行尤为危险。然而披耶哇栖罗巴干每遇疑难问题，皆能予以勇敢的取决，且无往而不利。虽然水路有困难，但还较陆路为快捷。同时首都为缅军所攻陷不久，应予以作速光复；否则时间一长久，缅军获得巩固的根基后，光复必非易事。沿海区的飓风季，仅短短的三个月时间，在此期间，倘能积极架造木船，由水路进发，出缅军的不意，实行闪击，则较为有利。一经缜密地考虑后，披耶哇栖罗巴干立即下令銮披阁耶罗阁负责率部属赶造小型的轻便快艇百艘，限期三个月内完成，以供应用。

这位銮披阁耶罗阁，真不愧为披耶哇栖罗巴干的虎将。奉令后，即督促部属日以继夜地赶造快艇。在所定的期限内，卒完成了百艘。在建船的期间，披耶哇栖罗巴干则从事训练部队。迨至阴历十一月间（佛纪元二三一〇年），所进行的准备工作全部告成，经受了相当训练的士卒，包括华暹在内，实力不下五千名。

在这里应得提述一下大城君王阿伽达砂的侍卫官乃素真拉，原名乃汶吗，系后来建立却克里王朝的始祖一世王朱拉绿的胞弟，当大城首都被缅军攻陷期间，必未守卫圣驾，设法逃出缅军的掌握，投奔万佛岁，依乃琅①而居。后来耳闻披耶哇栖罗巴干仗义，且在东部沿海区领有强大的势力，认为足保其安全，乃转投披耶哇栖罗巴干。披耶哇栖罗巴干亦妥为收容。②

---

① 这位乃琅，依《却克里王族谱》（佛纪元二四六三年印行）第7页载：宫坤顺陀罗蒲迫砂罗，原名琅，原籍万佛岁。和却克里王族发生关系的原因，系在首都沦陷，地方不靖期间，有恩于宫拍罗阁汪武哇罗摩诃素罗细遐纳（即一世弟乃素真拉），且结为生死交，迨一世王朝，依王弟的意旨，遂被晋封为昭。宫坤顺陀罗蒲迫砂罗所传下的后裔，皆袭用一世王所赐的"顺陀罗功·纳春武里"姓。
② 依《郑王史料汇编》第5集第29页载："乃汶吗，系銮育甲越（名仑，系却克里王朝的始祖）之弟。"照《钦定本纪年史》载，乃素真拉（乃汶吗）系披耶哇栖罗巴干在尖竹汶城时投效者。惟细查首都沦陷时的情形，发觉乃素真拉并未护卫君主，无护卫职责呢？还是在千钧一发间，各自逃命，以资将来作为光复江山之用？皆不得而知。仅悉其投奔万佛岁，依其生死交乃琅而居。一世王所修纂的《吞武里全史》，尝述及披耶哇栖罗巴干实行镇压乃通瑜于万佛岁，系在阴历六月间（系在大城首都沦陷后一个月）。不过当披耶哇栖罗巴干勾留于万佛岁期间，并未发现乃素真拉投效。迨离开万佛岁，返抵尖竹汶时，已届雨季。乃素真拉首途赴尖竹汶必不便利。此外披耶哇栖罗巴干在尖竹汶所领有的实力仍未雄厚。同时披耶哇栖罗巴干还须调动大部分的实力对缅作战，胜利或败北，仍在不可知之数。如果乃素真拉在起始即有心投奔披耶哇栖罗巴干，实应在万佛岁时执行。反之，倘须期待披耶哇栖罗巴干具有坚强而巩固的实力后，则应在披耶哇栖罗巴干完全击溃首都缅军之后。因此不无令人怀疑，乃素真拉的投奔披耶哇栖罗巴干，系在吞武里，而非在尖竹汶。惟事实如何，则留待酷爱真理的历史专家的考证了。由于未获得其他的旁证，在这里只暂照暹方的记载而提述。

郑王之武功及其登极
（佛纪元二三一〇年至二三一一年）[*]

陈毓泰

佛纪元二三一〇年，阴历五月白分初九，火曜日（即阳历4月7日），大城首都陷落，已如前章所述。但事实上，缅军并未完全统有全暹国土。凡未被缅军铁蹄踏过的区域，依然还完整，只不过无君主统治，因此始造成混乱的局面。

据《钦定本纪年史》《泰缅战争史》，甚至《吞武里史》课本，皆载暹罗混乱时期，全国成为割据的形势，共有六国六区域，计有：北部为昭拍凡的势力范围；其下则为昭彭世洛的势力范围；大城故都方面，则有驻守于三株菩提树的拍那功（懵族，缅方称苏基）；南部为昭六坤的势力范围；东部海岸地为昭德的势力范围；至于东北部，则有昭披迈称雄。

假如以地域为标准，则应增加二地域，即东部须增柬埔寨，东南部应加上河仙城。因为这二地域，并未隶属于任何地域。[①]

乘国无君主，地方不靖，凭一己的势力而自立为王的，依拍披蒙达摩长老在叻陀纳哥盛朝拉玛一世时代所著的《山支迪耶汪砂》载："当时自立为王的，有四，为：（一）昭彭世洛，（二）拍那功，（三）昭六坤，及（四）昭柯叻。"至于昭德，前章已详细地搜罗有力的证据指出其非。北方的昭拍凡亦无充分的证据可指出其自立为王，因此《山支迪耶汪砂》只载四昭，而非六昭。

在这里略为补述一下当时割据中各部区所辖的疆界。

一、大城故都方面的拍那功，驻守于三株菩提树，实力约三千人。吞武里城的泰族守将乃通因则受其节制，领有暹罗中部各地，势力相当雄伟。有一部分泰族慑于其威势，皆不敢妄动。受治下的吞城乃通因则狐假虎威，故张威势，结果博得了昭通因的称号。

二、昭彭世洛，原为彭世洛城太守，爵居披耶，原名琅。当佛纪元二三〇四年，景

---

*　原载《中原月刊》第1卷第7期，1941年，第19—34页。
①　参阅《暹史大全》第66集《吞朝行军日记》。

迈为缅军所侵，景迈特向大城首都求救。朝廷即传令调北方诸城太守驰援。披耶彭世洛任统帅，倾军五千名北开。抵万拉限村，悉景迈已被缅军攻陷，乃班师。迨至佛纪元二三一〇年，大城首都受围时，朝廷复令其领军赴京解围。披耶彭世洛军驻守于金山寺旷野中。惟无何，披耶彭世洛托披耶蓬拉贴上奏国君准其返彭世洛城治母丧事，委銮哥砂及拍吗核泰统率军队抗缅。披耶彭世洛北上后，即不见南下。只此两次，即可看出披耶彭世洛的作战能力实有限。而一部份文籍则称其作战勇猛，未免与事实不符。

受委托统率军队的銮哥砂，也许具有某种阴谋，不忠于国君，私下救出因罪被囚的王子昭华集多罗，立即班师回彭世洛，全不计及首都的安危。抵彭世洛城时，适披耶彭世洛不在，昭华集多罗下令没收披耶彭世洛的全部财产，据为己有，同时着军队增强城内的守卫力，以防万一。披耶彭世洛探悉昭华集多罗占有彭世洛城后，乃暗中行军至披集城后，并从事劝诱居民参加其军队。比得相当数量的士卒后，乃开向彭世洛城，实行攻城。结果昭华集多罗不敌，为披耶彭世洛部下所擒。至于銮哥砂则投奔北方拍凡长老。昭华集多罗旋被掷于水中而殁。

披耶彭世洛夺回彭世洛城后，即从事整顿城内的工事，并囤积粮械，以固其唯一的根据地。因此对在逃的銮哥砂，亦无心予以追捕。

缅军陷首都，国无君主，地方混乱。披耶彭世洛乃乘机自立为王，称昭彭世洛，意即彭世洛王。

依《山支迪耶汪砂》载：昭彭世洛自立为王后，尝与北方的拍凡长老发生兵争三次，彼此胜负不分。昭彭世洛在位六个月，于佛纪元二三一〇年公历 10 月间薨，享寿四十有九。继承其位者，为其弟名拍因陀阿功。这位拍因陀阿功颇为懦弱，北方拍凡长老来攻，即为所杀，彭世洛遂被并入拍凡长老的版图内。

三、拍凡长老，原系砂汪卡武里城的和尚，驻于拍凡寺。原名仑，系北方人，或即是砂汪卡武里人。在出家初期，即南下受学于大城首都，卒被封为长老，任室利阿逾陀耶寺主持。后升为砂汪卡武里长老，管辖北方佛门弟子。在拍昭武仑阁王在位时，即常驻于拍凡寺。砂汪卡武里城位于披阇耶城之北。由于这位长老精于邪术，颇为佬族所崇敬；因此在国家陷于混乱期间，在北方培养实力，自成一势力圈，难城、帕城及朗勃剌邦城咸受其节制。

四、昭六坤，系六坤城的代理太守，爵居拍巴雳，为六坤王的后裔。任职于大城首都，为侍卫头目，爵居銮析特。因忠于职守，朝廷派其赴六坤任副尹职。继后，六坤太守披耶罗阇素帕钵底因失职被革，拍巴雳乃被委摄太守职。直至大城首都沦陷后，乃自立为王。依六坤王在新年的文告，其巴利名为"穆析伽"。依推测，其原名必为"奴"。

辖地起自马来亚界而达尖喷城为止。

五、昭披迈，即系宫蒙贴披碧，在披迈城自立为王。其自立为王的过程，前章已加以叙述，在这里不赘了。当时所领有的区域，包括柯叻省地。

依《泰缅战争史》卷二页十二载：

"当时各方割据，自成一范围圈的首领，其所处的地位，各有不同。昭彭世洛及昭六坤在自立为王时，原具有相当的势力，且领有相当的地域，不必费力向外求发展。虽不自立为王，即所统治的土地也还受其统辖。至于拍凡长老，由于受民众爱戴，培养势力，实甚易易。昭披迈则比较软弱，原无辖地，但靠其出身王族，劝诱民众合作，拥之为王，也是易举，因一部份民众仍忠于王室。"

在这种局面之下，驻守于大城故都三株菩提树的缅军，其具有懵族血统的首领，根本非深谋远略之士。同时以征服者自居的缅方朝廷，亦无意使暹罗成为属国。只不过倾覆了大城王系，陷其首都，掳其民，刮其财，即告自满。所以虽具有统治混乱局面下的暹罗的使命的拍那功（苏基），并无执行其所应尽的使命，一味派出部属搜刮民财，以便运赴缅甸领赏。在其统治下的中部泰族，由于缅军不采怀柔政策，因此全无归附心，大家忍受着，期待时机的来临！

依照历来的惯例，缅军每次进侵暹罗，皆选取旱季。盖缅军善于旱季陆上行军。职是之故，缅方陆上部队作战力较强。镇守大城故都的拍那功，陆上的防范较重于水路。因依当时的形势而言，果有泰族人企图举事，只有陆上较为可虑。缘水路上所用的大小船只，皆被缅军搜刮一空。一大批的船只为缅军用作运载战利品而凯旋返朝。总之，不管任何一地区的泰族，必毫不迟疑地，一致同意或同情拍那功（苏基）所采的陆上防守战略的。作算有任何一地区的泰族企图自陆上进击，相信拍那功（苏基）必可使对方在军事上毫无进展，甚或弃甲而遁的。反之，猝不及防地足使拍那功（苏基）手足无措的，必须利用水军于水季进攻！

披耶哇栖罗巴干在当时所采的战略，前章已略作提述，仅就限令部属在三个月内完成百艘以上的轻便快艇，当然是看透了缅军在当时的弱点。因此披耶哇栖罗巴干果决地日以继夜督造快艇，靠了上下的精诚合作，结果在三个月内完成了这巨重的工程，平均一天造一艘以上，这可见出披耶哇栖罗巴干规划复国大计的积极性了。

依史籍所载，由披耶哇栖罗巴干所统率下的复国水军，系在阴历十一月杪实行举事。披耶哇栖罗巴干选取了这个月份，不外是这时候东部沿海风平浪静，尤利便轻便快艇的航行；同时在这季候，中部各地大部份为洪水所淹，这阻止了缅军势力的拓展，而且无从作相当的准备。

披耶哇栖罗巴干率领的水军自尖竹汶城开拔，委虎将銮披阁耶罗阁任先锋。惟何日开拔，不得而知。史籍仅载：

"亥年（小历一一二九年，或佛纪元二三一〇年），第九旬，晨二时许（即上午八时许）抵万佛岁。"

我们在阅读《吞武里史》，每每发觉出在叙述到某某重大事件时，往往不载月日。作算有载月，则不记日！如这次披耶哇栖罗巴干所统率的水军，举事时有年期和时间，而月日则不详。依推测，原本必详载有年月日，因吞武里时代喜作日记式的记录，《暹史大全》第六十六集所载的《吞朝行军日记》即其一例。这不单是出征作战，虽其他事务亦有年月日的记录，如庆祝翡翠玉佛大典，也还作了极详细的记录！

基于披耶哇栖罗巴干进攻三株菩提树缅军时已进入阴历十二月，由于这点，使我们察出起义必在阴历十一月杪。

还有更显而易见而证出《吞武里史》的被剔改，厥为披耶哇栖罗巴干在进行某种有利于国家的要务时，史籍作者每捏造了罪状，给列在前面，然后才叙述要务的经过。例如：起义时，即把在万佛岁斩杀了乃通瑜·诺绿的事件列在前头；后来在叻丕城包围娘缴村缅军时，又把斩决拍贴瑜陀的事件列在前头。

不过我们遇到这种情形时，特按照当时的事态，佐以其他方面的证据，作相当的提述。

复国水军沿海岸驶抵万佛岁后，披耶哇栖罗巴干即采用军法，将为非作恶，始终不悔过的乃通瑜及其党羽正法。[①]

披耶哇栖罗巴干这次所统率的水军，仅就其素质而言，和突出缅军重围时的陆军不同。明言之，这次所组成的水军全部是东部沿海区的居民，有北榄、坤西育、北柳、巴真、万佛岁、罗勇、尖竹汶，及桐焱，包括公岛在内。[②]

这支生力军于深夜离开万佛岁，闪电般地指向昭披耶河口。天现鱼腹白时，即达吞武里城。这时候正在享受荣华富贵，而不知亡国恨的缅方傀儡昭通因，完全没有想到东部沿海区会生出一位神将，突如其来地进攻其安乐窝。当时守城的士卒大部份系泰族，虽有缅军头目监视，见来者系同族，结果在抗战方面并不出力。因此披耶哇栖罗巴干的

① 此处根据一世王修纂本提述。惟据《钦定本纪年史》的记载，则较一世王本为特出，谓乃通瑜脐部铜质，刀枪不入，卒将其抛入海中，始行毙命。关于刀枪不入事，四世王时代所修纂的史籍尤喜提述，如披耶碧武里对缅作战，为缅军所擒，因刀枪不入，缅乃改用矛刺其肛门，结果始丧生；还有拉庄村村民抗拒缅军进侵时，亦述及娘渥山寺方丈达摩初迪师特制就符及咒文布分发村民，以御刀枪。《钦定本纪年史》第2卷，第283—295页。

② 参阅拙译《昭披耶宋加绿传》，刊《南洋学报》第1卷第2辑。

水军略事进攻后，即得入城。昭通因及其党羽皆就擒，并受军法惩治。

　　自吞城逃出的缅军，当夜兼程飞报大城故都三株菩提树的统领拍那功（苏基）。拍那功（苏基）据报，不禁大惊，急派副将蒙耶（系缅族）率领一支水军开赴捕象围区堵截，但为时已晚。盖复国水军在吞城的任务完毕后，并未有停留，即于是夜兼程开赴大城故都，进入大城故都界时已是佛纪元二三一〇年，阴历十二月初了。

　　负责堵截于捕象围区的缅副将蒙耶见对方来势凶猛，业已胆寒，立即下令撤退，回返三株菩提树总营，再作计较。缅军统帅拍那功（苏基）见蒙耶不战而退，即拟准备在营内固守抵抗，但又怕泰军包围营寨，将有饿毙之虑，乃急调军一支开出营外驻守，以资抗拒。如能挡住泰军的攻势，则将予以增援夹攻，一鼓击溃泰军。反之，营外的军队不敌，亦还有时间再作准备。然而披耶哇栖罗巴干的先锋銮披阁耶罗阁不让缅军立定阵脚即予闪击，结果溃退。这次缅军的不值一击，即行溃退，大概基于享乐过度，不想到泰族会在这短短的时间培养了这支生力军，同时采用闪击战术，以致措手不及。

　　当缅军四散奔向总营时，銮披阁耶罗阁见机会已到，乃驱军向前，仅距离拍那功（苏基）营七八先远，缅军愈形慌乱。拍那功（苏基）知大势已去，作困兽斗亦无益，乃派出披耶特迫砂罗武里叻砂①出营请降。由于敌方诚意投降，披耶哇栖罗巴干接受其请，不予加害，甚且仍准其留任原职。这是披耶哇栖罗巴干的美德之一，凡属投诚的敌人，概不加害，不单拍那功②一人，虽其他的敌人亦然。

---

①　这个爵名，一世王修纂的《纪元史》有记载，唯《钦定本纪年史》则称披耶特迫砂武底，应从一世王本。盖《大城居民供词》所载的大臣助理爵名亦列有这个爵名，惟缅方讹为披耶特迫砂巴里耶迪。

　　这位披耶特迫砂罗武里叻砂至吞武里朝，爵至昭披耶室利达摩提罗阁。依佛纪元二三一九年所著述的《三界》弁言，尝记载其最高的职位达首相职。这也许是在佛纪元二三一七年或较前，即被任代理首相职，因原任首相昭披耶却克里（原名穆）逝世。惟正式任首相职，必不在佛纪元二三一七年之前。迨至佛纪元二三二三年阴历十二月黑分初六，金曜日，郑王特委其任委员主席，负责编辑有关于古俗的书籍（参阅《各种习俗》第十五集首页），大概在这时候，即脱离了内务大臣职。

　　翌年（佛纪元二三二四年），郑王委昭披耶室利达摩提罗阁任购办建筑材料团团长，随同入朝中国的使团，押十一艘货船赴广东，于阴历七月黑分十三，火曜日扬帆。惟返抵暹罗时，吞武里朝业已改为叻陀纳哥盛朝。至于昭披耶室利达摩提罗阁本人，由于新王系被建立，所领有的爵衔亦随着而被削去，这位昭披耶必安全地逝世于却克里王朝一世王时代。

②　《钦定本纪年史》载："拍那功（苏基）战死于营内。"

　　唯《山支迪耶汪砂》（第420页）载：当时驻守于三株菩提树之钵罗乃罗西（拍那功之别名），仅在职七个月，慑于郑王威势而逃。郑王追缉，得之，乃斩决。这就是说拍那功死于逃走之后。明言之，系自大城逃出，投奔昭披迈；吞武里军征披迈时，略事抗战后始被擒。

　　另据武仑尼哇砂寺拍陀摩罗披叻吉长老所著《钦天录》载："进攻三株菩提树，披耶乃投降。"意思是说拍那功未死，披耶哇栖罗巴干领军攻三株菩提树，拍那功投降，留之，且不加害。

　　一世王修纂本《吞武里全史》亦载拍那功不敌投降。

　　上列三重要文籍皆载拍那功未战死，惟《钦定本纪年史》则载战死于营内。特从多数，盖三重要文籍皆成于《钦定本》之前也。

　　提述到这里，不禁使人回想到，古时拍昭梵大王努力驱逐吉蔑族出离百万稻田部，速古台时代的宣布独立，协力清除吉蔑族在暹国境的势力，皆经了较长的时间始克成功。降至大城时代，泰族被缅族势力所笼罩，由于坤披麟陀罗贴的自私，卒使泰族成为缅族的奴隶，而坤披麟陀罗贴也随之而变成了傀儡。追颂绿拍那黎萱大王奋斗恢复暹罗的自主权时，泰族成为奴隶，已历十五整年。可是这次披耶哇栖罗巴干奋斗的历程尤为艰巨，然靠其始终坚定的意志和卓越的毅力，采用了闪电式的战略，只需一天的短时间，把三株菩提树的全部缅军征服。泰族之沦为奴隶仍不逾七个月，即恢复了自主权。这不能不归功于披耶哇栖罗巴干的统率部属有方，和士卒的用命了。同时显示此次复国大业，非有如披耶哇栖罗巴干般的天才战士，决不会这么神速地完成此伟大功业的。

　　披耶哇栖罗巴干平服了大城三株菩提树的缅军后，即入驻于缅营内。当时为缅军所掳的人以及由各处所搜刮而得的财物，仍拘押及保存于营内，未及解送阿瓦都。披耶哇栖罗巴干乃下令释放所有俘虏，其中除了上文尝提及的披耶特迫砂罗武里叻砂以外，属于大城王族的，有拍昭武仑阁王所生的四位公主：（一）昭华素里耶，（二）昭华莘陀钵底，（三）昭华庄陀钵底，（四）拍翁昭金瓜。列为侄女的，有：（一）昭华公，或称宫拍罗阇汪武哇罗摩诃社那披达砂所生的女儿，称蒙昭美多罗；（二）宫蒙集多罗顺陀罗所生的女儿，称蒙昭克拉节；（三）宫蒙涩博底所生的女儿，称蒙昭玛妮；（四）昭华集所生的女儿，称蒙昭倩。出身金枝玉叶的这八位王族，咸带病容，令人怜悯。披耶哇栖罗巴干特另辟一相当的房舍，供王族们集居，不使混杂。至于其他人等，皆恢复其自由，并无一或缺地分赐衣服及食物，使彼等脱离苦海。

　　披耶哇栖罗巴干旋派出部队，分头赴各重要关口防守，同时派人四出劝告一般仍伏匿于林中的居民，各返原地安居，无须再事惊惶。

　　继此，披耶哇栖罗巴干下令部属统率投降的缅军进入大城，在王宫前广场建立火葬台，用白布铺盖，另外赶造灵柩一具，依当时所能物色的物品，尽量予以点缀。各种事物皆筹备就绪后，披耶哇栖罗巴干即偕同当时所有的王族驻于礼坛，下令发掘大城王朝最后一世君主拍昭阿伽达砂王的遗骸，盛以灵柩，置于火葬台，然后举行火葬。披耶哇栖罗巴干不采用古制把敌人在先王灵前举行生祭，有如阮福映战胜后，对败者所执行的酷刑者然，实可看出披耶哇栖罗巴干的宽洪和无上的美德了。

　　火葬先王完毕后，披耶哇栖罗巴干即派人赴华富里城游说合作，因当时的华富里方面还保持其独立的地位，华富里方面聆讯后，咸表示情愿合作。

　　在大城办理善后，并获得邻近各地的精诚合作，披耶哇栖罗巴干乃率同部属返吞武里城驻守。①

其实，披耶哇栖罗巴干退守于吞武里城，必须清理荆棘，掩埋尸首，建立房舍。这些工作，披耶哇栖罗巴干皆能胜任裕如。

虽然平服了大城缅军，一直据守于吞武里城，人口从稀薄而进于繁密，披耶哇栖罗巴干依然未自立为王，这可看出披耶哇栖罗巴干非自私自利之徒。

披耶哇栖罗巴干战胜大城缅军的消息一经传扬后，中部泰族异常欣喜，咸扶老携幼来依。这些来投的居民，依史籍载，称系饥民，人数日见增加，而披耶哇栖罗巴干亦妥为收容，数量不下万人，皆获得温饱。

这时候的北方，昭彭世洛乘大城沦陷，即自立为王。在位仅六个月，即告驾崩。其弟继位，但还未举行加冕礼，拍凡长老即领军来侵，城陷，彭世洛遂被合并于拍凡长老的版图内。拍凡长老班师时，即委曾背叛昭彭世洛而投奔于拍凡长老的銮哥砂（名扬）守卫彭世洛城。

彭世洛城陷落后，一般不愿归顺拍凡长老的人民，大量地流入披耶哇栖罗巴干所统

---

① 关于披耶哇栖罗巴干不驻守于大城，反而退守于吞武里城事，据《钦定本》载，系受了先王（即大城王系）入梦，并予以驱逐。其实，此项记载，在一世王所修纂的《纪元史》以及在四世王以前所有的文籍皆未有道及，因此不足信。依所记载的，似乎大城王族憎恶披耶哇栖罗巴干，不准其驻守于大城故都。

考披耶哇栖罗巴干不驻守于大城，并非由于先王入梦驱逐（也许根本就没有入梦的一回事），或是大城太广阔了，无力加以保护或守卫。要是认为大城太大了，无力统治，则披耶哇栖罗巴干根本就不敢冒昧肩负复国的重任，因为暹罗的版图，较大城广阔何止千千万万倍！

大概系基于大城的历史几全是争权夺利、弑君篡位的场所，对于泰族根本就不安全，同时大城又系遭受了缅军三次的蹂躏。明言之，第一次在颂绿拍摩诃遮迦罗槃罗的时代，沦为缅甸的属国。第二次在颂绿拍摩欣砂提罗阇时代，再度沦为缅甸的附庸达十年以上。拍摩诃达摩罗阇王系成了缅方的奴隶，几无从翻身，幸得出现了颂绿拍那黎萱，卒争回了自主权。第三次就是这时代，由于颂绿拍阿伽达砂的昏庸，大城复于佛纪二三一〇年宣告沦陷。这些事态所留给人们的印象欠佳，甚且引起了惨痛的回忆。

大城系一国的首都，所有的建筑物，其华丽堂皇的程度，当然为全国之冠。然而在披耶哇栖罗巴干经了种种的困难，卒击溃了三株菩提树的缅军，光复了经已沦陷的首都。但进入城内巡视后，所见的全是荒凉的气相，到处破墙败瓦，被杀的泰族则狼藉各地，怎不令人伤心！披耶哇栖罗巴干不驻守于大城，也许由于不愿看见这些惨绝人寰的创痕吧？

依照《郑王史料汇编》第六集第卅六页载，披耶哇栖罗巴干不驻守于大城，其最主要的原因，厥为此次领军歼灭缅军的统治暹罗的势力，并非出自跃居至尊的欲念所驱使，非用了民族或宗教作幌子，从中建立自身的王座。在平服了缅军后，即进而据守于大城故都，这当然显示出披耶哇栖罗巴干需要自大，需要王暹罗。可是，事实适得其反。披耶哇栖罗巴干平服三株菩提树缅军，甚且火葬先王遗骸后，即率众退守于吞武里府。此举实可充分指出披耶哇栖罗巴干的大公无私，具有超人的美德了。

由于大城故都失去了她固有的重要性，同时又为缅方所认为无足轻重的城市，因此披耶哇栖罗巴干乃选取了吞武里城为驻防的据点。吞武里城虽在大城故都之南，但彼此距离非遥，仍可及时筹划应付任何意外情事的发生。此外，吞武里城位于深水区，且近海，如敌方单以陆上而无水军相助，则进攻难之又难。吞武里城又可控制北方诸城对外谋联络的港口，可以阻止任何部区获取外面的粮械接济。参阅丹隆亲王著《泰缅战争史》第2卷第30页。所以，披耶哇栖罗巴干的退守于吞武里城，其主要的动机，当不出如上所示的理由了。

治的吞武里城，因此人口急遽地增加。关于食粮的供应，益增重披耶哇栖罗巴干的负担。部属的食粮乃不得不加以节制，以便把所剩下的供应其他饥民食用。当时因局势混乱，人民皆不安于业，结果米谷缺短，由帆船运入销售的米谷，每桶价三铢、四铢、五铢不等。但披耶哇栖罗巴干全不计较市价，一概予以收买，救济饥民，以免成为饿殍。披耶哇栖罗巴干对此种饥馑的天年尝表示："假如有人，不管神明，甚或有法力者，使荒年变成丰年，米粮充足，人类获得安全；虽此人需要手臂，余亦愿献上余之手臂，以酬答其救世救民之大恩。"[1] 披耶哇栖罗巴干的关怀民间疾苦，于此可见一斑。

除了收养整万的饥民以外，被缅军所杀的泰族，依然狼藉满目，包括老幼以及佛门子弟在内，每日皆予以收拾，并举行火葬或掩埋。由于触景伤心，以致披耶哇栖罗巴干深感到心灰意懒，不愿留守于吞武里城，有意回尖竹汶去。

部属以及来投的人民悉披耶哇栖罗巴干有意返归尖竹汶城后，深感不安，且恐再度陷于水火的深渊中，于是一致地请求打消初意，留于吞武里城，护翼大众，并一致宣誓尽忠。披耶哇栖罗巴干见众人一片至诚，乃留焉。

关于披耶哇栖罗巴干率众光复了暹罗首都，并降伏了三株菩提树缅军的消息，是否为阿瓦王所悉，不得而知。惟依缅史载，万象室利娑多那瞿那扈多王（时受缅方所节制）必有向阿瓦王报告暹罗方面出现了披耶哇栖罗巴干，据守于吞武里城。然而当时的缅甸适与中国发生兵争，无暇兼顾暹罗方面，且不信暹罗有了大变动。盖国家已破灭，人民逃散，在此短促的几个月内，当不足为大患。乃行文塔瓦城太守曼基吗罗耶领军开入暹罗，侦察动静。

塔瓦城太守接奉阿瓦王的命令后，当即准备军队，于亥年，即佛纪元二三一○年秒旱季，由柿育城方面开入暹境内。

照《钦定本纪年史》所载，塔瓦城太守此次所率领的缅军，总数约二万人。惟据丹隆亲王所著的《泰缅战争史》，则认为太多。因这次开来的缅军完全系侦察暹罗的动静，根本就无意作大规模的进侵。同时塔瓦城太守的本意，遇有人企图反抗，则设法予以镇压或平服之。所以塔瓦城太守所统率的军力，必不超过三千人。然而依照《钦定本》喜在数字上添加零圈的事态而言，则此次来侵的缅军实力，只有二千人而已！

当时缅军所必经的孔道，如北碧城及呐丕城仍属荒城。缅军的船只还留在柿育城。甚且缅军在沿河岸所筑的营寨，依然存在，未被拆卸。塔瓦城太守军一路皆得平安地通过，全不受到任何阻碍。比抵夜公河的万公村，则发见有华军营横在前面。这批华军员

---

① 参阅一世王修纂《吞武里朝全史》，第 22 页。

数不多，系披耶哇栖罗巴干预先派驻于此者。盖万公村系军事上的重要据点，可截堵由西部来侵的缅军。由于华军作战骁勇，累建奇功，在此重要地区，华军遂被委肩此驻防的重任了。

塔瓦城太守军开抵万公村后，即下令进攻华军营，并予以包围。营内的华军虽势孤，但仍奋力抗战，不稍示弱。夜公城方面悉缅军压境，急向吞城请援。披耶哇栖罗巴干接悉，立即亲率水师开赴夜公城。[①]

时塔瓦城军仍未能攻下万公的华军营，披耶哇栖罗巴干所统率廿艘水师抵步后，即于同日实行夹攻。缅军前后受敌，结果溃不成军，四散逃赴叻丕城方面的昭卡奥关[②]而退返塔瓦城。此役披耶哇栖罗巴干卤获了不少军实，缅甸军的船只亦全部落于披耶哇栖罗巴干手中。

这次战役完全系于万公华军的死力抗战，坚守孤营，牵掣敌军。因此披耶哇栖罗巴干的援军遂得一鼓击溃缅军，满载而凯旋！华军的功劳，深获得披耶哇栖罗巴干的赞许。

由于这次披耶哇栖罗巴干对缅甸作战，凯旋而返，消息的传扬，如火之燎原，以致一般地方上的小部落头目，群慑于披耶哇栖罗巴干的威势，咸表示归附，因此披耶哇栖罗巴干的势力愈形强大。

披耶哇栖罗巴干在军事方面获得重大胜利后，即转而复兴佛教。因在首都沦陷，各处成为割据局面，人民逃散后，佛教即随之而中落，而佛门中人亦放弃了其严格的诫示，结果教不成教，和尚仅有身披黄袍之虚名，而无和尚之实质了。披耶哇栖罗巴干有鉴及此，知不能再予以放任。乃派人四出访寻僧侣中人，从中整顿佛教，依照过去订定教规，务使佛门中人皆有所依凭。同时选拔德行高尚的和尚，分其等级，统治佛门中人。此外还派出其部属协办寺院以及僧侣的宿舍不下二百座，所费不赀。

继此，披耶哇栖罗巴干即召集所有僧侣予以训示，请僧侣恪守教规，避免各种不良嗜好，从而复兴佛教。如有短缺，概由其本人负责供应，只求僧侣一心一意繁荣佛教。佛教有所发扬后，需要本人作绝大的赐与时，虽血肉亦可捐弃，毫不惋惜！

同时为鼓励和尚尽力攻读《三藏经》，以备课授门徒，并传诸后代起见，披耶哇栖

---

① 《钦定本纪年史》及丹隆亲王所著《泰缅战争史》皆载披耶哇栖罗巴干此次领军堵截万公的缅军，委拍摩诃蒙蒂（即却克里王朝一世王弟，亦即前章所述的乃素真拉）任先锋。这时候披耶哇栖罗巴干仍未被拥立为王，实无权委乃素真拉为拍摩诃蒙蒂的爵位，何来此爵衔？此外依一世王所修纂的《吞武里朝全史》，并未述及乃素真拉有参加此次战役。假如真有其事，相信《吞武里朝全史》必不会放过的。

② 系叻丕城重要关口，位于帕栖河畔。

罗巴干复派出专员分驻各寺院，对和尚攻读三藏的成绩予以记录。遇有节日或其他善举时，披耶哇栖罗巴干概依照专员的记录加以分别赏赐，即背诵经典流畅者，赐与质地细釉①的黄袍，至于比较次者，则所得亦较次。规定各寺院每日举行诵经说偈，从而普劝众生向善。

披耶哇栖罗巴干在当时能够采行此项高明的策略，从而维持地方治安，确是难得，且为历代所不及者。乱世中出现了这位披耶哇栖罗巴干，实系泰族之福，否则这种纷争的局面何时终了，则在不可知之数。

依据史籍所载，迨至佛纪元二三一一年（时披耶哇栖罗巴干仍驻守于吞武里城，未自立为王），北方的拍凡长老也许探悉了昭彭世洛已薨，其弟继位，非将材，知有机可乘，乃领军南下进攻彭世洛，卒攻陷其城，并杀昭彭世洛弟。拍凡长老在班师时，即委来降之銮哥砂镇守于彭世洛城。

由于彭世洛陷落，彭世洛及披集城的居民因不愿受治于北方拍凡长老，乃纷纷南下投奔吞武里城。大概这次的移民，其数量必多。因此《暹史大全》第八集的《星相录》亦予以记载。预料这次的移民，彭世洛王的亲属以及彭世洛王的宰相拍厄卡罗顺陀罗②的后裔，也随着投在披耶哇栖罗巴干的门下。

至于这个时候仍伏匿于叻丕林中的銮育甲越多罗③，深受到种种苦难，也许耳闻披耶哇栖罗巴干在吞武里城领有强大的势力，统有中部广大的地区，或可保其安全，乃待其妻分娩后，即携同家眷投奔吞武里城。披耶哇栖罗巴干亦妥为收容。④

关于大城王拍昭武仑阁之子宫蒙贴披碧在巴真城聚集人众，企图解首都之围，反被缅军击溃，结果率其家眷以及一部分部属逃赴柯叻城事，前章已略予提述。为使事态有所联系起见，特把宫蒙贴披碧王子自立为王的经过，叙述如下：

宫蒙贴披碧所领有的主力，一经缅军击溃后，即率其残余，有披耶叻多那提迫砂，

① 编者按："细釉"疑为"细幼"的音讹。
② 这位拍厄卡罗顺陀罗，系却克里王朝一世王的父王，原名通底。依《祖先的伟绩》载，系与大城王系有血统关系，且是昭披耶哥砂班之孙。当大城首都行将陷落前，拍厄卡罗顺陀罗即携带侧室名汶吗及第七子名拉（后爵为昭华宫銮却克节拉）自首都逃出投奔彭世洛，因与彭世洛太守有旧。迨首都陷落，国无君主。彭世洛太守乃自立为王，委拍厄卡罗顺陀罗为首相，称昭披耶却克里室利汪卡叻砂，食田万莱。拍厄卡罗顺陀罗任首相不久即逝世，时昭彭世洛仍未薨。依推测拍厄卡罗顺陀罗任首相期最多不出三个月时间。
③ 銮育甲越多罗，原名仑，亦即是却克里王朝一世王朱拉绿。在大城首都未陷落以前，任职于叻丕。首都陷落后，携带其家眷藏匿于林中，防落入缅甸军手中。关于匿伏于林中的情形，《祖先的伟绩》有详细记载，可供参考。
④ 依一部分文籍载，銮育甲越多罗投奔吞武里城，系由其弟乃素真拉请准披耶哇栖罗巴干，派人将其接至吞武里城者。这段系照《郑王史料汇编》第6集第46页而叙述的。

以及自首都逃出而投于其门下的其他臣员，自破船峡关口而进入柯呐城界，驻扎于披耶谷关口。披耶呐多那提迫砂因病而逝世，宫蒙贴披碧王子依俗为其举行火葬。

这个时候原任坤西育城太守拍披蒙颂堪受缅军所迫，特偕銮那麟陀罗率领家眷及部属不下三百众，越扶南荣山而进入柯呐城界，并驻于庄曲村。柯呐城太守原与坤西育城太守不睦，悉坤西育城太守率众侵入界内，乃设法将坤西育城太守拍披蒙颂堪及銮那麟陀罗骗杀，然后将其众带入城内。

至于宫蒙贴披碧王子方面则差遣銮摩诃披阁耶及乃通坎携带西帽一顶、中国式绸衫一领、花轿布二匹作为礼物赠送柯呐城太守。

继后约数日，柯呐城职员銮蓬出城向宫蒙贴披碧王子告密，谓柯呐城太守私下招募吉蔑族壮丁四百名，准备将王子捕送大城首都，以资请赏。宫蒙贴披碧王子据报，即思逃走。子蒙昭巴荣不以为然，加以劝止，并请赐现金五斤及南京绸十匹，分别赐给十二区村长，劝诱合作，村民参加者不下四百五十名。

迨至戌年，第八旬，八月白分十四，（小历一一二八年、佛纪元二三〇九年）宫蒙贴披碧王子乃令子蒙昭巴荣、銮摩诃披阁耶、銮巴腊率村民三十名，预先混入城内埋伏。翌日为白分十五，是礼佛日，柯呐城太守照例赴中央寺礼佛斋僧，全无防备。那些埋伏着的人员见有机可乘，乃一拥而上，将柯呐城太守杀毙。太守弟銮平见状，急跃上马背，逃出城外，遂得保全一命。蒙昭巴荣旋在城内鸣炮为信，大开城门，迎宫蒙贴披碧王子入城。

宫蒙贴披碧王子坐镇柯呐城只有五天，逃出的柯呐城太守弟銮平卒获得所属披迈城太守拍披迈的合作，领军来攻。宫蒙贴披碧王子下令士卒上城守卫。但大部分人皆不满于宫蒙贴披碧王子，预先逃匿。因此所募得士卒有限，仅能抗战四天，城陷，宫蒙贴披碧王子以及其家眷未能逃出，皆成擒。銮平下令将蒙昭巴荣、昭戴拉、昭陀拉、拍披阁耶罗阁銮摩诃披阁耶以及其他主要的同党斩首示众。銮平本意亦拟将宫蒙贴披碧王子斩决，拍披迈保其命，并请带往披迈城。宫蒙贴披碧王子遂得不死。銮平部将乃景得宫蒙贴披碧女蒙昭武汶为妻，乃雍则得宫蒙贴披碧王子妃参为妻。宫蒙贴披碧王子经由拍披迈带赴披迈城后，銮平即继其兄而成为柯呐城的统治者。

拍披迈系一位忠于大城王室的人，宫蒙贴披碧系拍昭武仑阁王所出，因此崇敬有加，居于披迈城，全不受到任何苦难。比大城首都陷落，君王逃亡，王族大部份为缅军所掳去。拍披迈乃拥立宫蒙贴披碧为昭披迈，意为披迈王，承继大城的王统。宫蒙贴披碧成为昭披迈后，即封拍披迈为昭披耶室利素里耶汪砂，摄理政务。拍披迈长子乃砂为披耶摩诃蒙蒂，其幼子为披耶哇罗汪砂提罗阁，简称小披耶。

　　大城首都陷落后，有不少臣员以及王族投奔昭披迈。昭披迈亦一一依照旧例赐予职衔。时一跃而为摄政的昭披耶室利素里耶汪砂为博取昭披迈的欢心，乃密商其二子，设计除去柯叻城的銮平，以杜后患。

　　无何侦悉柯叻方面的銮平举行善事（大概系为其亡兄行善事），且有歌剧表演。昭披耶室利素里耶汪砂偕其二子，选拔比较有气力的将级十名，另士卒五百名，由披迈城开赴柯叻城。时銮平并不怀疑，迎彼等入城。届时銮平偕昭披耶室利父子三人一同观赏歌剧。昭披耶室利素里耶汪砂见时已届，首先举事，拔出怀中刀猛斩銮平，披耶摩诃蒙蒂斩乃景，披耶哇罗汪砂提罗阇则斩乃荣，受斩者皆死。同时披迈军亦跃起斩杀柯叻军颇众，余者咸不敢抗，结果柯叻城遂并入昭披迈版图内。昭披耶室利素里耶汪砂令其幼子披耶哇罗汪砂提罗阇驻守于柯叻城北之左荷关口，统治柯叻城。昭披耶室利素里耶汪砂偕其长子披耶摩诃蒙蒂则回披迈城。

　　在这时候，披耶哇栖罗巴干平服了大城故都的缅军，并收容缅军降将拍那功（苏基）以及副将蒙耶的消息，大概为昭披迈所悉，乃派人私下混至大城，暗中游说拍那功（苏基）。拍那功根本就是一位庸才，全不计及披耶哇栖罗巴干不杀且予以收容之恩，遂与副将蒙耶偕同说客走出大城，投奔昭披迈。①

　　故都方面的拍那功（苏基）偕同蒙耶逃向披迈城的消息传到吞武里后，披耶哇栖罗巴干认为昭披迈越界骚扰，企图采用逐个分化的策略，以促披耶哇栖罗巴干势力之瓦解，同时在东北部招军买马，培养实力，将来难免成为大患，实不应再事放任。乃下令调集部属，出征昭披迈。盖这时适为佛纪元二三一一年雨季刚过，更利于行军。

　　披耶哇栖罗巴干这次出征，将部属分为二军，实力多少不明，委乃素真拉（一世王弟）及銮育甲越多罗（一世王）领军一支出发，另一军则由披耶哇栖罗巴干亲自统率。行军的路线，史籍不载，只不过知道披耶哇栖罗巴干尝在左荷关与敌军战，乃素真拉等一军则在坤陀砂关与敌战，坤陀砂关敌溃退至暹叻城。依丹隆亲王的推测，认为乃素真拉所率领的一军必通过坤西育城，越破船山隘而进抵柯叻城南面，披耶哇栖罗巴干所领的一军则经北票城，越披耶火山隘，而进抵柯叻城之西部。

　　当披耶哇栖罗巴干军进抵柯叻城时，未见有敌军堵截。大概系兵力薄弱，不足以守卫柯叻城，乃予以放弃。比侦悉披耶哇栖罗巴干分二路来攻，任披迈王国摄政的昭披耶室利素里耶汪砂亦派出二支军迎抗：昭披耶室利素里耶汪砂偕其长子披耶摩诃蒙蒂自领

---

　　① 《钦定本》及《泰缅战争史》皆无记载，因这二册文籍在叙述披耶哇栖罗巴干进攻故都三株菩提树时，谓拍那功（苏基）力战身死，故不载。此处完全根据《暹罗史大全》第65集而提述。

一军，委新归顺的拍那功（苏基）及蒙耶任先锋，开赴柯叻城北面的左荷关堵截；另一军则由其幼子披耶哇罗汪砂提罗阇率领，开赴柯叻城南面的甲托关①堵截。

披耶哇栖罗巴干进入柯叻城后，并未有停留，即指挥部属开赴左荷关。先驻扎于左荷关的昭披耶室利素里耶汪砂军系精锐部队。两军接触后，争夺颇为激烈。披耶哇栖罗巴干依然奋不顾身，首先冲入敌营，部属亦赶上，卒破其营，并擒得昭披耶室利素里耶汪砂、披耶摩诃蒙蒂，以及背叛的缅将拍那功、蒙耶等，下令斩决示众。

至于乃素真拉军，在甲托关口与披耶哇罗汪砂提罗阇略作战后，破之。披耶哇罗汪砂提罗阇溃向柬埔寨部的暹叻城。②

留守于披迈城的昭披迈，对前方的战事尤为关怀，比接得逃兵的报告，前方军事完全失利，知大势已去，乃率同其眷属逃出披迈城，拟投奔万象城的室利娑多那瞿那凰多王。时有柯叻城职官坤查那③请缨追捕昭披迈，结果戈获昭披迈。依披耶哇栖罗巴干的本意，原不想杀害。但昭披迈依然自负自大，不知悔过。披耶哇栖罗巴干虽有心予以收容，亦不可得，乃下令予以斩决。

披耶哇栖罗巴干平服昭披迈后，因坤查那追捕昭披迈有功，乃着其留守于柯叻城，而披耶哇栖罗巴干则率部属返吞武里城。

在这时候，披耶哇栖罗巴干的势力圈，南部达尖喷城界，北部抵彭世洛城界，东北部及东部全部辖有。虽然领有这么广阔的版图，在统治方面，依然未有正式的负责者。披耶哇栖罗巴干的地位，只属于军长而已。部属的依附，完全系私人性质。要是披耶哇栖罗巴干有何长短，或一旦离开而居于他处，则尤易引起纠纷的局面，缅军将再度乘机而入，泰族则无复兴之日了。因此全体将士、民众以及佛门中人咸一致认为应选立一位真正的元首，从而掌理国政，乃共同拥披耶哇栖罗巴干即全国最尊的王位，统治全泰族。盖他们既不能物色更适当的人，且除披耶哇栖罗巴干以外，则完全找不出更英明的

---

① 《钦定本》载坤陀砂。查坤陀砂关位于左荷关之北，不是这次作战所应循的路线，盖披耶哇罗汪砂提罗阇败退时指向暹叻城，所以其行军的路线应在南部，因此以甲托关为较近情理。

② 依一世王修纂的《吞武里朝全史》以及《钦定本》载："披耶哇罗汪砂提罗阇溃向柬埔寨的暹叻城。披耶哇栖罗巴干即下令乃素真拉偕同其兄銮育甲越多罗追赴暹叻城，陷之。而披耶哇罗汪砂提罗阇则逃出，不知所终。"然据柬埔寨史料，则称"佛纪元二三一二年，吞朝军队首次进攻柬埔寨，无功而返"。据此，佛纪元二三一一年，披耶哇栖罗巴干未遣军攻柬埔寨明矣。

③ 《钦定本》载，这位坤查那，郑王赐爵为披耶坎亨颂堪，一直到被杀为止，依然称披耶坎亨颂堪。惟依佛纪元二三一四年六月白分初三，吞朝致室利娑多那瞿那凰多都的国书里则称昭披耶柯叻。一世王所修纂的《吞武里朝全史》亦称昭披耶柯叻。大概在郑王登极的初期必赐爵衔披耶，后始升为昭披耶。

这位昭披耶柯叻，原名汶空·干差那孔，系原任柯叻城太守的近亲，颇忠于郑王。迨吞朝发生剧变，郑王被杀，皇储颂绿昭华宫坤因陀罗拔达砂出走至巴陀威山时，昭披耶柯叻亦紧随左右。皇储被捕杀，昭披耶柯叻亦以身殉。

人了。

披耶哇栖罗巴干于佛纪元二三一一年阴历一月黑分初四，火曜日，正式接受泰族全民拥立为国君，① 统治全暹国土，皇号称**พระศรีสรรเพ็ชญ์ สมเด็จบรมธรรมมิกราชาธิราชรามาธิบดี บรมจักรพรรดิศร บวรราชาธิบดินทร์หริหรินทรธาดาธิบดีศรีสุวิบูลย์ คุณรุจิตรฤทธิราเมศวร บรมธรรมิกราชเดโชชัย พรหมเทพาดิเทพ ตรีภูวนาธิเบศร์ โลกเชษฏวิสุทธิ์มกุฏประเทศคตา มหาพุทธังกูร บรมนาถบพิตร พระพุทธเจ้าอยู่หัว ณ กรุงเทพมหานครบวรทวาราวดีศรีอยุธยา มหาดิลกภพ นพรัฐราชธานีบุรีรมย์อุดม พระราชนิเวศมห**

---

① 披耶哇栖罗巴干正式登极日期，《钦定本》未载明；惟查宫銮汪砂提罗阇砂匿增修一世王修纂《吞武里朝全史》底稿，对于登极事只提述不几句，编列于出征柯叻城之前，如下：

"迨至三〇年，子年，第十旬……（被涂去五六句）当时全民遂拥披耶坎亨碧（即披耶哇栖罗巴干）为君主，统治吞武里都。"

惟应明白者，厥为此段文字，系新添上。因此《钦定本》亦依此底稿而编纂，只对于辞藻方面略为修饰。据载：

"迨至三〇年，子年，第十旬，所有华泰籍文武百官，遂决议一致请即王位，为新都吞府之君主。"

照上面所举示的，披耶哇栖罗巴干的就王位，大概未有举行加冕大典。其实不然，依照御侍官乃萱在吞武里朝时代所著的诗篇（全诗载《郑王史料汇编》第1集，可供参阅）载："升座铵罗威陀莲台，接受加冕礼。"这里所示的铵罗威陀莲台，系用无花果木所制成者，为暹罗历代君主所升座的重要宝座。据此披耶哇栖罗巴干必经过隆重的加冕礼，才升应合于古制的铵罗威陀莲台上。

还有一册《星相录》，尝记录佛纪元二三一一年的事态称：

"彭世洛城及披集城溃退来投，并收复柯叻城。迨阴历一月黑分初四，火曜日，上午七时地震，今年昭德即位，年卅四岁。"

据此，彭世洛及披集人民来投，并收复了柯叻城以后，始行登极。这充分指出披耶哇栖罗巴干系在平服大城三株菩提树缅军满一年后，始行登极者。只不过在列举年月日时之后，加上了"今年"的字句，这未免令人有点摸不着头脑。同一年里的事件，实无须加上"今年"，同时文内的"昭德"也是多余的。除开"今年昭德"四字，文气尤为简洁，不累赘。或许"今年昭德"四字，系后来加添的也说不定。

此外一世王所修纂的《吞武里朝全史》第27页，叙述披耶哇栖罗巴干征服柯叻城后，即提及阴历一月黑分初四，火曜日，上午七时，出朝，亲自审理华侨阿盛收买佛像金，由帆船运出的事件。接有称：

"王虔诚宣示，将努力复兴佛教，维护民众安全。时发生地震奇相。"

括弧内所示的文句，根本就是披耶哇栖罗巴干正式登极时对全民所发的誓语，这和现代各国政府要员就职时所举行的宣誓相同。里面加上华侨阿盛收买佛金事，目的纯在混乱事态而已。

宫銮汪砂提罗阇所著的底稿把这一段删去。至于《钦定本》则除去宣誓的一段，把前段的文句加以修改，乃成为：

"迨至子年，第十旬，一月黑分初四，火曜日，上午七时许，王出朝，大小臣员依序朝见后，即开始审理华侨阿盛收买佛像金由帆船运出案。卒谕内官予以惩罚。当时发生地震奇相，不下二小时之久。"

一世王所修纂的《吞武里朝全史》，虽然厚一百五十页，记载郑王隆重出朝，只有此次而已。可是所记的日期时间，通与《星相录》所录的昭德登极日期不谋而合。据此，我们即可断定披耶哇栖罗巴干系在小历一一三〇年，子年（即佛纪元二三一一年），第十旬，一月黑分初四，火曜日上午七时，正式举行加冕礼。当时所升座的，是铵罗威陀莲台。并向全民宣誓保证将努力复兴佛教，维护民众安全。

าสถาน。① 时为上午七时，地面震动颇久，② 引起全国佛门中人、泰族全民以及共患难的将士深为欢腾，认为系王威广播，神鬼为动，乃一致朝拜，并祝圣体永康，维护泰族全民。③

由于后世人称呼的不一律，遂有一部份崇敬者，特定下统一的王号，称颂绿拍昭德信大王。为利便行文，同时使其符合暹罗华侨的通称起见，此后将称以郑王。至于中国文籍所称的郑昭，亦有改正的必要，盖昭字即等于王也。

郑王即位后，即奠都于吞武里城，称古隆吞武里室利摩诃砂巫陀罗都，义为财宝大洋都，因吞武里城地位近海也。

郑王登极后，即晋封一般作战有功的人员。在这里应特别提出的，就是銮披阁耶罗阁，在郑王突出缅军重围后，一直光复了暹罗，皆追随左右，从未离开，且身经百战，勇往直前，厥功至伟，乃晋封为披耶披阁耶罗阁。銮乃塞，名穆，晋封为昭披耶披阁却克里。亲信侍卫乃通里，晋封为拍室利罗阁黎初。第二期（即在郑王据守于尖竹汶时始投效者）武官乃素真拉（即却克里王朝一世王弟），晋封为披耶阿奴漆罗阁。至于第三期（即郑王光复暹罗后驻守于吞武里城始投效者）文官銮育甲越多罗（即却克里王朝一世王朱拉绿），晋封为披耶阿派耶仑纳勒。

---

① 披耶哇栖罗巴干登极后所用的王号，各文籍皆有着不同的记载。这里系根据佛纪元二三一四年，阴历六月黑分初二，火曜日，由吞武里朝大臣致室利娑多那瞿那扈多城的公函所开列者。比较令人注意者，厥为王号的起首称 **พระศรีสรรเพ็ชญ์ สมเด็จบรมธรรมมิกราชาธิราชรามาธิบดี** 适与大城王系第十九世颂绿拍阿伽陀砂罗陀所采用的王号相符合。

② 见《暹史大全》第 8 集《星相录》。

③ 见《昭披耶宋加绿传》，第 46—47 页。

郑王时代泰缅之战[*]

陈毓泰

最近为应"星洲中国南洋学会"之请，选译了两篇有关于郑王的文章，一题《昭披耶宋加绿传》，刊于《南洋学报》第一卷第二辑；一题《郑王史辩》，刊于《南洋学报》第二卷第一辑。该两篇译文，全属现任泰国艺术厅职官吴福元先生的杰作，对于业已湮没了的郑王史，给发掘出了不少的真理，这是最值得一阅的。由于阅读了吴福元先生的大文以后，译者乃对于郑王史料的搜集，更形努力，冀探讨一些仍未被吴福元先生所发掘的真理。依目前所搜集到的有关郑王史的泰文文献，其数量已颇为可观。

在这里所发表的一篇，系属于《郑王之武功》的下半章，也就是作者拟稿的《郑王传》的一小部分。本文叙述的重心，完全着重于郑王时代的泰缅之战。全篇共有九小节，把郑王正式登极后有关于泰缅发生战争的因果关系，予以有次序的叙述，行文的形式，几全按照泰皇族丹隆亲王所著的《泰缅战争史》而编成。惟依丹隆亲王的稿次，郑王时代的泰缅之战，全部共有十次。不过依作者的意见，认为丹隆亲王所提述的第一次泰缅战争，纯属于郑王光复泰国所必须奋斗的历程，因此把这一次的战争，给编在郑王光复泰国的文章内，结果本篇所叙述的泰缅之战，只有九次，这是本文与丹隆亲王所著《泰缅战争史》所不同的地方。

更有进者，本文所叙述的，有一部份和丹隆亲王所著的颇有出入，为使读者了解起见，作者皆把其出处以及所根据的书名列出，以供参考。

应在这里声明的，本文仅属草稿，而且系急促之作，缺点当难免，这还得请读者予以原谅的。

1940 年 12 月 9 日作者附识

上半章经将郑王即位后，费十四年的时间从事努力拓展疆土的经过，给提述了一个轮廓。在这节里将提述及吞朝与缅军作战的事因以及其详情，同时着重于郑王对缅作战

---

[*] 原载《泰国研究》第 3 卷第 122—131 期，1940 年。原标题有副标题"《郑王传》郑王之武功下半章草稿"。

的战略，以示郑王确不愧为暹罗稀有的天才战将。

依据一般的历史专家的意见，咸认缅军攻室利阿瑜陀耶都，鸿沙钵底王与阿瓦王的作战目的有别。鸿沙钵底王的征暹，行动如君子；惟阿瓦王的征暹，则类似强盗。因鸿沙钵底王征暹，目的在沦暹罗为其永远属国，扩张其强大的势力于黄金半岛上，组成一个缅甸大帝国。所以在战胜暹罗后，照例虽有抢掠财物以及搜掳人民之举，但还是适可而止，此举纯在使暹罗仍然维持其国家的形态，在其统治之下，不致变成荒城。可是反观阿瓦王此次征暹，其主要的目的在抢财和掳民，完全无统治暹罗的存心。所以凡为缅军所通过的城市，一经缅军肆意掳掠焚烧后，几全都变成荒城。至于首都——室利阿瑜陀耶都，当然也遭受了焚掠的同样命运，惟被焚毁的程度有限，大半的屋宇和建筑物，依然存在；"终郑王在位时间，此半焚毁的故都的景象，还随时可供人凭吊。可是到了叻陀纳哥盛朝，此半荒凉的故都，受了多次的挖掘和拆卸，于是仅存了我们目前所看见的土墩以及一小部分败墙残壁了"。①

阿瓦王攻陷故都后，大概认为泰族不易统治，盖前朝的鸿沙钵底王虽统治了暹罗，然不久后即遭受了覆灭，因此阿瓦王乃决心将暹罗加以毁灭，使城市不成其为城市，并掳去大批泰民。在班师时，仅委拍那功驻守于三株菩提树区，从事搜刮财物以及人民，随时运赴阿瓦方面，并未委出相当的泰族人统治破裂了的泰族人，至于地方秩序亦不予以整顿。总之，破灭了的暹罗，阿瓦王全不计较，亦不办理其善后。结果一世英杰的郑王奋起了，三株菩提树区的拍那功缅军被击溃，光复了暹罗的首都。

关于郑王光复了暹罗首都，并击溃了三株菩提树区缅军的消息，是否为阿瓦王所悉，不得而知。惟依缅军史载，万象室利婆多那瞿那扈多王必有向阿瓦王报告，暹罗方面出现了郑王，被拥立为君，统治暹罗。当时的缅甸，适与中国发生纠纷，不时兵争，不信暹罗有了大变动，盖国家已破碎，人民逃散，当不足为大患，乃行文塔瓦太守曼记吗罗耶倾军开入暹境，侦察动静，于是第一次对缅战争爆发了。

第一次　万公之战

在这里应得声明的，吞朝的泰缅战争，依丹隆亲王所著的《泰缅战争史》所载，吞朝的第一次对缅战争，系以郑王自尖竹汶倾水师直捣吞武里，然后循河急开故都，将三株菩提树区缅军击溃为止。不过依作者的编列，认为此一段的作战，为郑王光复暹罗

---

① 见郑王纪念像筹建委会编印《郑王史汇录》第2集，第33页。

所必经的历程，故不列入泰缅之战，而以另章独立叙述如上。丹隆亲王的《泰缅战争史》，纯汇集各朝代的泰缅战争作总叙述，因此所列的次数，也就互有出入了。

塔瓦城太守接奉阿瓦王的命令后，当即准备军队于佛纪元二三一〇年（亥年）杪旱季，由柿育城（Mung Sa Yok）方面开入暹境内。

照《钦定本纪年史》所载，塔瓦城太守此次所率领的缅军，总数约 20000 人，惟据丹隆亲王的意见，则认为太多，因这次的战争，并非大战，此外塔瓦城太守此来，仅为侦察泰方的动静，遇有人企图自立，则设法予以镇压及平服之，据此塔瓦城太守所统率的军力，必不超过 3000 人！

当时缅军所必经的孔道，北碧城（Mung Kanchanaburi）及叻丕城（Mung Rajaburi），仍属荒僻。而缅水师还驻扎在柿育城，沿河岸缅军所筑的营寨，依然存在，未被拆卸。塔瓦城太守军平顺地通过，抵万公区，则有华军营横在前面。这批华军数量不多，系郑王预先派驻于此者，盖万公系军事上的重要据点，可截堵由西部来侵的缅军，由于华军作战骁勇，累建奇功，在此重要的地区，华军遂被委肩此驻防的重任了。

塔瓦城太守军开抵万公后，即下令进攻华军营，并予以包围。营内的华军虽势孤，但仍奋力抗战，不稍示弱。夜公城（Meklong）方面悉敌军压境，急报郑王请援。郑王接悉其事，立委拍摩诃蒙蒂任前锋，先行驰援。而郑王本身则亲率水师殿后，开赴夜公城。

时塔瓦城军仍未攻下万公的华军营，郑王水师即于同日实行夹攻。缅军前后受敌，结果溃不成军，四散逃赴叻丕城方面的昭卡奥区而返其塔瓦城。此役泰军卤获了不少军实，缅军的船只亦全都落于郑王军手中。

这次战役，完全系于万公华军的死力抗战，坚守孤营，牵制敌军，因此郑王的援军遂得一鼓击溃缅军，满载而凯旋！

第二次　宋加绿之战

佛纪元二三一三年（公元 1770 年）的景迈城（Chiengmai），依然受治于阿瓦王，缅王在室利阿瑜陀耶都未破以前，即委阿帕耶卡摩尼（Ahphaykhamani）任景迈城太守职。

这位阿帕耶卡摩尼，后被缅王晋封为波摩瑜源（Pomayunguen），惟史籍上所载的名字每有出入，有称为阿巴罗伽摩尼（Ahphrakamani），有称为婆摩邑温（Bomayiwun），最后以婆摩邑温讹为波摩瑜源了。

当郑王大军征砂汪卡武里城时，昭拍凡的党羽以及一部份泰人皆投奔景迈。景迈太守波摩瑜源自以为时机已届，可拓展其势力南向了。于是在佛纪元二三一三年（寅年）三月领军南下侵犯宋加绿城。

宋加绿城太守为郑王著名骁将披耶披阁耶拉查（Phichyaraja Phar），任宋加绿太守时，其爵衔已晋封为昭披耶宋加绿（Chao Phrya Sawankalok）[①]，缅军来侵时，昭披耶宋加绿仅到任三个月而已。

宋加绿城自古即被列为一等大城，系北方的军事上重要据点。郑王委昭披耶宋加绿任宋加绿城太守，实甚切当。同时宋加绿系古城，领有坚强的城廓[②]和炮垒，尤利于固守。昭披耶宋加绿担任此要职时，宋加绿城的军力并不厚，但昭披耶宋加绿仍努力予以整顿，城郭以及炮垒皆经过相当的修茸。

波摩瑜源大军压境，昭披耶宋加绿即派军坚守城郭，同时差人分别驰赴邻近各城求援。缅军立即攻城，惟不下，乃下令将城包围。城内的昭披耶宋加绿亦不时派军出城与缅军抗战，相持不下。

昭披耶宋加绿的求援书一经递达临近诸城后，当有代理彭世洛城太守昭披耶梭罗室利、代理披阁耶城太守拍室利罗阁黎初，以及代理速古台城太守拍太南等，各领军驰援。因此采用里应外合的方策，夹击缅军。波摩瑜源军被击溃，损失了不少兵马以及军实，余者皆逃返景迈。因此宋加绿之围遂解，各城太守待战事结束后，即各返原城。此次泰缅之战，根本未扰动及朝廷方面的军力援助。

第三次　首次征景迈

郑王此次亲征景迈，依循史籍所载的《行军录》，实可证出与缅军侵宋加绿的事件有关。缅将波摩瑜源系于寅年（佛纪元二三一三年）三月围攻宋加绿，吃了败仗而逃返景迈，同年四月郑王即亲征景迈。

据此即可推测出，缅军将南下的消息，必为北部诸城的某一城太守所探悉，急飞报吞朝。待缅军包围宋加绿城时，昭披耶宋加绿必再次飞报吞朝。报告书大概于三月间抵达吞朝，时郑王自北方班师回朝未久，军队仍未全部遣散，所以得悉缅将波摩瑜源倾军南下，深恐新近收复的北方诸城将再度失去，乃重新召集各军于四月间北开。惟郑王大

---

①　关于昭披耶宋加绿的身世，请参阅作者所译《昭披耶宋加绿传》，刊载于星洲《南洋学报》第1卷第2辑。

②　编者按："廓"应为"郭"，下径改。

军仅达半途，经北方诸城太守的密切的合作之下，把缅军击溃了。郑王大军依然不班师，开抵披阁耶城，并调集各城军队会同出征景迈。

查郑王此次征景迈，大概认为景迈的缅军实力，未见若何雄厚，同时阿瓦都方面亦正与中国发生兵争，必无力驰援景迈，此外景迈缅军在宋加绿城吃了败仗逃回，军心仍不安定，如追踪进取景迈，当不难一鼓而下。更有进者，出征景迈的军队皆现成，无须新召集，如此次攻下景迈，对大局尤有大利，盖可切断缅军南下，且可免遭受有如室利阿瑜陀耶朝的大患。作算此次征景迈，未能奏效，亦可借此视察该处的地形，以作将来有机会再征景迈时的筹划张本。基于这种原因，郑王乃有卯年（佛纪元二三一四年）初征景迈之举。

郑王此次出征的军队，系会集于披阁耶城，全部共有一万五千人，委昭披耶梭拉室利任前锋，率领各城的土军先行开拔，郑王大军则殿后。通过宋加绿、猛涌及猛李路城。当时的诸城太守，有披耶帕孟阁耶等，出城投诚；其不投诚者，亦不加抵抗。因此郑王军平顺地开抵榄喷城。至于败退的波摩瑜源军，则极速开返景迈，中途并不堵击郑王军，只在景迈城外建立营寨，以阻吞朝军队的进抵城下。昭披耶梭拉室利所率领的前锋，抵步后即进攻缅军营，破之，皆逃入城内，并紧闭城门，坚守不出。郑王军当将景迈城包围，并准备攻城。由晚至天亮，经过剧烈的搏斗，仍未能进城，只得退回营内。郑王军包围景迈约几天后，即退军准备班师回朝。盖此次出征景迈，事先并未作精密的准备，同时粮秣亦不充，不能作长时间的作战。此外景迈是北部最主要大城，堡垒坚固，攻取非易。还有一个古老的传说，不管任何一位君主攻景迈，第一次皆不下，须作第二次的进攻才始破。也许基于上述的原因，郑王始下令班师回朝。

景迈城内的波摩瑜源，发觉郑军撤退，知机不可失，乃派出一支军突然袭击后撤的泰军，以致未有防备的殿后泰军溃散。时郑王眼看其事，立即挥动利剑，身先士卒，深入敌阵作战。一般将士见郑王奋不顾身冲入敌阵，于是军心一振，奋力与敌肉搏，卒将敌军溃败。郑王大军乃平顺地开返披阁耶城，略事休息后，即从水路班师回朝。

第四次　缅军第一次侵披阁耶城

这一次和下次（第五次）的泰缅之战，仅属小规模的接触，推测其事因，大概系出于缅军主帅的自负，并非缅军有意作大规模的决战。

此次战争的肇因，实基于卯年（佛纪元二三一四年，即公元1771年），室利婆多那瞿那扈都朗勃刺邦王昭素里耶旺砂与万象王昭汶砂罗不睦，朗勃刺邦王领军攻万象城，万象王知不能抗，乃转向阿瓦王求援。时缅甸与中国兵争已结束，阿瓦王拍昭孟罗当委漆清波（Chikchingbo）任前锋，波戌帕拉殿后，领军五千人驰救万象王。朗勃剌邦王军正围万象城，探悉缅军助万象王，遂行撤回朗勃剌邦城固守。因朗勃剌邦城位于缅军必须经过之地，所以缅军开来后即进攻朗勃剌邦城。昭素里耶旺砂王不敌，只得出城投降。

阿瓦王取得朗勃剌邦城后，不即召回军队，反令其开入景迈城，增厚防力，以利抵抗泰军的进攻。波戌帕拉所率领的缅军由难城方面开来，抵泰边疆时，似乎有意向泰军一显其身手，借此可自夸于景迈城太守波摩瑜源。盖悉波摩瑜源攻宋加绿城时吃了败仗。波戌帕拉乃令漆清波领一支军侵泰边疆。缅军由腊莱城方向开入，无人敢抗，随手而得腊莱城，但所搜刮的财物仍不足，乃续行深入泰境，于辰年（佛纪元二三一五年）尾旱季开抵披阇耶城。当时的披阇耶城守军实力仍未充足，拍室利罗阇黎初（代理披阇耶城太守职）坚守城中，并差人飞报邻近城市求援。彭世洛太守昭披耶梭拉室利、宋加绿城太守昭披耶宋加绿以及代理披阇耶城太守拍室利罗阇黎初，乃采用以前解宋加绿之图的里应外合的战略，把缅军击溃，并夺获了不少军械，缅军仍然败退景迈城。

查这次的战争，缅史无载，《钦定本纪年史》则称缅将波戌帕拉亲自统率缅军来犯者。唯依此次之作战而言，缅军败溃易甚，必非大军，依推测当属于波戌帕拉部下分兵来侵，见败于泰军。波戌帕拉为解此次耻辱，特亲领缅军再度来犯。有如下一节所提述及的。[①]

第五次　缅军第二次侵披阇耶城

这次战争，《钦定本纪年史》只载战争日期，并无详情，因此只能作推测的叙述。

巳年（佛纪元二三一六年，即公元 1773 年）初，万象发生内讧。万象王在前尝一度向缅军求援，因此这次内讧，其中的一派亦照例向缅军求救。驻守于景迈的波戌帕拉亲率军队驰往镇压。乱平，时适雨季，缅军遂留于万象。波戌帕拉对万象王的投诚发生疑忌，乃着万象王遣子女以及大臣赴阿瓦为质。雨季终止后，波戌帕拉领军车离万象，一直来侵披阇耶城。

波戌帕拉此次攻披阇耶城，大概不出下列二因：（一）波戌帕拉必探悉阿瓦王拍昭孟罗拟派军攻吞武里，这在下一节内即将述到。波戌帕拉有意先试探一下泰军的作战能

---

① 见丹隆亲王所著《泰缅战争史》第 2 卷，第 64—66 页。

力，且深信自己所率领的军队，熟悉作战，攻朗勃剌邦城时，已有相当的表现，无论如何，必能与披阁耶城方面的泰军见一个高低。（二）基于部下尝于去岁为披阁耶城泰军所击溃，大扫其脸面，此来系一报去岁所受的耻辱。

《钦定本纪年史》载，巳年（佛纪元二三一六年）的雨季终止，波戍帕拉领军再度来侵披阁耶城。惟此次泰方早已预知其必来，所以随时皆予以防备及侦查其动静。果侦悉缅军长驱直入后，北方的诸城太守乃聚议，预派部队先埋伏于中途。缅军抵步后，即予以袭击。诸城太守协力作战，于巳年二月黑分初七火曜日，一鼓将波戍帕拉所率领的缅军击溃。

这一次的作战，新近始被升任披阁耶城太守，而晋爵披耶披阁耶的拍室利罗阁黎初，作战尤力，双手握双剑，冲锋陷阵，追斩缅军，以致剑断，于是"断剑披耶披阁耶"的美名一直传至迄今，还为人所盛道。①

第六次　第二次征景迈

郑王的再度出征景迈，完全系探悉了缅军准备来侵吞府。其实缅王孟罗晓得了郑王一统暹罗，即有意来攻。惟受制于中国，攻暹迄未能实现。迨至佛纪元二三一四年，缅甸与中国方面的兵争始行结束，同时得悉郑王尝一度远征景迈，缅甸王认为如再放任，则将养成无穷的后患。乃从事准备军马，存心再破坏暹罗，使不能抬头，永沦为属国。缅王此次攻暹，所采取的战略，依然抄袭上次攻室利阿陀耶都的旧法，质言之，即一面自景迈南下，另一面则由三塔关开入，然后会师于吞府。

佛纪元二三一五年间，朗勃剌邦王与万象王不睦，朗勃剌邦王领兵攻万象，万象王情急，乃求救于缅。缅王孟罗特派波戍帕拉领军攻朗勃剌邦，破之，遂得朗勃剌邦及万象为属国，有如上所述。缅王孟罗大概以为取得朗勃剌邦、万象后，对暹作战业处于有利地位，乃令波戍帕拉转赴景迈驻防，从而增厚景迈方面的实力，以资防范泰军的攻取景迈，继后将另派军会同攻暹。这方面的缅军主帅，即委波戍帕拉担任。

至于三塔方面的缅军，缅王派原任蒲甘城太守，后升任马达班城太守，兼任懵部靠南诸城的省长职的巴干温（Pakanwun）任主帅。巴干温于佛纪元二三一六年即奉命从事准备，征沿暹边疆而集居的懵族人不下三千名，由缅军曹砒吉乍（Phaekicha）及缅军五百名押赴三塔方面，修筑军路及粮仓，以利行军及囤积军粮，地点由山麓起，通过

---

① 本节见丹隆亲王所著《泰缅战争史》第2卷，第67—68页。

山脉，而入暹境的三索区（Samsup）、赤土区（Thidindaeng）。盖这方面地属荒凉，且有怒山脉的余支横亘其间。

通常懵族与缅族素不睦，缅族压迫懵族已久。此次守征调作苦工，尤形不满，因无力反抗，只得忍受。时任苦力的懵族，有首领四名同来。一名披耶铮（Phrya Cheng），原任德隆城（Tarein）太守职，为此次懵族苦力的首领。其他较次的头目，一名披耶武（Phrya Au），一名大拉善（Tala Siang），一名大拉匣勒（Tala Kalep）。

当这批懵族的苦力正在山林中工作期间，马达班方面的巴干温另强征一批懵族入伍。被征的一部分懵族逃匿，缅军即拘其家属为质。由于胡乱拘捕，一部分在林中修筑军路的苦力家属亦遭捕。那些被捕作质的家属，受到了种种压迫和刮削，引起了普遍的不安。由缅军方面逃出来人，转报于修路的苦力，结果咸痛恨缅军的欺骗行动，于是大家同谋，合力在暹境内的赤土区把缅军曹砒吉乍以及缅军全部予以杀害，然后组成军旅，开返懵地。沿途的懵族皆纷纷投入披耶铮部下，因此实力愈形雄厚。披耶铮于深夜进袭马达班城，口号全用泰语，使缅军误以为泰军来袭。巴干温偕其他缅军皆不察，信以为真，相率逃出城外，由水路回仰光。懵族遂平顺地克服马达班城。披耶铮乃召集其他头目会议，认为时机已届，应一鼓将懵族所领有的诸城收复，恢复懵国，大家咸表同意。乃从事招募其他懵族壮丁入伍，卒组成了强大的军旅，并收复了萨东城（Satong）及鸿沙钵底城（Hongsavaldi），然后进攻仰光（Rangoon），战事纠缠着。

在吞府方面，郑王探悉缅军正在积极准备攻暹，乃从事准备对抗。无何又悉懵部发生革命，预料缅军的镇压懵族，必须费相当的时日，当无余力立即向暹进攻，因此留下良机，足以派军征景迈，以便削弱缅军侵暹的势力。郑王乃下令征调北方诸城军旅，总数约两万人，先开赴猛达城（Mung Tak）的挽罗亨区（Rang Raheng）。至于吞府这方面，则征集京畿界内诸城的军旅，总数约一万九千人，郑王亲自统率，于佛纪元二三一七年（午年）十二月黑分十一日火曜日，由水路向金刚城（Mung Kumphaengphetchara）进发，并在现时成为达府府会的挽拉亨区会师。

在这里略须补充的，就是位于北方的宋加绿，任太守职者为郑王骁勇的虎将昭披耶宋加绿，素对于景迈方面的缅军动态非常关怀，随时向吞朝报告。就是佛纪元二三一七年中，昭披耶宋加绿亦尝将景迈城缅军的动态向郑王奏闻，同时在奏章上正式请缨攻取景迈。[①]

大概基于北方形势紧张，昭披耶宋加绿以及断剑披耶披阇耶二虎将，未能在是年雨

---

① 见拙译《昭披耶宋加绿传》。

季（十月）按时入朝受训（军事训练）。于是这二位虎将遂以抗命罪，被押解吞府。而郑王大军出征景迈开拔于同年十二月间，结果这两位虎将，遂未能随征。①

回头说郑王大军会集于猛达城期间，得报缅王孟罗委阿砂温记（Ah Saewunki）任主帅，统率大军征讨仰光方面的懵族叛军。懵军不敌，败退。郑王对此新形势，颇为担忧。盖攻取景迈的机会和时间有限，如缅军追懵军至马达班，则懵族必以室利阿瑜陀耶朝者然纷纷逃入暹境。以追捕叛党为口实，缅军不久间即入暹境。停止攻取景迈，则未免可惜。因军马亦已准备完全，且会师于猛达城，距离景迈亦非遥。如在缅军开入南部以前攻下景迈，则对缅作战，将减去泰半的压力。因北部的缅军南下受阻，且无相当的据点，泰军即可应对裕如。反之，如攻景迈失利，或战事拖延，则前后受敌，甚或有被切断与吞府的联络及供应线。凡此种种，确需要坚强和敏捷的决断力。经了精密的考虑后，仍认为有相当的时间足以攻取景迈城，于是郑王下令委代理金刚城太守拍素罗（Phra Sura）任前锋，昭披耶梭拉室利（一世王朱拉绿皇弟）殿后，领军先行出发。至于郑王则留于猛达城，以便探听马达班方面的消息。拍素罗及昭披耶梭拉室利的军队指向喃邦（Lampang）。

依《钦定本纪年史》载：缅将波戌帕拉探悉泰军开来后，即令波摩瑜源守景迈城，派披耶乍万（Phya Chabang）偕同披耶伽威拉（Phya Kawila）带领当地士军约一千任前锋，先行南开。至于波戌帕拉本人则率领九千人殿后，准备在喃邦方面堵截泰军。

披耶乍万及披耶伽威拉系百万稻田部（Lanna）的泰族，受治于缅族，原非出于自愿者。比抵喃邦后，探悉泰军实力雄厚，足以倚靠，乃率其前锋全部军马投诚，由前锋的拍素罗亲领朝见郑王于猛达城。郑王慰勉有加后，即令彼等与拍素罗前锋集合作战，为国建功。披耶乍万、披耶伽威拉、拍素罗等随即谢恩，并赶回喃邦。

时波戌帕拉率领的殿后军旅，仅行至中途，探悉披耶乍万及披耶伽威拉背反投奔泰方，未免惊惧，乃退兵回景迈。但仍不忘派一支军在榄喷城（Mung Lampung）北面，旧滨河（Namphing）岸建营堵截。景迈城方面，波戌帕拉以及波摩瑜源则积极整顿城内的防守工事，以备接受泰军的进攻。

关于披耶乍万以及披耶伽威拉投诚郑王事，《缅史》及《庸那迦史》的纪载，较《钦定本纪年史》为详，谓缅王孟罗委波摩瑜源任景迈城太守职时，景迈有高级人员四

---

① 见拙译《昭披耶宋加绿传》。唯有一部分史籍则载随征，且以作战不力罪受鞭挞。读者有意明了其真实事因者，可检阅《昭披耶宋加绿传》，有极详细的解释。

位，一名披耶胜銮（Phya Saenglung），一名披耶森兰（Phya Samlan），一名披耶乍万，一名披耶伽威拉（喃邦城太守）。①

当波摩瑜源初来任景迈城太守职时，即把原有的高级人员权力及利益削减，因此深引起各该高级人员的不满。但处于缅军势力之下，亦无如之何，只有忍受。迨中缅发生兵争后，缅王孟罗即召披耶乍万及披耶伽威拉赴缅协同抗战。战争结束，彼等乃向缅王请求恢复管理人员权以及原有利益如初。缅王鉴于该两披耶作战有功，即依其请，着令大臣草定诏文，交由披耶乍万携回。披耶乍万等抵景迈后，即着其弟捧缅王诏文安置于大草场的中央部位。缅将波摩瑜源早已不满，即表示不愿接受该诏文，谓披耶乍万不亲自安置诏文，不合习尚，有污蔑阿瓦王之罪。波摩瑜源派员着披耶乍万出质，披耶乍万不从。波摩瑜源乃下令拘捕，结果双方发生械斗，互有死亡。事后，披耶乍万逃出景迈城，直投奔受雨季所阻于万象城的波戍帕拉，告发波摩瑜源的暴虐无状。波戍帕拉原与波摩瑜源不睦，即收容披耶乍万（《缅史》记载景迈城内的纠纷事件，并无道及披耶伽威拉。但相信必有关系，因素来就是披耶乍万的一派人）。

至于波摩瑜源方面为作自保起见，亦向缅王奏闻，指披耶乍万自缅归来后，即自负自大，时违命令。迨郑王军前锋北上，波戍帕拉即派披耶乍万领一队人马南下清理河道的暗礁，以利由水路直取猛达城。景迈太守波摩瑜源反从中阻挠，谓披耶乍万有罪在身，请波戍帕拉将其引渡。但波戍帕拉不从，谓披耶乍万必须担任该任务，因工人全属土著，非由披耶乍万统率不可。波摩瑜源对此亦无如之何。因此披耶乍万乃得南下。同时缅王方面的覆文递到，着波摩瑜源将披耶乍万及披耶伽威拉解送缅甸，听候发落。波摩瑜源奉谕，当向波戍帕拉请求引渡该二披耶。惟波戍帕拉不允其请，谓披耶乍万业已

---

① 披耶伽威拉系昭缴（Chao Kaeo）之长子。昭缴受封于缅王为昭华缴，统治喃邦城。生有七子（通称七昭）三女共十人，其次序如下：

（一）男名伽威拉。在波摩瑜源任景迈城太守期间，大概不信任昭华缴，被调赴景迈。因此披耶伽威拉乃代其父统治喃邦城。在郑王收复北部诸城后，被委统治喃邦。一世王时代升任景迈城太守职，复后晋封为景迈藩王。

（二）男名坎颂（Kamsom），一世王时代任喃邦城太守职。

（三）男名达摩（Nai Thrama），二世皇时代，任景迈藩王职，通称白象景迈王，因捕获白象一头献二世王也。

（四）男名隆特（Dung Thip），二世王时代任喃邦藩王职。

（五）女名戍里罗乍娜（Siri Rachana），为公摩拍罗阁汪巫哇罗摩诃信遐纳王妃。

（六）女名室利槃若（Sri Panya）。

（七）男名巫拉（Hwula），二世皇时代任景迈藩王职。

（八）男名坎奋（Kam Fan），二世皇时代任景迈藩王职。

（九）女名室利汶涌（Sri Bunthan）。

（十）男名汶玛（Bunma），三世皇时代任榄喷城藩王职。

出发工作，而披耶伽威拉则协同缅军守卫喃邦城，如将该二披耶调动，不免影响及原定计划。波摩瑜源在无法可想期间，乃实行把披耶伽威拉之父昭华缴以及披耶乍万之妻儿解送缅甸为质。

这时候，开抵猛福（Mung Hot）的披耶乍万悉其事，乃暗中派人驰赴喃邦报告披耶伽威拉，并相约举事。继则披耶乍万乃集合土著，将随来的缅军全部杀害，转而投向郑王军前锋主将拍素罗。经郑王予以相当慰问及收容后，披耶乍万乃作向导，领郑王军指向喃邦。至于喃邦方面的披耶伽威拉接得披耶乍万的报告后，即把城内的缅军杀害，领军赶赴前方，将被押赴缅甸的父亲以及披耶乍万的家眷夺回。迨泰军开抵喃邦，披耶伽威拉即开城门欢迎郑王军入城，并请缨对缅作战。

当前锋不费一兵一卒地收复喃邦城时，郑王依然驻跸于猛达城挽拉亨区。时有一批憬族逃难进入猛达境，前卫线守将坤因陀企里（Khun Indrakhiri）导其首领名砂孟苏罗耶格兰（Saming Suhraye Kalan）者朝见，诘问结果，乃悉憬军被击破，自仰光败退，阿砂温记领军尾追，目前仍有大批憬族将继续移入。郑王大概在同一期间得悉披耶乍万及披耶伽威拉与泰军取得密切合作，准备向榄喷城方面进发，认为北部军事已立于有利地位，乃派员驰返吞府，着披耶勇摩罗阇（Phya Yomaraja）领军驰赴柿育河陀克仑城（T'khanun）赤土口岸（Thidindaeng）驻扎，以便收容一般经由三塔方面逃难而来的憬族，委披耶坎亨威漆领军二千人驻挽拉亨区收容一般由猛达城方面逃入的憬族。郑王旋于午年（佛纪元二三一七年）一月黑分初五金曜日统率大军北上。

前锋经进入喃邦城内，布告安民及办理城内善后后，即继续向榄喷城推进，在滨河岸发现缅军营横在前面，当即下令进攻缅营，双方遂相持了几天。郑王大军旋于二月白分初二火曜日，开抵榄喷城。前方军旅聆见大军已到，军容一振，乃一鼓将滨河岸的缅营攻破。缅军溃向景迈城，前锋遂乘胜力追，并在景迈城外立营包围，所建的营寨共有卅四，据有了三面的重要据点。依前锋主将的意见，认为进攻景迈，应三面会同攻击，集三军的总力加以威迫，景迈可随手而得。惟郑王则不以为然，并制止前锋军旅，勿作总攻。盖缅军坚守于城内，三面会攻，倘有一面失势，则不难牵动其他各面，以致影响及全盘局面。不若巩固包围圈，决定着重于进攻某一方时，即从事准备该方面的布置。其他各营寨，概令其挖掘壕沟，并加筑木栅，架设炮位，防敌军的进袭。此外在进攻的方面，则加挖壕沟，伸延至城墙根，设法避开敌方的炮路，迫近敌城。如敌军出城截堵，应与之短兵相接，混乱其阵容。乘敌军退入城内时，奋力冲杀，并夺其城门为要。前方军旅奉令，即依计而行。

至于波戌帕拉、波摩瑜源，见泰军围城，亦尝派军出城袭击多次，惟每次皆为泰军所击退，损失兵马不少。缅军试探的结果，知泰军守卫力坚强，遂不再出城进攻，仅在城内从事坚守而已。

因受不了缅军的压迫，而藏匿于密林中的景迈人民，知郑王军围攻景迈，乃相率投诚。其在城内的居民，亦不时偷出城投顺。因此泰军在当时所收容的避难者，不下五千人！

在这阶段的战局，愈呈紧张。郑王驾抵揽喷城不久，即接悉追随懵族而来的缅军一支，人数不下二千人，由达城铁花岛（Koh Doklek）挽那（Bangna）方面开入。郑王立即派佥昭罗摩叻沙纳（Chao Ramalksana）分军一千八百人，驰赴达城铁花岛方面增援。无何再接达城方面的报告，谓素旺那陀钵（Suwannathava）及陀巫梅（Ihamnmuai）带懵族来投，依彼等供称：彼等所率领的懵族，共约千人，但行抵武越（Auwap）区，即为缅军所追及，懵族与之对抗，结果将缅军主将乍嘉耶禾（Chakkrayawo）击毙，然后自铁花岛方面逃入。郑王悉其事因后，察出自达城方面进侵的缅军力弱，不足为患，遂下令调回昭罗摩叻沙纳军，协同攻景迈。另一面则谕令驻防于猛达城的披耶坎亨威漆，分兵防守边疆的孔道，并办理收容逃入的懵族。

迨至二月白分十三，土曜日，郑王自揽喷城驾幸景迈城外，靠岸营寨，并巡视各营寨，以便作速攻城，结束此方面的战事。同日拍素罗领军攻西面，昭披耶梭拉室利（一世王弟）领军攻东面，而昭罗摩叻沙纳则攻南面。扎于城外墙下的缅军营，皆次第被攻破。败退的缅军争相入城，拍素罗见机不可失，乃奋力冲杀，首先得入景迈城。至于城内的缅将波戍帕拉以及波摩瑜源，见大势已去，即自北面的白象门逃出。此次缅军被斩杀的，数量颇众。

翌日，二月白分十四，日曜日，郑王乃乘御象，由军旅护卫进入景迈城内。

关于郑王驻跸于北部期间，对于臣民的赏罚措置，在一世王时代所编纂的《吞武里史》有详细的纪载，在这里特引一二，以明郑王对臣民所施与的浩恩：

二月白分十五，月曜日，王驻跸于景迈城内。尝谕称：大小将士，不论谁搜得京华及京华附近的人民，须完全献出，不得蒙蔽；反之，一经查出有蒙蔽情事，概须依法治罪。

二月黑分初一，火曜日，大小将士献上所卤获的战利品，计：大炮 110 门，小枪 2000 支，钙① 32 对，马 200 匹；泰人及懵人 500 人，宋加绿城居民约 500 余户。王谕称宋加绿城居民企图叛变，投奔景迈城缅军门下，甚且领导缅军南下攻略宋加绿城，此

---

① 编者按：此字疑有误。

种人等，不可留，恐于国家不利，咸赐死。惟臣民一致奏请留命，充割草养马象役。王依所奏，遂得保命。

二月黑分初二，水曜日，晨，王驾幸素馨佛寺（在景迈城内）礼佛，继参观缅将波摩瑜源所居之屋。

二月黑分初三，木曜日。王驻跸于景迈河岸行宫，谕称：佬族臣员至诚投诚，且协助作战有功，应予以赏赐。乃赐披耶乍万：长枪、短枪、矛、衣服，代行职权，晋爵披耶威千巴干（Phya Wichiaraprakan），统治景迈。赐其侄披耶汪票（Phya Wang Phrae）：长枪、短枪、衣服，晋爵披耶武巴罗阇，助叔掌理景迈政务。赐小菩提（Noi Phothi）：长枪、衣服，封为藩王族。赐披耶榄喷（大概在郑王军开抵榄喷时即行投诚者）：长枪、短枪、矛、衣服，代行职权，晋封披耶爱耶汪砂（Phya Ahiya Wongsa），统治榄喷。赐其弟敦多（Tomto）：长枪、衣服，晋爵披耶武巴罗阇，助兄掌理榄喷政务。赐伽威拉：长枪、矛、衣服，代行职权，晋爵披耶伽威拉，统治喃邦。赐其弟小达摩（Noi Thram）：衣服，晋爵披耶武巴罗阇，助兄掌理喃邦政务。赐其弟乃颂、乃隆特、乃巫拉、乃坎番、乃汶码：衣服，并封为藩王族。

并谕令景迈城、榄喷城、喃邦城、猛帕城、猛涌城、挽阁（Pang Ko）、铁花（Doklek）、挽那（Bang Na），依循旧习，从中补选大小臣员，负责措施政务。

二月黑分初四，金曜日，晨，王驾离景迈，班师回朝，并委人员留驻景迈城负责指导。王驾抵榄喷城，亲自礼敬佛骨灰塔，施舍御款与佬民颇巨，并谕披耶汪票、小菩提举行涂南礼（Thu-nam，即宣誓尽忠礼）于佛骨灰塔。是日披耶威千巴干献上孙女一名，供侍奉，王赏银一斤（合八十铢）、衣一套，谕将女退还披耶威千巴干。

二月黑分初八，火曜日……驾抵喃邦，下午四时，礼敬佛骨灰，供奉以金银花，并布施大宗御款与佬族平民，以御款赎男三女十四共十七人，献喃邦佛骨灰寺院供役。

同日，披耶伽威拉献孙女一名，供侍奉，王赏银一斤、衣服一套，谕将女退还披耶伽威拉。披耶伽威拉奏称：此徇为孙女之自愿，家长皆同意，并无如陛下谕为徒使其亲属互相远离可比。王聆奏，察出其至诚，遂收容随侍左右。

复谕披耶伽威拉之父、披耶伽威拉、小达摩、坎奋、坎拉，在佛骨灰殿内举行涂南礼。

继此，郑王并未命驾返朝，依然驻跸于猛达府。因在此方面的形势仍颇紧张，缅军有随时进侵的危险。

综观这次郑王收复景迈城，并击溃守城的缅军，必感到高度的欣慰。因这次征讨景迈，以得失的关系而言，郑王确处于不利的地位。质言之，这次出征而败，或战局相持不下，拖延时间，则缅军可直攻腹背，如猛达城及吞府。盖大部份的军队皆北开，后方比较空虚也。郑王此次攻景迈，系采取了断然的决定，自信必能获得胜利，而且相信必能在南面敌军进侵以前结束景迈之战，因此才有这次进攻景迈之举。①

作者在这里应得补充的，就是《钦定本纪年史》以及丹隆亲王所著的《泰缅战争史》，皆叙述及此次攻克景迈城，吞朝的大军系由昭披耶却克里（即却克里王朝一世王朱拉绿，中国史籍称郑华）所统辖，更进一步地，《钦定本纪年史》提述及昭披耶却克里在缅军出城袭营时，仍在营中下棋，不慌不忙令部下抗战，并击退了缅军，此项描述类似《三国演义》。

惟依作者搜查的结果，当时的一世王朱拉绿仅领有披耶荣吗叻的官衔。至于一世王时代所编纂的《吞朝纪元史》，称领有内务大臣职，但据佛纪元二三七年的诏文，则称当时的内务大臣职，系由昭披耶室利达摩特叻所代理。更依吴福元先生所著的《昭披耶宋加绿传》，并无提及一世王朱拉绿统军，而系由郑王亲自统率，最先冲入城内的将领为拍素罗，殿后的有郑王侄昭罗摩叻沙纳及一世王弟昭披耶梭拉室利等。据此，作者在这一段的叙述有一部份根据了《昭披耶宋加绿传》，其中未有提及一世王朱拉绿的原因，实由于这一段史实，并无提到一世王有攻城之举，相信当时的披耶荣吗叻，必随军中，但无立功而已。

第七次　万缴之战

这一次的战争，是和上段郑王征景迈有连带关系的。懵族革命，上面已有叙述及，因此缅王孟罗乃派阿砂温记领军 35000 人，开出阿瓦城。时懵族革命军正围攻仰光。缅军予以夹击，结果懵族革命军败退，缅军穷追。懵族乃自懵城相继逃入暹境，阿砂温记复派军追入暹境，以便将逃难的懵族捕回去，于是泰缅战争也就随之而爆发了。

懵族此次避难暹境，共分数批，且进入的路线有三方面。砂孟苏罗耶格兰即自猛达城方面带了一批懵族逃入，且在郑王未命驾北上攻景迈以前得朝见。盖奏闻懵族此次避难暹境，数量必众。郑王必预料到缅军当随懵族而进入暹境，乃谕委拔耶坎亨威领军二千人在猛达城的挽拉亨区驻扎，从中收容懵族。另委披耶勇摩叻（巫族）领军赴柿育河截堵缅军，并从事收容由三塔方面逃入的懵族。盖郑王自信必能依期攻下景迈，而回师堵截缅军的进侵也。

---

① 本段见丹隆亲王所著《泰缅战争史》第 2 卷，第 83 页。

基于上述的原因，攻陷并收复景迈城①后七天，郑王立即班师南下。惟抵喃邦城时，即接报缅军经由湄拉毛关（Dan Melamao）而侵入猛达界。乃兼程而下，于三月白分初二，木曜日，驾抵猛达城码头。适巧自湄拉毛关方面进侵的缅军，亦行将抵达猛达城。大概郑王这次的南下，因时间急促，追随左右的，仅有侍卫军。至于其他军队则仍落在后面。职是之故，郑王急谕銮摩诃贴（Lung Maha Tep）及乍蒙威耶钵拉纳（Chamun Wiyaaaranart）领军二千人抗缅军，泰军即于同日与缅军战。比至傍晚时分，缅军自动后退。是时接驾水师已先候于挽拉亨区，距离达城约一天的路程。最初郑王本拟定由陆路兼程至挽拉亨区，并未预料到必须与缅军在猛达城方面争战。比悉銮摩诃贴及乍蒙威耶钵拉纳合力驱退缅军后，大概郑王必察出此次退去的缅军，仅属前锋罢了②，其殿后的大军或将随来，不能大意。倘不加以迅速的进击，敌军一经集结后，其势力将更形膨大。因此郑王特谕令陆军急速开拔南下。而郑王本人则转趁宫务大臣乍蒙尊（Chamun Chong）之船由水路赶赴挽拉亨区。时为午夜，且须赶路，河内复礁石遍布，以致王所趁③之船触礁沉没。幸郑王谙水性，力游至沙滩，然后徒步至挽拉限军营。当即谕披耶坎亨威漆，领军一支急开湄拉毛关，以便截堵由该关口开入的缅军。郑王则驻跸于挽拉亨区，聆取前线的军情七天。在此期间，吞府方面来报有大批懵族自三塔方面逃离而来，郑王立即断定缅军必自该方面追随懵族开入，同时谕赴湄拉毛关截堵缅军的披耶坎亨威漆军，经将全部缅军击退了，郑王乃由水路于三月白分初九，木曜日，驾离挽拉亨区，费五日五夜的时间返抵吞府。

当时移入暹罗的懵族，大都在郑王□驾返吞府以前而抵吞府，大部份皆来自三塔关方面，发动革命的懵族首领，亦随来了四人，计：披耶铮、披耶克兰猛（Phya Kalang Mung）、大拉善、大拉匣勒。依《钦定本纪年史》载："上述之四懵族披耶，在缅王阿隆披耶（Ahlong Phya）攻懵国时，曾一度逃离于暹罗，迨至这次缅军攻室利阿瑜陀耶都时，被带返缅甸。"大概必非此四位披耶被全部带回缅甸，因其中的披耶铮，缅王尝委其任景线（Chiensen）王，有子与喃邦王族联系，与曼谷的十④阁□尼（Khaohasani）家族有亲属关系。这一次来投懵族，其数量颇众。郑王特在暖陀武里（Noushaburi）城百结（Pakkrad）区以及巴涌陀尼（Prathomtani）城叁谷（Samkok）区划出相当的地方，恩赐懵族集居，其中单以壮丁而言，查出共有三千余人。郑王更任命室利阿瑜陀耶

---

① 编者按：原文衍一"城"字。
② 编者按："吧了"当作"罢了"，下径改。
③ 编者按："趁"应为"乘"。
④ 编者按：此字形似"十"，然与其后注音不符。

时代的披耶万罗钺底（Phya Bamraopakdi）为披耶拉曼汪砂（Phya Ramanyonsa），负责统辖来投的懵族。因这位披耶万罗钺底具有懵族血统，命其统治懵族，可免种种烦难。① 至于率领懵族来投的其他头目，亦分别予以任用。②

至于缅甸方面，阿砂温记领军追懵族，于佛纪元二三一七年，即午年正月开抵马达班城，悉披耶铮等将率领懵族自三塔关方面进入暹境，乃令其部将兀瑜空温（Nguyokongwun）领军五千名尾随。这位兀瑜空温，缅史称缅军攻阿瑜陀耶都时，只领有赤公布（Caobkungbo）职衔，隶属于孟摩诃那罗陀（Mang Maha Naratha）部下，在泰史上亦尝提到这位缅将曾领军进攻瑜陀嘉（Yuthaka）河口的宫蒙贴披碧（Krom Munthapphepit）前锋。阿砂温记鉴于兀瑜空温尝二度战胜泰族，以为泰族必对其有所惧怕，始令其领军来侵。兀瑜空温军行抵赤土岸，见前方有泰军营，即下令进攻。时泰军势孤，结果为缅军所击溃，泰军主将为披耶荣吗叻（巫族）。

郑王于三月白分十三，月曜日，自景迈驾抵京华，即接悉缅军自三塔关方面进入暹境，且击破了驻守于赤土岸的披耶荣吗叻的军队，并退撤至北碧区③。当时随驾出征景迈城的大军，仍陆续从水路南下，大部份未抵京华。郑王乃谕令征召京华城内的壮丁入伍，委太子昭水（Chao Chuya）偕同侍卫官披耶特迫武底（Phya Thibasrabodi）领军三千，先开赴叻丕城守卫。另委侄昭罗摩叻砂纳领军一千随后增援。同时诏文北方诸侯，着准备军队来京，因未知缅军此次来侵，其数量究有若干。此外复派快艇北上，催促南下中的大军作速行军来京，以防万一。

迨至三月黑分初四，月曜日，郑王悉南下的大军即可开抵京华，乃改驻跸于水屋（即水上浮屋，暹方称"桴"，系暹罗所特有者）上。且派快艇先赴上游守候，南下大军一经开抵后，即着其转道开往叻丕城，无须开来京华，且禁三军告假返家。所有南下的大军，探悉郑王驾幸于水屋上，相率划向水屋朝见，并次第将船首指向曼谷艾河。时有一名拍贴瑜陀（Phra Thabyutha）者抗命，私下返家。为郑王所悉，立下令将拍贴瑜陀反缚于水屋上的木柱，郑王亲以宝剑斩下其首级，高悬于威阇耶巴晢特炮垒上示众。由于郑王断然的措置下，大小三军咸奉令直开赴叻丕城。

依缅史载，阿砂温记此次派兀瑜空温领军入暹，其目的仅在追捕懵族，押返缅甸而

---

① 普遍被称为"却克里懵"（Chakri Mon），官列四品。
② 《钦定本纪年史》仅提及大拉匣勒受封为披耶拍罗摩（Phya Phrarama），相信披耶铮必在这时候受封为披耶摩诃瑜陀（Phya Maha Yutha），披耶克兰猛（另称大拉班）或受封为披耶开迪（Phya Kirati），另一位也许获得了管理懵族的某项要职。
③ 北碧城原地在斗鸡山，即北碧区，为现时府会所在地。

已。如遂将懵族押回，则甚善。反之，如追捕不及，则应班师勿深入，盖缅方在此时仍无意侵暹，且不顾兀瑜空温与泰族争战也。惟事实上适得其反，入暹的缅军主将兀瑜空温自命以前曾一度取胜泰族，在赤土岸击溃披耶荣吗叻（巫族）的驻扎军后，即深入至北碧城。至于披耶荣吗叻（巫族）方面因众寡悬殊之下，乃退撤至兰廊胶①区。缅将兀瑜空温见泰军不抗而退，以为泰军惧怕，愈形自负，认为既然追不及懵族，且深入暹境，不应空手而返，须搜刮相当民财及户口带回，以示不负此行。兀瑜空温将部下分为两队，一队有二千人，委蒙乍日（Mongchayib）统率，驻扎于北碧区，四出抢掠北碧城、素攀城及坤西施城城民间财物以及居民。另一队则有三千人，由兀瑜空温亲自统率，开向西岸，企图进入叻丕城、夜公城及佛丕城抢掠及捕居民。迨开抵万缴后，始悉有泰军先入驻于叻丕城内，兀瑜空温乃在万缴区立下三营驻扎。

为什么缅将兀瑜空温驻军于位于林野西面高地的万缴区，而不下来驻于河岸，如鹿嘉（Luk-kea）村，或多匣拉翁（Tokala-aom）村，一如缅军攻室利阿瑜陀耶都时一样？这层大概系兀瑜空温认为此次所率领的军队，形如匪军，立营于林野旁，要是从捷径进侵暹境，或是退返缅境，以及与北碧区的缅军互通声气，皆甚便利。兼之，象马的饲养亦不困难。作算泰军来攻，行军困难，同时在水路方面亦不会遭□吞朝水师的威胁。盖位于高地，前后可免受夹攻也。依将缅②兀瑜空温的意见，大约在此驻扎至雨季，觅得充分的粮秣以及财物后，即离开暹境离国。如果在这时候泰军来攻，经将泰军击退后，即直接迫取叻丕城及夜公城，从而贯彻他们抢掠财物的初衷。反之，要是泰军固守于叻丕城内不来攻袭，缅军则另派小支的军队，四出掳掠附近的民财。所以兀瑜空温不立营于河岸，其原因必如上所述者。

至于固守于叻丕城内的太子昭水，也许接奉郑王的手谕，如见缅军此次来侵非大军，不超出实力范围时，则应先下手攻袭，以免给予缅军占有任何的机会。这是郑王所素来习用的战略。太子昭水探悉万缴区的缅军，其实力只有三千人，认为仍有余力应付，而且朝廷方面所派遣的后援部队仍不断开来；结果令军队开至达摩盛原野的阁卡怠（Kuokataya）区驻扎，距离缅营仅有八十先③，然后派銮摩诃贴（Lung Maha Tep）为前锋，立营于西面，昭罗摩叻砂纳的军队则在东西，作半包围的形式监视缅军的动静。此项措置，太子昭水经向郑王有所奏闻。

---

① 编者按：据下文，"兰廊胶"当系"廊胶"衍。
② 编者按："将缅"当为"缅将"乙。
③ 暹度名，每先等于 20 哇，每哇等于 2 米突，加以乘算，每先则等于 40 米突，此处之 80 先，即等于 3200 米突。

郑王经催促军队开赴叻丕城后，于三月黑分初六，火曜日，即接得坤西施城方面的报告，谓有缅军侵入素攀城及坤西施城界内，到处抢掠焚杀，乃谕代理财政大臣披耶披阁耶爱砂汪耶（Phya Phitchaiya Airawanya）领军□千名驰赴坤西施城守卫，此外则谕令准备大军九千名，以便御驾统率。征调军队刚完，即悉缅军经进入叻丕城界内驻扎。时郑王驾返朝廷仅有十三天，同时王太后宫拍陀帕蓖耶（Krom Phra Thaphamatya）适病笃。郑王鉴于国事重大，乃忍痛于佛纪元二三一七年三月黑分十三，日曜日，亲自统率大军离京。驾抵叻丕城后，太子昭水朝见并奏称："此次缅军蔑视泰军更甚，当銮摩诃贴建营包围缅军时，缅军反傲然立而观望，且自营内高呼：'营寨完成否？应加功！'缅军将俟泰军齐集后，始出营总攻，以便结束此次战争，并可多俘虏泰人而归焉。"

郑王聆奏，颇为震怒，惟担忧后撤而驻扎于兰廊胶①区的披耶荣吗叻（巫族）军力薄弱，必难截堵缅军的进攻，盖得悉另一支缅军约千名开来北碧增援。郑王立谕披耶西遐罗阁莱初阁耶（Phya Siharajdachochajya）会同披耶威塞沙阁耶参（Phya Wisatsachaiyachar）领军二千驰赴廊胶区增援披耶荣吗叻（巫族），而郑王本人则统率大军自叻丕城开赴西岸，立营成于阁匣急营北约四十先的胶拍山区。是时复接得叻丕城方面的情报，谓缅军进入三门关、昭克奥关，②并捕去关员多名。

郑王深虑缅军切断军□的后路，乃谕令太子昭水偕同披耶罗阁塞第（华人）所率领的华军返叻丕城守卫，并着将原有的营寨予以全部拆卸，另行建营于河畔。其实这方面并无缅军侵入。三门关及昭克奥关受扰，必系出自万缴缅营所派出的小股匪队，四出搜掠及掳人而已。

迨至四月白分初一，木曜日，郑王亲自巡视包围缅军的营寨，并详察地势后，□谕令大小三军加建营寨，将缅军团团围紧，使其无隙可乘。令昭披耶因陀罗阿派耶（Chao Phya Indra-ahpaiya）在楚潘山麓的湖沿地带守卫，并设法扰搁缅军在此方面放牧象马，以及军需的运输线。令披耶拉曼汪砂（懵族）率领懵军驰赴差阮山麓的湖沼地带守卫，设法切断缅军在此方面的军需运输路线，盖这方面位于缅军营以北约一百廿先的距离。

"四月白分初三，土曜日，晚□时许，郑王驻跸于营内，聆见大小炮猛然轰击声，知被围缅军正努力突围，乃谕令派军增援。继此郑王步出营外，听缅军之突图吆喝声。是时御侍官蒙哇拉罗阁奏称，有缅军约三百名突出銮摩诃贴营前，惟遭集中炮轰以后，缅军始返回军营，伤毙甚多。郑王见缅军无力突破，乃驾返营内。

---

① 编者按：据下文，"兰廊胶"当系"廊胶"衍。
② 三门关及昭克奥关位于帕栖河西岸畔，距离叻丕城约二日途程。

"四月白分初五①，日曜日，下午五时许，拍贴钵罗春奏称，尝派人刺探敌情，知洛梗方面有缅军七八百名。

"四月白分初五，月曜日，上午。郑王在胶拍寺营次受臣民朝见，谕令鞭挞坤阿角棱罗蓬六十下，坤空十束，伦（华人）、记（华人）、胡（华人）、乃绿砂等各三拾下，因鸣炮不一律，不依令每次鸣放四至五十响，致敌人察知炮位，罪重，但只作如上之惩罚，使犯宣②有所警惕，勿再犯。

"同日上午十一时许，銮叻砂蒙夭入朝，郑王当大小臣民前正式宣布称：

'派赴任何一地服务，如无为父的在后加以督责，往往难收效。此次为父的出征景迈，着儿等在后方服务，结果被缅军所败，使为父的脸面无光彩。辄以缺乏粮秣为粉饰的口实。此次作战，为父的对儿等全无恼恶之怀，一律待遇，并无轩轾。身为一国君主，谁有功不犒赏，有罪不惩罚，此举全不合国情。依照国君的习惯，谁有功，即予犒赏，并予以晋级统治城市，如有罪，应挞者予以鞭挞，应杀者予以斩决，始合国情，且可继续与缅方作战。为父的不断吃苦作战，并非存意觅取私人快乐，茹辛饮苦，目的在阐扬佛教，务使全国臣民皆获得安全快乐，不受任何侵凌。此次儿等任职，反为缅军所败，如全部予以谴责，则不免可惜。盖国家养育以来，皆已立有相当基础。因此特准暂缓惩罚此次错过，先将各人妻儿子女为质。包围缅军于叻丕城，如遇缅军来袭，皆能将其击退，不使其冲破，则全都可脱罪。儿等应各自思维，盖为父的根本不能放弃已成的军法，如认为不能充任指挥职，愿自贬为士卒，为父的亦不免强。反之，如认为仍有充分能力将功赎罪时，则应速为奋勉作战，以求自救也。'"③

郑王对臣民的训词，目的在振作军容，盖是时的军心仍不甚坚强，如远难圣驾，缺乏督责时，将士方面仍不免发生犹豫不决，每为缅军所乘。因此郑王始终不离营次，从中督促三军作战，④ 包围万缴缅军的营寨，乃增强了不少。

"四月白分初六，火曜日，御医坤威塞荷束自京华星夜赶至叻丕营次，向郑王奏称，王太后宫銮披读沙陀帕麦耶更形危殆。郑王立即催促御医返京，设法诊治。继此郑王尝当众声称，母后此次病笃，恐已不能面见慈颜矣。因此次政务非常繁重，如在此时撒手返朝，则不见有谁何可资抗御缅军也。"⑤

---

① 编者按：据上下文，此处"初五"当为"初四"讹。
② 编者按："犯宣"当系"犯者"讹。
③ 见一世王时代修纂的《吞武里史》第61—63页。
④ 见吴福元《昭披耶宋加绿传》，第121页。
⑤ 见一世王时代编纂的《吞武里史》第64页。

　　至于兀瑜空温见泰军包围圈完成后，知不能再予坐视，乃于某一晚派军偷袭楚潘山麓湖沼地带的昭披耶因陀罗阿派耶营，泰军将之击退。缅将兀瑜空温不禁大怒，下令增军再度进攻，依然为泰军所击退。最后派副将领军一千，于同晚作第三次的进袭，仍不敌而退返，死伤士兵及象马颇众，成为泰军的俘虏亦不少。缅将兀瑜空温查出泰军实力雄厚，且作战英勇，不免忧惧，乃派人偷出包围圈，急向北碧区的缅军请援。

　　当时郑王谕传俘虏诘问，被捕的缅军士供称，兀瑜空温此次进袭昭披耶因陀罗阿派耶营的原因，盖该方面的缅军军需路线经被泰军所切断，始一连进攻三次。郑王悉其事后，深表欣喜，认为如将万缴缅军始终包围在内，使其绝粮后，相信缅军将士将因乏粮而出降，从而惩戒其自负自大，污蔑泰族的劣根性。因此谕令大小三军勿进攻缅营，只固守各人之营寨，遇缅军来攻，只准许将其击退。郑王复向大小三军宣称："固围使其挨饿，然后以饭向其饵诱！"继此郑王即表示将亲自统率军队截堵缅军军需路线，惟披耶贴阿罗春（Phya Thabaurachun）、拍南功仑那勃（Phra Dhamkeng Ronnaphop）请缨，乃谕披耶贴阿罗春及拍南功仑那勃率领精选的士卒约 745 名，组成游击部队，开赴楚潘山麓增援昭披耶因陀罗阿派耶。

　　是时阿砂温记仍守候于乌达班城，见兀瑜空温军一去不返，恐遭意外，乃派阿瓦王亲族大钦摩罗浓（Takengmaranong）[1] 领军三千名开入暹境，增援兀瑜空温。大钦摩罗浓军开抵北碧区后，始悉兀瑜空温遭泰军包围于万缴，乃分兵二千着蒙乍日（Mongchajed）[2] 统率，驰赴万缴增援。至于大钦摩罗浓本人，则领军进攻廊胶山麓的披耶荣吗叻（巫族）军。双方激战结果，泰军营始终屹立不动，大钦摩罗浓只得退守于北碧区。

　　增援兀瑜空温的蒙乍日军进抵差阮山麓，知该处的披耶拉曼汪砂所统率的懦军不强，立予包围。在同日也许蒙乍日派有人偷过泰军营，向兀瑜空温报告援军已到，所以在晚九时兀瑜空温即派军进袭銮摩诃贴营，企图冲出重围。泰军努力截堵，缅军无能为力，依然退回营内。至于位于北面的披耶特迫武底军，探悉差阮山麓的懦军被缅军包围，急调军救援，率将懦军救出重围。由于军力不充，特撤离原驻守地。因此蒙乍日乃占有差阮山麓的泰军营地。

　　至于郑王，为利便指挥三军作战起见，乃退而驻跸于太子昭水设在阁匣怠区的营寨内，盖地位适中，四面皆可指挥普遍。关于差阮山麓方面，虽为缅援军所占，郑王仍派

---

① 依《钦定本纪年史》载，大钦摩罗浓系随同兀瑜空温来侵暹罗者。但据缅史载，则称系后来增援者，缅史称这位缅王族大钦摩罗浓为孟黎兰孔（Mangrairankong），特依缅史的叙述。

② 此点所述由蒙乍日统率，系根据丹隆亲王的意见。

銮万罗拍底领军四百名作为游击队，设法阻止差阮山的缅军四出觅取粮秣以及食水。①

迨至四月间，昭披耶洛坤素旺（Chao Phya Nakorn Sawan）军开抵叻丕城，且赴阁匿怠区朝见郑王。郑王见昭披耶洛坤素旺及时赶到，不禁大喜，乃摘下御剑一柄，恩赐昭披耶洛坤素旺，授权指挥三军，遇有不遵守军令者，具有先斩后奏之权。此外恩赐钻石戒一只，另有侍卫多名，并谕銮阿派耶素罗蓬军，改隶于昭披耶洛坤素旺，受其指挥。②

在这里应有所解释的，就是《钦定本纪年史》以及丹隆亲王所著的《泰缅战争史》，皆载万缴之战，郑王委昭披耶却克里（即一世王朱拉绿）为三军主帅，赐宝剑及钻石戒，且领有先斩后奏之大权。惟依一世王时代所修纂的《吞武里史》，则称具有上述大权者为昭披耶洛坤素旺，而非昭披耶却克里。

关于昭披耶却克里的爵衔，泰史所载亦多有出入，未能一致。依作者查考的结果，一世王朱拉绿在佛纪元二三一三年间领有披耶阿派耶仑那勒特（Phya Ahphaiya Ronnarithe），佛纪元二三一七年以前为披耶荣吗叻，佛纪元二三一七年杪或二三一八年首，始为披耶却克里，佛纪年二三二〇年晋为昭披耶却克里。据此万缴之战为佛纪年二三一七年，《钦定本纪年史》及《泰缅战争史》载一世王朱拉绿领有昭披耶却克里爵衔，实误。

迨至四月间，空湾城③守军报告称，缅军约五百名，来自丹老，在甘诺洛帕坤城界内之塔砂嘉村（Ban Thapsakea）肆意焚掠，恐来侵空湾城，因城内守军实力单薄，或难抵抗，请派援军，增厚防力。郑王立即谕令空湾城守将努力捍卫城池，盖朝廷方面目前仍在叻丕方面与缅军作战。

昭披耶洛坤素旺领受重任后，立即驰赴万缴区指挥三军作战，见有漏隙或任何方面军力单薄，则命令增建营寨，添派军马，务使缅军无能为力。四月白分④约在上午十一时，被围之缅军出动袭取披耶披帕哥砂之营，继袭披耶碧武里之营，企图冲出重围。泰军合力以炮轰击，缅军死伤不少，卒被驱退返营。缅军复于晨三时出袭銮叻阁尼功之营，依然无效，且有两名被缅军所俘去的泰军士，得在此时逃出。依彼等声称，被包围的缅军，缺乏食粮已达七天，目前宰杀象马充食，营内水仍充分。泰方所轰出的大小炮

①　见《泰缅战争史》，第86—99页。
②　见一世王时代所修纂的《吞武里史》第66—67页。
③　空湾城（Mung Klongwan），即今巴蜀府，当时城位于酸柑海湾南面之空湾河口，故名。
④　编者按：原文此处脱漏日期。

弹，皆落于缅营内，时有伤毙缅将士，因此军缅①特在营内挖掘地洞，以资躲避炮弹。

郑王聆悉后，知营内的缅军业已疲惫，乃于四月白分十五，木曜日下午三时驾幸靠西面的銮摩诃贴营，谕令卓嘉耶陀钵（懵族）赴缅营前扬言称："缅军将士，不必苦心思逃，已不可能矣！还是出降为善。"②兀瑜空温立即自营内高声答称："此次受围，深知不得脱，吾侪将士虽饿毙亦不惧，惟可惜者厥为士卒亦将随同而饿毙也。总之，吾人目前所需要者，仅思见大拉匣勒（叛变的懵族头目之一）一面已耳。"

郑王当派时已升任披耶拍罗摩（Phya Phra Rama）爵衔的大拉匣勒，乘马撑彩伞，出而与缅方谈判。缅将兀瑜空温乃书文字于蒲葵叶上，卷成筒状自营内掷出。其所书的内容称："室利阿瑜陀耶都巴塞通王及阿瓦都白象王，③皆同为赡部洲之承运福王。惟二王积有孽业，阿瓦都白象王令鄙人领带大小将士与贵室利阿瑜陀耶都大臣交锋。此次鄙人失策，被贵军所包围不得出。贵军如始终包围，则只有饿毙而已，不单鄙人及将官将死，虽部下所有士卒，亦不免随而毙命。鄙人等作算全部被围而死，实不能目为二王间的战争就此宣告结束。贵大臣依国家法律而对室利阿瑜陀耶都巴塞通王宣誓尽忠。鄙人此次来战，也同样依国家法律而对阿瓦都白象王宣誓尽忠。据此，双方犹如二王所使用的武器罢了。佛祖尝有言曰：'生为人类，确属非易。'鄙人等此次得获生还，全靠贵大臣的精密考虑已耳。"

郑王乃谕令以吞朝首领名义覆书缅方称："如缅军全部出降，则将代为奏请留命。反之，倘坚抗不降，则将全都遭杀毙。"一般冀释的缅军，依然不愿出降。

在此期间，北部诸侯所率领的援军，皆次第开到，郑王即派彼等转赴差阮山麓附近驻扎，阻止该方面的缅军来援被围的缅军，并着各该军旅概不得进攻缅军营，只负堵截之责。倘该处缅军撤退，亦勿穷追，以免中其壳，留待总攻北碧缅驻军时，再事建功。目前只计划活捉万缴之缅军而已。

这时空湾城、固耶城（Mung Kuya）来报称："自丹老方面入侵的缅军，陷塔砂嘉村后，即进侵甘诺洛帕坤城。守将征召民间壮丁出战，并包围缅军。惟为缅军冲出重围，并焚掠甘诺洛帕坤城，然后南向进侵尖喷城属之巴跳城。缅军继开赴丹老呢，还是北上，仍未探悉。"郑王据报，立向吞府王侄昭汶庄及吞府卫戍司令昭披耶室利达摩提罗阁（Chao Phya Sr Dhram-Mathiraya，即室利阿瑜陀耶都时代的披耶提迫武底，同一

---

① 编者按：当为"缅军"乙。
② 此处所引的话仅属其大意，《钦定本纪年史》所纪载前后颇不符合，大概系后人增撰。
③ 依《钦定本》载缅方称室利阿瑜陀耶都白象王及阿瓦都巴塞通王，适得其反。其实缅方称孟罗王为白象王，称暹罗王为巴塞通王。却克里王朝第五世王朱拉隆功驾游缅甸时，缅人依然称巴塞通王。

人）直接行文空湾城及固耶城，着将沿途直抵佛丕城所有的水井池塘，全部加以破坏，凡未能及时加以破坏者，则倾入污浊物或毒物，勿使缅军利用各地之食水。

至于被派在楚潘山麓附近游击并切断缅军军需路线的披耶拉曼汪砂及銮万罗帕底游击队，拘获两名缅卒，押送大营。诘问后，据其供称，彼等系军需运输股，差阮山方面的缅将差彼等暗中押送食粮赴万缴的缅营者。差阮山缅军经派员向大钦摩罗浓求救，并请派援来差阮山，以便集合进攻万缴的泰军包围圈，从而救出被围的缅军。郑王悉其动态后，乃加派游击队增厚扰搁缅军军需路线的力量，然后令銮博底颂堪领军一支潜至北碧方面，将所有水井池塘加以破坏，使缅军用水受阻，同时谕令游击于差阮山附近的北方诸侯军，积极活动，防阻差阮山的缅军无能增援万缴方面的被围缅军。

继后不久，差阮山方面的缅军于晚间偷袭昭披耶梭罗室利营，惟被炮所击退。转向乍蒙室利梭罗叻砂营进袭，结果亦被击退。迨至四月黑分初五，火曜日，差阮山的缅军再度来袭，似乎这次来袭的缅军系倾巢而来，向主帅昭披耶洛坤素旺营（位于南面）总攻，企图突破包围圈，援救万缴方面的缅军。战事由晨三时开始，直至天亮仍未停止。郑王得悉后，立谕增厚军马助战，至上午八时始将来攻的缅军击退。

至于兀瑜空温军被围于万缴，期待援军，始终无望，不免沮丧，乃差人向泰军声言，愿与泰方高级人员谈判。郑王谕令回复缅军，如需要举行谈判，只管派全权代表出营，泰方皆乐于招待。继此郑王乃委侄昭罗摩叻沙纳偕同昭披耶洛坤素旺负责同缅方代表谈判。缅将兀瑜空温乃派头目一名、士卒五名出见披耶拍罗摩，披耶拍罗摩乃引见昭罗摩叻沙纳及昭披耶洛坤素旺，恳请泰方开恩，放彼等返国。泰方两代表不允其请，认为缅方顾惜性命，则全部出降，除此外皆爱莫能助。缅代表请回营商议，泰方准其请，放回。迨至四月黑分初八，金曜日，缅将兀瑜空温复派出七位头目再度谈判，据称全部缅军出降，并献上所有军械以及象马，惟投降后，则请全部释放返国。昭罗摩叻沙纳及昭披耶洛坤素旺答称，如缅军至诚投降，则将奏请留命，要求全部释放，碍难办到。此项原则，业一度指明，缅方依然固请释放，如此周折谈判，何时始克结束？前次谈判，缅方代表全部放回，惟此次则将扣留一部作保，以防缅方故意放任。终于泰方放回代表五位，扣留两位。

同日缅军副帅武大麦信退佐朱（Autama Sinha Cho-Chau）带同其他缅军将士共十四

---

① 编者按：本句不通顺，疑有错漏。

② 据丹隆亲王所著《泰缅战争史》载，郑王所委定的泰方代表，为郑王侄昭罗摩叻沙纳及昭披耶却克里（即一世泰王朱拉绿），作者在上段曾述明万缴之战泰方统帅为昭披耶洛坤素旺，矫正《钦定本纪年史》以及《泰缅战争史》之误，所以此次对缅谈判的泰方全权代表，非昭披耶洛坤素旺莫属。

人出营投降，并将各人所用的军械缚成一束，提交泰方，愿臣服泰方。昭罗摩叻沙纳及昭披耶洛坤素旺将投诚者护送大营朝见郑王。缅副帅奏称，愿对室利阿瑜陀耶都宣誓臣服，永生不反。郑王谕称，目前缅军全部仍未投顺，不能就此信任其诚意，应先予以监视，以待全部缅军投降后，再作裁夺。继此郑王谕披耶拍罗摩押投顺者出营向缅方高呼称："大家应向巴塞通王投诚，暹罗君主经赦免处死，性命皆可保，大家无须过虑，早降为妙！"缅营内亦高声答称："请再作详议。"披耶拍罗摩乃将缅副帅等押回营内。

查缅副帅此次出降，根本未先向任何人礼敬，朝见及跪拜郑王后，始转而向其他高级人员举行敬礼。郑王对缅副帅的表现，深为嘉奖，认武大麦信遐佐朱虽败犹荣，仍始终保持其国家至高的尊严，不稍顾惧。①

四月黑分初九，土曜日，郑王派刚南抵的披耶洛坤罗阇西吗（柯叻城）军开赴差阮山方面增援。同日缅将兀瑜空温再向泰方请求一见武大麦信遐佐朱。郑王准其出营，向缅营称，彼投降巴塞通王后，即获得优渥的待遇，并未被杀害，请大家出营投降，勿惧。兀瑜空温声称："你独立于该处，必在敌方所监视之下，一言一行，不足置信。如要吾人深信不疑时，则请派人来缅营内商谈，始为切合。"武大麦信遐佐朱答称："吾人业已臣服巴塞通王，倘派人回缅营内，必遭受杀害或扣留，吾人亦将受罪。"兀瑜空温声言不杀或扣留来者，因此泰方乃放出叶拉及耶孔两人，直赴缅营。无何，该两位投降的缅将归来供称，兀瑜空温认为暹罗君主虽赦免部属不加杀害，但对兀瑜空温本人，则不免遭受杀害，因此仍不放心。

郑王悉缅方的需要后，乃召集将士会议征询意见。将士一致认为业已开恩多次，缅军依然固执，请以木弹炮②集中缅营袭击，爱惜性命的缅军必出降无疑。郑王表示不同意，以为杀害易如反掌，惟敌方已陷于绝境，予以杀害，实为罪过，不若活擒为佳。

继此，即询问武大麦信遐佐朱，缅甸方面的缅军只此而已，抑或仍有后续部队。依武大麦信遐佐朱奏称，阿砂温记率领大军驻扎于马达班，有意来侵，惟此次开入，抑或随后开入，则不明了。郑王乃询问将士之意见，是否须于此时征调南部沿海及东部诸侯军来援。昭披耶洛坤素旺奏称，似乎缅军必不于今年大举来侵，因将届雨季。作算阿砂温记得悉大钦摩罗浓无力解兀瑜空温之围，虽有援军派来，预料其数量必不多。现有部

---

① 依《钦定本纪年史》载：缅将兀瑜空温对于泰方保证投降后将留命事，仍有怀疑，乃派副帅先出降，试探泰方。惟依事态的演进而言，必无如《钦定本纪年史》所载者，大概系将士会议后，兀瑜空温仍不放心，在犹豫中。惟副帅则认为已无其他途径可循，不愿再事犹豫，结果始率领其部属出降。

② 此项木弹炮，系郑王时代所采用的特种炮，炮口颇阔，以木干为弹，轰放后可击毁营寨，纯为攻营用者，此炮在一世王时代在叻耶区与缅军作战时，亦尝被应用，收效颇宏。

队依然可资对抗。目前虽发令征调诸侯军，亦难及时赶到。郑王表示同意，只谕征发诸城的白米，计：六坤城六百车，阁耶城（即黎仔）、佛头廊城（即博他仑）及尖竹汶城各四百车，作为战粮。如白米不敷，所缺短之数量，则以现金替代，白米每车算四十铢，谷每车算廿铢。

迨至四月杪，郑王谕武大麦信遐佐朱行文三缅营主将，谓王谕军队在此驻守，为时已久，目的在使所有缅军出降，但仍固执不出，兹者王将谕令三军实行总攻矣！如仍执迷不悟，则将全军覆没。着速出降，勿使士卒无辜罹难。同日兀瑜空温覆函称，请再假以一天的时间，明天即可做最后的决定。①

四月黑分十五，金曜日，缅将缅温（Maing Wun）及巴康绿柱（Pakanlahchu）偕同其他缅军下级军官十二名，肩抬各人所有的军械出降。武大麦信遐佐朱亲领降者朝见郑王，该新降的二位缅将请任说客，保证领兀瑜空温出降。郑王依其说，并释其返营。同日缅将兀瑜空温偕同尼摩瑜孟拉诺罗陀、锐荣禾阿空温、蒙约以及万缴营内所有缅军出营投诚。郑王包围万缴的缅军前后共四十七天，即得缅军三营寨，包括将士在内，俘虏1328人，另有女人2名，在围缅营期间，伤亡的缅军不下1600人。

取得万缴区的缅营后，翌日五月白分初一，土曜日（佛纪元二三一八年），郑王谕披耶阿奴漆罗阁领军千名，开赴西岸；谕銮摩诃贴领军千名，开赴东岸，会同披耶荣吗叻（巫族）军夹攻北碧区的缅军；另派昭披耶洛坤素旺领军进攻差阮山方面的缅军。

是晚约午夜，差阮山的缅军实行偷②披耶摩诃颂堪军营，企图突破驰援万缴的缅军。这次作战的缅军较历次为强，大概探悉万缴方面的缅军行将不保，始出死力作战。缅军放火焚烧披耶摩诃颂堪军营，因此营内混乱，无心作战。时增援的昭披耶洛坤素旺军赶到，泰军军心一振，夹同反攻，卒将缅军击退。缅军在此方面突围无效，转而进攻乍蒙室利梭罗叻军营，复为泰军炮轰，死伤累累，结果溃退营内。

迨至五月白分初四，火曜日，深夜，差阮山方面的缅军私下放弃营寨向北撤退。盖泰军未如万缴区者然四面包围，因此始得撤退。惟在后伺机的泰军，复力予追击，卒将撤退的缅军击得鼠窜而逃。沿途又受泰游击队的伏击，因此缅军损失重大，逃出者寥寥无几，咸投奔北碧区。大钦摩罗浓悉缅军已全部失利，知难抗战，且无意作战，亦撤退赴马达班城向阿砂温记报告。郑王谕三军力驱缅军出离国界后，即开返京华，所有作战有功的将士，皆一律领受到奖赏，并无遗漏！

---

① 缅将兀瑜空温借故拖延的原因，完全恐惧遥方之对其本人施行报复，因在进攻室利阿瑜陀耶都时，尝作了种种暴行。

② 编者按：此处当脱"袭"字。

查这次泰缅战争，来侵的缅军共有三旅，总数九千名，出抗的泰军，包括京华军以及地方军，全部达二万名。郑王有意取胜，则早将缅军予以全部击溃久矣。大概存心活捉万缴区的全部缅军，始采用包围的战法，因此颇费时日，且忍受种种的劳苦。其主要的目的，实鉴于此次来侵的缅军始终轻视泰军，且诸多讥讽。此外室利阿瑜陀耶都陷落时，泰族人心浮动，咸惧怕缅军，有谈虎色变之慨，同时恐为缅军所俘虏，皆深藏山林中不敢出。郑王为激发泰军的勇敢心，以及消除恐缅病起见，乃采用包围法，迫使缅军全部投降。此举在使人看出缅军并非超人，泰族如合力作战，亦可将其俘虏，不足为奇。据此，郑王此次茹辛饮苦，御驾营次指挥三军，争取国家荣誉，其含义不外有如上述者。

更有进者，上文曾提及郑王在万缴指挥三军作战期间，王太后病笃，知不能见面及侍奉左右，王以国事为中①重，心虽忧忡，亦不能命驾返京。此情此景，实可充分看出郑王全无自私自利心，必要时任何皆可牺牲，甚至生身的母后。郑王为国为民的精诚，实非其他君主所可比拟者。王太后在万缴战事未结束前，即告驾崩。郑王之悲恸，当难以笔墨形容者。关于王太后举行火葬礼以及庆祝骨灰大典的记录，目前仍珍藏于国家图书馆内，未有印行问世，不免令人感到缺憾。

第八次　阿砂温记犯北部诸城

这次战争，实可算为郑王时代最重要的战争，为历次所未曾有者。其事因在前数次已略有道及。质言之，郑王进行复国期间，遇缅方正与中国发生兵争。迨佛纪元二三一四年，中缅兵争始结束。缅王孟罗即有意征暹，派波戍帕拉率军一支自景迈南下，另一支缅军由巴干温统率，自三塔关方面开入，以便会同进攻吞府，惟结果该两路军皆遭受阻碍。景迈方面则为郑王军先攻下；马达班方面，缅军修路准备大举进犯，则发生懵族革命，缅军被迫须平压革命党人，因此侵暹的大计划，遭受了最重的打击，而不能实现。佛纪元二三一四年缅王孟罗驾幸仰光，修葺佛塔（四月间事）。当时缅军主帅阿砂温记亦将懵族革命党予以平服，但仍驻守于马达班城，待追随懵族而开入暹境的缅军归返而已。阿砂温记悉缅王驾幸仰光，即亲赴仰光朝见。大概缅王见有大军留驻于马达班城，乃将侵暹的事务，全部委由阿砂温记负责进行。

这位缅军主帅阿砂温记，缅史有两种称呼，依其职衔称"阿西温卡怡"（Ahsewunkayi）。

---

① 编者按："中"衍。

"阿西"系官衔，为缅王委任专司征收土地税作为军饷的官职。"温"作事务解。"卡怡"义为大。予以连缀后，"温卡怡"则等于暹方的"摩诃庵麻耶"①。综合"阿西温卡怡"而言，则解作征收土地税充作军饷的摩诃庵麻耶。不过缅史往往以其官衔另称为"温·卡怡·摩诃西遏素罗"。

阿砂温记，依缅史的记载，称为当时缅甸方面最主要的战将，富有战略，为孟罗王属下稀有的将材之一，曾统率缅军与中国清兵作战有功。依循这次缅军进侵暹北诸城的作战方略而言，可看出阿砂温记实名副其实，指挥三军作战大为精细，且处处表现其卓绝的天才，军律亦严厉，为任何时代侵暹之缅军统帅所不及者。这次战争，充分地表现了双方作战的策略和两军主脑的天才。泰方有郑王指挥，且辅以能征善战的昭披耶洛坤素旺。缅方则全靠阿砂温记的指挥有方。战斗的进展亦为历次泰缅战争所无者，双方势均力敌，直至此次战争的结束，双方只打了平手。明言之，即不分胜负，各自收军而返，而为泰缅战争史上遗留下了最光荣的一页！

惟使人悼惜的，就是一世名将的昭披耶宋加绿适于佛纪元二三一八年秒无疾而终。昭披耶宋加绿的逝世，郑王如失□臂，同时使宋加绿城的防御力锐落，甚或可比之为宋加绿城的砥柱倒塌。如这位虎将仍健在，缅军主帅阿砂温记必不能轻易地攻陷宋加绿城，而昭耶宋加绿定能发挥其天赋的材略，从而截堵缅军此次的进侵也。②

阿砂温记接奉缅王孟罗的谕令后，于佛纪元二三一八年五月间返抵马达班城。在这时候缅将大钦摩罗浓大败而来，报告此次侵暹的战绩，同时述明兀瑜空温全军为郑王军所俘虏的事实。阿砂温记据报，并检讨此次失利的种种事态后，始了解泰军作战能力，非室利阿瑜陀耶时代可比。实际上已不能依样进攻室利阿瑜陀耶都时派军自景迈南下及自三塔关方面进侵矣。盖深恐泰方必先发制，结果将影响及大局。因此阿砂温记乃转而抄袭鸿刹砵底王巫舜郎侵犯暹罗的旧方案。明言之，即派军先开入暹罗，从中攻占北方诸城，作第一步的削减泰军的作战实力，同时巩固缅军在北方的根据地。然后循水道（即昭披耶河，俗称湄南河，实误）进取吞府。阿砂温记乃下令三军先驻守于马达班城，继行文受泰军击败而逃驻于景线城（Chiengsen）内的缅将波戍帕拉及波摩瑜源，限其在雨季内攻下景迈，并准备船只以及粮秣接济大军。盖阿砂温记决定于旱季行军也。波戍帕拉及波摩瑜源当即准备军马，于佛历二三一八年十月间开拔，并进攻景迈。

至于吞朝方面，自战胜万缴区缅军后，即获得整整五个月时间的空闲，惟至十月

---

① 泰语之摩诃庵麻耶，即官级中的"卿"总称，分上中少级。卿之下为"庵麻耶"，即"大夫"之谓，亦分上中少级。"大夫"之下为"仑庵麻耶"，即"士"之谓，仍分上中少级。

② 见吴福元《昭披耶宋加绿传》，第141—143页。

间，即接得情报缅将波戍帕拉及波摩瑜源将再度进攻景迈。郑王当即诏文彭世洛城太守昭披耶素罗室利（即一世王弟）先领军驰赴景迈增援，然后委披耶却克里（一世王朱拉绿，此时已晋升披耶却克里爵衔）自吞府领军北上作为后援部队（此两支军队数量若干，史籍未有记载），并谕令倘将缅军击退后，即进攻景线，以便毁灭缅军在此方面之立足据点，杜绝后患。

缅军先泰军而开抵景迈，即沿城下立营，准备攻城。惟缅军此次进侵，纯属乌合之众，实力不雄厚。探悉泰军北上增援的消息后，波戍帕拉及波摩瑜源即闻风而撤离景迈，不待与泰军交锋，而退返其在景线方面的根据地。据缅史记载波戍帕拉军续由乃城（Mung Nai）方面退回缅甸，准备会同阿砂温记大军开入暹罗，但已赶不及阿砂温记的大军矣。

缅军主帅阿砂温记，经将三军调集完竣后，当于十一月间，派其弟匣拉巫（Kalaba）及孟怡耶悟（Mangya eza-Ngu）[1] 领军二万名自马达班城开拔，为前锋。阿砂温记本人则亲率缅军一万五千名殿后，有大钦摩罗浓及东武城太守随行。缅军系由湄拉冒关（Dan Melamvut）方面开入达城。沿途所经的暹方地方官，皆缺乏充分的实力抵抗，概预先携带居民逃入深林内藏匿。因此缅军进展神速，全未遇任何抵抗，而进占了达城。继自达城沿兰海关（Lanhai）方面进攻速古城（Sukothai）。据缅史载，缅军进攻速古城时，宋加绿城亦已被攻陷，进而攻下速古台城，分军一支驻于万公陀尼村[2]，即靠近新南荣河岸，而阿砂温记本人则驻守于速古台城内[3]。

北开增援景迈的昭披耶素罗室利及披耶却克里军，抵景迈时，缅军已远去，即进驻于城内。无何接悉缅军已自达城方面进侵，一世王兄弟俩未有依郑王谕进攻景线，立即自景迈开拔南下，回防于彭世洛城内。因缅军数众，只得固守于城内，以待郑王援军的开来。彭世洛城位于大支流畔，可以船只联络南部诸城。昭披耶素罗室利（一世王弟）有意试探缅军的实力，乃会同北方诸城太守，由速古台城太守披耶速古台、宋加绿城太守披耶厄卡罗汪砂、披阁耶城太守披耶披阁耶等驻于万公陀尼村，而昭披耶素罗室利本人则领军驻于万楷罗巴发村。缅军察出泰军的动态后，即先进攻披耶速古台等的驻军，破之。继攻昭披耶素罗室利军，激战三天，亦为缅军所击退，结果皆退守于彭世洛城内。

---

① 缅史载，缅将一称蒲甘巫，一称柯王耶。
② 万公陀尼村，为现时速古台府会址。
③ 缅军此次驻扎于速古台城，不即进攻彭世洛城，实因速古台城出产米粮甚富，所以缅军始暂驻扎于速古台城，从事觅聚食粮，作为进攻暹罗之用。

缅军主帅阿砂温记即留军五千名驻守于速古台城，另亲领大军三万名于一月白分开抵彭世洛，并在河之两岸立营将彭世洛城予以包围。守将昭披耶素罗室利即派军分登城堞，增厚防力。由于彭世洛跨大支流两岸，水流直贯城之中央部位，乃下令架设浮桥三处，以便两岸获得相当的联络。

当阿砂温记军包围彭世洛城时，系在郑王援军未开到以前。彭世洛城内的守军，究有若干，史籍无记载，惟相信其数量必不超出□万名。在缅军立营包围期间，阿砂温记尝率领一支军队，每天赴各处视察。昭披耶素罗室利尝出城袭击，惟无功而返。

至于吞府方面，当接悉缅军大举进侵北方诸城时，亦接得南方的报告，另一路缅军则自景迈方面进侵。郑王乃令昭罗摩叻沙纳，□已领有宫坤阿拏叻砂颂堪爵衔，领军驰赴佛丕城驻防，并堵截由信□关方面开入的缅军。惟北碧城方面究派谁驻防，史载未有明载，预料必有军在该处驻防。郑王经将南部的靠西面的军事布置完毕后，即于二月黑分十一，火曜日，御驾统率大军约□万二千名北开增援。

关于这次泰缅战争的对阵情形，爰根据丹隆亲王所著的《泰缅战争史》所载的胪列如下：

第一阶段

郑王驾抵洛坤素旺城（即北杭坡①）后，首先将大军与彭世洛城方面的联络打通。王谕令披耶罗阇塞第领军三千驻于洛坤素旺城，保护军需运输路线的完全，同时防阻敌军下侵至彭世洛城界的南滨河口。三月白分初七，土曜日，谕在南滨河口立营，因此处适介于彭世洛城的大支流以及速古台城的南荣河之交流口，可以船只来往利便无阻，这里距彭世洛城只有一天的路程。然后分配军队沿河的两岸驻扎，由总营起直延至彭世洛城为止。

第一据点，设于万柿村（Bang Thraya），由披耶罗阇素帕钵底统率。

第二据点，设于陀仑村（Tha Rong），由昭披耶因陀罗阿派耶统率。

第三据点，设于挽甲叻村（Ban Kra-dasa），由披耶罗阇博底统率。

第四据点，设于朱拉牟尼寺区（Wat Chulamani），由乍蒙砂巫齐罗阇统率。

第五据点，设于彭世洛城后首庄寺（Wat Chandra），由昭披耶洛坤素旺统率，并指挥各据点之各军。

此外复派小支部队从中保护各据点之交通路线，另设立大炮总队，负责驰援各据点之各军，派拍室利楷拉砂领军五百名，修筑沿南滨河岸之军路，直通彭世洛城。

① 编者按："北杭坡"为"北榄坡"讹。

观察双方对峙的军力，缅军大概有三万名，而遥方则有二万名，适为三比二。惟泰军之大炮较缅军为多，且有战船巡逻于河内，因此缅军始不敢下来立营于河干，以防泰方的大炮轰击及水师的夹攻。不过遥缅双方对于军需方面皆感到相当的困难。缅方原以为可在景迈获得充足之粮秣，但未能实现。盖缅将波戍帕拉及波摩瑜源攻景迈不利而撤退，所以阿砂温记必须在遥境内觅取粮秣。基于缅军的进侵，系在泰方未准备以前，结果搜刮了当地所囤积的食粮不少。然此次战事如相持而拖延下去，则粮食之增补，必发生困难。因泰军业已开来堵截，如缅军不及时击破泰军，则泰军随时可切断缅军军需的供给路线，最后缅军将失去战斗力。至于泰军方面，因缅军围攻彭世洛城，城内军民之粮食，根本不能在城外觅取，须赖总营由水道运输供给。而总营粮食之获得，全靠南方，即自室利阿瑜陀耶城而达披集城的供应，由水道运送，惟途程数天，始达总营。因此运输路线的掌握，实为泰军最高的理想，而且也是泰军所最顾虑的，如敌军力能切断泰军的军需路线，则大军将被迫而后撤，同时彭世洛城亦随之而告不保。

泰缅双方已有如上所述的共通困难点，最主要的，缅军必须在最快的时间内击破泰军；泰军方面最主要的任务，就是确保彭世洛城，设法拖延时间，虽不能击溃缅军，但缅军因粮食缺乏，最后必告败退。依照后来的战争状态而言，实充分地显示出上述的推测。盖郑王军一经北开，并谋与彭世洛城联络时，缅军主帅立即下令进攻郑王军。

在这一阶段的战争，依《钦定本纪年史》载：郑王军经在两岸次第立营完成后，三月白分初十，火曜日，阿砂温记即派军一支在乍蒙沙摩齐罗阇军立在朱拉牟尼寺之营前，靠西岸建了三个营寨，此外另派军一支开赴西岸巡逻并侦察军情。缅军尝与郑王军发生激战，由沿河岸披耶罗阇博底在挽甲叻村的第三营进袭起，直至披耶罗阇素帕钵底在万柿村的第一营为止。郑王乃谕将大炮卅门运赴披耶罗阇素帕钵底方面增援。缅军进攻激烈，一直混战至傍晚，始收军而返。

三月白分十二，木曜日，郑王谕披耶达摩苔罗洛、披耶叻陀纳披蒙、披耶春武里等，留守南滨河口的大营。郑王则御驾统率大军驰赴万柿村东岸立营，增援披耶罗阇素帕钵底军。同日夜间，缅军自西岸开来，进袭陀仑村昭披耶因陀罗阿派所统率的第二军，双方发生激烈肉搏，郑王立派二百名精选的炮手运炮救援，缅军攻不下，即行退军。

当时缅主帅阿砂温记必明了，郑王所统率的援军实力雄厚，且作战力甚高，非初料所及。拟将包围彭世洛城的军力，分一点增强南面的堵截，又怕彭世洛城内的守军乘机出袭，因此只能行文速古台城的缅将，分军三千名下开，以便设法切断郑王军的军需路线，余下的二千名军，则开赴彭世洛方面增强包围圈。[①]

第二阶段

至于郑王，见缅军进侵后，仍全部退向彭世洛城，即准备进攻缅军，以便解彭世洛城之围。迨至三月白分十三，水曜日，谕令披耶拉曼汪沙领槽军通过彭世洛城中，直赴北面立营截堵缅军，谕披耶却克里偕昭披耶素罗室利（一世王及王弟）增强守卫力，并在东面截堵缅军，南面则派昭披耶洛坤素旺（立营于庄寺村）亦设法扩展范围，以紧接缅军营，伺其动静，以利接应，所立之营共有数座。缅军首先进攻披耶拉曼汪沙军，槽军开排炮，死伤缅军颇众，余众皆逃回营寨。因此槽军姑依郑王的命令安然立营。至于披耶却克里、昭披耶素罗室利，亦依命在东面立营，为被缅军所击退，营寨且落于缅军手中。后来昭披耶素罗室利力战结果，卒夺回营寨。所以郑王所定的堵截线遂得完成。缅军见郑王军切近营寨，颇为不安，乃努力进攻泰军，惟始终皆被泰军所驱退。最后缅军特挖掘战壕，避开炮位，图攻泰军营；泰军亦挖壕直贯缅军壕，每一营寨皆发生肉搏战，经过了好几天，双方仍坚持着。

三月黑分初二，火曜日，郑王于晚十时驾幸庄寺村的昭披耶洛坤素旺军营，派披耶荣吗叻、披耶柯叻、披耶披猜耶颂堪等军开赴南面增援昭披耶洛坤素旺，然后谕令各军准备进攻缅军。至深夜，郑王乃发出信号，所有三军皆协力向缅军营做总攻击。一直战至天亮，泰军仍未能攻下缅军营，因此只有收军。盖阿砂温记发现郑王军在东面不住增援，且作数天的布置，即预料及泰军必在东面总攻，由于缅军数量较众，并有相当的准备，所以攻不下。

郑王进攻东面缅军不下后，乃于三月黑分初三，水曜日，传三军主将会议于庄寺村营次，认为正面进攻缅营无效，因缅军实力雄厚，应另觅取新战略。终于决定由披耶却克里及昭披耶素罗室利集合彭世洛城内军旅担任西南面进攻缅营，然后另分军一支抄缅军后路，以便威胁缅军，使其不能安然退出。会议后郑王即退驻于第二据点，即陀仑村据点。

三月黑分初四，木曜日，郑王谕传昭披耶洛坤素旺军后退，另调披耶荷拉特布底及披耶匡兰猛的槽军开赴万柿村，集结成一军团，实力约五千人，委昭披耶洛坤素旺任前锋，昭披耶摩诃蒙天[②]任统帅，銮南公仑那勃、銮叻育陀则为增援部队，着彼等预先埋伏于西面的缅军营后，见缅军正与披耶却克里及昭披耶素罗室利混战期间，即应夹攻。

[①] 见《泰缅战争史》第 2 卷，第 121—124 页。

[②] 《钦定本纪年史》及《泰缅战争史》皆载披耶摩诃蒙天，惟一世王修纂的《吞武里史》则称昭披耶摩诃蒙天，特从一世王本。

郑王另派拍罗阇颂堪急回吞府运大炮接济。

至于驻守于速古台城的缅军五千人，一经接奉阿砂温记的命令后，即派军三千人开赴金刚城，以便切断郑王军的军需路线，另二千人则开抵彭世洛城，会合该处的缅军。披耶速古台军的探卒查出其调动的情形后，立即向郑王奏闻。时昭披耶摩诃蒙天所统率的大军，业于三月黑分初六日开拔矣。郑王接报后，知缅军有意袭扰军需路线，为保护大军的安全起见，乃调原驻守于挽甲叻村的第三据点披耶罗阇博底，及披耶披博哥沙军急开洛坤素旺城（即北榄坡）协同披耶罗阇塞第守卫城池。此外调披耶铮所领带的懵军集合銮博底颂堪军，人数约五百名，急开金刚城属的万兰洛迈区侦察缅军情，以便明了缅军调动的方向，如有隙可乘，即加以进攻，否则应退回。至于已先派出的昭披耶摩诃蒙天军，仍让其进行，只不过加派披耶达吗领军一支急赶去增援而已。

披耶却克里及昭披耶素罗室利则依郑王谕令于三月黑分初三，土曜日，在西南面袭迫缅军，是日黄昏即与缅军作战。昭披耶素罗室利用松脂火把塞入炮口，然后开炮向缅营发放，火把落于缅营，烧去缅营一座，眺望台二座。缅军出营灌救，泰军即鸣炮轰击，死伤累累，惟未能攻下缅军营，因增援的部队不能及时赶到。援军前锋开抵挽烦贝村即遇缅军（大概系由速古台方面开来增援的缅军二千名），双方相持着。昭披耶素罗室利等只得固守营寨，由昭披耶摩诃蒙天统率的援军尝驻扎于万客村。也许郑王见不能包抄进攻缅军后，当谕令昭披耶摩诃蒙天及昭披耶洛坤素旺军退回。[①]

第三阶段

缅军主帅阿砂温记发现驻防于彭世洛南面沿河地带的泰军撤退了好几部队，实力略减，知有机可乘，乃派缅将匣拉波领军一支袭击泰军的军需队，结果为缅军夺去了多次。其最后一次，郑王派披耶柯叻再运粮秣赴彭世洛接济，而彭世洛城内则由昭披耶素罗室利领军一支出城，以便接纳粮秣。由匣拉波所率领的缅军对于切断军需路线的任务，颇为出力。因此双方皆出死力争夺，以致泰军不能取得联络。《钦定本纪年史》及缅史咸赞缅将匣拉波作战坚强，而披耶柯叻所运的粮秣，只得带回，此后彭世洛方面的粮秣就此不能接济了。

迨至三月黑分十二，金曜日，坤铍沙底自吞府飞报称，缅军自信卡罗关进入，陷猛固耶城、巴兰城。驻守于佛丕城的郑王侄宫坤阿挛叻砂颂堪（即昭罗摩叻沙纳，在万公之战后始晋封此爵衔）即派军开赴佛丕城属地峡处堵截。郑王恐缅军乘虚进攻吞府，乃谕昭巴涌派集（Chao Pratumphichitra）领军一支急开返吞府增防，因此郑王军又减少

---

① 见《泰缅战争史》第2卷，第125—129页。

了一部分实力。

郑王派赴金刚城方面堵截缅军的披耶铮所领带的懵军，先缅军抵目的地，特择一适当地点埋伏，迨自速古台城方面开来的缅军先头部队切近后，即予出击。缅军未有预防，因此为泰军所击溃，纷纷后退，并遗下军械甚夥。披耶铮下令收拾军械，运往总营。缅军先头部队后退，而与大军会合后，依然向前进攻。披耶铮因所领军甚少，难以敌众，遂后撤，并侦察缅军的动态。此次南下的缅军，阿砂温记系令其进攻洛坤素旺城，因该城系郑王大军军需的积汇处，目的在扰乱增援彭世洛的郑王军后方。郑王对于缅军所采取的战略，大概亦有见到，所以才调披耶罗阁博底及披耶披博哥沙军后撤，增援洛坤素旺城方面的披耶罗阁塞第。缅军一经开抵金刚城，悉洛坤素旺城方面守军实力雄厚，缅军军力只有三千名，仍不足以进攻，乃驻扎于金刚城，不即进侵洛坤素旺。然后派出游击队转赴洛坤素旺城的后面西岸，向色梗港（旧址）实行抢掠。

三月黑分十三，土曜日，郑王接得报告金刚城方面的缅军，在万隆砂拉村、万匣洛钵罗村、万銮村各立有营寨，另外还有一支缅军进侵色梗港，且实行将色梗港村焚毁，继此将开赴何方，仍未悉。郑王疑这支军或将自色梗港开往洛坤素旺城南面扰搅军需路线，乃抽调总营内的军队约千名，由昭阿拿拏胪陀哇统率，且分成三队，第一队由坤因陀罗绿指挥，第二队由銮巴叻及銮梭罗威漆①，色梗港关长指挥，第三队由太子昭侧指挥，开下保护军需运输路线以及军械的接济。然后另派一小支军队开往洛坤素旺增援，并派军先开赴猜纳城属大眼鸡湾村驻扎。至于彭世洛南面的拍荷拉特布底、銮叻砂蒙天之第二据点防军，转往披集城之阁砂卢村驻扎。派披耶坤西施负责保护披集城方面的军需路线，因恐金刚城方面的缅军或不免暗地里扰搅及这方面的安全。

三月黑分十三，日曜日，郑王谕传昭披耶素罗室利及披耶却克里赴陀仑村朝见。时披耶却克里称病，只昭披耶素罗室利一人朝见。依据《钦定本纪年史》载，郑王此次召集会议，目的在讨论作战方略。因郑王本意拟分一部分军队开下驻守于洛坤素旺城，以便保护军需的安全。关于彭世洛城方面，则有意着昭披耶素罗室利弟兄两人坚守。据此照双方作战的形势而言，实可推测出郑王必实感到缅军实力较雄厚，仅单赖正面作战，当不易取胜；同时得了掳获缅军的供称缅军目前粮秣缺短，遂有意更变战略，即设法坚守重要据点，然后觅取方法切断缅军的军需路线，务使缅军因乏粮而减低其作战能力，继此即会合各军一鼓而攻之。在此相持之期间，彭世洛城内则须极力节用粮秣，设法拖延时间，以利贯彻此新的战略。郑王的意旨，当不出如上所推测者。当时缅主帅阿

---

① 这位銮梭罗威漆在却克里王朝一世王时代任财政大臣。

砂温记也许实感到粮秣获得的困难，同时见泰军次第后撤，知必改变战略，阿砂温记为适应当前的处境，也改变了作战方略：即努力调集各军，在可能的范围内先击破郑王的援军，或先行攻下彭世洛城。依缅史载，这次作战，由阿砂温记亲自统率及指挥，大概驻于金刚城方面的缅军亦被调来作战。这一阶段的战争，照《钦定本纪年史》记载如下：

四月白分初二，火曜日，驻防于南滨河口的披耶叻陀那披蒙，向郑王奏称，探卒发现缅军在靠南滨河支流约三湾水税处披荆斩棘，似乎企图在该处立营。郑王乃谕令銮威成德罗瑜陀麦耶偕同銮罗阇瑜陀贴运大炮八门赴南滨河口西岸增援。同日缅军在切近挽客村之昭披耶洛坤素旺及披耶达摩军营处立营，共有四营，且开小路，意图继续筑营作包围状。挽客村较切近挽甲叻村，这是郑王援军的第三据点。

迨至四月白分初三，水曜日，郑王由陀仑村总营亲自步行至缅军企图包围的挽空村，谕披耶西遢罗阁莱初阁耶及乍蒙特社那军开往昭披耶洛坤素旺军营增援，然后驾返陀仑村总营，谕传披耶却克里朝见，拟有所指示。是日黄昏，郑王在总营会议期间，缅军即进攻南滨河口，总营聆见炮声甚清晰。郑王谕披耶却克里暂留守于总营，郑王则于晨三时御驾统率水师驰赴南滨河口救援。留守于总营的披耶却克里待至天明后，即托由披耶贴阿罗春及拍披漆那仑卡①守营，自身则返彭世洛城，幸缅军是晨未来进攻总营。

郑王于深夜驾抵南滨河口。是晨五时，缅军即进攻甲蓬港方面的披耶达摩苔罗洛及披耶叻陀那披蒙军营，直至天亮仍在相持着。

四月白分初四，木曜日，郑王亲自步行跨过浮桥而抵西岸，指挥军队增援甲蓬港军营，令披耶速古台领军先开拔，并开掘壕堑直通缅军所进攻之营寨，另派銮南功等领军增援披耶速古台军。此外派銮叻砂瑜陀及銮博底颂堪领军赴洛蓬港方面堵截缅军，派銮社那博底率领□真拉军抄缅军之后。

迨至四月白分初六，土曜日，披耶速古台、銮叻砂瑜陀、銮社那各军即于晨间会同进攻甲蓬港缅军，双方激战，甚且发生肉搏，泰军仍未能将缅军击溃，因缅军势众，进攻非易。

四月白分初七，日曜日，郑王调昭披耶因陀罗阿派在陀仑村的驻军及披耶克兰猛所率领的慵军返南滨河口增援，然后驾出军营，参观甲蓬港方面所立的营寨，谕令将各翼营寨再扩大范围，绵延约长廿二先。是日黄昏，缅军再度进袭泰军营，双方争战甚力，缅军不能攻下泰军营，遂相持着。郑王谕传驻守于彭世洛城后首之庄寺村的披耶荣吗叻

---

① 编者按：据下文，"披漆那仑卡"当系"披耶威漆那仑卡"脱讹。

军后撤，同时全权交由披耶荣吗叻指挥在甲蓬港方面对缅作战的所有部队。

大约在四月白分初九，火曜日，阿砂温记调甲拉波军攻南滨河口北面的泰军营，甲拉波在大支流西岸挽客村昭披耶洛坤素旺军营就近地点立营。迨至四月白分十一，木曜日，晚间，缅将甲拉波下令军队自岸旁渡河，进袭宫盛耐军营，系位于东岸辣椒寺村，时守寺的士卒共有二百四十名①。因缅军势猛，不能抗拒，结果一连五营寨皆为缅军所攻占。

郑王谕驻守阁砂鹿村的拍荷罗特武底、銮叻砂蒙天军，驻守答庄村的披耶坤西施军开南滨河口，增厚王军的守防力。②

四月白分十二，金曜日，守于挽空村的昭披耶洛坤素旺，特向郑王奏称，谓缅军立营包抄至岸干，且渡河攻破辣椒寺村五营寨，恐缅军包抄，请退守于东岸。郑王乃谕令披耶克兰猛的懵军、拍荷罗特武底部开上会合披耶贴阿罗春军以及驻守于陀仑村的披耶威漆那仑卡军取得联络；委披耶荣吗叻任主帅，进攻辣椒寺村的缅军。先头部队一经开抵目的地时，缅将甲拉波立予攻击。泰军仍未取得联络，结果失去营寨。迨披耶荣吗叻抵步，即会合各军向缅军总攻，卒夺回失去的营寨，缅军退守原地，双方对峙着。

当时阿砂温记派其弟孟怡耶悟领军一支渡河抄郑王军在南滨河口东岸的后路，共立有数营寨。双方激战数天，泰军仍未能将缅军击退。郑王鉴于缅军颇众，坚守南滨河口据点，必不利，乃于四月黑分初十，木曜日，谕令全部军队自南滨河口后撤，转而据守于披集城的万考笃村，至于其他各据点的守军，亦次第随大军而后撤。

第四阶段

自披耶却克里朝见郑王而归抵彭世洛城后，即与其弟昭披耶素罗室利会商，认为彭世洛不能继续坚守下去，因粮秣缺乏，同时军心涣散，乃决定放弃彭世洛，于是下令在城外立营堵截缅军的军队弃营撤退城内，而缅军亦乘泰军撤退时，进而威胁城下，甚且派军攀援城墙，企图冲入城内，城堞上守军协力将缅军击退。缅军已不能入城，乃固守于城外。

至四月黑分十一，金曜日，彭世洛的昭披素罗室利及其兄披耶却克里探悉郑王大军业于日前向后撤退，乃下令守军日以继夜向包围之缅军炮轰，并以音乐班在城堞上奏演，意使缅军误以为城内业已决定作长久之固守。然后再组立三部队，居前的部队，完全选择仍具有力量的精兵，以利突破缅军的包围圈；居中的部队，则保护城内居民，虽

① 一世王修纂的《吞武里史》，称守军共有214名。
② 见一世王修纂的《吞武里》第73页。

妇女亦以武器；殿后的部队则保护队伍的安全，防缅军后追。部队组成后，乃于是晚九时下令开放城门，部队立即向东面的缅军营直冲。缅军出战，双方短兵相接，激战颇烈。泰军卒突破缅营，觅得一条路而出。披耶却克里兄弟两人领军直向蒙仑赡部村方面而去。至于居民，其能追及军队者，则随军队而去，其不能追上者，则逃向万考笃村大军驻在地而来，落后者咸为缅军所掳去。披耶却克里兄弟两人领军跨过戒尺山，而在碧察汶城整理部队。缅军围彭世洛城，前后共费时四个月，始取得彭世洛。

缅军主帅阿砂温记悉泰军突破包围圈而逃出后，即驻守于彭世洛城内。依据《钦定本纪年史》载："在此时，缅军主帅阿砂温记尝签发布告晓示部下三军，谓现时泰族，作战能力坚强，非前时泰族可比。此次彭世洛城之陷落，实因粮秣缺乏之故。将来对泰族作战，假如主将无具有卓越的才略，可不必与泰族作战，取胜实难之又难！"

关于阿砂温记取得彭世洛城后的战事，《钦定本纪年史》以及缅史皆有缺点，且乏详情，因此只能拾缀双方的记载，并参合其他方面的推测，始能了解其历程。

在阿砂温记取得彭世洛城后，鉴于城内粮秣全无，乃派出军队二支。一支由其弟孟怡耶悟统率，开赴碧察汶城，规定在碧察汶城及隆塞城觅聚粮秣，接济大军；或者阿砂温记派其弟领军开赴碧察汶城，大概追击披耶却克里兄弟两人也是可能的。另一支则由甲拉波统率，开向金刚城，亦系觅取粮秣。惟在此二支军队开去后，阿砂温记始接得诏令，谓孟罗王已驾崩，太子晋固早①继立，着阿砂温记立即收军返阿瓦都。阿砂温记悉其事后，颇为不安，乃派②急去追赶孟怡耶悟军，已不及。拟在彭世洛略事期待，恐被罪，于是只得搜刮城内财物以及所掳得的居民，一并开拔向速古台城、达城方面而去，然后出湄拉毛关而返缅甸。仅嘱甲拉波军留在暹罗，候孟怡耶悟军一同返国，因此阿砂温记收军返国时，仍遗下军队二支在暹罗也。

《钦定本纪年史》载："郑王得悉阿砂温记收军返国后，不禁太息。"缘郑王的存心，只须坚持并设法拖延时间，最长不出一个月之时间，缅军粮秣必短少而无力作战，则缅军之落于掌握中，实为不可移之真理。然而彭世洛城方面未能坚守，以致缅军取得彭世洛城后，即收军返国。而郑王原定的计划，也就未能实现。大概缅军此次急速收军返国，郑王定以为系缺乏粮秣所致，而不知系接奉诏令召返者。

郑王一经得悉缅军撤退后，乃下令军队分头追击：披耶披阇耶及披耶披阇耶颂堪率领军队一支；披耶贴阿罗春、披耶叻陀那披蒙、披耶坤西施率领军队一支，委彭世洛之

---

①　编者按：据下文，应为"晋固乍"。
②　编者按：此处当有脱漏。

披耶社卜叻、銮叻砂瑜陀、銮匣卡尼砂罗任前锋；披耶梭罗武㮣陀罗率领一军；披耶特迫武底率领占人志愿军一队。凡四支军队负责追击向达城方面撤退的阿砂温记军。另派披耶蓬拉贴、乍蒙砂模齐罗阁、銮那钵拙率领军一支；披耶罗阁博底率领军队一支。这二支军队负责追击碧察汶城方面的孟怡耶悟军。派昭披耶洛坤素旺及披耶宋加绿负责追击金刚城方面的甲拉波军。至于郑王所统率的大军仍在原地，期待收容一般逃自彭世洛方面的居民。约十二天后，谕由荣吗叻继续在万考笃村负责收容难民。至佛历二三一九年六月黑分十四，木曜日，郑王退而驻跸于洛坤素旺城界的万钦村。

至于追击缅军的部队，由披耶蓬拉贴、披耶罗阁博底所率领的部队，开赴碧察汶城方面，在城南的挽那荣村即与孟怡耶悟所率领的缅军相遇，大概孟怡耶悟必已接得阿砂温记的命令而退者。泰军立即进攻，缅军不敌，且不能退向彭世洛方面，因有泰军在前面堵截，结果只有北退而入兆象（Lan Chang）境，然后通过景线而入缅境。盖当时的万象以及朗勃刺邦仍隶属于缅甸，而景线城亦受治于缅甸也。

仔细查考一下这一阶段的事态，《钦定本纪年史》的记载，必有二处误植。其一指缅军自碧察汶城逃向色梗港城。查阅地图后，未免距离碧察汶城太远了，而且所经过的地点，在在有泰军驻守，实不可能。大概缅军必如缅史所载退向兆象及景线方面。其一即为披耶却克里兄弟二人自突破彭世洛的包围圈后，即退至碧察汶城从事整理部队，一经得悉缅军撤退返国，即自碧察汶城开拔，穿过抱木山林，而在速古台城方面进攻缅军。这层也是有误。自碧察汶城开拔，而沿着上述的路线而行军，未免太迂绕了，捷径还有着不少而不行军，如跶吗线（Sib ma-sen）及兰山（Keao Rang），皆系最好的捷径，为何不采行？更有进者，假如披耶却克里兄弟二人仍驻军于碧察汶城，最低限度当与孟怡耶悟所率领的缅军战争了。然而事实上亦未见有发生任何遭遇战，因此可证出披耶却克里兄弟二人大概在碧察汶城勾留的时间不长，一经把部队略为整理，及觅得相当的粮秣后，即开向柯叻城，在那里补给部队，然后必开至阁耶巴兰（Chaiya-badal）或北票城驻守，比悉缅军自彭世洛撤退后立即行军通过抱木山林，穿过华富里城而追击缅军。

现在回头叙述追击缅军的情形了。

追至七月（佛纪元二三一九年），郑王仍驻跸于万钦村营次，得报在金刚城方面有缅军不下二千名[①]，乃谕令披耶荣吗叻军自陆路沿南滨河西岸行军，披耶罗阁戍帕钵底则沿东岸而行军；复谕驻防于金刚城南面挽空村的昭披耶洛坤素旺军会合上述二军夹攻

---

①　这支缅军，即系甲拉波军，缅史称阿砂温记令其候孟怡耶悟军，大概仍不晓得孟怡耶悟军已逃向兆象境。

金刚城的缅军；至于郑王，则亲自统率大军开赴克仑港口立营，以利随时救援。惟泰军仍未开抵目的地以前，即接悉金刚城方面的缅军业已向北而逃了。不过，另有一支缅军约千名，则自后方绕道而指向西岸。① 郑王于是将昭披耶洛坤素旺军调返。

七月白分十二，木曜日，郑王复自克仑港口处退驻于洛坤素旺城，得报自西而下来的缅军，抵色梗港城后，即肆意抢掠焚毁，然后开赴那里（Nari）。郑王乃谕昭阿拏律、銮社那博底领军一支，然后诏令守于金刚城挽空村的披耶荣吗叻、披耶罗阁戍帕钵底军开下，会合昭阿拏律军开向色梗港城驱逐缅军。郑王旋于七月白分十四，土曜日，命驾返朝。

披耶荣吗叻、披耶罗阁戍帕钵底一经接奉谕令后，立即自挽空村开拔，沿西岸而通过贲山关、砂叻拍关，以便向色梗港城方面的缅军进攻，惟与开回而驻守于洛坤素旺城候孟怡耶悟的甲拉波军相遇。惟这二位披耶所领的部队，不足以击溃缅军，乃向吞府飞报。郑王立派侄宫坤阿拏叻砂颂堪，时刚自佛丕城归来，领军一支进攻洛坤素旺城的缅军；另派太子宫坤因陀罗披读砂率领水师一千名驰往增援。郑王依然不放心，复御驾统率大军由水路于七月黑分初四，木曜日离开吞府，开赴阇耶纳城，调太子宫坤因陀罗披读砂回吞府，保护京华。

郑王驾抵阇耶纳城后，即谕宫坤阿拏叻砂颂堪、宫坤罗摩蒲迫及昭披耶摩诃社那领军进攻洛坤素旺城的缅军，而郑王即于八月白分初一，月曜日，统率大军随上。然而迨至八月白分初三，水曜日，郑王命驾返吞府。至于宫坤阿拏叻砂颂堪、宫坤罗摩蒲迫及昭披耶摩诃社那则进攻洛坤素旺的缅军营。缅军数量千余名，泰军进攻时，抗战甚力，双方相持了几天。郑王再度于九月白分十二，土曜日，命驾北上，比驾抵阇耶纳城，即接悉缅军经已放弃洛坤素旺的营寨，向色梗港城而来②。郑王谕令披耶荣吗叻、披耶罗阁戍帕钵底及披耶拉曼汪砂等军会同昭阿拏律陀哇军设法追击缅军。泰军兼程而行，在素攀武里城与猛汕卡城交界处的挽仑万南渥村赶及缅军，双方发生激战，缅军不支乃向三塔关方面溃退。

关于这次战争，《钦定本纪年史》及缅史所述的，有着重要的不同点，应在这里作相当的讨论。依上面所提述的《钦定本纪年史》看来，似乎这次战争，缅军处处占了上风，直至攻陷彭世洛城为止。泰军则只有自保，使不见败于缅军而已。所以，依战斗

---

① 西岸的缅军只有甲拉波所率领的一支军，其自后方绕道而下，或火焚武泰城的缅军，概系甲拉波所属的部队。

② 《钦定本纪年史》载，这支缅军逃向金刚城。唯缅史载，甲拉波军退向三塔关。大概缅史较符合事实，因北方粮秣比较缺乏，且沿路皆有泰军驻守，甲拉波军必自三塔关退出暹境，故从缅史。

的历程，阿砂温记此次领军来侵，几全部实现了所有的目的，只不过阿瓦王诏令收军返国已耳。可是依缅史载，则适得其反，任何一册缅史咸有一致的记载，称阿砂温记此次侵暹，士卒死伤颇众，并未实现其侵暹的任何初衷，只逃得一命，而未被泰军所击溃罢了。这就是暹缅史籍记载的不同处。细加检讨后，双方皆具有其理由。在初期缅军较多于泰军，作战在在占了上风，和《钦定本纪年史》所载符合。比缅军攻陷彭世洛城后，则逐渐转弱。因缅军所得的彭世洛，仅属一座空城，而且必需品的粮秣，彭世洛城里全无积存。所以阿砂温记须派军一支开赴碧察汶城，一支开赴金刚城，从事觅取食粮。惟粮秣仍未获得以前，即接到了调回令。阿砂温记之急急收军返国，丢下了孟怡耶悟军及甲拉波军，任泰军进攻及围歼。依循史籍所载，深信孟怡耶悟及甲拉波军，返抵本国时，必残余不多了。至于阿砂温记军，在收军回国时，亦是饥饿交迫、贫病交替的军队，沿途跋躜，军不成军地开回。负责追击缅军的泰军，起初还以为阿砂温记军势强，不敢穷追。其后查出缅军软弱，不堪一击，始晓得缅军已非昔比，然后这时缅军已逃远，全力追击已不及了。依《钦定本纪年史》载：九月黑分初二，木曜日，郑王亲领大军自阇耶纳城开赴洛坤素旺城，继而开赴达城。时缅军业已全部逃出暹境。于是郑王乃收军返吞府。

　　缅军主帅阿砂温记此次侵犯暹北诸城，泰缅军于佛纪元二三八一年一月起交锋，至佛纪元二三一九年十月为止，经遇了整整的十阅月，才停战。这次交战的结果，可得一个结论，那就是双方交锋，只得了平手，不分胜败。

第九次　缅军攻景迈

　　这次战争，虽乏详情，但暹史与缅史的记载皆能符合。这次战争的肇因，大概缅甸的新王晋固乍登极后，认为先父孟罗王侵暹，徒使士卒死伤，效果全无，因此即位后，乃急召回阿砂温记军，征服暹罗的企图，因而打消。可是百万稻田部五十七城，如景迈城等，缅军则认为系缅甸所属的重要部区。盖缅甸赖有百万稻田部，遂得进取而占有了朗勃剌邦及万象城。缅王晋固乍鉴于暹罗从中夺去了百万稻田部诸城几尽，仅存下湄公河流域的昌莱城及景线城，倘仍予放任，不事防范，则所存下的缅属百万稻田部，包括朗勃剌邦及万象城，亦将被暹方所夺去。缅新王有鉴及此，乃征调缅军及懵军约六千人，委庵蒙渥温任统帅，多温及披耶武懵任副将，于佛纪元年二三一九年自缅甸开拔，会合驻于景线城内的波摩瑜源军，进侵景迈。

　　当时的景迈城太守，为披耶乍万，系郑王于上次攻陷景迈所委任者，见缅军数众，难以抗拒，除飞报吞府后，即率领眷属及居民放弃景迈，而迁于宋加绿城。郑王接报后，即传景迈城太守入朝，然后谕令昭披耶素罗室利领军驰赴喃邦城，会合披耶伽威拉军夺回景迈城。泰军开抵目的地后，缅军不敌，即行撤退回缅。[1]

缅军经撤离景迈后，郑王鉴于景迈居民累受骚扰，惊魂不定，且多逃匿于外，不足以组立强固之防御力。倘泰军调返，缅军或将继续进侵。结果决定放弃景迈，而景迈亦随之而成为荒城。

经了这次的战争后，终吞武里朝，皆未与缅发生战争矣。盖双方内部皆发生变动，而郑王之决定御驾远征缅甸的壮举，亦随着吞府叛变、郑王被杀而宣告烟消云散了。

1941 年 1 月 12 日于曼谷

---

[1] 暹史未载泰军开景迈。不过缅军放弃景迈而退，大概系与泰军交锋后而退者。

郑王一统暹罗[*]

陈毓泰

郑王正式被拥立为暹罗新君，并委封臣属后，即着手计划巩固国基。盖当时的暹罗依然被割据成为三国。明言之，其上有砂汪卡武里国，即拍凡长老所领有的势力圈；其下有巴多里武多罗国，即昭六坤所领有的势力圈；居中的就是郑王所领有的土地。北面的景迈城，仍受缅军所统治，假如缅军实力一旦充实后，势必南侵。暹罗如仍成为三国，则不难使缅军采用各个击破法，从而统有全暹。因此郑王有意合并上下二国，归于一统，以利施政，而集力对抗外侮。不过合并二国，实不能在同一时间进行，必须择一而行。先攻砂汪卡武里国呢，还是征讨六坤国？

其实砂汪卡武里国，位于北部及中部之间，形成缓冲地带，仍可阻止缅军的南侵，姑让其苟安，郑王乃决定先向六坤王进行游说合作。

南征

郑王经决定先向南部扩展势力后，乃委昭披耶却克里①任统帅，其他将官则有披耶荣摩②罗阇③、披耶碧差武里、披耶阿派耶仑那勒④，领军五千名，由陆路出发。

由昭披耶却克里所率领的军队，于佛纪元二三一二年阴历八月黑分初三，土曜日，离开吞府，指向尖喷城、黎仔，未遇任何抵抗。因此军队乃深入六坤城界，渡湄銮

---

* 原载《中原月刊》第 1 卷第 8 期，1941 年，第 20—29 页。

① 依《却克里王朝三世王族谱》载，这位昭披耶却克里，名穆。

② 编者按：据作者注，"摩"应为"吗"。

③ 就是却克里王朝一世王弟，原名汶吗。不过，关于披耶荣吗罗阇爵衔，实有提出讨论的必要。

     查郑王正式被拥立为暹罗新君时，尝封委臣属。当时的乃戍真拉或乃汶吗，受封为披耶阿奴漆，这在前章已有叙及。可是这次出发南部时，反领有披耶荣吗罗阇的爵衔，究竟此爵衔如何产生的？

     考郑王登极后，朝廷内尝一度发生厌战，所有将士咸以为新君成立之后，即可安享太平。可是这次突有谕令须出征南部，大家咸不愿意出战。也许披耶阿奴漆比较伶俐，遂首先请缨，因此博得郑王的嘉奖，为鼓励起见，立即将披耶阿奴漆升为披耶荣吗罗阇。关于披耶阿奴漆升为披耶荣吗罗阇事，侍卫官乃萱在郑王时代所著的诗篇，称之为"请缨者"，即可证出。因此在这里遂改称"披耶荣吗罗阇"。

④ 披耶阿派耶仑那勒，就是却克里王朝一世王。

河①，抵榄喷县属陀莫区，发现敌军营。

这次由昭披耶却克里所率领的军队，因将士不合作，结果在进攻敌军营时失利。披耶室利披钹陀纳、披耶碧差武里战死疆场，昭披耶却克里之子銮叻砂吗那则为敌方所掳去。昭披耶却克里乃退军守于黎仔。

随军的副将披耶荣吗罗阁乃飞奏郑王，指昭披耶却克里无心服务，企图叛变。

郑王据报，细加权衡后，知系将士不合作所致。在当时可能办理的，就是：（一）召返昭披耶却克里；否则（二）正式委披耶荣吗罗阁为统帅，将昭披耶却克里革职。然而临事有判断力的郑王不采取上述二步骤，谕令召回披耶荣吗罗阁及披耶阿派耶仑那勒弟兄俩，仍令昭披耶却克里统帅部属作战，同时加委披耶披阁耶罗阁（即昭披耶宋加绿）另领军一支南下增援。

在这期间，吞府突接得尖竹汶城方面的报告，谓探悉安南水师进抵河仙，传将进攻吞府。郑王不放心，乃派军预赴港口守卫，以便堵截安南水师之进攻，委披耶哥砂提布底（系华籍人，姓赖）负责指挥守卫港口的军旅。继后始悉安南军并非来侵吞府，其开抵河仙，实由于柬埔寨内部发生王位的争夺战，纳翁暖②有意夺位，领军攻柬埔寨王纳翁敦。纳翁敦向安南求援，因此安南水师乃开赴河仙救援，率将纳翁暖击溃，纳翁暖乃逃入吞府依郑王而居，郑王予以优渥的礼遇。

由南部召回的披耶荣吗罗阁弟兄俩，抵吞府后，郑王立即委披耶荣吗罗阁任左翼军司令，其兄披耶阿派耶仑那勒副之，行军路线指定经过柯叻府，直向暹叻进发。另委披耶哥砂提布底任右翼军司令，行军路线指定经过巴真城，直向马德望进发，一同会攻柬埔寨。盖大城沦陷后，柬埔寨即脱离属国的地位，不愿进献金银花树。

郑王经将披耶荣吗罗阁弟兄调征柬埔寨后，即亲自率领水师不下万名，乘坐阔三索，长十一哇，桨手廿八名之御艇，于八月间南下征六坤。九月黑分初三，日曜日，驾抵万陀鲁区③，遇暴风，前锋船只略受损失。郑王乃下令停军，并在岸上建立神庙，从事祷告，求神明保佑，结果风平浪静。④ 水军继续前进，抵黎仔城。

当时的昭六坤，以为吞府军队只有陆上部队，因此对于水路疏于防守。郑王所统率的水师，于十月黑分初六，木曜日，突然开抵披耶港口。昭六坤闻讯，不禁大惊，乃调

---

① 现时称为大卑河，位于素叻陀尼府界。
② 这位纳翁暖，原系柬埔寨王纳翁敦亲族，爵居拍罗摩罗阁。郑王收复柬埔寨后，即委其任柬埔寨王，直隶吞朝，颇忠于郑王，后为叛党所杀。
③ 万陀鲁区，在佛丕府界，现改称"昭三兰滩"。
④ 见《暹史大全》，第29—30页。

军由总督庄陀罗①率领，在陀菩区②堵截，盖这里系通六坤城的孔道，离城仅卅先而已。

郑王所率领的精锐水师，立即向陀菩区的六坤总督庄陀罗守军进攻，破之，并擒获总督庄陀罗。时在六坤城内的昭六坤，得知总督军被击溃，知大势已去，遂无心固守，乃领家眷，逃出六坤城，投向宋卡城，郑王遂取得六坤城。时士卒名乃空发觉六坤王所乘的巨象，坐鞍具备，未被六坤王带去，盖仓卒出走，无暇顾及也。乃空遂将象献上，郑王乘巨象入城，城内居民一致出迎。

此役郑王所率领的水师，仅由一名乃碧者，中枪弹而已。

至于昭披耶却克里以及披耶披阁耶罗阁所率领的陆上部队，攻破陀目区敌军后，即进抵象头山。此处有敌军驻守，惟未交手，敌军即退走。因悉郑王已攻陷六坤城，敌军遂无心作战。昭披耶却克里及披耶披阁耶罗阁乃驱军赶赴六坤，抵步时郑王已在六坤坐镇八天了。

郑王待陆上部队集齐后，即下令记过两位陆路司令，因行军迟缓，赶不及保护圣驾也。此外御令此两位司令急开赴宋卡城，追捕在逃的昭六坤，以赎罪。委昭披耶却克里由水路进发，而披耶披阁耶罗阁则从陆路进发。

二位司令所率领的水陆两路军，开抵宋卡城后，始悉昭六坤业投奔北大年城太守披耶北大年室利苏丹。昭披耶却克里乃派人携函致北大年城太守，谓昭六坤是吞府敌人，谕令追捕，着北大年城太守交出昭六坤及其党羽，否则将驱军直指北大年，此举不免引起北大年居民之不安。北大年城太守接函后，恐被拖累，乃捕昭六坤及其亲属，如昭六坤女婿昭钹、昭克兰，此外有佛头廊城太守披耶佛头廊、銮宋卡等，交与昭披耶却克里。昭披耶却克里及披耶披阁耶罗阁遂退军返宋卡。时郑王经由六坤，驾抵宋卡城。郑王整顿宋卡及佛头廊治安完毕后，即命驾抵六坤城。时为阴历十二月白分初二，金曜日，南部海湾适届飓风季，命驾返朝受阻，遂留驻于六坤城。

至于昭六坤，郑王尝召集陪审官员审议其罪，陪审官认应斩决，但郑王不以为然，盖国家沦陷期间，有势力者皆自立为王，各不相隶，此次出而抗战，实不能遽入以罪，因此昭六坤遂得保全性命。

郑王旋正式委任昭那罗室利素里耶汪砂为拍昭那罗室利素里耶汪砂，统治六坤，其地位等于藩王，直属于吞府，另委披耶罗阁素帕钵底及拍室利皆罗拉砂留于六坤，辅助拍昭那罗室利素里耶汪砂王处理政务。

---

① 这位总督庄陀罗，系昭披耶参南武里叻砂之子，且系原任六坤城太守之侄女婿。大城首都未陷落前，领有銮乃勒的爵位，首都沦陷后，乃逃往六坤依昭六坤，被封为总督职位。降至却克里王朝一世王时代，封昭披耶戍麟陀罗阁，系"庄陀罗乍汪砂"姓族的始祖。

② 总督的家即在陀菩区。

是年阴历四月，海面风平浪静，郑王始班师。驾抵京华后，即接到征柬埔寨的右翼军司令披耶哥砂提布底（华侨姓赖）的报告，指披耶荣吗罗阇（左翼司令）弟兄俩，先行退军，不知驻守于何地。右翼军虽据守于马德望，深恐柬埔寨军倾全力来攻，易受损失，不敢深入，只得退守于巴真城。

郑王据报，深为震怒，且悉披耶荣吗罗阇（一世王弟）退守于华富里城，而披耶阿派耶仑那勒（一世王）则留守于柯呦城界。郑王立即召披耶荣吗罗阇入京朝见，并当面询问此次任命出征，无令召回，为何擅自退军，有意谋叛乎？披耶荣吗罗阇奏称："依传出谣言，谓圣上已在六坤晏驾，深恐敌人遽然占有吞府，乃急退军，冀保护国土，除开圣上外，奴颜他人，绝对无有！"①

依照披耶荣吗罗阇所提的理由，共有两项值得注意，即（一）传出谣言，大概系指此项谣言，系自吞府方面传出者，但有人则指为系柬埔寨方面所捏造的，责任全推给柬埔寨。可是，谣言真的出自吞府，则捏造者必系京华人士无疑。捏造者确缺少了缜密的审察力；或者京华里面有人企图谋叛，始故意捏造谣言，并设法使它传扬开广。反之，谣言如出自柬埔寨，为什么单骗披耶荣吗罗阇，而披耶哥砂提布底则未受骗？披耶荣吗罗阇得了这种谣言，为什么不先向披耶哥砂提布底方面探询真相？（二）依披耶荣吗罗阇所提的另一个理由，则为"除开圣上外，奴颜他人，绝对无有"，这种口气，究作何含义？②

郑王聆奏后，即赦免其擅自退军之罪，同时召回披耶哥砂提布底及披耶阿派耶仑那勒军，征柬埔寨之议遂罢。

北伐

在北部，拍凡长老一经并吞了彭世洛后，势力愈见强盛，砂汪卡武里都的疆界，遂与吞武里朝郑王所辖的疆界毗连。由于疆界毗连，越界的事件，乃不免时有发生。依照《暹罗纪年》载：砂汪卡武里都不时放出步哨，四出觅取粮食，甚且侵入了色梗港、猜纳焚劫民居，引起了不安的局面。因此该两城的职官，特飞报朝廷。郑王据报，认为已不能再事放任，同时也是统一国家，消灭地方割据，扩展政令的时机已届，遂以受侵为理由，发兵伐拍凡长老。

郑王决定北伐拍凡长老，即从事召集兵马。时适征昭六坤归来不久，军队未全行遣

---

① 此种措辞，与却克里王朝三世王时代宫銮叻砂仑那绿砂所发的言词，颇相似，请参阅《叻陀纳哥盛朝三世王纪年》，第 318 页。

② 见吴福元《昭披耶宋加绿传》，第 66—67 页。

散，召集并不难。唯当时米价昂贵，且不易购屯，但军队尚待开拔，粮饷仍未能准备充分。然而天不绝人，当时适有由南部驶抵首都的商轮，满载米粮求售，虽米价被高抬至每车三斤银，郑王亦毫不吝啬，立即下令全部予以收买，拨作军粮，至于其他公务人员之家庭，亦获得分赐。

依一世王修纂的《吞武里全史》载："是时，有荷属约加达国（在爪哇方面）遣使携大炮十门来献。至于北大年方面，则献燧石火铳 2200 枝。"此纯为红运高照，军队得此大批军火的接济，业已预示着胜利在前了。①

郑王着手召集军队准备出征拍凡长老，为佛纪元二三一三年六月，待各事就绪，御驾亲征时，已是同年八月黑分十四，土曜日，前后共花费了两个月的时间。

郑王此次北伐，规定集军的地点，究在北榄坡呢，抑或在何处，史籍无载，只知道此次北伐的大军，共分三路行军。第一军，即中路，由郑王亲自统率，军力共 1.2 万人。虎将披耶披阁耶罗阁被委为西线司令，担任左翼；委披耶荣吗罗阁（即一世王弟）为东线司令，担任右翼。两翼军于佛纪元二三一三年八月黑分初四日由京都开拔，自陆路进发。郑王所统率的中路大军，则于同年八月黑分十四日开拔，由水路北上。

至于拍凡长老方面，悉郑王大军已北上，为堵截起见，特有令当时被委任彭世洛城太守职的銮哥砂（杨）设法堵截吞朝军队的北上。然而不中用的銮哥砂全未能达成此使命。由水路进发的郑王所统率的中路大军，于九月黑分初二，土曜日，行抵平河口，当于是晚九时（一更），下令前锋实行进攻彭世洛城。銮哥砂（杨）略事抵抗后，即弃城而逃，郑王军于是晚攻克彭世洛城。銮哥砂（杨）逃出后，收集残部驻扎于铎村②，不待与郑王军接触，即行撤回砂汪卡武里部。

前锋已攻克彭世洛后，郑王乃于九月黑分初四，月曜日入城，首先礼敬该城重要佛像，有清罗阁佛、清室利佛，及释迦牟尼佛。由于虔诚之笃信，郑王尝脱下身上所披的短锦袍，加诸清罗阁佛身。

郑王得彭世洛城时，自陆路进发的左右翼仍未抵达，因适届雨季，陆路交通受阻，行

---

① 关于荷属约加达国献大炮事，除一世王修纂《吞武里全史》以外，《钦定纪年》以及丹隆亲王所著《泰缅战争史》皆作出同样的记载。查荷属约加达国献炮，并非请为属国之谓，其献炮的目的，纯在联络当时的暹罗。盖暹罗出了神将的郑王，对缅作战，处处表现了其卓越的将材，以致声威日隆，国势亦蒸蒸日上。约加达国谋联络暹罗，并不值得惊讶。此外，献炮还含有贸易的性质。盖依照古时君主的惯例，遇有所受，当不免有所赐，往往所赐的，要较所受的为重。不过，这次约加达国的献炮，我们还不能就此目为国君的政策，说不定是当时的商贾所为。同时献炮，亦系当时盛行的进身最佳的办法，且为受方所最欢迎者。至于北大年方面献大量火铳，其含义亦不外如上所述。

② 此处之铎村，系根据一世王修纂《吞武里全史》所载。唯丹隆亲王所著《泰缅战争史》则称甲铎村。此村位于彭世洛城的东北面。

军不免迟滞。郑王在彭世洛城驻扎达九日，左右翼始次第抵步，王恩赐三军粮食，且慰问有加。待左右翼军略事休息后，即谕令兼程赶赴砂汪卡武里都，而王所统率的水路大军，则暂缓开拔，因当时河水低落，北上水道狭小且两岸高耸，倘敌军预在中途两岸埋伏，从中袭击，则水师将遭受不利。唯无论如何，王断定不久北洪将会下冲，那时水师即可开拔矣。

待陆上部队开拔后三天，果不出郑王所料，北洪开始下冲，以致低浅的河床，满储山洪，而迄与岸齐。包括水陆部队，眼见王料事如神，不禁拜服，同时对于作战方面，益增信心。郑王所统率的水路大军，亦于此时离开彭世洛城北上。

至于由披耶披阁耶罗阁及披耶荣吗罗阁所率领的陆上部队，抵砂汪卡武里都后，即实行包围。当时的砂汪卡武里都，并未筑有坚固的城郭，仅周围树立巨大的柚木柱，以土堆砌而成。拍凡长老见兵临城下，乃下令部属固守，并开炮轰击，以阻郑王军攀援入城。惟拍凡长老的部属耳闻郑王御驾亲征，业已心慌，比亲眼看见了旗帜鲜明，士卒精神饱满的郑王所派的先头部队后，愈形胆寒，因此影响及抗战力，而拍凡长老方面亦知不敌，早就准备后路了。

当时拍凡长老所豢养的母象适产下一头白色的小雌象，拍凡长老认为母象之产下小白象，系在郑王军临城下，显然预示凶兆，因此愈见丧胆，无心作战。拍凡长老指挥部属抗战，仅达三天，即遴选了比较壮健的部属，掩护其党羽，一同于深夜自披耶阿派仑那勒军所围的北门，杀出一条血路而遁，至于母象及小白象，亦被带走。

仅就军法而论，披耶阿派仑那勒被拍凡长老突围而逃，业已犯死刑，但郑王反而特别加恩，只下令加以鞭笞示儆而已。①

由郑王所统率的水路大军，自彭世洛城开拔后，途中经过三天，即接到披耶披阁耶罗阁所派士卒携来奏章一折，内称砂汪卡武里都已攻陷，惟拍凡长老则带同新自产下的小白象在逃，目前仍在追捕中。

郑王据报，立即兼程北上，抵高滩村后，即派部队协同搜捕拍凡长老及探访小白象的下落。

銮卡差塞以及大尖辰城②太守披耶因陀罗威漆，协力搜查，卒追回小白象，郑王对披耶因陀罗威漆及銮卡差塞奖赏有加，以酬其功。

迨至十月白分初十，木曜日，王军继续由水路进发，抵暗水村，即谕令建立内外营寨，以资招抚北方诸城因逃兵祸而伏匿于山林中的居民，并遣返原籍安居乐业。此外王

---

① 见拙译《昭披耶宋加绿传》，《南洋学报》第 1 卷第 2 辑，第 101 页。
② 大尖辰系华侨俗称，遏方称威色阁耶参城，现改为县治，属红统府所辖，

再派出步哨分赴各处巡察，务将在逃的拍凡长老捕回。郑王旋驾抵返高滩村驻跸。

十月黑分初四，土曜日，王颁布手令，禁止水陆部队欺侮居民，或宰杀民间牛群。军中将士如获得枪炮以及雌雄象，概须如数献出，不得掩藏。

至于参加拍凡长老，而为害地方的不良和尚，郑王亦下令搜查，结果弋获启理吗暖陀师、通师、月师、谷师，全系拍凡长老的党羽，为指挥部属抗战的头目。这批和尚全不守戒律，无恶不作，谋财害命，打家劫舍，奸淫妇女，彼等身上且披黄袍，实有辱佛门。王立即迫令彼等还俗，并加以镣铐，押赴首都，以待发落。

郑王在北部期间，即接得首都方面的报告，谓北大年王派使者晋京献金银花，愿为藩属，王接讯，深为喜慰。

十一月黑分初十，金曜日，王驾幸砂汪卡武里城，礼敬佛骨灰塔。王且脱下短锦袍加披于佛塔，以示虔诚。此外慨捐御款修葺寺院以及佛塔，使复原状。王继驾幸夫南通杨城，礼敬石质的佛台，旋转赴宋加绿城礼敬佛骨灰塔。

照着上面所述礼佛程序，史籍虽未明指，但我们亦不难想象郑王除了礼敬北方诸城的佛迹以外，还含着出巡的意义，因北方诸城系新收复，诸城民心仍浮动，王乃御驾出巡，从中慰问民间，使各安居。

郑王驾巡北部诸城后，即驻跸于彭世洛城，并开始筹备举行盛大而隆重的庆祝典礼。这次所举行的庆祝典礼，依史籍所载，仅称系庆祝清罗阁佛像，及清室利佛像而已。

但我们细察当时的情状，郑王毅然肩起复国的重任，除荡平国内缅军的潜势力外，复不断地努力征讨所有企图以割据的局面作为利己者，经了仅仅三年的奋斗，暹罗遂得归于一统。在这短短的三年中，郑王所得的版图，除了西部的顿逊城、丹老城，南部的柿武里城（即吉打所有辖地），以及东部的柬埔寨仍然独立，未收复以外，业已一统了大城王朝原辖有的版图了。这充分显示了郑王的卓越的能力，完全实现了此稀有的伟业。

为着庆祝全国业归一统的局势起见，郑王乃举行了三天的庆祝大典，佛纪元二三一三年十一月白分十四日，水曜日，系庆祝统一大典的首日。依吴福元在其所著的《昭披耶宋加绿传》中，目此次庆典为欢庆新暹罗诞生的纪念日，同时也反映出了郑王为国家所树下的殊勋。

依御侍官乃萱所著的诗篇，尝叙述及新暹罗所统治下的诸城称："所有隶属于新阿瑜陀耶都的诸城，皆一致表示忠诚，由圣上恩委统治各城的城主（即太守），总量共有一百四十城！"

迨至同年十一月黑分初一，金曜日，为庆典之最后一天，郑王为使北部诸城巩固起见，对于教务及政务，皆予以妥善的措施。

关于教务方面，由于拍凡长老借邪术迷惑北方民众，从而统治期间，宗教完全被破坏无遗，尤以身披黄袍的和尚，更不守清规，四出骚扰地方，以致民众对佛教的信仰心逐渐低落，而教务亦跟随着式微。郑王在驻跸北部期间，乃采用了绝对的政策，从而复兴北方宗教。一般德行不良的和尚，概予以清除，并从中选拔了德望较孚的僧正，委为主教，派驻各城，专理教务。依据一世王修纂《吞武里全史》所载，当时被恩委为各城主教职的高僧，有曾著述《山支迪耶汪砂》一书的拍披蒙达摩驻于猛凡城，拍达摩舍利驻于通杨城，拍达摩罗阇偕拍贴伽威驻于宋加绿城，拍达摩乌隆驻于披阁耶城，拍菩提汪砂则驻于彭世洛城。

至于政务方面，因北方诸城系新收复，且毗连缅军统治下的景迈，有随时被侵之虑，同时为确保民众之安全起见，郑王乃决定敕封此次北伐有功的人员，分镇北部诸重要城市，从而巩固此次新得的土地。当时被委镇守北部诸要城的人员，全部属于郑王手下的虎将，照史籍所载，当时恩赐晋爵及其所镇守的城市诸将，计有如下：

首先应提到的，就是自始至终追随郑王左右的披耶披阁耶罗阇，此次伐砂汪卡武里都，厥功至伟，郑王乃特别恩赐晋爵为昭披耶披阁耶罗阇，任宋加绿城太守职，因统治宋加绿城，遂被统称为昭披耶宋加绿。

另一位有功的人员，就是却克里王朝一世王弟披耶荣吗罗阇，作战颇力，郑王恩赐晋爵为昭披耶梭罗室利，任彭世洛城太守职，或称为昭披耶彭世洛。①

---

① 此处所述之爵衔，系根据一世王修纂《吞武里全史》所载。惟御侍官乃萱所著诗篇则称之为昭披耶阿奴漆。

由于爵衔称呼的互异，不免使人敏感到，也许郑王在最初晋封披耶荣吗罗阇为昭披耶阿奴漆，任代理彭世洛城太守职。或者因至诚请缨，郑王将披耶阿奴漆晋升为代摄披耶荣吗罗阇爵衔，唯在称呼上，依然沿用披耶阿奴漆之原爵衔。继而受晋升为昭披耶阿奴漆，任代理彭世洛城太守职。因此乃仍称之为昭披耶阿奴漆。其后郑王恩赐昭披耶阿奴漆为实任彭世洛城太守职，于是爵衔，亦由昭披耶阿奴漆而被改为昭披耶梭罗室利了。

唯《钦定纪年》，则称郑王恩赐披耶荣吗罗阇晋爵为昭披耶素罗细奴，统治彭世洛城。

查梭罗室利与素罗细奴，在音韵方面颇相似，但在意义方面则差得多。究其实，昭披耶梭罗室利对呢，还是昭披耶素罗细奴对？

依所搜检的结果，其原名必为梭罗室利。迨至叻陀纳哥盛朝一世王时代，始被改为素罗室利。四世王时代则变成素罗细奴了。

关于昭披耶梭罗室利的爵衔，古已有之。如《纪年》载，颂绿拍那黎萱王委披耶阁耶汶为昭披耶梭罗室利，统治彭世洛城。至于《旧法典》第2卷第45页，亦载有昭披耶梭罗室利爵衔，系宫内立法官的主席。

吞武里王朝于佛纪元二三一七年赐昭披耶宋加绿的诏文，法国戈岱司教授给国家图书馆所珍藏的真腊文《真腊史》，佛纪元二三一九年举行国葬太后及庆祝太后骨灰大典所订定的仪式程序，概有昭披耶梭罗室利的爵衔。

由此观之，郑王在当时赐一世王弟的爵衔，必为昭披耶梭罗室利无疑了。

关于四世王时代，依照一世王时代所称的素罗室利，而演变为素罗细奴的原因，完全是颂扬一世王弟，因素罗细奴，义为勇如狮。其后又在素罗细奴之后添下：披讪那哇提罗阇，意即指勇如狮的彭世洛王，这显然含有歌颂一世弟的造作了。

拍室利罗阇黎楚，郑王恩赐晋爵为披耶披阇耶，任代理披阇耶城太守职。①

恩委拍泰南任代理速古台城太守职。②

委昭披耶阿奴叻沙蒲吞任代理洛坤素旺城（俗称北榄坡）太守职。③

委昭披耶讪卡统治讪卡武里城。④

另据《钦定纪年》载，委披耶素罗武麟陀罗任金刚城太守职，惟给编在昭披耶阿奴叻沙蒲吞之前。⑤

至于其他有功的人员，郑王亦无一或缺地加以奖封及晋级，同时按次委派分治其他二等及三等城镇。

郑王经将北部的教务及政务部署完毕后，即谕令部属伐木结筏，由水路运瑞兽小白象入京。抵武后，郑王特行大庆典三天，庆祝此次所得之镇国瑞兽。

---

① 这位拍室利罗阇黎楚，原名通底，任披阇耶城太守职时，晋爵为披耶披阇耶。系郑王部下著名虎将之一，对敌作战，勇猛异常。当缅军进侵北部时，披耶披阇耶挥动双剑冲锋陷阵，虽双剑折断，仍勇猛如故，因此领有"披耶披阇耶断剑"美誉。暹方人士目为古代英雄之一，鼓励士卒时，每以"披耶披阇耶断剑"为例。

　　后来，郑王被杀害时，这位"披耶披阇耶断剑"亦以身殉。关于《披耶披阇耶断剑传》，刊于佛纪元二四六九年第11期《参谋及科学报》，可供参阅。

② 拍泰南，后被委实任速古台城太守职，爵衔亦随之改为披耶速古台。大约于佛纪元二三一九年或佛纪元二三二〇年之间逝世。郑王即委准在万瑜罗寺（现改称因陀罗摩寺，可参阅拙文《因托罗摩寺考》，《南洋学报》第2卷第3辑）举行国葬，一如火葬六坤藩王时，有各种游艺表演，典礼一连举行三天三夜。由此可见郑王之爱惜将材矣。

③ 依《钦定纪年》载，这位昭披耶阿奴叻沙蒲吞，仅领有披耶爵衔，称之为披耶洛坤素旺。直至一世王时代被指为企图谋反而被斩决为止，仍旧领着披耶的爵衔。这不单是昭披耶阿奴叻沙蒲吞一人。至于昭披耶柯叻，《钦定纪年》亦称为披耶柯叻。此种削减爵衔的含义，确值得我人加以注意的。

　　昭披耶阿奴叻沙蒲吞后被委实任洛坤素旺城太守职，其爵衔亦随而晋升为昭披耶洛坤素旺。

　　这位昭披耶洛坤素旺，亦系郑王手下虎将之一。在佛纪元二三一八年杪，缅将阿砂温基统率大军进侵彭世洛城，昭披耶洛坤素旺亦尝奋勇抗敌，从中阻止了敌人的南下。迨至佛纪元二三二四年，郑王亦尝派其随军于二月间出征柬埔寨及越南，这在郑王被杀害前二个月余。昭披耶洛坤素旺于五月间返抵首都，且在叻陀纳哥盛朝一世王时代继续任职，后派赴越南，进攻所谓新阮派，助阮福映奠立王系。惟昭披耶洛坤素旺开拔后不久，即被指为有意背反朝廷，遂被召回，与其他部将不下十二人，一同被斩决。

④ 关于昭披耶讪卡被委统治讪卡武里城事，史籍无载，此处系抄录御侍官乃萱所著的诗篇，加以添上的。

⑤ 《钦定纪年》所载之披耶素罗武麟陀罗，必在实任金刚城太守职后，始领有此爵衔。惟在郑王委其代理金刚城太守职时，则只有拍之爵衔，其爵衔之缀句，系布底而非武麟陀罗。

　　依照《景迈史》及《猛涌纪年》载："佛纪年二三一七年郑王御驾亲征景迈的缅军时，即委拍素罗任前锋。"这位拍素罗，必系代理金刚城太守之拍素罗布底。至佛纪元二三一九年诏文里，亦尝提及代理金刚城太守披耶素罗布底。大概郑王出征景迈缅军时，仍领有拍素罗布底爵衔。迨征景迈缅军后二年，必因作战有功，始晋爵为披耶素罗布底。所以佛纪年二三一九年诏文里始称披耶素罗布底，但职位则仍是代理金刚城职。

郑王开疆拓土[*]

陈毓泰

郑王系天生的将材，这是历史家所公认的。乱世出英杰，确是不可磨灭的至理名言。终郑王时代，虽只有短短的十四年（佛纪元二三一一至二三二五年），但经郑王不断的东征西讨，结果组成了历代所无的伟大版图。郑王在位时的暹罗，原可称为"大国"。假如内部不发生政变，郑王未被害，则当时以统治暹罗自夸的阿瓦君主，亦必向郑王臣服。盖郑王尝发下宏愿，决心出征缅甸，显示已被征服的暹罗，原来也还有着相当的实力，可以直捣阿瓦都，从而洗雪大城沦陷之耻辱，同时接回当时被掳去的不下三万名泰人，返归故土。然而郑王的壮志未达而遇害，同时后代承继乏人，遂致合并缅甸和安南，组成极东的暹罗大帝国的计划，因而无从实现，且成为历史上的永不兑现的陈迹了。

依照郑王在位时的史迹而言，由即位起，至被杀为止，几乎无一年不发生战争。由于常年的战争，结果训练成了强盛一时的军队，每战皆捷，无往不克。这些这些，当不难看出郑王的将材了。所以历史家的公认郑王系天生的将材，根本就未含有侮蔑之意，完全是按照真理而加以推许的。

郑王的决定御驾征缅，假如我们检阅一下缅方的历史，也许不无其因。盖以战胜国自居的阿瓦都孟腊王，除了满载而归以外，还掳去大批的泰人。这种掳人掠财的勾当，在当时原不足为怪，且系战胜者所应享有的权利。然而孟腊王为夸示其毁灭暹罗的功绩，以及不可一世的气概起见，尝在大军行将进抵阿瓦首都之前，换乘牛车，车上堆满战利品（珠宝之类），孟腊王则高踞于战利品堆上，牛车不用牛拖，反而用掳得的泰人，也许就是大城朝王族拖拽，大模大样进入阿瓦都。预先迎候于路旁的阿瓦都居民，除了高声祝福孟腊王以外，大概也杂上了不少的高笑声。

这种奇耻大辱的现象，当之者将作何感想？郑王即位后，也许耳闻此事，甚或自逃回的泰人口中得悉了此事，因此才决定下征缅的大计。假如郑王在准备合并安南时不被杀，则相信这一段事态，在郑王时代必有重演之一日！

---

* 原载《中原月刊》第 10 期，1941 年，第 9—21 页；第 11 期，1941 年，第 65—85 页。

一　大城时代末叶的版图

郑王受泰族全民拥立为暹罗新君，时为佛纪元二三一一年阴历一月黑分初四，火曜日，距离大城首都沦陷后，几达两年。这充分显示郑王并非自私者，否则必如其他部落一样，早已称孤道寡了。

提述郑王在位的十四年内开疆拓土的武功，自须先明了大城首都未沦陷以前所辖有的版图，究有多广，始能了解郑王时代的拓展疆土，为历朝之冠！

我们不必远引，姑且以大城沦陷前三年所辖有的版图，作为对照。当佛纪元二三〇七年（大城沦陷在佛纪元二三一〇年），暹罗的版图不外：

北部：仅达猛涌城、南邦城。

南部：包括柿武里全部。

东部：包括柬埔寨全部。

东北部：仅达柯叻城。

东南部：包括河仙城。

西部：包括塔瓦城、顿逊城、丹老城。

缅军大举进攻暹罗时，西部连陷塔瓦、顿逊、丹老、春蓬（或称尖喷）、佛丕、叻丕、北碧，北路自景迈南下，陷宋加洛城而会师于大城。迨佛纪元二三一〇年公历4月7日，大城遂沦陷！

上述的就是大城沦陷前后所辖有的版图，这不难使我们实感到当时的贫困了。大城王朝覆灭后，镇守各大城市的诸侯，复纷纷自立为王，于是暹罗不成其为暹罗了。

当郑王即位时，所领有的版图，仅有暹罗的中部，南部达尖喷城界，北部抵北榄坡，西部抵德城界，东北部并有披迈城。依上面所述的大城时代版图，则郑王仅在东北部领有相等的版图，至于其他各面，依然未有收复。

前章尝叙述郑王即位后，即进行统一暹罗本部，首先征伐国内称孤道寡的异己者，最先南征，收复六坤全境，继而北伐，瓦解砂汪卡武里国。郑王一统国内后，即举行了三天隆重的庆典。当时的中央政令，遂得通行于暹罗本部全境。

反观大城王朝末叶所领有的版图，包括属国在内，郑王虽能一统国内本部，但在固有的版图方面，仍须作最大的努力。不过，天生将材的郑王，肩此重任，确绰有余裕。这在其努力开疆拓土的历程上，即可见一斑！

郑王正式受泰族全民拥立为暹罗新君后，对于开疆拓土方面，确曾作了最大的努力。由佛纪元二三一四年（在位第四年）起，至佛纪元二三二四年（在位第十四年）为止，所开拓之疆土，实较大城王朝末叶为广阔。为使读者明了郑王当国时代开疆拓土的历程起见，特以年期为标准，作相当的提述，同时略述及所收复各属国之古史，作为一种概念。但得在此声明者，厥为佛纪元二三一七年及佛纪元二三二四年间，先后收复景迈城及景线城，实可列入开疆拓土之历程内，但考郑王之亲征景迈及谕景迈王披耶哇栖罗巴干（即原任南邦城太守披耶伽威拉，后升任景迈城太守职）进攻景线城缅驻军，目的统在对付缅军，并从中捣毁缅军利用为侵暹之北部根据地，因此作者特将收复景迈及景线之经过，编入对缅战争一章内，以利检查。

二 开疆拓土

1. 臣服河仙及柬埔寨（佛纪元二三一四年）

现在受法国保护的柬埔寨，古时为一个强大的民族所统治。这个民族，通称吉蔑族，她在佛纪元一四〇〇年间，最为强盛，现在的中南半岛，几乎为她全部统治，她建都在那空涌或称那空銮。惟依据中国史乘所载，这个强大的国家，称真腊。真腊接受了印度文化，远古即已发达。这个民族在中南半岛的东部，由昭披耶河流域之最南端，而达最北之宋加绿，以及暹罗的西北部，皆有她的势力在。不过，在这广阔的土地上，在另一个民族未实行南迁以前，领有着相当的势力。

当泰族大量南迁，伸入昭披耶河流域，而建立了速古台朝以后，吉蔑的势力亦随之逐渐式微。除了土地的被夺以外，其民族还逐渐为泰族所同化。于是吉蔑的血统衍散而淡薄，卒使吉蔑成为一个代名词，其民族早已消灭。

现时依一般所周知的，咸以为吉蔑族依然存在，柬埔寨所集居的民族，就是古时曾强盛一时的吉蔑族。暹罗方面的《大城纪年》，只提述了一次，而且也是最末一次的提到吉蔑，那就是在大城皇朝的始祖乌通皇时代。当乌通皇正式宣布独立，奠都大城，而成为南朝期间，即和吉蔑族缔结邦交，以资准备抵抗北朝（指速古台皇朝）。惟后来吉蔑族不履行约束，因此《纪年》载吉蔑倒戈。经这次以后，吉蔑一词即不复出现，只称柬埔寨，或拉越，其王亦称柬埔寨王，或拉越王，或披耶拉越。这种现象，实由于古代的吉蔑族业已消灭，因此编纂《纪年》者，咸不愿用吉蔑一词。

其实称为拉越，除开吉蔑高绵以外，其首都亦非在那空涌。考当时的高绵族首都，设于拉越城，因此暹方称之为拉越都，即指柬埔寨而言，这和泰人称大城都，即等于暹罗同理。

　　依据现时泰族所知的，咸以为目前之高绵族系具有泰族血统的，其风俗习惯以及所信奉的宗教，皆与泰族不稍异。于是暹方乃得一结论，现时高绵族，即系由北部南迁而下的另一支泰族，正如现奠都于曼谷的泰族相同。在暹罗成为中南半岛昭披耶河流域的主人翁后，即变成高绵族的保姆了，从中提携，不使其覆灭，或消失。不管任何时期，高绵受了越南的进侵，或内部发生裂痕，暹罗即成为附援的砥柱，给予高绵相当的安全。所以，目前的柬埔寨，实系泰族的故土，历代皆受暹罗的保护。

　　为使读者了解起见，把柬埔寨受暹罗保护的历程，略述如下：

　　在大城皇朝，柬埔寨系暹罗的属邦，由拍武隆罗阁提罗阁二世（即叁披耶）时代起，即系暹属国。降至拍摩诃遮迦罗钹底皇时代，藩王拍庄陀罗阁叛变，不受大城的统治，但无效，最后以太子拍素拖及拍素涌为质，并作为拍摩诃遮迦罗钹底皇的养子（佛纪元二〇九四年）。虽然在后来受了安南的离间，柬埔寨略与暹罗隔开，但终于还是受治于暹罗。在大城皇朝末叶，即拍昭泰萨皇及拍昭武隆阁皇时代，柬埔寨则完全隶属于暹罗，无安南的势力混杂其间。直至大城为缅军所攻陷，大城皇朝覆止后，柬埔寨乃乘机独立了。

　　当郑王努力光复泰国，至被拥立为暹罗新君，奠都吞武里后，柬埔寨依然维持其独立的局面。此时王柬埔寨者，为纳翁敦，王号拍武泰罗阁。

　　郑王未亲征六坤国以前（即佛纪元二三一二年八月以前），鉴于柬埔寨系暹罗藩属，大城都为缅军攻陷后，全国混乱，柬埔寨即宣布独立，系国家残破时所不可避免之现象；兹者暹罗已有新君统治，柬埔寨亦须照例臣属。因此郑王遣使诏谕柬埔寨备金银花入朝。

　　依《柬埔寨纪年》载，郑王所派遣之使者系于佛纪元二三一二年达柬埔寨都。当时柬埔寨王拍武泰罗阁认为郑王出身低贱，非大城王族，此次虽被拥立为暹罗新君，着柬埔寨照例臣属，实不可能，因此柬埔寨王遂拒绝入朝。使者返抵吞朝后，即据实报告。郑王聆后，即有意出兵征讨，惟未予以实施而已。

　　在这时候，柬埔寨内部亦呈不安。盖柬埔寨王拍武泰罗阁之亲族，名纳翁暖，爵居拍罗摩罗阁，与柬埔寨王不睦，领兵攻柬埔寨王。拍武泰罗阁乃向安南求援，安南军由河仙方面开入柬埔寨都，联合柬埔寨王军夹击拍罗摩罗阁。拍罗摩罗阁败退，乃投向吞朝，依郑王而居。

　　安南军因救援拍武泰罗阁，而由河仙方面进入柬埔寨境时，暹方之尖竹汶城太守立即向吞朝告报，谓安南军已开抵河仙，有意入侵吞朝。郑王不放心，乃派赖姓华侨，时爵居披耶哥砂提布底，预赴港口守卫，以便堵截安南水师之进侵。惟继后未见安南军来侵，盖安南军系驰援柬埔寨王，无意入侵暹罗也。

同年八月间，郑王派军征六坤，惟将士不合作，以致为六坤军所败，将官且战死两名。郑王闻报，立即召回披耶吗荣罗阁及披耶阿派耶仑那勒（即却克里王朝一世王弟兄俩）。弟兄俩抵京后，郑王即委其任左翼军司令，赖姓华侨之披耶哥砂提布底则任右翼军司令，讨征倔强之柬埔寨。

此次征讨柬埔寨之两路军，左翼出柯叻城，进攻暹叻城，右翼则经巴真城，直取马德望城。右翼军作战颇力，结果攻下马德望城。至于左翼军，则进军较迟，且与右翼军未能取得密切之联络。

郑王自召回披耶荣吗罗阁弟兄俩，并派其出征柬埔寨后，即御驾统率水师南下攻六坤，陷之。因是时适为南部之飓风季，风浪险恶，郑王遂居驻于六坤。

在东部暹叻城方面作战之耶披荣吗罗阁弟兄俩，突于这时撤军。披耶荣吗罗阁退守于华富里城，而耶披阿派耶仑那勒则退守于柯叻城。右翼军司令披耶哥砂提布底虽然在马德望城击溃柬埔寨军，甚且杀死了当时柬埔寨之军政大臣，由于左翼军之无故撤退，益感孤军深入，危险万分，乃不得已放弃已得之马德望城，转而退守于巴真城，同时据情向朝廷报告。

时郑王新自六坤驾抵吞府，接得报告，深为震怒，立即传披耶荣吗罗阁入朝，询其究竟。披耶荣吗罗阁以伶俐之口吻作答，结果获得郑王赦免擅自退军之罪，而披耶哥砂提布底及披耶阿派耶仑那勒军，亦次第召回。此为讨柬埔寨之第一役。

翌年（佛纪元二三一三年）八月杪，郑王御驾亲征北方之伪和尚拍凡长老，平之。同年景迈城缅军南下侵宋加绿城，不利而退。基于此因，郑王乃作第一次之亲征景迈城。

至于柬埔寨方面，依《柬埔寨纪年》载，小历一一三二年（佛纪元二三一三年），河仙城太守莫士麟尝派遣水师进袭桐森城及尖竹汶城，惟被暹方守军所击溃，遗下军实以及船只甚夥，余者咸逃回河仙。

莫士麟对郑王全无诚意，在郑王进行复国期间，尝邀其合作，莫徒事敷衍，全无决断，甚且派人驰赴中国，诬陷郑王，指郑王有意联缅瓜分暹罗。诸如此类，不一而足。此时复以兵进袭暹东部沿海地。莫此举或在试探郑王之虚实，亦未可料。

莫氏之进侵东部沿海地，必为郑王所悉，乃有佛纪元二三一四年亲讨河仙及柬埔寨之举。察其远因，系柬埔寨王不依大城时代之内附，反称孤道寡，近因则为河仙太守之胆敢入侵也。

吞朝此次出兵对河仙及柬埔寨作总解决，共分两路进发，其陆上部队，实力约万名，郑王委披耶荣吗罗阁①统率，进军路线规定出自柯叻城，进取暹叻、马德望及菩提萨。

至于水路方面，郑王亲任最高统帅，而昭披耶却克里（名穆）则任水师之统领职，实力全部约一万五千名，沿海岸进发，通过尖竹汶城、桐森城，直取河仙城。

前次为柬埔寨王所败，而投奔吞朝之拍罗摩罗阁，亦随于郑王左右。依郑王之初衷，平服柬埔寨后，即封拍罗摩罗阁为柬埔寨王，从事统治柬埔寨。

依现存之吞朝唯一文献，即佛纪元二三一四年之《行军日记》载，陆上部队系于佛纪元二三一四年（小历一一三三年）十一月，白分初九，木曜日，开拔。郑王所统率之水师，则于同年十一月，黑分十一日，日曜日，开拔。

郑王军离京五日，抵尖竹汶城。郑王即派披耶哥砂领军进攻德蓬参及冈谷，陷之。继续进军六日，于十二月，白分初八，木曜日，抵河仙港口。郑王即驻跸于西南岸旁之中国式土库内。

前锋披耶披阁耶哀斯旺耶即派一越人携书致河仙太守莫士麟，谓圣上此次御驾亲率大军来此，主要目的在恩委拍罗摩罗阁从事统治柬埔寨，同时搜查大城故都之昭水、昭西胜以及其他旧臣之下落。如莫士麟认为有力抗拒时，则请早日增强守卫。反之，如认为无力抗争，则圣上对莫士麟仍可开恩，希出城觐见，将从旁代为缓颊。如因年迈，不能亲自出城朝见，则派子出城替代。若故事拖延，必触圣上之怒，届时将遭受覆灭之祸也。

旋得莫士麟之覆书，略称来书已悉，将召集部属会议，决定后，随后报上。

前锋披耶披阁耶哀斯旺耶立即再函莫士麟，如需取决于部属会议，则应于今晚决定，稍迟圣驾抵步后，将难免出之一战。前锋主将之函，实等于最后通牒，但莫士麟反压下不覆，且从事增强城内防御。

郑王乃派披耶阿派耶仑那勒领军驻守于东面之山麓下，而披耶披阁耶哀斯旺耶则领志愿队驰赴河仙城前东面岛末端堵截。

---

① 此次领军由陆路进讨柬埔寨之披耶荣吗罗阁，就是却克里王朝一世王。依《钦定纪年》《柬埔寨纪年》以及其他有关之普通文籍，咸载原任昭披耶却克里（名穆）已死，郑王遂晋升代理内务大臣披耶荣吗罗阁（一世王）任昭披耶却克里，然后委昭披耶却克里任统帅，由陆路进讨柬埔寨。
查昭披耶却克里（名穆）在佛纪元二三一四年仍健在。郑王统率水师亲讨柬埔寨时，即委昭披耶却克里（名穆）任水师之统领，随驾出征。《钦定纪年》《柬埔寨纪年》等文籍称一世王在此时晋爵昭披耶却克里，未免不合实情。
更查一世王在郑王当国时代所领有之爵衔，由佛纪元二三一三年起，至佛纪元二三一七年杪，仍领有披耶荣吗罗阁爵衔。自佛纪元二三一七年杪，或佛纪元二三一八年首，始晋爵为披耶却克里，一直至佛纪元二三二〇年，而迄郑王被杀为止，其最高之爵衔，只是昭披耶却克里。

十二月，白分初十，土曜日，午夜，郑王派敢死队百十一名实行进袭莫士麟所筑之坚固水寨，另以二千四百名水师为后援部队。

敢死队首先冲破水寨而入，后援部队则未能及时赶到。河仙城守军则在城上以炮轰击，以致郑王军首尾不能联络，士卒作战力逐渐转弱，势难坚持。在此千钧一发间，包括敢死队以及后援部队，皆直觉郑王御驾督战，士卒精神突然一振，于是大家前仆后继，争相冲杀。莫士麟部属不能御，遂溃退，郑王军乃乘机冲入城内，时已天亮矣！

至于河仙城太守莫士麟，则乘混乱中趁①船逃去。郑王即于是日入城，并布告安民，同时禁止部属抢掠。依莫士麟而居之大城王族昭水（昭华阿派耶之子），亦在混乱中逃出，惟被追及捕回。郑王只下令笞卅下，然后押赴吞府。

十二月，白分十二，月曜日，郑王委昭披耶却克里（名穆）任前锋，先行开赴柬埔寨，会合披耶荣吗罗阁所率领之陆上部队，进攻金边城。昭披耶却克里（名穆）所统率之前锋，副将有披耶哥砂、拍摩诃贴、乍蒙卫耶哇罗讷等了，实力约三千人。至于拍罗摩罗阁，亦随军同往。

郑王在河仙城勾留至十二月，白分十四，水曜日，从事整顿地方后，即委披耶披碧陀哥砂（系华侨，职居代理财政大臣）为披耶罗阁塞弟，任代理河仙城太守职。

郑王即于是日统率大军指向金边城。

回头补述由陆路进发之披耶荣吗罗阁（一世王）军，副将有披耶坎亨威漆、拍阿奴漆多罗阁、拍老钵初迪等，于十二月，白分初五，月曜日，开抵距离马德望城约一百五十先之巴塞奕村。立营后，即于翌日进攻马德望城，试探其实力。由下午一时战至傍晚，仍在相持中。晚八时，拍阿奴漆多罗阁另领军一支，渡过河道，抄袭柬埔寨军之后，结果将柬埔寨军击溃，进占马德望城。依柬埔寨俘虏所供，始悉郑王所统率的水师，已进抵尖竹汶城。

陆上部队攻陷马德望后，并未有停顿，迅速向前进发，次第攻陷蓬甲浦村、叁纳罗加村。在叁纳罗加村一役，征战颇烈，拍威色中弹阵亡，拍老钵初迪则为毒箭所伤。

柬埔寨方面派披耶胜加洛任主帅，统军对暹军抗战，派披耶素辇颂堪、披罗罗阁颂堪等预在德蓬比勒村筑营堵截。

披耶荣吗罗阁乃派华陀拉霞（投诚之柬埔寨王大臣）领军一支抄其后，先攻袭菩提萨城。至于战死之拍威色，则着其弟乃银暂充此职，领军进攻德蓬比勒村之柬埔寨军。

由于两面受威胁，柬埔寨军遂被迫撤退，于是披耶荣吗罗阁乃于十二月，黑分十日

---

① 编者按："趁"当为"乘"。下同。

取得菩提萨城。

在此期间之昭披耶却克里以及拍罗摩罗阁所统率之前锋，于十二月，白分十二日开抵蓬甲胜港口，遇越兵船三艘，即将其击溃，进而占据蓬甲胜地。

先是，柬埔寨王拍武泰罗阁探悉郑王大军压境，知不敌，乃派人预向西贡越方乞援，盖在上次发生拍罗摩罗阁夺位时，尝获得越方之帮助也。越方据报，即派军进入柬埔寨境，以资救援。惟越方此次所派兵，为数不多，且未能及时驰援，以致郑王水师对河仙城施以闪击战术，陷之，且立即派前锋溯江而上进取菩泰碧后，越军通路遂受阻，因此越军只得转由农耐方面，而开入巴塞城，伺机而行。

时驻守于菩泰碧都之柬埔寨王拍武泰罗阁，虽派军分头堵截，皆无效，郑王之水陆两军，逐渐进迫，知首都不能保，乃携家眷以船逃赴夫南岛。菩泰碧城内之居民眼见王已逃，亦相率尾随而赴夫南岛。驰援之越军，闻悉柬埔寨王在夫南岛，乃由农耐方面派人将柬埔寨王接去。

溯江而上之昭披耶却克里（名穆）水师采用闪击法，攻占菩泰碧城，留拍罗摩罗阁守于菩泰碧城，而昭披耶却克里（名穆）则领军追击柬埔寨军，以及四散奔逃之柬埔寨人民。

郑王于十二月，黑分十三，水曜日，下午一时，驾抵夫南岛，从事整顿地方治安。旋于翌日委拍罗摩罗阁统治柬埔寨，披耶荣吗罗阁（一世王）及披耶哥砂，则协助拍罗摩罗阁措理政务。追剿柬埔寨军于夫南林中之昭披耶却克里，亦予以召返。是日，郑王命驾返河仙城。另外派人向巴塞城太守披耶阿提伽汪砂招抚，惟途中阻于越军，不能通过。

郑王于同年一月，白分初二，日曜日，驾抵河仙城。接悉对越军作战之少数部队，未能冲破越军防线，有一部份士卒则投向巴塞城。巴塞城太守非但不加害，反予以优渥之收容。继后复派人将士卒护送回前锋主将，且附有巴塞城太守函，要求前锋主将转奏郑王，勿生误会，对暹罗始终恭顺，将训谕部属，对越作战也。

郑王悉巴塞城太守精诚投诚，不禁大喜，立即撤销进攻巴塞城令，同时召回部队。此外，以暹罗披耶哥砂提布底（暹罗财政大臣兼外交大臣）之名义致书安南国，共书两通。一通致安南国王，勿生误会，将分柬埔寨为二，一归拍武泰罗阁统治，一归拍罗摩罗阁统治，各安其位，避免争夺，使三国（即暹、越、柬三国）永维邦交。另一通则致安南国大臣，请设法转奏安南国王，训谕农耐之越军，勿阻挠暹军，所掳去之战船八艘，士卒百名，现金百斤（系属于巴塞城太守者）交还，以维邦交。

郑王书去后，是否获得覆书，不得而知，史籍并无记载。惟依据当时情形而言，安南方面必将书压下不答。所以，郑王遂有佛纪元二三二四年派储君宫坤因陀罗披达砂统率大军，一世王兄弟俩、昭披耶洛坤素旺等为副将，开赴柬埔寨，从事镇压柬埔寨之纠纷局面，然后进军南圻，对越方之威胁，作相当之报答。不幸，吞朝内部发生变乱，郑王遭杀，结果此项深远之大计，未能实现，颇为史家所惜。盖郑王之武功，与拿破仑第三相若，谋在中南半岛组立一强有力之大帝国。其第一步计划，为委亲侄统治六坤，谋向马来亚伸张其势力。其第二步之计划，则在东部拓展其势力，待镇压柬埔寨后，即委储君统治柬埔寨。然而，郑王之第二步大计划，完全未有实现。

基于接悉菩泰碧城战后，人民逃散，食粮缺乏，无险可保，同时有遭受农耐越军威胁之可能，郑王乃谕令柬埔寨新王拍罗摩罗阇放弃菩泰碧城，转而驻守于沿海岸之甘榜城，至于披耶荣吗罗阇以及披耶哥砂则着令其退守于菩提萨城、马德望城，盖此二城食粮比较充裕也。仅就菩泰碧城而言，则委投诚之华陀拉霞，设法招收一般逃散之人民，各返原籍，安居乐业。

在此期间，郑王亦尝接到京华卫戍司令昭披耶室利达摩提罗阇以及披阇耶城太守披耶披阇耶（乃通底）之奏折，谓缅军积极布置，有入侵之势。惟郑王经缜密之考虑，认为此时缅军必不入侵，因此仍留驻于河仙城，从而整理柬埔寨方面之事务。

至于逃出之柬埔寨王拍武泰罗阇，在西贡方面获得越军之相助后，即开返柬埔寨，企图夺回菩泰碧城，结果与拍罗摩罗阇军争战，不支而退守于皮带港区，双方对峙着。

郑王在河仙城亦悉其事，知柬埔之王拍武泰罗阇实力有限，无碍大局，除大量供给军火予拍罗摩罗阇以外，即筹备返朝。

依现存之吞朝《行军日记》载，郑王于佛纪元二三一四年一月，黑分初三，火曜日，自河仙命驾返吞府。于同月，黑分十三，月曜日，驾抵吞府。一般作战有功之人员，皆有重赏。仅就京华卫戍司令昭披耶室利达摩提罗阇、出征柬埔寨水师统领昭披耶却克里（名穆）、昭披耶摩诃社那、昭披耶摩诃颂越、昭搜耶摩诃蒙天等，郑王则特赐此次在河仙城所得之越女为妻。

在这里应提述的，就是在佛纪元二三一○年七月间故意敷衍，无诚意合作之尖竹汶城太守披耶尖竹汶，在城陷后，即逃赴河仙依莫士麟而居。此次郑王收复柬埔寨及河仙时，披耶尖竹汶亦就捕。依常人，披耶尖竹汶必被赐死矣，但郑王对披耶尖竹汶并未予以赐死，仍然将其携返吞朝。郑王之宽宏气量，实为历代君王所难望其项背者。

其实，郑王此次亲征柬埔寨，虽然陷其首都，逐走拍武泰罗阇，另委拍罗摩罗阇统治柬埔寨，仍不能谓为全部统有柬埔寨土地。盖南部之甘榜以及北部之马德望城、菩提萨城以外，东部仍在拍武泰罗阇之势力圈内，只不过彼此对峙而已。

依据《柬埔寨纪年》载，拍武泰罗阇尝派其亲族纳翁仑向暹方求和（佛纪元二三一五年)。驻柬埔寨之暹军主将,不敢擅自取决,乃将纳翁仑护送至吞朝,亲自说明。郑王对此仍不致信拍武泰罗阁具有诚意,且将纳翁仑扣留于吞府,不即遣归。

在这时候,越方适发生变乱,即史家所称新旧阮派之争。新阮派攻陷顺化,将旧阮派驱至西贡。倚赖越方壮胆之拍武泰罗阁,益感势孤,深知此方如有事,越军必难及时救援矣。拍武泰罗阁感到自身之危险后,为保全生命以及家眷之安全起见,只有硬着头皮向暹方表示好感了。

由于郑王对拍武泰罗阁始终不信任,拍武泰罗阁乃商得部属之同意,派员赴甘榜将拍罗摩罗阁迎回菩泰碧城,正式就位,成为柬埔寨之君王,统治柬埔寨全部。而拍武泰罗阁则宣布逊位,屈居副君职。此为佛纪元二三一八年(即小历一一三七年)事。

郑王悉其事后,对拍武泰罗阁此举,深表嘉许,立即派钦差大臣驰赴柬埔寨,正式赐封拍罗摩罗阁为柬埔寨王,除开拍武泰罗阁外,在拍武泰罗阁统治柬埔寨时任副君之纳翁讪亦赐封为副君。

自拍罗摩罗阁正式统治柬埔寨后,郑王即完全控有柬埔寨全部,越方势力,根本就不容侵入。盖此位柬埔寨新王,颇忠于郑王。不幸,这位柬埔寨新王在位不久即遇害,越方势力再度侵入,结果柬埔寨遂脱离暹罗藩属,而投入越方矣!

2. 收复西部诸城(佛纪元二三一五年)

展开了暹罗地图,然后以铅笔在暹属的阁耶纳城点上向西直拖而出马达班海湾为止,即在猛黎①之下,再朝这条直线下视,我们即可看见维多利亚地峡,这地峡适位于暹属的拉廊城对峙。在这尖长的地峡里,有着三个重要的城市,暹史时有提及,即塔瓦、丹老及顿逊,现英方总称之为 Tenasserim(顿逊省),面积 43480 平方公里,另有小岛屿不下四十八个,其东有凯旋旌路山脉及顿逊山脉,为暹英的天然分界线。现时的居民,有慬族、缅族、格良族、尧族(或称掸族)及泰族。

在这地峡里,尤其塔瓦城,相传有如下的故事:

"缅王阿隆伽失素(佛纪元一六一八年至一七〇三年)奠都于蒲甘,御驾亲征鸿剎钵底及萨东,俱陷。王旋驾游马达班林,见地势颇佳,乃建立一城,名之为'马达班城',并委一名阿里吗邦之巫族人,为新城之太守。继而王续南游,而抵'大卫',此处盛产榴梿,居民献上榴梿,王尝后深为赞许,乃建立一城,名之为大卫城,委一缅族为此城太守,赐名为大卫温,规定每年届榴梿成熟期,即以榴梿为税,运入朝廷。王在此地峡将各事措施完毕后,即把鸿剎钵底及萨东居民扫数携返蒲甘都。自此以后,大卫

---

① 缅族不能发 L 音,因此变为猛耶,犹如"兰光"之变为"仰光"者然。

城居民，成为缅憺混种。年代长久，居民以及语言乃自成一族，通称为塔瓦族。而大卫之名称，亦随而讹为塔瓦矣。"

据 The Burney Papers Vol. Ⅴ Part Ⅰ 载："塔瓦城在昔有太守自行统治，迨至泰族大举南迁，而逐渐伸展其势力于黄金地，且笼罩了其他小部落，由马达班城为起点，而达麻六甲城。即自此时始，且继续了较长的时间，塔瓦太守必须承认暹罗具有宗主权。"此项记载，适与佛纪元一八二〇年至一八六〇年建都于速古台而统治着全暹罗的罗摩坎亨大王所立的碑铭相符合。碑铭载称：西部疆界"包括有猛促城、鸿刹钵底及五洋为界"。无疑地，领有塔瓦、丹老及顿逊诸城的地峡，必曾隶属于古代暹罗的版图内。

依照史籍所载，领有大泰族血统的麦加拖，尝任职于罗摩坎亨大王朝廷，并得大王的赞助，在佛纪元一八二四年夺得马达班城。大王乃恩封其为马达班王（佛纪元一八二四年至一八五五年），号天漏王。天漏王与大耶披耶、鸿刹钵底王相友善。迨后蒲甘王领军攻鸿刹钵底，大耶拉耶王知不敌，乃向天漏王请援。天漏王发兵助之，大破缅军。惟嗣后大耶披耶王有意在憺族独霸，乃设计陷害天漏王。但事机不密，为天漏王所侦悉，遂发生抗争，甚至于互相斗象。大耶披耶王败，被捕杀。此后鸿刹钵底乃合并于马达班，天漏王遂统治憺族所有诸城。天漏王所奠立的王系，传八世，第八世即位于佛纪元一八八八年。降至佛纪元一九〇一年，马达班发生叛乱，乃迁都鸿刹钵底。在此期间，塔瓦城仍旧隶属于马达班。惟在天漏王系第八世末叶，塔瓦城遂改隶于暹罗。盖大城王系的始祖拉玛一世，即拍昭乌通王于佛纪元一八九三年宣布独立，且建立了阿踰陀耶都。依当时所提及的阿踰陀耶都所辖地，共有十六城，其中包括有塔瓦及顿逊。大概有意挣脱大城的羁绊，塔瓦城尝一度宣布独立。事为大城王系拍布隆苔洛加纳王所悉，史籍始载小历八五〇年（即佛纪元二〇三一年）派太子拍布隆罗阁领军出征塔瓦，并收复之。

继后，缅甸出现了一位英君，即莽应里，史称碧古王，亲自统率大军进侵大城，结果大城投降，即史籍所载佛纪元二一一二年大城首次陷落。隶属暹罗之塔瓦及顿逊，亦随着改隶于缅甸。

塔瓦城及顿逊城的命运，完全操在暹罗及缅甸手中，彼此轮流着统治，经了长长的五百年间，由暹转隶缅，后由缅转隶暹。但最后则出现了"西方的拍潘哇砂王"，于佛纪元二三六七年予以决定性的宣判了。

基于塔瓦城系暹固有的辖地，且居民自成为一族，有如上述者，因此暹罗特准其自行统治，委塔瓦族人任太守及地方官职，地位等于属国。至于顿逊城，位于塔瓦城之南，毗连现时暹属的尖喷府，居民由各小民族所组成，包括孟族及泰族在内，暹方乃由首都直接派人予以统治，自古皆然。降至大城王系拉玛二世（佛纪元二〇三四年至二〇七二年），欧洲人航船达东方，每年驶抵丹老城的商船多艘。盖当时的丹老城仍隶属于顿逊城，位于顿逊河口，系商船锭泊良港，可避暴风袭击，同时成为运输货物赴大城首都的孔道。职是之故，丹老城乃形成欧籍及印籍商贾通航暹罗及印度间的要港。后来缅甸王莽应里自泰方将顿逊及塔瓦夺去后，即采行了暹方所用的统治法，即让塔瓦族自行统治塔瓦，惟丹老则由缅方直接派员统治。

迨至拍那黎萱大王时代（佛纪元二一三三年至二一四八年），正式宣布暹罗独立，脱离缅方的羁绊。对缅抗战，胜利多次。终于与缅方副君斗象，并取得胜利。但大王反深表扼腕，谓未能将缅军主力击破，盖殿后军队未能及时赶到。大王返抵首都后，即召陪审官议诸将士所应得之罪。经陪审官议定后，大王乃下令将诸将士先行拘押，候礼拜日过去，即予以斩首。比至二月黑分十四日（佛纪元二一三五年）巴缴寺拍蓬叻僧正特偕同其他各区主教不下廿五位入宫觐见，并探问战情，同时奏请恩赦被囚之诸将士。大王乃下令赦免诸将士罪罚，但着令彼等领军出征塔瓦及顿逊，务将其夺回，以赎前罪。诸将士乃于佛纪元二一三五年杪出征西部诸城。

至于缅甸方面，顿逊太守悉暹军来攻，急飞报鸿刹钵底都，并请援。适巧这时候鸿刹钵底王怒随副君出征之诸将士无能，乃着令此批将士领军抗暹军，以赎前罪。惟在缅方开始征调军队期间，暹军业已将此部诸城克复。仅就塔瓦城而言，暹军围城约二十天后，塔瓦太守知不敌，乃出降。暹军克复西部诸城后，即派军预在缅军所必经的孔道，堵截其增援。结果暹军与砂孟武巴功及砂孟拍大麦所率领的水军争战后，砂孟武巴功中弹阵亡，而砂孟拍大麦所乘的战船被击破，此外缅方的陆上部队亦被击溃。于是暹方仍然统有塔瓦城、顿逊城及丹老城。

佛纪元二一五六年，缅甸之阿瓦王复亲自领军进侵塔瓦城。时大城方面，为拍阿伽陀砂洛王在位时代，塔瓦太守努力保护城池，卒战死。塔瓦城遂为缅军所占。阿瓦王取得塔瓦城后，即驱军直取顿逊城，惟受暹军所包围，卒得以身免。暹军力加追击，而塔瓦城及顿逊城依然受暹方统治。

事后暹方鉴于塔瓦及顿逊不时为缅方所扰，为确保西部诸城起见，乃于佛纪元二一五九年与葡萄牙谈判缔结商约，同时要求葡方派军舰巡逻西部海岸，防缅军攻暹属塔瓦及顿逊城，但谈判无结果。虽然如此，亦可借此看出暹方不放弃此地带诸城的主权。

当拍昭颂达摩王（佛纪元二一六三年至二一七一年）时代，缅方再度将塔瓦夺去（佛纪元二一六五年）。惟依缅史载，拍那莱大王时代（佛纪元二一九九年至二二三一年）塔瓦城又被暹方所夺回。在拍那莱大王时代对塔瓦城的统治更形认真，增建炮垒于顿逊城。继后希腊人昭披耶威察仁任首相期间，尝奏请将丹老城辟为商港，并设有王室货仓，同时招收了不满英国东印度公司的英人任职，甚且委英人为丹老城太守职，发展国营商务。但英国东印度公司鉴于暹方招收公司之旧职员，从中与公司竞争，公司不免遭受损失，深表不满。在无计可施时，乃直接向英政府呈诉，谓暹政府利用英人与公司竞争，结果英政府乃下令将任职于暹政府之英人全部召回。查当时在暹政府任职的英人，不下五十人。当公司接到政府的训令后，立即派出军舰四出搜捕航行于印度方面的暹罗商船。另外派军舰三艘赴丹老，把政府的布告向一般任职于暹政府的英人宣读，并强迫彼等全部退出暹罗。此外还向顿逊太守提出最后通牒，着其转呈大城首都拍那莱大王，指谪昭披耶威差仁故意阻挠公司的业务，使遭受损失总数达 40000 镑，并要求暹方于二个月内全数偿还。

在顿逊太守将英方的最后通牒转呈大城首都期间，居于西部的任职暹方的英人，咸惧英政府，乃转而与公司中人修好如初，并邀请军舰上的军官在丹老城上岸。英舰长甲必丹威伽登下令拆毁丹老城的炮垒，从而清除暹方的防卫工事，甚且还没收了停泊于港口的暹罗舰一艘。顿逊太守眼见英方已先发动，乃自顿逊方而领军于佛纪元二二三〇年公历 7 月 14 日晚间突袭丹老城内的英军。时英军全无防备，因此被杀死多名。至于李却窝那威，则战死。暹方乃夺回炮垒，同时夺获了英舰一艘。甲必丹威伽登偕余者逃落另二艘军舰逃去。这次的事件，一经传到大城首都后，拍那莱大王乃于同年八月十一日正式向英国东印度公司宣战。终拍那莱大王朝，暹英仍是敌对着。迨昭披耶威差仁亡后，英方始转而与暹修好，通商如故。

接着暹英发生纠纷后不几天，暹使哥砂班自法国返抵暹罗，法王路易十四世且派了法军不下一千四百名同来。暹政府立即派法军二百名驻守于丹老城，余者全部驻守于吞武里，这是直通大城的必经港口。自后即不复见英方再侵扰丹老，或其他城市。迨拍那莱大王驾崩（佛纪元二二三一年）后，发生夺位的变乱，法军亦于此时全部撤出暹罗，但塔瓦、顿逊及丹老，仍然隶属于暹罗，历七十年而不变。

降至拍弟南素里耶吗舞陀罗王时代（即大城王系统治大城之最后一位君主，佛纪元二三〇年至二三一〇年），暹方实力逐渐低落。盖其间尝经过了七十年长时间的争权夺位，互相杀害。惟相反地缅方则出现了一位英君，即瓮籍牙，于佛纪元二三〇二年遣其次子孟腊领军攻塔瓦城，破之。并悉塔瓦商贾预先移其财物，趁船逃聚于顿逊及丹老，遂长驱而下，陷顿逊及丹老，没收商贾的财物。继后，缅军弃城，追击大城所派来援的暹军。此时暹军颇懦弱，节节撤退。缅军遂得逐步深入，且包围了当时的大城首都。但攻城时，瓮籍牙亲自开炮，炮管破裂，因而受重伤，乃退军返朝。这时的塔瓦城，则转隶于缅甸。不过顿逊及丹老仍属暹罗，因缅方无意加以统治，只劫财及掳民以去而已。

受重伤的缅王瓮籍牙，军抵暹属德城时，即告晏驾。长子孟驳继位，国内局势平定后，即从事拓展其势力。在缅方内部仍未平定时期，塔瓦城旧职员费东赭乘机举兵袭塔瓦城，陷之，且统治之。继后，悉孟驳已平服异己者，有意南下收复塔瓦城，费东赭深为恐惧，乃派使者向大城进金银花，求为臣属。拍弟南素里耶吗舞陀罗王乃封费东赭为塔瓦城太守，统治塔瓦城，结果塔瓦城依然成为暹方属国。

至于缅甸方面，孟驳在位仅四年，即告晏驾，其弟孟腊继位。这位孟腊王有乃父风，英明果决，于佛纪元二三〇七年派军攻塔瓦城。费东赭知不敌，携眷属逃赴丹老。缅军通牒暹方引渡费东赭，暹方不允其请，缅军乃派兵船六十艘攻丹老。费东赭继由水路逃赴克拉武里城，缅军不舍穷追。另一支缅军则攻顿逊城，顿逊亦相继失守。追捕费东赭的缅军前锋，所经各城，皆予以焚掠一空。同时沿途的城市，咸不战而退。缅军乃次第克吗里湾城、克拉武里城、拉廊城、尖喷城、黎仔城、巴丑城、甘诺那拍坤城、空湾城，而于佛丕城遭遇了郑王（时领有披耶哇栖罗巴干爵衔）军强硬的堵截，缅军前锋遂被迫退回，而与顿逊城的大军会合。一直至大城第三次沦陷（佛纪元二三一〇年），而至郑王努力平服大城三株菩提树缅军，光复了暹罗，而于佛纪元二三一一年正式被拥立为暹罗新君，建都于吞武里为止，素受隶于暹罗的塔瓦城、顿逊城、丹老城，遂为缅方所夺去。

迨至郑王奠都于吞武里时代，塔瓦城、顿逊城及丹老城，是否为暹罗属国，遍查暹文史籍并无记载。这似乎指出西部三大城市，郑王未有收复。只记载此三大城市，于佛纪元二三三四年备金银花及美女入贡叻陀纳哥盛朝一世王，请为藩属。此种记载，愈显出郑王的低能了。

其实不然，依据现时颇不易觅，几乎成为珍籍的《史乘汇编》第卅九集，则有记载及西部城市的事迹。

照法籍传教士卢邦于公元 1772 年（佛纪元二三一五年）5 月 1 日致国外传教团主持书，称"于去岁（公元 1771 年）抵暹，并于今年（公元 1772 年）5 月 25 日入宫觐见郑王，并献上礼物。……现时郑王正在准备军队出征，惟将指向何方，仍未悉，但依一般人相信的，必将御驾亲征柬埔寨及越南。此外，王另准备军队一支，拟进攻丹老城的缅军，甚且嘱须收复丹老城。"①

① 见《史乘汇编》第 39 集，第 93 页。

虽然法籍传教士指出郑王派军攻丹老，但未证实暹罗曾收复丹老诸城。不过我们再查一查乔治史各得爵士（Sir George Scott）所著的《缅甸史》（Burma），指出佛历二三一五年（公元 1772 年）吞武里朝统有塔瓦城。由此观之，我们当不难想象到，塔瓦城已然隶属吞武里朝，则其邻属的顿逊及丹老，必亦为吞武里朝所收复。

比较可惜的，就是这次收复西部诸城的详情，全付阙如，否则我们将可发现更多的真理哩！

3. 并有北大年、吉打、霹雳、吉灵丹及丁加奴（佛纪元二三一九年）

当大城首都于佛纪元二三一〇年间沦陷后，暹罗全国顿呈混乱，其比较具有势力及地盘之诸侯，纷纷宣布独立，各自为政。位于暹罗极南部马来半岛上之北大年、柿武里（即吉打）、霹雳，原系暹罗属地，亦效六坤，宣布独立，脱离六坤之羁绊。

郑王于佛纪元二三一二年，御驾南征六坤时，虽收复六坤地，但北大年、柿武里、霹雳等地，依然未有收归暹罗版图。

吞朝首任六坤王，为郑王侄拍昭那罗素里耶汪砂，地位等于藩王，直隶于吞朝，于佛纪元二三一二年就藩王位，统治六坤。虽然史籍无载，但相信此位六坤王在位期间，必采用和平之政策，设法拓展吞朝之疆界，并诱引邻近各城太守归附吞朝。六坤王拍昭那罗素里耶汪砂所统治之六坤城，颇为平静，并无发生任何事件，这充分显出郑王侄统治暹罗南部之有方。

《钦定纪年》载："迨至阴历十一月白分初二，木曜日，（佛纪元二三一四年）……巫族北大年投顺，并进金银花树，日惹（在爪哇）献大炮百门。"[1]

侍卫官乃萱所著《颂圣诗》第五十三及五十四首，称："大泥（即北大年）王震于皇威远播，特遣使入贡，请为臣属。不少属国，亦次第内附，效忠朝廷，包括披耶柿武里（即吉打城太守）亦不免称臣！"

据此，我们当不难看出拍昭那罗素里耶汪砂统治六坤期间，北大年及吉打皆求内附。究其内附之主因，完全基于"震于皇威远播"。所以，在这时期之北大年及吉打，仅是名义之内附，实际上吞朝政令仍未能施于北大年及吉打。因此，郑王在委封原任六坤王重返六坤时，所发敕文，其中仍提及北大年及吉打，训令六坤王设法并有而统治之，这在下面将予以详述。

拍昭那罗素里耶汪砂王于佛纪元二三一九年十一月白分初三，金曜日，薨于六坤，其遗体当于同年被运至吞府，在因陀罗摩寺举行隆重之火葬礼。

---

① 见新印本第 3 卷，第 268 页。

4

拍昭那罗素里耶汪砂王薨后，郑王立即委任职于京华之原任六坤王赴六坤继位。盖原任六坤王在京任职期间，颇为忠谨，且得郑王之宠信也。

关于郑王委任六坤王之敕文，幸得保存，且经中央学术研究会编入《史乘汇编》第二集内，足资参考。

依据当时御文书官之记录，岁阴在申，第八旬（佛纪元二三一九年），十一月白分初六，火曜日，上午，（郑王）御正殿，谕宫务官坤砂功蒙天、财政官坤威塞奴漆、文书官乃天卡叻、御前警卫官乃集多罗万罗、皇后前警卫官乃万兰功春等，赍奉诏令、神禽印信、金叶表，出京，将六坤城移交昭六坤统治，直隶朝廷。着由蒙披钹哥砂依旨办理一切。

岁阴在申，第八旬，十一月，黑分初四，火曜日，上午十时二刻，吉时，着财政官拨黄金六钱，制成金叶，阔、长如度，备书刻文字。谕另制黄金匣，刻花纹，高五寸半，周围阔六寸，全匣重二铢三钱一钫，备装金叶表。另制一如度之黄金匣，备装诏令。更制一如度之银匣，备装装有诏令之金匣。另制一黄金匣，备装神禽印信。更制一银匣，备装有神禽印信之金匣。制造金银匣之责，由财政官负之。着特别财政官向财政厅支取象牙，请工匠雕琢如度之盒，一装诏令匣，一装金叶表匣，一装神禽印信匣。然后备三副永华盘，一一承垫之，外各加一织金绸袋。

十一月，黑分十五，金曜日，上午十一时三刻，举行封金叶表、诏令、神禽印信仪式，然后由仪仗队迎奉于御艇上，由上述之使臣赍奉赴六坤。

诏令内容：颂绿拍昭阿伽陀砂洛圣君（即郑王号）恩封披耶六坤为藩王，称拍昭罗阁尼空吗海素旺，统治六坤城。诏令、神禽印信经由宫务官坤砂功蒙天，财政官坤威塞奴漆，乃集多罗万罗，乃万兰功春等赍奉抵步后，着政务协理披耶罗阁素帕钵底，及披耶、拍、銮、坤、蒙等跪奉，并依圣旨点收藩王所有应用物品。

金叶表内容：圣上恩赐披耶六坤返城，为藩王，称拍昭罗阁尼空吗海素旺，统治六坤。小历一一三八年，岁阴在申，第八旬（佛纪元二三一九年），十一月，白分初三，日曜日颁发。

此次委封昭六坤之令文，全文冗长，只摘其有关之数段，予以详述。原任六坤王此次受封再度统治六坤之主因，令文有详细叙述，略称："当室利阿瑜陀耶都于前次沦陷缅军手，官民顿失所靠，乃一致拥立副尹为藩王，官民得靠，并战胜巫族敌人。反之，藩属将发生变乱矣。因此对于国家实立有殊勋，不愧为藩王后裔之一员。此次公主①庆

---

① 系原任六坤王之长公主，六坤方面称大公主或称昭仁静，郑王纳为副后，封宫武里乍博底室利素拉叻砂，生太子三，公主一。

得太子①，而披耶六坤复追随圣驾，对缅敌作战有功，本拟使其留京任职，但室利阿逾陀耶都基础已固矣，兼之，有二三十名工人不愿留京，同时昭那罗素里耶汪砂适薨，应替代昭那罗素里耶汪砂为圣上继续宣扬德威而光大之。披耶六坤前曾任藩王职，现时亦仍委其继任藩王职。昔任藩王者，其地位等于属国君王。现时亦然，依俗办理。"

这位复位的六坤王，在吞朝受训达数年之久，对于郑王为国为民之意旨，深为了解。受封时，敕文中尝令其伺机并有北大年及吉打。其有关之一段令文如下：

"再者，柿城（吉打）、大泥城（北大年），皆系大城朝属国，对国家未有尽力。依大臣会议决议案，特颁发财政大臣令文，每城试借现金千斤，从中审查柿城及大泥城之意向，财政大臣之印信，一并附来。应令六坤王会同诸大臣设法游说劝诱，务使现金及城市两者皆得，无误所托，庶几可增六坤王以及诸大臣之荣誉。"②

由于郑王利用六坤王之精明折冲，结果北大年及吉打皆次第收入版图内。

依 Arnold Wright 所著 *Twentieth Century Impression of Siam* 页五十二载：

"佛纪元二三一五年（年期误列，当系佛纪元二三一二年），（暹罗国君）御驾统帅大军南下马来半岛，目的在伸展其势力于六坤。盖六坤独立，六坤王称王。促成其事者厥为缅军进犯大城首都，遂乘混乱期间，正式宣布独立也。六坤王悉御驾亲征，乃逃赴北大年，以求自保。北大年太守恐祸延己身，乃拘捕六坤王献予暹罗国君。在此时期，暹罗国君经攻陷六坤城，并俘大批六坤王族及臣员。六坤王女，丽质天生，暹罗国君遂纳为妃。因宠爱六坤王女，暹罗国君遂赦免女之亲族，不杀。基于此因，在女生太子后，暹罗国君乃委女父返六坤城任六坤王原职。惟受暹罗国君统辖，因此六坤王遂领有暹罗方面之实权。暹罗国君利用此六坤王，卒使北大年、吉灵丹、丁加奴以及吉打，次第成为暹罗属国。"

上文所引，除开证实北大年及吉打在吞朝确成为属国③以外，我们更进一步知道了吉灵丹、丁加奴，在吞朝时代亦内附。

考吉灵丹、丁加奴，系隶属北大年。而丁加奴，则在吞朝时代始被奠立者。关于此事，《叻陀纳哥盛朝二世王纪年》页三一三作如下之记载：

"至于丁加奴及吉灵丹，依其城史之记载，原隶属于北大年。在吞朝末叶，披耶北

---

① 系副后宫武里乍博底室利素拉叻砂所生之太子，共有三位：长为昭华达砂蓬砂，或称拍蓬砂那麟陀罗；次为昭华达砂派耶，或称拍因陀罗阿派耶；三为昭华那麟阿罗罗阇顾曼。
② 见《史乘汇编》第 2 集，第 27 页。
③ 其实暹文籍，如《叻陀纳哥盛朝二世王纪年》，丹隆亲王所编《暹缅战争史》第 2 卷及《銮乌隆颂越书札》弁言，皆有类似记载。

大年之亲族，名都弯吗肃，得柔佛之助，遂建立丁加奴城。比势力充实后，都弯吗肃即领军侵吉灵丹，由是吉灵丹沦陷为属国，而丁加奴则俨然成为一强有力之大城市矣！"

职是之故，当时之吉灵丹、丁加奴，无疑亦为吞朝之属国也。

4. 敉定六坤占巴塞部（佛纪元二三二〇年）

暹方所称的六坤占巴塞，依当地土著，则自称为巴塞，欧西人士则称 bassac。依史籍所载，此城系由一位和尚所建立者。这位和尚，姓名不详，通称蓬砂密师，盖这和尚出身于蓬砂密寺。

在未建立城郭以前，此地全是林木，为野人，如卡族、赛族、桂族等，所聚居之地。当集居于室利娑多那瞿那扈多部北面之泰族，继续向南移，其中有一位泰族头目，姓名亦不详，乃在湄公河西岸（即现称甲笃猛格兰村）建立一城，命名为拍六坤伽拉占北龙城，建城者即为该城主。无何城主死，其子继位，号昭素达砂那罗阇。这位昭素达砂那罗阇在位几年，无可考，只知薨时为佛纪元二一八一年，且无后。因此众人乃举一位名孚众望的人继位，六年后（即佛纪元二一八六年）又死。有女名娘坪，侄女娘袍，承继统治此城。所以，这时候的拍六坤伽拉占北龙城，系由二位女性统治（查佛纪元二一八六年，适为大城王朝颂绿拍昭巴塞通王时代）。

在佛纪元二二三一年间（适为大城王朝颂绿拍辟罗阇王时代），万象方面，室利娑多那瞿那扈多王薨，遗下年仅三岁之子名昭翁罗，以及身怀六甲之妃各一。猛线城太守披耶猛线乃乘机夺位，成为室利娑多那瞿那扈多王，且有意占前王妃。妃不从，携子投蓬砂密师，因是时蓬砂密师仍驻于蓬砂密寺也。蓬砂密师令母子居于蒲阁莪贺坎村，满十个月期后，妃产下一子，村民皆称之为昭诺甲塞，义为王族后裔。

继而，昭翁罗长大后，即携同人员进入安南境内，从事招集人马。至于夺位之披耶猛线，见蓬砂密师受人敬仰，恐其成为后患，思加害。蓬砂密师窥其隐，乃携同拥戴者不下三千人，离开室利娑多那瞿那扈多城，抵牛潘蓝参砂奴村，令妃及昭诺甲塞分一部分人员在此村落居。而蓬砂密师则带同余人进入万泰碧城，有意在此留居。惟万泰碧城太守实行调查户口，并拟每户收费八铢。蓬砂密师恐将引起随来居民之困难，乃继续循湄公河而上，抵六坤伽拉占北龙城，认为地位适中，乃止。至于随来者，亦各择地散居焉。

娘坪、娘袍以及其他成员见蓬砂密师带来大批人民，深为喜慰，并予以优渥之礼遇。嗣后，见蓬砂密师德行高尚，且为众人所拥戴，遂拥蓬砂密师为六坤伽拉占北龙城之统治者。因此，六坤伽拉占北龙城遂由女性转以男性统治矣！

迨至佛纪元二二五二年（适为大城王朝颂绿拍昭泰塞时代）间，六坤伽拉占北龙城时生纠纷，且匪患兴炽。蓬砂密师以德治人，全然无效，欲采用实力予以镇压，则与佛教戒律抵触，乃与大小臣员会商，自牛潘蓝参砂奴村请昭诺甲塞及其母继位，昭诺甲塞即位后，号昭税室利砂没陀罗菩陀讪固罗，时为佛纪元二二五六年。六坤伽拉占北龙城名亦改为六坤占巴塞纳巫里室利，由是六坤占巴塞遂成为泰族人（万象王后裔）所统治。

　　当时占巴塞城辖界，北抵万象城界，东与安南山交界，西连披迈城界，至于南面，当时仍未划定。惟迨至昭税室利砂没陀罗菩陀讪固罗娶万象泰碧城太守女为妻，且生一子名昭菩提砂罗，昭菩提砂罗长大后，昭税室利砂没陀罗即令赴通禾室利村立城统治，此城即名之为室利占万城。此城位于河岸，在西蓝袍城之南。因此，遂与柬埔寨王商定两方之界线，即由湄公河畔（西岸港口）为起点，而抵毗连甘磅砂哇耶城为终点，另由湄公河东岸之汶卡拉村为起点，抵砂哇港口为终点。

　　六坤占巴塞城王昭税室利砂没陀罗于佛纪元二二八〇年薨，其子昭阇耶固吗罗继位，就是这昭阇耶固吗罗王与吞朝王发生了密切的关系。

　　郑王努力开疆拓土期间，收复六坤占巴塞的经过，遏方史籍记载非常简略，且又分歧，未能一致，尤其是收复六坤占巴塞的年期。

　　在这里，先列举一些有关于郑王收复六坤占巴塞的各文籍之记载：

　　《六坤占巴塞史》[①] 载：小历一一四〇年（佛纪元二三二一年）收复六坤占巴塞。

　　《东北省纪年》[②] 载：小历一一四〇年（佛纪元二三二一年）收复六坤占巴塞。

　　《耶梭吞纪年》[③] 载：佛纪元二三二一年吞朝军队出征万象时，六坤占巴塞似乎先已成为吞朝之藩属。

　　《钦定纪年》载：小历一一三九年（即佛纪元二三二〇年）收复六坤占巴塞。

　　《柬埔寨纪年》载：小历一一四〇年收复六坤占巴塞。

　　《吞武里朝全史》载：小历一一三八年（佛纪元二三一九年）收复六坤占巴塞。

　　《吞武里都纪年》[④] 载：小历一一三八年（佛纪元二三一九年）收复六坤占巴塞。

　　《郑王史料汇编》第一集载：佛纪元二三二〇年，收复六坤占巴塞。

　　依照上列各文籍所载，收复占巴塞之年期，殊不一致，但所叙述的事件，显然有一

---

① 《六坤占巴塞史》，为蒙阿蒙汪砂威集多罗所著，全文收入《史乘汇编》第70集。

② 《东北省纪年》，作者为蒙阿蒙汪砂威集多罗，任职于东北省时，利用余暇所著成者，其中颇多参考之资料，全文现收入《史乘汇编》第4集。

③ 《耶梭吞纪年》，作者为谁，无可考，全文收入《史籍汇编》第70集，系一篇富有真理之文献。耶梭吞现属乌汶府治，地位仅属村区。

④ 《吞武里都纪年》，系教育部所审定之课本。

部分文籍，把前后事态混作一事，而另一部分文籍则分开记述。

关于征六坤占巴塞之确切年期，将在下文予以论列，现在先检讨一下它的事因。

应先明白的，就是六坤占巴塞王昭税室利砂没陀罗薨时，遗有三子，长子昭阇耶固吗罗，次子昭达摩弟禾，三子昭素里逾。长子昭阇耶固吗罗继位后，即封其弟昭达摩弟禾为副君，昭素里逾为罗阇汪砂。依《六坤占巴塞史》（蒙阿蒙汪砂威集多罗所著）载，小历一一二〇年（佛纪元二三〇一年）六坤占巴塞王与副君不睦，副君与隆公县代理县长谋，举兵侵六坤占巴塞。昭阇耶固吗罗全不抵抗，而退守于隆莫铃区。副君遂占有六坤占巴塞，知昭阇耶固吗罗退守于隆莫铃，拟再发兵逐其出离六坤占巴塞界。其母乃晓以大义，并劝副君将其兄迎回，和好如初。副君不敢违，依命将长兄迎回六坤占巴塞，继续统治六坤占巴塞。

继后，副君薨，遗子四，长名昭呵，次名昭因，三名昭达摩吉迪伽，四名昭坎速，另有一女名对。

六坤占巴塞王昭阇耶固吗罗即封昭呵为总督，任阿多布城太守职。

这位昭呵，虽然任总督兼阿多布城太守职，中心①仍郁郁不乐，时思篡其伯父——昭阇罗固吗罗王之位，惟实力不充，不敢轻动，只暗中伺机而已

会南伦城太守披耶南伦因受制于柯叻城太守昭披耶柯叻，有意挣脱昭披耶柯叻之统治，企图叛变。

昭呵侦知披耶南伦之意图后，认为或可假借披耶南伦之实力，实现其篡位之迷梦，乃派员私与披耶南伦接洽。披耶南伦正在苦闷期间，突然接得昭呵之邀请合作，不禁大喜，立即答应。大概因需商议举事之计划，双方使者来往繁密，甚且昭呵及其弟昭因亲赴南伦城，亦属可能。盖证诸吞朝军开赴南伦城平乱时，昭呵、昭因逃向六坤占巴塞也。

当时任柯叻城太守者，为昭披耶柯叻，即郑王未即位前攻陷柯叻城，追捕宫蒙贴披碧之坤查那同一人。昭披耶柯叻关于边疆之种种动态，尤其东北、东以及东南部各邻境之动态，颇为注意，时予侦查。披耶南伦之企图不轨，必为昭披耶柯叻所悉，乃飞报朝廷，并增强柯叻方面之防御力，以防万一。郑王接报后，立即发兵予以镇压。

在这里应得提出讨论的，就是这次披耶南伦私联昭呵、昭因起事，《吞武里朝全史》以及《钦定纪年》皆称图谋不轨。史籍之采用此项词句，盖朝廷方面经认六坤占巴塞（当时仅称巴塞）系吞朝属国也。六坤占巴塞在名誉上虽为吞朝属国，但实际上仍独据一方苟安。

① 编者按："中心"应为"心中"。

考郑王于佛纪元二三一四年御驾亲征河仙及柬埔寨时，尝决意进攻六坤占巴塞。惟受越军之阻碍，同时六坤占巴塞方面亦知郑王不可欺，特示善意，收容一部分为越军所击退而逃入六坤占巴塞境内之士卒，并派员护送遣回，同时表示对郑王忠顺，求勿进攻六坤占巴塞，以便将来合力夹击越军。郑王在当时即取消进攻六坤占巴塞令。此举实因越军居间作梗，且士卒进攻河仙及柬埔寨，颇为劳顿，需要作相当之憩息。于是接纳六坤占巴塞之请，将前锋调返。职是之故，六坤占巴塞遂得苟安，而吞朝方面亦由此时起直认六坤占巴塞系藩属。

依《吞武里朝全史》页 83 载：

"岁阴在申，第八旬（佛纪元二三一九年），披耶南伦与总督昭呵、昭因同谋，企图不轨，谕昭披耶却克里统军平乱，捕杀披耶南伦，昭呵、昭因逃赴巴塞城（六坤占巴塞），更谕昭披耶梭罗室利（一世王弟，时任彭世洛城太守职）调北方军旅统之，会合昭披耶却克里军，征讨巴塞城、公城、阿多布城，陷之。"

照上文所述，我们不难推知，披耶南伦密与昭呵、昭因谋不轨时，昭呵、昭因必留在南伦城，盖吞朝军队开抵南伦城捕杀披耶南伦后，昭呵、昭因始逃赴六坤占巴塞。

至于郑王派军队赴南伦城平乱时，《吞武里朝全史》及《钦定纪年》皆称昭披耶却克里（即一世王）任统帅。查在佛纪元二三一九年之一世王，其最高之爵位，仅系披耶却克里，仍未达昭披耶级。昭披耶却克里（名穆）则于佛纪元二三一七年初，或在佛纪元二三一六年杪逝世。所遗下之宰相职，郑王另委昭披耶室利达摩提罗阁代理，降至佛纪元二三一七年之后，即实任宰相职。一世王之领有昭披耶却克里爵衔，系在佛纪元二三二〇年之后。据此，《吞武里朝全史》及《钦定纪年》所称之昭披耶却克里，非名穆者，盖已逝世，必为一世王无疑，只不过史籍作者在其固有之爵衔前加一昭字，于是成为昭披耶却克里，而非披耶却克里了。

披耶却克里（一世王）虽将南伦城之乱平服，但主要之人犯，即总督昭呵及昭因则被逃出，并受其伯父昭阁耶固吗罗所卵翼。披耶却克里当据情向朝廷报告。郑王认为六坤占巴塞之成为朝廷藩属，仅是名义，同时六坤占巴塞王收容叛魁，实难予以放任，而且又系对六坤占巴塞作总解决之最好机会，认为单是披耶却克里统军征讨六坤占巴塞，必难在短时间内获得效果，遂派员北上谕彭世洛城太守昭披耶梭罗室利（一世王弟）调集北方军旅，由昭披耶梭罗室利统率，急开南伦城会合披耶却克里（一世王）军，一同讨伐六坤占巴塞。

披耶却克里此次领军平乱，《吞武里朝全史》只载年期，而不载月日。《钦定纪年》则称四月间，发兵平乱，于小历一一三九年（佛纪元二三二〇年）六月间班师。由此观之，披耶却克里领军平乱时，系在佛纪元二三一九年年底，费两个月的时间，于翌年（佛纪元二三二〇年）六月间班师。《郑王史料汇集》第一集《钦定纪年》载佛纪元二三二〇年收复六坤占巴塞，并无太误。依当时情形而言，披耶却克里军开拔时为年底，通过柯叻城。在南伦城将乱事平复后，即驻扎于南伦城内，整顿地方，及等待其弟昭披耶梭罗室利，以便会同出征六坤占巴塞。比昭披耶梭罗室利军开抵南伦城，已是佛纪元二三二〇年年首矣。总而言之，平乱为佛纪元二三一九年年底事，而征六坤占巴塞则为佛纪元二三二〇年年首事。本文系论证六坤占巴塞，作者认为应以佛纪元二三二〇年为较合适。

照《吞武里朝全史》载，此次征讨六坤占巴塞，且收复猛公城、阿多布城。《钦定纪年》更进一步地称德隆城、猛素荤城、猛胜卡、猛区康城等四城，皆次第投诚。盖此四城，系东北部素荤府及室利刹吉府地。

让我们翻查一下地图，由位于柯叻城东南面之南伦城为起点，而以六坤占巴塞为终点，以铅笔划一直线，则可看出猛德隆城（现改称巴空阁耶城）、猛素荤城、猛胜卡、猛区康城皆位于直线之上下，为行军必经之地。由猛区康城而武吞蓬披柿耶城，而仑巴立城，然后始达六坤占巴塞。至于陀多布城，位于六坤占巴塞之极东，与越南交界。猛公城，一名西吞仑城，则位于六坤占巴塞之南。所以，吞朝在佛纪元二三二〇年收复六坤占巴塞后，其东北部之疆界，由披迈城向东展开，直抵越南界，即以山脉为此部之天然界线。

《占巴塞史》《东北省纪年》《耶梭吞纪年》皆载郑王军攻陷六坤占巴塞后，昭阁耶固吗罗逃匿于湄公河上之阁耶岛，结果仍为郑王军所追获。一世王兄弟俩班师时，亦将昭阁耶固吗罗带入吞府，朝见郑王。郑王赦免其罪，且仍委其任六坤占巴塞王，统治六坤占巴塞。昭阁耶固吗罗自朝见郑王后，终吞武里朝皆恭顺勿渝。佛纪元二三二一年郑王军出征万象王时，水路部队尝通过六坤占巴塞。昭阁耶固吗罗与柬埔寨王昭罗摩罗阁密切地合作，为水路部队筹办粮秣、船只，甚至开掘小支流，以利水师开入湄公河等工作。由此可见，郑王以德感人之深矣！

至于此次收复六坤占巴塞之有功人员，除一世王弟昭披耶梭罗室利因已领有昭披耶最高之爵位，只给予其他重赏以外，一世王披耶却克里则晋爵为昭披耶却克里，其职位则为代理内务大臣职，盖此时内务大臣昭披耶室利达摩提罗阁因年迈解职也。

5. 征讨室利娑多那瞿那扈多（佛纪元二三二一年至二三二二年）

现为法属之老挝，界颇为广阔，总面积达 321000 平方公里，惟土著只有 32000 人，法人则有 420 人。[①]

---

① 据公元 1936 年报载。

约在二百年前，老挝全境，共分为三大部落，居北者称銮拍万部（或称朗勃刺邦），居中者称万象部（或称南掌、揽掌），居南者称六坤占越龙都部（或称占巴塞、巴塞）。关于六坤占巴塞之历史，经在上节提述，这里将简略地叙述朗勃刺邦部及万象部。

翻开地图，当不难在暹罗东北部发现銮拍万，惟请勿就此停顿，再向东北部查视，即可发现猛天，这就是小泰族坤武仑时代所建的首都所在地。在猛天之北，则为莱州，适与越属老街对峙。在莱州与老街之间，有一天然河流，水源在莱州之西北，流向东南（莱州北），直切而南下，抵十二点泰部之末端，通过六侯地，再向南流，达河内之西南，反直向北流，而与河内北面之红河相会合，流注于东京湾，此河就是通称之黑河。

黑河，在古时称为十二点泰部，六侯地（暹罗东北部藩属）与越属东京部之天然界线。

泰族在云南省地所缔造之南诏，为元兵所破，泰族乃大量南迁。而十二点泰部及六侯地，则为泰族之集居地。仅就十二点泰而言，一般史家咸公认在古时领有广阔之疆界，且有昭（王）分别统治，共有十二部落。考十二点泰，即系十二昭泰所讹者。继后在此十二昭中，出现了一位英君，名坤武仑，将割据成为十二部落之各昭，予以一统，然后在猛天奠立国都，其势力继续向南伸张，结果后来出现了稻田地及象地。

坤武仑所采用伸张势力之方法，在当时颇为切合。明言之，坤武仑生有太子多位（依史籍所载共七位），乃令彼等各自觅取适当的地点，建立城池，自行统治之。

由于坤武仑采用聪明的办法，派子伸张势力，以致产生了两个著名的国家，即稻田地国及象地国。一般仍集居十二点泰部之泰族，遂大量流入此新建的两国境内。盖地位适中，且土地肥沃，谋生较易，以致十二点泰部实力锐减，为邻邦逐渐蚕食。于是疆界日见狭小，同时还分为三个部落，西面连缅地者称十二版纳，中部连中国境者称十二点泰，东面连越南境者称猛潘。

居留于此三部区的泰族，因地域不同，所得的称号亦异。十二版纳部称怒族，十二点泰部称蒲泰族，猛潘部称佬潘，惟皆操泰语，自称为泰族。

依史籍所载，坤武仑七子中有一名坤罗者，携带人民在象地部奠都，称猛骚，或称阇婆，世代相传。迨至速古台王朝坤罗摩坎亨时代，猛骚或阇婆系暹国藩属，碑铭载："床脚方，包括猛帕、猛难……跨过湄公河，猛阇婆为止。"

在大城王朝初叶，这部区的首都，依然称阇婆。依拍昭武通王时代《十六属国》载，阇婆亦系暹罗属国之一。如此一直至大城王朝第九世君——拍因陀罗阇二世，还亲为象地王加冕。盖史籍载："小历八四二年，岁阴在午，第四旬（佛纪元二〇二三年）

披耶兆象薨，谕封拍素旺那巴盛为披耶兆象。"其首都名称仍旧。降至拍阁耶策陀王于佛纪元二一〇七年向拍摩诃遮伽罗婆提王求女时，始改成室利娑多那瞿那扈多都。考室利娑多那瞿那扈多系巴利文，完全由泰语"兆象"一词所转译者。明言之，义为出象百万头之地域（室利解为娴雅，或美丽；娑多解为百；那瞿解为象；那扈多解为万。连缀后解为有百万美丽象之国，即等于兆象也）。

关于"兆象"一词，依却克里王朝五世王之解释，其实为象地之讹，义为产象之地，系与稻田地相对者。稻田地义为可供播种禾稻之地。象地后改称六坤銮拍万，其地全属山谷林木，产象，当时乃称为象地。

当象地泰族势力伸张时代，其疆界包括有十二版纳部、十二点泰部以及猛潘部。继后缅甸兴起，十二版纳部遂为缅所并。

室利娑多那瞿那扈多都，或象地都，继后迁于猛景空景通，称猛銮（义为大都），未缀有拍万句。降至佛纪元二一〇七年，适为大城王朝拍摩诃遮迦罗婆提王当国时代，室利娑多那瞿那扈多王复迁都万象，因此万象亦称猛銮。于是把佛像拍万名缀在原先猛銮之后，成为猛銮拍万（即现称朗勃刺邦），以示与新立之猛銮有别。不过，当时之室利娑多那瞿那扈多都，仍然包有銮拍万及万象在内。至佛纪元二二三五年，适在大城王朝拍碧罗阁王当国时代，室利娑多那瞿那扈多都王族不睦，分为两派：拍阁耶翁越占有南部，奠都于万象；而昭京吉斯萨则占有北部，奠都于銮拍万，皆采用室利娑多那瞿那扈多名。因势不两立，尝以兵戎相见，各不能下，卒将国土分为二，但为使名称上有所区别起见，乃称銮拍万方面为室利娑多那瞿那扈多兆象白伞銮拍万都。至于万象方面，则称庄陀武里室利娑多那瞿那扈多兆象白伞都。惟普通皆称銮拍万及万象。

銮拍万及万象，在拍阁耶翁越及昭京吉斯萨时代，所划分的辖界，依史籍所载，有如下所列：

万象都所辖界：湄公河西岸以靠景坎城之北降水口为界，湄公河东岸以靠景坎城之南面水口而迄里披峡为界。

銮拍万都所辖界：湄公河东岸以介于万象界之迷①水口为界，湄公河西岸以介于万象界之降水口而迄景空城南面之帕然黎为界。左连室利阿逾陀耶都界，右接越南界，包括六侯地及十二点泰。②

依照上面所引的，最低限度我们亦知室利娑多那瞿那扈多划分为两部：万象王辖有

① 编者按："迷"疑为"降"。
② 参阅《史乘汇编》第11集，第35—36页。

南部，包括猛潘在内。銮拍万王则辖有北部，包括十二点泰及六侯地。

万象及銮拍万，虽划分辖地，但仍不免内讧。銮拍万有时成为缅甸属邦，而万象亦有时成为越南属邦，甚且万象及銮拍万有时完全成为暹罗之属邦，这全视何方面势力强盛为定。在大城王朝拍辟罗阁王时代，万象及銮拍万又发生纠纷，几乎闹出大乱，幸得暹罗方派使驰往排解，结果和解。

当大城王朝覆亡，暹罗四分五裂期间，銮拍万以及万象，皆各自统治，全不隶属于任何一方。郑王即在此时努力进行复国，卒于佛纪元二三一〇年至二三一一年间，收复残局，并在吞府被拥立为王，统治新兴之暹罗。继此郑王复费两年之时间，从事一统暹罗，完成暹罗巩固之基础。

在这时候之銮拍万，由昭素里耶汪砂统治，而万象方面则由昭析里汶砂罗统治。昭素里耶汪砂王与昭析里汶砂罗王素不睦。于是在佛纪元二三一四年（小历一一三三年），銮拍万王领军攻万象，且将万象城包围。攻城历二个月，仍不下。在此期间，万象王乃转向缅甸求援。缅军直开銮拍万，昭素里耶汪砂急退军守銮拍万，万象之围遂解。同时缅军攻銮拍万颇急，无何陷之。銮拍万及万象因内争结果，结果均为缅甸所统治。

迨至佛纪元二三一七年，郑王派使赴銮拍万，谋联络业已中断之邦交。郑王使者抵銮拍万后，获得昭素里耶汪砂王优渥之礼遇，并备文表示接纳郑王之联络邦交。

关于郑王此次遣使向銮拍万谋缔邦交事，依暹方史家之意见，咸认为郑王此举实具有其深长之策略。盖吞朝侦悉銮拍万之受治于缅甸，完全系出于不得已者，缅方势力较强，无力抵抗。郑王目的在采用深湛之政治手腕，企图将銮拍万自缅甸怀中拉出，如能实现，即等于削减此方面之缅军势力，同时銮拍万向暹，犹如突增一部分实力。此种有利无损之策略，郑王当然不会放过的。

可是，事实上，銮拍万虽然有意谋与暹罗联络邦交，但仍未敢明目张胆地就此解脱缅方之羁绊。盖銮拍万方面对于郑王之实力如何，仍未能明了，同时亦不敢信赖暹方具有相当实力足以抗拒缅军，及保护銮拍万之安全。因此对暹，仍采观望态度。直至发生拍大拍和事件，郑王派军远征万象时，始悉吞朝实力确不可侮，銮拍万王乃公然与吞朝军合作。

銮拍万方面的形势，我们已略窥其轮廓后，现在得回头提述一下万象方面的事态了。

在吞朝时代，万象王为昭析里汶砂罗，已如上述。这位昭析里汶砂罗王处事缺乏断力，且为人反复无常。郑王对万象原无意讨伐，只求两国间维持良好之邦交而已。然而郑王此项意念，未能实现。盖万象自食其言，不单不遵守诺言，反派军侵入暹境捕杀经已向吞朝投诚之人。此种侮辱，是可忍，孰不可忍。因此郑王乃有佛纪元二三二一年派军远征万象之举。这将在下面予以详细提述，惟现在先检讨一下吞朝与万象间进行联络邦交的经过。

依据现存有关于郑王与万象间来往的一束文件①观之，在郑王当国时代，万象与暹罗邦交，系肇始于万象王昭析里汶砂罗于小历一一三二年（佛纪元二三一三年）首先备金叶表文致吞朝，文署二月（暹方四月），白分十五，月曜日。内容大意如下：

"室利娑多那瞿那扈多都（即万象）与室利阿逾陀耶大都，自古皆有密切之邦交。惟因室利阿逾陀耶都遭受浩劫，以致邦交中断。至于室利娑多那瞿那扈多都亦受卡族之叛乱，致地方不靖。昭披耶柯叻（即追捕宫蒙贴披碧有功之坤查那，郑王被拥立为暹罗新君后，即晋封昭披耶柯叻，职居柯叻城太守）领军来助，卡乱遂平，叛党逃守于红蚁高原。

"由于昭披耶此次相助平乱，遂知室利阿逾陀耶都经已奠立新君，国家再造，乃派披耶柿颂约托砂武里、披耶室利叻陀那提迫迈蒂奉文及礼品亲来献上，以维邦交。希室利阿逾陀耶都勿怀疑室利娑多那瞿那扈多都，而室利娑多那瞿那扈多都亦将不怀疑室利阿逾陀耶都。由昭披耶柯叻统率来助之士卒，任务完毕后，即将遣回。"

除了金叶表文外，还有一份万象朝大臣致吞朝大臣的函件，内容与金叶表文相若，其比较别出的，则有如下所列：

"小历一一三一年（佛纪元二三一二年），卡族叛变，乃派员携函致昭披耶柯叻，领军平乱，叛党逃守于红蚁高原。因悉新君已立，深为喜慰，特派员修好。请昭披耶柯叻暂留此（指万象）任职。一般来室利娑多那瞿那扈多都之泰懵，任务完毕后，即将全部遣回。至于銮汪以及佬族廿户，用敢向贵大臣求赐，以供邦交上之奔走役务。"

关于万象王突然向暹修好之原因，却克里王朝五世王在御著《评注录》内称：

"实基于清兵三次进攻缅甸（其经过详情，在第十章有简明之提述，可供参照），缅甸全无空暇他顾。万象王原与銮拍万不睦，时虑其来侵。既然缅方无暇他顾，乃预先向暹方修好，以防万一。比至境内发生卡族叛变后，深怕銮拍万乘隙而入，想直接向吞朝求援，恐为时太晚，乃转而求助于昭披耶柯叻。

"至于昭披耶柯叻方面，鉴于国家不靖时期，大部分居民咸逃居于老挝地区，本拟领军开赴老挝地区召回逃散之泰人，使其各返原籍。一经接得万象王求助后，知机不可

---

① 郑王与万象王来往之文件，请参阅却克里王朝五世王所著《评注录》附录甲，系吞朝官方文件，颇为珍贵。

失，遂应其请领军北开。查老挝部之施政，最主要者厥为户口之留难，每用敷衍之手腕，从而延缓时日，同时设法留下人民。为防銮拍万之进侵，始直接奉金叶表文向吞朝修好，且设法留难户口，不使其即返原籍。"

至于吞朝方面，郑王对万象王请修好，并不表示卑视，或拒绝，尤对于将地位减低，而与万象王列于同级，郑王更不计较。盖郑王为人深谋远虑，与万象之交好，对己并无损。于是亲自起草覆文，依官方所记录者，系"小历一一三三年，岁阴在卯，第三旬，六月，白分初三，火曜日，亲自起草覆文及大臣覆书，谕正使拍顺吞迈蒂、副使銮铍底哇乍、三使坤勃乍那披蒙奉金叶覆文及大臣覆书赴室利娑多那瞿那扈多都。"

郑王所拟定之金叶覆文，其内容如下：

"来书言及邦交，认为应交往如初，深表欣慰，盖室利娑多那瞿那扈多圣君，出身高贵也。现时室利阿逾陀耶都仍残破，希室利娑多那瞿那扈多圣君从旁助以一臂，结成一体。任何一方入侵之敌，即等于另一方之敌人。声请暂留昭披耶柯叻任职事，请自行裁夺。如认为对己有利时，则不妨进行。反之，如得失不相等，希勿进行，应由室利阿逾陀耶都负责单独进行也。

"兹有中国礼部大堂大臣行抵京华，请绘制赴阿瓦都途径图，盖因缅军尝进侵四川、海南边地，中国军将缅军击退。中国军正准备进攻阿瓦都中，并请让中国军在室利阿逾陀耶都登陆。为此已予以覆书，目前缺乏粮秣。现时缅军侵得楞城、北碧城、室利砂越城、色梗港城、宋加绿城，北部、南部、西部、东部各城守军次第将缅军击退。京华军仍未能与之较量，不明其虚实。乃御驾北上，与景迈城之缅军交手。兹者已悉其实力矣，认为可单独对阿瓦都作战，粮秣亦已充分。特奉表文向中朝圣君请派军在室利阿逾陀耶都登陆，以便会合进攻阿瓦都。惟现短少马匹，特一并附来大臣覆书一份。"

郑王覆文所署之年月日，有如上述。至于附带之大臣覆书内容，则有如下所列：

"经将室利娑多那瞿那扈多都请修好事，提交陪审官讨论，咸认为在昔即有良好邦交，此次圣上御驾领军将敌人平服，理应接受其请。考诸室利阿逾陀耶都及室利娑多那瞿那扈多都法津以及习惯，知双方以前皆出自同一族系所传。此次特备覆文及覆书，依循古制奉上。从而增加室利阿逾陀耶都之荣显，一如纯金质之金钢钻戒。如兆象大臣具有同感，则请将此情予以奏闻，愿得公主，册立为室利阿逾陀耶都王后。

"经将此事上奏，谕依所议者执行，特遣使奉覆文及陪审官之文奉上。关于昭披耶柯叻事，覆文内已有提述，只有銮汪及泰懵佬族廿户请暂留事，则认为不适当，因此未有提出奏闻。如贵大臣将修好之事件，办理成就后，銮汪及佬族事，亦可照办。

"再者，需要马三百匹，请设法将所需马匹照数送下，价值若干，则请暂行代付，随后将在库存项内如数偿还。"

查郑王此次覆文，向老挝请赐公主及马匹事，依却克里王朝五世王之意见，认为"完全系一种策略。所请之三百匹马，纯在夸耀此方之实力雄厚。至于老挝方面，一经接到此种覆文，实际上并无任何影响，只需按而不答，即百事了结。因此种办法，系老挝方面所惯用者。倘将来发生其他变故时，再行计议"。

无疑地，昭披耶柯叻必接到另一种训令。明言之，即设法搜访逃匿于老挝地之人民，将之带回原籍。至于退守红蚁高原之卡族叛党，既然对己无损，则勿过事压迫，或予以诱引。察诸昭披耶柯叻所措置的，不谋而合，这将在下文提述。

继此，吞朝方面因军事吃紧，忙于应付；而万象方面，则与銮拍万的纠纷，并未结束。即在小历一一三三年间，銮拍万王果领军进攻万象。时缅方与中国之兵争结束，万象王乃转向缅甸求援，缅军直接进攻銮拍万，结果陷之。万象经了结銮拍万方面之纠纷后，对郑王书亦压下不覆。

在此期间，万象方面发生内讧。内讧原因，泰方史籍记载颇为混乱。特根据《东北省纪年》《吞武里朝纪年》《耶梭吞纪年》细加对照查考，同时参阅艺术厅所出《艺术》二月刊第 1 卷第 1 期①所载《拍巴涌罗阇汪砂（坎蓬）传》（原作者坤莞那叻砂威集多罗），予以叙述如下：

先是，室利娑多那瞿那扈多（万象）都，由拍昭翁罗统治。无何，拍昭翁罗薨，无后。大臣以及统治廊禾蓝蒲城太守乃和、乃大，特一致拥在拍昭翁罗王领军攻万象将披耶猛线捕杀期间，而逃依乃和、乃大之万象王后裔兄弟两人继位。具有野心之乃和、乃大，自命有收养新王之恩，乃请任万象总督职。惟新王不允其请，盖总督一职，拟保留赐其弟，只封乃和、乃大为拍和、拍大。拍和、拍大深表不满，乃舍万象而退守于廊禾蓝蒲城，并从事召集兵马，谋进袭万象城。万象王洞烛其奸，乃派军南下，进攻廊禾蓝蒲城，企图铲除此叛逆之拍和、拍大。拍和、拍大亦率领土卒，努力抗战。相持达三年，拍和、拍大实力逐渐转弱，知难再支持，乃派人向缅甸求援。缅方当于小历一一三五年（佛纪元二三一六年）训令驻守于景迈城之波戍帕拉领军驰救。时万象王侦悉拍和、拍大向缅请援，亦派人预在中途拦阻缅军，转请缅军合击拍和、拍大。

这位缅将波戍帕拉为人狡猾知机。现万象王使者在中途请求合击拍和、拍大，即佯为忘记缅王之训令，集合万象王军进廊禾蓝蒲城，陷之。拍大战死，拍和偕子及拍大子刀坎蓬、刀迪梵逃出，投奔六坤占巴塞王昭阇耶固吗罗。六坤占巴塞王乃特许拍和等驻

---

① 编者按：疑为第 2 期。

守于六坤占巴塞境内之万胪万加区。

缅将波戍帕拉将叛党击溃后，适值雨季，遂开入万象城驻守。在这时候，缅将波戍帕拉突对万象王之投诚，发生怀疑，着令万象王交出子女以及大臣，以便携带至缅都为质。万象王处此境遇，心虽不愿，亦无法抗命，只得忍痛答应其请。迨雨季终止后，缅将波戍帕拉即率其部属以及万象王之子女大臣离开万象城，直侵暹罗之披阁耶城，以雪部属在去岁（佛纪元二三一五年）侵披阁耶城败仗之耻辱，这在第七章内有详细提述。当缅将波戍帕拉离万象城时，亦尝嘱万象王领军进侵柯叻城，作为声援。万象王虽满口答应其请，但在缅军拔离万象城后，即按兵不动。

郑王鉴于北部景迈城，系缅军筹侵暹罗之重要根据地，佛纪元二三一三年侵宋加绿城，佛纪元二三一五年第一次侵披阁耶城，翌年（佛纪元二三一六年）再度犯披阁耶城，知不能再事放任，防其将来成为大患，乃于佛纪元二三一七年御驾亲征景迈城（系第二次征景迈）。

征景迈军前锋，得披耶乍万及披耶伽威拉之助，乃不费一兵一卒而收复喃邦城及榄喷城。此外还有因受缅军压迫而逃匿于山林中之佬族，为数约万名，咸向郑王军投诚，其中且有万象王之大臣披耶猛线、披耶限阿砂、披耶庄陀汪砂、披耶柯多罗、披耶巫多罗柯多罗等。

时郑王仍在猛德城，接悉前锋进军顺利，知时机不可失，乃以吞朝大臣之名义，于小历一一三六年（佛纪元二三一七年）一月，白分初六，金曜日，致书万象都大臣称：

"室利逾陀耶都大臣谨致书于室利娑多那瞿那扈多都大臣麾下：

"兹接奉圣旨，谕缅军分一路进扰德城、挽罗亨村、金刚城；另一路则自西部入兰德关口面进侵北碧城之赤土口岸、室利砂越城。基于圣威远播，以致佬族、懵族奋起，击袭缅军，斩杀无数。懵族及佬族咸扶老携幼来投。其仍固守与缅军作战者，亦复不少。圣威广披至懵族及佬族，披耶乍万、披耶榄喷以及景迈、榄喷佬族，皆自请投顺，仅余下波戍帕拉及波摩瑜源仍倔强。御驾统军进攻，必可斩杀无遗。请贵大臣转奏室利娑多那瞿那扈多圣君，静候佳音，阿瓦都必难逃圣手，将捕来奴役。

"室处娑多那瞿那扈多都初求修好，现则放弃邦交，转投缅方。我皇圣上仍维持邦交，特遣回受缅军禁锢之兆象佬族人，献上昭兆象。请加紧与缅方合作，早日调集军队开赴景迈助波戍帕拉及波摩瑜源，圣上将御驾北上亲征。

"尤有进者，请作速切断粮秣之运输途径，勿使暹军进达室利娑多那瞿那扈多都。此外，请设法将室利阿逾陀耶都之人民留难，借增室利娑多那瞿那扈多都之实力。由于切实与缅方合作，佬族皆感不安，以致来投之佬族人民，不下万名。兹者，特遣回披耶猛线及其他刀、披耶六名，至于人民，则有男六十一人、女三人，请贵大臣转献上室利娑多那瞿那扈多都圣君。本书系托披耶銮猛线亲自携赴兆象城者。"

考郑王此次致书万象王，表面上虽责万象王背义，转投向缅甸，但实质则带有恐吓性质。盖此时情势紧张，郑王须于短时间内攻下景迈，然后回师应付大举进侵之缅军，同时侦悉万象王受治于缅，深虑其依缅方之指使，领军抄袭进攻景迈城之部队。郑王特采用先发制人的手腕，以上次万象王求修好为词，致书万象王，责其背义，转投缅方。既然有心助缅，则应切实与缅合作，对抗吞朝军。吞朝军经准备就绪，对任何敌人，皆将予以坚强之抵抗。由于此次吞朝军北上，大部分佬族皆来投，其中且杂有万象大臣，吞朝为实践诺言，特将来投之万象大臣遣回，以利万象方筹谋阻止吞朝军之攻进万象都。至于被留难之暹人，亦请继续留难。吞朝自信必有一日处置万象也。

郑王此次所草拟的大臣书，措词较为强硬，且态度非常坚决。万象王接到此书后，当然非常恐慌，生怕与吞朝闹翻。同时因投向缅甸，结果遭受了缅军的高压，甚且带走了子女以及大臣，尝尽了苦头。于是一反以往敷衍的态度，即于同年四月，黑分初六，水曜日，发出覆文，措词较前谦恭。覆文大意称：

"小历一一三四年，念及固有邦交，乃遣使南下修好。至于昭披耶柯叻方面，亦信使往还，未有中断。

"迨至小历一一三五年，波戍帕拉统率大军来侵室利娑多那瞿那扈多都。民众不安宁，且携去太子及公主、诸大臣赴阿瓦都为质。波戍帕拉则赴景迈，且嘱室利娑多那瞿那扈多都备攻柯叻城。万象王念及两国自古邦交密切，并无仇隙，遂抗命不派军。

"小历一一三六年，室利阿逾陀耶都圣君谕昭披耶柯叻转来文书，及披耶銮猛线，于二月，黑分初二抵室利娑多那瞿那扈多都；深感欣慰，乃谕诸大臣以及佛教中人设法巩固两国间之良好邦交，同时派遣披耶素陀罗阇乍万檠若蒙坤，偕同披耶摩诃庵麦素罗东罗迈蒂，赍奉表文以及礼品，献上室利阿逾陀耶都圣君。

"关于室利阿逾陀耶都人民居留室利娑多那瞿那扈多都境内事，并未加以留难。在昭披耶柯叻将归任所时，亦曾派人四出搜访及布告，着返归原籍。其不愿归者，则避匿中。其愿归返原籍者，亦复不少，皆妥为遣回。昭披耶柯叻返抵任所后，派人来索，亦再度布告送回。复后再来索，则派人分赴内地搜访，大批遣回。目前所余者皆贫困，且伏匿不出，其数最[①]若干，未有登记。

"再者，被留难于阿瓦都之公主及孙女，如返抵室利娑多那瞿那扈多都，即将备礼

---

① 编者按："最"疑为"量"讹。

奉献室利阿逾陀耶都圣君为妃。

"此外，如公主、孙女及臣员逃出缅甸掌握而投奔室利阿逾陀耶都时，则请抚恤并希遣回。"

随同着这份万象王的表文，还有一份万象王大臣的函件，这份函件内所下之年期，有两处与万象王表文不同，大概系手误。不过所述的事件，则与表文大同小异。依据这份函件，我们晓得缅军所带走的万象王子女及大臣，系万象王子及披耶銮猛线，缅军于小历——三六年，八月白分初九带往景迈城。

另一份则为披耶銮猛线个人致书吞朝大臣，报告已返抵室利娑多那瞿那扈多都，据情奏闻一切，圣上（指万象王）深为欣喜。

还有一份系万象都佛教中人具名的函件，内容更为芜杂，虽用暹文书写，但仍须再度翻成通用的暹文。据说翻译此函，须延请高僧不下三十三位，另请其他专家多位负责检对。

郑王对万象王此次来书，仍一本以往的政策，分别予以作答。大概对万象王之反复无常，以及敷衍的态度，发生了憎恶，郑王的覆文中，措词尤为激烈，全不留万象王的脸面。覆文内容如下：

"接读表文，即提问所俘缅军军曹，悉其经过后，深为震怒。万象遭受欺凌，复失去公主、太子，非但不妥为收养，反使受种种苦难，此外，仍强制奉献金银花。假如非万象王，则予以抵抗，焉能忍受迄今？实过有应得！此次，室利阿逾陀耶都请缨，惟须万象王提供财力以及人力。室利阿逾陀耶都及柬埔寨敢保证攻取阿瓦都，将太子、公主妥为护送归国。如万象王深怕不能取胜缅甸，徒增危险时，则请早日向阿瓦都报告，催促其南下作战，观双方的交锋。万象王系万象都之君王，仍能忍受此不自由之统治，实甚稀奇。惟室利阿逾陀耶都则将继续奋斗，直至取得阿瓦都为止。

"更有进者，万象王之一番善意，深为感慰。对于世代承袭之万象王并未存有疑念。只不过，如不合作消灭缅甸，使室利娑多那瞿那扈多都脱离奴隶桎梏时，则室利阿逾陀耶都之随同而成为阿瓦都奴隶之女婿，实非所愿也。"

郑王覆文，署小历——三七年，七月，白分初一，火曜日。另外有一份吞朝大臣书以及答覆万象都佛教中人的函件，内容从略。

万象王接得郑王覆文后，立即答覆，其大意略称：

"关于公主事，请派人来迎，将赐昭育缴干拉耶尼室利申塞公主为妃。关于赞助事，则备有米五百车，请派人来运。惟现时室利娑多那瞿那扈多都缺少枪支守卫城池，请拨助枪支二千支。"

万象王的狡猾，郑王当不难看出，同时与万象王来往，要吃大亏。事实上不会有，精明干练的郑王，应付此独据一方的万象王，诚属易事。是年十月间，犯暹缅军，在万缴区受围。除开战死者外，全军为郑王所活擒，来援之缅军亦大败而返。吞朝乘此大胜期间，即予以覆文，覆文署小历一一三七年，十月，黑分初十，火曜日，覆文大要如下：

"倘缅军不来，则亲将北上进攻。目前军事紧张，倘迎下公主，对安全上不无问题。如万象王仍倾向缅甸，则请报告缅方，室利阿逾陀耶都随时准备迎战，且将活擒缅军，公诸世界。所索之枪，如作为抗缅之用，室利阿逾陀耶都则将派专家携枪四五千枝赴万象，以便训练万象军。至于万象臣员，其不习惯作战者，亦将予以相当之训练。所备之米，目前不想派人北上运输。如有心，亲自运下，亦不妨。"

此份覆文，大概系最后一份。其中之措词，则有派军统治万象之含义，万象王必有所疑虑。同时吞朝方面，则因缅名将阿砂温基统军进侵彭世洛城，忙于对缅作战。于是与万象间之来往，遂暂时中断。

迫至小历一一四〇年（佛纪元二三二一年），因拍和事件，郑王对万象王之破坏邦交，胆敢派军侵边，大为震怒，乃有派军远征万象之举。

关于拍和、拍大叛变，万象王中途集合缅军将拍和、拍大军击溃，拍大战死，而拍和则偕同拍大子以及残余投奔六坤占巴塞王，旋获得准许驻守于万胪万加区事，上面已有提述。现在应加以补充的，厥为拍和及其余党居于万胪万加区，为万象王所侦悉，认为不应予以放任，将来必养成大患，乃派总督领军南下，以便进剿。六坤占巴塞王昭阁耶固吗罗知不妙，立即派披耶蓬景沙领军堵截，然后遣使驰赴万象，求宽恕拍和等人。万象王应其请，乃将总督军调返，剿拍和遂告一段落。

另据《六坤占巴塞史》载，昭阁耶固吗罗王有意在距原都城址约二百先之室利素曼村另建新都，拍和自愿担任建城垛，而猛公城太守等则担任建正殿之责。城垛及殿次第落成后，昭阁耶固吗罗王乃迁入新建都城而居。

大概系由于奖赏不公，拍和等深表不满，乃自万胪万加区撤退，移居于蒙河流域之红蚁高原村（现属于乌汶府治）。拍和虽集居于红蚁高原村，仍认为不安全。盖红蚁高原村位于敌对者之间，明言之，其北为万象王，其南则有六坤占巴塞王，前后受威胁。为求自保起见，知郑王必能予以保护，拍和乃派使备文及贡物投柯叻城太守昭披耶柯叻，请转奏郑王，愿为臣属。昭披耶柯叻立即如命转奏，郑王接悉，准其请，并谕拍和仍驻守于红蚁高原村。

万象王对于拍和及其党羽，根本未有放松，惟碍于六坤占巴塞王，遂未采取断然之手段对付拍和等。比侦悉拍和与六坤占巴塞王已闹翻，由万胪万加区复迁上，而集居于红蚁高原村。知机会已到，立即派披耶素菩领军进攻拍和等。拍和遭此突如其来之进攻，无法向吞朝求援，被迫而由红蚁高原村下移而至万胪万加区，向六坤占巴塞王求援。六坤占巴塞王不睬，披耶素菩军遂追至万胪万加区。争战结果，拍和遭捕杀。拍大子刀坎蓬偕同拍和子得逃出，遂保得一命。披耶素菩解决拍和后，即班师。刀坎蓬等旋飞报昭披耶柯叻，转奏吞朝，派军征万象，代其父复仇。

郑王据报，立即决定派军远征万象。此次遣军远征万象之口实，为：

（一）万象王无诚意维护邦交，自食其言。

（二）万象王派军犯边，蔑视吞朝。

（三）万象王胆敢将投诚之拍和捕杀。

上列三项罪状，仅系表面之口实，究其内在原因，则由于万象王与吞朝缔交，完全利用吞朝之声威，求其宝座之安全。事后复投向缅甸之怀抱内，虽责以严词，万象王只有敷衍，态度暧昧，使人难以捉摸。缔交期间，郑王即有意进攻万象，惟时机未成熟，同时缅军仍未打消其侵略遥罗之意图，应随时予以准备对抗，于是攻万象之议，乃不得不予以从缓。兹者，缅军自佛纪元二三一九年作最后一次进攻景迈不利而退后，即不复见其再来。郑王遂得有空余之时间，从事筹备拓展疆土，增厚实力，以资大举进攻阿瓦都，报复其所施与遥罗之残暴行为。

迨至佛纪元二三二一年，即发生了新投诚之拍和遭捕杀事件，郑王认为良机不可失，遂决定对万象王作总清算。

佛纪元二三二一年出征万象之吞朝军，依暹方各文籍载，系分两路：陆上部队郑王委昭披耶却克里（一世王）统率，在柯叻城集军；至于水路，则委彭世洛城太守昭披耶罗梭室利（一世王弟）统率，在柬埔寨集军。

一世王兄弟俩所统率之大军，依《钦定纪年》载，系于小历一一四〇年（佛纪元二三二一年）一月间自吞府开拔。

昭披耶却克里所统率之陆上部队，抵达柯叻城后，得昭披耶柯叻作密切之合作，调集邻近各城军队，加入大军，并集积充分之粮秣，由昭披耶柯叻之领导，约二万众之陆上部队遂指向万象。

万象王探悉吞朝大军来攻，乃派军预在所属各城市堵截，双方发生激战，万象军次第被击溃。旋进军拍柯城及维谷城，实行围城，相持不下。

依《銮拍万纪年》载：

"吞朝军之陆上部队统帅昭披耶却克里尝派使者赴銮拍万，要求昭素里耶汪砂王夹击万象。"

上文尝叙述佛纪元二三一七年间，郑王尝遣使与銮拍万修好，銮拍万王虽接受缔交，但仍不敢公然宣布脱离缅甸之羁绊，同时对于吞朝之实力，仍不免怀疑，因此犹豫着。

迨至昭披耶却克里使臣抵銮拍万，请合击万象时，始悉吞朝实力雄厚，同时受攻之万象，又系仇敌，知时机已成熟，乃答应昭披耶却克里之请，派军自北面进攻万象。

至于昭披耶梭罗室利抵柬埔寨后，即得柬埔寨王昭罗摩罗阁之帮助，调集柬埔寨军约万名，并征集所有船只，以供应用。此外着柬埔寨王及六坤占巴塞王合作，星夜征发人力，开掘运河，以资通达湄公河。盖在猛公城之南有一座李披山阻碍，须掘河绕过李披山，始得通达湄公河也。

昭披耶梭罗室利所统率之万名水师，抵六坤占巴塞后，复得昭阁耶固吗罗王接济粮秣，并得乃景钉①向导，因此进军更形顺利。

昭披耶梭罗室利水军离开六坤占巴塞后，即进攻万象所辖之扶南城及廊开城，陷之。

昭披耶梭罗室利进入廊开城后，即下令捕杀城内居民，为数颇众，并将彼等首级装在木船上，着佬族女人划船在拍柯城前高呼兜卖。拍柯城内居民见状，不禁胆寒，因此防卫力松懈。水陆暹军遂得一鼓气将拍柯城及维谷城攻陷。②

吞朝军取得拍柯等城后，昭披耶却克里即领陆上部队转攻位于万象城对岸之潘票城（现改称程河县，为廊开府辖）。守城虽力抗，亦无效，卒为暹军所攻克，佬族被斩杀者为数颇众。

继此，昭披耶却克里所统率之陆上部队，即以昭披耶梭罗室利水军所用之船只，将陆上部队运过彼岸，会合包围万象城。时万象王昭析里汶砂罗见吞朝军进迫城下，除增厚各城门之守卫力以外，复派其子昭南陀胜领军出城抵抗，结果大败，退入城内。至是昭披耶却克里兄弟即进迫一步，而将万象城包围。北面为銮拍万军负责进攻。万象城被围期间，万象王只图固守，并不反攻。

万象城系一古城，且为佬族奠都地，城郭坚固，颇利于作长时间之固守。依《吞武里朝纪年》（页184），《钦定纪年》（页460），及《暹缅战争史》（卷2页157）皆

---

① 这位乃景钉，系坑柯村（或译牛尾村）人，因任向导有功，迨至却克里王朝一世王时代，谕将坑柯村提高地位，列为三等城市，更名景钉城。明言之，即以乃景钉之名名此城。而首任太守，亦系乃景钉，所赐爵衔称拍武隆绿。

② 见《钦定纪年》第2卷，佛纪元二四八一年印售本，第460页。

载，昭披耶却克里兄弟俩围城达四个月久，始取得万象城。惟采用何法破城，则未有提及。但依当时之情形而言，万象城之受包围，北有銮拍万军，另三面则为昭披耶却克里兄弟俩所统率之水陆部队所围。曾攻城多次，皆无效，因此转而采用围困之策略。双方相持达四个月以后，万象城内必发生粮荒，守军实力逐渐低弱。万象王知不能再支持，乃决定放弃万象城，遴选一批英勇之士卒，携同太子昭和陀、昭梵等自城内冲出，杀开一条血路，向万象与越南交界地之坎阁城而去。

昭披耶却克里兄弟俩以及銮拍万军，遂得入城。万象储君昭南陀胜以及弟妹等，皆不及逃出，被俘。此外还卤获了大宗军械。被捕之佬族，数以万计。昭披耶却克里旋下令将所有俘虏以及军械运赴湄公河对岸潘票城。至于历史上有名之翡翠玉佛以及拍万佛像，万象王出走时，未有携去，依然供奉于宫内。昭披耶却克里立即将翡翠玉佛以及拍万佛像迎送赴潘票城。

至于銮拍万方面，经协助吞朝军攻陷万象城后，业已除去了万象方面的威胁。由于这次两军的密切接触，銮拍万明了吞朝确具有雄厚之实力，随时足以抵抗缅军，于是决定脱离缅甸之羁绊，转请昭披耶却克里代奏郑王，愿就此成为吞朝藩属。

昭披耶却克里旋派人携奏章兼程赴吞府，向郑王报告收复万象及銮拍万之投诚事，同时不忘奏闻取得著名翡翠玉佛以及拍銮佛像。

郑王据报，深为喜慰，立即谕昭披耶却克里等班师。昭披耶却克里兄弟俩，略为整顿地方后，即着原任职于万象城之披耶素菩守卫万象城，然后携带翡翠玉佛、拍万佛，万象王太子昭南陀胜等，大批佬族，一同班师。

昭披耶却克里军取得万象城，依《记忆录》载，系在十月，白分初三，月曜日。[①]取得万象城后，遣军仍须驻于城内整顿地方治安，并劝诱逃散之居民，费时数月之久。郑王谕班师，昭披耶却克里等则于佛纪元二三二二年（小历一一四一年）二月间班师，抵吞府已是四月，白分初二，火曜日。综合由开拔日起算，至归抵吞朝之日为止，前后共费时一年半，不可谓不长矣！细查吞朝历年争战之时间，实无一次较昭披耶却克里此次统军征万象城之迟缓而绵长也。

基于此次并有万象，且有銮拍万之精诚投顺，吞朝在东北部方面的版图，遂扩展至猛潘城、六侯地，与越之北坼界毗连，其北则包有十二点泰，而与中国云南省交界。

郑王之努力建国，亲自训练坚强之军队，不数年间，而将暹罗之疆土逐渐拓展，在东北部得与中国之云南省接壤。此项伟大之武功，实为历代君王所难望其项背者。郑王

---

① 《史乘汇编》第 70 集第 189 页亦作同样之记载。

对自身奋斗所获得之此项成就，其欣慰之情当不难想象。依据文籍所载，征万象取得翡翠玉佛，郑王乃举行了七日七夜之隆重庆祝典礼。由于当时有关庆典之文献，未有公布，因此无人知郑王所举行之庆典，究有何含义，普通人皆以为系有关于取得翡翠玉佛之表示欣喜而已。待吴福元所编之《吞朝重要文件》第 1 集发行问世后（佛纪元二四八四年四月间出版），人们始明白郑王所举行之庆典，其隆重之情形，远非普通之庆典可比。细读庆典之诏文，并参合当时之事态后，不免令人联想到郑王所举行之庆典，不单关系获得了翡翠玉佛，而且还牵涉及并有东北部地带之欢腾之情了。所以庆典表面庆祝翡翠玉佛，惟其实质则在欢庆暹罗之并有东北部广阔之地区！

依据翡翠玉佛庆典诏文载：

"小历——四一年，岁阴在亥，第一旬（佛纪元二三二二年），三月，黑分初二，火曜日，（郑王）御正殿，谕令储君颂绿昭华宫坤因陀罗披达砂太子于三月，黑分初四，木曜日，晨六时，北上迎翡翠玉佛，规定三月，黑分初五，金曜日抵昭砂奴伽岸。迨至三月，黑分初九，翡翠玉佛始迎抵昭砂奴伽岸。

"三月，黑分初十，水曜日，（在昭砂奴伽岸）举行初步庆典三日三夜，有游艺表演及烧放烟火。

"三月，黑分十三，上午，将翡翠玉佛及拍万佛移奉于御艇，由水路迎下，在正殿岸（旧址）宿一宵。

"三月，黑分十四，续由水路迎至叁谷区。

"四月，白分初一，月曜日，抵挽堕罗尼行宫。

"四月，白分初二，火曜日，上午，御驾亲赴挽堕罗尼行宫迎翡翠玉佛。下午三时，谕由水路迎送吞府。同日迎抵市政港口菩提树炮台桥畔，备仪仗队奉翡翠玉佛进入罗摩舜陀罗门，供奉于礼坛内。

"谕中西暹音乐班，轮流奏演，为时二个月又十二天。

"六月，白分初九，土曜日，驾幸礼坛前，谕召各项游艺班，包括摔角、棍棒等，在御前表演，以便遴选在正式庆典期间表演。

"六月，白分十三，水曜日，开始举行隆重庆典，规定七日七夜。"

上面所列的，仅是诏文中有关翡翠玉佛及举行庆典之大略程序，至于庆典中之各项游艺，因项目繁多，恕不备。参加迎翡翠玉佛的人员，共分两批，第一批壹千六百五十七人，第二批四千三百九十一人，所用船只，全部共有二百八十二艘。此次庆典之费用，依诏文内所开列的，全部共有三百七十五斤五两一铢三钱，等于三万零廿一铢七十五士丁。

另据却克里王朝四世王时代所编纂《翡翠玉佛史》载,郑王曾恩赐一笔巨款,作为兴建翡翠玉佛殿堂者。因吞府发生叛乱,郑王被杀,殿堂遂未兴建。迨至四世王时代,乃谕令兴建一座殿堂,准备供奉翡翠玉佛。惟落成后,并未移奉玉佛于此。降至六世王时代,乃用此殿堂作为一世王至五世王之佛像供奉处,且选定每年之 4 月 6 日(阳历)为却克里王朝开国纪念日。在此日即大开殿门,准许民众礼敬却克里王族之佛像,以示忠顺。

在此期间,万象方面,再度发生纠纷。盖吞朝军攻万象时,万象王昭析里汶砂罗则携同家眷逃赴与越南交界之坎阁城,倚靠越方。事后万象王探悉吞朝军已班师,只委披耶素菩守卫万象城,知有机可乘,乃自越方假借了一部分士卒,于丑年(佛纪元二三二四年)间开返万象城,向守城者实行突袭。因城内无备,结果被其攻入,守城之披耶素菩遭捕,且被斩决。至于不愿臣服万象王的人员,则设法逃出,兼程南下,向郑王报告其事。

郑王据报,立即正式委封昭析里汶砂罗之子拍昭南陀胜罗阁蓬砂吗兰任万象王,于佛纪元二三二四年一月,白分十四,木曜日,颁发金叶敕文,着其携带拍万佛像一同北上就位。

关于郑王委封万象藩王事实,暹方文籍皆称系却克里王朝一世王时代之事,并非郑王所委封者,依现存于御文书室金叶敕文称:

"恩赐昭南陀胜返城,为属国国王,称拍昭南陀胜罗阁蓬砂吗兰,统治万象城。敕文于小历一一四三年,岁阴在丑,第三旬(佛纪元二三二四年)一月,白分十四,木曜日颁发。"

赍奉上述敕文,一同赴万象城之钦差大臣,依诏文开列者,计有:宫务官坤砂功蒙天、御文书官乃天卡呐、内务官坤威塞、乃集多罗万罗、乃万兰功春。

新任万象王拍昭南陀胜罗阁蓬砂吗兰抵万象城后,并未遭其父王昭析里汶砂罗之反对,盖昭析里汶砂罗王年已老迈,见子受吞朝册封,亦表欣慰。万象城之纠纷遂得平复。

这位新任万象王拍昭南陀胜罗阁蓬砂吗兰为人能干,富有政治手腕,尤忠于郑王。一经统治万象城后,即积极整顿地方。在万象势力软弱时即脱离统治之其他属城,皆赖此精明之藩王,次第用怀柔之政策,予以一一诱引,而归于一统。此外,以前对銮拍万之敌对,在新王就位后,即采用联络之手腕,与銮拍万作密切之合作。因此吞朝在东北部,如乌隆、十二点泰、六王侯地、猛潘城、万象以及銮拍万,能精诚团结,势力遂增强了不少。

《吞武里皇朝史》十六章：
郑皇（德信皇）当国时代[*]

吴　迪　撰　　陈礼颂　译

有一暹罗作家[①]之言，颇为近理，其言曰："凤沙瓦底皇之作战，一若君皇，而阿瓦皇则俨若强盗矣。"其含义即为巫陵朗皇之伐暹，其意在于使暹罗皇国降为附庸之地位；而孟腊皇之寇犯，其作战则并无真正原因，除却肆其蹂躏，摧残暹罗，与乎奴隶泰族及战利品之掠夺而外，可谓别无其他目的矣。

缅人殆以为对暹罗如是压迫与威胁，乃可以置暹罗于万劫不复。于是缅军大部班师回国，仅留一少数师旅，归大将苏记（Sugyi）统领之，用以统治暹罗。苏记受命于荒凉之京都附近营中，营因名为三菩提树营。

披耶德信领其五百部众，从事摆脱缅甸追兵，卒自立于罗勇（Rayong）附近，地在暹罗东岸。该区之泰族同胞，当初必不能确定披耶德信之为叛徒，抑或拯救国家之英雄也。然及至阿育地亚京失陷之前，披耶德信已次第压服一切反对者，于是罗勇与乎春武里（Conburi）诸府遂全归其统治。

初尖竹汶太守，与披耶德信言好。惟比闻阿育地亚京陷落之说，尖竹汶太守遂思自立为帝，盖以为当胜似华裔将军也，于是邀披耶德信至尖竹汶，阴谋乘势猛袭之。事泄，披耶德信于是将兵乘夜击尖竹汶，下之。是役也，披耶德信英勇善战之名因以大著。尖竹汶失陷之时，方1767年6月，适阿育地亚京沦亡后二月也。继尖竹汶之后，达叻府（Part）亦陷。披耶德信至是遂为一方之雄，况此广袤之领土乃未经缅人之寇掠蹂躏者。时至今日，暹罗各地官吏与乎兵士，咸联袂往投之。于是，迄是年十月，披耶德信原有之五百部众，竟增至五千，披耶德信遂觉所有兵力足以攻击缅军。披耶德信率舟师五百艘，溯湄南河而上。指顾之间，破他那武里（即曼谷，颂案，指吞武里也），执缅人所立为他那武里太守之暹国叛贼乃通因（Nai Tong In），就地正法。苏记遂调孟耶（Miung Ya）引大军往平披耶德信。然而孟耶部队暹人居其半，无何暹人逃

* 原载《中原月刊》第1卷第8期，1941年，第49—64页。
① 译者注：此作家殆指丹隆亲皇而言。

散，孟耶亦逃归三菩提树营。披耶德信穷追之，遂进击缅军营盘。酣战不久，缅营被占，缅军将领死之。此番争战遂为暹罗摆脱缅人羁轭之标记，时仅距京师沦亡后六阅月耳。

皇室宗亲泰半仍居留阿育地亚京中。披耶德信对之极表敬重，嗣后卒纳数公主为皇妃。此数公主之中，有二人其终身命运乃极悲惨者，盖及后发其淫乱，致伏诛。

昔缅人为厄加达皇安葬之遗体，至是重新崛起，依一切可能之仪节，举行火葬焉。

虽然披耶德信对于逊皇宗室之或存或殁者，所致之非常敬意，然披耶德信迄无意于拥立任何宗亲践祚。披耶德信广施钱银食物予民众，以谋邀誉于民。于是披耶德信欲自立为君之意，无何遂为时人所周知。[①]

披耶德信当初原拟重以阿育地亚京为暹罗京都，惟嗣后终于改变原议，迁返曼谷[②]，被立为暹罗国君[③]。披耶德信之果断，诚属明智。盖欲图恢复阿育地亚旧观，非耗费大量金钱不为功。且拱御其地，复需大量军旅镇守之。无论金钱与军备，皆非其时荒城能力之所能胜也。

加冕之时，披耶德信年仅三十有四岁。披耶德信之父系华人，或半为华人之血统[④]，其母则系暹罗人[⑤]。考其双亲均非上流人物，而披耶德信之克飞黄腾达，履至尊而制六合者，披耶德信天赋之毅勇，与才能之超卓，有以致之也。一部分原因或基于其对于天命之信心，盖即其毕生事业道德之超卓特点是也。一旦命运注定其应当成功时，

---

① 译者注：考郑皇之即帝位，实乃其部属及国民感其神武，而自动拥立之者，并非威迫利诱而然。关于此事，可参阅吴福元《昭披耶宋加绿传》，陈毓泰译，《南洋学报》第 1 卷第 2 辑，第 97—98 页。

② 作者注：德信皇所立之都城，系濒湄南河西岸而建者。向日暹罗作家咸称之为吞武里（Tonburi），或他那武里（Tanaburi）。降至昭披耶却克里（Chao P'ya Chakri，即中国史籍之所谓郑华者是也），即帝位，始奠立现时之曼谷京城。依欧洲作家之一般心理，他那武里与乎曼谷二者间之区别，实则全无二致。

  译者注：考郑皇所以迁都他那武里（或吞武里），皆因他那武里地位适中，土地富饶，尤利海军驻扎，且系良好商港，既可利于统治东部沿海各地，又可保护海上商轮。此外地名又与郑皇之名不谋而合，他那武里（Tanaburi）乃合梵文"Tana"与"Buri"二字而成，前者义为财富，后者义为城，财富暹文，恰与郑王乳名不谋而合，是亦他那武里所以建为都城之另一原因也。参阅陈毓泰译吴福元所著《昭披耶宋加绿传》。

③ 译者注：是即中国史籍所误称之郑昭也，昭乃暹文之音译，义为皇，非郑皇名昭之谓。

④ 译者注：四十二梅居士所著《郑昭传》称："郑昭，潮州澄海华富里人。父达，旷荡不羁，乡人号之曰'歹子达'。歹子，犹言浪子也。以贫不自聊，且见恶于乡，乃附航南渡。时暹都大城（颂案，即阿育地亚京也）……侨民商业萃焉。遂诣大城，借赌为生，渐致富，更名曰铺……为摊主。暹旧政右赌，重征以维国用……俱华人擅其业，标领者多豪富，出入宫廷。铺缘是锡爵坤拍……娶暹妇洛央，生一子，即王也。"见陈毓泰《郑王的童年》一文所引，载《中原月刊》第 1 卷第 2 期，第 29 页。由是可见王父乃纯粹华人，而非混血种也。

⑤ 译者注：四十二梅居士所著《郑昭传》谓王母为暹妇名洛央，与《祖先的伟绩》一书所记之暹文相切合。参同书，第 29—30 页。

披耶德信自信其力能制胜自然力量。基于此种信念，遂使披耶德信从事世人所视为不可能之伟业。披耶德信之为命中注定之人物，一若拿破仑三世者然。

迨 1767 年岁暮，缅人致全力于抵御中国之征伐①，堪称为德信皇（颂案，以下称为郑皇）之万幸。于是郑皇之惧缅人反不及其惧本国政敌之甚。盖其时暹罗群雄割据，分为五国，如次：

（一）郑皇据暹罗中部，有今曼谷、叻丕、那空猜是、巴真、尖竹汶诸省，与乎那空素旺之一部。

（二）半岛诸省以至尖喷（Jump'orn）一带，当缅军破阿育地亚京之时，那空是贪玛力代理太守拍巴叻（P'ra Palat），宣告独立，晋号曰穆锡卡皇（King Musika）。

（三）暹罗东部诸省，并柯叻在内，布隆马葛之顽强皇子贴披碧于饱经兴衰危殆而后，遂自立为帝，以披迈（P'imai）为都城。

（四）彭世洛太守据彭世洛省及那空素旺之一部，号曰銮皇（King Ruang）。

（五）彭世洛偏北之地，僧人名伦（Ruan）者，据而有之，自立为皇，都于沙旺武里（Sawangburi），地近乌他拉蒂（Utaradir），后称为凡（Fang）。是即世人知名之曼凡僧皇也，举凡百官与乎将领悉衣黄色袈裟。

各方霸王之优势，率皆胜于郑皇多多。以言彭世洛太守与乎那空是贪玛力太守，曩日业已于其统治诸县份高踞爵位，其百姓亦极驯从。至于贴披碧皇子赖先皇之遗荫，得有请求承祚之权。而曼凡僧皇则为一般迷信者尊为先知，或术士，抑或两者兼而有之，盖当时暹罗人迷信之风甚炽。独披耶德信则一无所有，惟凭其毅勇，与乎其对于命运之信念而已。然披耶德信日后卒能制服群雄，统一天下。

时缅军尚余一营于叻丕附近，外有舟师一队据夜公河（Meklong River）。迨 1768 年初，缅皇既击败犯境之清兵，遂命塔乌挨缅甸太守，与叻丕缅军会师，从速剿平崛起之曼谷皇帝。孟腊皇立即感觉劲敌当头，与昔厄加达皇诚不可同日而语也。塔乌挨太守大败，鼠窜而去。叻丕之缅营亦被攻下，此外缅甸全部舟师亦同落于暹人之手。历次战后，拍摩诃蒙特里（P'ra Maha Montri）极著殊勋。此将官乃郑皇初年之党羽也。阿育地亚再次克复而后，拍摩诃蒙特里举荐其长兄为皇效命，其人名曰銮约拉拔（Luang Yokrabat），被封为拍拉查和林（P'ra Rajawarin），嗣后卒为暹罗拍菩塔约华朱拉洛皇（即拉玛一世皇）。而拍摩诃蒙特里则于乃兄当国时代，历为旺那（Wang Na），或"副君"。

---

① 译者注：时清高宗乾隆三十二年，伊犁将军明瑞大举征缅之时也。

迨 1768 年 5 月，郑皇举兵北伐彭世洛太守。此次出师失利，皇兵既遭挫败，皇躯具[1]受创，征服彭世洛之念遂暂放弃。

彭世洛太守因是役战胜之鼓舞，遂正式加冕为暹罗国君焉。然而太守终未能久享其新近之荣华富贵。下周太守薨[2]。太守弟拍因（P'ra In）承位，拍因以銮皇之薨为殷鉴，故无僭称皇号。

曼凡僧皇前次攻伐彭世洛不克，至是遂乘机再攻彭世洛。围城二月而后陷，僧皇卒并有彭世洛之地。彼命塞之拍因则遭杀害，暴尸城门示众。于是斯曼凡僧皇遂为暹北全部之霸主焉。

斯万恶之人，其所服之黄袈裟即惟一所属之宗教上之法物。其教规乃人类之耻，亦为对宗教之侮蔑也，此即其公言从事之渎神行为也。渠与其徒从咸耽于酒色。幸而若辈得意之命运注定其未能持久。

迨 1768 年雨季终结之际，郑皇乃转移其注意力于呵叻府。贴披碧皇子军队，获去年阿育地亚京再度克复时逃脱之缅将孟耶所统缅军为助。历二度剧烈交锋之后，呵叻军败绩，孟耶与乎其暹罗同僚悉遭擒获伏诛，遂下呵叻城。所谓"披迈皇"之贴披碧皇子实际未加入其时之战争，故当其闻知各路军队战败之耗，遂由披迈逃亡，用意在赴维安旃，冀寻栖身之所也。然终被追及，并被执。郑皇对于前代皇室之苗裔，每每表示敬重，本欲善待贴披碧皇子。奈皇子既为阶下之囚，而敢对郑皇傲慢无礼，以致其罪无可逭。于是贴披碧皇子遂一若曩昔失败之僭主，遭受同一之命运。

以其生为皇族，皇子本乃暹罗皇位之适当承继人。乃皇子于军政之才能，了无所长。况终其一生之事业，亦不外一阴谋家而已。然而皇子比之谋为不轨者，尚较为可取耳。

郑皇至是遂着手从事于恢复各地秩序，与乎各地之繁荣。此项工作殊属艰巨。关于谷物之收获，迄未全然被注意者历若干年。故迨 1768 年岁暮，业呈不足之粮食，遂因鼠疫，益形短绌。从事大规模捕鼠运动，同时一面赈济陷于饿殍之饥民，以金钱向国外购入粮食毫无吝色。人民遂渐渐感郑皇，乃足以拯救其国民于危难之领袖者，较之蹉跎岁月，徒事淫佚，游惰好闲，皇孙公子之流为胜也。虐政卒被改革，人民与乎财产之安全亦告恢复，举凡触奸犯科者，悉处以严刑。

迨 1769 年初，真腊之君拉玛迪菩提（Rama T'ibodi）见逐于乃弟，其弟是时获交

---

① 编者按："具"应为"俱"。
② 译者注：太守称皇，在位仅六月而薨，享寿四十有九岁。参阅陈毓泰译吴福元所著《昭披耶宋加绿传》作者注第 7（见《南洋学报》第 1 卷第 2 辑，第 117 页）引《山支底阁旺卡》（Sanggiliyavonggi）所记。

趾军为助。拉玛迪菩提皇遂逃亡曼谷，其弟遂晋封号为那莱拉查皇。郑皇以为此乃争取暹罗古代遥治真腊权力之适当机会。皇于是向真腊新君要求依往日常例以金银树为贡。那莱皇复书措词傲慢，拒绝向此出身微贱之华人子弟纳贡也。时郑皇方筹备进攻那空是贪玛力，然比闻真腊国君那莱皇对己之侮辱，是可忍，孰不可忍。闪腊（Siemrap）与乎巴塔邦（Battambang）立即为呵叻所委命之二路大军所攻下。① 郑皇并令固守二城，以候发往那空是贪玛力之军队回师。嗣后苟非真腊国君及时低声下气，则其丧失之土地，当不止此数。

初征伐那空是贪玛力不利。② 其军于猜也（Jaiya）附近受挫，各将领龃龉，并咸任性互相反诉。郑皇迅取海道赴猜也，于8月间抵达其地。郑皇命驾抵其地后，立即秉公处置之。穆锡卡皇（颂案，那空是贪玛力太守也）之军遭击退，穆锡卡皇自身则逃奔那空是贪玛力。郑皇大军接近城垣之时，穆锡卡皇万念俱灰，遂南窜。郑皇威风凛凛进那空是贪玛力城。那空是贪玛力太守亡命逃奔北大年。北大年拉查（皇）因恐战祸延及己国，不得不将其交出，解回那空是贪玛力。

郑皇对手下败将，故示宽厚。廷臣咸谏请皇予以诛戮。"非也，"郑皇答曰，"那空是贪玛力太守非仆朕也，朕亦非其君也。朕昔与之同为厄加达皇之臣仆耳。及至主上驾崩，朕与那空是贪玛力太守各自称皇，概未能知其孰是孰非也。乃朕鸿福所聚，差能胜之，惟此而已。"此叛逆太守遂被解至曼谷，并委命吏员统治其地③。越数年，此叛逆太守卒获赦，遣归统治那空是贪玛力原土焉。

郑皇耽延于那空是贪玛力，为期之久，出乎意料之外。降至1769年3月，尚未班师回朝。一时谣诼繁兴，咸称郑皇驾崩于那空是贪玛力。同时闪腊与乎巴塔邦之两路军已先皇而归。盖两军统帅咸恐京师骚乱也。④ 于是真腊遂于是年被放弃。

迨1770年初，雄视北方之曼凡僧皇，遣贼兵一队剽掠猜纳城（Jainat）。郑皇认为责问此伪先知之时机已届，遂发三路大军共二万众，往伐之，无何北方大定。不久下彭世洛，短期间耽延而后，日后之旺那（Wang Na，时爵衔称披耶庸玛力，颂案，即日后

---

① 译者注：二军之一为主帅披耶阿拏漆拉查之兄披耶阿派仑那勒所领之右翼，另一为披耶哥沙迪菩提所领之左翼。参阅吴福元《昭披耶宋加绿传》，陈毓泰译，《南洋学报》第1卷第2辑，第99页。

② 译者注：是时郑皇派昭披耶却克里往平那空是贪玛力，两军战情甚烈。昭披耶却克里折损大将二名，其子亦被俘。参阅吴福元《昭披耶宋加绿传》，陈毓泰译，《南洋学报》第1卷第2辑，第99页。

③ 译者注：委拍昭那拉索里旺（P'ra Chao Nara Swriwong）统治那空是贪玛力。

④ 译者注：可参考主帅披耶阿拏漆拉查之禀奏，其奏文曰："外传我皇陛下驾崩那空是贪玛力，职等深恐叛臣乘机袭取吞府，因此匆匆退回，以便保卫国都。除尽忠于我皇陛下外，谓欲图谋不轨，绝无其事。"参见吴福元《昭披耶宋加绿传》，陈毓泰译，《南洋学报》第1卷第2辑，第100页，原作者注4。并提示参阅《叻打那哥盛时代纪年史》第318页"三世皇史"。

之副君也）①。包围僧皇之都城沙旺武里。沙旺武里其时仅系水镇，四周木棚环绕。无何伪先知精神颓丧，盖时值沙旺武里新产一白象，渠竟以此为其遭祸之征兆，于是逃命北方。终未能将其拘获，其人不知所终。

沙旺武里之被攻下，其义即为暹罗曩日疆界之重建，厥后郑皇所切实统治之疆域，除塔乌挨与乎廷那撒琳外，遂与前代阿育地亚皇朝列帝所统治者相埒矣。②

郑皇遂为淫乱暴行之伪先知及其悍兵暴卒所痛恶，固意中事也。皇判决暹罗北部之每一僧人，皆为参与叛乱之嫌疑犯，于是强众僧受探手于热汤之神盟裁断。凡不能耐此种审判者，悉数被逐出僧人群中，并加刑罚。嗣后南方所派北上之僧人，遂着手进行对于北方诸省佛门之全盘改革。

有一应于此间叙述之事，即郑皇对于无论其为烈火制或热汤之神盟裁判，并非时常乐于施行者，而所以不断用之者，乃限于疑案而已。关乎此其与皇之仁德至为符合，盖皇坚信其各节举动，咸直接受一种高高在上之威力所左右，且直接而受其支配也。

吾人殆可意料，郑皇此时已领悟一事，此事似为其他大多数前辈所不及注意者，即暹罗和平与繁兴之安定，将不及佬族邦国依然处于缅甸人统治下之悠久也。盖佬族邦国昔已曾建立古代兰那泰□国矣。

吾人读前章，业已悉缅甸新朝崛起之时，缅人业已采取残酷之战术矣。至其治理臣民之方略，殆亦为无情不恤者。佬族邦国时作时辍，处于缅人治下者，逾二百年，然似未尝感觉其所负羁轭之重也。然一旦处于此新起之缅甸黩武太守治下，一切情形遂大异往日。吾人读《昌迈史》，甚至有云："兰那泰各地之缅甸太守对各地人民，大肆压迫与虐待，无所不用其极，于是生灵涂炭。间有出走逃居于森林丛莽之间，成③结队流为盗贼，互相攻杀。"

---

①　译者注：即征真腊时，未奉命令退军之披耶阿拏漆也，原名汶吗，即却克里皇朝一世皇时代之公摩拍叻察旺巫哇拉亲王（Krom Phra Raja Vang Povara）。佛历二三一二年（公元1771年），郑皇委披耶阿拏漆任昭披耶庸玛力。参阅吴福元《昭披耶宋加绿传》，陈毓泰译，《南洋学报》第1卷第2辑，第123页，作者注14。

②　译者注：沙旺武里既陷，郑皇当即命驾巡幸北部各城市，并驻跸于彭世洛，为清叻佛像举行盛典庆祝，阅三日乃毕。典礼仪节之隆重，极一时之盛，用意在向世人公布暹罗国业已恢复其固有之主权，且有足以维护国土完整之实力。为时仅历三载，而统一大业告成，足见郑皇才具超卓。依御侍官乃萱所作诗篇，当述及新暹罗国所统治下之诸城有云："往者阿育地亚属下诸城，皆一致诚服尽忠于皇。皇上委命统治各城城主，总数达一百四十城。"漪欤盛哉，郑皇武功彪炳，扬名海外，可谓旷世奇才也矣。参阅《昭披耶宋加绿传》。

③　编者按：疑漏"群"字。

　　会昌迈缅甸太守阿巴拉甘摩尼（A'pai Kamini），薨于 1769 年。继之统治其地者名曰波摩瑜源（Bo Mayu Nguan)[①]。渠乃遣军伐素旺卡绿[②]，以表彰其就斯职也。时素旺卡绿太守[③]固守，历时阅月。嗣后彭世洛方面[④]大军驰至，大破之，缅军越边界败窜而归。[⑤]

　　郑皇遂御驾北征，决意攻陷昌迈。大军浩荡前进，比达昌迈，并无遭遇抗拒。至是吾人殆可意料，其时佬族人视皇若救星而迎之。然而当大军抵达昌迈之际，郑皇乃感军备秣粮未充，不足以从事经久之围攻，于是羁留昌迈附近，历九日而后班师。皇自称此次回师之理由，乃缘于古代预言所影响。该预言谓暹罗国君迄未能于首次进攻昌迈时，破其城也。[⑥]

　　缅军尾击暹罗后撤部队，然卒遭击败，折损无算，郑皇遂于是役大显其神勇。[⑦]

　　真腊方面之那莱皇，忠守其先人每乘暹缅纷争之时，向暹军寻隙之惯例，故此那莱皇乃乘郑皇有事于昌迈之际，发兵寇掠暹境，进袭尖竹汶与乎达叻诸城。此番真腊乘暹

---

① 译者注：吴迪所举此二名（阿育拉甘摩尼与波摩瑜源），与陈毓泰编译之《郑皇时代泰缅之战》文中"宋加绿之战"一节（见《泰国研究》第 123 期，或《泰国研究》汇订本第 3 卷，第 244 页）所纪，大有出入。陈氏原文云："佛纪元二三一三年（公元 1770 年）的景迈城（Chieng Mai，颂案，即昌迈），依然受治于阿瓦皇。缅皇在室利阿瑜陀耶都（颂案，即阿育地亚京）未破之前，即委阿帕耶卡摩尼（颂案，即阿巴甘摩尼）任景迈城太守职。这位阿帕耶卡摩尼，后被缅皇晋封为波摩瑜源。"由吴氏书观之，则阿巴拉甘摩尼与波摩瑜源乃非一人，而陈氏一文则作为同一人，吴迪之言似较为可信。

② 译者注：初郑皇大军征伐沙旺武里时，曼凡僧皇党羽率一部泰人奔投昌迈，昌迈太守波摩瑜源自以为南向拓展其势力之时机已至，于是在佛历纪元二三一三年（公元 1770 年）领军南侵素旺卡绿城。素旺卡绿城自古为北方军事重镇，城郭及炮垒皆极坚固，尤利于守。参阅陈毓泰编译之《郑皇时代泰缅之战》"宋加绿（颂案，即素旺卡禄）之战"一节，见《泰国研究》第 122 期，或《泰国研究》汇订本第 3 卷，第 244 页。又参阅吴福元《昭披耶宋加绿传》，陈毓泰译，《南洋学报》第 1 卷第 2 辑，第 102 页。

③ 译者注：时太守为郑皇旗下骁将披耶披猜拉查（P'raya Pijay Raja）任素旺卡绿太守时，已晋爵为昭披耶素旺卡绿（Chao P'raya Sawank'alok）矣。缅军来侵时，昭披耶素旺卡绿仅到任三阅月而已。参阅陈毓泰《郑皇时代泰缅之战》文中"宋加绿之战"一节（见《泰国研究》第 122 期，或《泰国研究》汇订本第 3 卷，第 244 页）。关于昭披耶素旺卡禄之详细身世，则可参阅吴福元《昭披耶宋加绿传》，陈毓泰译，《南洋学报》第 1 卷第 2 辑，第 85—129 页。

④ 译者注：时彭世洛太守为昭披耶梭罗释利（Chao P'yara Solo Sri）。

⑤ 译者注：时驰援暹军，不止彭世洛太守所领一军，此外尚有披猜城太守拍释利拉查德楚（P'ra Srirajadejo）及戌可太城太守拍泰喃（P'ra Thainam）。参阅陈毓泰《郑皇时代泰缅之战》，页数出处同上。

⑥ 译者注：关于此次郑皇中途班师之理由，详见于陈毓泰编译《郑皇时代泰缅之战》。综括之，不外如下诸端：（1）此次征伐昌迈，事先并未预为充分之备，秣粮不足，未能供应经久之作战；（2）且昌迈为北方主要大邑，城垣炮垒均极坚固，攻取非易，暹军屡战，皆不得手；（3）此外尚有古代传说，谓任何暹罗君皇进攻昌迈，首次皆不能下，须待二次进攻，其城始破。吴迪所指者即系第三点之理由。然而郑皇实则基于以上诸端，始行下令班师也。

⑦ 译者注：昌迈城中波摩瑜源闻探马报称，暹军后退，知机不可失，立派一军尾拊后撤暹军。暹罗殿后军队，不及防备，果遭击溃。时郑皇目击其事，立即挥动利剑，身先士卒，杀奔敌阵。将士见皇奋勇冲杀，于是军心一振，奋力与敌搏斗，卒将缅军击溃。郑皇大军，乃得平顺开拔披猜城，略事养息后，始从水路班师回朝。参阅陈毓泰编译《郑皇时代泰缅之战》，见《泰国研究》第 123 期，或《泰国研究》汇订本第 3 卷，第 245 页。

不备寇侵，遂令郑皇决心废此罪魁（颂案，指真腊那莱皇也），而立亡命在暹之真腊那莱皇之政敌拉玛迪菩提以代之。郑皇于是立即率领一万五千兵往伐真腊，水师船二百艘，随后而至。本太吗厄（Bant'eay Meas）、百囊奔（Phnom Penh。颂案，汉名又称金塔）、巴塔邦、与乎波立汶（Boribun），诸城即速被攻下。暹军续向其时真腊京都本太碧治（Bant'eay Pech）① 进发。那莱皇逃亡，拉玛迪菩提皇被立为真腊之君，臣属暹国。至于那莱尚曾一度统治真腊北部。历若干时日，然最后终于臣服乃兄，并获郑皇晋封为摩诃翁巴约叻（Maha Upayorat），或副君。

当今皇朝（颂案，却克里皇朝，或称叻他那哥盛皇朝）之日后缔造者，于此战役中，已大露锋芒矣。渠新近始获晋爵为昭披耶却克里（Chao P'ya Chakri），其弟则晋爵为昭披耶戍拉锡（Chao P'ya Surasih）。

自孟腊即位以来，迨 1769 年清兵三次伐缅，终被击退，清缅之间卒正式签订和平条约，② 因此缅甸遂有余暇以进击东邻诸国矣。迨 1771 年，缅方因应维安旆皇子（Prince of Wiengchan。颂案，名为昭汶沙罗）之邀，遂令名将波戍拍拉（Bo Supla）领一军驰往干涉维安旆皇子与銮拍邦皇子（颂案，名为昭素里旺沙）间之争执。銮拍邦终于不敌，屈服，任其自由困扰暹罗。迨 1772 年，令一少数部队往取披猜，然卒遭击退。延至 1773 年岁暮，波戍拍拉自将一军再行进击披猜城。时暹方已早为之备，历一度恶战之后，缅甸全军咸遭击溃，越境鼠窜败归。③

迨 1774 年，孟腊皇从事一切战备，以谋对暹罗作孤注一掷。缅皇策略一如 1797 年④之旧法，即一面自昌迈南下，另一面则由西路开入，冀收双管齐下之功。⑤ 郑皇闻

---

① 作者注：距百囊奔东北约五里之地。

② 译者注：时清高宗乾隆三十四年，所谓三次攻伐缅甸如下。第一次值乾隆三十一年（公元 1766 年），遣大学士杨应琚往，轻敌无功。翌年，杨赐死，是为初次征缅之役。同年（乾隆三十二年，公元 1767 年），诏代以明瑞与参赞额勒登额，分两路进讨。额勒登额屯兵不进，明瑞败死。诏磔额勒登额，是为二次征缅之役。明瑞既死，以傅恒为经略，阿桂、阿里衮为副将军，再进师讨缅。既至皆因水土不服，经略与阿里衮皆病。会缅甸方与暹罗用兵，遣使议和。阿桂与诸将筹进止，皆以水土瘴疠，愿罢兵。因许缅人和议而还，时乾隆三十四年，即公元 1769 年，是为三次征缅之役。缅人自是不贡。至乾隆五十五年（公元 1790 年），缅酋孟云（即 Bodaw Paya）始入贡贺高宗八旬万寿，受册封。参阅章嵚《中华通史》（商务印书馆，大学丛书）第 5 册，1378—1380 页。

③ 译者注：缅人初次犯披猜，参见丹隆亲皇《泰缅战事史》第 2 卷，第 64—66 页；第二次则见丹隆亲皇同书，第 2 卷，第 67—68 页。陈毓泰编译《郑皇时代泰缅之战》一文，已将此二段译出，见《泰国研究》第 123 期，或《泰国研究》汇订本第 3 卷，第 245—246 页。

　　据丹隆亲皇言，初次侵披猜之役，缅史无载。缅人固掩其耻，殊属可能。至于第二次侵披猜之役，则系波戍拍拉起兵雪恨无疑。而暹方将兵得人，时披猜城太守拍释利拉查德楚，作战尤力，手握双剑，冲锋陷阵，以致双剑折断，史称"断剑披耶披猜"。

④ 编者按：1797 年当为 1767 年讹。

⑤ 译者注：即一面自昌迈南下，另一面则取道三座塔关，两路并进，然后会师于吞武里也。

知碧古方面发生叛乱，叛徒已下马他邦。时皇已及时筹备拱卫新都之计，于是遂决定初步措施。盖皇因明知苟欲并合佬族邦国于其皇国之内，则应及时决定为之与否也。迨1774 年 11 月，郑皇遂统军二万北上。[①] 比行军抵达拉亨，皇忽闻报称碧古叛众业已被镇伏之讯，心感不安。皇因是曾一度暂时为之犹豫不前。虽缅甸方面而消息不佳，而昌迈方面则差堪鼓励军心。昌迈缅甸太守（颂案，即波摩瑜源也）与波戍拍拉[②]及权势显赫之披耶乍万（P'ya Chaban）有隙，昌迈太守曾与二人起纷争。喃邦乃系一闻名之反缅意识之中心。会前 1764 年，缅人派为喃邦城太守昭华猜缴[③]遭疑忌，并被留为质于昌迈[④]。其子昭伽威拉（Chao Kawila）[⑤] 代为喃邦城太守，人咸知其降暹也[⑥]。于是郑皇继续其计划，胆为之壮。

昭披耶却克里所领暹军，甫越境御敌，而先被派率领缅佬混成部队往曼福（Muang Hawt）之披耶乍万，反将随来之缅军，杀害殆尽，转投暹罗。喃邦太守昭伽威拉亦步其后尘，尽杀城中缅人，并开城迎暹军人。逃脱得免之缅人，遂将此讯传至昌迈。昌迈之缅甸太守披摩瑜源遂禁锢叛将昭伽威拉之父昭华猜缴，以为报复。[⑦]

迨 1775 年正月，缅人大遭屠杀，被逐出喃喷附近营寨。于是郑皇二次围困昌迈。郑皇当机立断，下谕四面总攻。波摩瑜源与乎波戍拍拉率领缅甸大部守兵，夺白象门而

① 译者注：此二万之众，乃皇令就北方诸城而征集者。盖此外京畿界内诸城军旅尚有一万五千人。郑皇御驾统率北上，与北方军旅会师于曼拉亨。参见陈毓泰编译《郑皇时代泰缅之战》，《泰国研究》第 123 期，或《泰国研究》汇订本第 3 卷，第 246 页。

② 作者注：其人即摩诃那拉他（Maha Nohrala）殁后，统率缅军之将帅也，阿育地亚京之失陷，与乎日后之残忍情事，此人应负其责。

③ 作者注：昭华猜缴乃现今昌迈、喃邦，与乎喃喷诸地世袭长官之始祖也。
　　译者注：原名昭缴，经缅皇孟腊晋封后，始名昭华猜缴，统治喃邦城。生有七子（通称七昭）三女，其排行详见陈毓泰编译《郑皇时代泰缅之战》，《泰国研究》汇订本第 3 卷，第 247 页。

④ 译者注：昌迈太守波摩瑜源与昭伽威拉之父昭华缴及披耶乍万有隙，有意构陷之，乃欲解昭华缴及披耶乍万妻儿往缅甸为质。初并非欲留质于昌迈也。参阅同上。

⑤ 译者注：昭伽威拉者，昭华猜缴之长子也，自其父为质缅方之后，代摄喃邦城太守职。郑皇取复北方后，仍委之统治喃邦城。拉玛一世时代擢任昌迈城太守，再后晋封为昌迈藩王。其昆季数人，皆曾历任昌迈藩王、喃邦藩王，或喃喷藩王等职。

⑥ 译者注：时方开抵曼福（Muang Hot，吴迪书称 Muang Hawt）之披耶乍万，闻知妻室被解往缅方为质，乃暗遣人驰报披耶伽威拉，并相约举事。披耶乍万乃集合土著，将随来缅军全部杀害，转投郑皇前锋主将拍素罗，乃为向导，领郑皇军指向喃邦。至于喃邦之昭伽威拉获悉披耶乍万报告后，即行屠城内缅军，领众穷追。迨泰军开抵喃邦，昭伽威拉大开城门，恭迎郑皇雄师，并请缨对缅作战。参见同上，第 248 页。

⑦ 译者注：吴迪所记述关于昭华猜缴被拘，及昭伽威拉降暹之远因、近因，与丹隆亲皇所记者，微有出入。丹隆亲皇之言，详见陈毓泰编译《郑皇时代泰缅之战》一文。因文过长，兹摘其要，以证吴迪书中之失。据丹隆亲皇言，则披耶伽威拉之父昭华猜缴之被拘，并非缘于披耶伽威拉之屠杀缅人于喃邦城也，实则昭华猜缴之被拘，始系披耶伽威拉降暹之要因。吴迪所记，反果为因，余宁取丹隆亲皇之说。读丹隆亲皇之书，又知披耶乍万之妻室亦同遭拘捕，同时二披耶之杀害缅人，转投郑皇，乃事前预为约定者。

遁。暹军尾追之。然缅军一面掩护，安然后退。郑皇遂于 1775 年 1 月 16 日，民众欢呼下，威风凛凛，开进昌迈。昭伽威拉尤为喜出望外，盖老父获救，免死，一旦骨肉团圆，乐不可支也。

披耶乍万被委为昌迈皇子，受封为披耶威迁（P'ya Wijien），昭伽威拉则被遣归统治喃邦。①

昌迈失陷，实际上即系暹罗皇国建立之表征，成为今日人人皆知之事实。继而啤列（P're）与乎喃（Nan）酋，咸闻风来归。

暹缅间屡次和平之机，卒因碧古反叛②而罢。出走之碧古难民，越界入暹者逾千，每队难民皆有缅军逐一尾追其后，盖欲骗之回归旧地也。侵入拉亨之缅军二队，于昌迈被围期间，以迄围城之后，乃遭击退。郑皇于 1775 年 2 月，班师回京。会其时取道三座塔越境之第三队缅军，亦被逐出暹边防地，而至甘武里（Kanburi）。于是喜讯传来，群臣朝贺。郑皇立即颁令昌迈归途师旅，即速开发叻丕。将士无敢回家省视妻室及亲属，徒费时日者。惟有一人焉，其人即拍贴育塔（P'ra T'ep Yet'a），竟敢故违军令。郑皇下令解至京都，亲斩其首，以正国法。自此以后，暹军余众咸相戒惧，无敢对于进攻叻丕，多事为难者。

缅军因鉴于先前初次出师获胜，胆为之壮，于是续向暹罗推进。缅军一路拥有二千人，向素攀及那空猜是进发，大肆劫掠；另一路缅军拥有三千精卒，迅速开往叻丕。结果全军受挫。立营于叻丕附近之缅甸大部军队，被郑皇困于营中。延至 4 月间，历受重大损失，尝尽艰苦而后，被迫投诚，主师③暨饿兵一千三百二十八人，咸沦为俘虏，解往曼谷。缅军之最小部队则于损失严重之后，设法安然逃脱。目睹缅甸俘虏众多，曼谷民气为之大振。至是曼谷人士渐得熟睹其往日被掠至缅甸之亲友矣。

昌迈尚在缅人掌握之中，迨 1775 年 10 月，波戍拍拉再度南下，夺回昌迈。昌迈城中，人力物力皆甚缺乏，不能长期久持。缅将波戍拍拉比闻昭披耶却克里与乎披耶戍拉锡（P'ya Swrarih。颂案，即却克里皇朝一世皇弟也）军在途中，欲救昌迈，于是再退昌盛。

郑皇当国期间，昭披耶却克里与乎昭披耶戍拉锡仓猝回师援助对付缅甸最烈之寇犯，故二披耶并无久留北方。缅人此次寇犯，志在克服暹罗北部诸省。④ 缅军主帅系名

---

① 作者注：披耶乍万任昌迈太守仅约一载。及后该城背暹，历廿年，以迄 1796 年昭伽威拉任昌迈藩王为止。
② 作者注：碧古叛乱，致令碧古逊皇披耶塔腊蒙受恶果。案披耶塔腊自 1757 年即遭监禁，此次被控同谋之罪，遂与其家族人员数人，同遭诛戮焉。
③ 编者按："主师"疑系"主帅"讹。
④ 译者注：盖缅人欲牢固其在暹北之根据地，然后循水道直取京都也。

将摩诃薛赫戌拉（Maha Sihaswra），其于对清历次战役中，向奏肤功。由夜拉末（Melamao）越境侵入，拉亨告陷。迨 1776 年 1 月，昭披耶戌拉锡所领暹罗大军，卒于戌可太附近受挫，退归彭世洛。是役而后，戌可太沦陷，缅军开始围攻彭世洛。郑皇御驾亲领一军，往救北部都城，战情甚烈。而披耶却克里终因受饥馑所苦，迫而放弃彭世洛。率领城中百姓，依然前进，冲出缅军防线，并据守碧差汶（P'etchabun）。缅军遂于 3 月杪进入暹人遗弃之碁城。彭世洛之失，遂成为缅军胜利高潮之表征焉。致城陷于仓猝之秣粮缺乏问题，卒使敌不能久守，终于迅速弃城他去。是役而后，缅军节节挫败，及至 8 月杪，全军败退。

据称此次侵犯期中，缅将摩诃薛赫戌拉甚盼与昭披耶却克里对阵，盖知昭披耶却克里为其劲敌也。两雄终于相值于沙场，缅将见昭披耶却克里年仅卅九岁，或不及此岁数，心窃惊异。摩诃薛赫戌拉相昭披耶却克里，谓其具有位列九五之命云。六年之后，果应缅将所作预言。

缅军从彭世洛退却，并非完全被迫而然。盖其时孟腊之子真古乍（Singu Min。颂案，吾国史称赘角牙）方继位为缅甸新君。[1] 新君反对冒险侵暹，于是其初步施政，厥为贬黜摩诃薛赫戌拉。总之，缅甸新君立意依缅人意见而维持其对缅甸皇国全部之统治，佬族诸国形成一主要部份。于是遣军六千临昌迈。披耶乍万竟陷于赖缅甸俘虏之内，以养其士卒与百姓之苦境。然而披耶乍万自恼无能再事支持昌迈之政府。况昌迈城内，一切均已耗尽。披耶乍万遂退喃邦，大部份昌迈百姓随行。昔孟莱皇之巍然大都，竟沦为丛林野兽聚居之所者，达廿年。

郑皇当国之余年，不复与缅甸发生纠纷，惟东部边境则屡有发生。迨 1777 年，呵叻省喃隆太守（Nangrong）兴叛，并与统治占婆塞（Champasak）之昭阿（Chao O）忱乐与共。时占婆塞乃一独立之侯国也。昭披耶却克里受命往平乱首，喃隆太守无何被执，并遭正法。至是宜转述与占婆塞之战。时昭披耶戌拉锡将别军东向。战果令人惬意。昭阿就擒并遭正法，于是沿湄公河岸迤南以至空河（K'Ong）一带领土，咸并于郑皇版图之内。

昭披耶是役远征，凯旋，遂获懋庸册赏，赐以宗室皇子爵衔，封号译义为"上将军"。[2]

---

① 译者注：孟腊皇在位十三年，参阅《四世皇御著暹国志》第 3 卷，第 126 页。

② 作者注：非当朝皇帝宗亲，而获封皇子爵位者，殊属破例。史籍所记唯一之先例，厥为坤披玲（后为吗哈他玛拉查皇）于 1594 年获吗哈节加拉博皇封为皇子。然而坤披玲乃当时暹国驸马，且系戌可太列帝后裔也。

　　译者注：吾国史籍称郑华（昭披耶却克里）为郑昭皇（郑皇）义子，殆即据此。

约当是时，郑皇癫狂征象日渐显著①。皇幻想其曾发现御体之某部份，酷似佛陀者，并流于狂肆怪癖。皇之性情变而为凶残，多疑忌。一日皇仅因举行典礼之时，发饰未能称意，遂致大发雷霆。皇子因披达（Prince In P'it'ak）乃胆敢为犯罪侍役辩护，于是斯不幸之皇子遂被执，施以廷杖，弗稍恤也。

讨占婆塞乃另一战役之直接原因，此次乃系与维安旃之汶讪皇子（Prince Bun Sarn）之争。维安旃有一贵族名拍和（P'ra Woh）者，事先曾叛维安旃皇子，逃往占婆塞境，并据穆丁（Mot Deng）自立，地近现今之乌汶城（Ubon）。比占婆塞既下，拍和正式臣服于暹罗。然暹军一旦撤退，维安旃皇子遂攻拍和，擒之，斩其首。郑皇认维安旃此举，不啻对己挑衅，遂立即点兵二万，进击维安旃。銮拍邦皇子昭素里旺沙与暹联盟，昭素里旺沙虽与有助，然维安旃业已于数月前被攻下矣。暹人似欲乘此远征期间与缅人争雄长者。围攻白科城（P'ak'o）②之时，暹军运载满船妇人头颅出城贩卖，以威吓城中之居民。及至最后维安旃失陷，珍贵物品悉遭暹军劫夺。战利品之中有一闻名之翡翠玉佛像③。从此以至 1893 年，銮拍邦与乎维安旃皆沦为暹属。

郑皇对真腊之措置，实际等于并立二敌对君皇，联合掌管一国政治，然其制终无若何成功。迨 1777 年，副君（Maha Uparat）遭弒，逊皇那莱未几亦薨。拉玛拉查皇（King Rama Raja）遭疑为二皇子死因之主谋，兼以皇先前曾驱其民投降暹国远征军，并以人力物力资助暹罗，共抗维安旃，以致日益不孚民望，乱作。迨拉玛拉查皇与其四子伏诛，乱始平。于是逊皇那莱之子翁英皇子（Prince Ong Eng）被立为真腊国君，时年方七岁，塔拉哈皇子（Prince Talaha）辅政。幼主仅系真腊国内仇暹份子之傀儡耳。而郑皇则以此为增加暹罗对其控制之良机，迨 1781 年初，命昭披耶却克里与昭披耶成拉锡领兵二万，以临真腊。因披达皇子偕行，盖拟讨平真腊后，立皇子为真腊国君也。真腊摄政皇出走京都本太碧治，奔西贡，求交趾兵为助。因披达皇子遂破本太碧治，交趾军一路进击至百囊奔，然于剧战之先，昭披耶却克里忽闻报祖国发生重大事变，使昭披耶却克里决定即速回师曼谷。

征真腊军队出发之后，郑皇怪癖益招物议。皇幻想自身为佛陀再世，令众僧膜拜

---

① 译者注：关于郑皇病癫之事，成为疑案，大抵因为郑皇往日过孚民望，仇视郑皇者遂不得不诬举郑皇病癫，精神失常等等事实，以缀合郑皇之暴虐行为，肆意构陷诬蔑，无所不用其极。所谓欲加之罪，何患无词者是也。观四世皇御著《暹国志》所举郑皇之罪状，尤其于一世皇时代所记者。陈毓泰译吴福元所著《郑皇史辩》已详加辩正，可资参考，见《南洋学报》第 2 卷第 1 辑。

② 作者注：地近维安旃。

③ 作者注：据一稗史所传，谓此像于布罗玛拉查二世皇当国时代，曾存于阿育地亚京。然而并无史实以资证明此像曾经传至暹罗南部，盖嗣后昭披耶却克里始将其带至曼谷也。

之。有等僧人惧罪依命而行，然泰半力持反对。一时僧侣之惨受笞刑者，逾五百名，僧正并被贬黜，遭禁锢。

一时俗人受苦愈甚。其时暹罗对外贸易乃系政府专营制，先前已曾言及。郑皇对任何人咸疑之为经营非法营业者。盖皇认匹夫之誓言为证据确凿。诬告人遂四出向被控者勒索大量罚锾，无所不用其极。被控者于遭受剥削之余，复屡被鞭笞致死。活焚人民，屡见不鲜。郑皇有妃即以盗窃国库公币罪，而致葬身烈焰之中。①民因鉴于无辜受罪者之惨，于是怨声载道，于此癫狂暴居②统治之下，呻吟之声，惨不忍闻。③

阿育地亚京不啻成为一处采掘中心。居住其间者，多系被募往发掘之人民，即发掘昔日阿育地亚京被围之际，官民所埋藏地下之财宝也。至于发掘事业之监督人，系标投与拍威漆那隆（P'ra Wijir Narang）承办者，年饷四千铢。于是为谋厚利计，拍威漆那隆遂对发掘者，多方压迫。迨1782年3月，发掘者酝酿叛变，渐告成熟。叻汶纳（Nai Bunnak）遂揭举义旗于阿育地亚附近，扬言欲杀郑皇，以清妖孽，另拥戴昭披耶却克里嗣帝位。迨三月杪，阿育地亚遂落于叛徒之手，罪恶贯盈之发掘宝物监工拍威漆那隆，遂遭斩杀，阿育地亚太守奔窜曼谷。

叛徒首领之一有名坤缴（Kern K'eo）者，乃地方长官披耶讪卡武里（P'ya Sank'aburi）之弟。郑皇初时以为对付乌合劫匪，不必劳动大军，遂令披耶讪卡武里领兵一小队，往捕倡乱罪魁。披耶讪卡武里既抵阿育地亚，反与乃弟联结一气，并被推为叛乱首领。叛军于是向曼谷进发，一路未遭抵抗，并于3月30日，围困郑皇于宫中。终夜大火。凌晨，郑皇仍本其往昔战胜一切障碍之宿命论之精神，于是经认为命中注定，遂投降披耶讪卡武里，宁愿让位，而披服黄袈裟，出家为僧，惟以饶皇命为条件。二日之后，准皇与僧人为伍。众僧皆曾于郑皇癫狂发作之时，遭受虐待者。

披耶讪卡武里至是僭窃政权。先前被诬系狱囚徒，概被释放。于是咸四出寻仇，对于先前诬告者，大举屠杀。

乱事爆发，呵叻太守披耶素里雅亚派，遣人火速飞报昭披耶却克里，当时昭披耶却克里方在闪腊。披耶素里雅亚派奉命立即尽领其军进击曼谷。及至昭披耶却克里兵到，

---

① 作者注：此妇之死，全属无辜。盖所认为遗失之财物，仅系一时误置，忘其所在。及至昭披耶却克里践位之后，乃发现于国库之中，原封未动也。

② 编者按："居"当系"君"讹。

③ 译者注：吴福元所著《郑皇史辩》（陈毓泰译，《南洋学报》第2卷第1辑，第31页）则极力为皇辩护，谓一世皇及二世皇时代刑法之严峻，实较诸郑皇时代为尤甚，可资参考。

始攻下京都。披耶素里雅亚派于 4 月中旬抵达曼谷，备受披耶讪卡武里之款待，披耶讪卡武里仍示意欲奉昭披耶却克里为国君。然而无何披耶讪卡武里之野心，终于克服其疑虑，盖其蓄意自立为君，日渐昭著。遂开始攫夺国库，广施部属，盖所以植立朋徒也。释在囚之皇侄亚奴叻颂堪皇子（Prince Anurak Songk'ram），并助以军旅，使其往攻披耶素里雅亚派。城中泰半遭亚奴叻皇子焚毁。然甫临阵，皇子即遭击败，且为披耶素里雅亚派所擒获，其所领军队投附披耶素里雅亚派者，约及半数。

披耶讪卡武里至是知此举必归无望，而目前所宜为者，厥为与昭披耶却克里共商善后条件。

昭披耶却克里于 4 月 20 日，统大军临曼谷。庶民久盼之合法安定之政府，至是咸表乐观，结队趋迎之。披耶却克里遂于群众欢呼声中，威武进入曼谷城。众官恭迎壅道，披耶讪卡武里暨其党人亦与焉。

郑皇神态至为局促不安。虽然国中各地欲乘机拥皇复位者，实繁有徒，然皇已无能膺此治国重任。真腊之乱如旧，同时暹方咸以为缅人寇犯迫切。为保证国内之安谧计，于是身居要职众官，咸劝昭披耶却克里将逊皇处死。昭披耶却克里终于接受众官之忠告。

至于虚伪之披耶讪卡武里暨其党魁，亦皆伏诛。

身为暹罗国主之郑皇，一代英名，彪炳史册，乃竟以四十八岁死于非命。[1]

昔 1767 年，郑皇当时不过一游击队长而已，部众不过五百。降至伏诛之时相距不过十五载耳，其版图除塔乌挨与乎廷邦撒林外，并有前朝阿育地亚皇国之全部领土。几乎所有佬族邦国，连蛮拍邦在内，咸尊之为宗主。[2] 恐或惟有病癫之人，始能建立若郑

---

① 译者注：郑皇被害迄今已达百六十一年。终皇一代，光复国土，拯救泰族人脱离缅人之羁轭。其丰功伟绩，虽残忍无道、疯狂失常等后人诬蔑之罪名，概不能磨灭其丝毛也。近泰国吴福元君钻研郑皇史迹，历七八载，发现真理无数，其作品中往往指斥后人捏造郑皇罪状之非，复力辩郑皇并非暴君，且未病癫，答挞僧人，更属无稽。吴氏作品多经陈毓泰译为中文，先后发表于《南洋学报》及《中原月刊》。其关于辩释郑皇史绩者，尤以《昭披耶宋加绿传》（《南洋学报》第 1 卷第 2 辑）及《郑皇史辩》（《南洋学报》第 2 卷第 1 辑）二篇为最精辟。行文大胆，只求真理，不事阿谀。其伟大精神，诚属可贵。

② 译者注：考郑皇当国时代，为泰族拓展之疆土，实较阿育地亚皇朝末叶所遗下为广。陈毓泰译吴福元所著《郑皇史辩》记载甚详（《南洋学报》第 2 卷第 1 辑），兹节录之，以为参证：

北部：并有全部百万稻田国（颂案，即所谓兰喃泰），而达十二版纳尧。

东北部：起自呵叻而比达湄公河左岸流域全部，明言之，即并有洛坤占婆塞（颂案，即那空占婆塞）、洛坤万象（颂案，即那空维安游）、猛潘（颂案，即曼凡）、洛坤蛮拍邦、六王侯地、十二点泰，而抵达现属中国云南省边疆。

东部：并有柬埔寨全部。

东南部：并有蒲泰目全部。

西部：并有丹老（颂案，即玛烈，又名墨规）、顿逊（颂案，即廷那撒琳，或打锚是）。

吴迪书中谓廷那撒琳与乎塔乌挨，时尚未内附。考吴福元所著《泰失地十五次》云，廷邦撒林之丧失，乃当一世皇时代。吴迪殆误记钦。

皇所完成之伟业欤！

昭披耶却克里立即称帝，晋号曰拉玛迪菩提皇（King Rama T'ibodi，又称 P'ra P'utt'a Yot Fa Chulalok）。

彭世洛史[*]

谢犹荣 译

今之泰国领土，于佛历约一五〇〇年时代，尚分为若干部落：北部有庸那迦或称百万稻田国（Prades Yonok or Lanna Thri），以景线城（Muang Chiang Sen）为都；与诃利朋阇耶国（Prades Haripbunchai）以六坤南邦城（Muang Nakorn Lamphun）为都。中部则有差良（Chaliang），以室利娑阇那莱城（宋胶洛，Muang Sri Sadchnalai or Swankaloke）为都；与罗斛（Lawoh）以罗斛城（华富里，Muang Lawoh or Lobpuri）为都。南部则有室利达摩罗阇（Sri Dhamaraj），以六坤室利达摩罗阇城（Muang Nakorn Sri Dhamaraj）为都。而东部亦然，且在高棉[①]民族统治之下，因该时代高棉族固在泰国领土之中部领有极雄厚之势力也[②]。

上述等部落，各有统治领袖，据地称雄。彼此之间，时而相争，时而和好。故各部落所领有之土地，其大小亦视势力之强弱为定。但造成该时代部落之纷纷继起者，其原因系由于：统治者高棉民族之日渐衰落者[③]一；泰族陆续由中国南部迁徙而至，且势力

---

[*] 原载《南洋学报》第 2 卷第 2 辑，1941 年，第 153—178 页。编者按：据文末附识，该文译自泰文版《彭世洛志》一书（原作者未详），文中注释和按语（除《南洋学报》主编许云樵按语外）均系译者谢犹荣所加。

[①] 高棉（Khamen）亦作柬埔寨（Cambodia），即《唐书》之吉蔑及真腊。

[②] 高棉系一古老民族，立国于泰国领土较任何国家为早。古代泰国领土未为泰族与缅甸族居留前，除高棉族外，更有四民族：罗斛（Lawo，即今之佬族）、蒙（Mon）、马来（Malay）、占婆（Chamba），各分地而居。蒙族据有西北部领土，即今之缅甸南部。罗斛族据有中部领土，其境界自暹罗湾至湄公河以北，当时此四民族中，以罗斛最为繁盛，据有三个完整之领土：堕罗钵底（Thawaraowadi）、央或庸那迦（Young or Yonoka）与翟多罗补罗（Kotrbuna）。约于佛历第十三世纪时代昭丕耶河流域统治者罗斛民族，其势力已极衰弱，而高棉族则日渐繁盛。此时代，有一王侯名丕昭拍元和罗门（Phra Chao Phaowa-waraman）于佛历一二四三年登基。其后和罗门王后继者屡次兴兵从事征讨，扩充其国版图，渐入至昭丕耶河流域罗斛族之领土，疆界伸张至庸那迦境。罗斛国统治者以娘占他威嫁予蒙族境内统治者之王子，并着统治新建之哈力盘猜耶城，以俾互相联络。当时高棉之统治罗斛族领土，系以其为属地，即准许罗斛族自行秉政，但须受辖于高棉，惟有翟多罗补罗领土则高棉直接统治之。

　　至于堕罗钵底领土，则另遣人统治，与普通殖民地同，惟分领土为两部，南部有罗斛城（华富里）为都府，北部则有速古台为都府。此时为高棉族在泰国领土昭丕耶河流域具有极雄厚势力之时期也。

[③] 佛历十五世纪中，高棉族在泰国领土可称为全盛时期，文艺与美术皆颇著，而为后世不可磨灭之成绩。惟高棉族在泰国领土维持此全盛时期仅一世纪有余，乃不测之风云骤起，将高棉民族所建立之光辉，摧残殆尽，史家惜之！

　　缅甸民族，始在印度与西藏之间，至（编者按：当系"与"字讹）泰族同时期遂迁入泰土，后在伊洛瓦

日渐强盛者又一。及至泰族在北部占有雄厚之势力后，颇有取高棉之势力而代之之势，故高棉于该时期所占有之势力仅限于中部与东部范围而已。

彭世洛城之建立

关于建立彭世洛城，史籍所记载者多不相同，《北方纪年》之所谓于相近之年期间，景线之统治者丕昭室利达摩三藏（Phra Chao Sri Dham Trai Pidoke）系一有势力之王侯，对于佛教三藏颇通晓。王拟伸张领土，故出兵攻打差良国。时差良国统治者为丕昭苏阇罗阇（Phra Chao Sujaraj），都府曰室利婆阇那莱（Sri Sadchnalai）。双方战斗颇剧，各有伤亡，但未分胜负。当恃有一方出而调解，使双方言归于好，战事乃告停止，丕昭苏阇罗阇并以其娘巴统他威（Nang Pratumtevi）许予丕昭室利达摩三藏为妃。

后巴统他威出二子，一名昭盖宣罗（Chao Grai Sornraj），一名昭察沙坤（Chao Chati Sakorn）。二子长成，丕昭室利达摩三藏欲长久统治庸那迦境与差良境，因见差良境之南，高棉族在罗斛（Kwan Lawoh）尚拥有势力，故拟建立一城于两境之间。乃命大夫加罗汶（Cha garbuna）与大夫那迦廊（Cha Grong）二人为领导而寻觅境地，以便建立新城。二人寻至扶南山（Phanorn Mountain）橄榄山（Olive Mountain）。该地在小说文中曾记述谓佛祖曾到此地吃橄榄，并预告此地将来必建为新城云云。

此地有河流，两岸皆为婆罗门教徒所居住。二大夫以其地甚佳，故决定于此建立城郭，各集差良与景线民众一千人，分工建筑城垣。加罗汶大夫负责东面，那迦廊大夫负责西面。于佛历一四九六年三月初一，木曜日，开始建筑。历时一年又七个月，城始造成。城垣长50线①。二大夫于建城成功后，即返城禀报。丕昭室利达摩三藏乃偕丕昭苏阇罗阇南下视察，并委王子昭盖宣刺统治于新城，并定城名为彭世洛城（Muang Phisnuloke）。此外复在西面建立王宫。丕昭室利达摩三藏与丕昭苏阇罗阇乃返都府。因新建之城府系跨一河流之上，两岸矗立城垣，故嗣后此城遂被命名为"破胸城"（Muang Ok Tak）。

昙隆亲王之著作中，谓《北方纪年》中所记述之景线统治者丕昭室利达摩三藏，

底河流域（Irawadi River）建蒲甘城（Muang Phukham）为都府。至佛历约一五五七年间，缅甸王名阿奴楼（Phra Chao Anurut）者，系当时缅甸显赫之王侯，遂渐扩展其势力南下，领兵越山而过，将高棉之属地完全征服，计：（一）差良境（速古台），（二）罗斛境（华富里），（三）吁通境，（四）蓝盘猜耶境（哈力盘猜耶）。高棉自被缅甸王举兵侵犯后，损失至巨，由是势力渐衰。

① 译者按：按每线等于二十托。

在其他史籍中无可考，虽速古台之石碑文中亦无提及此王者，故坚信并无其人。亲王引证谓：丕耶力泰（Phaya Li Thai）系丕耶罗泰（Phaya Ler Thai）之子，又为坤蓝坎亨大王之孙，方系建立彭世洛城者，其城址即在朱罗摩尼寺（Wat Chulamani）。此王于佛历约一八九七年间登基，为速古台统治者，因精通佛教三藏，曾著《丕隆三界说》（Trai Pum Phraruang）一书，为泰国最初之名作。① 由于王对佛教甚为关心，故得"大法王"之名，《北方纪年》谅因此致误。

现皇朝第四世皇之著作中，其意见则与《北方纪年》同，谓彭世洛城确系丕昭室利达摩三藏所建，但其城址则在北平区（Tambal Peping），离朱罗摩尼寺约十公里。该地曾发现古迹与瓷器埋于地下甚多。依笔者考察：彭世洛城确系先丕隆（Phra Ruang）皇朝而建立者，即高棉势力雄厚时期，即在朱罗摩尼寺址建立此城。后速古台为都时，丕耶力泰（Phaya Li Thai）以此城为子城②，时约佛历一九〇〇年，然后迁至今之所在地。至于北平区，必非建彭世洛之地，与昙隆亲王之意见相同，谅系当时一重要之关口，因有一使难河与戎河汇通之河流，历来遇敌军攻打时，屡据为抗御之地，土阜高起为堡垒形者，至今尚存。

惟无论如何，古代之建筑城池，非建成后即可为永远之都城，经历数朝而不毁。城池之建，当视人民与地理上之关系为定者一，适合于军事之用者二。地方之有丰富物产，合于地理条件，人民居住众多，即建立国家以统治之。其土地物产不甚丰富，而于军事上有重要关系者，亦得建为城。于历史过程中，某城或在某时代变成重要之关塞，故关塞之建立，必随时势、时代，盛衰情形而转变也。是以彭世洛城建立于今址之前，其迁移历史或比上述者为久远也。

综合上述而观之，可见速古台未为城都时期，佛历约一五〇〇年，已有彭世洛城，为统治者高棉族所建，位于朱罗摩尼寺地址。但当时之城名颂跨城（Muang Song Kwa）③。及至佛历一九〇〇年，速古台为都时，泰国已产生于中南半岛领域，丕隆皇朝后继者为第五皇丕耶力泰时代，始建立现今之彭世洛城，即由旧址朱罗摩尼寺迁移至此。城名初尚称颂跨，及至阿瑜陀朝时，始称彭世洛城。以上所述，已足证彭世洛系旧城，至今已有一千年时间，丕隆皇朝时代之新彭世洛城亦有六百年时间，故彭世洛城实系泰国历史上一重要之古城也。

---

① 此书现藏于泰国国家图书馆内，除丕昭蓝甘亨大王之石碑文外，此书实开泰文著作之首。
② 许云樵按：所谓子城，盖即附庸或属城之意，非中国所称之子城也。
③ Song Kwa，其义为两支流。

城名之由来

彭世洛城名既称颂跨如上述,后见今城中有一河流通过,乃称为破胸城。此事出于误会者,以为河流系在中间,两岸系为城垣所包围。其实颂跨城此名之由来,系因城之地位,在支流之总汇地,即来自东边之支流,与来自西边之支流,其总汇处系在城之南,彭世洛城即位于两支流之总汇处,故命名颂跨城。顾名思义,固甚切当。虽本朝四世皇之著作中,谓城建在北平区(Peping District),亦系在戎河与难河之总汇地,于城名亦切合;若建于朱罗摩尼寺址,亦系在难河与跨内河之间,惟现在跨内河流已与彭世洛城北十公里之难河相汇合,非如上述之与城并列者。惟河道常有改变,此亦有证据令人置信,即城之东边仍有阔大之河道,但现在已淤塞。综上以观,则彭世洛城之定名为颂跨城(Muang Song Kwa)者,系以城之位置在于两河之间,非由于建城以包围河流而得名也。至于河流贯通城南北,因而命名为破胸城者,其原因如下:

现在建立彭世洛城之地位,其始系在难河(Nan River)之东岸,城址离难河约一公里。而跨内河(Kwa Noi River)则又在离城东边约三公里,城内有赞皇宫(Chan Palace)。此皇宫已为数代国君所驻跸,自丕耶力泰初建此城,至阿瑜陀朝止。但皇宫之位置较近北边,难河自城北向西而流,谅有某一朝皇曾谕令在难河北边凿一河道以灌水流入城内使用。此种灌水入城内使用之河道,乃普通建为城府之地所,如吞武里都与曼谷都然。且开凿河道以取水入城,非独为皇上之享受计,必亦为城内民众之利益计也。故可以证实此河系凿自难河北边,通过城内向南边而出。人工开凿之河道,较之天然河道为直,此自然之理也。积年累月以后,河道中之水势涌急,渐渐冲拆,遂成大河流;而原流水势则日渐缓慢,乃至淤塞,如今日吾人所见乃系一浅狭之河道也。由是可见通过城内一段之难河,乃系由人力开凿而成者,故有"破胸城"之称。曼谷皇朝时,彭世洛城遭遇缅甸军猛烈之攻打,彭世洛城疲于抗战,故一般对于"破胸城"一名,益为坚信。更有进者,由于河流通过城内,故彭世洛城又被名为屋卡武里(Okaburi)①,其实屋卡武里乃系披集城名,此名之发生与彭世洛城同时,一若速古台城之与宋胶洛城然。

彭世洛城之地位

当高棉族在泰国领土之全盛时期,彭世洛城必为政治上与军事上之要塞,其位置在

---

① 译者按:屋卡武里,义为"大水城"。

于速古台城与华富里城接壤之间，盖当时两城之间各有独立之主权也。若从高棉以铁矾土建筑而成壮丽宏伟之石宫及浮屠观之，则彭世洛城在高棉族统治时期，其地位之重要可知。

自泰族进入泰土后，彭世洛城地位益为重要。此由泰国皇朝之始祖丕隆皇时代，曾以彭世洛城为子城。继丕隆皇系第七世皇丕摩诃达摩罗阁第二登基后，则又驻跸于彭世洛城观之，则彭世洛城于阿瑜陀都属国时代，其地位实为泰国北部之皇都也。阿瑜陀朝时代，彭世洛城之重要地位，亦未尝稍失，且被立为皇都达二十五年之久。

阿瑜陀皇朝时代

乌铜王（Phra Chao Utong）建大城后，即于佛历一八九三年五月初六，金曜日，宣布独立，取国号曰：堕罗钵底室利阿瑜陀耶（Krung Thep Thawa Raowdi Sri Ayuthia）。[①] 时速古台城方面有丕隆皇族统治，故该时代泰国领土上遂分为南北两都，各拥有相当势力，各不相犯。乌通王宣布独立时，北部领土之统领者为坤蓝坎亨大王（Khun Ram Khamheng The Great）之子丕耶罗泰（Phaya Ler Thai）。至佛历一九二〇年，阿瑜陀都之波罗摩罗阁提罗阁（Somdhej Borom Raja Thiraj）王举兵征服北部领土，速古台城遂为南部之属地。由是阿瑜陀都乃得统治泰国全境。廿八年来（佛历一八九三年至一九二〇年）划分南北两都之泰国，遂告统一。

南北未统一时，彭世洛城乃属于北都领土者，且系为速古台都之子城。及至阿瑜陀都征服北都诸国而统一南北后，北部诸国遂改称"北国"。昙隆亲王著作中记载，该时代之北国，计有彭世洛（旧称颂跨）、披集（旧称沙拉銮，Sra Luang）、速古台、宋胶洛（旧称差良城，及与室利婆阇那莱合而称宋胶洛城）、披猜（旧称通央城，Muang Phichai，旧称 Muang Thung Yaung）、碧差汶（Muang Phetchbuna）、金刚城（旧称差干佬或六坤尖，Muang Khanr Pbeng Phetchr，旧称 Cha Kang Roaw）、六坤砂旺城（旧称披曼城，Muang Nakorn Swan，旧称 Muang Phra Bang）共八城。惟北部诸城中以彭世洛城较为重要，即曾为子城与皇都也。下文将述及之。

---

① 速古台都丕耶罗皇朝，南部领土中出一重要人物，领有乌通城（Muang Uthong），为该城之统治者，曾结集乌通、叻丕、金刚等城军力，进攻并征服曾失于蒙王丕昭□猛民（Phra Chao Sanmuang Ming）之手之他威城（Muang Thawai）与颜逊城（Muang Tanaosri）。由是乌通王在南部领土之声誉大噪，其所统治之疆土，直达阿瑜陀境，且附近如塞克武里（Muang Swankaburi）、叻武里（Muang Rajburi）、碧武里（Muang Phetrburi）等敬畏而通好。迨佛历一八九〇年，乌通城内突发生疫症，居民死伤无数，乌通王乃借故领导民众迁入阿瑜陀境之维力区（Vienglak District），与高棉族及中国通好，乃于佛历一八九二年宣布独立。

丕隆皇族相继统治速古台都至丕耶罗泰皇朝末，皇之二子互争王位，[①] 南国方面（阿瑜陀都）见有机可乘，乃举兵侵夺边地之猜纳城（Muang Chainat）。后丕耶力泰（Phaya Li Thai，系丕耶罗泰之子）虽得登位，亦未尝出兵收复失去之猜纳城，惟向乌铜王通好，乌铜王乃交还猜纳城。自此以后，阿瑜陀都方面日渐强盛，而速古台都则益衰落矣。至其所以衰落之原因，系因速古台都之丕隆皇朝，自坤蓝坎亨大王逝世后之统治者，皆无战争能力，而丕耶罗泰（坤蓝坎亨大王之子）则尤为懦弱。缅甸与蒙族遂进攻他威城（Muang Twai）、顿逊城（Muang Tanao Sri）、曼城（Muang Bang）等地。而于此时期相继宣布独立者，有隆勃剌邦城（Muang Luang Phra Bang）、维田城（Muang Vieng Chantr）、维金城（Muang Vieng Kham）、六坤城（Muang Nakorn Sri Thamaraj）及难城（Muang Nam）。及至丕耶力泰（坤蓝坎亨大王之孙）时代，又为阿瑜陀都方面征夺猜纳城；且皇对于佛教三藏非常精通，常为佛教大护法。传至丕耶赛吕泰（Phaya Saij Lü Thai，为坤蓝坎亨大帝曾孙）或称大法王第二时代，为阿瑜陀都所破，而为阿瑜陀都之属地。坤室利因陀罗提耶（Khun Sri Intrtitj）所创造并扩展领土之速古台城，于此遂告完结，其地位乃由独立城都降而为阿瑜陀都之属地矣。

丕波罗摩罗阇提罗阇（Somdhej Phra Borom Raja Tiraj）既战胜速古台都，乃将北部领土划分为二境：滨河流域诸城，自达城（Muang Tak）至北揽坡（Paknam Pho）为一境，以差干佬城即今称金刚城者为中心，并委丕耶踰提沙添（Phraya Yuthistien）为该城之统治者；其余诸地则划为另一境，赐丕隆皇后裔统治之。大法王第二（即丕耶赛吕泰）遂为藩王，自速古台都迁驻于彭世洛城，于是彭世洛城遂为丕隆皇系偏安之所。

丕隆皇系之统治彭世洛城

大法王第二自驻跸彭世洛城后，民间安居乐业，国家太平。迨王死后，其子大法王第三（Phra Maha Dhamraj the Ⅲ）继位。大法王第三死后，王之二子复互争王位。阿瑜陀都丕那迦罗因陀罗提罗阇（Somdhej Phra Nakorn Rintratiraj）御驾北上。二人慑于皇之权威，遂不敢放肆，并至宋胶洛城觐皇。皇乃封其一人于彭世洛城，赐号大法王第四

---

① 乌通王宣布阿瑜陀都不（编者按："不"当系"为"字讹）独立国时，速古台都方面有皇族互争皇位之乱，即丕耶罗泰皇之二子，其一统治于室利婆阇那莱城（Muang Satchvala），其一统治于差干佬城（Muang Chakangrao），二人向不相容。迨佛历一八九七年皇病殁，统治于差干佬城之皇子先闻此消息，即赶至速古台城以便把持一切。事闻于室利婆阇那莱城之丕耶力泰（Phaya Li Thai），乃亦举大军而至。两兄弟卒在速古台城内大战，其后胜利归于丕耶力泰，遂登皇位统治速古台，时为佛历一八九七年也。

(Phra Maha Dhamraj the Ⅳ)；另一人统治于金刚城（Muang Kham Pheng Phtr）。事后皇乃南下返都。大法王第四统治彭世洛城，至佛历一九八一年殁。时丕波罗摩罗阇提罗阇第二（Somdhej Phra Borom Raja Tiraj the Ⅱ）为阿瑜陀都皇（皇一名昭三丕耶，Chao Sam Phraya），将前王所划分之二大藩邦，合而为一。适大法王第四死后无嗣，皇乃封皇子丕罗摩孙（Phra Rameh Suan）为彭世洛城之统治者。

丕罗摩孙之治彭世洛城

丕波罗摩罗阇提罗阇第二，于佛历一九八一年立皇子丕罗摩孙为彭世洛城总督，故彭世洛城之由阿瑜陀都方面遣派总督，当以此为始。盖丕罗摩孙此次之统治彭世洛城，彼尚任阿瑜陀都总督之职，故前为阿瑜陀都属地之彭世洛城，遂为阿瑜陀都直接统治之地。而北部诸领土，亦合而为一境，以彭世洛城为政治中心。由是彭世洛城与阿瑜陀都不复如前之有境界之分矣。

丕波罗摩罗阇提罗阇皇虽统一南北，然南北部民间尚有畛域之分。北部民众视阿瑜陀都方面之民众为"南民"，而阿瑜陀都民众则又视北部民众为"山巴人"。惟此观念，不久以后即消失不复存在。丕罗摩孙统治之下彭世洛城，百姓亦得安居乐业，故极为人民所爱戴。迨至佛历一九九一年，丕波罗摩罗阇提罗阇第二领兵征讨景迈城时，崩于军中[①]，丕罗摩孙遂南下继阿瑜陀都皇位，皇号丕波罗摩齐洛纳（Somdhej Phra Borom Trai Loknat）。皇亦未尝遣派何人为彭世洛城总督，仅命彭世洛方面自行予以保守而已。丕罗摩孙之统治者于彭世洛城，共计凡十年。

丕波罗摩齐洛纳皇时代

至于丕波罗摩齐洛纳皇之施政情形，则因皇系一贤明之君主，皇年稍长，即攻读各

---

① 丕波罗摩罗阇提罗阇第二第一次领兵北上征讨景迈城（Muang Chiengmai）时，系在佛历一九八五年，无功。越二年，即佛历一九八七年，复领兵北上作第二次之攻打。依一般史籍之记载（上文亦作为是之记述），谓丕波罗摩罗阇提罗阇第二在军中得病而逝，故攻景迈城又无功也。但若从丕波罗摩罗阇提罗阇第二领兵作第二次之进攻景迈城时，系在佛历一九八七年，而丕罗摩孙登位时，则在佛历一九九一年，相去时间为四年，若丕波罗摩罗阇提罗阇第二果系在佛历一九八七年病逝于军中，则问题随之而发生，在此四年之间，谁为阿瑜陀都之统治者？据史籍所载，此四年间，丕罗摩孙固尚在彭世洛城为总督，由是观之，可证出丕波罗摩罗阇提罗阇第二并非病逝于军中，而是在行军期间内忽得病乃班师南返，并驱赶于景迈境所获俘虏（不下十万人）返至阿瑜陀都，继续统治至佛历一九九一年驾崩。

种学术，对于文学、法学及政治学等尤为通晓，曾驻跸于北都及南都。当皇为彭世洛城总督时，则又钻心研求速古台都历代皇朝之历史及习俗，取其善者而去其恶者，如在皇城内建筑寺院，实施其政治之方针等。

皇于南下继阿瑜陀都大统时期，曾整顿及改良以前政治，其重要者，如将军政与民政划分为两部①；规定公务员之职衔，有"丕耶"（Phraya）、"丕"（Phra）、"銮"（Luang）、"坤"（Khun）、"曼"（Mun）、"攀"（Phun）、"他乃"（Thnai）等；并定治田制，改良旧有之法庭制度；此外又提倡文学、文艺，使泰国文学昌盛非鲜。皇之著作有 Maha Chati Kham Luang，Lilit Phra Lor 等。

丕波罗摩齐洛纳统治彭世洛城

丕波罗摩齐洛纳南下继阿瑜陀都皇位后，并未遣派任何人为彭世洛城总督。当时北部诸城府，亦均受统于阿瑜陀都之下。但北部诸王侯，于此时期忽有互争势力之事发生。宋胶洛城之统治者丕耶育贴砂田（Phraya Yuthsthien）谋反，暗与景迈城丕昭提罗迦罗阇（Phra Chao Tilokraj）通好，率兵进攻北部领土，得金刚城一地，且再行深入掳猜纳城民众以去。丕昭提罗迦罗阇欲征服北部诸城为属地，惟当时彭世洛方面予以坚强之抗拒，故得不陷。景迈王不得逞，乃班师北返。时丕波罗摩齐洛纳乃亲统大军，自阿瑜陀都北土追敌。至同城（Muang Thurn）两军相接，景迈军大败。丕耶育贴砂田见祸将临头，乃率领家眷亡命北上。见丕昭提罗迦罗阇，复领军攻速古台城。于佛历二○○四年，得速古台城后，复领军进攻金刚城，不下，因当时适有滇族领兵攻打百万稻田国（Prades Lunna）。景迈兵乃中止，班师北上。丕波罗摩齐洛纳皇统兵入速古台城，恢复北部领土。皇因见北部领土，时有争乱，国家因连年战争损失甚巨，而百姓亦不胜其痛苦，且各地王侯势力甚均，以致造成互争权势之局面，故宜有人于彭世洛城摄理政务。皇乃离开阿瑜陀都，北上统治于彭世洛城，并命太子丕波罗摩罗阇（Phra Borom Raja）为阿瑜陀都总督。由是彭世洛城遂再度为泰国皇都。而阿瑜陀都则反降为彭世洛城之子城矣。

丕波罗摩齐洛纳统治于彭世洛城，自佛历二○○六年至二○三一年，共计廿五年，

---

① 丕波罗摩齐洛纳皇将当时固有之政治予以改良，分为二大部：

军政方面：设陆军总长（Smuhaklahom）为领袖。内政方面：分民政（Krom Muang）、宫务（Krom Vang）、财政（Krom Klang）、农务（Krom Na）等四部，上设内务总长（Smuhanayok）。

上述之政制施行于各郡，其前为府郡者，分别为一、二、三等级，设有府尹予以执行政务，即军政方面附于陆军部，民政方面附于内务部，各设民政、宫务、财政、农务等职与京畿同。至于接近京畿而为官长能到之府郡，则仅置府尹、民事与府税务司等职官而已。

朝野相安无事。皇则对于佛教颇有建设，曾向锡兰聘僧来泰。皇亦一度剃发，在离城南八公里之朱罗摩尼寺内为僧。当时之贵族随从皇上出家者，亦千人以上。由是皇之声誉远扬诸地。侯国景迈王、鸿刹钵底国王（Krung Hongsaowadi）、室利娑多那瞿那扈多国王（Krung Sri Satnakanahud）等，皆遣使朝贡。迨皇还俗继续秉政时期，又得一白象。泰国阿瑜陀都时代之得白象，当以此象为始。

丕波罗摩齐洛纳皇于佛历二〇一七年领兵北上征服百万稻田国（Kingdom of Lunna），将以前被掳北上之六坤沙旺城民众引领回国。丕昭提罗迦不特不敢引兵抗衡，且通好焉。丕波罗摩齐洛纳亦予以接受，由是泰国与百万稻田国遂结订邦交。

丕波罗摩齐洛纳皇薨于彭世洛城，时佛历二〇三一年，享寿五十七岁。太子丕波罗摩阁（Phra Borom Raja）继承大统，重迁都于阿瑜陀，由是彭世洛城不复为皇都矣。

此时即有外国人与泰国发生关系。欧人之来泰通商者，当以葡萄牙人始，时在佛历二〇六一年①。

丕波罗摩罗阁于佛历二〇三一年登大宝。皇有弟名丕策他（Phra Chast）者则封为彭世洛城总督。皇薨于佛历二〇三四年，丕策他乃继位，上尊号曰丕罗摩提钵底第二（Somdhej Phra Rama Thibodi the Ⅱ），在位卅八年，委皇子丕亚贴旺（Phra Aditj Vongse）为彭世洛城总督，赐名丕波罗摩罗阁（Phra Borom Raja）。迨丕罗摩提钵底第二薨后，丕波罗摩罗阁继位，皇号丕波罗摩罗阁第四（Somdhej Phra Borom Raja the Ⅳ）。佛历二〇七二年，委异母弟丕阁耶罗阁为彭世洛城总督。丕波罗摩罗阁第四在位四年，薨于佛历二〇七六年，朝臣立皇子丕罗沙拉陀提罗阁（Phra Rasdha Thiraj）为国君，即位仅五个月，丕阁耶罗阁即由彭世洛发兵入京，篡皇自立。丕阁耶罗阁登位后，取号丕阁耶罗阁提罗阁（Phra Chaij Raja Thiraj）。皇在位时，亦未遣派任何人为彭世洛城总督，仅立执行政务者一人，直隶于阿瑜陀都。因皇曾统辖于彭世洛城，故对于彭世洛城方面极为放心。丕阁耶罗阁薨后，朝廷曾一度发生变乱，幸有一群爱护朝廷之大臣，出而镇压事变，然后立丕天罗阁（Phra Thien Raja）为皇②，皇号丕摩诃遮迦罗婆

① 丕波罗摩阁在位时，有葡萄牙人从荷兰人掌握中夺得马六甲曾为泰国之属地，因恐泰国方面发兵征讨，葡萄牙国王乃于佛历二〇六一年遣使至阿瑜陀都通好，是为欧人与泰国发生关系之始。

② 丕阁耶罗阁皇有二子，均系皇妃室利成拉庄（Thao Sri Sudachautr）所出，长子名丕缴华（Phra Keopha），次子名室利信（Phra Srisinp）。丕阁耶罗阁薨后，皇长子丕缴华继位，时年仅十一，由亲皇丕天罗阁辅政，旋为皇太后室利成拉庄所不满，乃告退入庵为僧。室利成拉庄遂自揽大权，摄理政事。厥后室利成拉庄与亲属坤乌拉旺（Khun Voravong Thiraj）发生暧昧，污乱宫廷，臣下多表不满。继之丕缴华被下毒遇害，皇弟丕室利信年仅七岁，被立为皇，由坤乌拉旺辅政，臣下骚然，乃悍然立坤乌拉旺为皇。大臣坤披伦陀罗贴（Khum Phireutriheb）及丕因陀罗贴（Khum Lutriheb）二氏，首倡变，用计诱杀室利成拉庄及坤乌拉旺，然后请丕天罗阁还俗，拥为皇君。参看棠花先生之《暹罗国志》。

提（Phra Maha Chakraphadi）。皇有二子，长名丕罗摩孙（Phra Rameisuan），次名丕摩欣（Phra Mahintrathiraj）。惟皇并无封其二皇子统治彭世洛城，然亦未放弃北部领土。后遣一朝廷功臣，名坤披伦陀罗提（Khun Philintrtheb）者，为彭世洛城总督，赐名大法王（Phra Maha Dham Raja），并以长女丕威戍加塞妻之。由是，彭世洛城复为北部领土之大都矣。

大法王之统治彭世洛城

丕摩诃遮迦罗婆提皇婿大法王于佛历二〇九一年统治于彭世洛城，朝野相安无事。大法王亦系皇族之后裔也。据史籍记载，谓其父系丕隆皇系，其母则系丕阇耶罗阇提罗阇皇系。由此观之，此次大法王之统治彭世洛城者，实系丕隆皇系之再度统治彭世洛城。至丕摩诃遮迦罗婆提皇之谕命大法王之为彭世洛城总督，此乃一极慎密之策划也，盖若予北部领土诸侯国以自由时，则互争势力之纷乱，以至造成战争之局面，乃不可避免之事。既发生战争，则又须国皇御驾亲征，始得止其乱事，前有丕波罗摩齐洛纳及丕阇耶罗阇提钵底等为例，故丕摩诃遮迦罗婆提之遣大法王为彭世洛城总督，而不遣派皇子丕罗摩孙之原因，盖以大法王系北部领土皇族之后裔，而皇子则又不谙北方情形，即皇之本身亦系南部皇族之后裔，故彭世洛城总督一职，皇遂委丕隆皇系之后裔任之。大法王之统治彭世洛城，因亦极得百姓之爱戴，不复若昔之分裂矣。

但天下事往往有出人意料之外者。彭世洛城与阿瑜陀都两地，于丕摩诃遮迦罗婆提皇时代即告互相脱离，此因由于偶发之事变使其然者，倘无此种事变之发生，则当其时南北两地，必不致各走极端。然则此时期暹罗历史之变迁又如何乎？缅甸方面，自景旦城（Muang Chieng Tran）役为暹所败后，即怀恨，屡思有以报复之。时缅甸鸿刹钵底国皇莽瑞体（Tabengchveti）因闻暹国发生篡位事变，以为朝廷必发生内乱，遂征集缅甸、蒙族等大军侵入暹国。时佛历二〇九一年也。丕摩诃遮迦罗婆提登皇位仅六个月，于军力与粮食等尚颇充裕。惟暹缅此次之接触，乃大战争之先导，直至阿瑜陀都为缅甸军所破始止。

缅甸军既包围于阿瑜陀都附近，丕摩诃遮迦罗婆提乃谕令彭世洛之大法王发兵南下，共同抗敌。大法王果引兵南下。事闻于缅甸，国皇莽瑞体，知北军与阿瑜陀军联合夹攻，于己大为不利，因颇震惊，乃回师向达城（Muang Tak）而去。① 缅甸皇返鸿刹

---

① 丕摩诃节加拉博（编者按：译文正文译名为"丕摩诃遮迦罗婆提"）皇登位六个月，缅甸鸿刹钵底国王莽瑞体因尝战败于暹国，故怀恨常思报复，以当时误闻阿瑜陀都朝廷大乱，乃于佛历二〇九一年发兵侵入。暹国方面即依照已定之战争计划，即以素攀城（Muang Suphana）为迎敌前关，紧防阿瑜陀城为万一时

钵底后，病痫薨，国内大乱，主帅名武陵农（Burengwong）①出而镇压。事平，武陵农乃自立为缅甸国皇，复欲进攻阿瑜陀都。惟其间暹罗与缅甸停止战争已约十五年。

武陵农皇领军由玛拉谋关（Melamao）攻入，北部诸侯国闻讯不及准备，且此次缅甸军甚多，征服金刚城后，即分两路，由阿瓦王（Phra Chao Angwa）与东牛王（Phra Chao Tong-U）领军向彭世洛进攻，别一路则向速古台、宋胶洛、披猜等城进攻，然后两军在彭世洛相会。缅甸军攻至速古台后，两军相战颇剧，速古台城卒为所破。宋胶洛与披猜城方面，闻速古台城已破，不敢作战，乃向缅甸军投降。缅甸两路军至彭世洛会合后，并围其城。大法王调军民与缅甸军抗衡。卒以缅甸军力雄厚，粮食充足，致被围至粮食困乏；兼以疫症流行，而不能继续抗战，不得已而向缅甸军作城下盟。时佛历二一〇六年二月初五日也。

鸿刹钵底国皇武陵农征服北部诸侯国后，即令各王侯实行宣誓，谓将忠心于缅甸，不复背叛，然后准北部诸王侯仍各自统治其领土。盖武陵农皇之意，欲以北部诸侯国之军力为其攻打阿瑜陀都之助力也。武陵农皇一面着军中准备船只以为攻打阿瑜陀都之用，一面则挟大法王、披猜王及宋胶洛王等出发南下进攻阿瑜陀城。

阿瑜陀城方面得悉缅甸军已侵入北部国土，皇乃令皇子丕罗摩孙统率皇军，以丕耶威猜与丕威切为前锋，北上助战。但皇军抵达宋胶洛城时，始知北部诸侯国已均为缅甸军所征服矣，乃回师至猜纳城。武陵农皇率领南下之缅甸军，至猜纳城时，适与暹军相遇，乃列阵大战。结果缅甸军势力雄厚，暹军不敌，退回京城。缅甸军踪至，至阿瑜陀都，即作围困城。皇不得已而作城下之盟，损失贡物甚巨。②

是役虽暂告停息，惟武陵农皇之目的在使阿瑜陀都为附庸。欲征服阿瑜陀都，则非使北部与南部之暹罗军力分散不可，盖若南北两地合力抗战，则缅甸欲征服阿瑜陀都，

之退守地。迨战争爆发后，发觉缅甸军队众多。素攀城方面之暹军寡不敌众，乃告败绩，卒至退入阿瑜陀城，皇亲自督军出城探讯敌军情势。在此期间，即发生一壮烈殉国之巾帼女英雄事迹，至为暹罗历史上可歌可泣之光荣史实。缘暹卒兵（编者按：此处当为"暹皇率兵"之讹）出城探究敌军情势时，竟与敌将披昭巴（Phra Chao Pra）发生象斗。皇驾之象不敌，乃向后逃走。披昭巴又驱象追随于后，情势非常危急。皇后素力裕泰（Phra Suriyothai）乃出阵救驾，卒被缅甸军杀死阵中。二皇子亦出阵助战，见母被害，即告奋勇入阵抢回尸首。暹兵终告败绩，退入城中。阿瑜陀城四面有水环绕，缅军向某方面攻打，暹军即以船载大炮于该方还击之，故缅甸军进攻颇为困难。且复有粮食缺乏之虞，复闻北部彭世洛城方面已领大军南下，取夹攻势，鸿刹钵底国王大驾，乃班师退向达城方面而去。

① 许云樵按：即《明史》之莽应里，惟所记事迹则有混入莽瑞体时者，并误为其子，皆非。
② 阿瑜陀都愿向缅甸作城下之盟，允许履行下列条件四项：（一）投降缅方与重修旧好；（二）贡白象四头与缅，并交出皇子丕罗摩孙，武将丕耶节基、丕耶顺吞颂堪，交缅方为质（按：缅甸之所以向暹皇索取上述三人为质者，盖因此次战争，此三人主战甚力，故缅方特以彼等为质）；（三）年贡白银三百斤（每斤八十铢）及白象三十头；（四）暹边陲丹老城之税收须由缅方征收。

实不可能。武陵农因准大法王独立统治于彭世洛城，设法使彼与阿瑜陀都方面疏离。此种离间手段，乃大告成功，卒至阿瑜陀都屈为缅甸之属国。

阿瑜陀都之为缅甸所破，至成为暹罗历史上重要演变之一页。考其原因，当归咎于当时暹国内部各王侯之不能团结，以抵抗强敌。武陵农皇领兵攻打阿瑜陀城时，大法王（彭世洛城之统治者）且随缅军同往。由是观之，则阿瑜陀都之破，大法王似不能辞通敌之罪矣。惟当时其实在之情势如何，似有连带述及之必要。

室利娑多那瞿那扈多城（Krung Cri Satanaganahuta）之统治者丕昭猜策他（Phra Chao Chaij Chesta）因与缅甸皇武陵农有隙，至引起双方战争。适其时，缅甸之鸿刹钵底国内被监禁之俘虏大举反动，武陵农皇即班师返国镇压。别出军往征室利娑多那瞿那扈多城。缅军获胜，丕昭猜策他遂率众走避至林中。缅军在城内将财物搬走一空。丕昭猜策他之家属及皇妃亦被掳。其后丕昭猜策他复率领余众反攻入城中，但城内一空如洗。丕昭猜策他拟续物色一妃，并欲尚阿瑜陀皇之公主，以其系丕素力裕泰后所出也。[1] 乃遣使携带礼物入贡，并申明来意，谓欲尚公主丕提婆刹（Phra heb Kasatrij）。时阿瑜陀都方面急欲增强其势力，以与缅甸抗衡，故甚愿与室利娑多那瞿那扈多城方面联络，乃允以公主丕提婆刹下嫁之。惟丕提婆刹适患重病，不能前往，皇乃以丕缴花（Phra Keo Kasatrij）代之。及至室利娑多那瞿那扈多城后，丕昭猜策他王见非丕提婆刹，遂送之回阿瑜陀都，复以礼物献上，并谓欲得为妃者乃丕提婆刹而已。时丕提婆刹病愈，皇遂遣人送之去。事为大法王所悉，大不赞同，盖丕提婆刹乃丕威成加塞之妹。[2] 若嫁于室利娑多那瞿那扈多城，则将来缅甸军攻该城时，丕提婆刹将遭危险也。但若以此奏请于皇，皇必置之不理，盖大法王已尝失信于皇也。于是大法王乃遣人密报武陵农皇，派兵埋伏劫之。事闻，皇怒大法王甚，复以女为人劫，引为奇耻，遂将让禅皇子丕摩兴，剃发为僧。时阿瑜陀都与彭世洛方面已形貌合神离之势，阿瑜陀都每有国令颁布至彭世洛城，大法王皆不遵从。由是丕摩兴大怒，矢欲擒之，乃商之于丕猜策他。丕猜策他因大法王之暗中破坏其婚事，亦怀恨之。双方乃决进行夹攻彭世洛，丕猜策他先发兵攻之。大法王大惊，乃一方面恳请阿瑜陀都发兵北上帮助，一方面则向鸿刹钵底国乞援。丕摩兴皇知其中计，乃调大军，先着丕耶提殊（Phraya Dejo）与丕耶泰南（Phraya Thainam），领兵一队北上，佯为助战，俾在彭世洛城中作内应；别令丕耶蓝（Phraya Ram）为海军前锋，皇则亲统大军出征，前锋驻扎于朱罗摩尼寺，大军驻

---

① 丕素力裕泰后，即骑象救驾至为缅军斩死于战场中之巾帼女英雄也。
② 丕威成加塞系大法王妃，盖大法王臣服阿瑜陀都时，皇当以女妻之。

扎于北平区。丕耶提殊领军入城后，反与大法王交好，并告以秘密。大法王大惊，一面下令禁止阿瑜陀军入城，一面则制造大批木筏，放火焚阿瑜陀之水师，及于北平区之大军驻扎地。阿瑜陀军队乃告散乱。至于丕猜策他方面，闻阿瑜陀军北上，乃发军攻至彭世洛城，发生剧烈之战争，惟不能破其城。忽闻阿瑜陀皇军已班师南返，鸿刹钵底复遣丕耶蒲甘（Phraya Phukham）与丕耶士汉（Phraya Suahan）领军来援，乃无心恋战，退返其国。而丕摩兴皇闻丕猜策他已退兵，遂亦班师南返。

迨战事平息后，大法王亲赴鸿刹钵底国向武陵农皇诉苦，谓阿瑜陀都皇丕摩兴与室利娑多那瞿那扈多城丕猜策他合攻彭世洛城云云。武陵农皇见系机会，乃从中愿愿①大法王并施以小惠，封之为彭世洛城王，缅甸史上称之为"颂跨天王"（Chaofa Songkwa），故北部受辖于彭世洛城诸侯国，遂降为缅甸之属国，而不再受统于阿瑜陀都矣。

阿瑜陀都方面，丕摩兴皇北征无功而退。返都后，即将②禀奏太上皇。太上皇乃偕丕摩兴北上至彭世洛城。时适大法王赴鸿刹钵底国未返，太上皇乃携丕威戍加塞③及其子女等南下至阿瑜陀都。太上皇之此举，欲使大法王返后，知其子女及妃已在阿瑜陀都，不敢贸然引缅甸军入寇矣。惟大法王返后，大为震惊，乃求助于武陵农皇。武陵农皇乃发兵南下，攻打阿瑜陀都。此次缅甸军为数甚众，④围阿瑜陀城，剧战甚烈。太上皇遽告驾崩，皇丕摩兴继续抗战，卒以独力难持，城遂为缅甸军所破，时佛历二一一二年也。⑤

武陵农皇攻破阿瑜陀都后，即委大法王为暹罗之统治者。自此以后，暹罗乃降而为缅甸之属国，为时十五年。其后乃有速古台皇族之后裔复兴暹罗，使脱离缅甸之掌握，而成为完整之独立国，正合于一般所云："阿瑜陀都不乏好汉"或"暹罗不乏好汉"一语也。

于此，吾人应检讨及大法王之问题，关于阿瑜陀都为缅军所破，至降为缅甸之属

---

① 编者按："愿愿"当系"丛愿"讹。

② 编者按："将"字谅衍。

③ 丕威戍加塞乃大法王妃，即太上皇公主。

④ 缅甸此次进攻阿瑜陀都，所发大军多至五十万人。

⑤ 暹缅此次战争，泰方若能再坚持一个月时间，至雨季来时，水泛及缅军驻扎地，缅军必不能再行作战，而须自动退却矣。但无论如何，缅军围攻阿瑜陀都七个月而不能破城而入，乃转用计谋，即将前次带回鸿刹钵底作质之丕耶节基及皇子丕罗摩孙等传至，以言语说服，丕耶节基且愿投入阿瑜陀城内运动。迨彼入至城中，丕摩兴皇以彼真系从吗刹钵底逃脱回来，乃委以重职，使负责守卫城堡，指挥抗战。由是丕耶节基乃从中调换将领之英勇者，着驻守于不重要之地方，而重要之地则以庸将守之。一届相当时间，乃暗中通知城外缅军，约定日期，外攻内应。于是缅军登高一呼，进攻阿瑜陀城，势如破竹。皇及宗室均被擒。暹国遂为缅甸所亡，时佛历二一一二年九月拾一日也。

国，吾人给予大法王之评论如何？如从表面观之，则大法王似应负辱国之罪名；但若作更进之推论，则大法王实非有辱于国族也。盖大法王当时之脱离阿瑜陀都者，实由于丕摩诃遮迦罗婆提与丕摩兴之误会，又无一正当之方法，使双方臻于谅解。换言之，若当时双方能谅解时，则必不至有后来之战事之发生，而予缅甸乘机施行离间手段，卒至城破国亡也。至于丕摩诃遮迦罗婆提皇之封大法王为彭世洛王，抬高其地位，及其势力相当雄厚，乃造成与阿瑜陀都抗衡之局面，此又不能不归咎于皇者也。更有进者，丕摩兴皇思想幼稚，欲巴结外族——室利娑多那瞿那扈多城之丕猜策他，对自己泰族则相残杀。大法王力薄，不得不求助于缅甸武陵农皇，亦情有可原也。

缅军最后攻破阿瑜陀都之役，虽大法王亦在缅方军中，但谅系武陵农皇挟带而至者，决非彼所自愿也。盖因武陵农皇不挟之南下，则恐彼将在彭世洛方面发兵向缅军后攻，至[1]使缅甸前后受敌，此乃显而易见之理也。及大法王既受缅甸立为暹罗国皇，而彼亦未尝一日忘怀于国家民族，常设法以使暹罗脱离为缅甸之附庸而独立。综合上述情由以观，故大法王实未尝有辱国族也。[2]

丕那丽孙之统治彭世洛城

大法王有子女三人，女居长，名丕素挽他威（Phra Suwarna Devi），次子名丕那丽孙（Phra Navesuan），幼子名丕亚加脱沙律（Phra Ekadosaroth），三人皆生长于彭世洛城。丕那丽孙九岁时，缅甸皇武陵农带至鸿刹钵底国养为义子。迨大法王受缅甸封为暹罗国皇后，皇以长女丕素挽他威送至缅甸。武陵农皇乃将丕那丽孙送还阿瑜陀都。时丕那丽孙年已十六岁，大法王乃命治彭世洛城。朝野相安无事。直至佛历二一二九年，丕那丽孙年卅一岁，乃宣布暹罗独立，不再受缅甸之统治。

在此，吾人应明了者，大法王何以命之为彭世洛城总督，并摄理北部之政治？

当时北部领土共分八侯国，即彭世洛、披集、速古台、宋胶洛、披猜、碧差汶、金刚城与那坤沙旺等。当北部领土诸侯国独立时，以速古台为皇都。及南北领土统一时，则以彭世洛城为北部政治之中心地，丕隆皇族统治于彭世洛城至末一代，阿瑜陀都方面乃谕皇族管辖彭世洛城。计阿瑜陀皇朝皇族之被遣派管辖于彭世洛城者，有丕罗弥孙、丕丕隆罗阇、丕策他、丕丕隆罗阇[3]、丕阇耶罗阇、大法王，而以丕那丽孙为最后。关

---

① 编者按："至"应为"致"。

② 许云樵按：此乃原作者之偏见，想今日高唱唯国主义之泰人，亦未必能同意也。

③ 编者按：此名重复出现，未悉为同名者，抑或衍文者。

于阿瑜陀都方面历派皇族管辖于北部领土者，无非欲使南北领土互相联络，且可以抑压各侯国之互争势力，俾利于政治之施行。管辖北部领土既有如是之重要，故大法王乃封皇子为之总督。

丕那丽孙统治于彭世洛城时，极得百姓之爱戴，盖以皇子为此间民众所崇仰之丕隆皇族之后裔也，且又自幼生长于彭世洛城者。丕那丽孙统治彭世洛时，着力于政治。其最著者，如拣选年龄与己相若之青年，予以军事、政治等之训练。成绩超著者，擢升为将军。此辈受训之军政人员，后在丕那丽孙复兴暹罗脱离缅甸而独立之战争中，效命沙场者甚众。

佛历二一三三年，大法王薨，丕那丽孙乃南下继父皇位，统治于阿瑜陀都。皇并未另遣派大臣管辖彭世洛城，盖鉴于南部与北部之民众，不复如昔之彼此歧视矣；且当时北部民众迁徙南下散居阿瑜陀都者与日俱增，故自古相沿之彭世洛城总督一职由是乃废。

丕那丽孙大王①乃一英勇战士，曾经参加大战十一次。即位后，亦曾与鸿刹钵底国丕摩诃乌波罗阇（Phra Maha Uparaja）作象战，获得胜利，为大王战史上最光荣之一页。② 丕那丽孙大王统治阿瑜陀都时，极力拓展暹国之版图，使暹罗脱离强邻之压迫而独立，民众获得自由。不但国内民众尊称之为"大王"，国外如缅甸、蒙、高棉、中国、欧西、南掌及景迈等国，亦无不同声嘉许，誉为"英勇国君"。丕那丽孙大王在位十五年，薨于佛历二一四七年，享寿五十岁，皇弟丕亚加脱沙律（Phra Ekadosaroth）继位为阿瑜陀皇朝统治者。

各皇族统治于彭世洛城时代

自丕那丽孙大王南下继阿瑜陀都皇位后，仅委一守吏彭世洛城而已，由是乃逐渐衰落。彭世洛城民众亦相继迁徙南下，散居于阿瑜陀都。城内重要之建筑物，如为历代统

---

① 暹罗历史上尊称古代君主为"大王"者，有速古台朝坤蓝甘亨大王（Khun Ramkhamheng）、阿瑜陀皇朝丕那丽孙大王（Phra Naroi Suan）与丕那莱大王（Phra Narai）。

② 丕那丽孙大王登位八个月后，缅甸鸿刹钵底国复调动大军，有丕耶拍审（Phraya Phasim）、丕耶蒲甘（Phraya Phukam）为前锋，丕摩诃乌波罗阇（Phra Maha Uphraja）率领皇军于佛历二一三三年进攻阿瑜陀都，但是役缅军大败，丕耶蒲甘阵亡，而丕耶拍审亦在挽乍凯三潘被擒，仅丕摩诃乌波罗阇率余众逃脱。佛历二一三五年，缅败将丕摩诃乌波罗阇因愧上次为暹军所败，乃奏请缅皇准彼再度统军攻阿瑜陀都，以为上次战争之报复。缅皇准奏，丕摩诃乌波罗阇乃领兵沿干差那武里孔道来犯。丕那丽孙大王与皇弟丕亚加脱沙律均乘象领军迎战。两军交战时，大王及皇弟所乘之象，忽然同时发性欲狂，冲入缅兵核心，遇缅主将丕摩诃乌波罗阇。大王恐为敌所困，乃邀之单独决战。结果丕摩诃乌波罗阇为大王斩死于象臀上。

治者驻跸之宫宇、朱罗摩尼寺、丕室罗多那摩诃寺等，遂日见崩溃。惟前此由南部阿瑜陀都北上彭世洛城之国皇及显贵臣民，均曾至寺内礼拜佛像耳。史载丕摩诃提罗那皇未统治彭世洛城之前，丕那丽孙大王、大法王等，每次北上彭世洛城时，必至该寺礼拜。因寺内常有皇侯到来礼拜，故各寺不得不修葺不绝。

彭世洛城系一具有久远历史之古城，惟今日之繁荣则不逮古代远甚。今彭世洛城遗存之古物亦甚少，故欲在历史上探求此种知识甚为困难。惟无论如何，彭世洛城在暹罗历史上，有曾为暹罗古代之皇都及侯国之光荣史迹，直至受阿瑜陀都始放弃，降为一普通之府城，仅有府尹或守臣驻之。佛历二三一〇年，阿瑜陀都第二次为缅甸军攻破时，彭世洛城之食粮与军力尚稍丰裕。直至阿瑜陀都被缅军用计攻破后，暹国境内顿形纷乱，各地诸侯聚集党徒，据地称雄。时彭世洛城守臣名昭丕耶彭世洛（良），亦起而自立。此时期内之彭世洛历史系在纷乱时代，以下将述之。

纷乱时代之情况

佛历二三一〇年（距今 173 年），阿瑜陀都遭缅甸攻破。缅甸之野心，乃欲从根本铲除暹罗民族，不复使其得存在。故阿瑜陀都破后，百姓纷纷逃命入山林，以避缅军之残杀。缅军于班师回国后，尚不放心暹罗，乃立一名素基（Suki）之军曹，领兵约三千人，在三菩提树营垒（阿瑜陀城北），及一投降缅甸之泰人名通因者，在吞武里府方面，继续搜掠民间财物，及捕擒暹罗人民驱赴缅甸为俘虏。当时暹罗民间亡命走山泽者，聚众而居。其团体之小者，不胜奔命之苦；而团体稍大者，则自成部落，以尽其能力抵抗与避免缅军之残害。此种凄惨情景，凡为缅军铁蹄所及之地，无不有之。至于其他未为缅军所蹂躏之领土，当时既无君皇予以统治，故诸侯蜂起，各据地称雄。其国之小者，知不能独立维持，乃相率投入附近之大国；而国之大者，则又各自立为皇，以统治暹国全境，复兴暹国固有之自由繁荣。当时诸侯中统治下之大国，有连带举述之必要者有五：

（一）彭世洛城：有昭丕耶彭世洛（良）自立为王，其势力范围自丕阇耶城至宋胶洛城。昭丕耶彭世洛前系显臣，对于国家政治颇著功绩；且阿瑜陀都为缅军所破一役中，昭丕耶彭世洛王领兵与缅军抵触，亦未尝败北。基于王之声誉有如上述，故当时民众均投奔，阿瑜陀都之旧官民服从亦加入为彼之党徒。

（二）沙旺克武里城：有沙旺克武里城僧皇，起而自立。僧皇本名联（Ruan），民间称为昭丕枋（Chao Phra Fang）。

（三）六坤室利达摩罗阇城：六坤城之统治者，名丕波罗多（Phra Plad），民间称为昭六坤（Chao Nakorn），自马来亚至尖喷城一带，系其势力范围。

（四）披迈城：有公摩蒙贴披碧（Kromamun Thebphiphit），系丕昭披隆葛（King Boromakost）皇之庶子，①自立为披迈王，具有该时代之那坤叻差是吗（柯叻）全境。

（五）庄他武里城：有丕耶达，一称郑王者，本名信，在庄他武里城自立，据有真腊境至春武里领土为其势力范围。

丕耶达信，华裔也，②其始居于阿瑜陀都，后任事于北方，屡显殊功，封爵丕耶达。③缅甸侵入暹国时，丕耶达信被调返大城防守。暹缅两军接触后，丕耶达信复屡建战功，被升至丕耶甘烹碧，曾一度战胜缅军，夺得缅方军营。但阿瑜陀都国防指挥官不以援兵接济，终至领军后退。又一度被调回丕耶碧武里至越艾迎战。缅方以海军攻至，丕耶达信见敌军来势甚凶，绝难取胜，乃向丕耶碧武里建议退军。丕耶碧武里不从其言，单独领兵而战，率为缅方所败。丕耶达信乃被控，谓临战退却，弃丕耶碧武里单独作战。阿瑜陀都离城破前三个月，丕耶达信曾以大炮向缅军发攻。惟此次丕耶达信之使用大炮，因未照例向官方预先报告，乃被革职缓刑，乃大失意，以为虽继续为朝廷效命，亦惟有"贴金佛背"④而已。且阿瑜陀都亦必因指挥官之胡涂，迟早为缅军所破。城破之后，将同受摧残矣。乃暗中结集党徒约五百人，从丕阇耶寺营突围出，东向而去。当晚缅军亦追随其后。翌晨，丕耶达信乃领军自任前锋，回向追来之缅军迎头痛击。缅军大败，窜头奔散。丕耶达信乃驻军于挽攀诺，着军人四出觅粮。忽遇缅军一队迎面而来，遂四散奔走，回至挽攀诺。丕耶达信乃安排阵势反攻，缅军溃散。

当时四散逃避战争之居民，听丕耶达信获胜，皆大欢喜，相率投入丕耶达信部下。至于附近之小团体，知不能与丕耶达信抗，乃亦相继前来投降，由是丕耶达信之势力乃逐渐增强。迨阿瑜陀都皇都破亡后，丕耶达信曾数度领兵与缅军大战。战事平息后，丕耶达信发兵征讨不肯来降之大团体。丕耶达信最初征服者为罗勇城（Muang Rayong）。从此丕耶达信势力雄厚，乃自立为王，部下皆称为达王（Chao Tak）。

以上所述，似系离开本题以外之史事，但如舍此不谈，而作单纯之彭世洛城史纪述，恐读者有茫然之感。故节录其与彭世洛有历史关系者，叙述如上。

---

① 丕昭披隆葛皇有嫡子三人，庶子四人，公摩蒙贴披碧系庶子之长者。

② 据暹史所载，丕耶达信父名海丰。而华侨传说其父姓名已失传，仅知为广东海丰县人。至于信（Sin）一名，系其义父昭丕耶遮迦利（Chao Phraya Chaki）所取。此间华侨多称郑昭皇。

③ 郑皇年拾三岁，由义父昭丕耶遮迦利荐入宫廷为丕昭披隆葛皇御侍。丕昭亚加达在位，升为宫廷传达官，继又升为达府检察官，在公务上颇显殊功。及达府府尹逝世，郑皇受委为达府府尹，赐爵丕耶达（Phraya Tak）。

④ 此语意即积德而外人不知也。

继此时期，达王出兵东征西讨，得小国甚众，春武里、挽拉蒙、庄他武里及哒拉城等，均先后为丕耶达信所征服。得庄他武里与哒拉二城后，乃从事出征吞武里城。时吞武里城有缅甸委为守城之乃通因在。乃通因战败，吞武里城遂为达王所得。继又发兵向三菩提树军营进攻。缅甸军曹素基被杀，由是阿瑜陀都遂复归还暹罗掌握中矣。

吞武里城为皇都时代

达王自战败缅甸残兵，夺回阿瑜陀都后，因欲恢复阿瑜陀为暹罗国都。乃驾象周游于城内各地。见前为国皇驻跸之大小宫宇、寺院等建筑物，均为缅甸放火焚毁。百姓散亡，房屋残废，一片惨淡景象，王不胜悲恻之感。是夜，达王驻宿于宫内。晚来梦见前代国皇逐之，不准驻跸。翌晨，达王乃将昨晚所梦，举告于部下各臣，并谕告谓，王本欲重新修理此城，以恢复皇都之状态，但前皇既有所不满，吾等往别地重立新都可也。达王乃引领民众至吞武里建立新都。

佛历二三一〇年，吞武里都成，达王乃登皇位。部下诸将领之有功勋者，皆受封。皇所封群臣，亦取阿瑜陀皇朝之官衔制度。

吞武里皇征讨北方诸侯国

吞武里都成，百姓皆立业安居。佛历二三一一年，吞武里皇谕令军部准备水师，以为进攻北方彭世洛城之用。雨季至，水师乃出发北上。彭世洛王（良）听之，即着銮哥沙（丰）领兵至街猎区（Kheuchai）迎敌。吞武里军至，双方发生激战甚烈，不幸吞武里皇胫为敌军射伤，皇以不能继续作战，乃谕令班师南返。

彭世洛王（良）听吞武里军败退，大喜，以为强敌已败，则可以统治暹罗全境矣，乃自立称皇，采行阿瑜陀皇都政制。但彭世洛王称皇仅七日，竟因生喉疮丧生。其弟丕因亚干（Phra Lntr Akorn）继兄位，但不敢称皇，盖以其兄为前车之鉴，以为称皇则将有不祥之事发生也。继此时期，彭世洛城日渐衰落，盖百姓拥护丕因亚干者不如拥护其兄之甚也。

彭世洛王（良）之死耗传至沙旺克武里城，昭丕枋认系一绝好之机会，乃发兵攻之。围彭世洛城二月，城内民众饥困相逼，遂暗中通敌，开门迎降。丕因亚干被擒，死之。百姓被驱往沙旺克武里城。其逃脱南下至吞武里都居住者，为数亦众。

迨佛历二三一三年，吞武里皇复拟发兵北伐，适听昭丕枋派军队巡察于乌泰他尼、猜纳城等，似有举兵攻吞武里都之势，皇乃再度北伐，着令军中准兵水陆两师，指日动员北上。

昭丕枋听吞武里都发兵来攻，乃命銮哥沙（丰）领兵至彭世洛城，以便迎敌。吞武里军至彭世洛，当晚即攻入城，夺得彭世洛城，惟銮哥沙已率领余众逃出，在挽北秃设一军营，以便继续向吞武里军抗战。后以众兵相继奔散，銮哥沙自知不敌，乃逃返沙旺克武里城。吞武里皇占据彭世洛城后，在城中驻扎九日。丕耶阁摩罗（Phraya Yomaraj）领军继至。越二日，丕耶毗阁罗阁（Phraya Phichaij Raja）所领军队又至。三军会合，驻城中三日。迨北水泛涨时，吞武里皇乃传令出师，攻沙旺克武里城，作长围以困之。城内军民见吞武里军力雄厚，丕昭枋必难以抗拒，乃尽丧胆，士气大衰；而昭丕枋亦自知难以取胜，惟有坚守城关，不使吞武里军攻入。适其时，昭丕枋有一象，产一牝白象。昭丕枋自忖：当此敌军包围城关时期，忽有白象产生，必系敌方之祥兆，遂有灰心退志之慨。继续抗御三日后，丕昭枋乃率众于深夜突围遁。吞武里军追踪其后，终不能获，仅得其小白象贡献于吞武里皇。

从此彭世洛与沙旺克武里遂皆落于吞武里皇手中。皇以彭世洛系一大城，乃谕令丕耶阁摩罗治彭世洛城，赐爵曰"昭丕耶苏罗悉毗伽那伐提罗阁"（Chao Phraya Surasihphichnawatheraj）；丕耶披猜罗阁为昭丕耶宋胶洛；丕耶太南为丕耶速古台。事定，皇乃班师南下返都。

阿佘温基攻打彭世洛城

吞武里皇恢复暹罗自由国土后，时缅甸适与中国发生战事。迨中缅战事平息后，佛历二三一四年，缅皇嗑拉（Mangru）拟再讨伐暹罗，乃以此事交由大将阿佘温基（Asewunki）进行。缅人之称阿佘温基有二名：一曰阿西温克夷（Asiwunkhyi），译言为"卿秩皇军军需税务司"（Maha Amat Phukeb Samrab Thahan）；另一系其官衔温克夷吗哈是合素叻（Wunkhyimahasihasooru）。阿佘温基为当时甸国之良将，不久前中缅战争一役中，获胜中国军。更有进者，阿佘温基尚具有与此前征伐暹罗之缅甸各将领不同之个性，将于下文窥见之。

阿佘温基奉诏回至莫笪麦（Motama），拟照前皇武陵农攻暹之方法而行，即先发大兵征服暹北各诸侯国，以截断吞武里皇军之力量。于是在莫笪麦城从事调动大军，着景迈一役被吞武里皇军击溃逃至景盛之将领波夙拍拉（Posupla）与波麦育岸（Pomayungan），再发军征战景迈，务于雨季期间得之。并着于旱季开始时期，准备战船，收拾粮饷，以接济阿佘温基军开发入暹时之用。波夙拍拉与波育麦岸得令，乃于佛历二三一八年六月发兵进攻景迈。

吞武里皇听波夙拍拉与波麦育岸发兵攻景迈，即有军书至昭丕耶苏罗悉，着领北方大军往助景迈抗战，并着丕耶遮迦利①率领吞武里军队直上攻取景盛，以绝缅甸栖地云云。

波夙拍拉与波麦育岸领兵先暹军而至景迈，乃安营于近城地带，预备进攻入城。惟彼等此次带来之军力不甚雄厚，迨暹军北上缓②景迈，乃不战而返景盛。

阿佘温基安排大军后，着乃弟加拉博（Kla Bo）与明耶亚吴（Mangjajaugoo）卒③领大军二万由莫笪麦城出发。阿佘温基亦领军一万五千从玛拉貌关入至达城。沿途暹族人民因无力予以抵抗，乃相率逃避。缅军至速古台城，当阿佘温基由达城开发④时，曾执宋胶洛二胥吏，询之曰："彭世洛王虎侯⑤在否？"二胥吏答谓："不在。盖已领军至景迈尚未返也。"阿佘温基听言乃曰"主将不在，且勿踏入彭世洛城也"，即着军队驻扎于近城临戎河岸之挽公他尼。阿佘温基则返至速古台城，从事储积粮饷，以备军需。

丕昭耶遮迦利与昭丕耶苏罗悉听缅军已渡玛拉貌关而入，即领军至宋胶洛、披猜城。当至宋胶洛城时，二人乃相议抵抗缅敌之法。丕昭耶遮迦利之意见，以为自己军力有限，不足以驱抗顽敌，宜以彭世洛城为攻守之地，以待吞武里援军之至。盖因彭世洛城地处于跨艾河流，与南方往还借水路之交通甚便也。惟昭丕耶苏罗悉亟欲与缅军交战，乃着丕耶速古台领军为前锋，向挽公他尼之缅军挑战。缅军击败丕耶速古台军，并追军至昭丕耶苏罗悉军营。昭丕耶苏罗悉抗御三日后，因缅方军力较己雄厚数倍，若再行顽抗，恐失利于己，乃领军退入彭世洛城。阿佘温基着少许兵守于速古台城，己则领军三万于十二月抵达彭世洛。乃着部下诸军长分别安营于河流两岸，作包围彭世洛城形势。所建军营离城步行约四十分钟，其地基至今尚遗存于挽空区田亩间。昭丕耶遮迦利与昭丕耶苏罗悉调动大军坚守于城内。

由于彭世洛城处于难河之间，河流自北流向南下。河之两岸均有居民散居，咸感渡岸有不便利之苦。故在地理形势上而言，对军事实处于失利之地位，故当时乃筑成桥梁

---

① 继吞武里皇朝者为遮迦利（或译却克里）皇朝拉玛一世。
② 编者按："缓"当系"援"讹。
③ 编者按："卒"当为"率"。
④ 编者按："发"当为"拔"。
⑤ 指昭丕耶苏罗悉。

三座，以利防守。

　　阿佘温基安营围于彭世洛城后，每日率众至各地探视，以寻觅攻守之路线。而昭丕耶苏罗悉亦时而有领兵抗衡。惟每次接触，昭丕耶苏罗悉之军无不大败退入城中。昭丕耶遮迦利见暹军屡为缅方所败，时亦领兵出城与缅军激战。缅军由是曾几度为昭丕耶遮迦利军所败。阿佘温基对于昭丕耶遮迦利之战略，赞叹不已，谓其才足与己并驾齐驱，乃使人入见昭丕耶遮迦利，约彼会见。

　　一日，暹缅双方约定暂停战事，昭丕耶遮迦利与阿佘温基各骑马相会于战场中。阿佘温基着译语者问昭丕耶遮迦利年岁几何？昭丕耶遮迦利着译语者答谓年约三十左右（其实当时昭丕耶遮迦利年已卅九岁）。旋又问阿佘温基之年龄，通译者答云七十二岁。阿佘温基细相昭丕耶遮迦利体貌，赞赏曰："君相貌雄武，能与余老者相抗。请君珍重，他日终为人君也。"言次，乃以礼物多种赠送昭丕耶遮迦利，而昭丕耶遮迦利亦回送相当礼物。阿佘温基临别回营，使译者向昭丕耶遮迦利告谓"努力防守城关可也。余等必在此次征服彭世洛城，日后缅甸已不能来攻暹罗矣"云云。① 停止战争竟日。缅军邀请暹军入至其营中饮酒，并无发生意外冲突。此乃历史上得未尝有之光荣事迹，乃战士高尚人格与义气之表现也。②

　　吞武里皇方面听缅军已闯入暹北，乃一面调军防守南部领土，以防缅军来攻；一面亲率大兵一万二千人，于佛历二三一八年元月北上助战。

第一段战争

　　吞武里皇军北上至宋胶洛城后，即设法使与在彭世洛城之昭丕耶遮迦利及昭丕耶苏罗悉军联络，乃着丕罗阇奢梯（Phraya Raja Srest）领华军三千防守于宋胶洛城，以防缅军由平河来攻。因平河流系彭世洛城所在地之跨艾河与速古台之戎河间之捷径支流，

---

① "此段颇可疑。军中而能私与敌戏嬉酬酢者，于理未合。预言云云，更显然与刘邦大泽斩蛇、陈涉狐火篝鸣，同出一辙。前节之所以特称阿佘温基者（此处即指上文称阿佘温基具有与前此进犯暹罗之缅甸各军领不同之个性而言也——犹荣案），亦不过欲为此作张本耳。于此可知昭丕耶遮迦利（原文译作'昭佛爷确克里'）之异志，盖萌于斯时也。"录许云樵先生所译《暹罗王郑昭传》附注第卅六条。惟关于阿佘温基赞赏昭丕耶遮迦利之语，据一般历史家推究其意思，谓系阿佘温基一种潜伏之计谋，盖其用意在欲使昭丕耶遮迦利对吞武里皇发生狐疑心理也。此说如何尚难置信。惟无论如何，后吞武里皇之封昭丕耶遮迦利之爵衔，全文为"讼勒昭丕耶摩诃迦刹底利苏迦"（Somdhej Chao Phraya Maha Kasatriyasuk）。此尊衔与阿佘温基当日之语同，而 Kasatriyasuk 一衔，或者当时所言系"无敌将军"之赞语，但亦臆测所得者耳。

② 暹军之被邀入至缅方营中饮酒，系因当日停止战争。前次世界大战中，西历 1914 年度耶稣圣诞节，当时欧洲亦宣布停止战争，双方平日对敌之军人，亦有到战地互为嬉戏者。

故在北平河附近安营防守。复令诸将领分段安营防守于河流两岸，自皇军军营直至彭世洛城计分五段：

第一段：设于挽曼西（Ban Baing Srai），有丕耶罗阁苏跋伐底（Phraya Rajsuphaowadi）为军长。

第二段：设于挽他廊（Ban Tharong），有丕耶因陀罗阿跋耶（Phraya Intr Aphai）为军长。

第三段：设于挽加拉纳（Ban Kradas），有丕耶罗阁跋迦底（Phraya Rajphakdi）为军长。

第四段：设于朱罗摩尼寺（Wat Chulamani），有乍万沙摩制罗阁（Chamun Smochairaj）为军长。

第五段：设于占寺（Wat Chan）东岸，有丕耶六坤沙旺（Phraya Nakorn Swan）为军长。

另设巡察队巡察各段军队，征集大炮队受训，以备各军营不时之需。复令丕耶加莱叻（Phraya Sri Krairaj）率兵五百沿河流开辟步道，由北平区至彭世洛城，以便行军至各军营。

若从暹缅两方面之军势以观，则缅方之军数较之暹方为多，约三比二，即三万与两万之比也。但暹方所有之大炮则多于缅方，且有战船，据有河道以为战船之航驶。故缅甸颇畏暹军之势力，不敢轻易在沿河进攻。惟双方皆有同样之困难，即粮饷之缺乏是。初阿佘温基之预算，以为粮饷可由景迈方面接济，但事与愿违，盖波夙拍拉与波麦育岸之征伐景迈亦不能成功也。缅方所有粮饷皆得自暹地，虽缅军开入暹境时，暹军未准备予以抵抗，故缅方有机会在暹地尽量搜集兵粮，但因时间有限，故所得兵粮亦不多。迨暹军调动成员准备交战期间，暹方极力阻止兵粮运落缅方之手。此乃缅方所感得之困难问题。至于暹方，最先彭世洛城为缅军所包围，城内军民所需粮食，不能出城寻觅，全赖皇军由驳载运入城内供给。而皇军则又须依赖南方自大城（阿瑜陀都）至披集等地以驳载船运上。船行数日始达。皇军乃不时担心食粮之运输。盖若缅军从后方攻运粮驳载时，皇军必后退。皇军一退，彭世洛城之落于缅敌手中必矣。由于上述之利害关系，故缅军亟欲于短时间内战胜暹军，始能取胜。而皇军方面则认为只需彭世洛城食粮不至告绝，则虽不能以军力攻退缅敌，惟求延长时日，至使缅敌有绝粮之危，则敌军自然不战而退，亦属胜算也。从史籍之纪载战情报告中，可见当时双方将领皆有如是之感觉。故吞武里皇军一与彭世洛守城之昭丕耶遮迦利等军有联络时，阿佘温基即发大兵向吞武里皇军猛攻。

及吞武里皇沿河分军队五段驻扎如上，阿余温基亦即着一部份军至朱罗摩尼寺乍万沙摩制罗阇军营对面西岸安营三处，另着兵一队向西边巡察暹军形势，曾与驻守第三段阵线之丕耶罗阇跋迦底军，乃至第一段阵线之丕耶罗阇苏跋伐底军接触。吞武里皇着大炮队以大炮三十门开至挽曼西助丕耶罗阇苏跋伐底激战。直至傍晚，缅军始退返阵地。

后吞武里皇着丕耶达摩齐洛（Phraya Dharma Trailok）、丕耶罗多那毗摩罗（Phraya Ratanaphimala）与丕耶春武里（Phraya Chonburi）等领军驻守于北平之皇军阵地，然后吞武里皇亲自率领皇军至曼西东岸，以助丕耶罗阇苏跋伐底军拒抗缅敌。当晚缅军攻入驻守第二段阵线之丕耶因陀罗阿跋耶军营。吞武里皇着大炮队前往助战。缅军不能告捷，乃退回军营。

此时，阿余温基始知暹军之由南方开来者，其军力实超过初时予以估算者。若拔围于彭世洛城之军队并力以攻南方皇军，则又恐彭世洛城方面开发军队南下夹攻。乃下令暂停攻吞武里皇军，一面发军书至驻守于速古台城之缅军，着于五千军数中，以三千为截击吞武里军之驳载粮船，另二千军则开往彭世洛助攻暹军。

第二段战争

吞武里皇见缅军皆退向彭世洛去，乃拟进兵攻打包围彭世洛城之缅军。皇谕令丕耶罗门旺（Phraya Manyongse）率领蒙军筑营于彭世洛城外北边缅军营之附近；着昭丕耶遮迦利与昭丕耶苏罗悉将驻守城内之大军拔出，驻营于东边缅军营附近；南边则着丕耶六坤沙旺分驻数营，作包围缅军阵势。缅军追击丕耶罗门旺所率领之蒙军队不使其安营，但蒙军发炮攻之，缅军伤亡甚夥，卒不敌而退，丕耶罗门旺乃得安营。至于从城内拔军出城东安营于缅军附近者，初亦被缅军攻破，夺得营地；惟后来昭丕耶苏罗悉自告奋勇，率兵激战，卒夺回旧营。缅军既不能攻退驻扎于其附近之暹营，乃变更战略，从事掘成数条战壕，暗中由战壕向暹营攻入。暹军乃亦掘成战壕，使通入缅军战壕。于是缅暹两军在战壕内激战一连数日，缅军尚未为所败。

后两三日，吞武里皇于午夜四[1]时，亲自幸临至占寺之暹营内，谕令丕耶阎摩罗、丕耶六坤罗阎悉摩及丕耶毗阇耶颂堪等军队，至南面丕耶六坤沙旺营援战，并着各军营将领听信号即当一鼓起事。夜半十二时，信号发出后，各营暹军即向东面之缅军营猛

---

① 编者按："四"字疑讹。

攻。双方激战甚烈。暹军不能破缅营,遂亦退回各营地。暹方此次起事不成,谅系阿佘温基预知暹军必有夹攻之举,遂增加士卒以防守军营故也。

吞武里皇以进攻缅军营不成,翌日星期三,乃召集诸将领,相议破缅营之策略。此次议决改向西面之缅营进攻,并由昭丕耶遮迦利与昭丕耶苏罗悉二人领兵专攻其西南军营,另出军队由缅营后面攻入,取前后夹攻势。当日议决妥当,吞武里皇御驾返至第二段防线之挽他廊军营驻跸。

翌晨,皇谕令驻于占寺之丕耶六坤沙旺领军前来与皇军汇合,又着曼西营之丕耶可拉铁坡里及蒙军披耶梗芒领军汇合,列为一团,共五千人,以丕耶六坤沙旺任前锋,丕耶摩诃门天任大将,又着銮拉沙育他等为后援军,发兵埋伏于西面缅军营后,以应前面进攻之昭丕耶遮迦利等军。一面又令丕耶罗阁颂堪南下吞武里都运取大炮以为军事上之接济。

速古台方面之缅军,接阿佘温基军书,即着三千兵一路打劫暹军驳载船只,另二千兵则开往彭世洛助战。暹侦察队探悉此事,乃前来吞武里皇前禀奏。

丕耶摩诃门天军队开赴前线后,吞武里皇即预知缅军将截攻驳载粮船,遂将已编排妥当之军队,略予更换,即着驻军第三段阵线之丕耶罗阁跋迦底与丕耶披拍他那高沙军队调至宋胶洛城协助丕耶罗阁奢梯防守,又令丕耶钟蒙军与銮跋利颂堪军队汇合,共五百人,前赴金刚城境之挽兰迈录(Ban Lundokmai)驻扎,以探察此间缅军之行动。遇可战时则战,不可战时则退。

昭丕耶遮迦利与昭丕耶苏罗悉驻军西面缅营附近,当晚即与缅军发生接触。昭丕耶苏罗悉着军中以木制成火把,其一端裹以油布,装入大炮管中,燃上火把射入缅军营中,烧毁缅军堡垒数座。缅军出而灭火,被暹军杀死甚夥。惟是役仍不能破缅营,盖约定由后方夹攻之暹军未能依时赶至,缘任前锋之丕耶六坤沙旺,领军至挽颂杯时,适遇缅军,乃发生冲突,乃致误时。吞武里皇夹攻缅营又不能获胜,乃召回丕耶六坤沙旺与丕耶摩诃门天军队。

第三段战争

缅军因见彭世洛城南沿河所扎暹军营,军力渐薄,阿佘温基乃着迦罗菩(Klabo)领兵截攻暹粮船,致兵粮不能运入彭世洛城。

后吞武里皇谕旨到彭世洛城,着昭丕耶遮迦利与昭丕耶苏罗悉到挽他廊觐见。时昭丕耶遮迦利适病不能前往,仅昭丕耶苏罗悉一人入觐。吞武里皇遂与昭丕耶苏罗悉商议更变战略。皇之意以为只需坚守于重要城关，一方面设法阻止兵粮运入缅方，使缅方断绝食粮接济时，然后举兵攻之，可获胜利；乃着昭丕耶苏罗悉返彭世洛城，从事保存食粮，坚守城关，务使延长时日。

至于阿佘温基亦知当时兵粮困乏之危，时见暹军多已移驻南下，认为良机，乃拟调动大军，先南下征服吞武里皇军，或使吞武里军放弃彭世洛城而后已。

后吞武里皇又觉得长此守卫彭世洛城，究无结果，乃拟调皇兵往驻守于披集府，彭世洛城方面则由昭丕耶遮迦利单独防守。惟昭丕耶遮迦利极不赞同此举，盖因彭世洛城军民之食粮已感缺乏，若要迁移披集府驻扎，则须同往，放弃彭世洛城可也。吞武里皇颇不以昭丕耶遮迦利之意为然，但亦未曾决定行止。忽听缅军炮声攻打北平军营，吞武里皇乃领军至北平军营助战达旦。缅军不能破暹营，继乃增加军力。吞武里皇见缅军来势渐凶，顽抗恐有不利，乃退军至披集境挽考独，各阵线驻军亦撤退随皇军南下。

第四段战争

昭丕耶遮迦利自觐见吞武里皇后，回至彭世洛城，与昭丕耶苏罗悉讨论战局，有共通之意见，以为今彭世洛城食粮已形困乏，长此以往，必至成为缅方俘虏无疑。二人相议之下，乃决放弃彭世洛城，着安营于缅军附近之各营军队返入城中。缅军见暹军退入城，遂亦随至城下，欲以长梯爬入城内，但卒为暹军用炮攻退，双方以大炮互击。

后昭丕耶遮迦利听皇兵已南下驻于披集境，乃着军中密发大炮，自早至晚，未稍停息。并着军乐队大奏竟日，使缅方听乐声，疑暹军准备在城内作长期之抗战。一面调动全城军队，分为三大队：拣选强壮英勇者列为前队，以作开路先锋；中队保护民众，妇女之强壮者亦使各执刀棒以防敌军杀害；后队则用以防卫缅军之追击。一候午夜一时许，乃大开城门，攻向东面缅方军营，拟从此处杀出一条血路。前锋暹军与缅军激战甚烈，缅军卒不支而退。昭丕耶遮迦利等率领军民直向挽蒙敦春蒲而去，随从之民众，有跟随者，有散向曼考独之吞武里皇军方面而去者，其衰弱而无力跋涉长途者均为缅军掳去。昭丕耶遮迦利与昭丕耶苏罗悉二人领军越过曼达山而驻扎于碧差汶城（Muang Phetchbona）。缅军包围彭世洛城为时四个月，始克入城。缅军入至城中，举火焚烧各大小筑建物。往昔一向繁荣之彭世洛，至是遂成一片荒凉之废城矣。阿佘温基曾对缅军诸将领宣称，谓现在泰族已领有雄厚之势力，固非昔日之泰族所可比拟矣。此次彭世洛城之破，非系泰军力量薄弱见败，实由于食粮困乏所致也。嗣后缅甸之攻打暹罗者，如大将有若我等之手段与本领者，不必与暹军战争矣，虽战亦不能获胜，除非其将材能胜于我等者。

阿佘温基既破彭世洛城，将城内各大小筑物付之一炬后，乃班师北返。吞武里皇军从后方攻上，缅军不能抵挡，乃逃入南掌境地，直向缅甸属地景盛而去。

曼谷皇朝时代

彭世洛城自被阿佘温基糟蹋之后，其势力已不复如昔之巩固矣。遮迦利（或译却克里）皇朝第一世皇时代，缅甸每次进犯暹罗，多由北方而入，彭世洛城首当其冲。太守每以势力微弱，不敢对缅军拒抗，遂率领眷属逃入林中避难，致使缅军南下势如破竹。惟曼谷朝一世之暹军，在战争中屡显殊功。来犯之缅军，由是屡吃败仗而返。况拉玛一世者，又为历尽战地生涯之英勇战士邪！

迨至拉玛三世时，暹国已无战事发生。因东西邻近之敌国，皆已沦为欧洲民族之附属：高棉与安南降为法兰西国之属地，而缅甸则沦为英吉利国之属地矣。由是暹国乃得乘此绝好机会，发展其繁荣之领域，与欧洲各国敦睦邦交，接受欧西文化，使暹国进入时代文明之国家。

拉玛四世时代，皇对于暹国之政治，殊多改革与建设，如将暹国全境划分省治等是。

佛历二四三七年，皇谕划彭世洛为省分，称为彭世洛省，建立行政机关，有省长摄理该省政治。归彭世洛省管辖之地，计有披集、程逸、宋胶洛及速古台等。后复变更如下：

佛历二四四七年：以碧差汶及隆塞（Muang Lomsakdi）划归彭世洛省直辖。

佛历二四五〇年：新立碧差汶省，以碧差汶及隆塞二地划归碧差汶省直辖。

佛历二四五八年：取消碧差汶省，复以碧差汶及隆塞二地归彭世洛省直辖。

佛历二四六〇年：改"城"（Muang）之名称为"府"（Changvad），故前所称彭世洛城，今改称彭世洛府矣。

佛历二四七四年：取消速古台府与隆塞府而降为县治，并以受辖于宋胶洛省之达府、甘烹碧（金刚城）府转为彭世洛省直辖地。故当时受辖于彭世洛省之府治有七，计：彭世洛、宋胶洛、程逸、披集、碧差汶、达、甘烹碧等府。

佛历二四七六年：政府重新颁布全国行政新条例，划定全国地方行政为七十府治，各府有政务专员执行地方政治，从此彭世洛乃降为府治。

当彭世洛府尚为省治时期，至佛历二四七六年取消省治为府治时期止，由皇上委任为彭世洛省省长一职者，兹著录其姓名、任期如下：

（一）丕耶室利苏利耶罗阇伐罗奴越（Phraya Sri Suriyarajvaranuvatr），于佛历二四三七年上任，其后晋爵为丕耶苏罗悉毗悉（Phraya Surasivisitasakdi），继又擢升昭丕耶苏罗悉毗悉他塞（①Phraya Surasivisitasakdi）。

（二）丕耶帕里那隆（Phraya Phakdinarongke），佛历二四四五年上任。

（三）丕耶室利苏利耶罗阇伐罗奴越（Phraya Sri Suriyarajvaranuvatr），佛历二四四六年上任。

（四）丕耶春武拉奴叻（Phraya Chonburanurokse），佛历二四四九年上任。

（五）丕耶提婆梯钵底（Phraya Thephatbibordi），佛历二四四九年上任。

（六）丕耶乌泰摩那帝利（Phraya Uthaiyamontri），佛历二四四九年上任，后封爵昭丕耶苏罗波定（Chao Phraya Swrabordintr）。

（七）丕耶室利苏利耶罗阇伐罗奴越多罗（通戍）（Phraya Sri Suriyarajvaranuvatr-Thongsuk Dhitsyabutr），佛历二四六五年上任。

（八）丕耶毗波尼（Phraya Phetrpani），佛历二四六八年上任。

（九）丕耶那坤丕蓝（Phraya Nakorn Phraram），佛历二四七一年上任。

至于彭世洛未划为省治，或已划为省治以后，皇亦遣派大臣为彭世洛太守，不使间断。兹著录历任彭世洛太守如下：

（一）丕阇耶悉林多罗跋迦底（Phraya Chaiyasirintrphakdi），后晋爵丕彭世洛补利室利乌多罗摩诃那伽罗（Phra Phisnulokeburi Sri Utra Maha Nakorn），佛历二四五七年上任。

（二）丕迦斯颂堪（Phra Kasetra Songram），佛历二四五八年上任。后为丕耶干耶那越毗室（Phraya Kalayanavatanadist）。

（三）丕耶孙旦毗毗多（Phraya Sunthouphiphit），佛历二四七一年上任。

（四）丕耶室利阇耶补林陀罗（Phraya Sirichaiyaburintr），佛历二四七六年上任。

读上述历史，可知暹罗阿瑜陀都未为缅军所破前，彭世洛城实极繁盛。迨阿瑜陀都为缅军所破，彭世洛在北方领土尚保持其完整，直至阿佘温基破彭世洛城后，举火焚毁城内大小建筑物，彭世洛城始荒废。惟今日之彭世洛，尚在不绝发扬其固有之光荣史

---

① 编者按：此处脱"Chao"。

迹也。

　　本文系根据彭世洛府当局为纪念丕室利罗多那摩诃挞佛寺庆典而特辑之《彭世洛志》一书译成。至于译者附注，乃参考自《北方纪年》（Phongsaowadan Nu'a）、《暹缅战争史》（Phangsaowadan Thai Rop Burma）、《高棉与暹罗》（Khamen Kap Thai）、《暹罗王郑昭传》（许云樵氏译述，商务版）、《暹罗国志》（陈棠花君编译）等书，特此附识。

1941 年 4 月 15 日于泰京

郑王在位之最后一年[*]

吴福元 撰　　陈毓泰 译

　　为着求取光明而开始了活动，以及选取了所有的途径与所有相当的机会，献出了其余生，为国家谋福利。几乎可说这种纯粹为了国族而生存的行径，实可接受赞扬为卓越的特质，而为每一个有心爱国的志士所应多多注意的生存模范。拯救泰族，并使其挣脱了奴隶地位的郑王，实系泰族无上的战士，且具备了上述卓越的生存特质，因此王始克光复泰族。王不单复国，还为了泰族建立了伟大的巩固基础。在未进入最后一年的十四整年间，王的生命自始至终地完全耗于复兴泰族的工作上头，所以王的生活完全与建国相并立，并非为了毁灭泰族而生存。在十四年的历程中，实充满了建国的意志，所以在第十五年中，当不致令人顾虑及其他。虽第十五年系王在位的最后一年，可是仍然洋溢着浩恩的一年，这是泰族仍不断地铭记着的。

　　王在位的最后一年，即丑年，佛纪元二三二四年。翌年寅年开始只有六天，即佛纪元二三二五年公历 4 月 6 日，表现了最高潮的爱国族的热诚后，王遽告晏驾。这项浩恩，实难予以提述于万一！

　　值得欣喜的，在歪曲的文词潮汐下而经历了长时间黑暗不清的王在位最后一年的政务，由于检查和搜考的结果而告豁然开朗。于是使人明白了泰族在佛纪元二三二四年间的重要性，完全属于王所措施者。我们能充分看出王所措施的政务，则不难明白及泰族的重要。职是之故，泰族的重要性与乎王所措施的种种政务，是不能予以隔分的。要是向好的方面看，王所措施的种种，也就是王所赐予泰族的恩惠，虽降至现在，一般爱国及对王的史迹有正确认识的泰族人士，也还铭记着王的浩恩而不忘，每人皆深感到自身的血统，咸负了王巨大的恩债，盖生命上无上的荣耀，就是自由，脱离奴隶的处境。王赐予了泰族在生命上无上的荣耀，从而解脱了泰族之沦为缅甸的奴隶，且促使国族进于统一、巩固。所以，王的恩惠乃深深地铭刻于泰族的心坎上，无人可使之消散而湮灭，甚至与日俱增地愈形明显化。王的浩恩存在一日，则将永远地证实了王所措施的种种。王所措施的种种，非他，即是上述的泰族的重要性。泰族与王，根本就不能分开。谁胆

---

　　[*] 原载《南洋学报》第 2 卷第 3 辑，1941 年，第 105—113 页。

敢污蔑王的荣誉，即等于污蔑泰族。具有此项行径的人，假如系泰族人，则将被目为忘恩负义者，而为国族所同唾弃！

丑年，佛纪元二三二四年，系泰国与中国间开始作大规模联络邦交的一年。就是在这一次，要是没有受祸患的阻隔，则泰族与汉族间的密谊必被竖立无疑。

其实泰国与中国的邦交，在古时即已被建立了，有时来往频仍，有时则呈中断。仅就吞武里朝而言，在商务上依然联系着，泰方与华方互获得商务上美满的效果。惟此处所提的商务利益，基于泰欧条约的签订，[①] 以及依循了香港总督的提示，而使含有友谊及代税性质贡物中止了。[②] 到了叻陀纳哥盛朝四世王时代，即告烟消云散了。由那时起，泰方在海上的商务，也就消沉下去；同时陆上的商务，亦随之而锐减。这似乎指出了一般不了解泰族经商史的人们，每每误会泰族不会经商，或泰族不爱经商。有着不少数量不明白旧事的外国人，也同样有着上述的误会；虽已遗忘了旧事，或仍不明了其事的后代泰人，亦不免跟随着而误会，从而指出经商不适合于泰族人。惟一经明白了已往的真理后，亦能知所以然，而引起了与日俱增地爱好经商。还有一项应得检讨的，厥为仅是国营商务的式微，还不成其为削减民众从商而致于中辍的成因。其实政府方面并未予以禁止，只不过在普遍的实感上，总是过度地惧怕政府，既然政府不干了，不免使人以为政府不喜经商，一般具有地位的人们，大部分任职于朝廷，当然有所顾忌而不敢大规模地投资经营商务。同时商贸与旧式公务员的观念亦有别。商贾惟利是图，但公务员则对官衔和职位多所顾虑，因此难以合道。直言之，既为公务员，同时又系商贾，实非易事，谁敢尝试此项困难？还有一项原因，大部份比较聪明的人们，多被导入官界。盖旧式的恭维话，往往系："祝君成为人上人！"能实现此道的，只有做官。职是之故，遗留下来的从商观念，实微乎其微。这非是任何一人的过失，而是国家平白地遭受了厄运而已。

郑王派使团随同着满载泰货的帆船十一艘赴中国，且附了促进邦交的国书。

运载使团及货物的帆船队，于七月黑分十三，火曜日，晨七时十二分，跪辞而扬帆。

除了谋增进邦交以外，郑王仍有意着使团采办建筑材料，以资兴造新宫。

为什么在正式登极满十四年后，始拟议兴建新宫？这层实不难以明白。

正如我们所周知的，吞武里的奠立，必须肇始于抗拒进侵泰族的敌人。抗拒一次不

---

① 参阅佛纪元二三九八年《友好及通商条约》。

② 参阅四世王《贡使入贡中国行程报名书》。编者按："报名书"当系"报告书"讹。

够，而且非轻易于抗拒者，盖敌人实力雄厚，机警狡猾，且形成已久。须伺机消灭遗留于此地带（指泰国境内）的敌人势力，尤须随时准备抵抗倾势来侵的敌方生力军。除此外，还得防范内奸，激发一般精神已涣散者，须培养相当的实力，从中保证一般无依无靠的民众。所有任务，概落于王一人身上。负此重担，其苦何似？一般知恩者当能深悉，且能实感到。郑王奋勉地力促这些任务在最快的时间内使其实现。这些任务自须先着手办理，倘无力实现这些任务，那就是说泰族难以奠立。所以，泰族的建立，和促使这些负担形成国家重要的成果，原是一而二，二而一。迨泰族奠立，且获得巩固后，建筑首都也便利了，而且也成为与国族并立的光荣了。假如国家仍然懦弱、低能，急先兴建首都，使其辉煌宽敞，而其他方面的实力，则全部被分来而用于兴建首都，则似乎首都只有其美丽的外表，惟其他方面的重要实力，仍未能使人安怀。情形既如此，则将何以高枕？郑王急于建国，意指建立国家重要方面的力量，尤以军事及经济，卒使国家版图广阔，适合于建立首都，从而促其形成一国的中心地后，王始拟议兴建首都。郑王的这项美德，充分地显示王不迷恋宝位，对个人的幸福全无计及，一心一意地领导国家进于繁荣，努力警惕泰族，从而为泰族建立了强盛的国家，因此颇难以指谪王的任何缺点。王机智而沉毅，意志坚定，为人慈祥，结果逐步成功。倘不发生削短王寿命的事情时，此项成功，将指日愈形高远！

吞武里朝诗人之一的披耶摩诃奴钹，在佛纪元二三二四年奉命随使团赴中国促进邦交时，尝在《纪行诗》里咏出了郑王拟兴建首都的意旨称：

> 圣上开始考虑：
> 务使大地进于华丽，
> 从事兴建有如天府之光辉，
> 始合于阿瑜陀耶王冠。（译意）

仅此短短的诗句，它显示了郑王心目中究具有如何深潜的意旨。王所拟议雇工匠建造的首都，应如天堂，始合为泰国的首都。其实，所有的砖灰，正复不少。如大城、罗斛，以及其他荒寺，只需发令拆卸，集合而兴建，必能敷用，工作亦不会困难。惟有何美可言？拾取了一些旧物予以新建，这在不能物色新物从事新建时，确具有相当便利的。然而所建立的新建筑物，将变为一些碎砖灰渣所砌成的都市了。以新建为美，实说不过去；甚且应受保留为古物或古迹的旧物，反被拆卸而失去了它的原形。这是直接与间接的损失。因此郑王不愿出此。既然新奠立了泰国，亦应新建立首都，始合于实际情状。首都的建立，必须在多方面能显示其重要性。外国人士看见了泰族的国都，其所得的实感，应不外是：

（一）泰国富饶。

（二）系巩固而强盛的国家。

（三）泰族强毅，力能组成强大的国家。

这是最低的观念，可得自新建立首都所赐予的。倘所建立的首都，只属于准备作户内抗敌的一类，而不使见者发生任何重要的观念，仅是敷衍性的建造，把易觅的，虽价值全无，或只是破碎的物品，一股脑儿搬来给砌迭而成，相信郑王必不愿多费时间而作任何的拟议的。所以，这才待至泰国版图广阔，泰军实力雄厚以及经济巩固后，始着手准备兴建国都。

继派使团赴中国之后，届雨季无战事，有充分的机会从事整顿及维护佛教与僧侣。依拉曼本《钦天录》载："入安居，君主即作半个月布施。将届解安居，即从事救济贫民以及高龄人，包括官民在内。解安居后，所有寺院皆予以赐布，无一或缺。"

关于寺院，有一项值得注意者，厥为郑王时代，不分寺院为王室立或民立，不分阶级。盖以寺院全属佛教机关，应受崇敬者一致的维护，全无此为王室寺院彼系民立寺院之分，凡属佛教的信仰者皆可参加一切善举。王在这方面给予了充分的自由和平等，实甚可佩，但非全无统制之谓。

佛像的铸立，目的纯在替代佛祖而加以祀奉。倘寺院给划出阶层，佛像亦不免随之而分出阶级。例如寺院被分出王室寺院及民立寺院，而王室寺院亦有等级，即三等、二等、一等，佛像亦跟着寺院的等级而升降其地位。在民立寺院内祀奉的佛像，其地位低过三等的王室寺院，三等王室寺院佛像低过二等王室寺院佛像，而二等王室寺院佛像低过一等王室寺院佛像。这种地位的高低，究切合于佛像否？相信郑王有意使佛像皆领有一律的地位，不管祀奉于何寺院，或是由谁所铸立者，概系佛祖的替身。这是一种保护佛教的政策，防止了阶级的形成，从而促使佛教不致超出了佛祖圣意所定的重大实益的轨外。

赐布季须在十二月中旬始告满，这是佛祖的遗训。在此期间，万象（或称南掌）方面发生了纠纷。

在这里应得提述一下万象方面的事件。

万象位于泰国的东北部，其实城里的居民，全部系泰族人，惟自成一部落已久。在吞武里朝初叶，万象发生卡族叛乱期间，尝请援。郑王乃派柯叻城太守昭披耶洛坤罗阇西吗领军开赴万象，镇压卡族。结果平服，万象即表示愿与吞朝缔结邦交，但仍犹豫着，盖恐惧缅甸，同时还怀疑吞朝的实力，是否能助万象抗缅军，挨延着一直再度发生变动。明言之，在吞朝末叶，万象王与其大臣拍挝不睦，甚且以兵戎相见。惟拍挝不敌，败退占巴塞，继移驻于红蚁区，并进入泰国境内，然后向郑王表示归附，郑王乃准其留于境内。

万象王探悉拍挝由占巴塞移驻于红蚁区，乃派军追捕，侵入泰国界内。事为吞朝所悉，郑王立派军出征。泰军卒攻陷万象，而毗连万象的朗勃剌邦亦投诚，万象王昭汶砂罗则被逃去。泰军旋委披耶素菩守卫万象城。泰军则带了昭汶砂罗的子女入京，郑王对于公主及太子皆妥予收容。迨至丑年年中，昭汶砂罗私下领军进袭万象，将守城的披耶素菩杀害。事为吞朝所悉，郑王乃正式委封昭汶砂罗太子昭南陀胜为拍昭南陀胜罗阇蓬砂吗兰，任万象王，时为一月白分十四，木曜日。当于同日派拍昭南陀胜罗阇蓬砂吗兰首途赴万象就位，而万象方面就此平静无事。这可算是郑王作了切合当时情势的措施。拍昭南陀胜罗阇蓬砂吗兰坚强而能干，尤忠于郑王。一经统治了万象后，即着手整顿地方。一般在势弱时期而告脱离之城市，亦次第归于一统。同时与朗勃剌邦联络，不若如前徒事闹气了。当时的泰国版图，在东北部包括了马隆，直至十二主泰、六侯地，以及猛潘城。

在正式委封拍昭南陀胜，并令其首途赴万象就位之同一日里，即发生了投诚的越籍人的叛变，叛党首领为阮某。

查阮某（Ong Chiang Su）[1] 系阮福映（越南嘉隆王）之叔。阮某为黎系（光平）所败，逃至河仙，毗连泰属桐焱府。当泰军征河仙间，擒获阮某。阮某愿投顺，郑王乃予以收容，赐爵披耶罗阇塞弟，领有与河仙太守同等职位。[2]

披耶罗阇塞弟（阮某）获得恩准居留于京华，由吞朝初叶起任职，直至佛纪元二三二四年一月白分十四日，即以企图叛乱罪，与其他党人一同被捕。

为什么披耶罗阇塞弟（阮某）图谋叛变？这层得回头提述一下越南方面的情事，

---

[1] 许云樵按：阮某似为郑坛之讹。因黎氏盛初初（1653）有雷州人郑玖窜河仙，以部众合力垦辟，号曰港口，以势孤，臣于广南。永治初（1676）子天锡嗣，永盛十一年（1715）广南王授以总兵，封琼德候。迨永佑丙辰（1736）其子郑坛立，袭父职。迨郑昭王暹，于 1781 年招之至暹京，不治，羁不令返，坛愤而自缢，其子郑山复被委为总兵，1790 年死。暹王以郑氏主河仙久，仍委其弟郑广平继之。未既病卒，乃以暹人替焉。

[2] 在迎接及庆祝翡翠玉佛之诏文内有其名。请参阅室利差拉莱编《重要文献》第 1 集，佛纪元二四八四年摩诃吗骨罗阇威陀耶莱印刷局印行本，第 25 页。

以资了解。

当郑王在位之初期，越南与泰国仍无邦交。泰军于佛纪元二三一四年出征河仙及柬埔寨期间，尝与越南略生纠纷，盖越军从中阻挠了泰军在一部份地区的递讯。并且过问了巴塞城的事。[①] 郑王尝谕令财政大臣先以礼向越南方面提出书面抗议，惟大概无效，盖越南的误会结果使越南全不计及邦交。

《越南史记》载：泰方的商船，有时也遭受越方的骑劫，骑劫者非属普通的越人，而系越南的公务人员。这种卑陋的行动，必增加了泰方的憎恶，虽越方的史籍亦有记载。应明了者，越方公务员之骚扰泰方商船，必不止一次。惟适得其反，郑王并不予以计较，且努力觅取促进互相了解的途径。因王不需要与越方为敌也。结果乃恩准收容阮福映之叔阮某，且赐予与河仙太守同等职位为披耶罗阇塞弟的爵衔，一如上面所提述者。但越方对此究作何想，不得而知。迨越南王为黎系所击溃，向南退下，抵抗力亦逐渐低弱，乃转而想向柬埔寨图增其实力，遂努力过问了柬埔寨的内政，卒于佛纪元二三二三年激起了柬埔寨内部的叛变。叛党杀害了柬埔寨王颂绿拍摩罗阇以及仍在幼年的太子。越南派军作叛党的后盾，同时努力榨取了柬埔寨的脂膏，以资作为抵抗黎系之用。在此相近的时期，还设法找寻机会派亲信向披耶罗阇塞弟（阮某）接洽，卒为泰方所破获，并证实披耶罗阇塞弟（阮某）及其党羽确有叛乱的企图，乃急速予以镇压。为着防止越南侵入柬埔寨作为根据地起见，乃派出泰军负责处理柬埔寨方面的纠纷。完毕后，即向越南作总解决的进攻。

储君昭华宫坤因陀罗披达砂亲任统帅，而昭披耶却克里（仑）、昭披耶洛坤素旺、昭披耶梭罗室利（汶吗，昭披耶却克里仑之弟）及郑王侄宫坤罗摩蒲迫砂等，次第任副将。

郑王谕令军队于佛纪元二三二四年二月间开拔，即在镇压了首都越籍人企图叛乱的后半个月。

假如这次大军能实现了郑王的意旨，柬埔寨必平静而巩固，而毗连柬埔寨的南圻，亦必合并于泰国的版图内，从而根断了越南的进侵，泰国东部将因此而宣告安全，只留下西部，大概亦容易办理。统军努力依循郑王的意旨向前迈进，然而有一部份副将则故意按兵不动。当时越军只有一小部份开入柬埔寨，数量不多。倘以当时双方的实力而言，无论如何，泰军必能实现其所负的使命的，假如这次任务没有其他变故的话。至于越南方面，亦需要与泰方停战，盖须与黎系作战，因己自北圻浩荡南下，如再与泰方作

战，则不免受到夹击之虑，同时阮朝的再建，必成泡影。为觅取与泰方联络的途径起见，当时越军统帅名黄旭怀（？，阮福映姊丈）暗中派使向泰方副将接洽。结果越方的计划得筹，因泰方副将亦希望获得越南及柬埔寨的秘密合作①，并在自身的计划实现后，允在后来对越南给予相当的赞助。

越军统帅与泰方副将订立秘密军事协定后，越方即将指挥刀及旗杆折为二，各执其一为证。② 继此，泰军副将即授意越军将储君昭华宫坤因陀罗披达砂及郑王侄宫坤罗摩蒲迫砂军团团包围，使不能移动，至于自身则急驱部属迅速地开返吞府。

吞府方面，则有人鼓动大城都方面对郑王有所误会，并从中激起叛乱。在故都鼓动其事的主要人物，有三人，计：乃汶纳、銮素罗、銮查那，从中召集党羽，组成军队，于四月黑分十一日由水路而下，于深夜抵吞府，立即向首都进攻。另有叛党则匿伏于城内，私下集结党人作为内应，其中较著者有銮梭罗威漆，随同着来自故都的叛党引起纠纷。郑王从梦中惊醒，立即亲自指挥部属作战，盖仍未悉敌人来自何方，或只是不忠不实者的叛乱。直至天将亮，王军将叛军水船击沉，叛方水军即开始后退。郑王至是始发见叛军全部系泰族，不禁为之悲怆。盖王在平时赐予浩恩，努力拯救泰族，全不计及性命，从中促泰族进于繁荣，使每个泰人皆能安居乐业，不为敌人所轻视，不使外族污蔑泰族。虽任何苦难，王亦不退缩。所有的措施全不损害及国家，为什么仍有一部份泰族人起而叛乱？他们受了苦难吗？抑或他们需要自大，从而统治泰族全民？无论如何，倘叛党的目的，仅在除去王一人，而对国家、民族不损害及时，则王亦随时准备实现彼等的要求，决不加以抗拒。关于此事，我们还能清楚地记起在初期王所发的纶音。③ 郑王于佛纪元二三一四年一月白分初五，水曜日下午三时许在河仙当僧众以及大小臣员面前明白表示过。王的纶音实等于宣誓词，谓："朕之真意，朕舍命从事，原非求取任何宝位及权势，目的仅在使教中人以及人类咸获得幸福，勿互相倾轧，维持德行，从而贯彻佛祖之遗训而已。如有人在位，足使教中人以及全民获得幸福，朕愿将王位献给他，朕则将单独出家修行。否则，如需要朕之首级，或心脏，或肢体的任何的部份，朕皆愿献给他！"这就是王最坚决的郑重的纶音，永远铭刻于心中，而为所有知恩的泰族人士所不致遗忘者。

最初，叛党延和尚向④奏请剃发出家，从中洗刷罪迹，为期三个月。郑王接受奏请，并召集大小臣员会商其事。当时的大臣中，有披耶讪卡（系平砂帕系始祖）、披耶

① 参阅《越南史记》，炮兵乃荣译，第 2 卷，第 378 页。
② 参阅《越南史记》第 2 卷，第 382 页。
③ 参阅《史乘汇编》第 66 集，第 19 页。
④ 编者按：此处脱"王"字。

拉曼汪砂（吗宋，系室利平系始祖）等，皆忠于郑王。这些忠臣必然考虑到派赴东部的大部实力，如在此时固执而行，因而发生了需用实力抵抗时，则不能将东部军队及时调回；另一项原因，人民已受鼓动，且生出误会，此项误会或不免蔓延开广，既然缺乏妥善的途径，只有可供解决的，就是请王依照叛党的奏请剃发出家。郑王全不表示反对，结果王于四月黑分十二，日曜日，在王宫界内的郑寺（这和现时位于王宫界内的翡翠玉佛寺相同）正式削发为僧。王这次出家，实际上并未脱离王位，盖确切地规定在出家满三个月后，仍可返复王位；至于国务方面，则照例有人代摄，代摄者最少有三人，计：披耶汕卡、披耶摩诃社那、披耶摩诃庵麦耶，或者披耶拉曼汪砂亦不免包括在内。

为什么叛党要求郑王剃发出家？为什么不采用强力实行攻入而将王加以杀害？这层必因叛党实力仍未充，不克达此。或许人民不需要出此，彼等虽被骗而实行叛变，也还不忘王的恩惠，而思有以杀害；只求王暂时出家，彼等即告满意了。假如存心叛变者有意以强有力进行其事，则不免与民意相佐①，结果乃不得已请王出家，为期三个月，此举在敷衍当时受骗的民众，使其满足目前，一俟全部遣散后，再图他策。

郑王出家后十二天，昭披耶却克里（仑）之侄披耶素里耶阿派（通因）任柯呐城太守职，并未获得任何准许，即自柯呐城领军而来。惟依史乘所载，则称昭披耶却克里着其领军先开向首都视察动静者。② 披耶素里耶阿派（通因）领军进驻于靠王宫北面的石灰村。在这种场合里，披耶素里耶阿派之来，必引起摄政委员往不利的方面想，盖有叛党乃汶纳、銮素罗等与披耶素里耶阿派（通因）合作，因此国政的掌理，发生了阻碍，而不平和的事件，亦随之普遍地产生。一般趋势者，亦熙来攘往，概以当时的私利为念。这些人全不以国家的安全为念。有一部份地区，且发生了不安的情势。摄政委员自须立即予以镇压，乃决定由郑王侄宫坤阿奴叻砂颂堪酌视情形而行。宫坤阿奴叻砂颂堪乃依当时力能召集的军力予以召集，于4月2日，火曜日，开赴石灰村进攻披耶素里耶阿派军，这是在披耶素里耶阿派军来驻扎后的第十一天。惟宫坤阿奴叻砂颂堪所领的军力薄弱，有如水少之不敌火，宫坤阿奴叻砂颂堪当然不能如意地将披耶素里耶阿派军击破，反而向然寺撤退，终于被披耶素里耶阿派的党羽所捕。披耶素里耶阿派即将营寨拓展，而迫近王宫。这显示出大城故都人民受骗来此向自己的复国者谋反，但叛变的终局，人民必不想到会使业已成为佛门中人的复国者因而丧生的。

当宫坤阿奴叻砂颂堪正与披耶素里耶阿派（通因）军抗战期间，郑王既已知其事，

---

① 编者按："佐"为"左"。
② 参阅《钦定纪年》第3卷。

立谕停止作战。王需要国家安全，虽有所变更，亦应出以平和。盖大家皆同胞，并非外敌；且本王身，亦系光复泰族者，非恶魔或卖国者。王谕实行平和的处置，完全在使人民勿流血，为国家保存实力。这种为泰族幸福而采行的平和办法，大概含意深奥。谁能领会到王的真意所在？

宫坤阿奴叻砂颂堪被捕后三天，即4月6日，昭披耶却克里（仑）即率领了大军开抵首都。

即在是日，召集了大部份的高级人员，征求意见，谓情形已如此，应如何处置？一般仍忠于郑王且深信王的能力者，依然认为应请王还俗，复登大宝，继续掌理国政。关于此事，尝获得却克里王族中人的告诉称，敢发此言之臣员，概系坚强地酷爱真理者。这些人明知发此言后必死，彼等亦不怕死，终于这批人全部被押出赐死。至于郑王亦于是日被杀害于郑寺的佛殿内。统计王为泰族幸福而采取了平和的步骤剃发出家，而至被杀害为止，只有廿八天。

王被杀后，即将王的遗体埋葬于吞武里靠近哒叻蒲万踰罗之因陀罗摩寺内。一般忠于郑王的大臣遗体，如披耶讪卡、披耶拉曼汪砂、披耶披阁耶断剑等，不下五十位，皆依次被埋葬在郑王遗体的旁边。继此，昭披耶却克里（仑）即为泰族元首，开始在吞朝陆军驻在地，王室仓库旁，靠东岸地建立新宫。

其余仍遗留下的王族，如已成人的男性，全部被杀尽；只保留下女性以及仍在幼年的男性，降低其爵衔，称之为"蒙"，虽王后以及王姨，皆一律待遇。这是空前未有的降格。虽然如此，王系仍然未中断，一直传至现在。[①]

郑王被杀的消息传出后，位于西部的重要城市，有顿逊、丹老，即于是年脱离泰国，而归附于缅甸。至于依照密约而与越方的关系，泰国需二次助越战黎系，并助以巨量的军火。最后越南王系奠立了，且拥有雄厚的势力。于是泰方失河仙给越南，并损失了不少利益。[②] 这事谁应负其咎，无须赘述。

回头检查一下郑王在位的最后一年，当可看出那是满蕴着浩恩的一年，是泰族将愈形强盛的一年。惟命运不济，所以王被杀害后，即失去了重要的城市，损失了能征善战的将士，继续不断地损失着。迨至现时，运道好转，才再度迈向繁荣。

1941年7月1日译竣于中原报编辑室

---

① 参阅艺术厅出版的《旧族谱》第4集，再版本。

② 参阅乃荣译《越南史记》第2卷，第382、394、419页；《泰族应牢记》，第82、113页。《泰族应牢记》第二章"曼谷王朝失地十五次"已由译者译登于泰京中原报所出版《中原月刊》第6、7期，可供参阅。

今朝开国小史[*]

四十二梅居士

民国二十一年四月六日（即暹历元月六日），暹罗举办开国百五十年祝典。筑一世王纪念桥，以扬伟绩。全国张灯，宫廷解禁。博物院特将所藏竹叶本《暹罗国史》译为暹罗文，籍便宣传，《国民日报》重译登载。所纪颇饶奇趣，且多异闻。微嫌其冗，略加删饰，间附按语以资参证。

方暹国都于大城，三十二世王诗讪碧之御宇也，内务部有职官名通哩者，为贵官昭披耶哥沙邦之曾孙。妻劳朗生子五，长女名沙，次男名栖，三女名姣，四男名通暖，五男名汶吗。劳朗殁，续娶其妹，产一子曰公銮那麟。通暖者，今吗哈作基族之一世主① 也，生于佛历二二七九年，十三岁行剪发礼，循俗为成人。幼居贵族公坤蓬披匿之家为近侍，廿二岁始入越吗限他来佛寺，剃度为僧。其时大城中有华侨郑镛者，粤之海丰人（原注：有谓为澄海人。按，当作澄海人），职居坤拍，为摊主，娶妻洛央，生一子，名信（原注：华人称为郑昭），即郑王也。尝为贵族昭披耶作基养子，年长于一世王二岁，亦同时披剃。某晨，二王托钵出寺化缘，植立道隅。有老华侨趋至，熟视二王，已而大笑，行数武，驻足详审，复大笑，如是者数。郑王异之，呼至前，询以是否相士。老人颔之，随执王手察掌纹，且咨诞辰。王具告之。老人曰："君他日将为王。"一世王亦请问。老人询之如郑王，复曰："君他日亦为王。"既而相顾大笑。二王以年龄相距无几，一国二君，几以为诞，初不意其竟信也。一世王登极后，恒举以语群臣，若昭披耶洛坤素贡吗叻、昭渊庄（原注：即坎民王）等，皆亲聆其语者也。二王僧期已届，易服出山。郑王诣达府，一世王则诣叻丕，竟同日授职（按：二王初任何职，原文未详，谅或为太守属官），始赐爵为銮。郑王抵达府后，会其王公披耶达没，擢郑王继其职。佛历二三〇三年（乾隆二十五年，西历 1760 年），甘烹碧王没，复迁郑王任之。时暹君礼重郑王，不数年召至大城，特授披耶哇栖叻巴干。方欲旋任，而缅军入寇，大城溃陷。郑王乃萃中暹民军濯血杀出重围，集中春武里府，编练士兵，装修战舰，谋复仇。一世王弟汶吗尚未授室，方偕四友逃难，历数险幸至叻丕。而一世王已举室避乱于叻丕北部深林中，苦寻始获。时

* 原载《珊瑚》第 3 卷第 4 期，1933 年，"暹罗杂志（三）"，第 1—4 页。

① 编者按："主"当为"王"或"祖"讹。

一世王妻及女兄俱有孕，王妻旋举一男，即二世王也。汶吗忧其地不靖，请于兄，欲适春武里。王曰："春武里有郑某，故交也。其人义勇忠孝（按，此四字虽不足以尽郑王之德，然出诸一世王之口，其人格亦可见矣。天不佑善，可若何），从之得志焉。"且谓郑母居于佛丕（按：地属叻丕省，在马来半岛之东北隅，首府亦为叻丕，而佛丕府在其南)，已不能往，命汶吗往迓之以唔郑王。将行，一世王奉刀一柄，其妻亦奉指环二枚，嘱赠郑王（按：一世王之姊夫何人？相传其为郑王，必非无因。观一世王之情意恳挚，夫妇俱有馈赠，非姻娅何若此？诸书俱谓华为王婿。世传实以妻弟兼为婿。据此当是贵后所赘，且为后妻。但暹史讳莫如深，莫能明也。考暹王室典例，王女无得下嫁，王姊当寡居，而纳同母妹为元妃，诸妹为嫔。其弊肇自今朝，盖鉴于外戚篡夺之祸也。又暹俗男子入赘妇家，为其嗣子，而称其父母为父母。故华贡表自称为嗣子，理至明确。前年，今王演说于国立大学，自认先祖妣为华胤，今王室犹有华人血液。则华为王婿，可无疑矣），乃戒舟具粮，遣迓郑母，抵春武里。而郑王已之①尖竹汶矣，复奉母乘象诣尖竹汶，八日始达。汶吗先自请见。郑王深许之，语告以二忧：一念母，一复仇。汶吗曰："母在关外，所迓与偕来者也。"王喜跃，趋迎母，奖汶吗劳，命为拍吗限蒙低，是为佛历二三一〇年（乾隆三十二年，西历 1767 年）。郑王以各路军备已整，遂下令反攻。连战俱捷，苦鏖一载，尽灭敌人。二三一一年，奠都于吞武里，遂即位。汶吗请诣叻丕迎兄，许之。一世王始至吞武里，授职拍拉哇邻，赐越拉群为行署。是时国难方殷，乃命一世王兄弟往讨柯叻，汗马功高，晋一世王为披耶阿派，汶吗为披耶阿鲁齐。复命往平沙旺巧武里之乱。值昭披耶戎吗叻出缺，升授汶吗，其职位遂高于一世王。师至沙旺，分路包剿下之，其王携白象，自一世王防地溃围遁，追获其白象。还朝，王以其失机佚沙旺王，大怒，杖之三十，仍进职昭披耶戎吗叻。以汶吗有大功，摧昭披耶素校是，锡爵彭世洛王（按，观郑王之赏罚分明。不愧开国之英王）。一日郑王入静于室中，禁群臣无妄进。一世王请觐，侍臣挥手止之，误为招手，犯禁直进。王令搜检其身，无所获，谕以自刭。请死。王谓："若功臣，何可死？"请无期徒刑，亦弗许。请背杖打六十，许之。一世王受刑，肌泽溃注，是为第二厄（按，观此，郑王之仁厚至矣，其奈狼子野心何耶）。二三一二年，一世王将大军攻坎民族之柬埔寨，所向无敌，奏凯而归。进昭披耶作基，贵冠廷右，年仅三十五岁。旋护从出征，获胜。复自彭世洛进击缅甸及针巴塞，克之。班师之日，恩赐不可胜数。二三二〇年，一世王复之以百胜之师，出伐安南之渊庄，大捷，得玉佛。超授颂勒昭披耶吗限甲塞戌一品官。嗣后再攻坎民，凯旋。有军士见一世王乘白象，身闪异光，咸爱戴

---

① 编者按："之"疑为"至"。

之。未及京师，而郑王已告薨。暹民遂拥之为王，建都曼谷，是为二三二五年，距今适二百五十年也。二三五二年，王卒，坐位二十七年，寿七十二岁有六月。子女四十三人。王世子立，是第二世王。

昭披耶宋加绿传[*]

吴福元 撰　陈毓泰 译

译者序

关于泰国一百五十年前吞朝郑王的史迹，虽然在泰文的史籍有着详尽的纪载，可是类系互相传抄，甚或擅自增减，以致郑王的伟大的功勋，遭受湮没了。我们平素翻阅泰史，总不难发现，郑王是疯狂暴虐无道的种种纪载，使人读后，不免掩卷作遐思：像这样具有远谋大略的郑王，究竟就是史籍所载的昏庸无道的暴君吗？

经过了一百五十余年悠长时间的现时，结果出现了一位真理的发掘者。这位真理的发掘者，确算是泰国唯一的勇者；他迎面着种种困难，昂然地在所有古籍堆中清理着发掘的工作，不懈地努力，因而产生了泰史上不可湮没的，辩证史误的唯一珍籍。

这位真理的发掘者，就是本篇泰文原作者吴福元君，现任艺术厅专任职官，泰名乃卑拉室利察拉莱（Nai Prida Sri Chalalai）。

依照原作者自传所述，对郑王史迹所下的研究，不，是真理发掘的工作，尝费了整整七年的光阴，结果著述了有关郑王的专书五册（参阅原作者自传）。然而世人所能阅读到的，只有三种。《吞武里朝的革命》和《颂绿拍昭德信大帝的遗产》还保存在原作者的抽屉^①里，未能印行问世，不过关怀郑王史迹的人们，仍可借读原稿。依原作者称，借阅者颇不乏人。

这篇《昭披耶宋加绿传》，是原作者的处女作。虽然篇首冠以《昭披耶宋加绿传》，但其实质所论列的，几全部有关郑王的史迹。原作者所表现给我们的，全属矫正史籍所误植的重要点，旁征博引，尤显出原作者的宏博。不过，行文中，如果读者细心观察，则不难看原作者在著述这本书时的难以言宣的种种苦衷了。我们获阅这篇后，对于郑王

---

* 原载《南洋学报》第 1 卷第 2 辑，1940 年，第 85—129 页。编者按：该文的文末注释分为两个系统：一为"原注"，应系吴福元泰文原作的注释；一为"注"，当系陈毓泰译为中文时所加注释。另外，《南洋学报》编者许云樵不时在正文或注释中以括号夹注"许云樵按"的方式，加以注释、说明文字。本文将"原注"与"注"统一改为页脚注释，分别冠以"作者注+数字"和"译者注"前缀，以示区别。

① 编者按："抽屦"当系"抽屉"讹。

业已明白泰半了，这也就是原作者写作的收获了。

译者在泰国艺术厅所出版的《二月刊》（郑王专号），首先阅读，对原作者不禁引起钦佩之心，并有意将原文移译华文，乃开始与原作者接洽，结果就是读者在这里所看见的译文。此外，还蒙原作者为本译文作序、作自传，以及原作者的照相、签名式。这些这些，译者得在这里谨向原作者感谢的。

译者在移译时，所根据的是原作者依第二版本（单行本）再予以增修过的原稿所译述的，所以译文中较市上出售的第二版本原文增添了不少。如《昭披耶宋加绿族谱》，是即原文里没有的。此外有一些名词，也经过原作者的修改。因此本篇的译文也就和第二版本大有出入了。

更有进者，译者最初向原作者请求移译成华文后，即准备逐期刊登于译者所编之《泰国研究》（泰京《中原报》副刊之一），惟因篇幅关系，乃决定转刊于《南洋学报》，为此再度与原作者接洽，原作者同样表示同意。关于原作者为本篇译文所写的自传，初稿为打字机所印者。译者为使读者得见原作者的真笔迹起见，特请原作者照初稿手抄一份。但读者在本译文所见的原作者笔迹的存真版，其内容略有出入，盖曾经过原作者的增补也。

作者自传

乃卑拉·室利察拉莱，生于佛历二四四一戌年，现时任专职于艺术厅文学局内。

通常喜作学术上的搜罗和检讨，尤其对于颂绿拍昭德信大帝（Sowdet Phra Cao Tak Sin Maharaja）的史迹，自幼即生疑，因在学校内所读的课本，根本和大人所讲述的不符，但还缺少证据予以证明。迨任职于旧名为"学术研究会"时代的艺术厅后，始获得机会阅读了不少旧文件。对于颂绿拍昭德信大帝的史迹的研究和检讨，实开始于佛历二四七三年，费了整整七年的时间，才获得了与大人所讲述相符合的重要证据。

尝试著了一篇有关于吞武里时代的文章，定名为《昭披耶宋加绿传》（Pravati Cao Phraya Savargalok），最初刊载在《艺术》（Nangsu' Pint Cila Pakara）二月刊。继续再加以增补，使其可印成单行本，于是作第二次的自费印行，一部分发售，一部分赠送。结果一部分关怀史籍真理的人们，咸对本书表示满意。第三次则由主持陆军中校拍呦察纳拉呦（原名迫·匣里越）丧事者请求复印本书，作为火葬礼中的赠送品，盖死者系昭披耶宋加绿所传下的另一支族。因此《昭披耶宋加绿传》的泰文本，前后共印行了三次。

继后还努力写作了五种，即：

（一）《颂绿拍昭德信大帝考证汇集》，规定全部分廿集，现已出版四集，并获得大学校的教师合作，从中指示学生了解本书的价值。

（二）《吞武里朝的革命》，从中指示出诬陷颂绿昭德信大帝的种种情状，以及联合安南推翻吞武里朝的目的，并提示泰族在后来所获得的效果为如何。

（三）《颂绿拍昭德信大帝的遗产》，指出颂绿拍昭德信大帝为泰国所立下的种种殊勋经过，完全系以性命所博取而来的，包括一部分的恩惠，致使嘉隆王获得了绝大的利益，得以自立，且建立了新安南。

（四）《泰族应牢记》，指出救国者及建国者的功勋，同时指出残害了救国者所博得的成绩，那就是有连带关系，而使泰国在后来损失国土给缅甸、安南、英国和法国。此外，还指出民党牺牲性命从中发动改政，掌理国政，纯为泰族谋福利，这是现时所周知的。本书大受军界中人的欢迎，并有多人加以好评，驻外使馆中的公务人员，亦爱阅本书，并赞许本书大胆地揭发出不少的真理。

（五）《泰国失土十五次（非八次）》，自颂绿拍昭德信大帝被杀害后起，次第叙泰国失土十五次（非八次）的史迹。附有各次失土的说明地图，以利学生军、女生救护队及军界中人的参考。

此刻正在写作《颂绿拍昭德信大帝传》中，本书由帝出生起，一直叙到被杀害为止。那是满蕴着怆凄气氛的史迹，以答迄今仍纪念着颂绿拍昭德信大帝的浩恩的泰族人。

佛历二四八三年公历 5 月 15 日

作者序

泰京《中原报》编辑请将《昭披耶宋加绿传》译成华文，以便发刊。作者依其请，准将译文刊登。

在作者将此书印成单行本发行后（就泰文本说来，已是第二次的印行了），即有人在一份泰文报上着眼于政治方面，作着颇为激烈的批评，意指《昭披耶宋加绿传》，实可依凭着使人观察出泰国在将来的方针将指向何途的张本似的。

除了批评以外，他还努力促使当政者看出这本书纯系污蔑却克里皇族始祖，以及其他，实有多项。可是当政者大概经了缜密的检讨，同时似乎看出了这本书所具有的优点，于是批评者的努力，也就等于潮浪的冲岸堤！

在伦敦方面，也有人在《联合会刊》上，发表批评本书的文章。然而批评者表示着，满意于本书能够指出充分的证据，从而改正了史籍上不实的记载。此外，对于蒙蔽世界视听的史籍著述者（即是为记述者本身利益而著述，并不注意及事实）加以指摘，因为这种行动类似一般缺乏忠实性的商贾所印发推销其商品的传单一样。

总而言之，作者的著成本书，目的在充实和拥护史籍所记载的忠实部分而已，对于史籍上的优良部分，作者并未存心加以抹煞。不过遇着在证据方面有了失错的记载部分，虽然可看出记述者是有心作伪，应遭受严厉的指摘时，作者亦雅不愿将其揭发，使众人明了记述者的卑劣。只有一条途径作者必须循行的，就是搜寻相当的证据，从中指出某某处的不实记载和误记。继此，则让读者自行判断，这不是作者份内应负的责任了。

提起历史，任何一民族，皆尊崇其固有历史。倘某一民族准许其自身的历史，在不知不觉间统渗进了虚伪的情事，则该民族根本就缺乏了自尊心。更甚者，明知其虚伪，但仍让其渗入，则可目该民族仍愿充当野蛮人。对真理全不关怀的民族，这等于不真实的民族，和不真实的人同理。

《昭披耶宋加绿传》，对于阅读泰史的某一段，也许比较利便，或不无少补。盖无须费力于各种证据的检讨和搜寻，作者已作了最充分的搜集。有关于吞武里时代泰史的大部分研究，可在《昭披耶宋加绿传》一书里获得不少的利益。

作者写作本书的理由，读者在阅读内容后，即可看出作者满意于发扬光大真正的将材，尤其是对泰国立有殊勋的战士。昭披耶宋加绿真为泰国立下了不少的勋业，系佛历二三一〇年光复泰国江山的主要人员，而且身任光复泰国的元首——颂绿拍昭德信大帝，又是有着亲族的关系，实有加以宣扬的必要！靠国家而自固的人，易找；然而真正救国的人，则难之又难。或有人提出反驳，因为国家的覆亡，并非常有，而是长久地才得出现一次，同时救国的人，也就随之而寥寥可数了。所以，救国的人不易找，将何以圆其说？这种反驳，确是动耳，可是经过缜密的思维后，尤须忆及国家覆亡的各方面关系，如教育、经济、卫生、交通，以及军队为最终，这些也许不会同时宣告覆亡的。那一种覆亡，而必须立即加以解救时，每次皆能解救，则救者的数量也就有不小了。可是不能加以解救，那是因为解救的工作非易，负责者尤须具有卓绝的毅力，和果断的勇气，这类的人确实难找。在有人把整个国家救起，挣脱了为人奴隶的境遇，于是国家便遗忘了他的功勋，或放任着一部分怀着妒忌心和不以国家为怀的人们污蔑着他的事迹吗？究有何民族会承认了这种不良的事体？当然没有！

昭披耶宋加绿始终是个纯粹的泰籍人！至于种族，则含有华人的血统，因而成了颂绿拍昭德信大帝最切近的亲族，虽颂绿拍昭德信大帝亦然。帝生于泰国，纯粹是泰籍，只不过含有郑姓的血统罢了！（在中国史乘上称"郑昭"，惟普通华人则称"郑王"）据从华侨郑姓的老前辈称，郑姓族共有九系（即郑姓始祖有九人），颂绿拍昭德信大帝的先父，系传自第一系。至于昭披耶宋加绿的族系，则缺乏相当的证据可供搜查。惟依据史籍载，系颂绿拍昭德信大帝最切近的亲族看来，即可加以推测，昭披耶宋加绿大概也是传自第一系的。

爱国志士传也就是等于救国志士传。颂绿拍昭德信大帝系救国团的元首，由于不断的努力，卒光复了泰国整个江山。至于昭披耶宋加绿，则系光复国土的主要人员。所以这两位伟人的史迹，实应接受所有爱国志士的关怀和注意；虽自古以来即成为泰族最亲爱的朋友和亲戚的华人，也满意于阅读《昭披耶宋加绿传》的，盖华人皆具有其最强烈的爱国热诚，当然更关怀及一般救国志士的史迹的。

阜拉·室利察拉莱

佛历二四八三年公历 5 月 27 日

在一群著名而且可列入真正军人[①]级的泰族战士们，确有多位；而昭披耶宋加绿（Cao Phraya Suvankalok）或另称昭披耶披猜拉查（Cao Phraya Bijay Raja），则为其中之一。因为他是颂绿拍昭德信大帝（Somdet Phra Cao Tak Sin Maharaja，即中国史乘中所称的"郑昭"）（许云樵按：Maharaja 一词，源出梵文，此言"大王"，普通多译作"大帝"，似嫌过于夸张，因梵文"帝"曰 Indra 非 Raja，且暹王地位亦王而非帝也）

---

① 作者注 1，军人，泰语称"Thahan"。依教育部所编定的《字典》解释曰："青年、壮丁，被征入伍受军事训练者。（大概系由'Dahara'一字演绎而成者）"字典内所加的括弧解释，也许不直接承认，或不能断定"Thahan"系演绎自"Dahara"一字，因此方加上括弧。

值得注意的，就是此字在一部分碑铭有相似的字，而且意义亦相近。明言之，速古台朝的碑铭载有"Tho"字，意指"攻"、"攻略"或"抵抗"。另一字为"Han"，即等于现代泰语"Hagn"。

载有上述两字的碑铭，系速古台石碑铭第一柱第一面载称："猛促太守坤叁春来攻（Tho）猛达，我父出战"；另一段曰："我攻略（Tho）城镇，得象、男奴、女奴、银、金，我辄献给我父"；另一段曰："菩坤罗摩坎亨全非所有泰族之王，而是泰国内最知礼仪，了解教义，最博达，最勇敢（Han），最勤勉，他人难与之比拟"。参阅《暹罗石碑铭大全》第 1 集，第 53—57 页。

照碑铭所载的"Tho"及"Han"二字，倘二字相合，即可解作"勇敢攻略"，这尤切合"军人"之称。

不过以不同意义的字给叠在一起，组成一种专名词，如泰语"Thkleo Thahan"则不易觅取实例。至于其他叠句，则其本身已具有同一的意义，只把这不同的字给缀在一起，但意义则仍旧。所以"Thahan"的意义有别，则不免令人怪异，或者此字另有意义，而非具有上述的意义，也是不敢决定的。

的共患难同生死的将官，由大城内冲出包围圈从而在外面集合人马和缅军抗战起，一直至完成了泰国的独立自主，争回全部失土为止。不过在史籍上有着数处仍成为问题的，就是在佛历二三一七年大军征伐清迈缅军时期，昭披耶宋加绿遭受鞭挞后，还受到全刑![1] 这项问题将在结尾提出相当的证据，从而指出和史籍上所记载适得其反的情事。现在还是先述一下他的事迹，作为一个轮廓。

在佛历二三〇九年尾，大城行将被缅军攻陷时，昭披耶宋加绿只是披耶甘亨碧（即郑昭）所统领下军队中的一位军官，称为銮披猜拉查（Luang Bhitchiyaraja）而已。

公摩披耶丹隆亲王（即是被暹人目为"泰史之父"的丹隆亲王）在其所著的《泰缅战史》（Thai Rop Phama）对于披耶甘亨碧有着如下的赞扬：

"披耶甘亨碧，天生将材。每战皆身先士卒，为其部属所爱戴而钦佩。"

这表示出披耶甘亨碧的受到爱戴，是由于信仰其天赋的刚勇毅力，大家才一致拥戴其[2]统领军队光复国家的主帅，从城内突围而出。

当时披耶甘亨碧必须从城内突围而出的原因，在《阿瑜陀都居民供词》（Nangsu' Kham Hai Kar Chau Krung Kao）中有这样记载着：当缅军侵入而且把阿瑜陀城紧紧地包围着期间，城内亦尝调大军再作一次主力的决战，下令所有军队由各门同时进击，大概想解围，并破缅军的主力，不使其有所驻足。然而当时泰方缺乏援军和补充军的司令官，不能随时补充各翼的弱点，增强各线的攻击力，结果泰军无斗志而败退。先退者仍有机会进城。但城内看退军咸争先恐后入城，秩序全无，倘不及时关闭城门，难免不为缅军乘机冲入，因此各处城门咸于同时关闭。不能入城的泰军，则扎在城外。至于最后退的泰军，如耶披柯叻（Phraya Nakorn Rajasima）的军队，和披耶甘亨碧的军队，已不能进城，只得先在城外驻扎，以便觅取退军的途径。可是城门关后不见再开，因此城外的军队无路可退，仅余下一条途径，即突围而出，或可保全。披耶柯叻乃单独统率军队冲破一条路而去，并返柯叻城。至于披耶甘亨碧这方面，在陷入走投无路的情形之下，亦只有突围的一法。乃于黄昏天雨时间，由胜寺（Wat Bijaya）方面实行突围。

自从披耶甘亨碧军队离开首都以来，所有将士皆须埋头苦干。一方面须与缅军争战；一方面又须与一般因意见不合，且存心谋自大的泰族人相角逐，因彼等咸不愿合作与敌人对抗；此外还得继续行军，从中觅取有利的地势，而此种地势之有无，仍在不可

---

[1] 作者注 2，全刑：泰语为 "Cam Khrop"。在现代几无人采用，但在从前则颇为流行。所谓全刑，共有五种。虽在佛教上，此种名词在摩伽陀语亦有。依《泰史汇集》第 39 集第 105 页所载，全刑计有：（一）脚镣，（二）脚枷，（三）颈镣，（四）颈枷，（五）手枷。

[2] 编者按：此处疑脱"为"字。

知之数。因此无论饮食坐卧，概须随处留神。此行抵拉廊府（Mu'ang Ranong。许云樵按：Ranong，华侨作"麟郎"，在马来半岛北部，此处应为 Rayong 之误，华侨称为"罗勇"者是，在东势）时，业已费了两个月的时候，沿途遭遇着不可言喻的种种痛苦。但泰族系富有忍耐性的战士，当然不愿就此屈服于任何困难之前，必须继续奋斗，直至获得最后的效果为止。这就是泰族不缺短爱国志士的证据！

披耶甘亨碧行军抵拉廊府的一段史迹，依叻打纳哥盛朝（Krung Ratana Kosindra）第四世皇时代所增修的《泰史钦定本》（包括传教士乐黎氏所印的，御著的以及教育部所编的教材各本在内）记载：

"披耶甘亨碧乃与其部属商议，谓首都必为缅军所陷无疑，吾侪应设法在东部各城市屯集军民粮秣，然后努力光复国土，使其依然成为首都。继此则设法收容一般流离失所贫穷无依的佛门中人、婆罗门教中人以及民众，恢复其幸福，并如前发扬光大佛教。余将自立为君，使全民拥戴，而有所顾忌，则光复国土，必易得手，诸君以为如何？所有将士以及民众皆一致赞同，乃拥披耶甘亨碧为昭，称'昭德'（Cao Tak），系依其原名而呼者。此后即竖起独立之旗。"

据此纪载，似乎可转移读者的意见，误以为披耶甘亨碧乘机谋叛，但史籍不直接指为谋叛。关于此事，实应佐以相当的证据而提出检讨，为什么史籍这样记载，吾人应否相信它系事实？

通常历史仅是事态的记载，至于其事态的真实情状为如何，那是要视证据的强弱为定的。倘在别方面缺乏相当的证据，则吾人不妨暂先相信史籍上的记载，无须立即予以判断。不过上述的事态，仍未能觅得充分的证据加以证实其事，然而有着相反的证据，因此不由人不引起怀疑。史籍的记载不免有点模糊不清。因所引起的反驳的证据，可看出记录者并未存心抹杀任何人的事迹，完全以身历的及所耳闻的事件照录而已，所以这种证据实有使人注意的必要。所说的证据读者可查阅《泰史汇集》第三十九集第七十五页，那是柯尔先生的记录，他始终称"披耶德"（Phrayd Tak），直至佛历二三一一年公历 11 月以后，这才改称为"拍昭德""暹罗的新君主"（Phra Cao Tak, Phra Cao Phen Din Mai Khong Krung Sayam）。把当时的时间加以计算后，从 11 月末起，或在同年 12 月初，即是颂绿拍昭德信大帝受泰族全民拥立为君主的时候。

还有拍丕蒙达摩（Phra Bimuldharm）所著的《山支底阁旺卡》（Sanggitiyavonggi），不甚推崇披耶甘亨碧，但亦未述及披耶甘亨碧自立为昭，虽然在那年里大城已被攻陷。披耶甘亨碧依然是东部的披耶。事后完全把大城里的缅军肃清后，披耶甘亨碧依然故我！关于此事，另有一旁证，那就是乌隆尼娃斯寺（Wat Borom Nivac）的拍阿麻拉丕勒吉德（Phra Amra Bhirak Khit）所著的，或是披耶巴拉蒙陀那勒萨（Phraya Pramul Dhon Raksh）所著的《星相录》第十一页（国家图书馆在佛历二四六四年交梭蓬印刷局印行之本）。

上面所引的三处证据，完全可证出披耶甘亨碧在拉廊府仍未自立为昭。盖自立为昭，以便使人拥护和敬畏事，并不切合于当时东部的形势，因为在披耶甘亨碧未领军首途以前，东部的民众业受了公摩蒙贴丕碧（Krom Miin Deb Bibidh）的勾引和运动，结果在巴真府（Mu'ang Pracin）方面相继死亡了不少。这是由于公摩蒙贴丕碧系皇族，率使东部居民对于解救国家感到了绝望。这是众人所周知的事。相信披耶甘亨碧必了解这种情势，当然不会以假设的皇族地位，来衍解了东部居民的信任心。所以，实可证出披耶甘亨碧绝不利用昭的权势行使于业已不信仰这种权势的东部的。

在军队驻扎于拉廊府城内后，披耶甘亨碧立即命令銮披猜拉查携带亲笔函赴菩泰吗斯城（越人称河仙 Hatian，颂绿拍昭德信大帝于佛历二三一四年获得此城。降至叻打纳哥盛朝第一世皇时代，越南嘉隆王——阮福映，泰方称 Ong Chiang Su——有意将此城划入越南版图，乃驱逐由泰方所委任的菩泰吗斯府尹，改委越籍的府尹管理此城。此种行动，充分显出对泰国的污辱，但颂绿拍菩提约华——即系叻打纳哥盛朝第一世，亦即中国史乘上所称的郑华——并不加以追究，其主要的出发点，完全是看在邦交上。于是此城遂平顺地被越南所辖。——参阅《泰史汇集》第五十六集第廿八页及《叻打纳哥盛朝一世皇史》第二版本第二百八十六页）运动披耶拉查塞弟（Phraya Raja Cershthi）合作。依统帅派使作急遽地与菩泰吗斯城主谋联络的行径看来，实深恐拉廊府逃出的人员不免从中教唆披耶尖竹汶（Phraya Chandaburi）发生误会，并从事阻梗大业。如披耶尖竹汶不察，轻信其教唆，不允合作时，则有先向菩泰吗斯城主拉拢的必要。反之，放任情势的发展，则对于统帅聚集人马的工作将产生困难，甚或使大业愈远离着成功，或成功亦非易。盖尖竹汶不合作后，将向何处求取力量的充实。实际上如缺少了这位统帅，则谁有足够的力量对抗缅军，光复国土。为着防范引起他方面的误会传扬开广起见，实有立即派使措理的必要，负责其事的专使落于著名战将的銮披猜拉查身上，确甚适合无嫌。

銮披猜拉查偕同乃汶貟（Nai Bunmi）于阴历四月下弦十四日（许云樵按："下弦"应作"黑分"，语出《大唐西域记》；黑分十四即夏历是月二十九日也）星期六行抵菩泰吗斯城港口，向披耶拉查塞弟提出亲笔函，并获得优渥的礼遇，且答应于同年阴历八月或九月派海军参加作战。此外还派阮楷祥（Ong Kai Seng）携带大宗礼品，偕同銮披猜拉查于佛历二三一〇年公历 4 月 27 日抵拉廊府，时为缅军攻陷大城的廿天后。统帅获得回书后，深为喜慰。经将菩泰吗斯城（当时昭华亚派王太子昭水，亦由大城逃出避居于此城内）拉拢成功后，即拟向尖竹汶城方面游说，适巧接得报告万佛岁城（Mu'ang Jalapuri）方面发生叛乱。原因由拉廊府溃退的乃通裕·诺绿（Nai Thongyu Noklek）在万佛岁驻扎，并四出拉人马，以便再度敌对披耶甘亨碧。对于不愿合作的居民予以种种压迫，同时设法阻挠一般有心归附披耶甘亨碧的人们。因此披耶甘亨碧须加以处理此事，并取得坚强的保证必要。比披耶甘碧亨军队抵万佛岁城，乃通裕全不抗拒，低首归顺。统帅旋委乃通裕仍驻于万佛岁，负责维持地方治安，使居民安居乐业。

关于乃通裕的事迹，依史籍所载，谓披耶甘亨碧正式委乃通裕为万佛岁府尹，领有披耶阿拏叻巫里室利摩诃砂没（Phraya Anu Rajaburi Cri Maha Samudra）①。把在初期过去种种情事略加检讨，实有着好几方面足以看出当时的情势，适与史籍所载的相反。即：

（一）在披耶甘亨碧军中有虎将多位，类系能征善战，始终保持着胜利。这种特殊的劳迹，实有予以提高其爵位或职衔的必要。然而未见披耶甘亨碧曾对任何一位虎将予以提高其职位。

（二）所占领的拉廊府，在史籍上也没有提及曾委谁人任府尹。

（三）首都失守的消息传扬后，任谁咸乘机自立为王；但披耶甘亨碧并不那样子，虽取得了尖竹汶城，也还不自立为王。由是可见披耶甘亨碧并非自大者可比。

（四）乃通裕本人，实系毒辣的敌人。仅就披耶甘亨碧不加杀害，反而委为万佛岁城的管理人而言，可算为一种无上的幸运，出人意料的赐予，宜乃通裕加以终身恪守不渝。此种举动，完全显示出披耶甘亨碧的无上的美德，那就是真正的战士绝不伤害及已表示归顺的人的。这是其他统帅们所无的涵养。

以上所列的理由，大概可以使人了解及披耶甘亨碧绝不会立乃通裕为披耶阿拏叻巫里室利摩诃砂没的。

既无后顾之虑后，披耶甘亨碧仍领军返拉廊府，从事训练军队以及充实相当的粮秣后，即向尖竹汶城进军：盖当时的披耶尖竹汶受了从拉廊府溃败的人们所教唆，因而发

---

① 作者注3，披耶阿拏叻巫里室利摩诃砂没，泰语为 Phraya Anu Rajaburi Cri Maha Samudra。依《钦定本纪年史》所载，则称：披耶阿拏叻巫里（Phraya Anurathburi）；惟第一世皇时代所编纂的《纪年史》及公摩銮汪砂特叻（名砂匿）所著的《纪年史稿》，则称披耶阿拏叻巫里（Phraya Anurajaburi）。所不同的则为阿拏叻的泰文，其实《钦定本》每有此项错误，这将在注14（编者按：当为作者注13）有关"索"变成"哇"的事件，作详细的检讨。

生疑忌，不愿参加合作，反而从事作种种的布防，已致使披耶甘亨碧不能再事久待。原因是首都于公历 4 月 7 日为缅军攻陷以来，已有两个多月了。可是事实上，统帅拉拢披耶尖竹汶开始于佛历二三〇九年公历 3 月间①，至佛历二三一〇年公历 5 月间，为时不下三个月，但披耶尖竹汶装模做样，故意拖延时间，甚至后来还收容了统帅的敌人坤拉吗（Khun Rama）及蒙宋（Mu'n Song）。到了 6 月间，披耶甘亨碧深知已届成熟的时机，倘再让披耶尖竹汶称王称霸，则意志不坚强，而且一无所长的披耶尖竹汶所保卫下的城池，终会被缅军所攫去的了。于是披耶甘亨碧实行向披耶尖竹汶提出最后通牒，如不愿合作，则准备迎战；倘能以国家为念，不宜分彼此，则请集合人马，开赴首都一同进行光复国土的大业。结果无回答，披耶甘亨碧立即下令进攻尖竹汶城，銮披猜拉查仍然表现其最英勇的争战。终于自私的披耶尖竹汶鉴于抵抗无效，私下携带了家眷逃往菩泰吗斯城，让城里的军人继续抗拒，但披耶甘亨碧的军队仅费了少许的力量即占领了此城。大军入城后，立即布告安民，同时向居民解释首都经被缅军攻陷，不愿被缅族奴隶的泰族人，请参加军队，以便集力攻缅军并光复国土。披耶甘亨碧的布告发生了意外的效力，有着不少的泰族人陆续参加，有的带了粮食来，有的献出其血肉以便抗战缅军，收回失地，恢复自主权。当时东部居民纷纷归顺披耶甘亨碧。统帅予以最公平的待遇，编定其队伍及职务，并从中灌输以军事学识，以便随时可与敌人抗战。

至于素利若阿吗舜皇（Phra Thinang Suriya Amrindra）的御侍官乃成真拉（Nai Sut Cinda Bunma，原名汶吗）在首都陷落时，必未追随于君王的左右，设法逃出了缅军的掌握，转赴万佛岁依乃亮（Nai Ru'ang）而居。得悉慷慨大量的披耶甘亨碧取得了尖竹汶城以及邻近的城市，深信必能保全其性命，乃设法进见，并愿在军队中服务。披耶甘亨碧不拒其请，反而善意地收容。乃成真拉对统帅的不加白眼的恩惠，必能铭感五中。因当时中部普遍地发生叛乱，而缅军亦在各方面加以严厉地搜捕，想逃出缅军的掌握实非易事。至于泰族人方面，亦有多处组成匪党，从中打家劫舍。受封于缅军的区域长官，也不免互相争杀着，因此全国陷于混乱的局面下。在乃成真拉投在披耶甘亨碧的护翼下，除开保全性命，及恢复其固有的自由以外，同时还获得了最神圣的救国美誉，这是我们深知系难逢难遇的机会。总而言之，乃成真拉获得了安全和幸福，另外还取得了美誉。包括了这三种利益，受了披耶甘亨碧的保护，还有谁不对此而深铭五内！

披耶甘亨碧把尖竹汶城内的治安措理妥善后，立即下令赶造战船，以便运军攻缅，实践其前言。由此视之，亦可看出披耶甘亨碧系一位纯粹履行其诺言的战士。说话决

---

① 编者按：此时间有误，疑为"佛历二三一〇年公历 2 月间"之讹。

断，从不食言，始终如一。在泰军突围而出时，并非逃命，或自保，而是希望在外面集合兵马从事光复国土的突围。既获得了相当的根据地，即大事整顿军队的实力，以便履行其诺言。这些这些，实为我们应加以记取的。

由銮披猜拉查负责监督下的造船股，工作进行大为紧张，仅仅费了三个月的时间，造成了沿海岸可驶行，同时在内河亦可航行的一物两用的轻快军船不下一百艘，平均每天最低可造一艘。这种现象，泰族须随时加以记取，并作进一步的努力，吾人应循着当时的泰族建设海军的无上力量的故道而行。凡是泰族人在当时所能完成的事物，吾人也系泰族，亦须具有上述的力量；那末，国家的自主权将永不会中断了。

迨至阴历十月的下弦，海面开始平静，风浪全无，便利行军。披耶甘亨碧特将尖竹汶城的事务委托亲信的军官管理，亲领全部海军离开尖竹汶城，委銮披猜拉查任先锋，披耶甘亨碧则亲自统率大军殿后。

此次由尖竹汶城所开出的海军，仅就其实质而言，则和突围而出的军队不同：当时的陆军完全属于淡水区域的血统，可是这次的海军，则全部属于咸水区域的血统，实赖泰国东部沿海各城市，如北揽府（Mu'ang Samudr Prakar）、洛坤那育府（Mu'ang Nakor Nayok）、差昌骚府（即北柳府，Mu'ang Chaxoengsao）、巴真武里府（Mu'ang Prachinpuri）、万佛岁府（Mu'ang Jolpuri）、罗勇府（Mu'ang Rayong）、尖竹汶府（Mu'ang Candapuri）、打叻府（Mu'ang Trash），一直包括阁功岛（Ko Kong）在内。这可算得光复国土成功是有赖于东部民众的大力的。东部民众的子子孙孙对祖先所创下的伟大功业，有加以铭记的必要，同时尤须努力维护祖先所遗下的令誉，使其永不泯灭！

披耶甘亨碧所统率的大军沿着海岸而进，在通过万佛岁城时候，得悉由统帅委其负责维持此城治安的乃通裕，依然无恶不作，同时万佛岁城居民亦控诉了乃通裕的种种不良举动。

关于乃通裕的事件，也许早已风传到尖竹汶。因有人来自万佛岁，如乃戌真拉以及他人，皆投入披耶甘亨碧的部下，必已知道了乃通裕的行状，而且在未进军万佛岁以前，当向披耶甘亨碧有所报告了。

披耶甘亨碧经缜密审查后，悉系事实，以为仍放任乃通裕管理万佛岁，将来必成为大患，盖有着二项理由，即（一）乃通裕仍维持其敌对的行动，缺乏精诚合作意；（二）乃通裕设法收买党羽，目的非对抗缅军，实际上系准备除去统帅。收买党羽，乃通裕进行甚为积极，遇抗命者，立处以极刑。因此万佛岁人民，非但未领受到应得的幸福，反而遭遇到乃通裕的种种压迫，造成普遍不安的局面。所以实无途径可使乃通裕继续留职，或褫夺其职而不加以相当的惩罚，则乃通裕或将不免四出散布谣言，促起各方的误解，从而聚集人马，阻挠复国大业。结果一致决议格杀乃通裕，因其趁国家动乱中，从中阻挠复国大业，破坏团结。如始终有此种人存在，则将使泰族永远沦为他人的奴隶哩！

经将万佛岁方面的事件给解决完竣，统帅即领军直指湄南河口，缅军纷纷溃退，比达三菩提树（Bo Sam Ton）已是佛历二三一〇年的阴历十二月了。

銮披猜拉查任先锋，立即进攻领有实力约三千人（等于摩诃吞吗拉查皇时代的人数）的大城守卫缅军主将拍那功（Phra Nai Kong）① 所领有的缅军。拍那功派副将蒙耶（Mong Ya）领军赴捕象围堵截。但蒙耶见泰军实力雄厚，军心旺盛，知难阻抗，结果退返三菩提树，不愿与泰军接触。主将拍那功见蒙耶未战退回，同时深恐泰军迂回其后，不得已派一支生力军在军营前接战，如能堵截，则将增援俯泰军后，击破其主力；否则堵截之军队犹如第一防线，可使后方有充裕之时间准备。但事实上泰军此次来临，颇为神速，以致缅军无充分时间调动主力，同时沿途缅军复纷纷溃退，结果影响三菩提树方面的缅军军心。銮披猜拉查先头部队出全力进攻，军心已动摇的缅军遂无力抵抗，纷纷溃退。此次缅军之失败，实基于平素放任享乐，以为泰族人已无力反攻，因此益为大意；不料接悉泰军已起事，而且泰军已切近，缅军无从准备，又值军心涣散，给予泰军最好的机会击破。

在缅军争先恐后溃退入营期间，銮披猜拉查见机会来临，立即驻军迫缅军营。这么一来，更使缅军混乱，全无纪律。拍那功主将见大势已去，无力挽救，乃派出披耶特迫

---

① 作者注4，拍那功，泰语为 Phra Nai Kong。依《钦定本纪年史》载，拍那功抗战至身死。

据第一世皇时代所写作《山支底阁旺卡》第420页载："当时缅军主将哇拉那拉西（Varanairasi，即拍那功）驻军于三菩提树，已有七个月。因慑于吞朝军威，乃逃匿，大帝追捕，戈获后合其亲族斩决。"意指拍那功出走被捕后始斩决，名言之，即自旧都逃出，加入披迈城公摩蒙贴丕碧方面，吞军征讨，略事抵抗后即被捕获。

依拍阿麦拉披吣吉（名阁）所著的《星相录》载："进攻三菩提树时，拍那功加入。"这就是说拍那功仍未死。迨披耶甘亨碧领军来征时，拍那功即行投诚，主帅不加害，盖敌人愿投诚，这符合《山支底阁旺卡》的记载。

第一世皇时代所编纂的《纪年史》载："晨，进攻三菩提树的西岸，时拍那功为守将。披耶披碧、披耶披猜领华籍志愿军旅任先锋，进迫缅军营。由于大帝神威，敌军咸丧胆，率率逃出军营。拍那功大惧，特令六坤太守的披耶特迫巫里吣出而接洽投诚。大帝驾幸缅军营，并谕令三军勿杀害或压迫民众。"这可证出拍那功仍未死。更甚的，接着还继续叙述："然后大帝恩赐一概留职，受拍耶功统辖。"这就是说，大帝未出征前，由拍那功所委任的诸大臣，大帝不加革斥，一概留职，依然受临时自立为王的拍那功所统辖。

依《山支底阁旺卡》《星相录》以及第一世皇时代所编纂的《纪年史》等书所载，完全相同，即拍那功未战死，仍然健在，惟《钦定本纪年史》则称战死。作者从多数，且以较前的史籍为根据，当比较切近事实也。

巫里叻（Phraya Dhibecr Poriraksha）① 接洽投诚。统帅见缅军输诚，亦不加害，同时仍着拍那功领有原职，负责统治缅军。此处可看出统帅对于败将输诚不予加害的伟大人格了。

披耶甘亨碧此次领军光复泰国领土，完全是出于爱国至诚。倘披耶甘亨碧领军突围期间仅属逃命性质，当无力与缅军抗争，最多不过攻入尖竹汶后，即着手自立为泰国东海岸的霸主了。然而事实适得其反，披耶甘亨碧在突围时尝表示，将归来与缅军接战。所以一经脱出缅军的势力圈后，即积极招军囤积粮械。届相当时机，即领军直指大城与缅军实行争战，以践其言。这可算得爱国志士的忠实的行为，同时系爱国志士的最好的榜样。由于爱国的真诚，以致泰国再度恢复自主权，这确是披耶甘亨碧无上的功勋。虽然这是百余年前的事，可是在这百余年中，亦不能抹杀此次的劳迹，泰族人理应随时铭记披耶甘亨碧所立下的殊勋，在其在世期间，确使泰国获得了无上的光荣及兴盛！

披耶甘亨碧将大城的缅军征服后，立即在三菩提树附近举行隆重的已故泰国君主素里耶砂纳阿吗舜皇（Phra Thinang Suriyacn Amrindr② 的火葬礼，此举在尊重国君。火葬礼过后，披耶甘亨碧即派员赴华富里（Lobpuri）游说合作。当时华富里方面另有独立的缅甸军旅驻扎，结果华富里归顺，因此统帅即移军驻于吞武里室利摩诃砂没城（Mu'ang Dhonpuri Cri Maha Samudr）③ 以利统治东部沿海各地，同时又可保护海上的商轮。吞武里地位适中，富庶，尤利海军的驻扎，且系良好的商港。此外，地名又与统帅

---

① 作者注5，披耶特迫巫里叻，泰语为 Phraya Dhipecr Poriraksha。此名在第一世皇时代编纂的《纪年史》有载，但《钦定本》则称披耶特迫巫底（Phraya Dhipespati）。应从一世皇时代编纂的《纪年史》所载，因在《阿瑜陀朝居民供词》一书内亦有此名，即此书所载有关于大臣助理员名单。可是缅方反而讹称为披耶特迫巴里若的（Phraya Dhipespariyati）。虽然如此，惟我们仍可根据官衔的缀句加以对比，则有拍昭乌隆阁皇时代的大臣昭披耶参南，其缀句亦称巫里叻 Poriraksha。

　　披耶特迫巫里叻在吞朝时代官至昭披耶室利达玛特叻。其最高的官职在佛历二三一九年所写作的《三界》记载，谓官列宰相位。也许早在佛历二三一七年任此职，盖当时的宰相昭披耶却克里（名穆）已逝世。因此，代理其缺，取得宰相职必不在佛历二三一七年以前。迨至佛历二三二三年间（似乎已脱离宰相职），颂绿拍昭德信大帝于阴历十二月下弦初六日委为编纂《旧都礼仪录》的编纂委员会主席职。参阅《民俗大全》第15集首页。

　　翌年（佛历二三二四年），大帝派其赴中国，从事收买砖石、瓦、红铜等，以便建造吞府皇城即翡翠玉佛殿。昭披耶室利达玛特叻领导使团一行人于阴历七月下弦十三日离朝首途。参阅《郑昭贡使入朝中国纪行诗译注》。不过，使团自华返抵泰国时，颂绿拍昭德信大帝业被斩决，建皇城及佛殿的计划无形消灭。至于昭披耶室利达玛特叻亦因更换君主而脱职，大概系在一世皇时代逝世。

② 译者注：系大城朝万蒲銮皇系统治大城的第六世皇，亦系大城朝历代皇统治大城的最末一位君主，即位于佛历二三〇一年，薨于佛历二三一〇年，在位九年。

③ 作者注6，猛吞武里室利摩诃砂没城，泰语为 Mu'ang Dhonpuri Cri Maha Samudr。这个名词被记载在小历一〇六九年，即佛历二二五〇年所编纂的《旧法》里。参阅比洛莱教士所印行的《旧法典》第2册，第268页。另一处则在吞朝《三界录》（佛历二三一九年所编纂者）。

　　仅就室利摩诃砂没而言，系暖武里城太守及万佛岁城太守所专用官衔的缀句，这名词散见于各书，如阿瑜陀朝《内地官级录》，载于《省报》第21卷，第16页；《旧法典》第1卷，第204页；第2卷，第61页。

的名不谋而合，吞武里（Dhonpuri）（许云樵按：Dhonpuri 一名，源出梵文，Dhana 此言财富，Puri 此言城，原文云云，实仅指前一字言也），义为财产（Sin）。明言之，Dhonpuri 解为 Sin，统帅的乳名为 Sin。由于这种不谋而合的巧遇，实可目为无上的佳兆哩！

披耶甘亨碧不驻于大城的原因，并非大城范围广阔，超出能力统治。假如我们注意披耶甘亨碧的奋斗历程，将不难看出：披耶甘亨碧不喜效古法固守于坚厚的城内。城垣虽广阔，实无关紧要。理由不外：（一）大城不时发生篡位的事件，居民的安全往往遭受影响。（二）大城全不放在缅军的心上，因叠为缅军攻陷了三次，已失去其重要性，且事实上不能掩盖以前败迹的耻辱，以及不时发生篡位的丑事，必须另觅新地点。因泰国还领有不少富庶的地方，同时大城亦不如前时的富庶了。所以披耶甘亨碧乃有移驻于吞武里之举。

在吞武里勾留的时间，统帅对于来归的无告者的数量增加，益增重负。盖缅军被征服的消息如火烧原，遍传各地，一般避难的人，受着种种之困难，忍气吞声，一旦得悉披耶甘亨碧光复了国土，咸异常欢欣，相率来归。

至于北部，在首都沦陷后，披耶彭世洛（Phraya Pitsanulok，名仑 Ru'ang）立即乘机自立为王，在彭世洛称霸，仅半年的时间，即行死去。昭拍凡（Cao Phra Fang）乘隙驻军侵彭世洛。昭拍彭世洛（Cao Phra Pitsanulok）[①] 之弟不敌。彭世洛遂陷，披集

---

① 作者注 7，昭拍彭世洛，泰语为 Cao Phra Pitsanulok，原名仑，和吞朝的关系，仍遗有不少的问题，值得检讨的。

据《纪年史》载：这位原任彭世洛城太守职，称披耶彭世洛。佛历二三〇四年景迈受缅军所侵，特向阿瑜陀朝廷求救。朝廷特征集此部军队，并任披耶彭世洛为主将，领五千泰军开赴挽拉限区时，悉景迈已被缅军所陷。第二次为佛历二三一〇年，阿瑜陀行将被缅军攻陷以前，拍昭素里若阿玛辇皇谕令召集彭世洛城守军，下开共同保卫首都。彭世洛守军开抵金山寺田野中不多时，披耶彭世洛派披耶蓬拉贴上奏辞行，以便火葬其母，着銮哥砂及拍吗避泰代掌军权。披耶彭世洛去后，即不复归来。

依上述的两次事态看来，充分证出披耶彭世洛原非能者，尤以第二次，更显出自私自利，不以国家为重，大别于颂绿拍昭德信大帝。读者当能记忆在叻丕附近挽南缴区与缅军抗战期间，适皇太后病重，颂绿拍昭德信大帝依然继续作战，直至胜利为止。虽然得悉太后的噩耗，大帝仍不放弃抗战的任务。

至于由披耶彭世洛委任代理军权的銮哥砂（原名杨），继后亦不忠于朝廷，设法放出被监禁中的昭华集（Cao Fa Citr）相率退军，朝廷追捕已不及。比军队开抵彭世洛城，适披耶彭世洛不在，昭华集乃将披耶彭世洛的财产全行没收，并从中征集人马，守卫彭世洛城。披耶彭世洛悉昭华集占取彭世洛城后，即领军扎于披集城后，从事招募人员，比人马充足后，即开彭世洛与昭华集作战。昭华集所赖者只有銮哥砂一人，结果昭华集战败，且被捕，而銮哥砂则被逃脱。披耶彭世洛在事后将昭华集捶于水中溺毙。

应注意者，在这一段里是说銮哥砂不忠于披耶彭世洛，赞助昭华集与披耶彭世洛作敌对。也许銮哥砂利用昭华集为幌子，以备将来自大。至于披耶彭世洛已遭受銮哥砂的叛变，当然銮哥砂已失了信任心。迨昭华集被赐死后，銮哥砂自逃出彭世洛，或直接投入昭拍凡（名隆）。披耶彭世洛方面必无暇追捕銮哥砂，因须招募人员，修改炮垒，从而增强守卫力，保守其所领有的彭世洛城，所以銮哥砂始得从容逃脱。

（Bicitr）及彭世洛的人民不愿受昭拍凡的统治，纷纷投吞武里，因此吞府人民数量激增，食粮以及耕地，愈为困难，因当时缅军初平，但各地割据的局势仍然存在，食粮的觅取，实非易事。

除开接养一般来归者以外，仍需负责清理掩埋尸首，因被缅军所杀害的老幼残弱，以及佛门中人，为数不少，狼藉各处，深引起统帅的怜悯，甚且感到厌烦，有意迁赴尖竹汶。

属下军官，包括和尚及居民，深悉统帅有意移居尖竹汶，咸感不安，恐再度发生变

在《山支底阇旺卡》称："阿瑜陀都为缅军攻陷后，自立为王的共有四位，即（一）昭拍彭世洛，（二）昭可叻，（三）昭六坤，（四）三菩提树的拍那功。"全无道及披耶甘亨碧及砂汪卡巫里城的僧王尝自立为王的事。

同书继称："昭拍彭世洛尝与昭拍凡作战三次，不分胜负。在位仅有六个月即薨，享寿四十九岁。"（第407页）

依《山支底阇旺卡》所载，昭拍彭世洛尝与昭拍凡作战三次事，即可推知昭拍彭世洛为何不下攻三菩提树的拍那功，反而上去攻昭拍凡共三次的行动了。因为銮哥砂经投奔昭拍凡，而銮哥砂又是昭拍彭世洛的重要的敌人，所以一经有相当的实力后，即领军北上，以便除去銮哥砂。然而砂汪卡巫里方面亦非弱者，以致昭拍彭世洛三次出征，依然不得手。这可见昭拍彭世洛虽自立为王，惟实力仍不够坚强。阿瑜陀都于佛历二三一〇年公历4月7日星期二为缅军所攻陷。依《山支底阇旺卡》载："首都沦陷后，昭拍彭世洛即自立为王，在位仅六个月而薨。"由首都沦陷那一个月起算六个月，则在九月或是十月，所以昭拍彭世洛薨的日期，当不逾佛历二三一〇年公历10月。在这时期颂绿拍昭德信大帝依然是披耶甘亨碧，正在尖竹汶招募兵马，以便出征三菩提树缅军中，所以昭拍彭世洛和颂绿拍昭德信大帝根本无有机会相见，因昭拍彭世洛先薨也。

迨披耶甘亨碧将首都缅军击毁后，仍继续处理了多宗重大的事件，计：（一）赶紧办理先皇素里若阿玛辇遗骸火葬事宜。（二）派员赴罗斛（现改称华富里府）游说合作。（三）领军下开，从事开辟吞府，以利驻扎军队。（四）派海军开赴秦万功区驱逐陀罗耶军，陀罗耶军全溃。

继此，《纪年史》始继述及颂绿拍昭德信大帝和昭拍彭世洛的战争，称，在鼠年第十旬皇上御驾领带泰华军，武器齐全，分水陆两路，出征彭世洛，抵楷猜区。拍彭世洛（名隆）悉军临城下，特派銮哥砂（名杨）出抗。双方征战颇烈，敌开炮，伤及皇之左胫，因此退军返吞府。迨皇伤痊愈后，悉三菩提树拍那功之副将蒙耶逃出，并投向披迈王公摩蒙贴披碧，乃领军出征可叻。

照上述的一段看来，立即使人明了，在显示颂绿拍昭德信大帝根本不高强过銮哥砂。其实我们还记得在前一段，《纪年史》尝述及銮哥砂赞助昭华集，卒对昭拍彭世洛叛变，但为昭拍彭世洛所击溃，为何还能在一起？兼之，昭拍彭世洛在颂绿拍昭德信大帝未进攻三菩提树缅军以前即薨，何又复生，且能与颂绿拍昭德信大帝作战？相信《纪年史》这一段的记载必有错误。幸得《山支底阇旺卡》述及昭拍彭世洛的薨事，还可依据而和《纪年史》相对照，否则不免使人感到费解，甚或造成种种误会。

《纪年史》仍续提到昭拍彭世洛薨后，其弟拍因陀阿功继位。昭拍凡领军来侵，拍因陀阿功战败，且被捕杀，昭拍凡搜括财物，并掳人民以俱去。惟未述明昭拍凡究委谁人守卫彭世洛城。虽然如此，但仍不难推测出昭拍凡必委銮哥砂守城。迨至佛历二三一三年颂绿拍昭德信大帝领军出征砂汪卡巫里城时，依《纪年史》载：昭拍凡悉其事后，即令彭世洛守将銮哥砂领军出抗。星期六晚一更左右，帝令先锋开始攻城，同时得入城。銮哥砂则逃出，扎于拖伽区（在彭世洛城东北向），惟未接战，即行逃退。

大约銮哥砂在这次逃退的时候，必侵入景迈界，结果为景迈军所击溃，这在《景迈史》有记载："一一三二年…………七月下弦初三，星期一，由拍哥砂率领的南军约七千众来攻景迈，扎于赖京门共九日；七月下弦十一日，星期二，被击退。"参阅披耶巴查吉《景迈史》，第六章第19页。

经完全明了昭拍彭世洛和銮哥砂的事态后，即可看出《纪年史》所叙述的紊乱芜杂程度了。

乱，因统治乏人，于是纷纷向统帅请求留驻吞府，保护彼等的安全，并宣誓尽忠于统帅，不管任何艰巨的工作，彼等愿为国捐躯，从而报答统帅的恩惠。统帅见部下以及人民皆能团结一致，即答应继续勾留于吞府，并以吞府为根据地。调动大批人力搜寻缅军筑营及炮垒所遗下的砖瓦，加以建造吞府的城垣，而不移动及大城的败坏城垣，一仍其旧，以备后代人的永念国破家亡的惨状，作为一种无上的课题！

至于附近各地前卫线，在军力的可能范围内，尽量派军官领军驻扎，并保居民的安全，安居乐业，不致领受到任何的扰搅。

当泰军在吞府驻扎不久，缅军曹波曼（Pomang）即陀哇耶（Davaya）领军约二千①，再度侵入泰境，且包围秦万功军营（Khai Cin Pangkung），几破。吞府得悉，统帅立亲领战船廿艘，遴选坚强的军官，如銮披猜拉查等，出动解围，发生肉搏，缅军溃退，泰军力追，缅军无力抵抗，溃不成军，泰军乘机分头冲击。是次逃返的缅军，实无几人。

乃戍真拉（即汶吗）见统帅经将中部乱事荡平后，即报于其兄銮约甲越（Luang Yokrabatr，名浪 Duang）。时銮约甲越携带家眷逃难，避匿于叻丕府深林内，亦来投披耶甘亨碧，统帅亦妥为收留。至于銮约甲越的两位姐姐，悉其两弟投归披耶甘亨碧，亦相率赴吞府，并将其子托由披耶甘亨碧教养。

当时泰国仍被割据，各自独立。南部有六坤王。东北则有可叻王，可叻王被杀，其弟继位，无何又被杀，最后公摩蒙贴披碧（Krom Mu'n Deb Bibidh）自立为王，称昭披迈（Cao Bimay）。除此外，北部有昭拍凡，但未自立为王。国家混乱中，应加以拯救，因此投归的人不少，且极力保护景迈不落于缅军手中，昭拍凡应接受到相当的赞扬，保护国土领有殊勋。

吞武里方面，披耶甘亨碧并未自立为君主，盖目的在光复国土，以及复兴佛教而已。

昭披迈悉披耶甘亨碧仍收容缅军曹拍那功及蒙耶于三菩提树区，特派人游说。结果

---

① 作者注8，缅军曹波曼即陀哇耶军约二千：这一段是依照第一世皇时代所编纂的《纪年史》而叙述者，惟《钦定本》则称缅军主将名孟记玛拉野（Mangki Maraya）且率领有陀哇耶军二万。军人的数量有着重要差别。《一世皇本》称二千，惟《钦定本》则称二万，差数达九倍，这未免太过夸张了。大概在抄录时以二千认作二万吧？关于这事，依丹隆亲王在其所著的《泰缅战争史》，推测必不超过三千人。参阅《泰史汇集》第6集第2卷，第36页。

作者认为丹隆亲王所下的推测，较切近于事实，依当时的事态而言，泰军前锋在同时击溃缅军；要是缅军有二万众，则在同时击溃确非易举。为什么？假如真有其事，继后阿星温基的一仗，理应立即击破才对。然而适得其反，进击颇为缓慢。据此，此次缅军二万，不免太超过事实了。

拍那功及蒙耶不计及吞府统帅的恩惠，私下逃赴披迈。统帅得报，认为昭披迈越界，且游说缅军合作，以便完成其私欲，倘予以放任，不无成为后患，乃下令调动军队，以便征讨。

据《山支底阇旺卡》载，可叻人民不甚拥护公摩蒙贴披碧。这层大概是事实，因公摩蒙贴披碧进入可叻城后，即暗中杀害了可叻王，以便篡位。但可叻王弟将可叻城内的乱党压平后，即承继王位，惟无何又被杀害。可叻人民必非常拥护可叻王及其弟，因此对公摩蒙贴披碧乘隙自肥的举①，表示不满。

吞府军队攻入可叻城后，拘获拍那功，立即下令斩首，因犯下无可恕的重罪。至于公摩蒙贴披碧，见大势已去，照样图逃以自保。惟可叻王的旧臣坤查那（Khun Chanan，名汶空 Bun Kong，与可叻王领有亲族的关系）② 不愿放任其再遥遁法外，特力追并将其捕获，然后献给吞府统帅。

在此处应加以注意的，厥为通常如敌人俯首投诚，披耶甘亨碧决不加害，如必要时，仍留其任原职，不予以褫夺。驻扎于三菩提树的缅军曹拍那功及蒙耶，因诚意投降，除开不加害以外，仍着其任原职；以及行将提述到的征伐六坤时，六坤王偕同王子以及众臣投诚，亦概恢复其原职，即为好例。此种事件实充分显示出统帅对人的宽宏大量。但公摩蒙贴披碧则为例外，因系生来就是王族，不能轻易予以降职，或领有较低下的职位。所以谋篡位的事件，可以不追究；但最不良的居心，就是游说缅军重要军曹如拍那功及蒙耶合作，以便争夺江山。此种行动实不可恕。然而公摩蒙贴披碧拘获后，统帅亦不立予惩罚，以便觅取通融的途径。后来请公摩蒙贴披碧转赴吞府，详加审讯，卒得到确切的证据：公摩蒙贴披碧存心游说缅军合作，以便举事，此种叛国的行动实不可恕，因此获得所有军官的同意，乃实行将公摩蒙贴披碧执行死刑。

---

① 编者按：此处应脱"动"字。

② 作者注 9，坤查那，泰语为 Khun Cana，原名汶空。依《钦定本》载：颂绿拍昭德信大帝敕封坤查那为披耶坎亨颂堪（Phraya Kamheng Songgram），这名一直不断地提到，而于随同着皇储昭华公摩坤因披达被斩决为止。

其实，当出征公摩蒙贴披碧时，主帅依然领有披耶甘亨碧的官衔。披耶甘亨碧无权委任大官衔（只可委任最高级的官衔为"坤""蒙"而已），这在文内业有推论及。因此，相信坤查那的升官，必在颂绿拍昭德信大帝被拥立为一国之君的初期所委任的。当时只封"披耶"呢，还是立即封为"昭披耶"，则不详。在诏文内往往称为"昭披耶可叻"，有如佛历二三一四年阴历六月上弦初三日，星期二（适为颂绿拍昭德信大帝登极之第四年），吞府发姶室利娑多耶瞿那隐多城的诏文所称的一样。至于第一世皇时代所编纂的《纪年史》，每次提及这位大臣时，完全称昭披耶可叻，一直至薨为止。

这位大臣的事迹，充分地显示出酷爱皇族的真诚。当皇储昭华公摩坤因披达因政治的影响而逃难于巴陀威山时，这位昭披耶可叻，亦尝追随左右，未离一步，实可算为忠将之一，而且坚决地推崇颂绿拍昭德信大帝，终其身不变节。虽然这位大臣业已物化，但相信他的忠君之风必不为世人所遗忘的吧！

拘获公摩蒙贴披碧的坤查那，统帅亦予以最高的犒赏，且委其任该城的统治者。这位坤查那尤忠事披耶甘亨碧，迨政局变动，直至颂绿拍昭德信大帝身披黄袍仍不免遭受杀害后，坤查那亦以身殉。

吞府军队自可吻班师归来期间，当时吞府所领有的疆界，南至尖喷府（Mu'ang Chumpor），北抵彭世洛府（Mu'ang Pitsanulok），而且包括东北部及东部全部在内。虽然领有广袤的国土，但事实上仍无负责掌政者，依然维持其现状，即所有人员皆以私人的资格靠披耶甘亨碧。假如当时披耶甘亨碧移驻他处，甚或死去，则无疑必再度发生叛乱，除开国内治安混乱以外，缅军又将再度来临！因此全体将士、民众以及佛门中人咸一致认为应选立一位真正的元首，以便掌理国政，特合力同心拥统帅即全国最尊的皇位，统治全国泰族，盖他们既不能看出更适切的人，且除了披耶甘亨碧以外，完全找不出更富有能力、更英明的人了。

佛历二三一一年阴历一月下弦初四星期二日，披耶甘亨碧受泰族全民拥立为一国之君①，统治全泰国土，皇号称 Phra Cri Sarbejn Sondec Porom Dharmik Rajadhiraj

① 作者注10，被拥立为一国之君：在举行拥立颂绿昭拍德信大帝为一国至尊的君主大典时，《钦定本》全不提及时日，这和泰史上最重要的恢复国土的纪念日一样。忘记加以记载吧？

关于登极的日期事，起先作者仍未敢决"一世皇本"究在何处有提及，因阅读仍未能全晓也。惟继后阅读到增修"一世皇本"的公摩銮汪砂特吻（名砂匿）所著的草稿，对登极事仅提及不几句，系杂在未出征可吻城以前者。文称：

"迨一一三〇年第十旬……（被涂去五六句）……当时泰族全民咸一致拥披耶甘亨碧为吞朝之君。"

惟应明了者，这段文字系新添者。《钦定本》亦依循此草稿而编纂，惟对于辞藻方面略加修改而已。据称："迨一一三〇年第十旬，所有华泰文武百官，大小臣民，一致议决拥帝即位，为新都吞府之君。"

要是事态仅如所述者，大概吞朝必无举行登极大典吧？但作者深信必有大典举行，只不过事态胡涂而已。盖当时任谁皆承认披耶甘亨碧系纯粹的将材，大家咸愿意受其卵翼、保护。而且事实上披耶甘亨碧亦能充分地保护他们的安全，为泰族最优秀的领袖人才。所得的领土，纯系泰族的国土，无人敢攻略，只有他族来投，圣威远播。一般土著及他族来投后，咸能获得生命财产上的安全，享受到真正的福利。基于这种原因，泰族全民始一致拥其为一国之君。

至于部下的所有合作的将士们，眼见大帝刚勇、果敢，作战神出鬼没，富有军事学识，训练部下，使成为有经验之战士，每攻必克，因而泰军成为国家最坚强的实力。由于这种原因，所有战士咸一致拥大帝为元首。

此外还有御侍官乃萱所著的诗章，亦有道及其事，依诗章所记，充分地显示出颂绿昭拍德信大帝实尝经过登极大典。御侍官乃萱的诗中称："大帝升座铍拉威陀台，接受加冕礼。"这就是说在举行登极大典时，设有铍拉威陀台，并无其他缺陷。铍拉威陀台，系用无花果木所制成者，被认作吞朝君主出朝最主要的宝座。继此国师以及婆罗门教中人，一致举行加冕礼。据此颂绿拍昭德信大帝系升坐于铍拉威陀台上接受加冕礼，切合于古制。

另有一册《星相录》，记载佛历二三一一年的事件称："彭世洛及披集溃退来投，并收复可吻城。阴历一月下弦初四日上午七时地震。今年昭德（Cao Tak）登极，年卅四岁。"

据此，彭世洛及披集皆来投吞朝，继此还收复了可吻城，这才于一月下弦初四日举行登极大典（系在攻陷三菩提树缅军满一年后，这实可充分证出披耶甘亨碧非性急好虚荣者可比，只勤于光复国土的工作。为泰族谋福利，纯为难能可贵。泰族得伟人，足以自慰，否则将用布巾缠头替代戴帽无疑了）。依《星相录》

Ramadhipati Porom Cakrabarticr Pavor Rajadhipatindr Ririndra Dhatadhipati Cri Suvipuly
Gunrucitr Riddhiramecvar Porom Dharmik Rajatejojaya Brahm Debatideb Tri Bhuvanadhipecr
Lok Jeshth Visuddhi Makudh Pradec Gata Maha Buddhangkur Porom Natha Porom Bitr Phra
Buddha Cao Yu Hua Na Krung Deb Maha Nakor Pavor Davaravati Cri Ayudhaya Maha Tilok
Bhob Nob Rath Rajadha ni Puriromy Utom Phra Raja Nivec Maha Sathan①。时为上午七时，

所载，可惜添上了"今年"二字于"昭德"之前，这不免使人发愕，究竟昭德何月何日登极。其实就是
前面所列的日期。请想想看，"今年"和"昭德"，必是后来加上的，假如无此二词，亦无抵触及语气。
在同一段里已列有年期，则可直认系在同一年里头所发生的事件，实无须再加上"今年"的必要。参阅
《泰史汇集》第 8 集，第 7 页。

　　经获得御侍官乃萱及《星相录》为根据后，乃鼓起余勇再度细阅"一世皇本"，企图发现其中究有无
像《星相录》所载的同一日期，结果如愿以偿。即叙述征服可叻城后，继叙及阴历一月下弦初四上午七
时许，帝出朝审理华侨阿盛收买佛像金由帆船运出的事件，"帝虔诚表示，将努力发展佛教，维护民众安
全。时发生地震奇相"。

　　在括弧（编者按：本文易为双引号）内的文句，读者阅后作何感想？作者认为就是原先所著述有关
登极大典的事态，只不过后来被改窜，结果形成了不三不四、上下不连贯的词句；更甚的，里面还加上了
华侨阿盛买金的事件，徒使紊乱而已。

　　公摩銮汪砂特昫（名砂匿）所著的草稿，则将这一段全部删除。至于《钦定本》则删去"帝虔诚表
示"一段，把前面一段略加修辞如下：

　　"追至鼠年第十旬一月下弦初四星期二上午七时许，帝出朝，大小臣员依序朝见后，即审理华侨阿盛
收买佛像金由帆船运出案，结果谕令内官予以惩罚。当时发生地震奇相约有二小时久。"

　　应注意者，厥为华侨阿盛案（原是细小的案件）须扰动帝出朝集百官审理，要是遇有更重要的事件，
如敕封"昭披耶"、属国君主之类，那不将更张大其词予以叙述的吗？但适得其反，被称为《吞朝纪年
史》的全部记载，仅道及隆重出朝一次而已，然而这次的出朝，其所记的日期与《星相录》所载的昭德
登极日期不谋而合。据此，我们即可予以毫无怀疑地指断，所谓小历一一三〇年一月下弦初四日星期二，
就是颂绿拍昭德信大帝正式举行登极大典的日期。虽然大帝为国家立下空前的殊勋，但检讨考考大帝的登
极日，确非易事。依读者查阅作者所列据的例证后，当能了解到搜求真理的艰巨了。

　① 作者注 11，帝号：关于颂绿拍昭德信大帝登极后所取的称号，也是同样的艰难，在《纪年史》里可无须
提到，后来方加上"颂绿拍巫隆查拉四世"（Somdet Phra Poromraja Ⅳ）的称号。其实这个称号究竟用什
么根据而称此，作者仍不敢决其与事实切近。

　　依各文籍所载的称号，实可划分为两类，一为俗称，一为正称。惟在此处将不提述到俗称。如有人须
明了其事时，可参阅各书，如一世皇时代陆军总长昭披耶摩诃社那（名巴里）亲赴六坤追索颂绿拍昭德
信大帝所恩赐六坤官员的制服时所著的记录（小历一一四六辰年所记录，适等于佛历二三二七年，是一世
皇登极的第三年）。

　　依所搜集得的各种正称，有如下所列：

　　《钦定本》称：颂绿拍巫隆拉查四世。此称号相信是新添者。

　　至于较《钦定本》古的古籍，则有二种记载，一为简称，一为详称。

　　室利娑多那瞿那扈多城于小历一一三三年（即佛历二三一四年）致吞朝的公函，以及吞朝大臣致室
利娑多那瞿那扈多城的公函（佛历二三一八年），对颂绿拍昭德大帝的称号为颂绿阿伽陀萨洛答（Somdet
Ahkatosarota）；及封六坤王的敕文（佛历二三一九年），亦书同一称号。至于"一世皇本"则称拍巫隆诺
菩汤顾拉昭（Phra Poromabhuthangkura Cao）。在这里，颇引人注意的就是《钦定本》，或许是根据了"巫
隆诺菩汤顾拉"从而改称新号为"颂绿拍巫隆拉查"，也不是可怪的。不过依照《钦定本》对阿瑜陀朝历
代君主的称号，如拍巫隆拉查一世、二世、三世看来，完全不近似。尤有进者，拍巫隆诺菩汤顾拉，还被

地面震动颇久（请参阅《泰史汇集》第 8 集"星相记录"），引起全国佛门子弟、泰族全民、文武百官深为欢跃，认为系皇威广播，神鬼为动，一致朝拜，并祝圣体永康，维护泰族全民，安居乐业。

正式举行登极盛典以后，即对文武百官以及民众论功行赏。至于銮披猜拉查，是共患难之军官，且属一等亲信，特敕封昭披耶披猜拉查（Cao Phraya Bijaya Raja），因立下多次的殊勋如：

（一）刚勇善战，素无退缩，可算为泰族纯粹的战将，富有为国捐躯的精神，始终参加复国的艰巨的工作，对缅军作殊死战，直至完成大业。

（二）自首都突围而出以来，即奋勇作战，为统帅最亲信的军官。

（三）出使普泰吗斯城，获得美满成绩。普泰吗斯城主愿参加复国大业。

（四）征讨尖竹汶，游说打叻（Trash）以及负责赶造军舰，皆能胜任裕如，完成统帅的计划，一无错误。

（五）任先锋，击溃吞府缅军，并力追至三菩提树，将缅军主力击破，由缅军手中夺回已陷落的首都。此为最重大的功绩，最低限度大城人民当永记不忘。

仅就上列的五项而言，已是无上的荣誉，是足以委为大臣，且当之无愧。因此颁绿

采用作叻打纳哥盛朝一世皇的称号。如《三界说》的弁言里称，佛历二三二六年第五旬，叻打纳哥盛朝君主颂绿拍巫隆纳巫隆巫碧拍菩提昭瑜和巫隆诺菩汤顾拉。据此，一世皇的称号，可不是称为颂绿拍巫隆拉查五世？作者仍不敢决定巫隆诺菩汤顾拉应演变而为巫隆拉查的。

仅就菩汤顾拉而言，在阿瑜陀朝尝被采用为俗称，如：（一）汪卡菩汤顾拉。（二）颂绿拍昭诺菩汤顾拉索里耶旺。参阅《旧法典》第 2 卷第 91 页《皇室法典·弁言》。（三）巫隆菩汤顾拉。参阅《旧法典》第 1 卷第 95 页《爵衔法·弁言》。（四）摩诃菩汤顾拉。参阅《钦定本》第 1 卷第 246 页。

至于巫隆诺这名词，在阿瑜陀朝已被引用，如颂绿拍阿伽陀萨洛答皇谕令于佛历二一三六年订定的《反叛法》，称颂绿拍拍拉置大帝为颂绿巫隆纳巫岩伽查叻阿卡巫里梭仑、巫隆诺那拉、昭华那拉砂拉、策陀特巫底、战胜鸿刹钵底皇储诺拍昭猜耶陀砂特。

不过巫隆诺菩汤顾拉这种名词，在吞朝以前，则未见有用过。总而言之，颂绿拍昭德信大帝的称号，依所发现的，共有二种，即（一）颂绿拍阿伽陀萨洛答，（二）颂绿拍巫隆诺菩汤顾拉昭。

至于帝号的详称，在佛历二三一四年阴历六月下弦二日星期二由吞朝大臣致室利娑多那瞿那扈多城的公函有道及，本文亦予以述及。惟值得注意者，厥为帝号的起首称拍室利讪碧。颂绿巫隆达密伽拉查特叻、罗摩特巫底，这种称号与颂绿拍阿伽陀萨洛答的称号相同。参阅《钦定本》第 1 卷，第 246 页。

依《钦定本》载：颂绿拍阿伽陀萨洛答的称号，规定列为颂绿拍讪碧三世。假如以"讪碧"的称号为排列，则颂绿拍昭德信大帝应列为讪碧十世（系连接称拍讪碧九世的颂绿拍昭泰萨称号者）。反之，如以罗摩特巫底为根据，则颂绿拍昭德信大帝应被称为颂绿拍罗摩特巫底四世（系连接颂绿拍那拉者）。关于帝号的称呼，原是有出处的，所以尤值得我人的注意。

拍昭德信大帝①特恩赐昭披耶披猜拉查的爵衔，是吞府唯一将材。

　　除此外，仍有多位亦受到相当的封赏，如太傅塞（Luang Nai Cakti，原名 Mut）敕封昭披耶却克里（Cao Phraya Cakri），披耶特迫巫里叻（Phraya Phipec Priraksh）为昭披耶室利吞吗特叻（Cao Phraya Cri Dharmadhiraj），一等文官乃通里（Nai Thongdi）为拍室利叻莱初（Phra Cri Raj Tejo）；乃成真拉是第二期官（指在颂绿拍昭德信大帝业已得尖竹汶为根据地以后归顺的），敕封披耶阿拏漆拉查（Phraya Anujit Raja）；披耶阿拏漆拉查胞兄銮约甲越是第三期官（指在颂绿拍昭德信大帝完全肃清大城缅军以后归顺的），敕封披耶阿派隆勒（Phraya Abhayr Nariddhi），任职于警察厅。

　　这次披耶甘亨碧得被拥为泰国君主，该乘机尽力委定皇亲国戚，以固皇位，且可承继皇位，但颂绿拍昭德信大帝并不那样子做，这确是皇自身的错误。这种不设法多委定皇亲国戚以固地位的原因，或许由于皇以为多委定皇族，徒耗国帑，因皇族的地位，不若普通的臣民，在在需要浩繁的费用，因此不免增重民众的负担。基于此种原因，皇不立皇族，原在体恤民艰，此种措施，实不由人不表同情。

　　还有一层，更可说是颂绿拍昭德信大帝最重大的错误，那就是不急把华丽而庄严的都城建立，从而增进泰族君主的荣誉和地位。其实建造都城所需的材料，皆有着充分的供应，如大城的城垣、宫殿以及华富里所遗下的砖石，倘下令派员赴彼处拆卸，并运下建造新城垣，亦不会难，而且可利用原有的旧材料，同时可免荒芜无用。然而，采取放任的原因，就是基于出现了"福鬼"（Phi Bun），四出夸耀有异术，神通广大，从中招兵买马，企图谋反，不易于肃清吧？可是颂绿拍昭德信大帝必不致这样子软弱。因为拆大城的城垣，以利新城的建造，原非具有如何严重的困难，甚且此种浅显的见解，普通人亦不难想得到。光复泰国江山的艰巨伟业，颂绿拍昭德信大帝还能胜任裕如，仅此区区的搬运砖石，难道就忽略了吗？大概皇在当时必认为新都的建立，必须伟大而壮观，

---

① 作者注 12，颂绿拍昭德信大帝：关于君主的称号依所统治的京都而称呼事，泰族方确普遍地流行。惟丹隆亲王在其所著的《泰史丛考》第 12 页称："如系外族，每喜随京都的名称而对统治该京都的君主称呼，如拍昭武通、拍昭阿瑜陀、拍昭鸿刹钵底、拍昭阿瓦等是，但有时又依君主原名称呼，如拍隆披耶武、拍昭孟浪等是。这些依照京都名或君主原名的称号，几全部系外族惯用者。"照亲王的解释看来，不免使人实感到，称颂绿拍吞武里，泰族人方面似乎不甚适切吧？因颂绿拍吞武里的名称，应由外族称呼，根本不适于泰族人作如此称呼。

　　国委銮威集哇陀干（Luang Vicitr Vadakar）解释称："披耶德……为暹罗伟人之一，同时又系光复国土者，受我人尊为与颂绿拍那拉萱大帝同列于一级，为泰族建立了无上的功勋。不过未受大帝的称号，并非是说无资格担当。其实拍昭德信或拍昭吞武里的称号，为我人实感到与大帝的称号同样重要。"参阅《世界史纲》第 7 卷，第 156 页。依这一段的记述，尤坚定了我人的信心，我们改称"颂绿拍昭德信大帝"，实非常恰切。虽然我人称昭德、拍昭德（甚或在其后缀上"信"字），或其他称号，也就等于称光复国土，恢复泰族自由的始祖，或"大帝"一样含义。

或者最低限度也得和未被缅军毁坏以前的大城一样。不过城垣的拆卸，将不免产生二项缺点，即（一）后世人将完全把大城丢在脑后，一经获得相当的福乐后，在团结合作方面保不定产生了缺陷，同时民众迷于欢乐，互相间发生争权夺利，结果削减了国力。（二）倘有人需要看看大城受害的真面目，作为一种课题，从中鼓起国民的热血，发奋图强，则将无处可看。此为拆卸大城城垣的弊害；反之，如放任着大城保存着她的真面目，留给后代人凭吊，则泰族必能互相团结一致，且记忆着国破家亡的惨痛，结果大家必能刻苦忍耐，合力建设国家，巩固国基，不再醉生梦死，因而再度失地及丢了自主权。这是不拆卸大城城垣的利益面。

一经培养有了充分的实力后，要如何地建设新都，总是不难进行的，而且随时有实现的可能。在堂皇华丽的新都未被建以前，虽有国宾来往，亦无须认为有失光彩，盖新都虽欠华丽，然而部下皆人雄马壮，精神饱满，看见了实质的国宾，必不敢作任何的指谪了。反之，虽看见了天堂般华丽的新都，高耸云霄的屋尖、殿堂，然而内质孱弱，军队无训练，精神散漫，武器不齐全，则将难产生任何顾忌的。也许就是基于上述的原因，颂绿拍昭德信大帝方不亟亟于新都的建造，只就国基为念，努力训练军队，增强国力，虽北面强敌来侵，亦足以阻挡其来势，此外极力维护国民，使皆能安居乐业，以至富足，不感缺乏后，始转而注意及新都的建设。这种卓越的思想，确值得后世人的关怀和注意的。

经正式举行加冕大典以及晋封臣属后，颂绿拍昭德信大帝转而从事增强势力的措置。因当时泰国仍被割据成为三大部区：北部为砂旺卡巫里（Savankapuri）；南部为巴德里勿（Pataliputara），即六坤一带；至于中部则为吞武里的疆界。极北方面，原为百万稻田国（Lang Na Thai），则为缅军占据着首府的景迈（Chiengmai），要是积聚相当的军力后，必不可免再度下侵。泰国如始终被割据成三大部区，国防力必分散，将来难免遭受各个被缅军所并吞。由于此种现象，应得亟谋善策，加以合成一统，恢复以前团结的旧观。可是问题在先合并砂旺卡巫里呢，还是向六坤方面进行？

实际上昭拍凡仍独立占据着砂旺卡巫里，它位于介乎北部及中部之间，形成了缓冲地带，且足以防范缅军不致急遽地下侵，这对于北面疆界，无形中有着强有力的保障，无须分心过虑。既然北面不足为虑，则只有向六坤方面谋进展了。因此颂绿拍昭德信大帝特委派昭披耶却克里（Cao Phraya Cakri，原名木 Mud）任统帅，领军赴六坤办理交涉。

昭披耶却克里于佛历二三一二年阴历八月下弦初三日领军离开首都，一直侵入斜仔

(Jaiya)、程堪（Tha Kham），发现六坤军驻扎于程木（Tha Mak）。这种现象，在明白表示出六坤方面不拒绝双方的合并，但须测验一下吞武里方面的实力，然后始能决定吞武里统治六坤呢，还是六坤统治吞武里，所以两军相遇后，即发生激烈的战争。昭披耶却克里方面损失了两位大将，即披耶碧武里及披耶室利披博（Phraya Cri Bibadhna）战死，另有昭披耶却克里的儿子叻砂吗那（Lakshamana）亦被六坤方面所俘虏。昭披耶却克里乃下令退军扎于斜仔。

至于随军而来的披耶阿拏漆拉查（Phraya Anuchitraja）则飞奏颂绿拍昭德信大帝，指摘昭披耶却克里不忠于朝廷，有意叛变。

奏章抵达首府后，要是颂绿拍昭德信大帝疏忽，不察其真相，则必如下的处置：

（一）召返昭披耶却克里。

（二）直接委披耶阿拏漆拉查任统帅，并将昭披耶却克里革职。

（三）立即御驾领军赴援。

然而遇事缜[1]审而决断的颂绿拍昭德信大帝，深知臣属，为息其争起见，特召披耶阿拏漆拉查及披耶阿派仑那勒（Phraya Abbai Ronaliddhi）兄弟两位返京，然后委披耶阿拏漆拉查任统帅，领军征吉蔑。因当时柬埔寨[2]不愿如前的隶属于泰国。并委披耶阿派仑那勒辅佐其弟，即披耶阿拏漆拉查任左翼，通过可叻，指向暹腊（Siamrap）。另委披耶哥砂特巫里（Phraya Koshadhipati）任右翼，直向巴塔邦（Battambang）进军。这两对军马开拔后，特委昭披耶披猜拉查领军驰援六坤方面的昭披耶却克里。追昭披耶猜拉查军开拔后，颂绿拍昭德信大帝立即御驾亲率海军，完全采用轻快的军舰，帝则驾摩诃披猜素那哇御舰（Maha Bijaya Suvarnava）[3]，长十一哇，船口三索余，桨手廿八名。

---

① 编者按："缜"当为"慎"。

② 佛历二三一四年，为颂绿拍昭德信大帝即位之第四年，尝御驾亲征柬埔寨，并平服之。降至叻打纳哥盛朝时代第四世皇朝，柬埔寨于佛历二四〇八年改由法国统治。第五世皇朝，即佛历二四五〇年，巴塔邦再割给法国。

③ 作者注13，摩诃披猜素那哇御舰，泰语为 Ru'a Phra Thinang Maha Bijaya Suvarnava，《钦定本》则将 Maha 一字删去，而把 Suvarna 列在 Bijaya 前头，后面另添上 Thaya Rot 二字，结果组成了 Ru'a Phra Thinang Suvarnava Bijaya Nava Thaya Rot 了。同时还开列舰的尺寸，称舰长十一哇，阔三哇许，桨手廿九人。这种尺寸反而变成了最滑稽的船了。船长仅十一哇，然而阔则为三哇。阅读时不构思及船型，别无可说。要是构思及船型的话，则立即会实感到可笑。因为船身已长十一哇，但是阔则三哇许，等于长度三分之一，这种尺寸，可能成为战船的吗？就是作为商船亦不可能了。可能的只可勉强列入无须向前进的石船了。由此可见《钦定本》的记载，必在抄录时把"索"写成"哇"了。至于桨手廿九人也是多出一名。这也许把司舵员列入，其实通常的司船员不应列入桨手群里。公摩汪砂特叻（名砂匿）所著的草稿，仍然符合"一世皇本"，所以作者通常以一世皇本为根据，要是别有证据指证其错误时，始转而根据比较可靠的方面。

阴历十月下弦初六上午九时，帝亲自驱车上岸直捣六坤城，城陷。部下乃空（Naikhong）发现六坤王所乘坐的象仍缚着，特解开并献给颂绿拍昭德信大帝乘坐入城，是役乃碧（Nai Petcha）中弹而死，此外皆无受伤。

至于六坤王，则逃赴北大年（Pattani，或①大泥）。颂绿拍昭德信大帝进入六坤八天后，昭披耶却克里以及昭披耶猜拉查的陆军方抵步，受帝的谴责，并令立即追捕六坤王，由昭披耶却克里任海军司令，而昭披耶猜拉查则任陆军司令，一同开拔赴北大年。北大年王立即将六坤王及其随从交出，计：六坤王、昭博（Cao Pade）、昭冈（Cao Klang）、披耶博他仑（Phraya Badalung）、披耶宋卡（Phraya Songkhla）以及各人的家眷。两位司令当将彼等押解赴宋卡，朝见大帝。彼等未表现出任何叛变的态度，概至诚朝见。大帝见彼等敛势，特恩准赦免彼等的刑罚，同时委任其侄昭那拉成里旺（Cao Nara Surivongca）为拍昭那拉成里旺（Phra Cao Nara Surivongca）并统治六坤，地位等于藩属，且左右领有臣员。继此，大帝即下令准备班师回朝。在大军班师日，一般获得恩遇以及感受维护生命安全的六坤城居民，一经得悉颂绿拍昭德信大帝命驾回朝后，咸深表悯惜，于是群集于大军所通过的路跪送，热烈空前，为历代君王所无。

这种上下一心共同跪送的事态，实属此时代始发现者，因此布勒黎传教士所编印的《纪元史》第二册第五四三页，有着详明的描述。

大帝驾返首都后，即接到披耶哥砂特巫里，右翼主帅的报告，此次出征柬埔寨，披耶阿拏漆拉查的军队先溃退，不知逃向何方？本想单独驻扎迎敌，恐柬埔寨倾其全力而来，难以抵抗，因此亦作相当的撤退。除开披耶哥砂特巫里的报告以外，另悉披耶阿拏漆拉查的军队溃退至可叻，至于披耶阿派仑那勒②的军队，则驻扎于靠近可叻境界处。大帝立派钦差将披耶阿拏漆拉查③召返首都，亲自盘问，此次命令出征，在未接奉归令以前，为何退回，是否拟叛变？披耶阿拏漆拉查奏称："外传我皇陛下经在六坤驾崩，深恐敌人乘机袭取吞府，因此匆匆退回，以便保卫国都。除我皇陛下外，企图臣属，绝对无其事。"④

依照披耶阿拏漆拉查所提供的理由，有两项值得注意，即（一）谣传。照口气此

① 编者按：此处疑脱"译"字。
② 译者注：即系却克里皇系的第一世皇。
③ 译者注：即系第一世皇的皇弟，后晋封公摩拍叻察旺母汪（Krom Phra Rajavang Povor）
④ 译者注：这种词令，和第三世皇朝的公摩銮叻仑那绿（Krom Luang Raksh Ronarec）所提的辩护词颇近似，请参阅《叻打纳哥盛朝时代纪年史》第318页"第三世皇史"。

类谣传必出自吞武里首都，但有一部分人则认①谣传或来自柬埔寨方面，责任全推给柬埔寨。惟无论如何，如谣言是出自吞武里首都，则为京华人士所捏造的，他们全无审查的能力，或者有人企图叛变，因此始故意捏造，并设法传至北方。反之，谣言如发自柬埔寨，何仅欺骗披耶阿拏漆拉查，而披耶哥砂特巫里则又未受骗。既然披耶阿拏漆拉查方面晓得了谣言，为什么不向披耶哥砂特巫里方面探询真相？（二）依披耶阿拏漆拉查所提供的另一句语气，则称"除我皇陛下外，企图臣属，绝对无其事"这种语气，究作何含义？颂绿拍昭德信大帝将作何解释？

不过颂绿拍昭德信大帝的美德，完全以国家为前提，不管任何臣员，苟有过错，如认为情有可原时，则赦免其刑罚，使其戴罪为国服务，不以私务与国务相混杂。谁有功于国家，则按功奖赏，全不偏袒。因此一经明悉披耶阿拏漆拉查所奏闻的以后，立即赦免其罪，盖忠于朝廷。继此即谕令召回披耶哥砂特巫里及披耶阿派仑那勒，并积极训练军队，增强实力，以便进行全国一统的大事。

南部方面，自皇班师回朝后，北大年王及柿武里（Saipuri）②王皆不敢宣告独立，相率派使入贡，请为属国。关于此事，御侍官乃萱（Nai Svan）所著的诗篇里，亦有纪载："大泥（Tani）王震于皇威远播，特派使入贡，请为臣属。不少属国，亦次第入贡，效忠朝廷。包括披耶柿武里亦不免称臣。"③

至于东北部方面，统治可叻的藩王坤差那，亦努力保护可叻及附近的属地。室利娑多那瞿那扈多都（Krung Cri Satna Gonhut）④，万象（Viangcandr）方面于佛历二三一二年发生佤族（Kha）叛变，特向可叻方面求救。昭披耶可叻当领军赴边疆镇压，并击溃佤族叛徒。翌年，佛历二三一三年，室利娑多那瞿那扈多都王遣使来朝修好（参阅第二版本四世皇所著《史考》第 348 页所载的小历一一三二年二月上弦十五日的皇谕）。

关于此事，御侍官乃萱亦有述及："室利娑多那瞿王被扰，特遣使入朝并贡物，从而请求解除所受的苦难。"

在北部，昭拍凡战胜彭世洛后，砂旺卡巫里的疆界和吞府的毗连，且时生越界的情事。依《纪年史》载，砂旺卡巫里都的军队不时放出步哨，觅取食粮，甚且侵入色梗

---

① 编者按：此处应脱"为"字。
② 译者注：此处所述之柿武里，系泰方人士的称呼。降至叻打纳哥盛朝时代第五世皇朝，柿武里于佛历二四五二年割让英国统治，被列入马来属邦（许云樵按：即吉打也）。
③ 译者注：法人卢邦所纪述的，完全符合。参阅《泰史汇集》第 39 集，第 93 页。
④ 译者注：万象、銮拍汪（Luang Phra Bang）、占婆塞（Campacakti），皆隶属吞府。降至叻打纳哥盛朝时代第五世皇朝，万象及銮拍汪于佛历二四三六年为法国所统治；至于占婆塞，则于佛历二四四七年改隶于法国。

港（Uday Dhani）、猜纳（Jaynad）焚劫居民，因此该两城的职官特飞报朝廷。颂绿拍昭德信大帝认为已届成熟的时机，可领军上去作相当的解决，从而统一国土，联成一气，增强保卫力。于是委吞府的大将昭拔耶披猜拉查为西线司令，担任左翼；委披耶勇吗叻（Phraya Yomaraja）[①]为东线司令，担任右翼。这两支军于佛历二三一三年阴历八月下弦初四日由京都开拔。同月下弦十四日，大帝御驾统领大军，由水道而进发。东西两线军队集合军力，包围砂旺卡巫里都，卒破之。适巧昭拍凡复在披耶阿派仑那勒方面冲出重围逃脱。仅就军法而论，披耶阿派仑那勒已犯死刑，但颂绿拍昭德信大帝反而特别加恩，仅下令加以鞭笞而已。

砂汪巫里城于阴历九月下弦攻陷，颂绿拍昭德信大帝当即驾巡北部各城市，并驻驿于彭世洛城，为清叻佛像举行三天的盛典庆祝。这次所举行的典礼，异常隆重，目的在向世人公布泰国依然恢复其固有的主权，且有足以维护国土完整的实力，不怕强敌侵入，因此特举行欢庆。泰国的一统，仅费了短短的三年时间，即告完成，此层实可看出颂绿拍昭德信大帝的卓越的能力。所以佛历二三一三年阴历十一月上弦十四日的欢庆开始，实可算为欢庆新泰国诞生的纪念日。这是颂绿拍昭德信大帝的功勋，空前的伟业。

依御侍官乃萱的诗篇里，尝述及新泰国所统治下的诸城："所有隶属于新阿瑜陀都的诸城，皆一切表示尊诚。由皇上委派统治各城的城主，总量共有一百四十城！"

---

① 作者注 14，披耶勇吗叻，泰语为 Phraya Yomaraja（原名汶吗），即叻打纳哥盛朝一世皇时代的公摩拍叻察旺巫哇拉亲王（Krom Phra Raja Vang Povara）。"一世皇本"载：颂绿拍昭德信大帝在佛历二三一二年委披耶阿拏漆（名汶吗）任昭拔耶勇吗叻。继派昭拔耶却里（名穆）领军征六坤，披耶勇吗叻（名汶吗）亦随军队开抵程目区后，即退驻于斜仔。披耶勇吗叻特向朝廷奏称，昭拔耶却里（名穆）叛变，无意服职。最后大帝领率海军出动，但未道及披耶勇吗叻，究竟被召返京呢，还是仍随军任职？不得而知。

照"一世皇本"所记载，披耶阿拏漆升任昭拔耶勇吗叻；可是继后道及时，仅称披耶勇吗叻。据此称"昭拔耶"必系误抄。

《钦定本》在述及同一件事时，不称披耶阿拏漆升任昭拔耶勇吗叻，反而提述披耶阿拏漆奉令领军征柬埔寨，征柬埔寨后升任披耶勇吗叻。其实披耶阿拏漆此次出征柬埔寨，无功，未接命令即急速退军，有何功可言，会使大帝升其官衔。要是这么容易升官，似乎失掉了价值，反而显示出接受恩惠者，全无光荣可言。

依"一世皇本"称，披耶阿拏漆（名汶吗）在未出征六坤以前，即被升任披耶勇吗叻。这不免使人认为披耶阿拏漆（名汶吗）也许自告奋勇，完成此要务，这种行动，大合圣意，因当时确有惧战之风，已有人敢出而担任，帝为鼓励起见，即升任此自告奋勇者，从而使其他将士得而效忠。也许披耶阿拏漆富有战士的精神，始敢自告奋勇。在被升任昭拔耶衔统治彭世洛府间，御侍官乃萱亦尝在其所著的诗章内相当的赞扬。

史籍上既有如所述的分歧记载，作者乃将其分歧点给予连缀在一起叙述使其连贯。关于披耶阿拏漆的事仍未完，请参阅作者注 15。

至阴历十一月下弦初一日，为欢庆的最后一天，颂绿拍昭德信大帝特谕令敕封一般有功的臣属，如：共患难的大将昭披耶披猜拉查为昭披耶宋加绿，统治宋加绿城；披耶勇吗叻（Phraya Yomaraja）为昭披耶梭拉室利（Cao Phraya Saracri）①，统治彭世洛城

① 作者注15，昭披耶梭拉室利，泰语为 Cao Phraya Saracri。在注15（编者按：当为原注14）经述明披耶阿拏漆（名汶吗）升任披耶勇吗叻。然后征服砂汪卡巫里城，颂绿拍昭德信大帝始再升之为昭披耶梭拉室利。这是根据"一世皇本"而述的，惟御侍官乃萱的诗篇则称昭披耶阿拏漆志阿砂。因此分成了两种不同的称呼。先就其衔而言，依"一世皇本"载，为昭披耶梭拉室利；至于御侍官乃萱的诗篇，则称昭披耶阿拏漆志阿砂。就其爵衔的缀句而言，他籍称披耶阿拏漆"拉查"，惟乃萱的诗篇则为昭披耶阿拏漆志阿砂。不过"阿砂"能否成为昭披耶阿拏漆爵衔的缀句，仍是疑问。然而"拉查"和"阿砂"，在字的本身确有别，可是古时在抄写时，这两字实易于混杂。

基于上述的分歧点，不免令人想到：也许在初期被委为昭披耶阿拏漆，代理彭世洛太守职；或者就是充任勇吗叻时，仍沿用其旧爵衔为披耶阿拏漆，后升任为昭披耶阿拏漆，兼代理彭世洛太守职，后来正式升任彭世洛太守职，爵衔改为昭披耶梭拉室利。

《钦定本》载，颂绿拍昭德信大帝恩赐披耶勇吗叻（名汶吗）升任昭披耶戍拉西（Cao Phraya Suraciha）统治彭世洛城。

查梭拉室利与戍拉西，音韵方面颇相近，但意义方面则差得多。究其实昭披耶梭拉室利对呢，还是昭披耶戍拉西对？

依所搜集的证据看来，原名必为"梭拉室利"；迨至叻打纳哥盛朝一世皇时代，始被改为"戍拉室利"；四世皇时代则变成"戍拉西"了。

昭披耶梭拉室利这类爵衔，古已有之，依《纪年史》载：颂绿拍那拉萱皇委披耶猜耶汶为昭披耶梭拉室利，统治彭世洛城。《旧法典》第2卷第45页亦载有昭披耶梭拉室利的爵衔，任宫内立法官的主席。

吞朝于佛历二三一七年给昭披耶宋加绿的诏文，由戈岱司教授给国家图书馆珍藏的真腊文《真腊史》，佛历二三一九年举行国葬皇太后及庆祝太后骨灰大典所订定的仪式程序，皆称昭披耶梭拉室利。迨一世皇于佛历二三四七年修纂的《法典》，定有爵衔称：昭披耶梭拉室利·碧斯吗特叻。

在爵衔的缀句"碧斯吗特叻"上，可略获端倪。也许在一世皇时代把梭拉室利改为戍拉室利时，忘记把这个缀句改变。其实"碧斯吗特叻"依辞气系和"梭拉"一字相连贯。换言之，即指明"梭拉"解作碧斯吗之王，据此碧斯吗特叻当然是"梭拉"二字的缀句了。

要是搜查其他的爵衔，其中杂有"梭拉"二字的，亦复不少。更进一步地，君主的称呼，有时亦称拍颂梭拉，这可证出"梭拉"二字是最常被采用的，从而表示强有力的意思。

要是进行对比的话，梭拉，应对却克（Chakra），惟现时则称为却克里（Chakri）（在某古籍尝发现却克里被称为却克伽里，这大概是指二种武器而言，即"却克"及"伽里"。其实通常"却克"亦系可供作战用良好武器。回头搜查有关佛教的古籍，提到"却克"武器时，仅指"却克"而未杂入"伽里"。可是泰国的行政方面反而缀上"伽里"。这不免使人联想到"却克伽里"，或是由却克室利所讹传而来的。在抄写时，中间脱落，结果成为"却克里"了。事实上，"却克室利"仍是六坤方面大臣的爵衔名称，如蒙勒铁却克室利；至于信武里府的卧佛，亦称却克室利卧佛；甚至昭披耶却克里的缀句，其中亦有"室利"字，即昭披耶却克里室利翁卡叻。假如把却克室利和梭拉室利的衔名相对照后，则不无近似处）。

迨至四世皇时代，"戍拉室利"一变而为"戍拉西"了。此举或是衬托"戍拉"，即使人明了"戍拉西"等于勇如狮。既然将"室利"改为"西"后，于是缀句的"碧斯吗特叻"亦随着被改为"碧讪哇特叻"或"碧斯那哇特叻"，意即勇如狮的彭世洛王。结果昭披耶梭拉室利，逐被改称为昭披耶戍拉西，而缀句亦由碧斯吗特叻转为碧讪哇特叻，或是碧斯那哇特叻，于是在含义方面更距离得远了。

（Mu'ang Bishanulok）；拍室利叻拉楚（Phra Crirajatejo）[1] 统治披猜城（Mu'ang Bijay）；拍泰南（Phra Thainam）[2] 统治速古台城（Mu'ang Sukhodaya）；昭披耶亚拏叻蒲涌（Cao Phraya Arnurakshaphudhor）[3] 统治洛坤戍旺城（Mu'ang Nakorsavorga）；昭披耶讪卡（Cao Phraya Sarga）统治讪卡巫里城（Mu'ang Sargapuri）[惟在《钦定本》的"纪元史"里面，则多出一名，即披耶素拉武粦（Phraya Surapotindra），统治金刚城（Mu'ang Kambeng Bejra），但列在昭披耶亚拏叻蒲涌之前]。

关于敕封北部各城主的事件，在御侍官乃萱所著的诗篇里，也有叙述及。

大帝此次委昭披耶披猜拉查任昭披耶宋加绿，事实上犹如建立了强有力的城堡，堵截着景迈方面缅军的下侵。盖大帝深知昭披耶宋加绿是一员虎将，力足抵御强敌；同时昭披耶宋加绿更为忠贞，虽远离朝廷，亦可安心，不致发生任何变动。

昭披耶宋加绿统治宋加绿城不久，同年的阴历三月间，景迈方面的缅军主将坡吗育

---

① 作者注16，拍室利叻拉楚，泰语为 Phra Crirajatejo。这个爵衔系作者根据"一世皇本"而抄录者，和佛历二三一七年吞朝时代所编的《纪年史》所称披耶室利叻拉楚相符合。参阅《泰史汇集》第4集，第3页。此外"銮巴绥本"（即阿瑜陀颂绿拍那拉皇时代所编纂的）手抄册，在颂绿拍摩诃作伽铵皇时代即有此类爵衔。唯编入《泰史汇集》时，则被改称"西退叻"了。参阅现存于国家图书馆的銮巴绥手抄本；《泰史汇集》第1集，第129页。

　　至于《钦定本》把拍室利叻拉楚称为披耶西退叻拉楚，这或许是根据一世皇时代编纂的《军官爵衔》中的"渥耶西退叻拉楚猜拍泰南"演绎而来的吧？参阅《旧法典》第1卷，第172页。作者认为"室利叻拉楚"符合旧法，且较"西退叻拉楚"的含义高，因此采用旧名，不加改窜。

　　这位拍室利叻拉楚，后来升任披猜城太守职，衔为披耶披猜，系一位真正的将材，作战颇力，尝被誉为"断剑的披耶披猜"。追颂绿拍昭德信大帝被杀后，披耶披猜亦同被斩决。有人在佛历二四六九年所出版的《参谋及科学报》第11卷发表一篇《断剑的披耶披猜传》，其中有不少值得人注意的记载。

② 作者注17，拍泰南，泰语为：Phra Thainam，后任速古台城太守职，于佛历二三一九年年底或佛历二三二〇年年首逝世，举行国葬于万怡罗寺（现称因陀拉吗寺），恩赐举行洒圣水礼及哑剧表演三日三夜；这和恩赐国葬六坤王拍昭那戍里旺砂一样热烈隆重。据此亦可指出颂绿拍昭德信大帝惜材的程度了。参阅"御评本"第2版第70页。

③ 作者注18，昭披耶亚拏叻蒲涌，泰语为 Cao Phraya Arnurakshaphudhor。《钦定本》称这位仅领有披耶爵衔，官为披耶洛坤戍旺，至一世皇时代被斩决，就是昭披耶可叻。《钦定本》亦称披耶。这么一来，不免使人怀疑为什么喜将昭披耶减低至披耶级，此举究含有何作用？

　　依古籍所载，包括御侍官乃萱的诗编，皆载昭披耶亚拏叻蒲涌升任昭披耶洛坤戍旺，统治洛坤戍旺城（现称北榄坡府）。

　　昭披耶洛坤戍旺，实系一位勇将，在佛历二三一八年年底，缅将阿星温基领军侵彭世洛城，昭披耶洛坤戍旺抗战颇力，从而阻止缅军下侵。佛历二三二四年颂绿拍昭德信大帝亦尝派其领军出征柬埔寨及安南，时为阴历二月，距颂绿拍昭德信大帝被杀害前二个月时间。于阴历五月返朝，并在一世皇时代继续服务。一世皇尝派其出征安南，以便收回失土给予阮福映（即越南嘉隆王）。讵昭披耶洛坤戍旺出征不久，被诬叛变，卒被召返京，随同其僚属约十二人，概被斩决。

　　昭披耶洛坤戍旺被诬叛变，或不无事由。盖当时安南每喜与泰方商订停战协定，在吞朝末叶的《安南史》有此记载。参阅《安南史》第2卷，第378页。至于昭披耶洛坤戍旺与安南合作，究有何目的，则应纳入《昭披耶洛坤戍旺传》中叙述。

原（Pomayunguan）① 即领军进侵宋加绿城。昭披耶宋加绿悉敌临城下，即从事增强城垣的保卫力，同时飞报吞府朝廷。缅军力攻无效，结果将城包围。昭披耶宋加绿亦不时驱城内军应战，彼此在相持中。昭披耶宋加绿的报告抵达朝廷后，大帝立即谕令北部附近各城主派军合力解围。各城主奉谕后，当集合军力会攻缅军，率将缅军击溃败退景迈。各军将宋加绿之围解除后，即相率返各原地，并从中训练军队，准备与缅军会战。

在此处请将缅军统治景迈的情态，补述于此，以便连续《纪元史》里的纪载。

佛历二三一三年，驻景迈城内的缅军主将坡戌帕拉（Posuphala）调集百万稻田部内的人民，组成军队开赴兆象城（Mu'ang Lan Chuang）。至于坡吗育原则守卫景迈城。当时确有一部分泰族人伺机倾覆缅军的势力。迨坡戌帕拉离城后，有一爱国志士名作皆内梵（Cakkayanoipharahom）者设法挑弄是非，与坡吗育原冲突，因而引起景迈的内战，不幸作皆内梵受伤殉国，这事也就暂时平息。继此不久，披耶早万（Phraya Caban）再挑起事端，惟披耶早万势力欠充分，不能击溃坡吗育原，结果携带了党羽投奔坡戌帕拉。披耶早万此次先投奔坡戌帕拉的原因，实由于一般皆明知坡戌帕拉及坡吗育原不睦，此次投奔，一来可示不服坡吗育原的统治，取悦坡戌帕拉；另一方面表示泰族尊敬坡戌帕拉。

坡戌帕拉悉其事后，立即驱军返景迈坐镇，同时准备人马，以便进攻吞府。披耶早万侦悉后，见良机已至，乃向坡戌帕拉请任先锋，负责领导缅军攻吞府。此举完全在坚坡戌帕拉的信心，此外还可借此先投奔吞府，然后复上攻袭缅军，夺回景迈。惟在未举事以前，应先集合党人以增声势，完成大业。

不料在缅甸方面，政局不安。国王死后，其子继位，但其叔叛变，杀幼主篡其位，自立为王。此事传至景迈城，坡戌帕拉及坡吗育原乃暂时中止攻略吞府的计划。

至于昭披耶宋加绿方面，侦得景迈方面的动态后，即派宋加绿城的法庭记录官携带秘密奏章，飞报吞府朝廷，并请缨攻景迈，时为佛历二三一七年事。

披耶早万亦乘机秘密游说南邦城（Mu'ang Lampang）的昭嘉威拉（Cao Kavila）。在当时的南邦城和诵城（Mu'ang To'ng）亦受缅军所统治。缅方所派的专员，有作皆陀因（Cakaydevind）管辖南邦城，华阿拏（Fa-anu）管辖诵城。昭嘉威拉接密函后，即暗报于宋城的帝泰蒲（Thauchompbu）求合作，帝泰蒲应其请。因此昭嘉威拉暗中通知披耶早万，请设法脱身来此共襄大事。

降至阴历十二月下弦十一日，颂绿拍昭德信大帝御驾率统大军由水道出发。至于披耶早万方面，仍在伺机中。一天认为有机可乘，乃劝告坡戌帕拉领军攻吞府，彼愿任先

---

① 译者注：此段系采自《纪元史》，惟坡吗育原缅军主将的供词，则未道及此事。参阅《泰史汇集》第14集。

锋，坡戍帕拉表示同意，始下令准备大军，任命披耶早万为巡察途道的先锋队，先行开拔。这批巡察道路的先锋队，其中有缅甸人一半。披耶早万且预先与另一批人商定举事的计划。这批先锋队开出景迈城约有三四天后，知已抵达相当的地点，乃协同其党人将队中的缅甸人全行杀死。至于昭嘉威拉及帝泰蒲方面，亦同时举事，将驻扎于城内的缅甸军人杀毙几尽，余下的缅军，咸逃赴景迈。披耶早万、昭嘉威拉、帝泰蒲当即会合，再赴金刚城朝见颂绿拍昭德信大帝，帝恩准收容彼等在军中服务，委拍戍拉（Phra Svra）任先锋，披耶早万为顾问，先行开拔。

坡戍帕拉得悉披耶早万叛变，昭嘉威拉反正后，彼等必南下引导大军来攻无疑，因此特下令军队增强城内的保卫力，另派一支人马预开出城外的汪顿码头（Tha Vangtala）埋伏，以便阻止泰军的前进。在泰军先锋队进抵汪顿码头区时，缅军即乘泰军立足未定出击，泰军先锋队被迫后退，大军亦于此时开到，后退的先锋队乃再度向前堵塞缅军，并设法架设排炮，此时缅军误以为仍有机可乘，复簇拥向前，拍戍拉立即下令开排炮①，缅军被歼不少，惟缅军依旧前仆后继来攻。拍戍拉下令作第二次的开炮，缅军死伤累累，遂被迫溃退。是时昭嘉威拉亦驱军向前，拍戍拉及披耶早万会同追击，斩敌无算。缅军溃不成军，争相逃入城内。紧追其后的泰军，亦一涌夺门而入。坡戍帕拉眼见无法截堵，急领军由白象门逃出。于是景迈再度为泰军所收复。颂绿拍昭德信大帝特敕封披耶早万为披耶威千巴干（Phraya Vichiara Prakar），统治景迈；并封此次作战有功的披耶早万之侄乃功缴（Nai Konkeo）为披耶奥巴叨（Phraya Uparaj）。继此，帝即命驾返朝。

上面所提述的，完全系依照《景迈纪年》及《猛涌纪年》所载的事态加以复述的。不过在这里有着值得注意的重要问题在，那就是佛历二三一七年颂绿拍昭德信大帝御驾

① 作者注19，开排炮：此项新战术，依史籍所载，开始被采用于颂绿拍昭德信大帝时代。帝率领泰军自首都突围而出后，缅军尾追不舍。泰军通过巴真府阁节区后，依然仍发觉缅军力追。帝乃率领部下各虎将在两旁埋伏有排炮位的界外逗诱缅军。缅军不察，大量冲来，比达排炮之射程后，帝即下令开炮，缅军伤亡颇重。其后援部队又冲前，帝仍下令开炮。追第三次排炮时，缅军已伤亡几尽，余者咸逃去。实施排炮轰击，确具有多项的成效，如（一）阻止敌军不能前进，削减其作战实力；（二）敌军不明炮位所在地，并使阵型混乱，中止其进迫，虽继续进迫，亦无效。

颂绿拍昭德信大帝不喜用散炮，盖在作战方面全不发生实效，且使敌军侦知炮位。最低限度每次开放三四十弹，成效较著。

关于开炮事，颂绿拍昭德信大帝不时关怀。尤以佛历二三一四年征菩泰目城时，诏文中称："征安南诸将士，应知所进退，及深察敌情。通常安南兵船，辄开凿炮孔于船舷，仅容炮管，因此左右移动不易。如能避开其炮程而进迫，安南军只有跳水而逃之一途。着诸将士采取距离较远的包抄形，切勿使其善用其炮，或避开其射程，立即冲迫而前。"参阅《御评本》第206页。

佛历二三一七年征景迈缅军时，依《景迈史》所载，亦称吞朝军队前锋采用排炮式进攻，收效宏伟。瞄准同一目标开放排炮，犹如使用重机关枪，或重炸弹击毁共同之目标，同一效果。这种排炮式，虽然在当时无机关枪及重炸弹可用，但仍能采用排炮式，实可证出吞朝作战的进步和利用大炮的聪明了。

出征景迈时，委拍戌拉为先锋队。这位拍戌拉大概系金刚城主，依《钦定本纪年史》第三册页五十二载：经将砂汪卡巫里城平服后，帝即敕封北部诸城主，委披耶戌拉巫猍为披耶甘亨碧。惟在佛历二三一九年所发的谕令（系在征服景迈的后二年），则称金刚城代理披耶戌拉巫猍。这项证据实可证实《景迈纪年史》所载的，完全无误。

在披耶戌拉巫猍开始肩任代理金刚城主职位的初期，无疑需担任多种重大的事务，如城内政务的整顿、囤积粮秣、各方动态的侦查等。仅就景迈方面的事态而言，代理金刚城主的披耶戌拉巫猍必异常注意，这层可无须怀疑。盖颂绿拍昭德信大帝当有相当的训示，所应办理的事务的。委他人任先锋队，决无如披耶戌拉巫猍的适当。所以《景迈纪年史》载拍戌拉任先锋，这位拍戌拉必系指披耶戌拉巫猍，代理金刚城主无疑，也许在是年披耶戌拉巫猍的爵位，只是拍戌拉巫猍而已，这层确甚切近于实情。

总之，在这里作者和读者实无权予以指断，只不过作者大略的提述，以便与拉玛一世皇时代所编纂的《纪年史》及《钦定本纪年史》相对照，从而觅取其真理而已。

在拉玛一世皇时代所编纂的《纪年史》载：

"阴历二月上弦十二日星期五下午二时许，帝驻驿于榄喷（Lamphun）军营内，召披耶早万、披耶榄喷，以及其他将士，一齐入见。帝依照各人所领有的衔级，各人赐一套衣服，继此又恩赐披耶早万及披耶榄喷之妻相当的衣饰。

"阴历二月上弦十三日星期六，天现鱼腹白时，军械以及象马皆准备齐全，帝乘坐御象，统率大军自榄喷军营开拔，直指景迈。在三百五十二生处之禾阁区（Bo Khok）略事休息，于下午三时自禾阁区开拔赴一百七十六生处之景迈城河岸驻扎。翌日始行封锁阿瓦（Angva）的孔道，全部予以活捉。是晚七时许，统治景迈城的缅军主将坡戌帕拉及坡吗育原悉泰军临城下，知难抵抗，且慑于帝威，乃携带人员由白象门逃出。缅军争先恐后夺门而逃，践踏而毙者不下二百余人，其仍在盲战中的缅军，亦复不少。驻扎于水桴岸门的昭披耶梭拉室利亦驱军进各缅军营，卒破其三，缅军被杀累累。

"翌日，阴历二月上弦十四日星期日，清晨，帝亲自御驾象视察包围景迈城各军，继此召见总司令兼总管的披耶勇吗叻以及大小将士，垂询此次缅军预先逃遁，究属何因？总司令兼总管偕同大小将士不约而同奏称：依照前例，凡由臣等领军出征，缅军辄出而抗战，从无预先逃匿。不过此次我皇陛下御驾亲征，缅军未战即逃，颇为奇怪。盖缅军此次逃溃，纯属慑于我皇之神威无疑。尤有进者，依景迈城内僧正传出消息称，我皇驾抵景迈城下，时为晚七时许，景迈城内即发生地震奇象。此后帝鉴于总管披耶勇吗叻、昭披耶梭拉室利劳苦功高，特恩赐御用衣饰，酬其劳。并恩赐红绸、蓝绸共五十五匹，分发披耶勇吗叻所属下的将士；恩赐绸四十五匹分发昭披耶梭拉室利所属下的将士。此外帝后谕令处罚不尽职的昭披耶宋加绿，自身则图远避，只让部属出力，着受全部刑具，并鞭挞卅下。上级军官各鞭卅下，下级军官各鞭廿下。所有在景迈城内由该部属所夺得的财物，概行没收。帝继而谕诏：在帕幼城内有缅及佬族约千名，协同执政人员请出征，以功赎罪，可否办理？昭披耶宋加绿、所有人员奏称可办，并未谕令赐以死刑。是日，披耶威千巴干献上一位少女。帝恩赐现金一斤①、衣饰一套，同时着将少女交还披耶威千巴干领去。

"此外，披耶嘉威拉亦献上一位侄女，以供驱使，帝恩赐现金一斤，衣饰一套，并着将女交由披耶嘉威拉领回去。② 披耶嘉威拉、披耶乌巴拉查共同奏称，其人全出于自愿，父母兄弟皆表示同意，实无如我皇认作使其远离亲族也。帝旋表示，倘其人确出于自愿，则着其随驾。"

上面所引的拉玛一世皇时代所编纂的《纪年史》所载，在佛历二三一七年出征景迈城时，一世皇朱拉绿只不过领有披耶勇吗叻的爵位，而且无向缅军进攻。至于昭披耶宋加绿，则受全部刑具，并鞭卅下，盖以自身远避，让部下出力，这一段记载，写来不甚恰切。

《钦定本纪年史》（四世皇时代增订本）则大事铺张其事，载一世皇朱拉绿自佛历二三一四年起，即领有昭披耶却克里的爵位，至佛历二三一七年，当颂绿拍昭德信大帝领军抵德城（Mu'ang Tak）后，即任昭披耶却克里为先锋，帝亲率大军殿后。坡戌帕拉方面悉军临城下，立即派军出城，在靠近景迈城的河岸驻扎堵截。昭披耶却克里领军迫近河岸，侦悉缅军的防线后，即着蒙室利贴（Mu'n Cri Deba）据情奏闻，帝立即训令先锋速架设炮位，勿迟延，急向缅军炮攻，速决此次战事，昭披耶却克里依命而行，着大小将士向缅军壕作总炮攻，缅军被迫撤退，在城垣下扎定。泰军遂得渡河，并分开扎营不下卅四营，将缅军包围。继此，派披耶特迫（Phraya Dhipec）飞奏大帝。颂绿拍昭德信大帝据报，深表欣慰，立即恩赐御用短剑予昭披耶却克里、昭披耶素拉里、昭披耶宋加绿各一柄，作为鼓励。

翌日，昭披耶宋加绿指挥将士筑营围景迈，并将缅军自城内发出的二个金炮弹献上大帝。帝加以祈祷后，即交婆罗门教徒携赴榄喷城佛骨灰塔，供奉神明，事后令埋藏于靠近佛骨灰塔处。至于坡戌帕拉及坡吗育原缅将，会同于白天驱军进袭昭披耶却克里的军营。昭披耶却克里全无动于衷，依然一面下棋，一面吩咐大小三军轰击缅军，伤亡惨重。继后昭披耶却克里亦驱军袭缅军营，缅军不敌，全部溃退城内。至于驻扎于水栅岸门的弟弟昭披耶素拉西，亦攻破缅军三营地。战地视察员即飞奏大帝。大帝不禁欢跃，

---

① 译者注：1斤等于80铢。
② 编者按：此句与上句几全相同（除"是日""此外"，"少女""侄女"略异外)，谅衍。

并以两手拊股，赞扬称："此次兄有功呢，还是弟有功呢？"降至晚上七时许，坡戌帕拉及坡吗育原，携带家眷由昭披耶宋加绿所守的白象门突围而出，盖该处仍未完全被包围。颂绿拍昭德信大帝鉴于缅军逃脱，实系包围未善，且昭披耶宋加绿无心尽职，乃谕令鞭挞昭披耶宋加绿五十下，并受全部刑具！

在这里所引的《钦定本纪年史》所载，描述得相当动人，宛若《三国演义》！读者自不难看出编纂者叙述，不外有二，即（一）需要显示昭披耶却克里及昭披耶素拉西兄弟两人能征善战，如昭披耶却克里明知缅军来袭，亦不表惊惶，依然一面下棋，一面下令架炮轰击缅军，以致缅军伤亡惨重，最后战胜坡戌帕拉，而将景迈城收复。（二）昭披耶宋加绿则为懦弱，围城不密，致被缅军突围而出。

依《钦定本纪年史》载，一世皇朱拉绿在佛历二三一四年即任昭披耶却克里，明言之，即在昭披耶却克里（名穆）总管去世之后。这层适和作者所搜集的证据相反，在佛历二三一九年间，却克里的爵衔仅达披耶级，当时的左右相为昭披耶六坤及昭披耶因他汪砂（Cao Phraya Indavongca）①

降至佛历二三二三年始有两处提及昭披耶却克里的爵名。②

照上面所提述的证据，即可看出佛历二三一九年间，一世皇朱拉绿依然是披耶却克里而已。甚至追溯至佛历二三一七年间，一世皇时代所编纂的《纪年史》仍称一世皇朱拉绿为披耶勇吗叻，这和《钦定本》所叙述的爵衔离得太远了。

一世皇时代所编纂的《纪年史》及《钦定本纪年史》，除提述及佛历二三一七年昭披耶宋加绿在景迈城受刑后，即未见有再提及。降至佛历二三一九年，《钦定本》又提及昭披耶宋加绿，惟和六坤王族有关。据称阴历十二月（佛历二三一九年）任昭披耶宋加绿的昭披耶猜拉查留京任职，派媒婆向六坤王的公主，任宫妃的昭尊倩（Cao Com Chim）求赐其妹，以为妻室。事闻于颂绿拍昭德信大帝，大为震怒，认为昭披耶宋加绿胆敢与君主争夺大小婿的地位，因此谕令斩杀昭披耶宋加绿并将其首级插于浮桴上示众，以儆效尤！

依《钦定本纪年史》所载，如系事实，将不免令人感到多么惋惜，这颗光亮的泰族明星，昭披耶宋加绿的收场，是为了女人的事，这似乎不近情理，且不可能。《纪年史》的漏洞，这是第二次，应得加以详细的检讨，发掘其真理，发扬这位对光复泰国

---

① 译者注：参阅《泰史汇集》第2集敕封昭披耶六坤的诏文。现存于国家图书馆内的《吞府纪录》，著于佛历二三一九年，亦有道及。

② 译者注：参阅四世皇御著的《泰史评注》第2版第112页，及《各种习尚》第19集首页，比较详细的情形，则在《吞府回忆录》第3册有纪载。

立有特功的将军！

由佛历二三一七年起至佛历二三一九年为止，在这三年间，依《钦定本纪年史》所载，不难使读者看出昭披耶宋加绿的光荣开始显出污点，以致进达其最凄惨的收场！

首先应得对这两次的错过，检讨其事态。《钦定本纪年史》载，佛历二三一七年，昭披耶宋加绿作战不力，包围圈有漏洞，致缅将突围逃出。这层在昭披耶宋加绿方面颁受不下四项的指摘，那就是：（一）作战不力，退缩不前；（二）怕死，以身远避，全无战士的精神；（三）不以国事为己任；（四）迹近叛变，间接助敌。

其第二次的错过，依《钦定本纪年史》载，佛历二三一九年，昭披耶宋加绿托媒婆向宫妃倩之妹求婚。这层指出昭披耶宋加绿不知上下，对国君缺乏尊崇的敬意，其行动趋向于私欲的满足。

在这里让我们依着事态的历程，先予以检讨一下：像昭披耶宋加绿这样的人，真的会闹出上述的错误的吗？事态的真实性，究竟如何？

关于佛历二三一七年间昭披耶宋加绿作战不力事，我们首先应得记忆的，昭披耶宋加绿是一个什么样的人？系恐惧缅军而争着逃命的人吗？

读者当已了解昭披耶宋加绿，并非泰军主帅昭披耶甘亨碧的新将，其实他是主帅府共患难至亲的将领。自从由大城突围而出，即已决定了以身献给国家，作最勇敢的牺牲，从而光复泰国，一行一动全受主帅的统辖，奉令维谨，且能依期完成各种重要的任务。最后把缅军击溃，一统泰国土，恢复国家的主权。继此，会同大小将士以及民众共拥披耶甘亨碧任泰族最高的首领，向全世界表示泰国已经统一，成为强固的国家，任谁皆不能侵入，或加以统治。此后昭披耶宋加绿即被委为宋加绿城的统治者。这是一座靠北的重要城镇，系堵截景迈城缅军下侵的主要前卫城镇。在任宋加绿城主期间，亦尝受缅军的进袭，昭披耶宋加绿从中抗战，始终维护宋加绿城的安全，不落于缅军手中。凡此种种，实可证出昭披耶宋加绿并非懦弱，或怕死者可比。作算他是个道地的懦弱者，那末在冲出缅军重围后，他必设法脱离披耶甘亨碧的军队，躲避于林内，待局势平静后，始出而谋安生之策不好吗？惟适得反地，昭披耶宋加绿天生将材，具有战士的精神，主帅有所差遣，皆能依期完成，从无错误。事实既如所述，为什么一世皇时代所编纂的《纪年史》以及《钦定本纪年史》所载，佛历二三一七年间征讨景迈缅军时，反说昭披耶宋加绿作战不力呢？

依搜查和检讨的结果，证出佛历二三一七年间大帝亲征景迈城缅军时，昭披耶宋加绿并未有随驾。这在佛历二三一七年吞府朝廷诏令昭披耶宋加绿的圣旨①中有道及，特

---

①　译者注：现存于国家图书馆内。

抄录如左以证之：

"照得公务员昭披耶宋加绿差文书携带奏章来京。奏称：有乃冯（Nai Fong）其人，自缅方逃出。依其供称：阿瓦王病薨，其子继立为王，但其叔杀君篡位。坡戍帕拉及坡吗育原会商后，认为不能派军南下，因此坡戍帕拉军退驻万专通区（Bang Com Thong），其他军士则自动入城。惟坡戍帕拉不愿入景迈城，反想返阿瓦。公务员昭披耶宋加绿偕同属下大小将士请缨处置景迈方面之政务。枢密大臣等会议后，认为公务员昭披耶宋加绿此次请缨征讨景迈事，昭披耶宋加绿事先并未入朝受军事训练，仅具有旧式之军事智识，当不易取胜敌军。昭披耶宋加绿有抗圣旨，不依时入朝。特着銮摩诃蒙蒂（Luang Maha Montri）携令拘押昭披耶宋加绿来京，并着其他将士人员派出一部分人入京，以便随驾。此事将据实上奏，不能准许昭披耶宋加绿请缨。以前所颁圣旨，着将昭披耶宋加绿予以拘押。此外，如有其他人员请缨，则概候圣驾抵各地时，再行上奏裁夺。"

依照上面所引的令文，即可证出皇军此次出征，昭披耶宋加绿则由宋加绿被押解来京，并未有随驾出征景迈。昭披耶宋加绿此次被拘押，其事因在另一通令文内有述及，大意称：

"昭披耶宋加绿、昭披耶梭拉室利（名汶吗）、披耶披猜（Phraya Bijaya，名通里 Thongdi）、披耶速古台，共四位大臣入朝述职，颂绿拍昭德信大帝尝谕诏：阴历十月，无公务，应再度来京，以便帝亲自传授御敌机宜。此届期限，只有昭披耶梭拉室利及披耶速古台入朝受训，至于昭披耶宋加绿及披耶披猜（名通里），则未入朝受训。"

照上述两通令文所载，佛历二三一七年间，昭披耶宋加绿、昭披耶梭拉室利（名汶吗）、披耶速古台、披耶披猜（名通里），一同来京朝见，帝谕令阴历十月，如政务空暇，则再度来京，以便接受帝之课训。依颂绿拍昭德信大帝在平时所定的规律，往往亲自训诫大小将士[1]，定雨季举行；至于冬季，则着令建筑公路和炮垒。帝选雨季为训诫

---

[1]　作者注 20，亲自训练大小将士：关于大帝亲自训练大小将士事，在佛历二三一七年赐昭披耶宋加绿的诏文里即有道及。这事充分地使我们了解颂绿拍昭德信大帝确随时在指导将士有关于军事上的智识，此举在使所有将士皆熟练于作战，不致变成时代的落伍者。这种训练的方式，降至现时，尤为风行一时，方式仍然是颂绿拍昭德信大帝所执行的，大约我们遗忘了，始中断了一个时期未有执行。但不要误会这是欧西方面所传来的，其实我们早已有此，原无假借欧西的必要。

　　除开训练外，颂绿拍昭德信大帝还含有其他的作用，适与后来的一部份事情符合。

　　（1）佛教方面：颂绿拍昭德信大帝纯系佛教的赞助者，不单是以私财从事发展，同时还是督促佛教中人谨守戒律，勤于潜修，务能实地实干，领导佛教传扬开广，获得普遍的实效。大帝并非专靠僧侣的势力从中护卫自身的皇位，而是有意使僧侣团形成最纯正的僧侣。这层一经视察了因陀拉吗寺后，我们将不难明白大帝的建造寺院，纯为赞助佛教中人能实行其潜修。此外，在大帝私人方面，尝实行到静坐潜修的一级。这是以身作则，领导民众精诚奉行。降至叻打纳哥盛朝第四世皇时代，亦尝一度复兴佛教中的各项仪式，皇亦严谨奉行。这在说偈方面有着充分的证明。参阅佛历二四五八年印行的《简史》第 42 页。

大小将士，实由于雨季无战事。不过，昭披耶宋加绿及披耶披猜未依期入朝受训，由于一时疏忽呢，还是政务烦冗，把期限忘了？不得而知，惟最后则被拘押来京，罪名还是违抗圣旨。

事实上已显示出佛历二三一七年间，昭披耶宋加绿未有随驾出征景迈，有如所引的

（2）书记官乃缴奏请出家，卒成为德行高尚的高僧，应予以晋封以示推崇。颂绿拍昭德信大帝特敕封为叻拍打纳牟尼，使符合其原名。迨至四世皇时代，亦尝敕封拍砂为拍砂萨纳梭蓬。

（3）颂绿拍昭德信大帝有意建造宫殿，以供奉翡翠玉佛像，也许早已指定基金（佛历二四七八年集越陀那印务局所印行的《翡翠玉佛像史》有记载）。由于基金早已指定，最迟亦须在佛历二三二五年或佛历二三二六年间兴筑。盖大帝经派专使于佛历二三二四年赴中国购买材料，以备兴建京都及佛殿。可是大帝先被害，建筑工程遂中辍，而玉翡翠佛像亦无机缘被供奉于新宫内。

迨至四世皇时代，始谕令兴建四方形尖顶的佛殿，以便供奉翡翠玉佛像及《三藏经》；并发出命令，着内地各府供应木材，如砂拉武里府、阿瑜陀府、坤西育府、北柳府、素攀府、因陀巫里府、梵巫里府、红统府、华富里府、信武里府、坤西施府等。佛历二三九六年皇殿建于现时玉佛寺的北面，正对砂越梭帕宫门，称为大佛殿。工程落成后，并未将玉佛供奉其中。佛殿狭小呢，还是另予修改，则不详。

降至六世皇时代，将佛像移出，另将一世皇至五世皇的皇像供奉其中，并改名为"仙祖殿"。

（4）颂绿拍昭德信大帝颇注意于交通的发展。明言之，在寒季即谕令建造公路以利运输。

此事有欧籍人的话作证："在寒季中，颂绿拍昭德信大帝一反以前历代君主的惯例，下令兴建公路以及炮垒多座。"参阅《泰史汇集》第 39 集，第 93 页。吞朝所建立的公路，至今还可看到。

吞朝终结后，建筑公路暂时中止，也许是回头去仿摹阿瑜陀朝末叶的习尚。

迨至四世皇时代，驻泰的欧洲领事尝于佛历二四〇四年阴历三月间联名具奏，谓："欧籍人士喜驾车骑马游行，吸收新鲜空气，平安而快乐。然居留于曼谷之后，缺乏公路可供驾车骑马出游，辄相继染病。"四世皇接到奏章后，鉴于欧籍人士来泰居留每年增加，彼等之故乡皆建有平坦的道路，清洁无尘。反观泰国，则呈现杂乱，道路全属巷弄，且污秽不堪，有碍国际观瞻。彼等此次上奏，纯属示意，并促使京华繁荣而已，因此下令开始兴筑各区马路。参阅昭披耶特帕功旺《叻打纳哥盛朝四世皇史》，第 239 页。

传至以后几代，吾人愈实感到公路的重要性，除开商业以及军事上的便利以外，对于各地居民的谋生大有裨益，货物的运输全不感到困难。其中最主要者，厥为吾人不需要欧籍人再向吾人"示意"。要是吾人能继续吞朝的办法不断修筑公路，深信欧籍人士根本就无机会"提出声请"了，同时吾人亦可获得谋生途径的便利了。

（5）颂绿拍昭德信大帝所定筑营办法，每喜将大树划入营界内。在《纪年史》中所记载佛历二三一八年与缅军抗战，略称："阴历三月上弦十三日晨，大帝御驾趁舟赴对岸参观拍荷特拉巫里在西岸所建的军营，发觉有误：临河而筑，且有大树在营界外。缅军可利用大树加以炮轰，或上树居高临下而向营内射击，不免自取不利。结果谕令拆卸原营寨，重新将大树划入界内，因此营界较前更为宽广矣。"参阅《钦定本》第 3 卷，第 105 页。

降至四世皇时代，"谕令开掘新柳港，划为外城的港沟。从而把金山划入京城内，盖金山在三世皇兴建时系在城外。皇恐敌临城下时，不免利用金山为架设大炮位，向京城内轰射"。

（6）颂绿拍昭德信大帝除发明排炮法以外，另外备有一种火炮，尤利于当时射入敌营内加以焚毁。

降至一世皇时代，缅方特于佛历二三二八年派大军共九队侵泰，由北碧府方面来侵的缅军，则由阿瓦王亲任统帅，但遭泰军用木弹炮所击溃。此事依《纪年史》载称："缅军前锋两主将，下令建立炮楼多处，架设大炮向泰军射击。（一世皇弟任泰军主帅）谕令搬出吞朝所用的木弹炮于营前，向缅营及炮楼纷纷轰击。有数座炮楼倒塌，军人皆受伤，不能出营应战，卒死守于营内……缅军两主将拾得的木弹，献阿瓦王，并奏称：泰族用木为弹。国内森林被砍伐完后，木弹始告竭。惟有何时林木始告罄？攻略泰国，认为难之又难！"参阅丹隆亲王增补《叻打纳哥盛朝一世皇史》第 2 版，第 104 页。

吞府时代的令文所载。所以一世皇时代所编纂的《纪年史》以及《钦定本纪年史》所载的（一）昭披耶宋加绿随驾出征景迈城缅军，（二）因包围圈有漏洞，致为缅将突围逃出，乃受鞭刑五十下，并受全部刑具事，不免有出入处。如该两书所载有误，则昭披耶宋加绿当可脱去不白之冤了。

继后依《钦定本纪年史》所载，佛历二三一九年间，昭披耶宋加绿因遣媒入宫向宫妃倩之妹求婚，遂被斩首示儆。

其实，仅就昭披耶宋加绿的事迹而言，当不致昏庸至是。由光复泰国的初期算起，从未发觉昭披耶宋加绿在攻陷任何城市以后，把所掳得的妇女私藏于家中。为什么发生了这次的事件，不免令人感到怪异！

至于颂绿拍昭德信大帝，亦在在显示着：（一）帝和蔼可亲，慈悲为怀，爱民如子；（二）国事重于私事；（三）宠爱宫妃不超过爱众将士，或爱众将士不低过宠爱宫妃，明言之，二者相等，无分轩轾。这是具有真实证据的，让作者逐项予以引证：

第一，在佛历二三一一年间，帝救济民众无算。依《钦定本纪年史》第三册第廿八页所载：

"（颂绿拍昭德信大帝）谕令分给食物于饥寒交迫的民众，接受恩赐者不下万余人，文武官员以及华侨、泰族，咸获得恩赐白米每人一桶，可资食用廿天，从无间断。当时仍无人从事耕耘，食粮缺乏，由菩泰目城（即现法属印度支那的河仙）以大航船运来的白米每桶值三铢、四铢、五铢不等。帝全不计较，不惜耗费私产，从事购买分发赈济。此外仍散发衣服以及钱币，上下臣民咸受惠！"

（7）颂绿拍昭德信大帝尝将君主最高的威权（即不准民众仰视圣容）取消。大帝取消此项旧习，盖认为此项旧习有碍国家的繁荣。大帝随时关怀地方情形以及民众的处境，不分阶级，以利政务的措施，使普遍享受到相当的福利。关于此事，虽欧籍人亦不禁加以赞扬，谓依照东方君主的习惯，每不准人民看见圣容，盖认为有损君主的威严。惟颂绿拍昭德信大帝则一反旧例。大帝系非常人，全不恐惧出巡时被人民看见圣容，对民交谈，亦有何损及君主地位？大帝主要目的在需要了解人民疾苦，亲自目击，亲自盘问。大帝颇能耐苦，勇敢决断。参阅《泰史汇集》第39集，第92页。

迨四世皇时代，皇悉二世皇时代，有一部分居民渴想瞻仰圣容，出巡时私自窥视，被警察拘获，将其双目射瞎，受到无上痛苦。（注19）所以在四世皇时代，特准人民作相当的朝见。五世皇时代，在佛历二四一七年组立枢密院时，尝明白表示称："皇位的传递已有四代，降至现时已为第五代矣！但君主从无列席会议。然而现时起，君主将参加会议，准发已见，不管反对抑或赞成。"参阅《五世皇谕令》，第3页。

一经明了后代的种种情事后，即不难与颂绿拍昭德信大帝的种种措施相对比，同时更显然地证出大帝的种种伟大处。虽然大帝被杀害而驾崩已有一百五十余年了，但大帝的精神依然永存，从而维护泰族更进于繁荣，永远保持其固有的独立完整的地位！

编者按：译者陈毓泰对吴福元的作者注20倒数第二段"迨四世皇时代，皇悉二世皇时代，有一部分居民渴想瞻仰圣容，出巡时私自窥视，被警察拘获，将其双目射瞎，受到无上痛苦"一句，复加以注释云："参阅《三颗印法典》有关于皇室法典之第一章。"

第二，在佛历二三一二年间，即在颂绿拍昭德信大帝亲自部署六坤方面的政务完毕后，即命驾返朝。依教育部在佛历二四七八年所编印的《纪年读本》第五十七页，则记载着当时六坤居民跪送圣驾时的热情状况如下：

"阴历四月晨，帝命驾返朝。所有佛门中人、婆罗门教徒以及六坤城居民，咸一致为帝祝福，甚且眼眶满含泪珠，不约而同表示：吾侪原属无所依靠者，一经获得圣驾驻跸城内，由于帝的浩恩，随时赈济，救人出水火。每逢礼拜日，帝赈济更丰。自后吾人又将恢复无依的原状了。当时居民的感戴声，实不免令人感到心酸！"

第三，同年，大帝返抵京后，悉奉令出征柬埔寨的披耶阿拏漆（名汶吗）及披耶阿派仑那勒（名仑）兄弟两人，反而领军退回。披耶阿拏漆扎于华富里城，而披耶阿派仑那勒则扎于可朌城附近。帝谕令召回披耶阿拏漆，并垂问其虚实。依披耶阿拏漆奏称："外传我皇经在六坤驾崩，深恐敌人趁机袭取吞府，因此匆匆退回，以便保卫国都。除我皇陛下外，企图臣属，绝对无其事。"[1] 最后颂绿拍昭德信大帝特加赦免受刑罚，非仅如此，反而对披耶阿拏漆所奏的行动，大加赞许。这亦可证出大帝如系暴虐者，必早已谕令斩首示众了。依事态看来，颂绿拍昭德信大帝确是一位仁慈的君主，而为其他君主所难以比拟者。

第四，《依列祖行述》（Abhinihar Parbapurush）所载：在佛历二三一三寅年征伐砂旺卡巫里城时，太守昭拍凡自披耶阿派仑那勒所包围的那方面突围逃出。以放走敌人的军法所规定，当时的披耶阿派仑那勒应受斩首刑。惟颂绿拍昭德信大帝非暴君，所以未下令斩决，只令鞭卅下，以示儆。[2]

第五，同样在《列祖行述》载称：一天晚上约九时许，颂绿拍昭德信大帝行静坐。这是养心的最高的办法，为一般崇信佛教者所应奉行的。通常遇有战争，颂绿拍昭德信大帝皆能身先士卒，冒险陷敌，全无退缩。遇有宗教仪式时，大帝非常认真执行，从而繁荣佛教，并以身作则，领导民众，并唤起民众对佛教的信仰心，使其有所适从，且矫正其错误的思想。此外大帝复谕令指示僧侣严守戒律，教育民众，务使彼等向善。举凡不切合时代的不良故事，亦加以取缔；择其优点加以阐扬。至于实行方面，颇为困难，盖纯有关于人心，因此不能不以身作则，从而领导民众先向简易方面着手奉行。由于此种原因，每届政务略为空暇后，颂绿拍昭德信大帝每趁机执行静坐及默祷，这是守戒的第二步。虽然佛教传入泰国已有数百年，但民众方面了解静坐的，可不多见；大部分只

---

① 译者注：《叻打纳哥盛朝第三世皇纪年史》第 318 页关于公摩銮叻仑那绿亲王那一段。

② 译者注：参阅《列祖行述》，第 40 页。

粗略懂得一点表面的守戒法，这尤易误入歧途，所以认民为子的国君，实应以身作则，领导民众执行。

在大帝正在执行静坐，且有僧王颂绿拍汪叻（Somdet Phra Vanrat，原名通裕）在旁指示静坐默祷的原则，比见披耶梭拉室利（名汶吗）潜入殿后，僧王立即通知有人潜入，行动失常，疑系刺客。当时大帝立即停止默祷，一个斛①斗，翻身将披耶梭拉室利（名汶吗）捕获，盖大帝精研剑棒武艺，眼明手快。一经捕获后，即询潜入禁地何为，有意谋反乎？结果仅令鞭六十下，以示儆。至于所领有的职位，则仍旧不加革斥。这层亦可证出，假如颂绿拍昭德信大帝无仁慈之怀，则披耶梭拉室利（名汶吗）当难苟生，必为大帝下令斩决矣！反之，如不斩决，仅治以普通的刑罚，则革职斥退，再无机会复职了。可是大帝不严究，这不就表示出大帝的仁慈了吗？

上面所举的五例，足以使人了解颂绿拍昭德信大帝的仁慈宽容的程度。下面再举两例，作为大帝关怀国政胜过私务的佐证。

第一，在佛历二三一七年年底，缅军侵入叻丕府挽南缴区（Ban Nang Keo）。泰军出抗，颂绿拍昭德信大帝亲自指挥三军作战。时适皇太后颂绿公摩銮披达弟帕麦（Somdet Krom Luang Bidaksha Debamatya）患背痛颇重，大帝深为忧系。如驾返京华，则抗战力量不免减退，缅军或可趁隙深入。盖当时的下级军官作战力不强，无帝在场指挥，遇困难时，将发生犹豫不前。因此大帝忍痛不回朝，继续指挥三军作战，并围困缅军，盖帝认国务为重。在战事未终结前，皇太后即行驾崩。② 銮摩诃医生特将太后驾崩噩耗上奏，颂绿拍昭德信大帝虽悉其事，心中深为悲恸，但大帝仍容忍，不宜诸外表，依旧指挥三军作战，最后活捉缅军不下二千人，突破泰史吞朝的记录，因此愈使当时的军威大振，这种事态实足以证出颂绿拍昭德信大帝的以国事为重了。

第二，事件发生于吞朝末叶，即在佛历二三二四年，颂绿拍昭德信大帝谕令昭披耶却克里（名仑）于阴历二月间出征柬埔寨。比至阴历四月间，乃汶纳（Nai Bun Nag）（依《大臣奖状》所载，指系第一世皇朱拉绿的臣属）大举谋反。从事积聚党人，由旧都（即大城府）直侵吞府，时为阴历四月下弦十一日星期六清晨。守卫皇城的军队即予抗战，直至天亮。披耶特迫（Phraya Dhipecra）、披耶拉曼旺（Phraya Raman vangca）、披耶庵麦（Phraya Ammatya）等努力指挥抗战，令向叛军炮轰，系采用从前的排炮轰击法，因此叛军不能迫皇城，需后退。天亮后，颂绿拍昭德信大帝亲自上城视

---

① 编者按："斛"应为"觔"。
② 译者注：关于火葬太后及庆祝骨灰的记录，至今仍完好地藏于国家图书馆内。

察，发现叛军全属泰族人，始悉叛军的意向，当即下令炮垒停止炮击，并谕称："勿使感受痛苦吧！"这就是说勿使泰族受流血的惨剧，盖叛军亦系泰族，全是经大帝救出水火深渊者，他们究需要什么，只管提出好了，双方仍可商谈。要是他们不需要像大帝一样的人，斩决或处禁，或出家，皆愿执行，只请勿使国家混乱，民众受苦而已。叛军请准许派高僧入城奏闻，据说京华陷于水深火热中，倘大帝能削发出家为期三个月，则民众将感恩不浅矣！高僧入城如实奏闻后，颂绿拍昭德信大帝当即答应照办，委披耶讪（Phraya Sarya）任京都卫戍司令。继此，大帝当即答应削发出家为期三个月。

在这一段里，请读者注意：其实城内皇军如能继续抵抗，仍绰绰有余裕，因城上所开的排炮，叛军已被轰退。还有一层，当时南部还具有充分的实力，包括六坤的昭六坤，德哥通的昭披耶因陀旺砂（Cao Phraya Indavongsha）宰相在内。查宰相系奉令赴南部准备海军者，如颂绿拍昭德信大帝退出皇城，由六坤领军征伐一般叛党，亦易如反掌。虽然叛党方面具有好几位重要将材，但亦不足为异，因那些将材皆系出自大帝一手所训练的，彼等虽能干，相信必无超过大帝者。这一批将材，真的和大帝交锋起来，难道就了无顾忌的吗？可是颂绿拍昭德信大帝对此次事态已了如指掌，倘继续抵抗，徒令国家破裂，民众相继死亡，帝已拯彼等脱离水火，组成强有力的国族，难道就不使彼等再继续组成强族吗？当就无疑，大帝必深为了解。在皇太后病重时，仍能容忍不返朝，继向缅军进攻，卒获得胜利。凡此种种，大帝仍能克服，此后的事态只有平坦，可不必费力予以领导了。所以大帝全不他图，满心依叛军所请的执行，这完全是以国家为大前提的行状。果也，大帝实行削发不久，在佛历二三二五年公历 4 月 6 日①这一天，大帝被斩决了。大帝镇静地受刑，尤适切于披黄袍中人的地位，心地安详，全不震动，对谁亦不诅咒。假如行刑者非泰族人，必不能夸耀会举刀斩大帝的头颅，较诸斩自己的脖子还要来得容易哩！虽然大帝驾崩已久，但每届 4 月 6 日在大帝被斩决的这一天，也还有泰族人在追怀着大帝所遗下伟大的史绩。② 光复泰国，恢复自由，领有广袤的土地。要是当时无大帝奋勇举义，深信沿昭披耶河岸的泰族，必全化成缅族无疑，这和杰仁族（Krase）被缅族同化同理。现在我们仍是自由的民族，虽曾失了不少的领土，但亦不能指系大帝的过错。

上面所提述的，在指证出大帝所具有的第二项美德。

至于第三项，作者愿引颂绿拍昭德信大帝恩赐皇妃昭尊邦（Cao Com Prang）给昭

---

① 译者注：4 月 6 日，依却克里皇朝的规定，系开国纪念日。每年这一天，皆举行隆重的纪念典礼。
② 译者注：参阅《旧姓族谱》第 4 集中有关于吞朝皇系后裔的一章。

铇（Cao Bath）为例证。昭铇作战有功，在出征期间，其妃适薨。其妃系昭尊邦之姊辈，颂绿拍昭德信大帝特恩赐昭尊邦，替代其姊之职。这种事件，尤可证出颂绿拍昭德信大帝爱将的程度如何了，虽至爱的皇妃亦能妻将士，这确是任何人都难办到的。

综言之，不管有关昭披耶宋加绿的事迹，抑或有关颂绿拍昭德信大帝的事迹，依上面所列举的真理，实可充分地指出昭披耶宋加绿当不致那样子昏庸派媒婆入宫向皇妃倩之妹求婚，有如《钦定本纪年史》所载。至于颂绿拍昭德信大帝亦不致那么残忍地轻易把共患难的大将加以斩决。这些事件，实可查出昭披耶宋加绿被斩决，必与事实有所出入。这让作者引证如下：

第一步读者理应注意的就是：（一）在第一世皇时代编纂的《纪年史》，未有提及昭披耶宋加绿被斩决的事件。（二）皇妃公摩銮那荤的《备忘录》，一般皆推崇富有真理，亦未有道及。其实，如真有其事时，必轰动一时。既然如此，为什么在第一世皇时代所编纂的《纪年史》以及公摩銮那荤皇妃的《备忘录》里没有提及。这不无令人怀疑，这种事件大概必为后人所加添上去，因此在第四世皇时代所增补的《纪年史》里始出现了这宗事件。

初步所应调查者，厥为皇妃倩的妹妹事迹，究竟在其他史籍上何记载？

在《泰史汇集》第五十三集载称：皇妃倩之妹名邦。唯《旧姓族谱》第一集则称奴绿（Nu Lek），也许在幼年名奴绿，惟长大后始改名邦，这是可能的，此后将总称为邦。

颂绿拍昭德信大帝特收容邦为妃。继后，尝任六坤总督的昭铇在出征时，其妃适薨（妃名暖 Navala，系昭六坤的长公主）。战事结束后，有功返京朝见。颂绿拍昭德信大帝特加慰问，并劝其勿过事悲伤，将赐其妹代姊看管子女。退朝后，颂绿拍昭德信大帝谕宫女护送皇妃邦给昭铇。宫女奏称，皇妃邦已两月无天癸，但大帝郑重表示已答应恩赐，不能食言。因此宫女乃遵旨将皇妃邦妻昭铇。

这一段颇像拉查特叻所载，拍昭拉查特叻王赐宠妃给大将砂孟那卡拉因（Saming Nakara Indra）一样。

在《御评录》第六十页，对皇妃邦的事件继续评称：当谕令赐妃期间，妃邦已怀孕两月。昭铇不受又不能，盖系大帝所赐。因此昭铇收留后，即立为女王，非纳为妻，因昭铇颇忠于颂绿拍昭德信大帝。皇妃邦后产一子名内（Noi），后官至昭披耶六坤（这位昭披耶六坤，为历代六坤王最具有权势者）。①

---

① 译者注：系纳那空（Na Nakor）、哥曼功纳那空（Kuomarkol Na Nakor）、早都隆卡功（Caturongkakol）诸姓族的始祖。

我们要检讨颂绿拍昭德信大帝究在何时赐皇妃邦妻昭钹，只有一途，那就是须先明了昭披耶六坤（名内）的生日。关于昭披耶六坤的履历，在《叻打纳哥盛朝封大臣》一书中有记载。惟此书并未记有昭披耶六坤的生辰，这由于不明了呢，还是忘记写上，则不详。

在《泰史汇集》第五十三集页一○五有国立学术研究会的考证，指皇妃邦于小历一一三六午年（即佛历二三一七年）产一子，此人即是昭披耶六坤（名内）。据此昭披耶六坤（名内）的生日为佛历二三一七午年了。所以颂绿拍昭德信大帝赐皇妃邦给昭钹，当在佛历二三一六巳年年底，或是佛历二三一七午年年首了。依照所列举的证据，即可得如下的结论：

（一）依《钦定本纪年史》所述的昭披耶宋加绿倩媒向皇妃倩之妹求婚，实系皇妃邦。

（二）皇妃邦系昭披耶六坤（原任）之女，入宫任职，卒身列皇妃，并怀妊。

（三）颂绿拍昭德信大帝赐已怀妊两个月后给予作战有功的昭钹，时在佛历二三一六巳年年底，或佛历二三一七午年年首。

（四）在佛历二三一七午年中，皇妃邦产一子，取名内。降至第二世皇时代，官至昭披耶六坤级，努力维护了南部领土的完整。

（五）至佛历二三一九申年，及《钦定本纪年史》载昭披耶宋加绿倩媒向皇妃邦求婚的那一年，依搜集的结果，考出当时的皇妃邦业已成为昭钹之妃，且已生有年已三岁的儿子了。

上列的证据，实足以消除了昭披耶宋加绿所受的各种不白之冤了。因此昭披耶宋加绿仍然是泰国堂堂的将材。虽然是短暂的时间，但昭披耶宋加绿还建了不少的勋业，例如：

（一）自旧都突围而出，作战各地，在东部建就巩固的基业，然后实行光复国土，卒底于成，他始终系颂绿拍昭德信大帝的共患难的唯一将材。

（二）任先锋攻①菩提树区的缅军，此为最重要的关键，犹如使泰族从死里苏生。

（三）追捕昭六坤，从而肃清南部的叛变，此举发扬光大了颂绿拍昭德信大帝的声势，被于全马来亚。

（四）攻破砂旺卡巫里城，因而使泰领土向北开拓，并镇慑了北部的纷争。

（五）任宋加绿城太守期间，景迈缅军于佛历二三一三年底来侵，仍能守卫城池，

---

① 编者按：此处脱"三"字。

不为缅军所陷，维护了国土的完整。在此期间，仍不时刺探缅军的动静，随时向朝廷报告，尤利于朝廷筹划对策。

仅此五项勋业，已可使颂绿拍昭德信大帝深为了解他的精诚及忠直了，应受到朝廷的无上恩遇而无愧。

在《汶隆姓族谱》里称：昭披耶宋加绿犹得大帝恩赐昭仁梭帕（Cao Ying Sobha）为妻。查这位昭仁梭帕，系阿瑜陀朝王族。依这宗事件看来，尤能证出颂绿拍昭德信大帝非只顾私欲及虚荣者可比，帝每以国事为重，因此赐女王族妻昭披耶宋加绿，由此可见大帝的重视昭披耶宋加绿的程度为如何了。

在佛历二三一七午年，因未来朝受军事训练，迹近抗命，结果被召回京华受监禁，而无机会随驾出征景迈缅军。但相信所受的刑罚并不重，盖披耶披猜（Phraya Bijaya，名通里）亦因犯同等罪名，惟仅受鞭挞卅下，所有职衔仍旧。

昭披耶宋加绿于佛历二三一八年（未年），或是佛历二三一九年（申年）逝世。现仍保存于国家图书馆内有关于吞朝的内政记录，有述及昭披耶宋加绿的象群"遗产"（Moru'dok），谓在佛历二三一九申年，共有象廿二头，且详列象名。

依照政界所采用的名词，Moru'dok 与 Rapadva 有别。凡无错过而逝世的公务员，其所遗下的产业，称 Moru'dok，如：昭披耶却克里（名穆）的 Moru'dok，昭披耶讪卡的 Moru'dok，昭披耶宋加绿的 Moru'dok 等是。至于被判处死刑并没收其产业的公务员，死后的产业，概称为 Rapadva，如哀（Ai）汶猛的 Rapadva 等是。所以政界已称昭披耶宋加绿的遗产为 Moru'dok，可见昭披耶宋加绿是无罪而终了。由于昭披耶宋加绿的逝世，结果使宋加绿城如失砥柱，实力降低了不少。要是昭披耶宋加绿仍健在，并有机会对抗泰国最重要的敌人阿星温基（缅军大将），则宋加绿城当不会遭受缅军的蹂躏了。然而这是宋加绿城的不幸，适值这位著名的将材逝世。否则，我人仍可再度地看见耶披甘亨碧的先锋銮披猜拉查发挥其固有的作战精神了！

昭披耶宋加绿族谱

摘录自《阿瑜陀都居民供词》，佛历二四六八年第二版本，由梭蓬印务局印行；及《汶隆姓族谱》，佛历二四六八年，图书印务局印行。

披耶碧武里（Phraya Pejapuri），系颂绿拍昭德信大帝的最近亲族（同姓），为一不可多得的将材。

在拍昭伊伽达王（Akathas），阿瑜陀朝最末的一代君时代，奉令于阿瑜陀未陷前三年，即佛历二三〇七年领军征景迈缅军。继后又于佛历二三〇九年领军抗缅军，不幸战死。披耶碧武里终身服军职，作战勇猛，系纯粹的将材。

披耶碧武里有两子，计（一）昭披耶素拉武令戍辇吕猜（Cao Phraya Surapotindra Surindra Lujaya）；（二）昭披耶宋加绿，颂绿拍昭德信大帝的大将。

昭披耶宋加绿得汶眷女士为妻，后来颂绿拍昭德信大帝恩赐阿瑜陀王族梭帕为二妇。

昭披耶宋加绿夫人汶眷，生一子，即昭披耶素拉武令戍辇吕猜（名汶聚）。昭披耶素拉武令复得两子：一名汶柱，系伽里越姓的始祖；另一为昭披耶蓬拉贴（Cao Phraya Pholatap），为第四世皇时代大臣，系汶隆、拍兰功姓族的始祖。

1940 年 8 月 24 日译竟于泰京

披耶披阇耶（断剑）传 [*]

陈毓泰

引言

暹罗在郑王（中国史乘称郑昭，其实昭非郑名，是暹语称王之言，殊有矫正之必要。暹方称拍昭德信大王，或昭德信、昭功吞武里……）当国时代（即吞武里朝），为暹国军政最强盛的时期，每战皆捷，为历代君主所无之现象。由郑王一手训练，身经百战，扬名邻邦的虎将共有四位。这四位虎将实有立传传诸后世，以志其功勋的必要。惟这四位虎将的史迹，也和郑王一样，遭受史籍作者的故意剔改，以及歪曲的杜撰，结果难享受其应享的英名。久而久之，这些虎将的史迹，更芜杂无章，且造成了无形的误会于后世。

我们在阅读，甚至从事检讨吞武里的历史时，往往在有关的史籍里，发现了满篇的造作，故意杜撰了"莫须有"的事件，给书在吞武里朝史文中。这不免使人敏感到吞武里朝，实系暹国有史以来顶黑暗的一代了。然而幸得在现存的文籍堆里，还散布着不少的真理。不过这些真理往往为一大串的"莫须有"所掩盖着，稍为疏忽，则被闪过。因此这疏落的真理，更形秘密了。

还有一项，为发掘真理的最大障碍，就是一些有关于吞武里朝的诏令、委任状、布告、案卷等等文献，迄今仍保藏着，未有公布。职是之故，检讨吞武里朝的历史，尤其是具有真理的吞武里朝史，确实难之又难。

郑王时代的四虎将，一曰昭披耶宋加绿，一曰昭披耶洛坤素旺，一曰昭披耶讪卡武里，一曰披耶披阇耶断剑。昭披耶宋加绿的史籍，业有郑王史专家，目前任职于艺术厅之华裔吴福元（暹名为卑拉·室利察拉莱）著成一篇《昭披耶宋加绿传》，其中发掘了颇为珍贵而且为一般史家不敢言的真理。这是一篇有关郑王史料的重要文献。余在《艺术》二月刊上首先读了此文，深为折服，且有意译成中文，以为研究暹国史家在探

——————————
[*] 原载《中原月刊》第 1 卷第 9 期，1941 年，第 27—43 页。

讨时参考的资料。因恪于当地政府的条例，不敢贸然从事。于是设法与原作者（吴君）接洽，卒蒙其允许，得转成中文，并发刊于星洲中国南洋学会刊行之《南洋学报》第一卷第二辑，可供参考。

至于昭披耶洛坤素旺及昭披耶讪卡武里，迄今仍未见暹方有人著述其传史。这也许就是搜罗困难，或由于史作家的渲染，事态混杂，不易着手整理所致！

第四位虎将披耶披阇耶断剑，因战缅军时，身先士卒，冲锋陷阵，致手中剑折断，仍奋勇作战，驱退缅军，遂博了"断剑"的美名，流传至今，泰族人每喜谈及其名，惟其真正的传记则付阙如。书坊中所流传的，只属于披耶披阇耶断剑的章回本小说，以普通所知的史籍作为张本，故意渲染夸大，俨然成为仙界中具有无边法力的天神了。这一类的资料，几近神话，我们当不愿引为根据。

以余目前所收集的结果而言，纯粹叙述披耶披阇耶断剑生平史迹的文章，稍为可读的，只有刊载于暹国军部所发行的《参谋及阐发科学月刊》的《披耶披阇耶断剑传》，作者为披耶室利萨差那莱武底。此篇传记刊于佛纪元二四六九年公历2月，连载三期，文相当长。不过，阅读后，每使人感觉到太过倾向于小说体裁，为此文之缺点。但其中有好几段，是值得开怀的。明言之，披耶室利萨差那莱武底著述此文，确费了一些苦心，而且阐发（不如说揭发）了有关郑王的一部份真理，颇足珍视。盖佛纪元二四六九年和现时的立宪时代不同，敢发表了一些有价值的真理，实属难能可贵了。

余编述《披耶披阇耶（断剑）传》，系以披耶室利萨差那莱武底所作的《披耶披阇耶断剑传》为张本，另佐以其他文籍的零星记载，缀成此文。虽然如此，余仍不敢认为这是一篇完全而无瑕的作品。在余的初衷，这只属一种肇始，希望引起鸿博者作更进一步的检讨，从而表扬这位虎将的英名。

一

披耶披阇耶断剑，依照各文籍所载，皆称原名"通底"，其实不然，其乳名"醉"，"通底"系后来出奔投师学拳时，为惧人发其隐而改者（这在下面将予以详述）。

父母姓氏，皆不可考，仅知其系披阇耶城的土著，务农，家境并非富有，筑居于城外朝东约一百先远的海卡村。父母生兄姊共四人，披耶披阇耶断剑为满子，乃立名为"醉"，义为最小，亦即满子之谓。不幸居长的兄姊皆相继弃世，只留下披耶披阇耶断剑一人，成为此家庭的独子。

乃醉（披耶披阇耶断剑）究出生于何时，各文籍各不载，颇不易考出其确切的出生年期。惟披耶室利萨差那莱武底所著的《披耶披阁耶断剑传》，谓被赐死时，享寿四十又一。据此，我们知道郑王被杀驾崩时为佛纪元二三二五年公历4月6日。郑王被杀后不久，披耶披阁耶断剑即受传问，以不愿活，并抱英雄不事二君的坚决态度，遂被赐死。死时系在郑王遭杀的同年（佛纪二三二五年）。职是之故，以年期减去其死时的年龄，则得出其确切的诞生年期了。换言之，乃醉必出生于佛纪元二二八四年（小郑王七岁，郑王生于佛纪元二二七七年）。

乃醉在孩提时的生活如何，亦不可考。不过，八岁时，其父母即着其牧耕牛。性好斗，因此在过其牧牛生活期间，每与其他牧牛童生是非。拳斗结果，头脸周身，辄不脱青肿。其父知不能再放任，否则必成野童，难以管束，遂有意遣乃醉入寺院求学，使将来能自食其力。盖当时教育，皆由寺院的和尚们一手包办，无专设之学校。入寺院受学，必须选一和尚，拜为师，终日供驱使，遇师闲暇时，始略授以识字的课程。

乃醉在当时所投的寺院，为披阁耶城佛骨灰寺。努力侍奉师父，满十四岁时（佛纪元二二九八年）即达到了能读能写的程度了。

基于当时的风尚，凡属男性，必须学习武艺，因朝廷采用征壮丁入伍法，所以男性皆须过军队的生活，同时武艺也是发扬光大门楣的唯一途径。

乃醉生性好斗，一如前所述者，在寺院受学时，每喜乘暇学习拳术，系用"无师自通"的法则，干些踢踢脚、挥挥拳的基本拳术。遇地方官在寺院内举行"涂南"典礼①时，每有"打擂台"的表演，乃醉因性近，每次都挤在人丛中参观拳赛，虽然不明拳术的门槛，但亦能牢记其中一二手势，作为通常的练习。

在这时候，披阁耶城太守亦导其子乃尺以及三仆，投在同一的和尚为门徒。乃尺系太守子，每作威作福，以势凌人。乃醉时受其气，但敢怒而不敢言。乃尺见乃醉畏己，更形猖狂。终于有一天，乃醉忍无可忍，把乃尺痛击了一顿，泄其忿。但事后，顿悔孟浪，不应出此，乃尺被拳伤，太守悉其事，大祸必临头。经熟思后，乃醉乃采取了出走的计策。父母以及师父，咸不知乃醉出走的方向。

乃醉出走时，身无长物，仅有蔽身的衣服。因久慕程骚拳艺驰名，每思奔程骚投师，苦无机缘。此次闯祸，遂决意投奔程骚。乃循万菩提程逸河而行。日西沉抵红土寺，向寺内和尚求宿。翌日续向前行，抵挽景寺，日暮，仍投宿于寺院内。晨，有一年约四十岁之人，领四童子，在寺院之广场上课授拳术。乃醉在旁守视，有意参加，但不

---

① 涂南，系古时暹罗的一种对君主尽忠的宣誓礼，以君主的宝剑浸在特备的水里，凡属臣员皆需饮用此水，以示忠于朝廷。

敢。俟课授完毕，乃醉即趋前，力请该长者收为门徒。该长者系当地名拳师，名天，见乃醉态度诚挚，且体格强壮，心已爱之，遂盘问其身世。乃醉不敢报真名，恐父母知其下落，而将其领回。乃醉遂捏造一假名，称通底，父母为赤土村人，天性爱好拳艺，有意从师。

乃天立即答应其请，收为门徒。

当时村中人皆嗜槟榔蒟叶，牙齿乌黑，独乃通底（即乃醉）齿白如玉，师遂呼之为"白牙乃通底"，村民亦随之。

乃通底从乃天习拳历一载，即习完乃天所有的技艺。别师转赴程骚，投于名拳师乃墨门下。年余，尽得师拳奥妙，时乃通底已十八岁（佛纪二三〇二年）。

乃通底受学于乃墨师期间，一次盗牛匪盗去师父耕牛二头，乃通底偕同村民追盗。乃通底比较敏捷，在某林中首先发现二盗牛匪。乃通底挥刀直冲，力战二匪，卒结果其一，另一则受重伤。经此后，乃通底威名远播，村民尤为爱戴。

村中举行年会时，每有斗拳之举。乃墨师知门徒乃通底拳艺超群，应开放机会给其发挥其技艺，因此在年会中打擂台榜上，乃通底亦名列其上。是次竞赛结果，乃墨师之敌乃铃及其门徒，皆为乃通底所击败。

由于生性好动，且不喜株守一地，乃通底遂辗转而投宋加绿城某剑师学剑术。不三个月的时间，即修完剑术所有的击法。

继此，乃通底随僧赴速古台城，遇一华籍拳师，乃通底遂留学焉。在此期间，乃通底的声名，更形高扬，所经各城，如披阁耶城、通扬城、腊黎城、宋加绿城、速古台城，皆难遇敌手。因此有一部分少年，皆愿拜乃通底为师，冀习其卓越的拳术。乃通底亦不辞，广收门徒训练。时有一贫童名汶阁，年仅十三，亦受学于乃通底门下。乃汶阁性率直、刚毅，乃通底颇爱之，收为随身侍奉。

时有一华商，因事勾留于速古台城，未能赶付大帮返德城，因赴德城途中，时有猛虎出没其间，旅客来往必须集结大队人马，以资防范。此华商已错过机会，不敢单独首途，只得暂留于速古台城。当乃通底率门徒赴寺院广场课授拳术时，此华商已予特别注意，知乃通底或可充任途中的保镖。乃商诸乃通底，并称现任的德城太守披耶德信（即郑王）性好客，且爱惜人才，精拳术者，尤加青眼，武艺业已登峰造极如乃通底者，何不投披耶德信，博将来飞黄腾达。乃通底聆言，颇为动容，遂决意随华商转赴德城。赴德城时，乃通底的年龄，已经达廿一岁（佛纪元二三〇五年）了。

依照披阁耶城居民所传，乃通底随华商赴德城途中，曾刺毙猛虎一头。但文籍无载，这只能姑妄听之。作算乃通底真的刺毙猛虎，也不足为怪，还愈显出乃通底的勇猛了。

乃通底抵德城后，刚好举行年会，且有拳赛。由于是日之拳赛，披耶德信（即郑王）将亲自参观，因此拳场主人特精选名拳师上场表演。

乃通底知机不可失，乃求场主任其选一对手比赛。场主准其请，德城名拳师乃孝即率领其门徒由乃通底选择。讵料乃通底全不满意，有意与乃孝本人见个高下。场主不禁愕然，盖乃孝系本城有数之拳师，从未见败于人，普通人皆惧与之比武，惟这位陌生的乃通底，竟不分皂白，与此猛虎斗，徒自寻死路而已。当时场主不允乃通底与乃孝竞赛，惟乃通底始终坚持，场主无法，乃准其请。

当时的披耶德信（郑王）亦耳闻其事，深为诧异，并佩少年的勇气，且有意参观拳艺。乃通底上台后，即向披耶德信拜见。然后按照所习的拳艺，先行礼拜师父。所行的仪式，姿势优美，博得场中观客的称赞。

拳赛开始的第一合里，乃通底完全采取守势，以察对方的拳艺的高下。乃孝为显其威武，则采攻势。但乃通底仍能招架得住，并无隙可予敌方进攻。待至第二合，乃通底已知对方的虚实，突转采攻势，只以肘及脚的挥动，业使乃孝无法招架。乃通底见对方已乱，攻击益力。率将乃孝击倒于擂台上，晕去，鲜血溅满擂台。

披耶德信在旁观赏，亦不禁拍股称赞为神技。为进一步试验乃通底的拳艺起见，披耶德信询能否再斗，乃通底答可再斗。披耶德信乃派其师乃穆与斗，并嘱乃通底勿顾忌，尽量发挥其神技，如战胜乃穆，将有重赏。乃通底表示感激。

乃通底与乃穆交手后，知系劲敌，乃倍加努力应战。结果在第三合内，乃穆失手，为乃通底所乘，颈部着实地被踢一脚，乃穆立即晕倒。场内观众不约而同高声喝彩。披耶德信亦不由得不佩服乃通底的武艺，确系神出鬼没，力敌二名师，且能在短时间内将敌方一一击败。披耶德信立即赏银五两，并收为护卫，追随左右。乃通底至是遂得投在披耶德信的门下，任职唯谨，绝无懒怠，披耶德信亦宠爱有加。

同年入安居前，披耶德信特为乃通底剃发为僧，仪式颇为隆重。乃通底剃度达一季（三个月），待解安居后，即还俗，仍然追随于披耶德信（郑王）左右。

二

依据披耶室利萨差那莱武底所著《披耶披阇耶断剑传》载：乃通底追随披耶德信（郑王）左右期间，因忠于职守，披耶德信（郑王）乃委其领有"銮披阇耶阿沙"的爵衔。这种叙述，实有予以矫正的必要。我们皆明白，在德城任中的披耶德信（佛纪元二三〇七年以前，即在缅军未进抵大城首都以前），只不过一位领有太守职的公务员，焉有权委封部属？这不是间接表示披耶德信擅自专权，自负自大吗？其实，披耶德信并未对谁委赐爵衔，因根本就无此权力。同时大城的首都还有君主在，披耶德信仍受君主的节制。

此外，足以证实披耶德信并未委封部属，以及乃通底依然是乃通底，而非銮披阁耶阿沙的，有曼谷皇朝一世王亲自修纂的《吞武里朝全史》（列为《史乘汇编》第六十五集）第五页载："披耶德信（其实当时披耶德信已领有披耶哇栖罗巴干的爵衔，受委为金刚城太守，但未赴任，因此暹方文籍皆称之为披耶坎烹碧。为使易记起见，特在此姑称以披耶德信）自首都突出缅军的重围（因城门被关闭，不得入城之故），率领有限的部属指向东部沿海区，企图召集同志转回去解首都被围之危。披耶德信驱军行抵巴真武里城界时，即受缅军最后一次的追剿。披耶德信将辎重队打发先行后，选了一矮林，作为屏风，将大小炮位集于必要的孔道，其他部队则散伏于附近，伺机举事。至于披耶德信本人则亲自率领士卒约百名，准备迎战。下午一时许，缅军开到。披耶德信领銮参南派罗萱陀、拍昌银、乃汶美、乃通底、乃盛等，在原野旷地诱敌……披耶德信知机会不可失，遂振臂一呼，部属纷纷出自矮林，向敌军追逐。缅军被杀，尸首狼藉，余者咸逃散一空。"①

根据上列的，即可看出乃通底在披耶德信转向东部召集同志，以便解首都之围时，还是乃通底。因此披耶室利萨差那莱武底的这一段叙述，实有矫正的必要。

更有进者，銮披阁耶阿沙这个爵衔，也有说明的必要。考披耶德信自首都突出缅军重围时，追随左右的，有銮披阁耶罗阁其人。这位銮披阁耶罗阁就是郑王时代官至昭披耶宋加绿的同一人。这位銮披阁耶罗阁和《披耶披阁耶断剑传》中所提的銮披阁耶阿沙，是大同小异，只有"罗阁"与"阿沙"之别而已。著《披耶披阁耶断剑传》的作者，必误以昭披耶宋加绿以前的爵衔，给加在乃通底的身上。盖依各文籍的记载，銮披阁耶罗阁系天生的勇将，而乃通底亦是稀有的将材，更何况乃通底在后来的爵衔有阁耶的称号，因此颇易使事态混杂。

综合言之，披耶室利萨差那莱武底所述的乃通底受披耶德信赐銮披阁耶阿沙爵衔，未免有误，而所提的銮披阁耶阿沙又是銮披阁耶罗阁之误。

当披耶德信在德城任中，因多所建树，因此博得披耶德信的美誉，以示这位披耶德，并非先前的披耶德，而是名信的披耶德，乃通称为披耶德信。至于乃通底，自投在

---

① 《钦定纪年》亦作同样记载。

披耶德信的门下，因真诚可靠，遂被选为终日追随披耶德信，而领有侍卫的职位了。

由于缅军逐渐进迫大城首都，披耶德信遂被调京任职，且奉令出抗缅军多次。虽然作战勇猛，但后援不继，只有退守。在这期间，乃通底仍追随左右，并未远离。大概在对缅抗战期间，乃通底亦尝表现了相当的战迹，因此披耶德信愈加宠任。

披耶德信自首都突出缅军重围，而率领有限的部属开赴巴真武里城界时，乃通底的名字始出现了一次，已如上所述。继此，乃通底的名字遂消失了。遍查所有关于郑王的文籍皆无载。这并非说乃通底已死去，其实乃通底仍然追随郑王左右，但已不称乃通底，而改以其他的爵衔出现于文籍。不过乃通底所得的爵衔，究竟有些什么，我们颇不易求出。然而根据披耶室利萨差那莱武底所述的，乃通底在郑王正式受全民拥立为暹罗新君时，即受封为昭蒙卫耶钵罗纳，仍领有御侍官职。

这种提述，也不无其可取在。考昭蒙卫耶钵罗纳这个爵衔，在一世王所修纂的《吞武里全朝史》第五十页有乍蒙卫钵罗纳的称号，不过所用的字母，略有出入而已。"一世王本"所提的乍蒙卫钵罗纳，显然是另一人，而非乃通底。盖乍蒙卫钵罗纳出现于"一世王本"，只有一次，其所出现的年期，系在佛纪元二三一七年郑王亲征景迈城缅军的时期。可是乃通底在佛纪元二三一三年阴历十一月以前，即领有拍室利罗阇黎楚的爵衔，职是之故，乍蒙卫钵罗纳可断其为另一人，与乃通底无关。

根据华裔吴福元所著的《昭披耶宋加绿传》第四十八页载，郑王被拥立为暹罗新君后，即委封大批臣属，乃通底被封为拍室利罗阇黎楚。

考暹方沿用的爵级，拍较乍蒙高一级，乃通底之被封为拍，未免太高。盖郑王御驾亲伐北方拍凡长老而在彭世洛城举行盛大的统一全国庆祝大典时（佛纪元二三一三年），郑王即委有功的人员统治北方诸城。依暹方史籍载，当时郑王恩委拍室利罗阇黎楚（乃通底）任代理披阁耶城太守职。由此观之，郑王被拥立时，乃通底必未获得"拍"的爵衔，因此余认为披耶室利萨差那莱武底称乃通底在郑王即位时被封为昭蒙（或乍蒙）卫耶钵罗纳，较为真实。

领有昭蒙或乍蒙爵位的乃通底，时已有廿七岁了。

在郑王正式登极后，暹罗还是未有统一，其南有昭六坤称雄，其北有拍凡长老为霸主，郑王居中，前后受威胁。因此郑王即筹划统一全国的大计。南北虽有两雄独立，但不能采用同时进攻，且实力方面亦不允许作两面战。由于北方的拍凡长老的势力圈，介于郑王及景迈城缅军之间，形成郑王与缅军缓冲地带，对郑王不无有利。职是之故，郑王仍暂让拍凡长老苟安，无须急于进攻。最后郑王始决定先行南征，解决南部的威胁。

在起初，郑王并无意御驾亲征，只派昭披耶却克里（名穆）统率军队出征。昭披耶却克里军于佛纪元二三一二年阴历八月黑分初三，土曜日，开拔，深入黎仔城。而在他麦区遭遇昭六坤军，双方立即接触。但昭披耶却克里所统率的军队，作战未能合作，结果损失二将，而昭披耶却克里的儿子亦在此役中为敌方所俘。昭披耶却克里被迫只得后撤，而驻守于黎仔城。当时随军的披耶阿奴漆罗阇（即一世王弟）立即飞报朝廷，指昭披耶却克里存心谋反，对朝廷不忠。

郑王得报，深知军中战士不能切实合作，始有此挫折，乃将披耶阿奴漆罗阇及披耶阿派耶仑那勒（即一世王）弟兄俩召返，并谕令此弟兄俩领军征伐柬埔寨，因柬埔寨方面拒绝臣服。

郑王旋亲自统率水军由水道进发，赴援昭披耶却克里军，同时又派披耶披阇耶罗阇（即昭披耶宋加绿，可参阅拙译《昭披耶宋加绿传》）领军由陆路赴援。

郑王所□率的水军，由昭蒙（或乍蒙）卫耶钵罗纳（乃通底）任先锋，在他菩方面首先与敌方军队接触，昭蒙（或乍蒙）卫耶钵罗纳力战，卒将敌军击溃，退入城内。时昭六坤见部属败入城内，知大势已去，不敢固守，乃率家眷逃赴北大年城。

因此，郑王遂收复六坤。而陆路的军队，仍未到达。待陆上部队抵步后，郑王即着令昭披耶却克里以及披耶披阇耶罗阇务将昭六坤捕回，以赎未能及时护圣驾之罪。昭披耶却克里以及披耶披阇耶罗阇抵宋加绿城后，即行文北大年城太守，着交出昭六坤及其家眷。北大年城太守惧祸及身，遂将昭六坤全家以及随来的臣员全部交出。昭披耶却克里及披耶披阇耶罗阇押了昭六坤献给郑王，王不加杀害，反而收容。郑王在六坤城整顿地方治安后，即委王侄昭那罗素里耶汪砂统治六坤。

由于昭蒙（或乍蒙）卫耶钵罗纳（乃通底）随驾作战猛勇，且建首功，为鼓励士卒的作战精神，遂晋封昭蒙（或乍蒙）卫耶钵罗纳（乃通底）为拍室利罗阇黎楚。这时的拍室利罗阇黎楚，已进达廿八岁了，其职位仍然是最亲近的御侍官。

三

翌年（佛纪元二三一三年），北方拍凡长老因并有彭世洛，势力遂逐渐伸展至阁耶那城，对吞武里都实系莫大的威胁。郑王知不能再事放任，乃决意发兵北指。

郑王委披耶披阇耶罗阇（即后来的昭披耶宋加绿）任西路军司令，披耶勇吗罗阇（即一世王弟）任东路司令，于佛纪元二三一三年阴历八月黑分开拔。至于郑王则于同月黑分十四日统率水军由水路进发，拍室利罗阇黎楚（乃通底）亦随驾出征。

郑王水军开抵彭世洛城时，受拍凡长老令而镇守于彭世洛城的守将銮哥砂（名扬）

出抗。郑王即派拍室利罗阇黎楚（乃通底）任先锋，进攻銮哥砂（扬）军，破之，銮哥砂（扬）逃赴北铎。郑王军遂于是日得入彭世洛城。至于东西两路军，则在郑王攻陷彭世洛城数日后抵步，王立即派披等勿停留，继续北开，会师于砂汪卡武里城。銮哥砂（扬）退守于北铎村，探悉郑王军继续向前推进，遂不待接触，而逃返砂汪卡武里城。

披耶披阁耶罗阇及披耶勇吗罗阇军抵砂汪卡武里城后，即将砂汪卡武里城团团包围，并予以力攻。拍凡长老抗战三天后，即率领了其党羽，以及新生的小白象，自披耶阿派耶仑那勒（即一世王）所守的方向，冲出一条血路而逃。

砂汪卡武里城于阴历九月黑分陷落。郑王乃亲自巡视北方诸城，然后驻跸于彭世洛城。佛纪元二三一三年阴历十一月白分十四日，郑王特举行了盛大而隆重的典礼三天，从中庆祝统一全国的成功。

当时吞武里朝所统有的城市，依御侍官乃萱所著的诗篇里，尝明白指出共有一百零四个城市。由此可见，郑王即位前后只有三年，即统一了残缺不全的暹罗，实属难能，且显示了郑王复兴暹罗的积极性了。

佛纪元二三一三年阴历十一月黑分初一日，系全国一统庆典的最后一天，郑王即委任一大批有功的将官，分别统治北方诸城。其中足以提述的，则有披耶披阁耶罗阇晋封昭披耶披阁耶罗阇，任宋加绿城太守；披耶勇吗罗阇（一世王弟）晋封昭披耶梭罗室利，任代理彭世洛城太守职；拍室利罗阇黎楚（乃通底）任代理披阁耶城太守职；拍泰南任代理速古台城太守职；昭披耶阿奴叻砂蒲陀罗任代理洛坤砂汪卡城太守职；昭披耶讪卡任讪卡武里城太守职；披耶素罗布麟陀罗任金刚城太守职。

基于北方诸城系新收复的城市，地方仍不靖，尤以宋加绿城、彭世洛城、披阁耶城系北方最重要的前卫城；郑王乃特别恩赐，此三太守具有先斩后奏的特权。因此郑王对这三位虎将，倚重有加。

依披耶室利萨差那莱武底文中所载，郑王命驾返吞府以前，尝特别召拍室利罗阇黎楚（乃通底）入觐。王对于此次须远离拍室利罗阇黎楚（乃通底）表示痛惜。盖拍室利罗阇黎楚始终追随左右，未有一次远离。惟此次因缺乏忠直有如拍室利罗阇黎楚之人可予委托，遂不得不以披阁耶城太守职曳①于拍室利罗阇黎楚。

拍室利罗阇黎楚（乃通底）立即奏称："对于此次须远离圣驾，不能追随左右事，臣尤感痛惜，臣并不愿远离圣驾。惟依圣意，披阁耶城系重要前卫，且缺乏相当人选。

---

① 编者按："曳"疑为"委"或"授"讹。

圣上既有此谕令，虽臣未有何建树，敢不依圣意而尽臣所有能力从事维护此重镇，而免受敌蹄之蹂躏！庶几符合圣上倚重于万一！"

郑王聆奏，深受感动，乃赏赐有加。至于追随拍室利罗阇黎楚（乃通底）之乃汶阁，对敌作战，勇猛一如其主，郑王恩赐以蒙限那隆卡爵衔，仍然追随拍室利罗阇黎楚（乃通底）。

郑王委封诸将统治北方诸城完毕后，即命驾返朝。

拍室利罗阇黎楚（乃通底）荣任披阁耶城代理太守职时，年仅廿九岁。仅此年纪而言，实足指出这位乃通底，实有过人之处，非庸俗可比了。

拍室利罗阇黎楚（乃通底）走马上任后，首先得报父亲业已逝世，母亲仍健在，乃差人往领其母。讵这位纯粹乡下的女人，身临官府后，深为恐惧，下膝低头，不敢仰视。拍室利罗阇黎楚（乃通底）立予制止，并跪伏于其母脚下，请恕长时间弃家之罪。其母知子已发达，悲喜交集，不禁老泪横流。拍室利罗阇黎楚（乃通底）等其母上座后，即将往事详述无遗。其母聆后，亦深为感动，惟对于其父之去世，不免怆痛而已。

至于初期课授拳术予拍室利罗阇黎楚（乃通底）的师父，有景村的乃天、程骚村的乃墨，仍健在。拍室利罗阇黎楚（乃通底）对之仍执弟子礼，这使两位老师父深为感动。继后，拍室利罗阇黎楚（乃通底）特奏准郑王，委这两位老师父为各该村的地保，以酬答以往收容及课授之恩。

四

拍室利罗阇黎楚（乃通底）上任未满三个月，即发生景迈城缅军南下进侵宋加绿城事件。在这里特根据丹隆亲王所著《暹缅战争史》以及其他文籍所载，予以叙述。

佛纪元二三一三年（公元1770年）的景迈城，依然受治于缅甸阿瓦王。缅王在大城首都未陷落前，即委阿帕耶卡摩尼任景迈城太守职。

这位阿帕耶卡摩尼，依丹隆亲王的意见，谓缅王后晋封为波摩瑜源。但据吴迪氏所著《暹罗史》（*A History of Siam*），则指出阿帕耶卡摩尼及波摩瑜源系两人，非同一人。总之，在这次领军进侵宋加绿城的缅方主将，系波摩瑜源。或许丹隆亲王所提的阿帕耶卡摩尼是前任景迈城太守，亦不敢必。

当郑王大军攻陷砂汪卡武里城时，拍凡长老的党羽以及一部分泰人，皆投奔景迈城。在这种情势之下，缅将波摩瑜源自以为时机已届，可拓其势力南向了。于是在佛纪元二三一三年（寅年）三月，领军南下犯宋加绿城。

新任宋加绿城太守的昭披耶宋加绿，系郑王手下著名虎将之一。同时宋加绿城自古即被列为一等大城市，为北方军事重要据点。郑王委昭披耶宋加绿镇守宋加绿，尤为切当。此外，宋加绿城系古城，筑有坚强的城郭以及炮垒。昭披耶宋加绿任太守职时，城内军力并不充。但昭披耶宋加绿仍努力予以整顿，城郭以及炮垒皆经过相当的修葺。

波摩瑜源军压境后，昭披耶宋加绿即派军坚守城郭，同时派人分别驰赴邻近各城求援。缅军抵步后，即行攻城，不下，乃下令将城包围。城内的昭披耶宋加绿亦不时派军出城与缅军抗战，双方相持不下。

昭披耶宋加绿的求援书一经抵达邻近诸城后，即有代理彭世洛城太守昭披耶梭罗室利（即一世王弟）、代理披阁耶城太守拍室利罗阇黎楚（乃通底），以及代理速古台城太守拍泰南等，各领军驰援。

暹方采用了里应外合的方策，协力夹击缅军，一鼓将缅军击溃。波摩瑜源此次损失了不少兵马及军实，相率逃返景迈城，而宋加绿城之围遂解。各城太守待战事结束后，即各返原城。此役根本未扰动及朝廷的军力援助。

五

缅将波摩瑜源于寅年（佛纪元二三一三年）三月进侵宋加绿城失利后，即退守于景迈城。同年四月，郑王即有御驾亲征景迈之举。

查这次事态的间隔，仅是一个月的时间。但我们不难推测出，缅军进侵宋加绿城时，必为北部诸城某一城太守所探悉，预报吞府。待缅军迫近宋加绿城后，昭披耶宋加绿必再度飞报朝廷。请援书大概于三月间抵达朝廷，时郑王自北方班师未久，军队未遣散，得悉缅军南下进侵宋加绿城，深恐新收复的北部诸城将再度失去，乃于四月间御驾统率水军北开。惟大军仅达半途，宋加绿城之围已解，缅军溃回景迈城。

郑王大军业已首途，遂不班师，开抵披阁耶城。因鉴于此次宋加绿城转危为安，代理披阁耶城太守拍室利罗阇黎楚（乃通底）作战颇力，乃晋升拍室利罗阇黎楚（乃通底）为实任披阁耶城太守，同时爵衔亦晋封为披耶披阁耶。

关于拍室利罗阇黎楚之晋爵披耶披阁耶事，依据郑王于佛纪元二三一四年（即小历一一三三年）十一月御驾亲征河仙城及柬埔寨时所遗存下之《行军日记》页廿四，即载有乃通底之爵衔为披耶披阁耶。考郑王亲征河仙及柬埔寨，系在第一次征景迈城之后。职是之故，拍室利罗阇黎楚（乃通底）之受晋爵为披耶披阁耶，必在郑王未征河仙及柬埔寨以前了。

拍室利罗阇黎楚之受晋封，其适当之场合，莫若驱退侵宋加绿城之缅军时期。盖郑王第一次征景迈城，不利而退，当然无晋封臣属之理。

领有披耶爵衔之乃通底，年龄适满卅岁。

考郑王此次征景迈，大概认为景迈的缅军实力，并未见若何雄厚；同时阿瓦都方面正与中国发生兵争，必无力驰援景迈；此外景迈缅军在宋加绿一役，吃了败仗逃回，军心仍未安定。如追踪进取景迈，当不难一鼓而下。更有进者，出征景迈的军队皆现成，无须新征集。如此次攻下景迈，对大局尤有大利。盖可切断缅军南下，且可免受有如大城朝的大患。作算此次征景迈未能奏效，亦可借此视察彼方的地形，以及探测缅军守城的实力，以作将来有机会再征景迈时的筹划张本。基于这种原因，郑王乃有卯年初（佛纪元二三一四年）征景迈之举。

郑王征景迈，大本营设于披阇耶城，从事筹划及调集军队。此次共集得军队约万五千人。大军开拔北进时，已是卯年初（佛纪元二三一四年）了。郑王委代理彭世洛城太守昭披耶梭罗室利任前锋，披阇耶城太守披耶披阇耶（乃通底）亦随驾出征。

郑王大军一路平顺地开抵景迈，发觉缅军在城外立营抵抗，前锋立即予以进攻，破之。缅军逃入城内固守不出。郑王乃下令围城，且经过数度的攻城，皆无效。围城约九天后，郑王乃下令退军，准备班师。盖此次征景迈，事前并未作精密的准备，同时军中所带的粮秣亦不充，难作长时间的作战。此外景迈系北部最大的城市，堡垒坚固，攻取非易。

景迈城内的缅军波摩瑜源发觉暹军撤退，知机不可失，乃派出一支军，突然袭击后撤的暹军，以致未有防备的殿后暹军溃散。郑王见势迫，乃挥动宝剑，身先士卒，深入敌阵作战。一般将士见郑王奋不顾身冲入敌阵，于是军心一振，奋力与敌肉搏，卒将敌军击溃。郑王大军乃平顺地开返披阇耶城，略事养息后，郑王改从水路回朝。

六

佛纪元二三一五年间，缅军第一次侵披阇耶城的原因，实基于卯年（佛纪元二三一四年）室利娑多邦瞿那嵩多部，朗勃剌邦王昭素里耶旺砂与万象王昭汶砂罗不睦，朗勃剌邦王领军攻万象城，万象王知不能抗，乃转向缅甸阿瓦王求援。时缅甸与中国兵争已告结束，阿瓦王拍昭孟腊当委漆清波任前锋，波戌帕拉殿后，领军五千人驰救万象王。朗勃剌邦军正围万象城，探悉缅军助万象王，立即撤回朗勃剌邦城固守。因朗勃剌邦城位于缅军必须经过之地，所以缅军开来后，即进攻朗勃剌邦城。昭素里耶旺砂不敌，只得出城投降。

阿瓦王取得朗勃剌邦城后，不即召回军队，反令其开赴景迈城，增厚防力，以利抵抗暹军的进攻。波戍帕拉所率领的缅军由难城方面开来，抵暹边疆时，似乎有意向暹军一显其身手，借此可自夸于景迈城太守波摩瑜源，盖悉波摩瑜源攻宋加绿城时吃了败仗。波戍帕拉乃令漆清波领一支军队侵暹边疆。缅军由腊莱城方面开入，无人敢抗，随手而得腊莱城。但所搜刮的财物，仍感不足，乃续行深入暹境，于辰年杪旱季（佛纪元二三一五年）开抵披阁耶城。

当时的披阁耶守军实力仍未充足。太守披耶披阁耶（乃通底）一面固守城内，一面派人飞报附近各城求援。彭世洛城代理太守昭披耶梭罗室利（一世王弟）、宋加绿城太守昭披耶宋加绿等，皆急调军赴援。披阁耶城太守披耶披阁耶（乃通底）手持双剑，由城内领军一支冲出。援军则自外攻入。缅军居中，两面受攻，卒不敌溃退，遗下军实不少，逃返景迈城。

查这次战争，缅史无载，《钦定纪年》则称缅将波戍帕拉亲自统率缅军来犯。惟依此次之作战而论，缅军败退较易，必非大军。照推测当属于波戍帕拉部下分兵来侵，较为近理。盖此役败退后，波戍帕拉为解此次耻辱起见，特亲领军再度来犯。这在第二次缅军犯披阁披耶城，予以详述。

七

缅军第二次侵披阁耶城，《钦定纪年》只载战争的日期，并无详情，因此只能作推测的叙述。

巳年（佛纪元二三一六年）初万象发生内讧。万象王在前尝一度向缅军求援，因此这次内讧，其中的一派亦照例向缅求救。驻守于景迈的波戍帕拉亲率军队驰往镇压。乱平，时适雨季，缅军遂留于万象。波戍帕拉对万象王的投诚发生了怀疑，乃着万象王遣子女以及大臣赴阿瓦都为质。雨季终止后，波戍帕拉领军离万象，一直来侵披阁耶城。

波戍帕拉此次攻披阁耶城，大概不出下列二因：

（一）波戍帕拉必探悉阿瓦王昭孟腊拟派军攻吞武里，波戍帕拉有意先试探一下暹军的作战能力，且深信自己所率领的军队熟悉作战，攻朗勃剌邦城时已有相当的表现，无论如何，必能与披阁耶城方面的暹军见一个高下。

（二）基于部属尝于去岁为披阁耶城暹军所击溃，大扫其脸面，此来系一报去岁所受的耻辱。

《钦定纪年》载，巳年（佛纪元二三一六年）雨季终止，波戍帕拉领军再度来侵披阇耶城。惟此次暹方早已预知其必来，所以随时皆予以防备及侦察其动静。悉缅军长驱直入后，北方诸城太守乃聚议，预派部队先埋伏于中途，缅军抵步后，即予以袭击。诸城太守协力作战，于巳年二月黑分初七，火曜日，一鼓将波戍帕拉所率领的缅军击溃。

这一次作战，披阇耶城太守披耶披阇耶（乃通底）在阿伽寺附近对缅军抗战，双手紧握双剑，实行与缅军肉搏。据披耶室利萨差那莱武底所著《披耶披阇耶断剑传》载，披耶披阇耶正在酣战期间，适脚下一滑，势将倒下，乃以一剑插于地上支持体重，惟用力过猛，剑折。缅军见披耶披阇耶（乃通底）失势，乃冲前举刀欲斩。时亲信侍卫蒙限那隆卡（即始终追随左右的乃汶阁）立即趋上接手，披耶披阇耶（乃通底）遂得幸免。蒙限那隆卡（乃汶阁）略与该缅军交手后，该缅军即被杀。同时另一缅军开枪射击，弹中蒙限那隆卡（乃汶阁）胸部，直穿背面而出。蒙限那隆卡（乃汶阁）当场气绝。披耶披阇耶（乃通底）眼见忠诚的侍卫因救己身而战死，不禁大怒，乃以仅存的一剑乱杀缅军，性命全置之度外。缅军阵形遂乱。诸城太守军复加以夹击，缅军乃纷纷溃退。

披耶披阇耶（乃通底）驱退缅军后，回来抱着蒙限那隆卡（乃汶阁）的遗体大哭。时部属见状，亦不免伤心，遂合力将蒙限那隆卡（乃汶阁）的遗体抬入城内，备棺收殓，并举行盛大的火葬礼。

由于此役披耶披阇耶（乃通底）作战英勇，甚至剑断，仍奋力作战，遂博得后世人赐以"披耶披阇耶断剑"的美名，虽至现在，还为后人所乐道。

八

当郑王第二次御驾亲征景迈城缅军以前，即佛纪元二三一七年阴历十二月以前，宋加绿城太守昭披耶宋加绿以及披阇耶城太守披耶披阇耶断剑（乃通底）同因抗上罪，遭受郑王的惩罚。这次受惩罚的事件，在暹文文籍里未有记载，但在现存的吞朝文献，则详加记载。为使事态有所联系起见，特根据那些文献，略予补述。

依现存国家图书馆有关于吞朝文献，其中有九份郑王在佛纪元二三一七年决定出征景迈前，给北方诸城太守准备兵马随驾出征的谕令。在此堆文献中列第一号的谕令，尝提及披耶披阇耶断剑（乃通底）遭受惩罚事甚详，特摘录如后：

"披耶披阇耶、披耶室利素里耶汪砂入京报告种种，乃将其所报告奏闻。圣上（指郑王）即谕称，上次昭披耶梭罗室利（即一世王弟）、昭披耶宋加绿、披耶披阇耶（即乃通底)、披耶速古台等入觐时，尝嘱咐彼等在阴历十月，无军事行动时，应一致晋京入觐，并受圣上传授有关军事上机宜，以利对敌抗战。惟届时，昭披耶宋加绿及披耶披阁耶（乃通底）并未有如昭披耶梭罗室利、披耶速古台入觐。乃询诸披耶披阁耶（乃通底），披耶披阁耶（乃通底）直认不讳，并奏称，未依期入觐圣上，实罪该万死，请圣上入以应得之罪。圣上乃交由陪审官审理其所应得之罪。陪审官审理后，即由圣上谕令笞披耶披阁耶（乃通底）三十下，并着其立悔过书，带罪任职。"

据此，我们不难明了，当时的事态，即景迈城缅军进侵披阁耶城，业有两次。暹方对之颇有戒心，除开增强防卫力以外，对缅方的种种动态时加以侦探，结果探悉缅方准备来侵吞朝。其实缅王孟腊晓得了郑王一统暹罗，即有意来攻，惟受制于中国，攻暹迄未能实现。迨至佛纪元二三一四年，缅甸与中国方面的兵争始告结束，同时得悉郑王尝一度征景迈，缅王以为不攻暹罗，将来必成大患。乃下令从事准备军马，以便大举进侵，破坏暹罗的独立，使其永沦为属国。缅王此次攻暹，所采取的战略，依然抄袭上次攻大城首都的那一套。即一面自景迈南下，另一面则由三塔关开入，然后会师于吞府。

会佛纪元二三一五年间，朗勃剌邦与万象发生破裂，甚且以兵戎相见，万象王向缅求援，缅王知机不可失，乃派波戍帕拉领军助万象战朗勃剌邦，破之。缅遂得朗勃剌邦及万象为属国，认为对暹作战，业处于有利地位，乃令波戍帕拉转赴景迈驻防，从而增厚实力，以防暹军的攻取景迈。同时这方面的缅军主帅，即委波戍帕拉担任。

至于三塔关方面的缅军主帅，缅王即委巴干温担任。巴干温于佛纪元二三一六年即奉令从事准备，征沿暹边疆而集居的懵族人不下三千名，由缅军曹及士卒五百名，押这批懵族在三塔关方面修筑军路及粮仓，以利行军。

在这时候的暹方，除开命令北方诸侯随时侦查缅军的动静以外，并为传授对敌作战的机宜起见，乃有谕令北方城市太守入京受训之举。

也许这时候的形势非常紧张，北方诸城太守大事准备，抑或其他事务的繁忙，除了昭披耶梭罗室利及披耶速古台依期入觐受训以外，昭披耶宋加绿及披耶披阁耶（乃通底）则未有入京。

迨至佛纪元二三一七年阴历十月至十二月初前后，或许侦悉了缅军方面重要的情报，披阁耶城太守披耶披阁耶（乃通底）乃偕同披耶室利素里耶汪砂晋京入觐，因此询问起来未依期入京受训的事。披耶披阁耶（乃通底）遂直认不讳，愿受惩罚。郑王为略事惩治疏忽，以儆效尤起见，特谕令笞卅下，并着其任原职。

披耶披阁耶断剑（乃通底）受笞后，仍然留任披阁耶城太守职。依同一的郑王谕令文中载，仍着披耶披阁耶（乃通底）立即返任所，从事筹备军马，以备随驾出征景迈。披耶披阇耶断剑（乃通底）被派返原任所时，郑王尝有丰厚的赏赐，计有红色金丝短外衣一袭、燧石枪一支，此外有军用的各种容量的火铳不下三百枝。郑王所赐的大批军械，大概系供披耶披阇耶断剑（乃通底）部属作随征景迈城用的。

由于这份谕令所揭示的真理，证出佛纪元二三一七年阴历十二月杪郑王御驾亲征景迈城时，披耶披阇耶断剑（乃通底）必随驾出征。

至于宋加绿城太守昭披耶宋加绿，则证出此次征景迈未有随驾。根据同年所发的另一份谕令，即列第四号谕令，内开郑王鉴于昭披耶宋加绿因抗上罪，不便批准其请缨，乃派銮摩诃蒙蒂领旨赴宋加绿城，将昭披耶宋加绿押解来京，以资惩治其应得之罪。此份谕令颁发时，为佛纪元二三一七年阴历十二月黑分初二，日曜日。

考郑王第二次御驾亲征景迈，系佛纪元二三一七年阴历十二月黑分十一，火曜日，命驾离京，由水路北进。所以銮摩诃蒙蒂领旨赴宋加绿，及押解昭披耶宋加绿抵京时，相信郑王业已统率大军出发了，昭披耶宋加绿必不克随驾出征景迈。

郑王军于佛纪元二三一七年①阴历二月白分初二，火曜日，实行包围景迈城。经十天的围攻，景迈城遂破。郑王于二月白分十四，日曜日，乘御象入景迈城。

郑王这次收复景迈及击溃守城的缅军，以得失而论，郑王确处于不利。质言之，这次出征而败，或战局相持不下，拖延时间，则缅军可直攻腹背，即猛达城及吞府方面易受攻击，盖大部分军队皆北开，后方空虚。郑王这次攻景迈，系采取了断然的决定，自信必能获得胜利，而且相信必能在南面敌军进侵以前结束景迈之战，因此方有这次进攻景迈之举，同时亦可看出郑王具有超人的果断力了。

九

郑王御驾亲征景迈城缅军，于佛纪元二三一七年②阴历二月白分十三，土曜日攻陷景迈，翌日（即二月白分十四，日曜日）郑王即乘御象入城。这在上一节里已有叙述。

在这时候，缅甸方面的懵族革命失败，有大批懵族逃入暹境，而缅军亦次第因追懵族而侵入暹境。郑王对缅军的进侵，颇为关怀，因此不敢久留于景迈城。在收复景迈城只有七天，郑王即命驾南下。

郑王于三月白分十三，月曜日，驾抵京华，即接悉缅军自三塔关方面进入暹境，且

① 编者按："佛纪元二三一七年"疑为"佛纪元二三一八年"讹。
② 编者按："佛纪元二三一七年"疑为"佛纪元二三一八年"讹。

击破了驻守于赤土岸的披耶荣吗罗阇的军队，知这方面的形势严重，待征景迈而开下的大军抵步后，即令全部转赴叻丕城，堵截这方面的缅军。

依缅史载，缅方主帅阿砂温基此次派兀瑜空温领军入暹，其目的仅在追捕懵族，如追不及，则班师，勿深入。因缅方侵暹仍未筹备妥当，同时不愿兀瑜空温与暹方轻启战端。惟适得其反，此次入暹的缅将兀瑜空温，自命以前曾一度取胜暹军，完全不把暹军放在眼里，因此长驱直入，抵北碧区，大事①抢掠。比悉暹军开抵叻丕，缅军遂渐止于万缴区。这就是郑王时代最著名的活捉来侵全部缅军的史迹，从而洗雪了暹军不值一击或一战的耻辱。

在此役中，镇守于北方的披阁耶城太守披耶披阁耶断剑（乃通底）大概未有随征，史籍无载。

接着郑王在万缴活捉全部缅军的战役以后，就是缅军大举进侵北方诸城的大战役。这次战役由佛纪元二三一八年②一月起交锋，至佛纪元二三一九年十月为止，经过了整整的十阅月才结束。在这次大战役里，披耶披阁耶断剑（乃通底）确曾出了不少力。

这次大举来侵的缅军，其主帅系孟腊王属下稀有的将材，指挥三军作战，甚为精细，且处处表现其卓绝的天才，军律亦严肃，为任何时代侵暹缅军统帅所不及者。这次战争，充分地表现了双方作战的策略，和两军主脑的天才。暹方有郑王指挥，且辅以能征善战的昭披耶洛坤素旺。所以，战斗的进展亦为历次暹缅战争所无者，双方势均力敌，直至此次战争的结束，双方只得平手，即不分胜负，各自收军而返。

先是，吞朝方面于佛纪元二三一八年十月间，即接得情报缅将波成帕拉及波摩瑜源将自景线方面进侵景迈。郑王乃派彭世洛城太守昭披耶素罗室利（即一世王弟）以及披耶却克里（即一世王）弟兄两人领军驰援。惟弟兄俩领军抵景迈时，缅将已闻风而先退返景线。无何，悉缅军已自德城方面入侵，一世王兄弟俩未有依郑王谕进攻景线，立即开拔南下，回防于彭世洛城内。

依丹隆亲王所著《暹缅战争史》载，昭披耶素罗室利（一世王弟）有意试探缅军的实力，乃会同北方诸城太守，由速古台城太守披耶速古台、宋加绿城太守披耶厄卡罗汪砂（原任太守昭披耶宋加绿即于同年逝世，因此由披耶厄卡罗汪砂补其缺）、披阁耶城太守披耶披阁耶断剑（乃通底）等驻于万公陀尼村，而昭披耶素罗室利本人则领军驻于万楷罗巴发村。缅军察出暹军的动态后，即先进攻披耶速古台等的驻军，破之。继

---

① 编者按："事"当为"肆"。
② 编者按："佛纪元二三一八年"当为"佛纪元二三一九年"讹。

攻昭披耶素罗室利军，激战三天，亦为缅军所击退，结果皆退守于彭世洛城内。

考缅军由湄拉冒关方面开入德城，首先占领德城，宋加绿城、速古台城亦次第陷落，然后进而包围彭世洛城。我们翻查地图后，知道披阇耶城位于宋加绿城及速古台城之间，相信必被缅军所占。所以，德城、宋加绿城、披阇耶城、速古台城陷落后，这些太守必领军后撤，甚或全部加入郑王所统率的大军中，并未会同一世王兄弟俩固守于彭世洛城内。同时证诸一世王兄弟俩突然放弃彭世洛城，而逃赴碧察汶城整顿部队时，并未有提及宋加绿城、披阇耶城及速古台城诸太守随于军中。因此可知昭披耶素罗室利想试探缅军实力时，出城对缅军作战，必只是昭披耶素罗室利一军而已。

此外，在侵暹缅军奉召班师时，昭披耶洛坤素旺军追击缅军，披耶披阇耶断剑（乃通底）始终受其指挥及节制。职是之故，我们不难推测出披阇耶城陷落后，披耶披阇耶断剑（乃通底）即奉令加入昭披耶洛坤素旺军中，而彭世洛城方面，只由一世王兄弟俩负责守卫而已。

关于阿砂温基这次侵犯北方诸城，双方作战的情形，纯关于郑王的事件，在这里不便详述，欲明了其经历时，请参阅拙著《郑王时代泰缅之战》。

阿砂温基包围彭世洛城，前后共费四个月，因一世王兄弟未能依郑王的意旨再事坚守，而突围而出，结果彭世洛城遂陷落。

阿砂温基取得彭世洛城后，不久即接得缅都方面的诏令，谓孟腊王已晏驾，太子赘角牙继立，着阿砂温基立即收军返阿瓦都。结果暹缅的主力战，遂至是结束。由于阿砂温基收军匆匆返国，仍留下二支军队在暹罗。在这阶段的暹军任务，只限于追剿缅军而已。

上面已提述到披耶披阇耶断剑（乃通底）在披阇耶城陷落后，即加入昭披耶洛坤素旺军中对缅军作战。迨阿砂温基大军撤退时，披耶披阇耶断剑（乃通底）即奉谕返披阇耶城，从事招收一般逃匿于林中的居民，使其各返原籍安居。经将地方整顿后，披耶披阇耶断剑（乃通底）复领军一支加入昭披耶洛坤素旺军，负责追剿逃入德城方面的暹军，结果披耶披阇耶断剑（乃通底）活捉到缅军四十九人，解赴吞府发落。

披耶披阇耶断剑（乃通底）在佛纪元二三一九年至佛纪元二三二四年间，仍平安任披阇耶城太守职，未有任何变故。

迨至佛纪元二三二四年杪，吞朝发生叛党倡乱，结果郑王被迫剃发出家，仅达廿八天，在佛纪元二三二五年公历4月6日，被解赴吞府威阇耶炮台受斩首的重刑。郑王被杀害后，即葬于吞武里靠近哒叻蒲万踰罗之因陀罗摩寺。[1]

① 参阅拙文《因陀罗摩寺考》，《南洋学报》第2卷第3辑。

一般忠于郑王，而且勾留于吞武里府的臣员，如披耶讪卡、披耶拉曼旺砂、披耶摩诃社那、披耶摩诃庵麦、披耶克兰猛、披耶碧披阁耶、披耶威漆多那隆卡、拍摩诃贴诺、銮卡差塞、銮钹砂底克兰等不下四五十位，一历[①]受死刑，并葬于郑王遗体近旁。

一世王于佛纪元二三二五年公历 4 月 6 日正式登极。登极后，即派员传披阁耶城太守披耶披阁耶断剑（乃通底）入觐。披耶披阁耶断剑（乃通底）原不知郑王已被杀，以为系朝廷照例的传询，遂如命入京。抵京后，始悉郑王被杀，且换了新君，知不能规避，乃入觐。一世王询愿生，抑或愿死？如愿生，则将善为收容，并留任原职。披耶披阁耶断剑（乃通底）细加考虑后，认为继续苟安，必难免有一日受祸，因自身系郑王最亲信的将官，当然为新君所疑忌，同时抱定忠臣不事二君的坚决态度，立即答以愿死。

一世王当谕令将披耶披阁耶断剑（乃通底）斩首，其遗体亦葬于郑王墓地附近。披耶披阁耶断剑（乃通底）死时享寿四十有一。

披耶披阁耶断剑（乃通底）死后，并非说其后裔亦绝，其实披耶披阁耶断剑（乃通底）的后裔依然传递着。在却克里王朝六世王时代，披耶披阁耶断剑（乃通底）的后裔，还有人在朝廷任职，甚至获得六世王恩赐"威阁耶喀陀"姓，义为宝剑，故示其先人即为手持双剑的勇将——披耶披阁耶断剑（乃通底）。

1941 年 8 月 8 日于泰京

本文所用参考书：

《披耶披阁耶断剑传》，原作者为披耶室利萨差那莱武底，刊于暹军部所刊《参谋及阐发科学月刊》第 11 卷第 2—4 期。

《史乘汇编》第 65 集，暹艺术厅于佛纪元二四八〇年所印行。

《史乘汇编》第 66 集，暹艺术厅于佛纪元二四八〇年所印行。

《昭披耶宋加绿传》，原作者华裔吴福元，佛纪元二四八一年版本。

《郑王文献（限于佛纪元二三一七年诏文）》，现存国家图书馆内。

《暹缅战争史》，暹丹隆亲王所著，被列为《史乘汇编》第 6 集，佛纪元二四七一年版本。

《钦定纪年》，却克里王朝四世王编纂，佛纪元二四八一年版本。

---

① 编者按："历"疑为"俾"讹。

四 郑王散论

郑王史文籍的介绍*

陈毓泰

当我们检阅暹罗文籍，较古的不必说，仅就近代而言，不禁令人发生无限感触，同时发现了一项稀有的现象：那就是距今约一百六七十年间的暹罗历史，呈现残缺不全，而且为各时代所无的遭受了后人的剔削、删改、增补，把事实加以歪曲，于是成为荒诞不经的历史。而一世之雄，历代君主所不能望其项背的英明的国君，费尽了心血，从缅军的巨掌中匡复了暹罗，恢复了泰族人的独立自由，振发了业已颓唐的国魂，从水火中拯救了泰族全民，使彼等一如前朝的安居乐业；国势兴隆，声威远扬，邻近诸国，咸为所慑，疆土的拓展，更为历代所不及！这些这些，总不免让人感到皇恩浩荡，景仰莫名了。然而，这位暹罗英明的国君的命运，却是空前的不幸！虽然为国家和民族所树立的殊勋，遭受了有心人的埋没，往下压，但使人摸不着头脑，如坠五里雾中的更进一步的厚诬，尤属世间的创举！种种的罪状，纷纷投在这位英主身上，形成了一位非但对国族无补，而且对后代有害的无可比拟的暴君了！

这就是中国史籍上所称的郑昭，旅暹华侨所称的郑王，欧西人所称的拍昭德信、暹罗的新君，泰族人所称昭德、拍昭德信，以及尊崇者所称的颂绿拍昭德信大帝了。

郑王对暹罗的伟大勋业，以及对泰族的浩恩，在史籍上虽节略地纪载，只此简略的纪载，亦足以显示出郑王的伟大处，和历代君主不能相提并论的崇高地位了。关于郑王疯癫、鞭笞和尚、暴虐残忍等罪状，在比较易找的文籍，皆有此项纪载，彼此吻合，如出一辙，这使普通读史者，咸以为是事实。尤以朱拉隆功大学的讲义，也有着同样的讲述。于是郑王的暴行，更形普遍化，而为妇孺所周知了的。然而在一些比较不易找寻的文籍，其所纪载的史实，全找不出这些暴行的记述；相反地，所记载的几全属于郑王为国为民的伟大的建树，在在反映出那些罪状纯为厚诬，纯为"莫须有"！这种现象，颇类似中国精忠的岳飞的遭遇一样。其不同处，岳飞只是一位忠臣，而郑王则为光复暹罗的英主！

郑王的历史，是暹罗史上最晦暗的一段，而且也是最复杂的一段。由于种种关系，

* 原载《中原月刊》第 1 卷第 1 期，1941 年，第 27—37 页。

有意从事发掘这一段历史真理的史家，皆以所处的时代的现实性，多不愿冒险，甚或作任何的尝试。所以经历了百六七十年间的史实，始终仍被埋藏着，而发掘无人！

现在这古老的暹罗，经已脱掉了她的龙钟形态，而变成了朝气蓬勃的新生暹罗，由君主专制而改为君主立宪，同时迈进了真正的民治途上。在贤明的陆军少将銮披汶颂堪有方的领导之下，暹罗也就成为"泰国"，而以崭新的姿态出现于极东地带的大舞台上了！新政体所给予民间的自由权，完满地无缺。天性酷爱真理的泰族，更能及时充分加以发挥。这确是进步的现象。换言之，也就是陆军少将銮披汶颂堪所□予泰族全民的朝气！

在这充满着蓬勃朝气，而且富有自由空气的国土里，一般所希冀者，厥为历史上的真理！这项真理，尤切合于现阶段的泰国，新兴泰国的领导者，陆军少将銮披汶颂堪更是推崇真理的第一人。历史上的伟人，不管男性，抑或系女性，不管系君主，抑或系庶民，其对国家民族的贡献，以及他们奋斗的历程，实足以使现代的人们认作榜样的。坚忍卓绝、百折不挠、勇往直前的精神，尤为现代泰族所应准绳的。

郑王为暹罗，即现时的泰国所建下的殊勋，把四分五裂的暹罗归于一统，发扬而光大之。虽暹罗历史上所称道的三大王（Maha Raja），亦难与之比拟！然而使人扼腕的，郑王的史实，大部份被压着，所显示给人们，尤以后代的人们所知道的，完全属于无良、黑暗面！这就是人们渴望明了的原因，为什么这位肩负匡复国家重任的英主，会如此无道？自暹罗有史以来，即自速古台时代起，一直至室利阿瑜陀耶（俗称大城）时代为止，这样暴虐残忍的君主，只此一位而已。这怎样讲？难道郑王天生成此种劣根性，能够一跃而为掌握暹罗大权，身为至尊国君的吗？部下的臣民岂是全部盲然地任其指挥，而不示抗？郑王在位的十四年间，反而造就了历代所无的声威，位于遥远的爪哇方面，也还与暹罗联络邦交！吞武里朝末叶，为依循历代的成例，郑王派了大臣隆重地入朝中国！凡此种种，难道具有劣根性的人会办得到的吗？

这位天才的英主，为国为民的种种施与，反被湮没了，被埋葬了！更进一步地，被加上了"莫须有"之罪！人们所需要的真理，就是这些，就是这些！明言之，即是普通史籍上相反的事实，真实的史实，清澈辉煌的史实，从而衬托出郑王确为暹罗有史以来最具天才的英主！

也许是新兴泰国所给予民间的自由实权，于是发现了历史真理的发掘人，从而发挥泰族酷爱真理的精神的人们。不过在未提述及这些发掘真理者的工作以前，还是先叙述一下有关于郑王历史著述、修纂、删削、增补的历程，以资补充作者在上面所提述的话，从而指出那些话并非废话，或无病呻吟者可比！

　　大概可使人相信的，吞武里朝初期史，当郑王在位时代，即已有人加以著述。其中显而易见的，就是佛纪元二三一四年间乃萱所著的诗篇。这诗篇虽然不长，但其中所叙述的全是史实，把佛纪元二三一〇年至二三一四年间的事态，作了简洁的提示。乃萱的诗篇，依作者所知的，在郑王纪念像筹铸委会所印发的《郑王史料汇编》第一集，即予以全部收入，可供参阅。这是稀有的文□，其性质虽倾向文学，然亦可作为史料读！

　　除此外，不以诗的形式，而用散文或叙述文加以著述的吞武里朝历史，也许不少。只不过有一篇经在叻陀纳哥盛时代（即却克里王朝）一世王朝遭受增补和修纂过，成为《吞朝纪元全史》，由艺术厅编入《暹史大全》，列为第六十五集。这册《吞朝纪元全史》，其中有好几段充分显出非是一世王时代所增添的。盖所用的文词，非常大胆，而为一世王时代任何作家所不敢尝试者。这册史籍倘加以细读，则不难看出字里行间有着两种口气：明言之，有些地方还保存着尊敬崇仰的口气，有些地方则失去了原意。

　　据此，这册《吞朝纪元全史》其原文系写著于郑王在位时代，迨至一世王时代，为编纂前朝历史，乃根据了这册吞朝史作为蓝本，把其中认为不妥的地方加以删除及增补，结果蓝本的文句也就残□不全了。

　　总而言之，当郑王在位时，确有人从事编著吞朝史，惟所编著的，只属于初期史。降至叻陀纳哥盛时代一世王朱拉绿特不辞劳苦，亲自修纂吞朝史，由初叶起至末叶为止，成为了全史。可是修纂时把前人所著的《吞朝初期史》加以参考，予以删削、增补以后，乃出现了《吞朝纪元全史》。这册全史就是上段所述的被编入《暹史大全》的第六十五集了。其首页的弁言里载称：“一一五七年（一世王在位第十四年），卯年第七旬，颂绿拍武隆达密摩诃罗阇至尊（即后代始改称颂绿拍佛陀育华朱拉绿）登极统治堕罗钵底室利阿瑜陀耶都，驻跸于律实宝殿，亲自修纂纪元史。”据此可知小历一一五七年，即佛纪元二三三八年亲自修纂吞武里史。这册吞武里史，艺术厅经已印行问世，列为《暹史大全》第六十五集。为使明了全部事实起见，关怀者实应先阅读这册纪元史，始能了解一世王所修纂的次序和编列，以资和后来再度被增补的其他有关的文籍相对照，始易以区别其不同处。

　　这册经过一世王亲自修纂的纪元史，比较值人注意的，有如下所列：

　　（一）关于蒙昭倩以及蒙昭武汶两女亲王事件，只作简短的提述，不指出这两位女亲王系郑王妃，同时所下的惩罚，其结果亦无影响及郑王。

　　（二）佛纪元二三一七年出征景迈缅军时，指出一世王仍领有披耶荣吗叻爵衔，且未有作战。

　　（三）叙述到缅军主帅阿砂温记领军进侵北方诸城时起至攻陷彭世洛城为止，并无道及阿砂温记请会见昭披耶却克里真身（即一世王）的事件。

（四）佛纪元二三二三年间下令斩决越叛党事，仅依事态而提述及将大部份的越叛党斩决，并无道及郑王因病癫而胡乱斩人。

（五）并未道及答和尚或虐待僧侣的任何举动。

（六）关于派员赴故都□税金事，仅提述系向承包挖掘藏金者催收欠税，并非向民间任意刮削。

继一世王之后而从事修纂或著述吞武里史，究有谁仍未发现。只不过有一本书，著述人极力支撑一世王所修纂的那册，甚或对郑王作更进一步的诬告。这本书无标明著述人的姓名，形如偷偷摸摸的私著。最初由国家图书馆于五世王朱拉隆功时代发现，惟不完全。五世王朱拉隆功推测系宫蒙那粦陀罗披达砂（名穆）亲王之妃宫銮那粦陀罗陀威女亲王（名谷）所著。

迨至六世王拍蒙骨时代，国家图书馆又获得相同的另一部书，所叙述的事，较五世王时代所发现的更长，因此才查出这书实际上较宫銮那粦陀罗陀威的年龄长了几年。换言之，宫銮那粦陀罗陀威女亲王薨于佛纪元二三七〇年，惟此书叙述至佛纪元二三八一年事件，这较女亲王的年龄更长了十一年。事实已如所述，这册《记忆录》当然不能全部系女亲王所著。作算女亲王有所著述，则所记的必不厚诬郑王。盖据称这位女亲王曾受了郑王的恩沐，且推崇尊敬郑王，当然不会厚诬郑王，同时也不会使郑王的尊严遭受到任何的污点。这本《记忆录》有好几段非常卑劣，例如：

（一）关于蒙昭倩及蒙昭武汉两女亲王事，一世王所修纂的《纪元史》，无明文指出该两女亲王系郑王妃。但这本《记忆录》反而给予了荒谬的描述，谓该两女亲王系郑王妃，与欧籍人私，谕令斩决；继后郑王即神志失常，因而癫狂。这事件被列为郑王即位的初期。假如事实如所述，则郑王如何能拓展疆土，发展国家的声威，使附近邻邦有所慑惧？有谁会拥戴这位病癫失性的君主，而在位了十多年？这显然是捏造事实，无中生有。

（二）关于越籍人倡乱事，这本《记忆录》载称："御笔函被带去后，有人奏安南及吉蔑人倡乱，谕令斩昭南国，其子老意。此次斩决越人颇众，似乎神志失常，老是斩越人！"这种描述，尤能看出著述人的不怀好意。外人在国内倡乱，捕而斩决，亦被指为神志失常。难道这种安内并铲除外奸的措置，也是疯狂的举动？

（三）关于催收赋税事，这本《记忆录》载称："故都代理太守拍漆那隆卡包办负责向故都人民催收税款，务使满五百斤之数。是次催收税款，普遍影响及贫穷者，颇不安宁。"假如粗略地阅读，这种催收税款，好像派人向故都人民催收人头税，或称助政费。

其实当时并无人头税或助政费。至于其他赋税，其种类亦微乎其微。国家的收入和开支，大部份倚赖国营的商业。派员赴故都催收税款的原因，完全系一般承包在故都挖掘地下所埋的藏金，彼等一经掘得地下藏金后，不甚依章缴纳税款，因此郑王始派员催收，并非向任何人皆予以征收者。由此观之，《记忆录》的描述，充分显出是诬造、捏造事实。

仅以上面所举的例子，即可证出著作人的存心了。酷爱真理者在阅读时，应多么小心，始免遭受蒙蔽。这册《记忆录》在初次印行时，定名《宫銮那猍陀罗陀威记忆录》。最后在佛纪元二四五九年中央学术研究会予以复印，书名只存《记忆录》，而将"宫銮那猍陀罗陀威"删去。换言之，在暹罗史籍中有这么一册《记忆录》，著作人为谁，无从考核。

迨至叻陀纳哥盛时代四世王，英国派专使约翰布尔宁爵士于佛纪元二三九八年来暹，谋缔结邦交。英使尝奏请恩赐壹册暹罗史。当时暹罗未有完备的史籍，多属残缺不全。因此四世王乃亲自编纂暹罗史，而以经过一世王修纂过的暹罗史作为蓝本，委宫銮汪砂提罗阁砂匿为顾问，从中加以增订编纂。

这次所增订的，根据了一世王修纂本的地方显而易见，此外还拾取了不少《坤銮遐越供词》《记忆录》等书的内容，予以编入，更进一步地还增补了好几段，从而实现四世王的意旨。这册初订本的《纪元史》，传教士布叻黎氏请准于佛纪元二四〇七年间印行问世。这次的印行，士大夫拍室利顺陀罗武限罗负责校对，批示符合原文。

应请注意的，就是这次所印行的《纪元史》，系经过四世王所编纂的，而且系初次印行问世者。依据传称，这册传教士所印行的《纪元史》，一经次第寄交预定者以后，凡余存于印刷局的，谕令全部予以焚毁，因四世王拟再度加以修纂。

在四世王朝末叶，再度举行修纂纪元史。这是继续不断的修纂，虽终四世王朝，依然未能满足。换言之，如四世王未驾崩，则修纂的工作，将继续不辍，直到四世王感到满意为止。惟四世王遽先驾崩，因此《纪元史》依然不能算是完全无缺的一册，盖卷前未列有弁言。比较幸运的，这册《纪元史》尝被另抄一篇，呈四世王披阅，且有四世王御笔删改处。这部《纪元史》在宫銮吗希砂钵猍陀罗亲王的私□里珍藏着。当国家图书馆正式成立后，即自该亲王将那部《纪元史》以重价购得，书名定为《宫銮吗希砂钵猍陀罗本》，冠以亲王名称的原因，目的在鼓励一般藏有珍籍者，皆能献出，不管是出售抑或赐予。

不管是传教士印行本，抑或系宫銮吗希砂钵猍陀罗本，而①后来国家图书馆改称为

① 编者按："而"当为"即"讹。

《钦定本》，这两册史籍另增添了郑王笤和尚的事件。可是这事件在一世王所修纂本未有纪载。这显然是后来添上的，纯属"莫须有"。

迨至六世王朝，佛纪元二四五五年（建都曼谷百卅一年），教育部鉴于吞武里史仍付阙如，应编成一册《吞武里全史》，作为教材以便课授当时的学生，因此乃托由学术厅负责编订及印为课本。

这册《吞武里全史》课本，学术厅根据了《传教士本》（即四世王的初订本）作为编订的蓝本，另参考《钦定本》。此外据说曾将其中比较晦暗的地方加以修改，使其清晰而易阅读。

为什么学术厅不根据《钦定本》，反而采用了《传教士本》？这大概由于当时须急速编就，以供学期开学之用，无时间参考及修改其中的不实记载。至于有关的郑王诏文、公文，情报、行军日记等等，亦无暇顾到。因此印行后，其中错误百出。这册课本至佛纪元二四七九年间，已是第七版。可见其数量的普遍流传了。

以上所提述的，仅限于吞武里史编纂的大概情形而已，所有编纂者皆次已第①成为古人了。这是已往的事，我们只论其大要。至于详细的辨正，则留待提述及各该事件时再论。

现在回头论列现代史家编纂吞武里史的历程，以明现存的文籍中，究有若干本比较值得我们阅读的。

郑王史的编纂，上面亦说过，是最复杂，而且须费最大的努力，始能整理有序。盖其中所蕴蓄的真理，散见于各不易找的史籍上，编纂的进行，也就困难重重了。

在这里先提一提被尊为"暹史之父"的丹隆亲王。这位亲王留居于英属槟城，虽然已是老年人，平生的著述，确是汗牛充栋，甚或车载斗量！著述的多，虽多产的叻陀纳哥盛时代六世王拍蒙骨，亦难与之比拟。仅就亲王所著的《泰缅战争史》，就是厚厚的两册。这部书的完成，非博学的人，确难胜任！其中除了第一卷的室利阿瑜陀耶时代，及第二卷的泰半部以上有关于叻陀纳哥盛时代的泰缅交战提述以外，吞武里时代的泰缅之战，也占了好几十页篇幅。其中对于郑王对缅所施的战略，以及郑王的天生将材，曾给予了不少的赞扬，叙述也颇公平。不过其中也有不少错误，因亲王所根据的材料，除了外籍以外，大部份参考了四世王的《钦定本》，所以随着《钦定本》而错误了。郑王部下的虎将，实际上有好几位，类皆能征善战，对缅抗战，确争取了不少荣誉。但在《泰缅战争史》里则提述了很少，甚且照着《钦定本》作了歪曲的叙述。这

---

① 编者按："次已第"当为"已次第"乙。

是应加以矫正的。因此作者在叙述及泰缅战争的一章里，除根据这部书的排列予以提述以外，并引了他籍的重要记载，加以补入，尤其有关于领军者以及作战人员，皆提出其在当时所领有的地位，所以行文方面与《泰缅战争史》有点差异。

更有进者，《泰缅战争史》内缅军主帅阿砂温基进侵北方诸城时，尝请见昭披耶却克里的真身，且曾停战了一天，犹如欧战中圣诞节停战一样。这种记载，在一世王所修纂的吞武里史里未有记载，盖根本无有其事，而为后人所添上者。因此请见真身的事，本书全未道及。

丹隆亲王所著的《泰缅战争史》，被列为《暹史大全》第六集，其他各集也还有着珍籍，最重要而且成为孤本的第卅九集，更为重要。这是一册含有大部份真理的文献，系集合法国传教士的重要函件而成的，对于吞府的诸般状况以及郑王的举动，作了颇为扼要的提述，大部份系属内部的事态。至于一世王登极初期的事态，也有着重要的描述。这确是一册最珍贵的文献。惟比较可惜的，这书不普遍，印数颇少。爱好史籍的人们，咸愿以重价收藏，惟亦不易得。该书印行于佛纪元二四七〇年，距今仅是短短的十余年而已。作者因为爱好此项珍籍亦尝经了长时间的努力搜集，卒获得了一册，颇称幸运！

《暹史大全》第卅九集，关于郑王的部份，自五十六页起至一百卅六页为止，占了全集的三分一。这些法籍传教士的函件，虽然有一部份道出了真理，但其中也还显示出法传教士对于传布天主教的自私。在郑王时代的宗教，尤其佛教与天主教的冲突，在这册珍籍里有着相当的提示。查其造因盖由于主教教导一般经受过洗礼的门徒，不准依循泰族的习惯参加"涂南"（即誓忠仪式），以致引起了郑王的不满，是一部份军人因受过天主教的洗礼，且不愿参加"涂南"，虽予以交涉，主教依然固执不从。于是郑王时代的笞天主教教主①及监禁的事件发生。最后郑王时代的驱逐法传教士出暹国的情形，和室利阿瑜陀耶时代拍那拉王末叶及拍贴罗阇王初叶的驱逐天主教徒出国相同。这纯系天主教传教士的自私，不顾及当地宗教，尤其是佛教，违反良好的风尚所致。郑王的排除天主教，目的在维护暹罗固有的佛教。同时因国家破灭，人民流离失所，佛门中人皆逃散，佛教正需要复□，而笃信佛教的郑王，对这方面所下的努力正不少，恢复了佛寺的繁荣，诏访高僧，制定严肃的教规。从而导引一般不守法戒者，改除其劣行，而入于正道；一般睿智之僧侣，郑王则助其研习经典，复兴佛教。

然而郑王此种复兴佛教，维护佛教而被迫而排除天主教（回教、婆罗门教不在内）

① 编者按："教主"，或系"主教"乙，或"主"字讹。

之苦心，反而为一部份短视的历史家所误会了，且指为这种措置完全系疯子所为（就是无理性的人所为）。要是仔细地阅读了法传教士有关这回事件的函件以后，必不难发现其真理所在，虽然传教士的函件总是那么的自私！

更有进者，其他文籍上提述郑王的个性的，真是凤毛麟角。可是这册法传教士的函件里，有一段则提述及郑王的个性。在这廿多行的文句里，充分地显示了郑王的美德，为历代君主所不及，且爱民如子，对于宝座并无如普通君主的贪恋，虽然百姓皆呼为天子，然郑王则仍自认彼之地位，仅属于京华的卫戍司令而已！①

关于第卅九集的内容，在这里仅举一二，待叙述及各该事件时，作者皆将尽量予以列举，以资辨正一般史家所下的武断，同时阐扬经被埋没了的郑王美德！

其次要提述銮威集哇陀干了。这位历史兼政治家，除了丹隆亲王以外，要算是历史界的权威了。銮威集所著的十二册《世界史纲》，其中的第六册、第七册，列为《暹罗史》。在这两册里对于郑王史，亦有扼要的提示。

关于"室利阿瑜陀耶都陷落后，暹罗诸侯分立，形成六国对峙的形势"，明言之，即北部有昭拍凡，其下有昭彭世洛（名伦），故都方面有拍乃功，南部有昭六坤，东部则为昭德（即郑王），再过去为东北部，有昭披迈。

这种计算法，大概系以各昭所占有的地盘而言。假如以地盘为标准，则应增加两个地盘，即东部应将柬埔寨加入，东南部应将菩泰国加入，因这两个地盘也还是独立着，并不隶属谁。因此须改为八国，而非六国。

至言自立为昭（即王的意思），仅以砂汪卡武里而言，则缺乏其他较古的证据，足以指出猛凡的教主自立为王。盖《山支迪耶汪砂》载自立为昭的，仅有四国，质言之，就是彭世洛城的昭彭世洛，三株菩提树区的拍那功（缅将），六坤城的昭六坤，柯叻城的昭柯叻。惟昭柯叻后来为宫蒙贴披碧所杀，篡而自立为昭，迁都披迈，遂称昭披迈。②

至于"郑王的结局，简言之，即系病癫。其病癫的原因，非沉迷讖步，坐禅过深所致，实缘于蒙倩及蒙斌芃二妃之故耳"。这纯属曲解。病癫这个名词，完全系后人所加添的，郑王根本不癫、不疯，亦不狂！关于癫狂的事，本书将予以另章讨论，以正百六七十年来的误会和曲解。关于蒙倩及蒙斌芃的事件，其实蒙倩就是蒙昭倩，蒙斌芃就是蒙昭武汶。这两位女亲王究竟系郑王的妃呢，还是什么，仍成问题。前段对于这两位

---

① 参阅《暹史大全》第 39 集，第 92 页。
② 参阅《郑王史汇录》第 4 集，第 34—35 页。

女亲王亦略有提及，在这里不赘了。

銮威集所著的《世界史纲》，系完成于暹罗未实施君主立宪以前，但是敢提出"郑王病癫非沉迷谶步及坐禅过深所致"已是难能可贵了，这层确值得我们加以赞扬的。

大概系郑王史一段的误点太多，在实施立宪以后的暹罗新气象里，銮威集乘中暹亲善的气氛正浓时，发表了其所著《拍昭公吞》剧本。这剧本曾由艺术厅所主持下的音乐戏剧学校学生排演多次，并博了不少的赞誉！这篇郑王剧本，有进一步揭发了不少真理，并且补充了《世界史纲》的□点。然而这剧本的补充以前所植的误点，也还不够。其实郑王的真理还多着，同时也非这薄薄的剧本所能胜任的。不过，剧本内所表现郑王的不折不挠的精神以及遇难时为国为民的天性，确有了相当的发挥，这也就是这剧本的伟大处。至于"汉族、泰族，非他，兄弟也"的歌词，尤能使人在这时候发生了无限的感想！

另外还有一册纯粹的郑王传记，作者为詹益明，封面上书有"值身王"三字。应注意者厥为"值身"二字，这是纯粹的琼或潮音，亦即德信王——郑王之谓。据此，作者当系琼或潮属华侨了。原文系暹文，全书共有五百余页，实为一册巨著。由郑王出世起，一直至郑王被杀为止，作了有系统的叙述。然而这书作者所根据的材料，大概不外是四世王所编纂的《钦定本纪年史》以及丹隆亲王所著的《泰缅战争史》两书，此外还节录了暹文本的《祖先的伟绩》中有关郑王及一世王的荒谬的故事。行文如章回小说，神话气味浓厚。由于所根据的书，原有着不少的重要错误，于是这册"值身王"传，也就千疮百孔了！这书于佛纪元二四八一年公历 11 月（暹历八月）15 日印行面世，第一版印数千册，作者亦获存一册。益明君在著述（不如说抄录）这册巨著时，大概也费了不少的时间，依其序文所提示的，此书系纪念其本人廿五岁生辰的著作，颇有翩翩自喜之概。虽然这么厚厚的一册，对于被埋没了的所谓真理，完全在正文里未有只字提及！可是该书的最后一章里，缀上了出人意料的总评！这是单行本书籍的别开生面！总评共有十七面，以较正文大了一倍的字粒印。虽然是短短的评语，但对于郑王的为国为民的伟大功勋，发挥了相当而且被认为有点公道的意见。由郑王笃信佛教，并努力复兴佛教的提述，进而涉及了郑王沉迷谶步及坐禅的事件，认为在这方面的悟道，郑王确有所成就。不过这种悟道，除了佛祖，或成正果的阿罗汉们知道以外，则只有郑王本人知之，他人当难明了。据此，仍可厚诬"郑王病癫"吗？益明君这种解释以及辨正，确属自有其见地，而且也是可贵的意见。不过原作者还更进一步地提出这项事件，如有识之士有所抗争时，请列举证据，及说明理由，以备原作者尊为师范。要是以銮威千帕耶空（现任神经病疗养院院长职）的意见而认作郑王的病癫，应列入"无论何人，其身内原蕴藏有百分十五之狂妄病态"的原则内，则原作者愿立即表示拜服云云！

关于郑王被杀事，益明君则根据了中国文籍转述称：查颂绿昭披耶摩诃甲塞速（即一世王）下令斩决郑王，实由于恐怕将来泰族将混有汉族血统，因郑王系华裔，并在当时晋封了不少华方的亲族为皇族，例如郑王厚待由中国来访的亲族的事态如下：

王亲某，素无赖，闻王贵，诣暹请谒。王曰："若不能事事，可速归。"赠以盐蒜头三十坛曰："以供行李。"某大愤，舟中悉贷之，仅余一坛曰："归馈细君，征吾亲之咎也。"抵家启视，盐蒜头中实以黄金。盖其时海盗猖獗，故王不欲昌言，惧其招摇贾祸，至是某始大悔。

益明君在上面所□的中国方面有关于王的传说，虽未明指出处，其内容则和潮州澄海传说如出一辙。可是传说本身，是否可引证为郑王被杀的动机，在这里还成疑问。但益明君引了这宗传说，表示不无具有其相当的理由。且更进一步地①示一世王杀郑王，则以暹罗宪法第三条为理由，不提示其个人的意见或评语，最后搬出了莎士比亚的名言，作为哀悼郑王的结局称：

"He truly valiant that can wisely suffer's the worst that man anc breath."②

这就是五百多页，厚厚一册的《值身王》，所给予我们的智慧！

现在得提述现代最伟大的郑王史专家了。

这位专家，在华侨方面并不知名，然而在泰族人方面，尤以郑王的后裔方面，是蜚声好久了的。

这位专家，就是吴福元先生，现任艺术厅文学局专任职官。平素最关怀郑王史，凡有关于郑王的文籍，莫不予以浏览。由于细心的查阅，结果发生了不少疑点。于是孜孜于考证，费了七八载的时间，卒发现了不少真理。吴先生乃凭其研究所得，著述了好几册书，只以已印行问世的，有《昭披耶宋加绿传》及《泰族应牢记》。这两册著述，皆系揭发真理的著作。

《昭披耶宋加绿传》系于佛纪元二四八一年印成单行本，其原稿最初发表于艺术厅所编的《艺术》二月刊第一年第二期。这是吴先生的处女作，然而发表后，颇震动泰国的文界，认为这册《昭披耶宋加绿传》系泰文籍堆里最杰出的一部，同时也是最具胆量的著作。盖这册书里道出了人所不敢言的话，而且发掘了不少经埋没了的真理！

只有二百廿一页的《昭披耶宋加绿传》，所提示给人们的真理，真是不可胜数！在

---

① 编者按：此处疑脱一字。

② He's truly valiant that can wisely suffer the worst that man can breathe.

这里略举一些要点：

（一）披耶坎亨碧（即郑王）自大城突出缅军包围，并非逃命，也不是图自保，而是突出重围觅取复国的途径。这是现存泰文籍所未指出的真理。

（二）指出披耶坎亨碧在罗勇时，并未自立为王。

（三）指出郑王宽宏，不治披耶阿拏漆（即一世王弟），及披耶阿派仑那勒（即一世王）于罪。

（四）证明昭披耶宋加绿在郑王御驾亲征景迈（第二次征景迈）时，未有随征，且无被杀之情事。

（五）列举郑王美德八项。

所举的五项要点，已足以指出《昭披耶宋加绿传》的非同凡属了。吴先生的著述这册书，只不过作初步的道出些有关于郑王的真理。其实郑王的真理，还不止此。《昭披耶宋加绿传》系处女作，对于揭发真理的任务，仍未能达成。不过，除了正文以外，这册《昭披耶宋加绿传》还附录了更为重要的注释。所附的注释，由144页起，至终卷为止，共有七十八页，占了全书约三分一！在这些注释里，进一步地揭发了更多的真理。

由于这册《昭披耶宋加绿传》蕴藏了不少真理，征得原作者的同意，根据增补过的原稿，经由作者选译成中文，转投于星洲南洋学会所编的《南洋学报》第一卷第二辑上，可供参阅。

还有一册，也是吴先生的著作，定名为《泰族应牢记》。这册书系于佛纪元二四八二年印行问世，较《昭披耶宋加绿传》更厚，全书共有二百七十八页。

虽然这册书出世时，尝经过了小小的波折，但它所给予人们思想上的影响，还要比《昭披耶宋加绿传》来得重大。全书共有三大章：第一章匡国者，第二章失地十五次，第三章立宪时代。依原作者在序文里说：“著述此书，目的正指出：（一）不应杀害匡国及建立泰国者，（二）因杀害了这位大帝（意为大王），泰族方获得了恶果。”

这里所提的匡国者，纯粹系指郑王而言。全书叙述的中心，亦限于郑王。第一章提述了郑王为国为民所竖立下的殊勋，并处处指出郑王纯属天生的超人，而为历代君主所难与之比拟者。对于史籍上加诸郑王的种种罪名，如病痫、笞僧、暴虐等，皆作了最恳切的辨正。此外考定郑王遇难日□为4月6日。这是大胆的发现，也是最可推崇的一点。

第一章全文，亦经由作者移译成中文，冠以《郑王史辩》题，刊于《南洋学报》第二卷第一辑，可供参阅。

至于第二章，则提述叻陀纳哥盛朝（即却克里王朝）失地十五次的历史。原作者所提示给我们的，就是由于郑王的被杀害，结果才闹了这十五次的失地事件。惟比较幸运的，叻陀纳哥盛朝历代君主皆能予以妥善的应付，因此才避免更重大的损失。这册书的最后一章，说的是立宪政体，民党牺牲了私人的福乐，冒了绝大的危险，从君主专制变换为君主立宪，这种勇敢的精神，确值得后人所推崇的。新泰国获得了今日的繁荣，也是民党的赐予！

吴先生的著述，实际上并不止此两本。其实还有两册，不过这两册仍属草稿，未有印行问世。假如将来如机会允许时，印行问世后，那末我们所知道的郑王史实，当较现时更多无疑。这是要请吴先生努力予以实现的。

虽然未署有作者的姓名，而冠以郑王纪念像筹委会编印的《郑王史料汇编》，但根据吴先生给作者在译完《昭披耶宋加绿传》时所写的自传里，曾充分地表示出这部《郑王史料汇编》，也是出自吴先生的手笔。

这部《郑王史料汇编》，依编印者的序文，说明共分廿集，每集规定四十八页，这是代表郑王的年龄，因郑王驾崩时，年龄适为四十八岁。

《郑王史料汇编》第一集，印行于佛纪元二四八一年公历 12 月。不几十天工夫，翻印至第三版。实可见这小册子普遍流传，而且受人欢迎的程度了。截至目前为止，这部书依然只出了五集。

仅就出版的五集而言，收集的史料颇杂，惟全部皆与郑王有关。除了郑王、郑王后裔的史料以外，依编者的原定计划，虽郑王的部下，四虎将，如昭披耶宋加绿、昭披耶洛坤素旺、昭披耶讪卡武里及披耶披阁耶（断剑）传略，亦将尽量编入，务使其成为郑王最完全的史料全集。

上面所提述的各文籍，只选其比较著名的予以介绍，而且全部属于专著。其余的文籍，有关郑王的，仍多着，在这里略予以提一提。

《祖先的伟绩》，印行于佛纪元二四七三年，全书仅有六十四页，惟内容全属传记，有郑王、一世王、一世王弟、二世王等。全书神话成分颇浓，但非全部荒谬，里面也还含了不少真理，是研究郑王史所应参阅的一册。

《暹史大全》第六十六集，印行于佛纪元二四八〇年，里面收了一篇吞武里朝的《行军日记》，共有四十页。虽然是《行军日记》，但对于考证其他文籍不忠实的记载，有着不少帮助，而且指出了郑王统率军队，军律严肃，奖罚分明。这是一篇重要的文献，尤值得研读。

除此外，还有一部份未印行问世的珍籍，现藏于国家图书馆内。如被列为第二号

แฌ本，列第二号ใฌ本，皆系手抄本，里面有一部份是有关郑王身世的，全文如何，不得而知。

至于《御书室纪录》，则提述及佛纪元二三二四年郑王委定入贡中国的使臣，同时亲自起草贡书。可惜未有印行，不能窥其全豹。

《暹史大全》第八集的《星相录》以及《越南史》也有着不少真理。这是要靠仔细的查考和参照的。

总而言之，有关郑王史的文籍，仅以泰文而言，依作者手边积存的和所知道的，不外是上面所提的几册。不过作者相信还有遗漏的，这须留待识者加以补充了。

1941 年 1 月 22 日写完于编辑室

《祖先的伟绩》一书[*]

黎道纲

一 刘士木《暹罗国志》序言谈暹罗研究

新加坡的朋友影印装订好一本《暹罗国志》赠送给我。

这本《暹罗国志》的作者是谢犹荣先生，出版于中华民国三十八年一月，是南海丛书之三，承印者是文化铸字印刷公司，出版者是南海通讯社的黄子逸。据书中所言，该丛书已出版三种，谢犹荣的《暹罗风俗》和《暹罗国志》，还有一本是黄子逸的《评论选集》，还列出另 11 种，不知是否出版。卷首除黄子逸的丛书出版旨趣外，还有刘士木所作的序言，对暹罗研究之历史言之甚详，故录之于后，供同好参考。

"……夫中暹为兄弟之邦，暹罗之有今日，有赖于吾侨开拓者之功劳，可谓不少，时至今日，吾华侨犹为暹罗社会经济之支柱。然中华民族，对于暹罗之努力，所保存着，唯同情与赞美而已！绝非如其他民族，抱侵略主义，有政治野心可比拟。而吾华侨所望于暹罗者，实不过亲密之友谊，平等之待遇而已，何所冀哉！

"细考吾国自来关于研究暹罗之著述，过去至为贫乏。当逊清时代，仅学部出版之数十页《暹罗国志》而已。阅其内容，殊觉简陋，该书系民元在平于玻璃厂古书肆中购得。至民十二，上海商务印书馆乃刊行《暹罗》一书，为陈清泉氏翻译，即世所谓日本'暹罗通'山口武氏之著作，而译文颇多错误，然在当时已足称为名贵珍本。民十三，友人嵇翥青君由曼谷《侨声报》卸职返沪，曾编著出版一书，署名《中国与暹罗》，中有近代名人如戴季陶等之序文，内容虽无可观，然在当时海内外人士视之，咸已认为凤毛麟角难能可贵之著作矣！

"民十五，余译有日本《暹罗民商法》及《暹罗之经济》二书，由前福建教育厅长李黎洲君交爪哇《三宝垄日报》出版。翌年服务国立暨南大学南洋教育文化事业部时，曾与同仁编辑南洋研究，出版《暹罗专号》，将该国情状介绍于国人，故至今国人关心

* 原载黎道纲译著《郑王研究散论》，第 16—23 页。

暹罗问题者，尚多引为研究资料，殊可哂也！嗣商务续出《少年史地丛书》，内有《暹罗一瞥》，为顾德隆氏所译述，而蜀人宁君达蕴则由沪佛学书局出版《觉花园主集》，内有《暹罗游记》。许云樵兄则译有《暹罗王郑昭传》。十余年前，曼谷《华侨日报》附刊出版有《暹罗研究》。及廿六年，杨文瑛君发表《暹罗杂记》。同年《华侨日报》陈棠花君译有《暹罗地理》作为该报丛书之二。廿七年，陈氏续著《暹罗国志》一巨册。凡此种种，可称吾国研究暹罗较有系统之著作。又同岁，《中原报》附刊有《泰国研究》，而执笔者多一时专家。廿九年，香港南洋问题研究会侠文君曾发行小册名《暹罗内幕》，专门批评暹罗排华问题。三十年陈序经博士著《暹罗与中国》，在重庆商务印书馆出版。同年，芳菲君著《泰国杂志》。名记者海上鸥君著有《抗战以来的泰国华侨》，星洲友人为之出版。又谢君与陈棠花君编著《泰国指南》一巨册，侨胞之游暹者，借作识途老马，殊感便利焉。又蔡文星编著《泰国》一册在重庆出版。卅三年，蔡君续著《泰国近代史略》，均在重庆正中书局印行。卅四年胜利后，《华侨日报》有笔名老丁君者，著有《南游心影》小册，对暹罗多所批评。卅五年，许云樵兄著《北大年史》，由星洲南洋书局出版，此为国人对暹史第一部著作。而天津王又申氏则译有《暹罗古代史》及《暹罗现代史》，均商务版，此则为国人对暹史最初作有系统之介绍者。

"近年来张礼千兄著《中南半岛》，姚楠兄著《中南半岛华侨史纲要》，对于暹罗方面，亦多记载。最近，陈礼颂君辑译《暹罗民族学研究译丛》及《暹罗史》两巨著，均由商务出版，尤足以激发一般学者之兴奋。……"

这是民国卅七年八月撰于槟榔屿的作品，匆匆已半个多世纪。抄录在这里，对泰国史研究不无益处。

二　喜得《祖先的伟绩》一书

在讨论郑王研究时，我们常常提到一本书，书名叫作《祖先的伟绩》，有人译为《伟人传记》。我没有见到这本书，我见到的是泰国史早期研究家的译作，是陈棠花先生主持《中华日报》"昭披耶"版时转载的，收集到的是其片段。由于没有见到原著，我心中十分不安。

这样的事过去也有。当年在林悟殊和周新心的引导下，到曼谷爱侣湾大酒店去见饶宗颐教授，谈到饶教授在曼谷京华银行的演讲时，饶教授问我看过《大德南海志》原书没有。我很不好意思，因为我在议论他的演讲时曾转引《大德南海志》，但我并没有看过《大德南海志》原文。1997年底回到母校中山大学，蒙喻常森先生赠了一本《大德南海志》，翻阅之后，才发现当日转引时确实有错。

搞历史研究对所引用的资料一定要准确，一定要寻觅到原著，才可以放心，才是对社会负责的态度。

2000年11月8日，到挽那因披里尔大厦去办护照。事后在附近书摊上以99铢两本的特价买到一本书，书名叫《蓬骚瓦丹格悉》。"格悉"是耳语的意思，或可称为野史。这本书的编者是班直·因图占勇。①

编者在首版序言中写道："本书收集了古书四册，一是《祖先的伟绩》；二是《开基王系篇》；……四是《昭章雯的故事》。这些故事在有文字记载之前已经辗转口述，因此其内容或有增益，后来记载为文字，成为定本，但在传抄过程又有讹变。虽然个别地方或文字有异，但其重要性并不因此降低。这些故事本人收藏已久，且有多种版本。后来见有人印行传播，如《祖先的伟绩》曾在佛历二四七三年（1930年）蒙昭比益博里纳·素巴立的丧事中印发。除此之外，尚有二个版本，有人打字赠送给作者。……这些版本经校勘后发现有若干异文，故作审校，以供玩赏。因此这版本和过去印行本略有差异，但已在备注中加以说明。"

此书没有给出初版年份，但提到的《昭章雯的故事》于佛历二五一六年（1973年）曾收入某书。因此，本书初版年份应晚于1973年。

此书1997年再版时出版社在前言中写道："本书书名似乎表明，这些故事只宜在小圈子内流传，不应作为证据正式引用，是值得知道和注意的。"

据此书，《祖先的伟绩》前面有一张哥·梭·罗·古腊（K. S. R. Kularb）67岁的相片及他写的按语："原作者起名叫《祖先的伟绩》，讲的是曼谷王朝六位国王的故事，讲到祖先们的伟绩。《祖先的伟绩》这本书，本人乃古腊，家住曼谷三升区，誊抄自越拍车都蓬维蒙芒克拉蓝寺公摩颂勒拍波罗玛努七齐诺洛版本，并按曼谷王朝国王次第排列，……这本书收集了郑王、拉玛一世、拉玛一世王弟、二世王、三世王的传记。书中系统地提及郑王的早期历史，还配有一张罕见的郑王相片。"

乃古腊此人历史著作甚多，但后世研究者对他多有微词，说他有伪造历史的嫌疑，对他的著作引用十分小心。

《祖先的伟绩》出现后十分流行，其内容为许多世家奉为圭臬。这些家族的先辈可能曾与郑王共患难。他们把该书的内容讲给子孙听，在讲述家族光荣史时难免会添枝

---

① 班直·因图占勇编《蓬骚瓦丹格悉》，多耶印务公司，1997。

加叶。

这本书有中文译本流行于世。后来泰国郑王传记的作者多以此书为依据。中文方面更把这本泰文著作奉为经典。

有关郑王早年历史的系统资料如今早已荡然无存，仅余下片断记载。但根据这些片断记载，亦足以证明《祖先的伟绩》一书谬误百出。

例如，《郑王史料汇编》第二集有一段文字说："这册书（《祖先的伟绩》）印行于佛历二四七三年（1930年），叙述有关郑王的初期史颇详。唯细查此书的行文，有好几段和四世王的笔调相似。这段文字请与暹史大全第八集御著《开基王系篇》对照，就可看出其行文的类似。……另外，还有几段亦和暹罗名记者乃古腊的文笔相同。据此，细查这册书的内容，叙述的是旧事，可是行文则属于后人的著述，所以这册书记载的事实不能使人完全相信是事实，不过其中也包含了不少真理，须予以选择，去其荒谬，而存其可信者。"

我购得《祖先的伟绩》泰文本，至少在引用时可以查证原文，以免以讹传讹。就研究工作而言，是值得高兴的事。而追究这本书的来历，是研究郑王历史的重要一环。近人匿提·姚西翁在其名著《吞武里王时期的泰国政治》一书的第二章附录二中写道："《开基族系篇》是拉玛四世御著，而《祖先的伟绩》和公摩颂勒拍波罗玛努七齐诺洛及哥·梭·罗·古腊有关。"①

三　《祖先的伟绩》作者探讨

泰国有若干位作者的著作，如蒙叻差翁·克立·巴莫的《回忆录》（Krong Kratug nai Du）和公摩万·披提耶隆功在《三京》一书的序言，都讲述了类似《祖先的伟绩》所述的故事。因此，《祖先的伟绩》在佛历二四七三年（1930年）印行之前，这些故事早已流传。②

此书最早在蒙昭比益博里纳·素巴立的丧事中印发，主持印行的是颂勒昭华公摩拍·纳空沙宛瓦罗披匿。在此之前，哥·梭·罗·古腊在他的《沙炎巴特》杂志上刊登过几乎全部内容。

---

① 见匿提·姚西翁《吞武里王时期的泰国政治》，马滴春出版社，1982，第二章附录二。
② 素集·翁贴：《公摩颂勒拍波罗玛努七齐诺洛是〈祖先的伟绩〉和〈开基王系篇〉的作者》，《艺术与文化》2002年3月号，第77页。又见素集·翁贴《序言》，汶登·室瓦拉博校本《〈祖先的伟绩〉和〈开基王系篇〉》，平卡涅印务公司，2002。

颂勒昭华公摩拍·纳空沙宛瓦罗披匿相信，此书提到的年份是写作的年份。他相信书中所述拉玛一世的传记，说是一位国王的讲话，亲耳听到的人还有其他人如颂勒召披耶波罗摩玛哈巴育拉翁。如果是这样的话，此书应在佛历二三九四—二三九八年（1851—1854 年）写成。

这本书作于拉玛四世时期没有问题，因为书中提到召华汶洛时，称其为公摩颂勒拍室利素里延他拉玛独，内容叙述到第三世王去世。

但此书亦可能成书于拉玛五世时期。如书中关于拉玛二世的历史，提到他是王储。而王储之位是在拉玛五世时期才有的，此前只有二王（副王），没有王储。

此后半个多世纪，对《祖先的伟绩》原作者的研究没有多大进展。

四　波罗玛努七齐诺洛

2001 年，泰文《艺术与文化》月刊的工作人员到泰国国家图书馆研究《祖先的伟绩》和《开基王系篇》的原始版本时，发现该馆收藏着这两本书的版本计有 24 种之多，有的是手写本，有的是印刷本，有的已模糊不可辨读。其中最重要的一本是沙没泰，手写本，编号 24，第 15、16 册藏于一楼第 121 厨第 3 列。该馆登记的是《开基王系篇》第一、二、三本。来源：佛历二四七九年 1 月 5 日得自内阁秘书处。[1]

这三本书内容相连，第一本首页讲到此书的由来时说："曼谷国王《开基王系篇》讲的是祖先的伟绩，原稿抄自国家图书馆，是乃古腊所献。乃古腊奏道，抄自越拍车都蓬寺公摩颂勒拍波罗玛努七齐诺洛的本子。"

上述内容十分重要，如果泰国国家图书馆的《祖先的伟绩》是乃古腊抄自公摩颂勒拍波罗玛努七齐诺洛的本子，那么，此书应为公摩颂勒拍波罗玛努七齐诺洛的作品。

这个版本从拉玛一世的祖先还在大城时讲起，回溯到巴萨通王时期，直到拉玛三世驾崩。其内容与 1930 年印行的《祖先的伟绩》大致相同，但语言和细节略有不同，如提到拉玛二世因天花去世。

这个版本有一段内容提到郑王和拉玛一世，说他们在大城路遇算命先生，算出他俩他日都当国王。

"当上国王后，就常常讲给子女和亲戚听。本人剃度为沙弥那一日，也在玉佛寺佛

---

① 素集·翁贴：《公摩颂勒拍波罗玛努七齐诺洛是〈祖先的伟绩〉和〈开基王系篇〉的作者》，《艺术与文化》2002 年 3 月号，第 77 页。

堂里讲给拍耶纳空室利昙摩叻和永珍王听，僧侣团也听到此说。皇上讲了许久，听到的人很多。

"本人剃度为沙弥那一日，也在玉佛寺佛堂里讲给拍耶纳空室利昙摩叻和永珍王听，……"

这两段话里的本人，可能是公摩颂勒拍波罗玛努七齐诺洛，他于佛历二三四五年（1802年）拉玛一世时剃度为沙弥。这两段叙述可以说明，《祖先的伟绩》或《开基王系篇》，正如乃古腊所说、匿提·姚西翁推测，是公摩颂勒拍波罗玛努七齐诺洛的著作。

公摩颂勒拍波罗玛努七齐诺洛原名拍翁召瓦素格里，是拉玛一世第28子，生于佛历二三三三年12月11日（小历一一五二年戌年正月初分5日，公元1790年12月11日）。12岁时在菩提寺（越拍车都蓬寺）剃度为沙弥。剃度后在佛寺读书。佛历二三五四年（1811年）出家。佛历二三五七年（1814年）任菩提寺主持。佛历二三九四年（1851年）拉玛四世时被封为僧王，公元1853年2月9日去世。其一生著述甚丰。①

① Phra Devasobhana：《公摩颂勒拍波罗玛努七齐诺洛僧王》，《艺术与文化》1990年12月号，第72页。

从《祖先的伟绩》谈早期郑王研究[*]

黎道纲

一　匿惕·姚西翁与郑王研究

郑王是救国英雄，泰国妇孺皆知。

有关郑王的研究，历来注意郑王事迹的人不少，但认真从事研究的人不多。早期有吴福元先生，他是华裔，在艺术厅工作时期，发表过许多研究名作，如《郑王史辨》《郑王在位之最后一年》，经陈毓泰译成中文，刊在早年的《南洋学报》上。

近期有清迈大学的匿惕·姚西翁，他的名著《吞武里王时期的泰国政治》可以说是目前郑王研究的顶峰。关心郑王研究的人，应该好好读他这本书。这本书 1986 年由艺术与文化出版社出版，至今重版多次，颇受欢迎。其观点新颖、立论严谨，令人信服。

一些别有用心的人为了替新王朝服务，不惜捏造郑王的历史，尤其是他的早年历史，制造舆论，似乎只有具备纯粹泰族文化背景者才可能登上王位，替后来的唯国论者立下根基；同时，又造谣言、放暗箭，说郑王晚年因练功走火入魔，蔑视佛法，以说明其结局的必然和推翻其王位的合法。

匿惕抛开"郑王晚年是否精神失常"这样一个纠缠不清的话题，从一个全新的角度，认为吞武里王朝的覆灭是大城王朝遗老遗少的反扑，是旧官僚世家势力对新兴外来贸易官僚势力斗争的结果。在这场内部斗争中，新兴外来贸易官僚没有足够的社会基础，他们的势力与旧势力比较太过薄弱。

匿惕在序言中最为人称道的是他作为华裔的感受，他用了"泽"一字来称呼自己。"泽"是泰语中称华人或华裔的字。在波披汶反华的严峻年代，"泽"是个称呼华人的贬义词。这里我把"泽"试译作华人。

他在书中写道："华人之为华人的文化……和中华文化并不完全相同，但也和泰文

---

　　*　原载黎道纲译著《郑王研究散论》，第 24—39 页。

化明显不同，是一种特殊文化或即是'华人'文化。有力量的社会是一个能容纳多元文化的社会，华人的生活方式、价值观和品味的差异正是泰国社会文化多姿多彩的一种表现。由于自觉身为华人，我不由自主地对吞武里王充满尊敬和赞赏。这项研究正是在心灵深处满是尊敬和赞赏之情况下动手的。"

近代泰国文化界著名人士中，直言不讳地承认自己是华裔，是"泽"，并以此为荣者，匿惕是第一人。

在《吞武里王时期的泰国政治》一书中，匿惕对当日政治变动的看法充满着理性和智慧，叫人能够从更高的境界去看待从郑王时期过渡到曼谷王朝这个困扰后人的问题，从前人蓄意制造的迷局中走出来。令人遗憾的是，至今中文读者对匿惕的观点了解并不多。

二　郑王研究困难重重

曼谷王朝初期，郑王的国王身份并未获明确承认。大城王朝亡于缅甸后，以郑王为首的势力从缅人手里把国家拯救出来，成立了吞武里王朝。如何看待吞武里王朝，这个问题叫有关方面为难。因此，曼谷王朝初期的历史著述在提及郑王的历史地位时，态度含糊不明。那个时期编写的《吞武里王朝编年史》就持这种态度。

编写这类史书的困难是，歌颂吞武里王朝意味着否认节基王朝政权的合法性；而诋毁郑王统治的 14 年，又意味着否定郑王继承大城王朝的合法性，也等于否定后来的继承者节基王朝的合法性。

因此，在编年史中郑王的地位显得尴尬，要赞扬郑王复国的伟大功绩，但是出于权力斗争的政治需要，又要诋毁郑王。

在新旧王朝更替的过程中，郑王家族的大部分男性成员被清除了，一大批忠于郑王的高官和武将同时殉难，当日的政治气氛极为严酷。虎口余生的有公摩坤甲刹拉努七，他是拉玛一世王的外孙，是一世王后的长公主深和郑王所生。他出生后不久，其母亲去世，在外祖母（拉玛一世王后）身边长大，故得以死里逃生。佛历二三五二年（1809年）九月七日，拉玛一世驾崩。九月九日即发生告发公摩坤甲刹拉努七叛乱案，同案被诛者，除公摩坤甲刹拉努七外，尚有郑王第九子奥罗尼加、第十七女杉丽宛，以及公摩坤甲刹拉努七的幼子六人。同案死难的还有 40 余人。

那个时代，除了在政治上进行清洗，在舆论上还用了最难听的词咒骂郑王。这样严酷的政治形势延续了三代国王。

拉玛四世即位后，面对殖民主义东来的严峻局面，这时清政府在西方帝国主义的侵略面前一败再败。拉玛四世为了唤起民众的爱国意识，用英文写了一本小册子《暹罗国简史》交给前来逼宫的、臭名昭著的鲍林，后来收入鲍林的著作。拉玛四世在文中对郑王拯救国家的伟大贡献予以肯定，为郑王平了反。[①]

拉玛四世是这样写的："昭达信聚集全国人民抵抗缅人，收复国土，重获独立。但是，起初对不能合伙的人过于严酷。其行为保护了大多数人，有人歌功颂德，说他是好人，以致在暹罗土地上称王，相同于昔时治国的国王……直至有厄，失去王位。还是有许多人想念他不能磨灭的功德，出生于这个家族的人士仍被尊崇为出自高贵的帝王世家，至今还被称为坤为蒙……"

可惜到拉玛四世时已经太迟了，再没有老一辈人可以讲述吞武里王登基以前的历史，再也没有人能够叙述清楚郑王的真实情况。郑王的遗族经过如此大难，谨慎沉默。于是，出现了许多编年史以外任意编造的材料，大多是没有根据的。这给之后的郑王研究带来了重重困难。

三　《祖先的伟绩》对郑王的描述谬误百出

前面提到，到了拉玛四世时期，拉玛四世王给郑王平了反，郑王的高大形象逐渐恢复，展现在人们面前。但在人们的意识中同时出现了新的疑窦。那就是，在恢复郑王英雄形象的同时，要怎样维护新王朝的形象。可靠的资料实在太少了。

按照泰国编年史的编写传统，一向只记载作为国王者的历史，对其个人的情况并不予注意。一般而言，对所有国王登基以前的个人历史都很少记载。加上在曼谷王朝初期，郑王乃是新王朝的政敌，对郑王的记载只能是出于政治需要。因此，在若干编年史中，对郑王只有零星的、简短的记述。

到了拉玛四世时期，新王朝建立已70余年了，可以讲述吞武里王登基以前历史的老一辈已经去世，没有人能够讲清楚郑王的真实情况。而郑王的遗族劫后余生，心有余悸，谨慎沉默。

为了填补政治上存在的鸿沟，坊间于是出现许多编年史以外的作品，其中最出名的一本叫作《祖先的伟绩》。这本书收了不少伟人的传记，有郑王、拉玛一世王、拉玛一世王弟等，系统地叙述了郑王的早期历史。这本书有中文译本流行于世。后来泰国郑王

---

① 译文见《泰中学刊》1995年第2期，第1页。

传记的作者，多以此书为依据。而中文方面，更是把这些泰文著作奉为经典。因此，在讨论郑王早年历史时，我们应该对这本书认真分析。

《祖先的伟绩》出现后十分流行，其内容为许多世家奉为圭臬。这些家族的先辈可能曾与郑王共患难。他们把该书的内容讲给子孙听，在讲述家族的光荣史时难免会添枝加叶。

有关郑王早年历史的系统资料如今早已荡然无存，仅余下片断记载。但是，根据这些仅存的片断记载，亦足以证明《祖先的伟绩》一书谬误百出。泰国史研究诸前辈，如陈毓泰、陈棠花，他们曾对郑王研究做过许多工作。只是他们的著述一时难以觅求，无从引述，只好就手头资料谈谈。

例如，《郑王史料汇编》第二集有一段文字说："这册书（《祖先的伟绩》）……叙述有关郑王的初期史颇详。唯细查此书的行文，有好几段和四世王的笔调相似。……另外，还有几段亦和暹罗名记者乃古腊的文笔相同。据此，细查这册书的内容，叙述的是旧事，可是行文则属于后人的著述，所以这册书记载的事实不能使人完全相信是事实……"

问题是，哪些是谬误，哪些是可信的事实，实在是不易辨别。我的原则是，凡属明显荒谬者，一一指明，予以否定；凡无根据，与现存零星资料相左者，逐一加以辨别，以明真相。

四 《祖先的伟绩》的明显谬误

由于《祖先的伟绩》述及郑王的早期事迹时头头是道，于是几乎所有的泰国历史著作皆以此书为蓝本，以为是"有根据"的著述，尽管还有若干荒诞之处。而之后出版的书对郑王历史擅自发挥，加入神话传说，把郑王的传记写得荒诞怪异，乃至不忍卒读。

陈毓泰在《郑王的童年》一文中写道："关于这本《祖先的伟绩》的神话化，荒诞不经的叙述，在这里姑且举出一二，以证其荒诞的程度。

"小历一〇九六年寅年（佛纪元二二七七年）第六旬，举一雄，华人海丰坤钹陀那之子，生来相貌英伟，且有四方相。据释称，自足至脐为一部，自脐至额前发际为一部，自左乳头至左手指为一部，自右乳头至右手指为一部，此四部份的长度皆相等，脐深可容未剥壳的槟榔实，与普通人有异，始被称为四方相。明言之，与佛祖圣体相若。

"另一段称：'此儿生仅三日，卧簸箕内。有巨蟒，蟠绕其身，其父以为不祥，拟

杀之。依中国俗，应加以活埋，惟此地为暹罗，不能依中国俗而行，须弃儿于屋外，始可脱祸害。'

"更有一段则称：'乃信（即郑王）九岁后，昭披耶却克里（郑王养父）令入哥砂哇砂那寺，从通底长老为师……年十三，乃信在寺内与各徒聚赌，为师所见，聚赌众徒皆受鞭挞，乃信系首倡者，师将其缚于岸旁梯板，以示儆。事后师入室诵经，忘其事。迨至深夜，始忆及乃信，生死不卜，急率众僧出视，在火把高举之下，发现乃信卧于岸濒，手足仍紧缚于梯板。但梯板为水所冲脱，浮入岸濒，……因此乃信未被溺毙。师惊为异事，知此儿将来可贵，乃导其入佛堂，乃信居中，周围绕以和尚，为乃信举行安魂仪式……"

以上例子，其荒诞怪异，不堪一驳，后文不再提及。但从这些内容可以看出，《祖先的伟绩》的内容不可信，引用时一定要十分小心。

操·卢特温 1975 年在《每日镜报》工作期间撰文著书，后来汇集成书，书名是《追踪郑王大帝及其光复泰国的勋业》。虽然是一片热心，但此书仍照搬前人的说法，说明《祖先的伟绩》流毒甚深。

在学术上，我主张对前人的点滴成果都要加以发扬。与此同时，对今人在研究中不负责任的胡说八道，为了维护学术的严肃，一定要尽己所能，尖锐指出。

海南裔吴福元对郑王研究有巨大贡献，陈毓泰对其著作一一译出。下面准备对此进行详细介绍。

五　陈毓泰介绍吴福元

陈毓泰 1940 年 8 月把《昭披耶宋加绿传》译成中文，刊登在《南洋学报》第 1 卷第 2 辑上。他在文首写了译者序，介绍了作者吴福元。全文如下：

"关于泰国一百五十年前吞朝郑王的史迹，虽然在泰文的史籍有着详尽的纪载，可是类系互相传抄，甚或擅自增减，以致郑王的伟大的功勋，遭受湮没了。我们平素翻阅泰史，总不难发现，郑王是疯狂暴虐无道的种种纪载，使人读后，不免掩卷作遐思：像这样具有远谋大略的郑王，究竟就是史籍所载的昏庸无道的暴君吗？

"经过了一百五十余年悠长时间的现时，结果出现了一位真理的发掘者。这位真理的发掘者，确算是泰国唯一的勇者；他迎面着种种困难，昂然地在所有古籍堆中清理着发掘的工作，不懈地努力，因而产生了泰史上不可湮没的，辩证史误的唯一珍籍。

"这位真理的发掘者，就是本篇泰文原作者吴福元君，现任艺术厅专任职官，泰名乃卑拉室利察拉莱（Nai Prida Sri Chalalai）。

"依照原作者自传所述，对郑王史迹所下的研究，不，是真理发掘的工作，尝费了整整七年的光阴，结果著述了有关郑王的专书五册。然而世人所能阅读到的，只有三种。《吞武里朝的革命》和《颂绿拍昭德信大帝的遗产》还保存在原作者的抽屉里，未能印行问世，不过关怀郑王史迹的人们，仍可借读原稿。依原作者称，借阅者颇不乏人。

"这篇《昭披耶宋加绿传》，是原作者的处女作，虽然篇首冠以《昭披耶宋加绿传》，但其实质所论列的，几全部有关郑王的史迹。原作者所表现给我们的，全属矫正史籍所误植的重要点，旁征博引，尤显出原作者的宏博。不过，行文中，如果读者细心观察，则不难看作者在著述本书时的难以言宣的种种苦衷了。我们获阅这篇后，对于郑王业已明白泰半了，这也就是原作者写作的收获了。

"译者在泰国艺术厅所出版的《二月刊》（郑王专号），首先阅读，对原作者不禁引起钦佩之心，并有意将原文移译华文，乃开始与原作者接洽，结果就是读者在这里所看见的译文。此外，还蒙原作者为本译文作序、作自传，以及原作者的照相、签名式。这些这些，译者得在这里谨向原作者感谢的。

"译者在移译时，所根据的是原作者依第二版本（单行本）再予以增修过的原稿所译述的，所以译文中较市上出售的第二版本原文增添了不少。如《昭披耶宋加绿族谱》，是即原文里没有的。此外有一些名词，也经过原作者的修改。因此本篇的译文也就和第二版本大有出入了。

"更有进者，译者最初向原作者请求移译成华文后，即准备逐期刊登于译者所编之《泰国研究》（泰京《中原报》副刊之一），惟因篇幅关系，乃决定转刊于《南洋学报》，为此再度与原作者接洽，原作者同样表示同意。关于原作者为本篇译文所写的自传，初稿为打字机所印者。译者为使读者得见原作者的真笔迹起见，特请原作者照初稿手抄一份。但读者在本译文所见的原作者笔迹的存真版，其内容略有出入，盖曾经过原作者的增补也。"

六　吴福元自传

1940年，陈毓泰写道："我们平素翻阅泰史，总不难发现，郑王是疯狂暴虐无道。"当日，有吴福元者，深入研究，终于弄清楚历史真相，恢复郑王的高大形象。他的功劳是不可磨灭的。

佛历二四八三年（1940）公历 5 月 15 日，吴福元曾作一份自传如下：

乃卑拉·室利察拉菜，生于佛历二四四一年戊年，现时任专职于艺术厅文学局内。

通常喜作学术上的搜罗和检讨，尤其对于颂绿拍昭德信大帝（Sowdet Phra Cao Tak Sin Maharaja）的史迹，自幼即生疑，因在学校内所读的课本，根本和大人所讲述的不符，但还缺少证据予以证明。迨任职于旧名为"学术研究会"时代的艺术厅后，始获得机会阅读了不少旧文件。对于颂绿拍昭德信大帝的史迹的研究和检讨，实开始于佛历二四七三年，费了整整七年的时间，才获得了与大人所讲述相符合的重要证据。

尝试著了一篇有关吞武里时代的文章，定名为《昭披耶宋加绿传》（Pravati Cao Phraya Savargalok），最初刊载在《艺术》（Nangsu Pint Cilapakara）二月刊。继续再加以增补，使其可印成单行本，于是作第二次的自费印行，一部分发售，一部分赠送。结果一部分关怀史籍真理的人们，咸对本书表示满意。第三次则由主持陆军中校拍呐察纳拉呐（原名迫·匣里越）丧事者请求复印本书，作为火葬礼中的赠送品，盖死者系昭披耶宋加绿所传下的另一支族。因此《昭披耶宋加绿传》的泰文本，前后共印行了三次。

继后还努力写作了五种，即：

（一）《颂绿拍昭德信大帝考证汇集》，规定全部分廿集，现已出版四集，并获得大学校的教师合作，从中指示学生了解本书的价值。

（二）《吞武里朝的革命》，从中指示出诬陷颂绿拍昭德信大帝的种种情状，以及联合安南推翻吞武里朝的目的，并提示泰族在后来所获得的效果为如何。

（三）《颂绿拍昭德信大帝的遗产》，指出颂绿拍昭德信大帝为泰国所立下的种种殊勋经过，完全系以性命所博取而来的，包括一部分的恩惠，致使嘉隆王获得了绝大的利益，得以自立，且建立了新安南。

（四）《泰族应牢记》，指出救国者及建国者的功勋，同时指出残害了救国者所博得的成绩，那就是有连带关系，而使泰国在后来损失国土给缅甸、安南、英国和法国。此外，还指出民党牺牲性命从中发动改政，掌理国政，纯为泰族谋福利，这是现时所周知的。本书大受军界中人的欢迎，并有多人加以好评，驻外使馆中的公务人员，亦爱阅本书，并赞许本书大胆地揭发出不少的真理。

（五）《泰国失土十五次（非八次）》，自颂绿拍昭德信大帝被杀害后起，次第叙泰国失土十五次（非八次）的史迹。附有各次失土的说明地图，以利学生军、女生救护队及军界中人的参考。

此刻正在写作《颂禄拍昭德信大帝传》中，本书由帝出生起，一直叙到被杀害为止。那是满蕴着怆凄气氛的史迹，以答迄今仍纪念着颂绿拍昭德信大帝的浩恩的泰族人。

七　《昭披耶宋加绿传》中译本吴福元序

吴福元者，泰名乃卑拉·室利察拉莱，生于 1898 年。他任职艺术厅文学局时，深入研究郑王的历史，终于弄清楚历史真相，恢复了郑王的高大形象。他的功劳是不可磨灭的。

他的主要著作是《颂绿拍昭德信大帝考证汇集》，这是对郑王历史研究最权威的考证著述。直到今日，仍然具有重要的参考价值。后人可以和他媲美的，只有匿惕·姚西翁一人，匿惕的《吞武里王时期的泰国政治》一书是新形势下深入研究郑王的优秀论著。

1940 年，陈毓泰把吴福元《颂绿拍昭德信大帝考证汇集》中的《昭披耶宋加绿传》译成中文时，曾请作者写了个序。今日看来，这个序甚有历史价值，因为至今在郑王研究中还存在似无若有的禁区，阻碍着郑王研究的深入。

这里将原作者为中译本写的序（陈毓泰译）照录如后：

"泰京《中原报》编辑请将《昭披耶宋加绿传》译成华文，以便发刊。作者依其请，准将译文刊登。

"在作者将此书印成单行本发行后（就泰文本说来，已是第二次的印行了），即有人在一份泰文报上着眼于政治方面，作着颇为激烈的批评，意指《昭披耶宋加绿传》，实可依凭着使人观察出泰国在将来的方针将指向何途的张本似的。

"除了批评以外，他还努力促使当政者看出这本书纯系诬蔑却克里皇族始祖，以及其他，实有多项。可是当政者大概经了缜密的检讨，同时似乎看出了这本书所具有的优点，于是批评者的努力，也就等于潮浪的冲岸堤！

"在伦敦方面，也有人在《联合会刊》上，发表批评本书的文章。然而批评者表示着，满意于本书能够指出充分的证据，从而改正了史籍上不实的记载。此外，对于蒙蔽世界视听的史籍著述者（即是为记述本身利益而著述，并不注意及事实）加以指摘，因为这种行动类似一般缺乏忠实性的商贾所印发推销其商品的传单一样。

"总而言之，作者的著成本书，目的在充实和拥护史籍所记载的忠实部分而已，对于史籍上的优良部分，作者并未存心加以抹杀。不过遇着在证据方面有了失错的记载部分，虽然可看出记述者是有心而为，应遭受严厉的指摘时，作者亦雅不愿将其揭发，使众人明了记述者的卑劣。只有一条途径作者必须循行的，就是搜寻相当的证据，从中指出某某处的不实记载和误记。继此，则让读者自行判断，这不是作者分内应负的责任了。

"提起历史，任何一民族，皆尊崇其固有历史。倘某一民族准许自身的历史，在不知不觉间统渗进了虚伪的情事，则该民族根本就缺乏了自尊心。更甚者，明知其虚伪，但仍让其渗入，则可目该民族仍愿充当野蛮人。对真理全不关怀的民族，这等于不真实的民族，和不真理的人同理。

"《昭披耶宋加绿传》，对于阅读泰史的某一段，也许比较利便，或不无少补。盖无须费力于各种证据的检讨和搜寻，作者已作了最充分的搜集。有关于吞武里时代泰史的大部分研究，可在《昭披耶宋加绿传》一书里获得不少的利益。

"作者写作本书的理由，读者在阅读内容后，即可看出作者满意于发扬光大真正的将材，尤其是对泰国立有殊勋的战士。昭披耶宋加绿真为泰国立下了不少的勋业，系佛历二三一〇年光复泰国江山的主要人员，而且身任光复泰国的元首——颂绿拍昭德信大帝，又是有着亲族的关系，实有加以宣扬的必要！靠国家而自固的人，易找；然而真正救国的人，则难之又难。或有人提出反驳，因为国家的覆亡，并非常有，而是长久地才得出现一次，同时救国的人，也就随之而寥寥可数了。所以，救国的人不易找，将何以圆其说？这种反驳，确是动耳，可是经过缜密的思维后，尤须忆及国家覆亡的各方面关系，如教育、经济、卫生、交通，以及军队为最终，这些也许不会同时宣告覆亡的。那一种覆亡，而必须立即加以解救时，每次皆能解救，则救者的数量也就有不小了。可是不能加以解救，那是因为解救的工作非易，负责者尤须有卓绝的毅力，和果断的勇气，这类的人确实难找。在有人把整个国家救起，挣脱了为人奴隶的境遇，于是国家便遗忘了他的功勋，或放任着一部分怀着妒忌心和不以国家为怀的人们诬蔑着他的事迹吗？究有何民族会承认了这种不良的事体？当然没有！

"昭披耶宋加绿始终是个纯粹的泰籍人！至于种族，则含有华人的血统，因而成了颂绿拍昭德信大帝最切近的亲族，虽颂绿拍昭德信大帝亦然。帝生于泰国，纯粹是泰籍，只不过含有郑姓的血统罢了！（在中国史乘上称'郑昭'，惟普通华人则称'郑王'）据从华侨郑姓的老前辈称，郑姓族共有九系（即郑姓始祖有九人），颂绿拍昭德信大帝的先父，系传自第一系。至于昭披耶宋加绿的族系，则缺乏相当的证据可供搜查。惟依据史籍载，系颂绿拍昭德信大帝最切近的亲族看来，即可加以推测，昭披耶宋加绿大概也是传自第一系的。

"爱国志士传也就是等于救国志士传。颂绿拍昭德信大帝系救国团的元首，由于不断的努力，卒光复了泰国整个江山。至于昭披耶宋加绿，则系光复国土的主要人员。所以这两位伟人的史迹，实应接受所有爱国志士的关怀和注意；虽自古以来即成为泰族最亲爱的朋友和亲戚的华人，也满意于阅读《昭披耶宋加绿传》的，盖华人皆具有其最强烈的爱国热诚，当然更关怀及一般救国志士的史迹的。"

八　詹益明的《直身王》

刊于 1941 年《中原月刊》创刊号的陈毓泰的文章《郑王史文籍的介绍》中，这一段文字是闻所未闻的历史，应予流传。陈文是这样写的：

> 另外还有一册纯粹的郑王传记，作者为詹益明，封面上书有"值身王"三字。应注意者厥为"值身"二字，这是纯粹的琼或潮音，亦即德信王——郑王之谓。据此，作者当系琼或潮属华侨了。原文系暹文，全书共有五百余页，实为一册巨著。由郑王出世起，一直至郑王被杀为止，作了有系统的叙述。然而这书作者所根据的材料，大概不外是四世王所编纂的《钦定本纪年史》以及丹隆亲王所著的《泰缅战争史》两书，此外还节录了暹文本的《祖先的伟绩》中有关郑王及一世王的荒谬的故事。……由于所根据的书，原有着不少的重要错误，于是这册"值身王"传，也就千疮百孔了！这书于佛纪元二四八一年公历 11 月（暹历八月）15 日印行面世，第一版印数千册，作者亦获存一册。益明君在著述（不如说抄录）这册巨著时，大概也费了不少的时间……可是该书的最后一章里，缀上了出人意料的总评！……虽然是短短的评语，但对于郑王的为国为民的伟大功勋，发挥了相当而且被认为有点公道的意见。……关于郑王被杀事，益明君则根据了中国文籍转述称：查颂禄昭披耶摩诃甲塞速（即一世王）下令斩决郑王，实由于恐怕将来泰族将混有汉族血统，因郑王系华裔，并在当时晋封了不少华方的亲族为皇族……

九　陈毓泰有关郑王研究的文章

1940 年代，陈毓泰对郑王研究做了许多工作，介绍吴福元论著的同时，他还撰写了许多研究郑王的文字。

1939 年 9 月 9 日起，中原报社出版了由其主编的《泰国研究》。在第 124、135 期上分别有其文章《郑王时代泰缅之战》和《郑王族系》。后《泰国研究》与《中原月刊》同时停刊。

在 1941 年 1 月 30 日出版的《中原月刊》创刊号上，有他的文章《郑王史文籍的介绍》；第 2 期有《郑王的童年》；第 3 期有《郑王入贡中国考》（吴福元原作）；第 4 期有《郑王的战斗经历》；第 7 期有《郑王之武功及其登极》；第 8 期有《郑王一统暹罗》；第 10 期、第 11 期有《郑王开疆拓土》等。

陈毓泰为郑王研究做了许多工作，没有留下任何书籍供后人参考，实在是大憾事。

《大南实录》注释讨论：
《泰国吞武里皇郑信中文史料汇编》读后[*]

黎道纲

段立生氏在泰国华侨崇圣大学任教期间，整理了他于 1982 年到中国第一历史档案馆抄录的有关郑王的资料，标点加注，将之出版，名为《泰国吞武里皇郑信中文史料汇编》。与此同时，该书还收集了越南中文史籍《大南实录》中的有关资料。

郑王资料的出版对郑王研究无疑有推动作用。由于辑注者以介绍档案资料为责，其注释不多，可以理解。

当今之世，郑王研究的中文资料寥寥，该书的出版当为关心人士注意。笔者纵观此书，对其中《大南实录》部分注释有不同看法，同时对若干地名做补充注释，试录如后，供同好参考。

一

"丁亥二年春三月，缅甸举兵攻破暹罗，掳疯王与其子召督多，驱其民数万以归。……天赐又恐缅甸乘锐来侵，乃遣属将胜水该队陈大力（原注：陈大定之子），率兵船往戍真奔（原注：地名，暹罗界首），又遣兵巡哨古公、古骨、寅坎诸海岛。"①

段注：丁亥二年即公元 1767 年。

拙以为：

1. 疯王为大城王朝末王厄格达，但他并未为缅人掳去，而是在城破逃难中饿死。

2. 真奔，即暹罗界首的尖竹汶（Chantaburi）。

3. 古公，岛名，柬埔寨境的阁公岛，或古公潭②。

---

* 原载黎道纲译著《郑王研究散论》，第 91—97 页。

① 段立生辑注《泰国吞武里皇郑信中文史料汇编》，泰国华侨崇圣大学中华文化研究丛书，泰国华侨崇圣大学出版社，1999，第 108 页。

② 陈荆和注，宋福玩、杨文殊辑《暹罗国路程集录》，香港中文大学新亚书院研究所，1966，第 42 页。原注地名越南音为"Co Cong Dam"，指 Stung Chai Areng 河口附近之 Kas Kong。

4. 古骨，岛名，为暹罗境今桐艾府（哒叻府）的阁骨岛，或作矶古骨①。

5. 寅坎，岛名，为今阁卡蓝岛（Koh Kram），或作矶古槛②。

二

"己丑四年（段注：即公元 1769 年）春二月，暹王新遣其将丕雅刍仕（原注：官名）奔麻（原注：人名），以兵送真腊伪王匿嫩复国，奔麻兵至炉煴，与匿尊屡战不克，遂戮其民以归。"

段注：刍仕，又写作刍痴，泰语"虎王"的音译，指曼谷王朝一世皇的弟弟。又注奔麻：曼谷王朝一世皇的泰名音译。③

"（辛卯六年，段注：公元 1771 年）冬十月，暹王（段注：指吞武里皇郑信）以召翠投河仙，恐为后患，乃发水步兵二万，以白马盗陈太为向导，围河仙镇，镇兵稀少，撄城力战，飞火牌告急于龙湖营。暹兵据苏州山，以大炮轰击入城，势甚急。直夜，五虎山火药库火发，城中惊扰，暹兵从城后斩关入，放火烧镇营。天赐亲督属兵巷战，移时军民溃败，城遂陷。……暹王乃留陈联守河仙，再率兵直趋真腊。匿尊出奔，暹王立匿嫩为真腊王。于是暹兵据南荣府，有窥藩镇之意。"④

这段史实，陈礼颂译吴迪《暹罗吞武里王朝郑皇本纪》有关章节云："会景迈太守 Apara Kamani 薨于 1769 年，继之统治其地者名曰 Bo Mayu Nguan，渠乃遣军伐宋加禄，以表彰其就新职也。""郑皇遂御驾北征，决意攻陷景迈。""柬埔寨方面之那莱皇……乃乘郑皇有事于景迈之际，发兵寇掠暹境，进袭尖竹汶及哒叻诸城。此番柬埔寨乘暹未备寇侵，致动郑皇废此罪魁之念，而别立亡命在暹之柬埔寨国君之政敌罗摩铁菩提以代之。郑皇于是迅领一军五千人往伐柬埔寨，水师船舶二百艘，随后而至。指顾之间，叠克 Banteay Meas（颂按：暹名 Puttai Mat）、百囊奔（颂按：汉名又称金塔，今金边）、马德望与乎 Boribun 诸城。暹军续向其时柬埔寨京都 Banteay Pech（原注：距百囊奔东北约五里之地）进发。那莱皇逃亡，罗摩铁菩提皇遂被立为柬埔寨之君，臣属暹国。当今王朝（颂按：指曼谷王朝）日后之始祖，于此战役中，已大露锋芒矣。渠新近甫

---

① 《暹罗国路程集录》，第 43 页。原注地名越南音为"Hon Co Cot"，即 Ko Kut。

② 《暹罗国路程集录》，第 47 页。原注地名越南音为"Hon Co Ham"，即 Ko Khram Yai。

③ 段立生辑注《泰国吞武里皇郑信中文史料汇编》，第 110 页。

④ 段立生辑注《泰国吞武里皇郑信中文史料汇编》，第 112 页。

获晋爵昭披耶 Chakri，其弟则晋封为昭披耶 Surasih。"①

拙以为:

1. "暹王新遣其将丕雅刍仕（原注:官名）奔麻（原注:人名）"中，刍仕的对音是"Surasih"，是官名，其全称是昭披耶 Surasih，是曼谷王朝一世皇弟弟的官名，他本名 Boonma，即奔麻。《大南实录》原注说是"人名"，指的是"丕雅刍仕"这位将官的原名。

2. 奔麻不是曼谷王朝一世皇的泰名音译，拉玛一世皇泰名是通仑（Tongduang）。

3. 召翠者，为大城王朝王族昭华阿派王太子昭水，值大城之乱，走河仙依郑天赐，吞武里视为政治上隐患，郑王故出兵河仙。

4. 匿尊，当为柬埔寨之那莱皇。

5. 匿嫩，乃那莱皇之政敌罗摩铁菩提。

<h1 style="text-align:center">三</h1>

"辛丑二年（黎景兴四十二年，段注:公元 1781 年），冬十月，暹罗遣其将质知、刍痴（二兄弟）侵真腊，匿印以事闻。"②

"壬寅三年（段注:公元 1782 年）……会暹罗古落城贼起，郑国英遣丕雅冤产出征。贼首党乃冤产之弟，冤产遂令兵倒戈反攻望阁城，城内人开门纳之。郑国英闻难作逃于佛寺，冤产执而囚之，驰告质知回国。质知得报，……遂连夜引兵回望阁城。将至，暗令人杀郑国英而嫁祸于冤产，暴扬罪恶，责其作乱，锁禁别室，寻杀之，遂胁众而自立为暹罗王，号佛王，封其弟为二王，侄摩勒为三王。"

段注:古落城指泰国旧京都，"落"为泰语"luang"的音译，意为"京都"，指阿瑜陀耶，华人称大城。③

这段历史是这样的④:公元 1781 年，柬埔寨内部有变，郑王派遣皇储昭华公坤因陀罗披达沙为统帅，而昭披耶却克里（通仑）、昭披耶洛坤素旺、昭披耶梭罗室（汶玛，昭丕耶却克里通仑之弟）及郑王侄宫坤罗摩蒲迫沙等次第任副将。

---

① 吴迪:《暹罗吞巫里王朝郑皇本纪》，陈礼颂译，第 107 页。
② 段立生辑注《泰国吞武里皇郑信中文史料汇编》，第 120 页。
③ 段立生辑注《泰国吞武里皇郑信中文史料汇编》，第 121 页。
④ 见吴福元（毕拉·室利察拉莱）《郑王在位之最后一年》，陈毓泰译，《南洋学报》第 2 卷第 3 辑，第 110—112 页。

此时，大城方面有人叛乱，于四月黑分十一日由水路深夜抵吞府，立即向首都进攻，城内有叛党响应。最初，叛党延和尚要郑王出家。郑王接受要求，由摄政团摄政。郑王出家后 12 天，昭披耶却克里（通仑）之侄披耶素里耶阿派（通因），时任柯叻城太守，未获得任何准许，即自柯叻城领军前来。摄政团乃决定由郑王侄公坤阿奴叻沙颂堪对付之。不敌，为叛军所捕。三天后，四月六日，昭披耶却克里（通仑）即回到首都。

另一本书这样记述此事①：公元 1781 年，发生叛乱，先是坤素拉、乃汶纳和拍耶讪的弟弟坤缴在大城夜间抢劫拍耶因陀罗阿派之家。郑王得讯后，派拍耶讪处理此事。拍耶讪投敌，为贼首，于四月黑分十一日由水路深夜攻吞武里。郑王知道后，派高僧去谈判，叛党延和尚要郑王出家，郑王接受要求。叛军攻打披耶素里耶阿派之家。昭披耶梭罗室（汶玛）的妃子组织人抵抗，披耶素里耶阿派回到都城，捉到叛军主谋，并将郑王还俗，禁在军营中。昭披耶却克里（通仑）从柬埔寨前线赶回，不久即将郑王和拍耶讪杀死。

拙以为：

1. 古落城不是大城阿瑜陀耶，是柯叻城（Korat）的对音。《暹罗国路程集录》载："（自马德望）一岐西路，……陆行十日，至古落茫。"原注：古落茫，柯叻。茫，城。②

2. 郑国英是越南史籍对郑王的称呼，根据不明。

3. 丕耶冤产是上书中的拍耶讪。

4. 质知即昭披耶却克里。

5. 二王是昭披耶梭罗室（汶玛），三王摩勒是昭披耶却克里（通仑）之侄披耶素里耶阿派（通因）。

四

越南《大南实录》外国列传暹罗条载："暹罗，古赤土国。一曰暹，一曰罗斛。"

段氏注释"暹"和"罗斛"如下："暹，即指素可泰王朝。"陈大震、吕桂孙《大德南海志》卷七说："暹国管上水，速孤底。"上水很有可能是在素可泰城北部不远的

① 蒙銮素朋·依色拉色那：《吞武里王传》，尼滴班那干出版社，1997，第 103 页。
② 《暹罗国路程集录》，第 28 页。

是塞春那莱城。在泰文古碑里,是赛春那莱和素可泰(速孤底)这两个城市经常同时出现。"罗斛为泰语 Lavo 的音译,其最初的都城在华富里 Lopburi,见于宋元时期的中国载籍。这里所说的罗斛国,指明朝时期的素攀政权 Suphanburi。公元 1349 年,罗斛灭暹,将首都迁往大城(阿瑜陀耶),建立大城王朝。"①

我考证过,暹国是滨海之国,不是素可泰,是素攀;罗斛即 Lopburi。② 公元 1351 年,暹与罗斛合并为暹罗斛国,是素攀王系与华富里罗斛王系的合并。③ 公元 1304 年,陈大震、吕桂孙的《大德南海志》载:"暹国管上水,速孤底。"则速孤底(素可泰)为素攀属国。暹罗斛国成立时,素可泰是著名的立泰王在位。暹罗斛国始王罗摩提波里死后,其子 Ramesuan 王子即位,旋为其舅父素攀王系的 Bromracha Thirat(坤銮帕吾,明实录中的参烈宝毗牙)篡位。④ 坤銮帕吾当权后,累次出兵征讨素可泰,就是以宗主国的名义出兵的。

说"罗斛国,指明朝时期的素攀政权 Suphanburi"是没有根据的。

---

① 段立生辑注《泰国吞武里皇郑信中文史料汇编》,第 123 页。

② 拙著《泰国古代史地丛考》,中华书局,2000,第 170、248 页。

③ Charnvit Kasetsiri, *Ayutthaya : History and Politics*, Toyota Thailand Foundation, 1999, p. 24.

④ 拙作《从〈故都纪年〉看大城王朝初年王位的变动》,《亚太研究》2000 年第 1 期。

1767 年郑王初期的吞武里[*]

提拉瓦·纳·磅碧 撰　黎道纲 译注

前言

1767 年，大城亡于缅甸，若干西方文献有记载，已刊印者至少有三本。

第一本是法国神父团（Mission Estrangeres）的文件。1920 年，劳奈神父（Adrien Launay）曾予选刊，1927 年已泰译，收入《历史文献汇编》第 23 册第 39 编。

第二本是杜宾史料。1770 年，法国史学家弗朗素·杜宾利用前述神父团资料写了《泰国史》。若结合劳奈档案阅读此书，对大城的灭亡及缅军撤后的情况将有更为深入的了解。

第三本是荷兰文献，是亚美尼亚人安东尼·戈亚敦（Antony Goyaton）和阿拉伯人赛义德·阿里（Syed Ali）的谈话。J. J. 博伊斯（J. J. Boeles）于雅加达印尼国家档案馆发现之，并译成英文，刊印于《暹罗学会会刊》（第 51 卷第 1 期，1968 年），其复本见于海牙荷兰国家档案馆。

海牙荷兰国家档案馆尚藏有一份档案，提及 1767 年至 1768 年大城的失陷和"盘谷"（吞武里）社区。此件与前述戈亚敦文件在同一宗卷，档案记载的是与一位华商的对话。此人在 1767 年底到泰国做生意。询问者是"华人甲必丹"，译者以为其是巴城（注：今雅加达）华人头人。

译文（原载荷兰文原文，略）

华人甲必丹问：卓细哥（译音，原文 Tjoseeko），你原来住在哪里？

巴淋邦（Nakoda 号）船主答：住（苏门答腊）巴淋邦城。

问：什么时候离开巴淋邦？

---

[*] 原载黎道纲译著《郑王研究散论》，第 98—103 页。

答：去年（1767 年）八月。

问：何时到达暹罗？

答：十一月。

……

问：谁是那里的头人？

答：华人 Peranakan（马来语，指华人子），名叫 Pie-A-Kat, Se Thee（泰译注：荷属东印度公司记录可能有误，应是"披耶达，姓郑"才对，而不是 Pie-A-Kat）。

问：他年纪有多大？

答：看来约 40 岁。

问：他手下有多少人？

答：三四千人。

问：这些人在哪里？

答：（住）在阿答（Attap）做的屋。

问：你在哪里卖货？

答：在（盘谷）那里。

问：那里有米么？

答：米价很贵。我到（盘谷）时，卖 Gantang 21，1 chang（斤）4 Poeats。现在有几艘船来（贸易），价钱才（降下）为 1 Poeat 1 Gantang（泰译注：1 Gantang 重同一加仑，Poeat 是货币单位）。

……

问：载米的船从哪里来？

答：来自 Kan Kauw 和柬埔寨［Kan Kauw，泰译注：越南南部港口。笔者以为：此港口即莫天赐的本底国，泰人称菩泰玛，越语称茫坎，华侨称港口，今称河仙（Hatian），在越南南部西海岸边境。17 世纪英文地图作 Kan Cao］。

问：米这样贵，老百姓吃什么？

答：椰子肉和香蕉树。此外，逐日捕够吃的鱼。

问：你载了哪些（货）到那里去卖？

答：米，还有其他粮食和 Kleetjes（布或衣）。

问：还有其他货可以卖么？

答：没有，除了吃的和穿的。

问：买东西有没有用钱的？

答：没有（钱），用金器和银器来换。

问：那里的老百姓干些什么（谋生）？

答：他们靠打渔为生。

问：有没有种稻的？

答：还没有。

问：（商人）能平静（安全）做生意么？

答：不能。有一处（叫）Tjasilop，离盘谷（陆行）六日，那里的华人 Peranakan 和盘谷的（华）人打仗，双方都想取胜。他（Tjasilop 的头人）管了好些人（泰译注：Tjasilop 似指彭世洛。问题是：卓细哥可能误以为彭世洛城主是"华侨"，和盘谷、吞武里聚落头人一样）。

问：盘谷的华人（头人）控制的地方有多大？

答：其范围之广陆行走 24 小时才可走一周，才到 Jephok（泰译注：不明所指）。

问：暹罗国王如今何在？

答：已经火化了。

问：当和尚的国王弟弟在哪里？（泰译注：指乌通奔王）

答：被入侵者带了去，没有人知道他是活着还是死了。

问：国王家族还有人在么？

答：还有一个弟弟在，住在 Kalop 山一带（泰译注：指柯叻）。

问：Kalop 离盘谷有多远？

答：（陆行）七日（可到）。

问：那里（Kalop）受到破坏了么？

答：敌人没去到那里，也还没去到 Tjasilop。

问：大船都到哪里去了？

答：（如今）都没有了，给敌人烧了个精光。

问：欧洲移民怎么样了？

答：（欧洲移民）没有留下的。此外，一切都被破坏了。

问：你什么时候回来的？

答：二月间（泰译注：应指 1768 年）。

问：你带了什么（货）来？

答：干鱼。

若干问题诠释

一　文献的背景和原件

荷兰东印度公司（VOC）关注大城的事，对大城王国的命运极为关心，尽管 1765 年底该公司的荷兰人已逃离大城，但 VOC 还在尽量打听泰国的消息，靠的是在东南亚从事贸易的华人网络。这些商人（如卓细哥）往往会转到巴城来做生意，就给 VOC 打听消息提供了方便。

此文献没有日期，不知写于何时，但既然是和 1769 年度 Overgekomen Brieven 档案在一起，或可假定，写于 1768 年年初或年中（至迟是年底）。此文献写于大城陷落后年余。这位巴淋邦华商（卓细哥）在盘谷（吞武里）居停时间是 1767 年十一月至 1768 年初。

二　吞武里社区

有关吞武里社区（文献中称 Bankok 或 Banko），卓细哥说，此社区的人粮食匮乏，盘谷/吞武里一带还没有种稻，米贵。当卓细哥在吞武里做生意时，有从港口和柬埔寨来的船载米来卖，造成吞武里的米价回落。吞武里人需和外国贸易才能活下去，社区的人靠捕鱼为生。所得的鱼晒干后便卖给外商，卓细哥本人离开吞武里前便买了一批干鱼。

这时的吞武里人只要粮食和衣着，说明此时其生活困难，缺乏日常生活必需品。

三　吞武里王

此文献旁证了泰方文献，如文献中卓细哥说，吞武里的领导人名叫 Pie-A-Kat，Se Thee，译者对音为披耶达姓郑，且认为，Kat 中的 K 是 T 之误。泰方资料说，吞武里王之父姓郑，潮州音为 Thee，与卓细哥所云相同。

四　大城王系

卓细哥说，厄格达王已死，且已火化。还说乌通奔王被缅人掳去，没有人知道他活着与否。文献提到另一位王族公摩万提婆匹匹，是厄格达王异母弟。大城失陷后，他自立为王，以披买和柯叻为政治据点。

五 "政治盘踞"

有关政治问题，卓细哥说，初期，披耶达聚众不多（只有三四千人）。披耶达所辖地盘，卓细哥说，24 小时可以走遍。匿提·姚西翁教授分析说，大城陷落后的泰国政治是"盘踞政治"。1767 年底至 1768 年初，披耶达所据的吞武里虽是小聚落，但已是个政治据点，并且正在和 Tjasilop（或是彭世洛）的据点作战。各个据点相去甚远，如 Tjasilop 离吞武里甚远，要陆行 6 日。而 Kalop（柯叻）更远，陆行要 7 日。

或可结论说，本文献是有历史价值的文献，它提到了泰国的政治和经济，以及披耶达兴建吞武里为泰国最有权力的政治据点时期，盘谷社会人们的生活状况。

原载历史学会 1988 年《历史论文集》，1998 年 11 月 19 日译毕

传教士笔下的郑王[*]

卡宗·素帕匿 撰　黎道纲 译

一　"暹罗国王亲自来访我"

笔者指导学生时，常常被问到这样的问题："郑王是否真的疯了？"问的人总希望得到回答说："郑王没有疯，后来的文字之所以那样写是出于政治的需要。"

笔者每次都按所见到的文献回答，并说明这些根据都来自传教士，是他们写给巴黎总部的报告，是 1920 年以后才公开的，已经 150 年以上的历史档案。报告的作者和当时（泰国）国内的政治利益毫不相干，因此可以相信，这些是不存在偏见的材料。这里介绍部分材料的来源及其主要内容。

郑王的举止有些奇特。曼谷王朝拉玛五世评论道："倾向于冒躁，但不是疯癫。"从材料来看，也是如此。在奇特的举止中，也有可爱的地方。戈尔神父在 1770 年 6 月 7 日从曼谷寄往巴黎总部的报告信中写道："今年（1770 年）5 月 25 日，暹罗国王亲自来访我。这是从来没有的事。高官贵族从来不敢到这里来和主教谈话。暹罗国王这次来，看到我们的地方过于狭窄，便命拆去里面的一座亭，挖沟取土填地，并命人把四面无墙的教堂的墙壁砌了起来，还赞扬了洗礼入教的人……"

郑王的举动真是史无前例。大城王朝波隆摩谷王时，别说到外面来让百姓瞻仰圣颜，连民众要当内宫侍卫还得符合几个条件。非昭披耶（公爵级）之子，按当时的法律规定，还不得当内宫侍卫。但是，郑王年纪不到 33 岁，已是披耶甘烹碧（侯王），食邑万户。因为郑王在战争中坚毅勇敢，与众不同，郑王很容易和民众打成一片。

二　1772年里本主教的信

大主教里本到曼谷后，于 1772 年 5 月 1 日写了一份报告回巴黎，内容如下：

---

[*] 泰文版原载于佛历二五〇五年十月号《朱拉协会》刊物，译文原载农历丁卯年正月廿七日曼谷《新中原报》"黄金地"版，又载黎道纲译著《郑王研究散论》，第 111—119 页。

"我于去年5月22日来到泰国……有两艘船接我们到曼谷。昭达王(郑王)在这里建了新都……5月29日,上谕传见……按这里的规矩,赐吃槟榔和赐予布匹、银。上又传旨,原赐予教徒居住的地区一侧再增赐土地……

"4月2日,又传旨入宫觐见。这次还传旨重要的僧人和华僧一同入宫。那天全国欢欣,是泰国的新年。国王十分高兴,走下来和我们一道坐在普通席子上……

"大家都称呼昭达王为国王,但是拍昭达自称'只是京都的看护人罢了'。王不畏疲劳,勇敢和聪明机智,有拿得起放得下的果断性格,是一个勇敢的军人。登极以来,曾举兵征讨柯叻,柿武里(吉打)亦已臣服于王……此时已令先锋部队去高棉等待主军,先锋部队有1.5万人或2万人。已令种田,以期在三四个月内有足够的军粮……"

信的末尾写道:"拍昭达命征用教徒从事比他人更多的劳役。在种种劳役中,有修缮佛寺和许多与佛教仪式有关的事……于是我把教徒都叫了回来,教徒们当着监工官员的面放弃了工作……我们愿意为国王牺牲生命,但要对我们的宗教无损害。对于上帝有碍的事,宁愿牺牲一千人,也胜过去干那种事。"

主教把教徒找回,不愿遵照上谕办事。令人诧异的是,他们并没有受到任何处罚。

三 1775年里本的信

里本主教在之后的几年里仍旧不断地写报告给巴黎。1775年3月26日,在曼谷的第四年,他写了一份报告,其中写道:"过去两三天里,国王召见僧侣、外国传教士和伊斯兰教徒,辩论宗教问题……王听见天主教徒和伊斯兰教徒说杀生不造孽很是不满,第二天一早便发布上谕……"即禁止泰人和孟人信仰洗礼教(天主教)和伊斯兰教,不论介绍人和信奉天主教及伊斯兰教的泰人、孟人,违反者死罪。裂痕发生了。此时刚好发生了缅甸之战,阻止了事态进一步恶化。主教里本在报告结尾写道:"我们宁可死,也不放弃完成我们的重要任务。"

四 里本一行六人入狱受刑

主教之所以被捕入狱,是因为圣水誓忠仪式。天主教的主教认为,教徒去佛寺参加婆罗门教和僧人主持的共饮圣水仪式是违反天主教教规的。于是他下令教徒不得参加此仪式,只允许教徒到教堂去,向国王宣誓,表示忠诚,主教本人也在场。郑王得悉此事后,便下令把天主教徒官员三人下狱。1775年9月25日,又拘捕里本主教和两位神父，押去见郑王。

在报告中，主教写道："国王十分生气，大声说要给予我们刑罚。即刻有两位职官持绳索和藤条来，把我们六人抓住，脱去长袍、衬衣和内衣，脱的光光的，把手和脚分别绑在两根柱子之间，职官先用藤条抽打三位教徒官员，每人50下。那天我和两位神父得以幸免，只是被绑在柱子上，大惊一场……我听到藤条声和被鞭打者的哀叫声，我想，我们六人可能同时挨打……后来职官替我们松绑押我们回牢房时，我禁不住哭了，伤心，国王竟没有给予我刑罚……"

五　1776年郑王御驾出征

里本主教实在用不着伤心，第二日职官又将这一干人照旧绑在柱子上，这回可真的对他动手了。里本主教记载道："当我知道职官要赶我去鞭打时，我便昏了过去。"这次挨鞭打没有说明挨了几下，但是第二回在御前鞭打时，他记载了，是一百下，并写道："打满一百下后，背部皮开肉绽，浑身是血，职官押我们进普通牢房，把五种刑具统统用上，即脚镣、双脚加木铐、颈上加锁链、木枷加锁套在脖子上、双手上枷、手上还有木手铐。这样的关禁法对背脊伤口复原不利，过了两个月，背部的伤口尚未痊愈。"

这份报告是里本主教在牢中写的，很长，其中提到，拍昭达在会议中对大臣们说："主教和那些神父猖狂之极，至今还不肯道歉认罪。"又说：1776年1月15日，郑王亲自率军出征。神父自头一年9月到今年7月，已关了10个月之久，职官才解除头枷，去掉手铐和脚铐、脚镣，但颈部锁链没有除去，8月除去颈部锁链，再提去审讯。这次主教仍持原议，不许教徒参加圣水誓忠仪式，职官又把他们关牢如旧。按最重的刑法，用齐了各种刑具，直到1776年9月2日才放他们出来，不用具保。

里本主教被囚禁近一年，又在御前被鞭打一百下，年纪可能已大，受了重刑，牢中食物又不好，在接着的一份报告里（11月，未署日期），他写道："我们已刑满出来三个月了，可是我浑身无力，像个残废，什么事也干不了，连静静地坐上个把小时也不行。写这封信歇了好几回才写得下去。这封信大概是我的最后一封信了。"

看来，这封信确实是他最后的报告。虽然他还有一些信给友人，但之后寄到巴黎的报告是由其他神父执笔了。后来被任命为继任主教的戈第神父报告说，他和里本主教同时入狱，但一直未被释放，直到1778年9月1日刑满三年后才被释放出来。里本主教比别人先出狱，可能是年纪大生病了，以免死在狱中。

六　1779年戈第神父的信

戈第神父在 1779 年 6 月 15 日的报告中写道："当我们出狱三个星期后，拍昭达令我们入宫觐见，那时主教生病不能去，我们只去了两个人……"

这时期，郑王的举止确乎奇特。"拍昭达表示，王宠爱我们，王走了下来，坐在比我们低的地方，叫了茶来给我们喝。这是从来没有过的事。王从来不赐茶给任何大臣……之后，我们又晋见拍昭达数次，每次晋见，王都向我们表示友好……王常说，王已可以腾云驾雾了。我们回答说，这是不可能的事。我们老是这么说，王表示厌烦，不愿意听我们说了，因此未获召见已一年矣……"

七　里本说郑王精神恍惚

戈第神父在报告中提到的内容，在里本主教写给澳门友人的信中也提到"拍昭达精神恍惚"，因此王才说要做佛祖。这一点有上谕曰：王欲为佛祖。故有人称王为佛祖。任何人都不会去做违反上谕的事。起初，王想要能够腾空。为了能够腾空，王在佛寺里和宫廷里举行种种仪式，为期两年（里本主教的信写于 1778 年 5 月 12 日）。因此，此时不应再把拍昭达看作世间凡人。如果谁去阻挠或在王举行仪式（译者注：即坐禅）时去晋见，那人必定遭殃。

以上是里本主教和继任为主教的戈第神父的文件中的内容。

八　驱逐神父出境

在里本主教的记载中，提到了与郑王关系的一次大破裂。有一次，是个大庆典或重要仪式，连续进行三日，但天主教徒连一个人也没有参加。郑王极为愤怒，待到 1779 年 7 月底给王族和官员发放年金的时候，军官、士兵都入宫领年俸。拍昭达谕："发年金给（天主）教徒有何用？我们的种种仪式，这些人连一次也不肯帮助……"于是圣谕道："要是主教和神父还在，不必给教徒发年金。"并下令准备把主教和神父驱逐出境，候船逐往巴达维亚（今雅加达）。

郑王生气了没有多久。8 月，谕令大王子给信奉天主教的军人发放年金。"而驱逐主教和神父出境一事，看来亦太迟了"，这是里本主教的记载。

戈第神父给巴黎的报告却是另一种说法:"我们在泰国住得很舒适,直到1779年7月,这中间拍昭达有时生我们的气,或长或短,不久气又消了。拍昭达未召见我们已有一年了,在此期间,王或诵经,或绝食,或斋戒祈祷,以求能够腾云驾雾……僧人进言说,要是我们还逗留在王国境内,王决不能腾云驾雾……1779年11月1日,暹罗国王谕令,昭披耶拍康(负责外事的官员)通知我们离境……我们于12月1日夜间下船离开泰国,前往马六甲。"

里本主教1771年来到吞武里,1779年底乘船离境,接着回欧洲,"因为再也没有忍受这种疲劳的精力了"。

和里本主教一道被鞭打和监禁的戈第神父和迦纳神父去了印度,后来又伺机回到普吉。

九 "倾向于冒躁,但不是疯癫"

换了新王朝以后,有上谕准许被郑王驱逐出境的主教和神父回泰国。此时,戈第神父已升为主教,便来到京都。1782年4月26日戈第在信中写道:"我又回到泰国来了……除泰国以外,我不愿意到别的地方去……我愿意死在这片国土上……"(迦纳神父被任命为槟榔屿主教)戈第主教晋见了拉玛一世,被允许自由传教。他于1773年11月29日来到吞武里,1779年被逐出境。新王朝初回到京都,1785年1月8日死于打瓜童县(攀牙府境)。迦纳神父继任为主教,1811年3月4日死于尖竹汶城。

对于吞武里王的整个历史时期,公摩銮纳林他威的回忆录中有一段扼要的评述。作者写道:"在本朝初年,承王恩安居乐业。到末年,根干受熬煎而倒毙,所有恩泽已尽矣!"

拉玛五世评曰:"旧词语好,说得凄切委婉,又充满敬意。"提到拍昭达时说:"倾向于冒躁,但不是疯癫。"

上述种种材料来自法文本《暹罗传教史》,1920年印于巴黎,收集了1662年到1811年的文献,共三册,编者为罗奈神父。泰文译本于佛历二四六九年至二四七〇年(1926—1927年)问世,其中省略了好几段。

这些文献都是当年天主教传教士向巴黎总部所写报告的集合,都与泰国历史有关,前后计约149年,其中许多秘密为泰国编年史书所不载,如那莱王时期权臣服尔康的事和郑王的事。这些文献直到1920年才由罗奈神父编辑公开。

可惜译成泰文时删节了许多段落,使人无法见到全貌。

从郑王向清廷借款故事谈起[*]

黎道纲

去年 10 月，《泰叻报》刊载了一篇文章，讲了郑王的故事。黄勋先生后来译成泰文，登在《新中原报》"新半岛"版（1 月 31 日），题目是《唐人仔爱国历史故事》。

应该指出的是，郑王的出身、功绩及后来的遭遇，可歌可泣，令人神伤。在郑王逝世至拉玛四世登基半个多世纪里，由于国内政治气氛萧索，有关郑王的史实多已湮灭。

后来，英帝国主义在亚洲加强殖民，在对中国进行鸦片战争后，其侵略矛头指向暹罗。面对殖民主义的虎视眈眈，拉玛四世用英文写了一本小册子《暹罗国简史》，用了大量篇幅颂扬郑王抗缅复国的历史功勋。^①

拉玛四世的这篇文章，实际上是替郑王平反。拉玛四世除歌颂郑王复国的英雄行为外，还客观地指出了吞武里王朝覆灭的原因，是因为"大城时期的好些旧官僚并没有真心实意地投靠郑王，他们一心投向做哥哥的统帅（指后来的拉玛一世）。更有甚者，他们对郑王有华人血统有偏见"。

自此以后，坊间出现了许多伪造历史的书籍，其中最流行的是《祖先的伟绩》，说郑王是昭披耶节基的养子，入宫当过御林军，小时候和拉玛一世、汶纳一起在佛寺当小沙弥等，又说郑王神经不正常什么的。

近 50 年，又出现了一些新造故事。本文开头提到《泰叻报》登的故事，就是这种故事。

清迈大学匿惕·姚西翁的《吞武里王时期的泰国政治》一书，根据拉玛四世的观点，全面深入地探讨了郑王的历史。这本书是一部杰出的、高水平的历史著作，是郑王研究中，在吴福元之后，罕见的优秀著作。

此书第四章注释九提及这则故事如下：有一则叙及吞武里王晚年的历史故事，如今十分流行。故事说，吞武里王为了保家卫国，抵抗外侵，向中国清廷借款，数目极大。后来没法还债，而清廷索讨不已，要占泰国便宜，乃至要纳为属国。为了挽救国家，郑王和挚友（指后来的拉玛一世）密谋，然后装疯，让挚友夺权，拉玛一世只好为国背

---

* 原载黎道纲译著《郑王研究散论》，第 160—162 页。

① 译文见泰中学会 1995 年《泰中学刊》

友，夺了郑王的政权，甚至明言已弑郑王。实则找了容貌相似者为替身，暗中把郑王送往洛坤，以终天年。

匿惕指出，这则故事对历史事实，对当年的国际交往历史和政治的无知，十分明显，实在没有必要去详谈。但要指明的是，这则故事源自约 40 年前一女尼坐禅所见。

这则故事之所以流行不断，是有一定政治背景的，其中奥秘不说也罢。

笔者以为，郑王的故事是应该研究和传播的。但市上假货太多，实在要当心。以笔者所见，讲得合乎历史的，60 多年前有吴福元（卑拉·室利察拉莱）所著有关郑王历史的多部著作和今人匿惕·姚西翁的著作，尤其是后者，如今再版了四次，是每个关心郑王历史的人应该阅读，并以为根据的，其他的著作多有错误。

写在前面*

黎道纲

在泰国的读书圈里，最为人乐道的就是有关郑王的话题了。应该说，打自 1970 年代以来，有关郑王的书籍层出不穷，总有市场。随着时代的进步，历史窗口逐步扩大，郑王研究确实取得了很大的进步。对于早期流传的许多说法，尤其是关于郑王早年和晚年的说法，可以说有了很大的变化。

我对郑王事迹的探索是以充满尊敬和赞赏的心情开始的。可以说，在我一开始阅读和研究泰国历史时，就注意到郑王的课题。最初阶段，我较多注意他的身世和家族，对他的后裔做过较为详细的追查。随着阅读的不断深入，我发现，流行的郑王早年历史及他晚年遭遇的说法，由于历史的原因，十分模糊。

陈毓泰曾写道：关于郑王努力光复暹罗，而至被杀为止，其中有不宣不确和"莫须有"的传说，甚至子子孙孙的无辜受罪诸情事，混乱如麻，整理非易。就是郑王的身世，亦是千头万绪，莫衷一是。

曼谷王朝初年，由于政治气候严峻，改朝换代之初，郑王和忠于他的几十名高官和将军，因不愿当贰臣，都被诛杀了。新王朝建立后的前 70 年，在政治的高压下，这批人的后裔都小心翼翼，低调做人，生怕惹来杀身之祸。因此，关于吞武里王和其开国元勋的历史，没有只言片语留下来，给后来想了解这段历史的人造成巨大的困难。

那个时代，除了在政治上进行清洗，在舆论上新王朝还统一口径，用最难听的言辞咒骂郑王，直到拉玛四世时期才有所改变。

我们知道，拉玛四世登基前，中英两国发生了鸦片战争，中国被英国炮舰打败了，割让香港岛给英国。1851 年拉玛四世登基后向清廷进贡，进贡团回程时在河南被劫，进贡团在香港会见了那时的香港总督鲍林。不久之后，这位鲍林就乘军舰到暹罗来，他的军舰一直开到王家田一带的湄南河上。他和拉玛四世谈判，签订了"鲍林条约"，暹罗从此不再向清廷进贡，被迫门户开放。就在这些日子里，拉玛四世用英文写了一本小

---

* 本文为黎道纲译著《郑王研究散论》自序。

册子《暹罗国简史》献给鲍林，这本书后来被收入鲍林文集。

《暹罗国简史》写道："首先在曼谷称雄的国王是位杰出的华裔，名叫拍耶达，华名叫郑信达，TIA SIN TAT 或 TUAT。他出生在暹罗北部的班达村，在北纬 16 度，出生日期是 1734 年（佛历二二七七年）3 月。大城失陷时，他 33 岁。他曾任勐达城副，后来当了其家乡的城主，被授予拍耶达的爵衔，这个爵衔至今为人所熟悉。"①

这本《暹罗国简史》后来刊载于 1891 年 7 月的 *The Chinese Repository* 杂志。

拉玛四世除歌颂郑王复国的英雄行为外，还客观地指出了吞武里王朝覆灭的原因，是因为"大城时期的好些旧官僚并没有真心实意地投靠郑王，他们一心投向做哥哥的统帅（指后来的拉玛一世）。更有甚者，他们对郑王有华人血统有偏见"。

应该指出的是，拉玛四世这本书的撰写年代甚早，比《祖先的伟绩》还要早。据匿惕·姚西翁的研究，《祖先的伟绩》是拉玛四世或五世时期的人撰写的。

我以为，由于拉玛四世给郑王平了反，并且对郑王做出了高度评价，才会出现《祖先的伟绩》这样的作品，此作品的目的是讲好吞武里王朝转变为新王朝的故事。而《祖先的伟绩》的作者出于局限，并未能用正确的观点和科学的手法撰写这本书，反而是采用和稀泥的杜撰，以填补其间的鸿沟。

尽管早在 19 世纪中叶，拉玛四世已经对郑王做出了新的正面的评价，但郑王的历史地位并没有得到平反，相反，负面的形象，尤其是晚年精神失常说和对僧侣不敬说，更为流行。类似的著作后来还可以见到，如出现郑王并未被诛，而是在洛坤一山洞出家修行，当年死的是替身的说法；数十年前还出现一本书，说郑王向清朝借债，无法偿还，只好以假死逃债。

到了 1930 年代，出现了一位杰出的历史学家，华名叫吴福元，海南后裔，泰名乃卑拉·室利察拉莱，生于 1898 年。他任职艺术厅文学局时，深入研究郑王的历史，终于弄清楚历史真相，恢复了郑王的高大形象。他的功劳不可磨灭。

他的主要著作收入《郑王史料汇编》，这是对郑王历史研究最权威的考证著述。直到今日，仍然具有重要的参考价值。后人可以和他媲美的，只有匿惕·姚西翁一人，匿惕的《吞武里王时期的泰国政治》一书是新形势下深入研究郑王的优秀论著。这本书 600 多页，艺术与文化出版社于 1986 年出版，到 2004 年已经第 7 版了。

1940 年，陈毓泰把《郑王史料汇编》中的许多文章译成中文，刊印在新加坡的

---

① 中译本见泰国泰中学会出版的《泰中学刊》1995 年第 2 期。

《南洋学报》和曼谷的《暹罗研究》《中原月刊》上，诸如《昭披耶宋加绿传》《郑王史辨》《郑王在位之最后一年》《郑王入贡中国考》《纪念郑王》等。陈毓泰还撰写了《郑王的童年》《郑王史文籍的介绍》《郑王的战斗经历》等。陈毓泰是华文读书界郑王研究的重要人物。

据陈棠花说，陈毓泰有意把有关郑王的研究文章结集出版，可惜因病去世，未能如愿。至今这些文章仍散落在故旧杂志中，诚是憾事。陈棠花后来虽然也写了许多有关郑王的文字，只是介绍文字居多，就不一一列举。

说到陈棠花，他早年回祖国读书，在梅县光远小学毕业，算是我的学长，虽然我们相差整整一辈人。光远小学至今仍是梅州的优秀小学。

由于对郑王历史资料的甄别是一个巨大的工程，我自觉没有足够的精力与能力去完成这项任务，因此只能做一些力所能及的工作。读者从本书的内容就可以发现，这里吸取了许多前人的研究成果，尤其是《郑王的早年历史》这一篇，就是直接取材自匿惕·姚西翁的著作；有的则是译文，如《1767 年郑王初期的吞武里》；有的是读书笔记，如《1766—1769 年中缅战争和郑王复国》；有的是利用泰文资料对吞武里时期有关情况的介绍；有的是我个人的研究心得，如《郑王像真伪的争论》《郑王故宫越南钟考》《〈大南实录〉注释讨论》等。

由于内容的来源庞杂，有的内容或显得重复，或显得琐碎，寄望读者理解。

在深入思考后，我对在郑王研究中至今仍流行的说法想提出自己的不同意见。原来想深入研究后系统阐述自己的想法，考虑到自己的年龄和精力，生怕来不及细说，只好在这里把我的想法略加叙述，供关心此事的朋友参考。

1956 年曾建屏写了一本《泰国华侨经济》，由台北"侨务委员会"出版，引用的人很多。他在书中写道："据笔者个人的考察十八世纪末华侨之大批移入泰国，并且以潮州人占多数的最大原因，当以潮州华侨郑海丰的儿子郑昭，能于 1767 年打败缅人，并建都于曼谷对面之吞武里一事，为最重要的关键。"

意思是，郑王当了国王，潮人于是欢天喜地蜂拥而至。

美国的施坚雅 1957 年在其名著《泰国华人社会：历史的分析》一书中写道，1770 年，杜宾（Turpin）根据他在达信统治初年目睹的情况写道："华人，从其商业规模及其所享受的特权来看，可说是人数最多和最为繁荣的一个民族。"达信统治后最先访问暹罗的欧洲人之一克罗福（John Crawfold）则写道："达信的同乡们是在他大力鼓励下才这么大批地被吸引到暹罗来定居的。华人人口的这一异常扩张，几乎可以说是该王国数百年中所发生的唯一重大变化。"有的人甚至说："潮州人在他统治时期是被称为

'皇家华人'的。"①

　　请注意，1770 年到过暹罗的杜宾只是说，华人在当时是人数最多和最为繁荣的一个民族。他没有明指是潮人。

　　而克罗福的这份报告写于 1823 年，距离吞武里王朝灭亡已经 40 年。这 40 年里，潮汕地区的情况如何，泰国新王朝的情况如何，其新政策如何，这些因素是否对潮人南下移民有影响，造成潮人移民人数剧增，怎么能得出"达信的同乡们是在他大力鼓励下才这么大批地被吸引到暹罗来定居的"？

　　至于洛迈（Adrien Laumay）引用 1769 年 11 月 1 日科雷（M. Corre）致马六甲财政官信件中"潮州人在他统治时期是被称为'皇家华人'的"，这个说法是有必要认真讨论的。

　　郑王在复国过程中，依靠了华侨的力量，尤其是泰国东部尖竹汶华人的力量；他的军队中有若干华人将领，这些都是有根据的事实。

　　但我们知道，郑王复国后，连年南征北战，先是收复彭世洛和柯叻，远征清迈，西拒缅军，后南下洛坤、东平尖竹汶、战柬埔寨。在华人看来，当时的暹罗实是乱国，何况郑王建国初年国内十分困难。本书所收《1767 年郑王初期的吞武里》一文就记载了当时人所述，社区的粮食匮乏，盘谷、吞武里一带还不能种稻，米贵，吞武里人需和外国贸易才能活下去，社区的人靠捕鱼为生，所得的鱼晒干后便卖给外商。这时的吞武里人只要粮食和衣着，说明此时其生活困难，缺乏日常生活必需品。

　　曼谷王朝《拉玛一世编年史》中也记载："（建都初期）那时，没有人种田，粮食缺匮，帆船大米每桶或三铢，或四铢，或五铢。"

　　另一个事实是，大城王朝末年，在暹罗的华侨以福建人为主，如黄道、吴让、林氏皆律家族、许泗璋、苏恒泰（苏天雷）家族、漳州海澄郑氏、高元盛、刘文魁皆是。三聘建立初期，是各方言华侨都有的华人社会。而潮州人稍具规模的南来，是 19 世纪初的事，尤其是在 1860 年汕头开埠以后。

　　而中国乾隆年间，国内并未贫困到大举移民的境地。因此，我对郑王时期的"潮州人在他统治时期是被称为'皇家华人'的"并不以为有何实际意义。有人以此证明从郑王时期起，潮人便大举入暹，是想当然、缺乏根据的说法。

　　这里还要提一下有关郑王画像的问题。

　　2005 年，洪林和我到汕头去参加第二届侨批研讨会，汕头市潮汕历史文化研究中

---

① 见施坚雅《泰国华人社会：历史的分析》，许华等译，厦门大学出版社，2019。

心的负责人王炜中告诉我，中心最近出版了一本书——《达信大帝》。我翻看后要求他们不要发行，原因是这本书的内容显得古旧落后，而且书中所用的所谓"郑昭达信大帝"画像虽然英俊可爱，坊间到处可见，但经内行证实，这不是郑王的画像。这幅画像的主人另有其人。这幅画像从出现到有人指证是他人画像的全过程，我都即时追踪和研究过，并记录在本书有关文章里。

泰国学者的郑王研究已经有了很大的进步，可我们还把 1930 年代的材料加以传播，实在是不应该的事。

要郑重说的是，中国崛起了，中国学者的著作为国际尊重，常常为他人引用，我们要对自己的作品负责。我们没有认真研究，只是利用别人的陈旧材料重新著书出版，是不严肃的事。外国人引用时，说是中国人说的，一定可靠，其实我们是抄来的，其祸害无穷。

泰国的史籍，最古老又较可靠的是銮巴塞本《故都纪年》。这册书是大城朝那莱王 1680 年命钦天监依王室保存的档案编纂而成，1907 年才被銮巴塞发现并得以印行。这个本子据考证还是大城朝末年或曼谷朝初年的一个抄本，内容叙述自 1324 年始。有的学者对其准确性存有异议。

因此，凡所谓暹罗史的记载，若是早于此书者，则大半非信史。如说暹罗史记载，泰国曾于元代两度遣使朝贡中国，其实这是根据《元史》的译文来的，不是泰国原产，而且译文不准确，何况《元史》并没有暹使从中国带回陶工的记载。因此，说暹使带陶工来暹是无根据的。

我之所以阻止汕头发行《达信大帝》此书，用心如斯。只是他们后来是否发行，我不得而知。

在中华民族崛起的日子里，郑王大帝的丰功伟绩至今尚未得到正确的、全面的宣传，这是我感到十分遗憾的事。

这本书之所以名为"散论"，是因为撰写时，或应报纸排版要求，长短不一，或应研究辩论之争，长篇大论，因此，内容庞杂无序，重重复复，有取材编写的，有翻译的，有自己的读书心得，有澄清历史而摆事实讲道理的。之所以要编辑如此内容成册，就是觉得不舍。尤其是泰国郑王研究已进入新时代的今天，华文读书界尚停留在 1930 年代，是叫人深感痛心的。如今我已没有足够的精力去介绍郑王研究的新成就，尤其是匿惕教授的名著，只能把这一点心得收在这里，算是抛砖引玉。

有巴拉民·雀通者，对郑王研究也十分用功。他还收集了有关郑王个人历史和晚年是否精神失常的研究文章，编辑了《郑王之谜》一书，于 2012 年出版。

　　我真希望在不久的将来，吴福元、陈毓泰、匿惕等人有关郑王研究的文字能够汇集为中文，结集出版，让我们能全面、正确地认识这位泰国伟大的英雄人物，既可以慰藉久逝的英灵，又可以还历史一个公道，为促进中泰两国人民伟大的传统友谊做出贡献。

黎道纲

2020 年 4 月 10 日于曼谷逸园

郑王史辩[*]

吴福元 撰　陈毓泰 译

> 有人出示金箔，言系纯黄金。细察其成分，颇杂。其中虽含有纯黄金，但亦不能就此认为纯黄金箔。有意毁坏纯金质者，其行为直等于盗掠吾人应得之财物！
>
> 五世皇御著《十二个月国典》第 175 页

在佛历二三一〇年尚未实行浴血争取民族自主权以前，泰族确已陷于最严重的局面下了，原因有多项，不外如下所列：

（一）执政人员不能合作，互相攻评倾轧。[①]

（二）法典失却效力。盖握实权者犹豫因循，任性行事，不能切实执行条文的规定。有时犯重罪者，可免受刑罚。[②]

（三）军事采放任主义，因此军人缺乏作战精神。虽有武器，亦不能纯熟应用。对军人所应尽的天职，更缺乏导引，或启示、或鼓励，国军的实质全行消失完尽。[③]

由于泰族先祖的勇武，以骨骼填积，以血肉涂抹，因而组成了坚强而广袤的国土，也就逐渐中落，愈形狭小。到了佛历二三〇七年，泰国土仅存下：北部抵猛涌（Muang Thon）、猛喃邦（Muang Lampang）；东北部仅达猛柯叨（Muang Nagor Rajsima）；东部则包括全部吉蔑族所集居的柬埔寨（Kambuja）；东南部达蒲泰目（Buddhaimac）；南部抵柿武里（Saipuri）；西部包有猛陀威耶（M. Daway）、猛丹老（M. Marit）、猛顿逊（M. Tanau Cri）。

---

[*]　原载《南洋学报》第 2 卷第 1 辑，1940 年，第 34 页。

① 作者注：《室利阿瑜陀耶史》有不少实例。

② 译者注：参阅《史乘汇编》第 39 集，第 22 页。《史乘汇编》为泰国现有最重要的史籍文献；但编制缺乏系统，内容颇芜杂，查阅费力。经已次第印行问世的，依目前所知者，前后共有 72 集。因大多属于丧家分赠执绋者的纪念品，搜罗非易，虽出重价亦难获得。

③ 译者注：参阅《銮武隆颂越记忆录》第 2 版，第 87 页。《銮武隆颂越记忆录》（Cotmayhetu Luang Utom Sombati）亦系一册重要史籍，记录泰南部北大年太守叛变，泰军征北大年、柿武里，以及泰国承认槟榔屿为英租借地的事件，颇具价值。

迨佛历二三一〇年公历 4 月 7 日（即小历一一二九年五月上弦初九日星期二），缅军攻陷了室利阿瑜陀耶都城（Krung Cri Ayudhaya）。泰族失了国土、主权，遭受缅军抢掠财物，搜掳人民，被缅军带去的泰族人何止数万人！事后缅军分一部分军力驻扎于室利阿瑜陀耶都城，实力约有三千名，委苏记［Suki，惟泰方称拍那功（Phra Nay Kong）］统率，这等于属国的藩王，从中向泰族人勒索税款，以贡缅王！

缅军虽未征服全泰国土，但苏记（拍那功）所采用的策略，则放任泰族自相残杀，候彼此势力削弱后，始行统一局面。①

苏记（拍那功）所采用的缜密策略，大致如下：

（一）凡实力不强的太守们，苏记即派员招降，并令备金银花进贡，无须采用军力。②

（二）凡属前卫城，或是大城市的缓冲城镇，苏记则遴选诚意投顺的泰人，委为太守，并领有统治的绝对实权，甚或封为属国藩王的也有，如吞武里藩王乃通因（Nai Dongin），负责防护海湾方面的安全。他如华富里，亦要封有藩王，负责截堵彭世洛军的南下，倘能直接进攻彭世洛，则更妙！

（三）凡仍领有强大实力的城市，苏记则采放任主义，希望各族城市的太守拓展势力，攻略邻城，引起泰人与泰人间的战争，从而毁灭另一方，或两者俱伤。例如彭世洛太守的宣布独立，然后出兵征砂汪卡武里（M. Savanggapuri），但苏记始终不加干涉。这表示出苏记企图在两方的势力削弱，始予以收拾残局。

在此时期的泰族，成了俘虏、奴隶。此外还有好几个部落的泰族，仍在相互残杀，自削实力，为时不下七个月。在此期间，幸而出现了颂绿拍昭德信大王③，当时只领有金刚城太守（Phraya Kambengbejr）官衔，从中募集东部的战士们，结聚于尖竹汶（Candapuri），仅费了三个月的时间，赶选④了轻快战船几达百艘，编成大队水军，委銮披猜拉查（Luang Bijaya Raja，后官至昭披耶宋加绿，为汶隆、拍兰功、甲里越姓族的

---

① 译者注：参阅《山支迪耶汪砂》，第 416 页。《山支迪耶汪砂》（Sanggitiyavongca）亦为泰史珍籍之一。拙译《速古台考》（载泰京《中原报》副刊《泰国研究》第 101 期）可供参考。

② 译者注：参阅《泰史大全》第 65 集，第 10 页。《史乘汇编》第 65 卷，即是吥陀纳哥盛朝（却克里皇朝）一世皇时代所编纂的《吞武里朝史》。原作者以此书为叙述的张本，并参照其他要籍。此段所提示的招降，就是缅军主将派万拉蒙代理太守乃汶猛带牒文赴尖竹汶的史实。

　　编者按：此译者注中先后出现《泰史大全》《史乘汇编》二书名，揆其文意，当系同书异译。

③ 译者注：颂绿拍昭德信大王（Somtec Phra Cao Tak Sin Maharaj），即俗称的"吞武里王"，依我国史籍所载则称"郑昭"，泰国内华侨通称为"郑王"，具有华人血统。为利便叙述起见，下文将通称"郑王"。

④ 编者按："赶选"疑为"赶造"讹。

始祖）为前锋指挥，于十二月①下午开拔，闪电般地直冲入昭披耶河②口，势如破竹，旋进迫都城③。约在天亮时分，即行进攻三株菩提树区（Tam-pol Bo Sam Ton）的缅甸守军。作战结果，同日下午苏记（拍那功）俯首投诚!④

由此时起，泰族精神被恢复了，这就是郑王对光复国土所下的努力的收获。泰族得苏生，不再受他支配了！

经不断地继续向各方求合作，或实行以兵力镇压，因此中部、东部及东北部皆相继平服。居民亦逐渐得享幸福，安居乐业。对于各前卫线的守卫，咸驻以重兵，从而维护地方的安全。迨国家的基础渐形牢固后，文武人员，包括佛门中人以及民众，为表示铭感金刚城太守领军光复国土，恢复国家秩序的伟大勋劳起见，乃一致拥立金刚城太守为国君。盖当时室利阿瑜陀耶王朝系已中断，无人可继承王位，如不另立国君，则国将不国了。

郑王系于小历一一三○年一月下弦初四火曜日，或佛历二三一一子年第十旬正式接受王位，并举行加冕大典。⑤ 所以佛历二三一一子年，系泰族重见天日的首年。由佛历二三一一子年起，截至今年（佛历二四八二卯年）为止，泰国维护其独立主权已达一百七十二年了。

郑王在位时，为泰族所拓展的疆土，实较室利阿瑜陀耶朝末叶所遗下的版图还要来得广袤几达一倍。郑王时代的疆土范围如下：

北部：包括全部百万稻田国而达十二版纳尧。⑥

东北部：起自柯叻而达湄公河左岸流域全部。明言之，即包括洛坤占婆塞、洛坤万象、猛潘、洛坤銮帕邦、六王侯地、十二点泰，而抵现属中国的云南省边疆。⑦

---

① 编者按：此处脱日期。

② 译者注：通称湄南河，实误。

③ 译者注：即室利阿瑜陀耶都城。

④ 作者注：苏记并未有战死，参阅《史乘汇编》第65集，第20页；《星相录》，第9页；《山支迪耶汪砂》，第420页。

⑤ 译者注：参阅郑王部下虎将《昭披耶宋加绿传》附注十。此处所提及的《昭披耶宋加绿传》系原作者的处女作，首先刊登于泰国艺术厅所出版的《艺术》二月刊。其后经原作者修改，印成单行本问世，现已再版。译者尝征得原作者的同意，根据原作者亲自增修的草稿选译成华文，刊登于本学报第1卷第2期，可供参考。

⑥ 译者注：室利阿瑜陀耶朝末叶仅达猛涌及猛喃邦地界，适在景迈之下。百万稻田国（Lannathai），迨叻陀纳哥盛朝（即现却克里皇系）五世皇时代于佛历二四三二年次第失去百万稻田部的边城，计有猛坑（M. Hang）、猛塞（M. Sat）、猛苗（M. Miau）等城镇。见《泰失地十五次》。

⑦ 译者注：室利阿瑜陀耶朝末叶仅达柯叻城而已。迨叻陀纳哥盛朝三世皇时代，于佛历二三七一年失去猛潘（M. Phuan）。五世皇时代，复于佛历二四三○年失去十二点泰（Sip Song Cu Thai）及六王侯地（Hua Phan Thang Hok）；于佛历二四三六年失去洛坤銮帕邦（Nago Luang Pharabang）及洛坤万象（Nagor Wiang Candra）；更于佛历二四四六年失去洛坤占婆塞（Nagor Campacakti）。见《泰失地十五次》。

编者按：译者注末以括号夹注"见同书"，兹据上注径改为"见《泰失地十五次》"，下同。

东部：包括柬埔寨全部。①

东南部：包括蒲泰目全部。②

南部：包括丁加奴全部。③

西部：包括丹老及顿逊。④

吞朝的版图，仍有继续拓展的可能。要是国内不发生政治变动，则不难使一般居留于黄金半岛的泰族联成一体，组成强大的国家了。依照下面所列的证据以及当时的局势，实可看出来它是可能的：

（一）郑王经决定领军赴缅甸，以便接回所有被缅军掳去的泰族同胞。⑤

（二）令六坤方面实行开掘陀堪港（Khlong Tha Kham），直通海湾（当时泰族的目的地，非属克拉地带）。此举在使南部及西部的水军互通声气，随时可联络、救援。⑥

（三）委军事大臣昭披耶因陀汪砂（Caophraya In Thuang Ca）在猛陀兰（M. Thlang）及猛得哥通（M. Takua Thung）之间的北拍（Pak Phra）驻军镇压。⑦ 据此，当时西部的水军必利用北拍区为水军的重要根据地。

（四）安南内部发生变乱。安南王族无力镇压，反而退避于安南的南部，且受叛党所追迫。这种机会实有利于泰族在东南部拓展疆土，同时安南将无后顾之虑。因安南有时侵扰泰国的商轮，有时则干涉及泰属柬埔寨的内政，除此外还进行其他的手段，从而造成互相猜忌的局面。因有上述的良机，郑王乃令皇储昭华公摩坤因陀拉披达砂（Phra

---

① 译者注：与室利阿瑜陀耶朝末叶相等，但吞武里朝则领有完全的统治主权，不若室利阿瑜陀耶朝末叶及叻陀纳哥盛朝的遭受安南不时插足其间。追叻陀纳哥盛朝四世皇时代，于佛历二四〇六年失去柬埔寨（Kambaja）全部。尤甚的，在五世皇时代，更于佛历二四四九年失去东部省地，即猛勃德旺（M. Phat Bong）、猛暹叻（M. Siamratha）、猛室利梭蓬（M. Cri Sobhon）。见《泰失地十五次》。

② 译者注：与室利阿瑜陀耶朝末叶相等。追叻陀纳哥盛朝一世皇时代，于佛历二三四七年失去蒲泰目（Buddhaimac）全部。见《泰失地十五次》。

③ 译者注：室利阿瑜陀耶朝末叶仅达柿武里而已。追叻陀纳哥盛朝一世皇时代，于佛历二三二八年首先失去槟榔屿，继于佛历二三四五年失去威士利（Samarang Phraio）。五世皇时代，于佛历二四一七年失去霹雳，于佛历二四五二年失去柿武里（Saipuri）、加央、吉灵丹及丁加奴。见《泰失地十五次》。

④ 译者注：室利阿瑜陀耶朝，猛陀威耶太守来投。由于猛陀威耶太守来投，因此形成泰缅战争的导火线，卒至室利阿瑜陀耶都城陷落。此类形势，与叻陀纳哥盛朝初叶颇相似。追叻陀纳哥盛朝一世皇时代，于佛历二三二五年失去丹老（Marit）及顿逊（Tanau Cri）。见《泰失地十五次》。吞朝的拓展疆土，起点于何地，然后于何年次第拓展的程序如何，业载于《颂绿拍昭德信大王史汇录》第 1 集（第 3 版本），第 33—45 页。《颂绿拍昭德信大王史汇录》亦系本文原作者的著述之一。为一种小册子，平均在 47 页。系专载有关郑王史误的辩正文献，材料颇丰富。依所定的计划，此类汇录将出 20 集，现已出版 5 集。

⑤ 参阅《史乘汇编》第 66 集，第 37 页。
　　编者按：该注释未标明"译者注"抑或"原注"，兹保持原状，下同。

⑥ 参阅《史乘汇编》第 2 集，第 26 页。

⑦ 参阅《史乘汇编》第 2 集，第 67 页。

Maha Upraj Cao Fa Krom Khun Indraq Bidaksha Ongga Rajajadayad) 于佛历二三二四年二月统率大军出征安南。不料泰军中的副将反与安南军暗中订立了互助协定。① 结果征安南的泰军遭受了阻碍，不克完成大计。至于郑王方面，则被迫须削发出家，于佛历二三二五年公历 4 月 6 日在阿仑寺佛殿内被杀，时郑王身上还披着黄袍！

（五）依照第四次所述的，如能完成了郑王的意旨，则泰国当能统治安南无疑；盖在佛历二三二五年年底，安南王族即溃退出海并投奔泰国。

在此处应请注②者，厥为当时的安南受治于泰国后，则泰国的军队即可平顺地开赴缅甸接回泰族人了。盖佛历二三二五年间，缅甸内部亦发生叛乱，互争王位。③ 这显示出各种形势以及局面，皆有利于泰国疆土的拓展，假如泰国内部不发生变动。

照所提述的形势以及局面看来，确能使人相信如当时泰国内部平和，及无政治变动时，则黄金半岛上的泰族，必能在郑王的领导下归于一统了。

郑王不单是个稀有的将材，同时还在在向世界表示出泰族系领有最高德风府④纯真的战士精神，这在佛历二三一七年（吞朝第七年）缅军进侵北碧（Kanconpuri）、叻丕（Rajapuri）、洛坤西施（Nagor Jay Cri）时看出。当时郑王刚自景迈征缅军归来，适巧皇太后病剧，惟郑王仍忍耐，急统率三军驰援叻丕，并抗缅军。此举在防缅军进侵首都，且不需要再看见泰族发生惊惶。讵御驾出征仅九日，坤威塞（Khun Vicesh Osoth）即赶赴叻丕报告皇太后病势已危殆。郑王闻讯，当即谕称："太后病笃，必难面见矣！此次战争颇严重，就此放手返朝，实不见有谁能肩斯重任也！"⑤

于是决定不返朝，努力指挥三军与缅军作战，而皇太后则于此时宣告驾崩。郑王设法包围缅军，使其无法冲出。这时泰军如采用集中射击法，则缅军当不难全军覆没；但郑王不忍出此，同时需要维护泰族战士们光荣的声誉。终于缅军无法再战，乃于同年公历 3 月 31 日出营投顺。所以 3 月 31 日，实可列为泰军中最重要的纪念日，盖充分表现出泰军具有最高的德风，并显示：（一）泰军概以国家为重，愿牺牲个人的私事，虽迎面最悲恸的事态，而仍能咬紧牙关忍受，只求国事能获得美满的效果，除此外则在所不计。（二）泰族绝对不侵犯他人，惟遭受他族的侵凌后，则泰军将不放任敌人能安返其国土。（三）虽然敌人陷于重围，如泰军集中射击，则全军覆没；但泰军不愿危害及无

---

① 参阅乃荣译《安南史》第 2 卷，第 378 页。
② 编者按：此处疑脱"意"字。
③ 参阅《史乘汇编》第 6 集，第 179 页。
④ 编者按："府"当系"底（的）"讹。
⑤ 参阅《史乘汇编》第 65 集，第 64 页。

法抵抗的敌人，从而维护泰战士们的声誉。敌人已经低首投诚，泰族则善为收容，绝不加害。（四）泰国土能维持完整及独立自由，纯为泰战士们坚强作战所赐。

基于泰国仍具有战士的精神，作战能力仍充分，因此始克光复国土，恢复泰国的自由。郑王始终维护着泰军的故有精神，明言之，即训练泰军生活于随时准备的状态中，发扬真正军人所应具的精神。①

在平时，郑王指挥军人各按所属的学门积极练习，务使熟悉各种情势，届时始得应付裕如。御侍官乃萱在佛历二三一四年（吞朝第四年）所著的诗篇，有着详细的叙述。②

至于将官，不管官级高低，郑王亦亲自训导，指示有关军事上的各项智识。每逢雨季，如无战事，即召集将官入朝受军事训练，务使部属的能力高敌人一筹，从而保持作战的胜利。③

除开训练士卒以及高级将官以外，对于积聚武器，亦作严密的进行，甚且仿欧式而铸造大炮。④ 如能自行铸造的，则急于铸造，盖认为武器系作战上不可缺少的条件。⑤凡此种种，并非认大炮重于食粮，仅是"能作战始有食粮，而非有了食粮后始能作战"的意思。所以当时的谕旨，乃不以食粮为作战上的主要实物条件。

郑王精于铸造大炮，这在佛历二三一七年铸造"摩诃砂越德叻陀纳炮"所发出的敕文可为证。⑥ 此外还着令工匠铸造木弹炮以备攻焚敌人的营寨。⑦

关于大炮的使用，郑王谕令采用集中发炮法，即十余门大炮在同时鸣放，目标集中于敌军，或敌军的根据地，其效果类似现代的投掷重磅炸弹。此举目的在使敌人仍未察出炮位以前，已遭受到重大的打击了。此项办法实施后，每次皆获得美满的战果。⑧

当时的炮垒及营寨，也是作战及御敌的必要条件，郑王亦督促增建，尤以军事重要地点为然。⑨

次于军事的，就是发展经济。商务的促进，尤为急务。郑王的商轮通行于中国及印度间。终郑王时代，皆获得丰厚的利益。各种赋税，在当时几乎未有征收。盖国营商务

---

① 参阅《史乘汇编》第 65 集，第 78 页。
② 参阅《颂绿拍昭德信大王史汇录》第 1 集（第 3 版），第 26 页。
③ 参阅《史乘汇编》第 65 集，第 103 页。
④ 参阅《史乘汇编》第 39 集，第 59 页。
⑤ 参阅《史乘汇编》第 2 集，第 26 页。
⑥ 参阅《史乘汇编》第 65 集，第 57 页。
⑦ 参阅《昭披耶宋加绿传》；丹隆亲王增订《叻陀纳哥盛朝一世皇史》第 2 版，第 104 页。
⑧ 参阅《昭披耶宋加绿传》，《史乘汇编》第 65 集，第 5、61 页。《景迈史》泰军于佛历二三一七年出征的一段。
⑨ 参阅《史乘汇编》第 39 集，第 94 页。

的进益，业已足敷国家的开销了。①

郑王谕令修筑公路，以利国民在陆上作相当的通商及运输。每届冬季，如无战事，即调工开路。这事有欧籍人士的赞颂为证。②

关于佛教方面，亦努力予以阐扬，并作严谨的督责，从而养成国民优良的德风。此为政治上轨道最主要的事务，同时又系国民教育的唯一工具。当时的万銮港（Khong Bang Luang）③ 金宝鸿寺（Wat Hongsa Ratana Ram）就是唯一的教育机关。由于当时教育的发达，结果在一世皇时代，所举行的大结集（Sang Gayna）始克实现。目前作为佛教教材的《三藏经典》也是传自吞朝，所以普通称吞朝的《三藏经》为"原师本"。至于万日罗（Bang Yirua）的因陀罗摩寺（Wathdaram）则成为潜修的最高机关。目的非仅在使佛门中人受戒及念经而已，并促起国民对佛教的推崇和信仰。④

至于政治方面，亦依照实际性状予以措施。人民可自由发抒意见。按照欧西人士的记录，郑王尤接近民众，愿亲眼看见，亲耳聆见所有的一切。郑王具有坚苦耐劳的个性，勇敢的精神，以及超人的智慧，不若历代君主的躲避与藏匿于接见民众。盖君主接见民众，或与民众交谈，概认为有影响及君主的庄严。⑤

依照上述的，即可看出郑王根本无猜疑心，且不信有人会出而加害及篡夺皇位。郑王全神贯注于国务，并深知泰族人对互相间的争夺和倾轧，因而受治于缅族的境遇，必非常了解，此后当能以国家为重，同心合作，促进国家的繁荣。基于这种原因，郑王始终不离开民众，不伺隙觅任何人的过失。郑王认定凡属泰族人，皆系国家的一员，且为国家的主人翁，大家咸具有共同捍卫国土的天赋，绝对不疑有内奸的产生。然而实际上泰族并不能合作，此事根本不能怨恨谁。

由于郑王随时关切民众的苦乐，以致民众本身亦非常爱戴及尊崇郑王，甚至将命驾离开任何经幸临的城市而返朝时，辄有大批民众集结于必经的道旁跪送。⑥

---

① 作者注：各种赋税开始征收于叻陀纳哥盛朝第三世皇及四世皇时代。请参阅昭披耶帖帕功汪砂《叻陀纳哥盛朝第三世皇史》，第365页；《第四世皇史》，第366页。

② 参阅《史乘汇编》第39集，第94页。

③ 译者注：现在吞里府。

④ 译者注：因陀罗摩寺，现在吞武里府。依泰方人士考证所得，郑王及后的骨灰，系被装在此寺的两小塔内。该两小塔现已崩坏，尝有一部分崇敬郑王的人士出资修葺，使其恢复旧观，并保存此富有历史价值的古物。

⑤ 参阅《史乘汇编》第39集，第92页；第65集，第54页。

⑥ 参阅第四世皇时代编纂的《纪年史》第2卷第543页，及佛教中人在佛历二三二二年坐夏节所集纂的《颂圣录》。

由上所述，当时民间，确获得了无上的自由，如服装自由①、演剧自由②、聘请律师辩护自由③、制造商船自由④。至于过度的赌博、信仰异教，则为例外。查郑王对此事不授予充分的自由者，厥为它们会影响及国基。⑤

佛历二三二四丑年，在吞朝行将告终以前，郑王所措施的国务，有明显的记载如下：

阴历七月，郑王特派专使携带国书，以十一艘满载泰货的大帆船赴中国，以便联络邦交及经商。货物售罄后，即转购军械以及建筑材料，以资兴筑吞武里新都。同时嘱咐设法与日本敦睦邦交。⑥ 此次派赴中国的帆船，在返抵泰国时，郑王业被杀害而薨了（由郑王所谕令购回的建筑材料则利便了叻陀纳哥盛朝新都和寺院的兴筑）。

阴历八月坐夏节初期，郑王特举行空前的赐布典礼（当时并未将寺院划分皇⑦寺院及民立寺院，认为所有寺院咸属佛教所辖，因此一律享受郑王的赐布）。

在阴历十月及十一月间，郑王对一般贫民施舍以现金，虽公务人员，亦受到郑王同样的恩赐。

阴历一月上弦十四日，正式封昭南陀盛（Cao Manksen）为万象（Nagor Wang Canda）王。这充分表示出郑王并没有忽视了万象（惟编纂叻陀纳哥盛朝《纪年史》者，反把这事给编在第一世皇时代，指一世皇朱拉绿封昭南陀盛为万象王。这是史籍上最重大的错误，现应立即予以改正）。

阴历二月，郑王特派大军赴柬埔寨处理政务，并征安南。⑧ 查当时的安南内部发生变动，尤利于泰军行事，从而解除东部的威胁。因安南不时扰边，且干涉柬埔寨的内政，一经镇压安南成功后，即可顺利地赴缅甸迎回所有的泰族人。然而这次出征的泰军，并未能作切实的合作，从而贯彻郑王的意旨，发觉一部分泰军反与安南签订了互助协定。⑨ 继此，又有一部分只顾私利而不思及国家的人们，暗中运输米谷及食盐赴国外。当时适为荒年，百物缺短，泰族须以大部分的时间费于作战抗敌，绝少机会从事农

---

① 参阅小历一一六二年所订定的《法典》第 26 条。
② 参阅《新编法典》第 25 条。
③ 参阅《新编法典》第 6 条。
④ 参阅《新编法典》第 10 条。
⑤ 参阅《史乘汇编》第 39 集，第 97 页；《新编法典》第 4、12、16、26、36 条。
⑥ 参阅《史乘汇编》第 65 集，第 88 页；五世皇评注公摩銮那辇陀拉皇妃《记忆录》第 2 版，第 127 页；以及披耶摩诃挲博《赴华纪游诗》，系于佛历二四六二年印行者。
⑦ 编者按：此处疑脱"家"字。
⑧ 参阅《史乘汇编》第 65 集，第 88 页。
⑨ 参阅乃荣译《安南史》第 2 卷，第 378 页。

事。国内的应供量既感不敷，且同时又有人偷运出国，则当时泰族所受影响的程度为若何，当可思之过半。因此致政府乃予以严厉取缔，凡故意触犯者，一经被获后，则科以罚款，或略加鞭挞以示儆，并未照室利阿瑜陀耶朝加以重刑。

上面所提述的种种，完全依照当局现存的档案以及《星相录》加以复述，其中并无提及鞭挞和尚的事件。虽一世皇所亲自编纂的《纪年史》，亦无道及鞭挞和尚事，因事实上曰全无其事也。如真有其事，则一世皇必不忽视。

在当时的局势，并无任何异相。迨阴历四月间始发生叛乱。一经查出叛党系泰族人后，郑王仍以为可作平和的谈判，乃谕令守军停止发炮，以便直接谈判。最后叛党要求郑王削发出家，为期三月，从而洗刷所有的罪迹。郑王不反对，立即削发出家，驻跸于阿仑寺。不料郑王削发出家，似不满一个月，即被杀害于佛殿内，时为佛历二三二五年公历 4 月 6 日。

吞朝所有要务，综合言之，不管任何部门，应予以促进者，咸努力予以促进，从而牢固泰国的基础，并避免内部的分裂。郑王对此概亲自指挥、导引，务使其实现。因此欧西人始赞扬郑王具有坚忍耐劳的个性、勇敢的精神，且智慧超人！[①] 民众皆安居乐业。由于郑王的护翼下，大家无须顾虑外患。发生战争时，郑王则亲自指挥三军作战；平和时，郑王则努力发展政务，牢固国基。吞朝版图尤为广袤（几乎较现时大一倍），领有纯粹的独立自主权，所以国民皆非常爱戴郑王。虽然郑王被杀害已满三年，一经得悉在佛历二三二七年举行郑王遗骸火葬礼时，一般民众咸相率自动剃去头发，全身披白，亲携仪品，纷向郑王遗骸礼敬，无须张贴告示召集。这种现象，充分表现出民众对于郑王为国所建立下的伟大的勋业，依然未有遗忘。相反地，民众皆衷心情愿参加，完全出于自动。所以这种对国族、对英雄的无上忠诚的观念，根本就没有任何势力可加以阻挠的！

举行火葬时，参加的民众，咸放声痛哭。一般眼见当时的情景者，亦不免为之心酸，并一掬同情之泪！甚至具有最尊贵地位的妇女们，当时完全服务于一世皇及公摩拍拉察汪巫哇拉（Krom Phra Rajavong Buar）[②] 亦相率痛哭流涕，盖彼等犹能记忆着郑王的浩恩。虽然彼等身享荣华，侍奉新君，一经忆及往事，尤其郑王府优渥的恩遇，当然是无从压制，而不以露于外府。基于当时的宫妃们痛哭流涕，结果造成了严重的事态，在《纪年史》有着详细的记载："当时，宫内众妃，包括前后宫妃在内，一般曾侍奉郑

---

① 参阅《史乘汇编》第 39 集，第 93 页。
② 译者注：系一世皇弟。

王者，咸相率哀泣不已。皇上及皇弟（指一世皇及皇弟而言）不禁大怒，谕令全体受鞭挞背脊！"①

依上面所摘录看来，郑王确系一位最受民众所爱戴的君主。虽侍奉一世皇及皇弟的宫妃们，享受着优逸的幸福，也还不免念及郑王的浩恩！这显示着郑王并非暴君，且一举一动，全不使人遭受到任何困难的影响。除开努力发展国务以外，还处处教育民众，使获得固定的行业。公务人员亦受到安全的保障。统治的进行，犹如父之对子，因此促成了普遍的爱戴心。虽然郑王受害而薨已过了三足年，而一旦举行火葬礼，也还邀得人们的眼泪，追怀已往！

在这里须提出讨论的，就是一世皇时代所编纂的《纪年史》，对于郑王的诬告，有着重大的两项，② 计有：

（一）诬郑王神经错乱（把事态给连缀在郑王实行静坐的事件上，似乎在在暗示读者读后认为郑王的发狂，纯系行静坐法而激起的）。

（二）诬郑王不恪守十诫。示意作伪者，从中控诉在职的大小臣员，包括宫内外以及民众，有关私运食盐销售于国外的事件。

应请读者注意的，就是这本《纪年史》（即系最初出现于叻陀纳哥盛朝一世皇时代的《吞朝纪年史》）所诬告的仅此而已。后来更有人暗中著述了一册记忆录式的书，皇家学术研究会定名为《记忆录》（Cotmaihetu Khuam Song Cam），此书在五世皇时代曾定名为《公摩銮那辇陀拉皇妃记忆录》（Cotmaihetu Khuam Song Cam Krom Luaug Narindra Devi。惟察出这册《记忆录》，并非公摩銮那辇陀拉皇妃所著的，因此先前所定的书名，乃被改称《记忆录》，而不将人名附上，因事实上不能取决此书究出谁人所著的）。有了这册《记忆录》，郑王的罪名又增加了两项。这是不假思索而轻轻地给添上，根本无其他证据可作后盾（这还没把其他零星的诬告计算在内）。

依这册《记忆录》对郑王所加的罪名，倘读者加以精密的考虑后，当不难明白其含意所在。这册《记忆录》所加的罪状，有如下：

（一）佛历二三一一子年（在位第一年），郑王下令斩决被诬与欧籍人士发生暧昧的蒙昭倩女亲王（Mom Cao Ying Chim）及昭蒙乌汶女亲王（Mom Cao Ying Upol）后，因受刺激而呈神经错乱。关于此事，《记忆录》的作者努力加以捏造事实，使读者误以为郑王确有失常的行动，类似狂者。惟予以精密的检讨以及参合了一世皇所编纂的

① 参阅《钦定纪年史》第3卷，第182页。
② 参阅《史乘汇编》第65集，第89页。

《纪年史》《星相录》后，即不难察出《记忆录》的作者根本就具有着不良的存心，一意在捏造事实，加罪郑王，把真理都遗忘了。换言之，作算在登极第一年即有这类事件发生，则后来人们当不会再拥戴郑王了，郑王焉能光复国土及繁荣国家，而在位达十三年之久呢？狂人能复兴国家吗？一世皇所编纂的《纪年史》[①]，并没有指述蒙昭倩及蒙昭乌汶两女亲王系郑王妃，只称蒙昭倩及蒙昭乌汶而已。至于《星相录》[②]仅记录着"宫内犯罪"，意思就是说：须受革斥或受拘禁（与鞭挞或斩决无关）。例如一世皇时代金宝鸿寺方丈昭坤达摩苔于洛（Cao Khun Dharmatrailok）"犯罪"，所遭受的刑罚，只被幽禁于金宝鸿寺内，根本未受一世皇下令鞭挞背脊或切断手脚或剖胸[③]。《星相录》所用的"宫内"一词，范围尤广，所有任职于皇宫内的妇女（不包括皇妃）或公务员的妻女，概称"宫内"。要是蒙昭倩女亲王及蒙昭乌汶女亲王真的有在宫内任要职，当非皇妃职（最多不过是受郑王收养、保护，以符其在室利阿瑜陀耶朝领有王族的地位，和防范外间的轻视及污蔑吧[④]了）。所以蒙昭倩及蒙昭乌汶两女亲王的事件，仅可作如下的判断：（一）郑王并未以蒙昭倩及蒙昭乌汶为妃；（二）作算两女亲王有如《星相录》载犯了罪，也是佛历二三一八年的事，最多遭受革斥或拘禁的刑罪而已，这和郑王根本无关。

（二）佛历二三二三子年，吞朝安南人叛变，郑王下令搜捕叛乱者，全部予以赐死。这显示了郑王已有了神经错乱症。

其实这种诬告，在一世皇所编纂的《纪年史》里亦有记载，不过《纪年史》系依循当时的真实情状而叙述的："子年，第二旬（佛历二三二三年）谕令搜捕叛变的安南人，斩决甚多。"[⑤]《纪年史》所用的文句，颇为中肯。盖当时所发生的事件，纯系外侨对泰族的不忠，当然必须采用军法立即予以斩决。如加以放任，万一叛变成功，则泰国必遭受大害，也许泰族会因此而宣告灭亡亦说不定。但《记忆录》的作者反称拘捕安南人斩决，系狂人的行动，因而采用了"有神经错乱的变态，一味捕杀安南人！"的词句。这是《记忆录》作者所应发的意见吗？其实《记忆录》的作者，也还是道地的泰族人，焉何不替泰族同胞而对叛变者表示痛心疾首？这不是充分表现出其诬告的动机，非仅忘记了郑王所立下的伟业，从缅军手中解放了泰族，免沦为奴隶，且提高了泰族地

---

① 参阅《史乘汇编》第 65 集，第 28 页。

② 参阅《史乘汇编》第 8 集，佛历二四六〇年印行本，第 8 页。

③ 参阅《钦定纪年史》第 3 卷，第 240 页。

④ 编者按："吧"为"罢"。

⑤ 参阅《史乘汇编》第 65 集，第 87 页。

位的功勋；同时作者也是自绝于国人，似乎满意看见外侨毁灭泰族，胜于眼见泰族成为强大的民族。如照现代的话说来，这简直等于触犯了唯国主义的国民信条了。所捏造的言词，有如唾痰相向，等于自唾其面。一般具有冷静头脑者，当不难看出说者所含的恶意了。

除开《记忆录》有如上述的诬告以外，还有四世皇时代所编的两册《纪年史》，即传教士比勒黎氏所印行的《纪年史》，是第一次的增订本；及《钦定本》，或五世皇时代称的公摩銮吗喜砂哇辇陀拉本，是四世皇时代的第二次增订本。

四世皇时代新增订的《纪年史》，更较一世皇所编纂的《纪年史》增添了不少罪状，诸如"郑王神经错乱，行动失常，谕令鞭挞和尚，造成重重苦难"。[①] 这项诬告，是四世皇时代新添上的。决定添上的原因，也许以为一世皇所编纂的《纪年史》所述的，还不足使人了解吞朝的动乱程度吧？然而所添的罪名，太离开了真理。（一）一世皇本全无记载此事。（二）《记忆录》系在四世皇以前所编著的，也无此记载。（三）至于《星相录》，则记载着"小历一一四二子年（佛历二三二三年）九月下弦初六，曜日，僧侣团中人因礼敬非出家人问题而发生'争论'。一方认为可礼敬，另一方则认为不能，卒受罪"。[②] 在这里指出了僧侣团互争的结果（这并非是普通的辩驳，而是激烈的争吵，因此《星相录》始采用"争论"词句，以便符合当时僧侣团争吵的事态）。一方卒受罪（盖采用了不雅的言词，最后也许出于词穷）。在这里所提的"受罪"，仅是遭革斥或拘禁而已（这和上面所述的一世皇时代昭坤达摩苷拉洛方丈受罪相同），并没有更重的刑罚。而所发的事件，实为僧侣团自立下问题，然后引起了互相间的争吵，根本与郑王无关。可是四世皇时代所编的《纪年史》，反把佛历二三二三子年的事件给移植于佛历二三二四丑年。换言之，即延长了一年（使检讨时，发生了不少困难），并故张其词。其实当时词穷的一方，仅是"受罪"，并非受重罪，纯是切合事态的惩罚，完全不是郑王神经发作后所下的刑罪。不过《纪年史》的叙述，适足使人误以为事件的发生，纯系郑王的神经发作，自以为已成正道（Morga），有意领受僧侣的礼敬，乃提出普遍的询问。有一部分僧侣认为不能加以礼敬，则怒，并谕令鞭挞僧王以及其他僧侣的背脊各一百下，非鞭脚及股。这里所提的僧王，就是钟寺（Wat Raghang）方丈拍室利（Phrasangghraj Cri），当时已非常老迈。

已上了年纪的僧正，受鞭百下耐得住吗？虽壮年人也是耐不住的。例如颂绿拍昭乌

---

① 参阅传教士比勒黎氏版本第 2 卷第 639 页，《钦定本》第 3 卷第 145 页，及教育部所审定的课本——其实是集合前两本而编成的——第 7 版第 193 页。

② 参阅拍阿麻拉拉披叻吉所印行的《星相录》，或披耶巴蒙陀那叻在佛历二四六四年所印行的《星相录》第 14 页。

隆阁皇（Somdec Phra Cao Parom Koc）时代①，公摩拍拉察汪巫钵拉亲王（Krom Phra Rajavang Pavor）以及叻陀纳哥盛朝二世皇时代的公摩蒙室利戌華陀拉亲王（Krom Mu'n Cri Surendra）因罪被鞭百下，最后不耐痛楚，结果死于藤鞭下。既然壮年人耐不上百鞭，则老迈的僧王难道就能耐吗？（惟编纂《纪年史》②犯了疏忽，未提述及僧王在后来的情状）僧王的处境，根本无任何变动，不见僧王有何疾病或痛苦。一经更换了王系，成为却克里朝后，僧王依然统治着全国的僧侣，并无异状。这充分表示出僧王未遭受任何鞭刑，仍然领有着良好的体力，过着平和而安全的日子。实际上郑王果真患了神经错乱症，而要僧正的礼拜，可无须征求僧侣的意见，即直接令他们跪拜，不更简便吗？所以，读者一经读到这段史实时，约略加以合理的考虑后，必能实感到它的无稽，完全凭一己的意欲而凭空杜撰，不照史实，存心捏造而成的，这使后世的读史者徒耗宝贵的时间。

　　一经领导读者细察了缺乏充分证据，而且离史实太远的《记忆录》和四世皇时代所编的《纪年史》的种种不实的诬告后，现在还是回头来检讨一下一世皇时代所编纂的《纪年史》中所加的两项罪名：郑王因实行静坐法而患神经错乱症，以及不恪守十诫，示意作伪者从中控诉一般私运米盐出国者。

　　关于第一项罪名，未免太过大了，习行静坐修心而至神经错乱（疯狂），这种说法，会不会抵触及佛教？谁创立了此种静坐修心法？依照佛教中人所公认的，静坐修心法，系佛祖所手创的，系入定祈祷的无上法门。然而苦修者反而因静坐而发狂，则佛祖还能够被众人公认为成正果的第一人吗？既然静坐会使人发疯发狂，则佛教可不能目为最纯真的宗教了。凡神经仍良好的人们请设身处地想一想，这种诬告，会不会过火？深信这种厚诬的事件，应由僧侣团负责加以精密的审查。盖一般削发为僧者，其基本的课程，就是趺坐。所③静坐会使人发狂，则此项课程，为什么还要继续传授下去？抑或承认佛祖所手创的静坐法，有时也会使人发狂？预料僧侣团方面对这种重大的问题，必不以等闲视之。仅就我们而言，认为静坐并不会使苦修者成为狂人。反之，静坐适足以增进思维力，而非增加思路的混乱。所以指静坐会使人发狂，实抵触了佛教；尤甚的，适等于污蔑了佛教的尊严，这种污蔑究有何益？

　　至于第二项罪名，则指郑王暗中示意一般作伪者，从中控诉私运米盐赴国外销售的人们，然后予以罚款、鞭挞。一般受控者咸遭遇了无上的痛苦，包括上自一二等城市，

---

① 译者注：即室利阿瑜陀耶朝。
② 编者按：此处脱"者"字。
③ 编者按："所"字疑讹。

而下至四等城镇！

读者首先应考虑者，厥为郑王最初被诬告实行静坐而发癫发狂，接着就是第二项罪名。这就是说已经癫狂的人还有能力暗中示意他人控诉作伪者吗？

继此，还得请读者更进一步地将所有诬告的事态，给月分①出数部分，这才易于明了。所诬的事件，可分为如下的三主要项目：

（一）关于私运米盐赴国外销售因而受控诉告者。

（二）关于审理及惩罚的叙述，不免使人误以为是纠纷的局面。

（三）使一二等城市以至四等城镇，咸遭受严重的影响（一等城市，南部有六坤，东北部有柯叻。这无须解释，即可看出全非事实。盖当时国家升平，并无动乱的情事。迨郑王被杀害而薨后，始悉王系已变更。其中有不少忠于国家，忠于郑王的重要城市的太守们，皆被召入朝，并受死刑！事先并无人知道会受死刑，只以为郑王仍健在，系作通常的召见罢了）。

仅就第一项而言：应否放任一般运输米盐出国销售者私营其事？当时国家处于严重的地位，泰族必始终作战，以固国基；甚且有时大旱，在在需要囤积米盐，以供国内应用。曾有一部分将士在出征后，因缺乏粮秣，结果撤退。郑王亦尝谕令将士实行下田工作。② 佛历二三二四丑年二月，谕令大军出征柬埔寨及安南。军队所需要的粮秣，当然不少，而且需要囤积，以供不时之需，并避免有短少之虑。然而一般不以国家为重的商贾，全不念及国族，设法把已有明文禁运国外的米盐私售于国外。一经有人提出指控，自须予以审理。抑或不易拘捕该一般作伪者，甚且悬红缉拿，亦不为过，盖需要一网打尽此类出卖国族者（这和现代一样，喜悬红缉拿匪徒，或私烟贩）。

关于案情的审理，有些略加提问，即全盘招认。但其中亦有提讯而不愿供认者，这只有拷问的方法了。其实在审理期间，采用鞭挞的方法，在后来各代，也还沿行，这是内政的习例。不过这种内政的习例，更残忍的也有。此类习例一直沿行至叻陀纳哥盛朝五世皇末叶，始被取消。③

审案的进行，较诸一世皇及二世皇时代，我们仍实感到吞朝并不怎样残忍。一世皇及二世皇时代的拷刑，也无人说残忍。例如一世皇时代拷问乃吗（Nai Ma Caibejr）时，用火红的铁板夹脚拷问；④ 以及二世皇时代因被指为有投匿名信嫌疑罪而受拷问的公摩

---

① 编者按："月分"或为"划分"讹。
② 参阅《史乘汇编》第 65 集，第 78 页。
③ 译者注：参阅《取消建都曼谷一百十五年依内政习例审理盗贼条例》的法令。
④ 参阅昭披耶特帕功汪砂《一世皇史》，手抄本，泰国国家图书馆藏。

蒙室利戌辇陀拉亲王，不耐拷挞而死于藤鞭下。① 所以吞朝拘获私运米盐出国者而略加鞭挞拷问，大概总不被目为残忍过火的吧？

至于第二项，对私运米盐出国者，仅予以罚款或鞭挞，确是最轻的刑罚。倘把室利阿瑜陀耶朝和叻陀哥盛朝初叶相较，则吞朝实轻之又轻了。

室利阿瑜陀耶朝，佛历二一七九年，因国内米贵，尝颁令禁运米谷出国。凡触犯此类禁令者，科以死刑。②

迨叻陀纳哥盛朝，亦公认米谷系国家重要食粮。③ 一世皇时代所定的刑罚颇重，不必说私运米粮出国，仅是私囤，或移藏他处，即科以死刑了。例如《新编法典》第二十四条（依《三印法典》所载）规定："是否适切，不顾念须出征的亲友，而将而④米价提高？只图私利，缺乏互惠精神，且不念及皇上浩恩。此辈中人不救济身居于京华者，何异徒促彼等饥饿而毙。此种情状实不合于国策，理宜加以禁止。不得故意抬高米价……凡存有多量米谷而不愿出售者……凡存心囤藏米谷，并设法移存他处者……应加以拘捕，并赐以死刑。至于同谋者，居间奔走转售而从中分润实益者，应加以拘捕，并赐以九十下鞭刑，陆上示众三天，水上示众三天，然后充入割草喂象马的囚人队内。"此法颁行于小历一一五四子年（即佛历二三三五年，为一世皇登极之第十一年）第四旬十一月上弦十一水曜日。

至于和一世皇同一时代的外国法律，则有法兰西国可为例。当时亦发生严重的情事，特颁令禁止民间私藏钱币，或私存于国外，因国家需要揭借；及订定法律，并规定犯者应科以死刑。⑤

一经检讨了各朝以及外国同一罪名所科以最重的刑罚后，让我们回头来审查一下吞朝所定的刑罚：只有罚款以及鞭挞而已。这还说郑王施政残暴吗？

据此，可见吞朝的刑罚并不重，而且纠纷的局面，也没有发生。《纪年史》所记载的种种，全属于无稽。既如此，还诬郑王残忍无道，且疯狂无状，这种莫须有的罪名，究对国家有何利益？

虽然郑王被害而薨，迄今已达一百五十八年了，但郑王光复国土，拯救泰族，奠定自由，恢复主权，一直传到我们这一代，依然留存有相当的证据，可以窥见当时的真

① 参阅昭披耶特帕功汪砂《二世皇史》，手抄本，泰国国家图书馆藏。
② 参阅佛历二四八〇年印行而由现任国委兼艺术厅长銮威集哇他干所汇集的《室利阿瑜陀耶时代对外关系档案》第54页。
③ 《史乘汇编》第2集，佛历二四五九年本，第43、47页。
④ 编者按："而"字疑衍。
⑤ 参阅拍翁昭亚饰亲王《法国革命史》第1集，第266页。

理，从而促进了我们对郑王的感佩，激发了纯正的爱国热诚，而依循着郑王所遗下的伟迹发扬光大之！

更有进者，仍有不少人误会着，以为郑王的后裔已全盘被消灭了。其实不然，只有已成人的亲属遭受杀害，至于仍在幼年的亲属，则仍存在，因而传下了广大的后裔（关于郑王的后裔，在去岁举行昭披耶哇拉蓬披钹夫人火葬礼时，由昭披耶哇拉蓬披钹请准艺术厅所印行的《旧族谱》第四集，有详细的编列，可供查考）。兹将郑王嫡系所传下的姓族略列如后：

（一）因陀拉瑜锭姓族（Sakul Indrayodhin）及信戌姓族（Sakul Sinsuy），系郑王之太子，且被封为皇储的昭华公摩坤因陀拉披达砂（Somdec Phra Maha Upraj Cao Fa Krom Khun Indra Bidaksh）所传的。

（二）蓬砂信姓族（Sakul Bongshasin），系昭华达砂蓬砂太子（Cao Fa Jay Dacabongsha）所传的。

（三）晢拉南陀姓族（Sakul Cilanond），系昭华晢拉太子（Cao Fa Jay Cila）所传的。

（四）仑派洛乍纳姓族（Sakul Rungbairocna），及达摩砂洛姓族（Sakul Dharmasaroja），系昭华那舜陀拉太子（Cao Fa Jay Narendra Raja Kumar）所传的。

（五）纳那空姓族（Sakul Na Nagor），哥曼功纳那空姓族（Sakul Komar Kul Na Nagor），及乍都隆卡功姓族（Sakul Catu Rong Gakul），系昭披耶内（Cao Phraya Noy）所传的。

（六）因陀拉坎亨姓族（Sakul Indra Kam Heng），因陀拉梭洛斯姓族（Sakul Indra Solos），摩诃纳隆卡姓族（Sakul Maha Na Rongga），系昭披耶柯叻（Cao Phraya Nagor Raja Sima Thong In）所传的。

所有具有郑王纯正血统的后裔，在各时代因机会的不同而为国家建立殊勋的，则有如下所列：

（一）皇储直系：昭通因（Cao Thong In），系著名能征善战的一员大将；昭披耶荣摩叻（Cao Phraya Yamaraja，名 Thong Suk Sin Sukh）；披耶披猜颂坎（Phraya Bijay Songgram，名 Nok Sinsukh）；陆军上校披耶威遐砂杨（B. O. Phraya Veha Sayan，名 Long Sinsukh）；陆军上将昭披耶碧察仁陀拉瑜锭（BI. O. Cao Phraya Bijayendra Yodhin，名 Um Indra Yodhin），即现任摄政委员①委员之一。

（二）昭华达砂蓬砂太子直系：拍那舜陀拉（Phra Narindra，名 Raj Bongsha Sin）；

———————————

① 编者按：此处疑脱"会"字。

陆军中尉乃萱蓬砂信（R. D. Son Bongsha Sin）；陆军上尉乃涌蓬砂信（R. O. Thom Bongsha Sin）；陆军中校拍隆勒特颂坎（B. D. Phra Ro'ng Riddhi Songgram，名 Juang Bongsha Sin）。

（三）昭华皙拉太子直系：銮叻察那拉叻砂（Luang Raja Nara Raksha，名 Im Cilanond）；陆军少将披耶素拉纳社尼（BI. T. Phraya Suranath Seni Tho'ng Cilanond）；陆军上尉坤皙拉南陀社尼耶（R. O. Khun Cilanond Seniya，名 Thung Cilanond）。

（四）昭华那舜陀拉太子直系：披耶乌泰达摩（Phraya Uday Dharm，名 Nut）；披耶集拉瑜蒙蒂（Phraya Cirayu Montri，名 Rung Bairocna）；陆军少将披耶威汶阿瑜拉越（BI. T, Phraya Vipul Ayuraved，名 Sekh Dharm Saraj）。

（五）昭披耶那空（即昭内）直系：昭披耶摩诃素里达摩（Cao Phraya Maha Ciridharm，名 Noynai Komarkul Na Nagor）；昭披耶六坤（Cao Phraya Nagor Cri Dharmaraj，名 Noyklang Na Nagor）；披耶生诃蒙蒂（Phraya Saneha Montri，名 Noy-iat Catu Ronggakul）；昭披耶六坤（Cao Phraya Nagor Cri Dharmaraj，名 Nuphrom Na Nagor）；陆军上将昭披耶巫舜陀拉莱查挈漆（BI. O. Cao Phraya Patindra Tejanujit，名 Yem Na Nagor），系六世皇时代的国防部大臣；昭披耶蓬拉贴（Cao Phraya Boladeb，名 Chlo'm Komarkul Na Nagor），系六世皇时代的农务大臣；披耶哥曼功蒙蒂（Phraya Komarkul Montri，名 Ju'n Komarkul Nanagor），系七世皇时代的财政部大臣，并任宪政时代的农务部长职。

（六）昭披耶柯叻（即昭通因）直系：披耶坎亨颂坎（Phraya Kamheng Songgram，名 Megh）；披耶坎亨颂坎（Phraya Kamheng Songgram，名 Kham）；披耶坎亨颂坎；（Phraya Kamheng Songgram，名 Candra）。上三位皆任柯叻城太守职。披耶坎吞帕叶特斯（Phrrya Kamdhor Bayabadic，名 Tic Indra Solos），系府政务专员；陆军上尉銮罗摩特仑（R. O. Luang Ramariddhi Rongga，名 Khiau Maha Na Rongga）；陆军上尉乃潘因陀拉坎亨（R. O. Phan Indra Kam Heng）。

上面所列举的郑王后裔，仅是其中的一部份，只举出每一系的少数代表及其所领有的爵位和官职而已。①

本篇译文，系采用自佛历三四八二年②出版的《泰族应记》一书中的首篇而成的。此书共分三篇：首篇即本译文，第二篇为《泰失地十五次》，第三篇为《宪政下的泰

---

① 至于全部族谱，则请参阅《旧族谱》第4集。
② 编者按：当为佛历二四八二年。

国》。出版后颇受欢迎，尤以军界中人皆人手一册。吴福元先生决心印行此书时，确是具有最大的勇气，虽然起初略受阻碍，但后来也就平顺过去。这种发掘真理精神，也许因了吴先生的努力，而得发扬光大吧?!

1940 年 10 月 20 日译者附识，泰京

纪念郑昭大帝[*]

逸甲实·郑差实瓦匿 撰　黎道纲 译

译者按：1987 年 12 月 29 日是郑王纪念日。1988 年 1 月 9 日曼谷泰文《每日镜报》发表了喃甘亨大学经济系教授逸甲实·郑差实瓦匿的纪念文章《郑昭大帝》。这篇文章写得不错，值得一读。这篇文章吸取了近年郑王研究所取得的新成就，观点新颖。

应该说，目前在泰国流行的书籍及在中国几乎所有的提到郑昭大帝的著作，都未能还郑王历史的本来面目。

这篇文章虽然叙述简略，但却一扫过去人云亦云的陈腐观点和沉闷气氛，希望大家认真看待。

值此郑王纪念日又届临之际，笔者特著此文以颂圣德，并纪念郑王为泰族所建立的丰功伟绩。佛历二三一〇年（1767 年），大城失陷，统一的王国处于将全面崩溃的紧要关头，犹如历史上的直通、素可泰、南掌、洛坤、景洪等王国。郑昭大帝是泰国历代帝王中最常为著作家提及的国王，有种种纪念碑和庙宇，其数目之多是泰国历史上任何其他大帝不能比拟的。

有关郑王的籍贯问题，中国清代的文献说，原是中国南方乡村里的穷人，大城朝时期移居暹罗，后为华人头目。这种记载和泰文的记载不同。泰文文献记载说，王生于大城，父为华人，名海丰或郑镛，母为泰人，名诺央，这是 ก.ศ.ร. 古腊的记载。

有关郑王出生的地点，至今仍在争论。曼谷王朝第四世王说，王生于来兴府（达府）。越南方面也如此记载。但大部分记载说，王生于大城，同时代人称呼王为"津争"，是空萱蒲港唐人子。王通晓数种语言，在《编年史》中提到，佛历二三一六年（1773 年）攻打河仙城（今越南境）时，王用越南语与越南僧人对话，用华语与华僧对话。王的语言能力大概得自在大城和北部各城邑之间生意奔波的实际经验。王原是牛车商，后来当上来兴府侯王。佛历二三一九年（1776 年）僧人呈献的预言明确提到，

---

*　原载 1988 年 12 月 2 日《新中原报》"黄金地"版。又载黎道纲译著《郑王研究散论》，第 1—4 页。

王原是牛车商，王亦不以为忤。

因此，泰文《祖先的伟绩》一书所述的郑王历史，并没有得到历史学家的承认，因为没有原始文献的记载作为证据。

有的人拼命否认郑王是华人，而辩说王是（大城朝）波隆摩谷王子的私生子，原艺术厅的空禄·巴博通持此说。又说王是昭法拱（拱王子）的私生子，巴允·匹萨纳持此说。无论如何，要否认郑王是华人是不容易的，在今日郑王故宫中的两座中国式宫殿就是雄辩的事实。法国传教士亦证明，郑王一半是华人。段立生教授的著作也提到，在中国的习俗中，蛇并非不祥之物。因此，在《祖先的伟绩》一书中提到的郑王身世的说法，是十分令人怀疑的。

郑王身世之所以如此迷离，其原因在于在曼谷王朝初期，郑王并没有被视为泰国的一位国王！

郑王的事迹和英雄行状普遍为人称颂，所有的记载都一致说王是英雄。法国传教士写道："说起来，王是一位十分英勇的战士。"每次战争，王都身先士卒。王十分清楚，该进攻的时候进攻，该退却的时候便退却。例如，当缅人围大城时，王阻止拍耶碧武里，不准出战，拍耶碧武里不听，结果战败被杀。当王突围时，缅军追数次，最后一次追至北标府的板帕兰诺村，王见缅军快追及，于是与数位亲密战友策马与缅军战，缅军在这次著名的战役中被击溃。这一日子后来成为泰国的骑兵日，至今不变。

在攻打尖竹汶城的战役中，象奴惧怕王遭到危险，驱象后退，几乎为王所杀。象奴乞命，奋勇驱象，终于破城门而入，攻下尖竹汶。

在水战方面，王亦是位大战略家。佛历二三一〇年（1767年）年尾，攻打缅军菩三屯营、佛历二三一二年（1769年）攻打洛坤侯王（努）、佛历二三一四年（1771年）攻打柬埔寨时，敌人都没有料到郑王用水军进攻，轻易取得了胜利。

王耗时三年征讨各地割据的伪王，泰国才再次统一。王的一生为国奔波，为敌人所畏惧，在位14年，王在努力建国。王在活着的最后一年仍在尽力建国。

郑王是一位和人民亲近的国王。他不摆架子，倾听百姓的申述，而不爱听大臣们的汇报。无论到什么地方，人民都可以亲近，没有层层军队围绕，把他和人民隔离。

最重要的事实是，作为华人，郑王不为原大城朝的旧世家子弟所欢迎。郑王突围而走，被这些人视为叛变。阿社文吉之役后，郑王手下几员大将先后死去，例如拍耶素可泰的死去使王的权力结构受到影响，余下的大将又远离身边，因为国家的安全比个人的安危更重要。如拍耶披猜（断刀）远守披猜城，昭披耶加拉风正在收复打瓜巴和打瓜童。郑王死后，这两人也追随郑王死去。因此，把郑王统治的14年说得一无是处，是歪曲历史的事实，说郑王精神不正常，也是不知羞耻地隐瞒了历史真相。

笔者祈望，作者们不要再往郑王身上泼污水。郑王本身的遭遇不是已经足够令人惋叹了吗！

郑王研究中的一些问题[*]

卡宗·素帕匿 撰　黎道纲 译

研究吞武里郑王的历史，四月七日是一个重要的日期。有说王出生于佛历二二七七年（1734 年）四月七日，大城都陷于缅兵为佛历二三一〇年（1767 年）四月七日，王薨于佛历二三二五年（1782 年）四月七日。

收复故都大城的具体日期，尚无证据可查。查得到的证据说是十二月初，没有确却的日子。有人说是小历一一二九年猪年十二月白分十五日，换成佛历是二三一〇年十一月六日。也就是说，大城陷落于四月，十一月就光复了，前后只七个月。

佛历二三一〇年，不能说我们泰人已丧失了独立，我们只丧失了首都罢了，全国其他城邑还在抗敌及争权。

七个月就光复了大城都，这是郑王的一件伟大功绩。要是有《钦天监纪事》或同时代人的记载，能确定大城的光复日期确实是十二月白分十五日的话，那么，佛历二三一〇年十一月六日将成为我国又一个重要的纪念日。

一　郑王的诞辰问题

郑王是否诞生于四月七日，这一点笔者不敢肯定，这个日期是抄来的，这么说的人也没有提供证据。《祖先的伟绩》一书说，王生于小历一〇九六年寅年（佛历二二七七年），没有提到月份和日期。

《祖先的伟绩》印行于佛历二四七三年（1930 年），原卷是"沙没开"（鹊肾树皮纸抄本）。原卷提到郑王的童年，说其师为故都越哥沙哇寺的住持通里长老。这个越哥沙哇寺如今是什么名称，是否为越沙门哥沙寺？可以相信的是，当年的高官昭披耶哥沙禄、哥沙班的家寺越哥沙哇寺应该是一座名寺，其重要性和越普考通寺（金山寺）一般。大城王朝拍碧拉差王时期，荷兰使团的随员曾作一地图，有详细记载，希望对古寺有研究者查对看看，所谓越哥沙哇寺者，是今日哪一间佛寺。

---

[*] 原文载佛历二五〇六年 2 月号《朱拉协会杂志》。译文原载曼谷《中华日报》"泰国风物"版新第 24—27 期。又载黎道纲译著《郑王研究散论》，第 5—15 页。

郑王父名海丰,这一点很多人反对,说海丰是潮州府一个区的地名。本来人名和家乡地名相同也没有什么,但令人怀疑的是,海丰可能不是郑王父的名字,而是其乡里的名字。①

《祖先的伟绩》写道,郑王父把王给昭披耶节基(内务大臣)为养子,养父取名为"信"。

《祖先的伟绩》没有提到郑王有几个同胞弟兄。从《吞武里王朝编年史》中可以找到郑王几位亲戚的名字,如昭盛和几位不知名的妹妹(见《公摩銮纳林他威回忆录》);有好几位侄子(或外甥),如昭纳拉素里翁、昭拉玛叻、昭拍统派集、昭水。郑王明明有这么些亲戚,但《祖先的伟绩》丝毫不提。

《祖先的伟绩》写道,王9岁时,昭披耶节基令入越哥沙哇寺,托通里长老教养之。

这有点奇怪,昭披耶节基是内务大臣,是位显赫高官,为什么没有本族的家寺,而要把养子信寄托在别个家族的佛寺里。

《祖先的伟绩》又写道,乃信满13岁时,昭披耶节基为之举行剃发礼,然后领入宫觐见波隆摩谷王。在此期间,乃信学习了好几种外国文,会说华语、越语和印度语。满21岁时,昭披耶节基令其剃度为僧于越哥沙哇寺。这位昭披耶节基看来在职时间颇长,直到郑王任职达府,升为达府侯王时还健在。

从郑王出生到升为达府侯王前后共30年,假如这位昭披耶节基为内务大臣30年,为什么编年史中完全没有提到此人?《祖先的伟绩》印刷于佛历二四七三年(1930年),"沙没开"原卷不知作于何时,所谓越哥沙哇寺通里长老记载了郑王童年之事也不见其原稿。

二 郑王是牛车商

《吞武里王朝编年史》有两处记载了郑王的历史,一处记载了越迈寺(没有注明是哪一府的越迈寺)的住持拍摩诃梭碧的预言;另一处记载佛历二三一七年郑王到达府越黎考缴寺拜佛。

所谓拍摩诃梭碧预言是这么一回事。与缅酋阿社文吉对战后,有越迈寺方丈拍摩诃梭碧献上书写在丹叶(糖棕树叶)的佛预言给郑王,内容是:"有大臣家族在大城成为一国之君者四人,最后一位君主为缅人所残,首都陷于缅军。有一牛车商,当了披耶

---

① 译者注:近年来证明郑王祖籍为澄海华富。

（侯王），将统治南部海滨之勐网咯（曼谷）。这位侯王建都七年，缅军来犯者三年。佛历二三二〇年、小历一一三九年，勐网咯将陷于缅人。王宜迁往勐拉瓦，即华富里，此地百佛云集，敌人无法侵犯。"

郑王看了这个预言后说："不能放弃勐网咯，既然僧人婆罗门之流说了，亦要照办。就到华富里去住个七日，可以了吧。"

这个预言注明郑王是牛车商，不是波隆摩谷王的侍卫。如果是这样，郑王原来是个普通人，押着货物到各府去卖，又怎么立了功，当起了达府侯王呢？这个功应该是个大功。我们可设想一下，比如在与缅甸进行阿社文吉之役时，王或许率人多次截断了敌人的粮草辎重，立了相当大的功勋，才被任命为边陲地区的侯王，否则，一个普通商人根本不可能当上高官，任如此要职。但是，这只是推测，郑王是牛车商时，立了什么大功，一点儿记载也没有发现。

三　郑王在达府

佛历二三一七年，郑王率军攻克清迈，得悉缅军来犯，急率军南下，往北碧与缅军战。当行军路过达府时，郑王到越黎考缴寺拜佛，并询问僧人道："诸佛陀曾记否，当年我还住在这里，我把宝剑悬挂，并求赐福，许愿道，若将来真正能达成菩提正果，宝钟会在指定处裂。如今我敲此宝钟，若果然如斯，将还愿建一舍利塔。"祈求后，便敲钟，奇迹出现了，钟果然在指定之点破裂。众僧祝福道，确实如圣谕所言。

这一段内容见于《吞武里王朝编年史》，可见郑王确实曾住在达府，当时王府的名称是"板来兴杶果园宫"。

四　子年光复大城

一般史书说，郑王率领兵士约一千人，从大城突缅军之围，时佛历二三一〇年一月三日，即大城陷落前三个多月。

同年六月十四日，郑王占领尖竹汶。此时大城城破已两个月。王再费时 5 个月招募兵员，准备武器，营造船只。在十二月子年（公历 11 月）亲自率领水军来到北榄，第二日攻打吞武里。"即令趁黑急行军。"次日凌晨"三时许，攻打菩三屯营东营。又命造梯进攻西营……敌军大惊来降"。郑王从北榄率军北上，至收复故都，前后只用了两天两夜。对敌人的突袭猛攻是郑王用兵的一个特色。

前面说过，郑王光复故都的具体日子不明，只知道是十二月，现在既然规定是十二月白分十五日，佛历二三一〇年十一月六日，暂时就这样吧！①

光复大城后，郑王首先做的事是，"王谕不准兵士骚扰危害民众。见原皇族臣僚军人处境十分困苦可怜，命大量增发财物。又为拍提难素里耶玛辫王（大城王朝末代国王昭华绎甲达王）遗体安排火葬礼。……派人前往华富里，劝说落难的前王亲国戚到吞武里来安居"。

五　子年登位

我们来估计一下，从郑王攻打菩三屯营到回到吞武里建都，这些日子有多长，要不要个把月？

目前规定郑王登基日是佛历二三一一年十二月二十八日。郑王于佛历二三一〇年十一月六日光复大城，而登基日期是佛历二三一一年十二月二十八日，间隔达 14 个月。看来颇为古怪，相去个把月还合理，为什么要在 14 个月后才登基为王，实在找不到根据。

据说，这个登基日期是从侍卫乃宣所作的颂诗中得到的。看来看去，也不知是在其颂诗中的哪一段哪一节。

乃通裕·勃博印了一本书，附了泰国星象家公会主席拍耶波里叻卫差干的阳历与阴历换算表，从这里才勉强明白上述计算法是怎么来的，即把大城沦陷后夺取尖竹汶计为亥年之事，把光复大城定为子年的事，亥年是佛历二三一〇年，子年是佛历二三一一年。事实上，大城陷落，攻占尖竹汶，攻取菩三屯营都是子年，即佛历二三一一年的事，是同一年五月、七月和十二月发生的事。如果小历一一三〇年子年是佛历二三一一年，那么大城陷落、攻占尖竹汶、光复大城和登基为王都应该是佛历二三一一年的事，即在子年登基，距离光复大城都一个月余，不是 14 个月。

六　自称为"京都守护人"

为什么选择吞武里为京都，有一种说法是，郑王梦见前朝国王托梦来逐，不准留在大城，才下来吞武里建都。这个说法最先出现在佛历二四〇七年（1864 年）巴特利医

---

① 译者注：卡宗认为，光复大城是在子年佛历二三一一年，公元 1768 年，不同意是佛历二三一〇年。

生印行的王家编年史中。笔者（卡宗·素帕匿）从英国博物馆发现的编年史（一般认为是更早的版本）并没有这样写，而是写道："王见民众死去的尸骨堆积如山，活着的饥饿得活像个可憎的鬼魅，心中于是冷漠于王位，想回尖竹汶去。众僧婆罗门、大臣、民众恳切挽留，具有佛祖慧根的国王见此有助于达成菩提正果便接受挽留，停居在吞武里王宫内。"

《吞武里王朝编年史》记载，郑王所追求的是菩提正果，并不是寻求王位，率军光复大城实在是形势所逼。见到了民众的尸骨和国破家亡的景象，更使王冷漠于王位，故"欲回尖竹汶"，停居吞武里王宫并非王的本意，接受挽留是为了修成菩提正果。

在法国主教（天主教）的信中也明确写道，民众都奉献"国王"的称号给王，但王仍旧自称"京都守护人"！

七　在位年代

从逗留在吞武里王宫计算，自小历一一三〇年子年，直到叛徒披耶讪在王宫逼王落发的小历一一四三年丑年为止，前后 13 年 4 个月。《公摩銮纳林他威回忆录》却说，郑王在位 14 年 4 个月，郑王于泰历佛历二三二四年三月十日被迫出家。王在位的日子应该到此为止。如果按郑王光复故都的时间为佛历二三一〇年十一月六日算起，到佛历二三二四年三月十日出家为止，则王在位共 14 年 4 个月又 4 日，和公摩銮纳林他威所的记载相同。

八　被迫出家

关于郑王被迫出家一事，巴特利医生本的王家编年史写道："郑王获悉，叛军已前来围宫，为首的披耶讪还是（郑王）派去征剿叛乱的，反而举兵返回……便命人去召见僧王拍旺叻和拍叻达纳牟尼，令前去与披耶讪谈判，说王承认错误，愿意投降，只求生命，愿出家为僧。披耶讪同意，当晚午夜后，王被迫出家，在王宫范围内的越争寺（黎明寺），在位共 15 年，王位为披耶讪所夺。披耶讪派重兵围住越争寺，怕住于寺内佛堂中的王逸去。还把王侄公摩坤阿努叻颂堪和全体王族统统关在王宫里。"

这件事在《公摩銮纳林他威回忆录》中是这样写的："披耶讪命招来僧侣尊长，要王剃发出家 3 个月，以消弭国家的凶灾。王笑哈哈地击膝曰，比丘僧来了。约 3 时，即剃度为僧，时四月十二日。王在位 14 年 4 个月后出家。"

披耶讪以重兵围宫，在宫外居住的僧侣尊长如何入宫？巴特利医生本的王家编年史记载王的语气说："承认错误，愿意投降，只求生命，愿出家为僧。""这一点儿也不像郑王的性格。"说王笑哈哈地击膝曰"比丘僧来了"，这种写法"很像吞武里王的语气"，曼谷王朝第五世王这么评论。

我们还可以在一份行军纪事日报中读到一段郑王的讲话。这里顺便介绍下，有助于了解郑王对王位的看法和王对菩提正果佛法的追求。

佛历二三一四年正月白分四日，郑王率军攻打柬埔寨和佛台玛（河仙）时做了讲话。纪事官在行军纪事日报中加以记载，原件是"沙没开"，藏于瓦栖拉然图书馆，其内容为："为王者，要保佑国泰民安，若弗能公正严守法规，错者不罚，不为国，则国家休矣！……今在越嵩畏寺诸长老前，向佛祖誓，朕作诚恳之言，朕不顾身体与性命，非为九五之尊之地位，只希望诸僧沙门、婆罗门及众生护荐席之安，毋受侵犯，守法规，守佛戒。若有人能适于至尊之位，保众僧、婆罗门、民众之安居，朕愿禅位让贤。朕将皈依佛法。若要朕献去头颅或心脏给斯人亦可。这是实话，若有诓骗，得堕地狱。……"

郑王于佛历二三二四年三月十日出家，死于佛历二三二五年四月七日（按法国传教士的记载）。因此，王实际上披袈裟仅24—27日。但笔者还未发现郑王还俗的可靠日期，因此以为郑王去世与还俗是同一日。

九　临终遗言

还有，郑王临终前说了什么？

巴特利医生本的王家编年史载："朕缘分已尽，快要到死的地方了，带朕去见见代摄政务者，想说上几句话。"

这些话是后来杜撰的。如果当时目睹此事的人，如越菩寺的拍旺叻长老曾记载此事，那么，我们有目睹者的证据。但是，这是世俗的事，不是僧人的事，拍旺叻长老写的是巴利文，大部分是宗教的事。我们只好依赖《公摩銮纳林他威回忆录》里面的记载，道："……（吞武里）城发生内战时，披耶讪让昭隆叻去对抗公摩拍叻旺朗（后宫王、拉玛一世外甥）。昭隆叻径直往越争寺，对出家的郑王说：'还俗吧！'意思是说，要郑王还俗来应付内战。郑王答道：'朕缘分已了，还是别做吧！'这是郑王最后的话。"这句话与郑王对王位之冷漠，追求成为佛陀的殷切心境是一致的。因此，应视为郑王的临终遗言。

十　亲自出征至1779年

在郑王毕生的光辉事迹中，有一件事是要说清楚的。有一个大人物写道，郑王亲自率军抗敌，仅在位的头七八年罢了，此后就留在京都。后来统军出征的事，都是交给昭披耶却克里（后来的拉玛一世）和昭披耶素拉西（拉玛一世王弟）两兄弟。

郑王在与缅酋阿社文吉对战后，确实没有再亲自率军出征。问题是，该战到底是哪一年结束的呢？旧本、新本的《吞武里王朝编年史》都写道，拍摩诃梭碧长老的预言看来严重地造成了王心里不安，惧怕会失去勐网咯，如预言所示。这则预言是小历一一三八年申年的事。王知悉了预言后，仍旧指挥泰军追击，驱逐缅军，至申年底。第二年是酉年，郑王就不再率军征伐。

我们要考虑到阿社文吉率军匆忙退回缅甸阿瓦是因为缅王孟驳去世，其子聱角牙就位于申年，小历一一三八年，即1776年。

郑王亲自出征到1776年底，前后长达9年，要把小股缅军残余全部逐出泰境也是费时的事，可能直到1776年底或1777年才能完成。

我们还有其他证据。当时在吞武里的人记录说，郑王1779年出征尚未回都。这个记录是法国传教士戈第主教1779年6月15日的信，内容是："当拍昭达出征归来，看起来冷漠和不愉快，因为恐惧缅军举兵来犯都城，如果缅军再来进攻，泰国的名字将从此消失。"

这位主教对郑王这次出征归来是欢迎的，因为1779年9月他被释放了出来。戈第主教有关郑王出征回都的记录对我们所讨论的问题有重要的意义。从此可以得出结论，郑王亲自率军出征直到1779年，是他在位的第12个年头。

郑王光复了故都，把四分五裂、支离破碎的国家重新统一起来，恢复了一个固有的王国。

我们不知道拍摩诃梭碧的预言对郑王的心理造成了多大的不安，亦可能是后来两年郑王一直驻守都城的原因。

郑王在晚年从事玉佛的庆典及坐禅，独自静坐。正如多种说法所说的那样，虽然王出身于普通商人之家，但却为国家建立了伟大的英雄业绩，值得我们深深怀念。

郑王早年历史探讨[*]

匿惕·姚西翁 撰　黎道纲 编译

1997 年 6 月 26 日，泰王国公主玛哈扎克里·诗琳通殿下参观了广东澄海"暹罗郑皇达信大帝衣冠墓"。

郑王是泰国各界人士敬仰的英雄人物，但是对其历史，尤其是早年历史不甚了了。清迈大学的匿惕·姚西翁于 1986 年撰写了一本书，书名叫《吞武里王时期的泰国政治》，对郑王历史的研究有极为卓越的见解。

现据 1986 年初版本，取"登基前的历史"一节，编译成本文。

引言

吞武里王（以下称郑王）是泰国人民心目中伟大的民族英雄，全国各地供奉郑王的神庙和纪念碑数目之多超过历史上其他帝王。但是，郑王登基以前的历史异常模糊，充满着形形色色、相互矛盾的传说。

为什么会这样呢？

曼谷王朝初年，有关方面可能不承认郑王的国王身份。[1]

郑王的地位对曼谷王朝统治的合法性有着不容抹杀的重要性，曼谷王朝是继承吞武里王朝而产生的，可是曼谷王朝初期历史著述提到郑王的历史地位时显得含混不清。这个时期编写了一本《吞武里王朝编年史》，上接大城王朝，下接曼谷王朝初年。

从泰国历史看，郑王明明是一位泰国国王。问题是，这类史书要如何措辞，以满足曼谷王朝第一世王登基合法性的政治需要。也就是说，编写史书要妥善地把节基王朝（曼谷王朝）的泰国和大城王朝的泰国联系好。

编写这类史书的困难是，歌颂吞武里王朝意味着否认节基王朝的合法性；而诋毁郑王统治的 14 年又意味着否定郑王继承大城王朝的合法性，也等于否定了后来的继承者节基王朝的合法性。

---

   * 原载黎道纲译著《郑王研究散论》，第 40—66 页。

   ① 匿惕·姚西翁：《从郑王到昆隆亲王》，《艺术与文化》1985 年 5 月号。

正是这个原因，编年史中郑王的地位显得尴尬，一方面要推崇郑王复国的伟大功绩；另一方面出于权力继承的政治需要，又要对郑王加以诋毁。因此，在正史中如何叙述郑王登基后的历史，问题重重。至于郑王登位前的历史，更罕有人记载。

事实上，按泰国编年史的编写传统，一向只记载作为国王者的历史，并不注意其本人情况。一般而言，对所有国王登基前的个人历史都很少记载。曼谷王朝初期，郑王仍是新王朝的政敌，对郑王行状的记述都是出于政治需要，编年史只记载确实必要的内容。

新旧王朝更替时，郑王家族的大部分男性成员被清除了。后来，在公摩坤甲刹拉努七叛乱中，仅剩下的少数郑王后裔又遭到清除（公摩坤甲刹拉努七是曼谷王朝拉玛一世的外孙，是拉玛一世王后的长公主深和郑王所生的儿子。新旧王朝更替时，虎口余生。佛历二三五二年九月七日，拉玛一世死。九月九日即发生告发公摩坤甲刹拉努七谋反案。同案被诛的，除公摩坤甲刹拉努七外，尚有郑王第九子奥罗尼加、第十七女杉丽宛公主，以及公摩坤甲刹拉努七的幼子六人，以及其他40余人）。

郑王的女儿及孙女绝大部分被新王朝收入宫内，因此吞武里王系和曼谷王系在血缘上很难分开，郑王的支系不至于分散至无法控制，这样便于防止盗用郑王的旗号造反。在政治上有必要承认郑王的国王地位，有必要防止其族系与平民混杂，以避免社会出现新的问题。

在处理了公摩坤甲刹拉努七叛变案后，在政治上用郑王的名义来危害新政权的危险性逐渐降低。

这是一个时代的结束。在新的时代里，郑王作为新王朝政敌的形象变了。

到了拉玛四世时期，郑王是泰族王国国王的身份才渐渐明确。有一次，拉玛四世表扬公摩万甲刹室利萨地禄说："够资格任王宫中的诏法。"诏法就是王子，甲刹室利萨地禄是郑王的女儿杉丽宛的儿子。也就是说，拉玛四世公开承认郑王女儿杉丽宛的公主身份。换句话说，拉玛四世承认郑王的国王身份，还承认其子女的王子、公主身份。

拉玛四世在一本著作中提到郑王时说："诏达信聚集全国人民抵抗缅人，收复国土，重获独立。但是，起初对不能合伙的人过于严酷。其行为保护了大多数人，有人歌功颂德，说他是好人，以致在暹罗土地上称王，相同于昔时治国的国王……直至有厄，失去王位。还是有许多人想念到他不能磨灭的功德，出生于这个家族的人士仍被尊崇为出自高贵的帝王世家，至今还被称为坤为蒙……"

可惜到拉玛四世时，一切都太迟了，再没有老一辈的人可以讲述吞武里王登基以前的历史了。而郑王的历史地位得到承认，也使郑王的后裔乐意接受有关郑王的种种异乎寻常的神话传说。

　　自拉玛四世开始，出现的有关郑王历史的问题是，无论是否郑王的后裔，都乐意讲述郑王的故事，即便所述的内容往往并无可信的根据。有关郑王故事的种种片段打从拉玛四世时期开始，不断地补充、添加，直到今日还是这样做着，或推说据有从未为人所知的秘密记载，或依据入定跌坐所见而记述。

　　编年史的记载容易为人接受，但是编年史以外的内容有许多人私自编造。

　　由于编年史没有提到郑王登基前的历史，这个领域成为人们的想象自由驰骋之地。与此同时，在编年史中出现的关于郑王历史的记载，受制于编年史编写的局限，完全缺乏想象。

　　从拉玛四世开始，西方文化逐渐流行。受到中国传记故事和西方文化影响的结果便是，人们开始注意家族历史和个人传记，这种风气更加促进了吞武里王逸事的创作。郑王富有传奇色彩的性格，分外引起作者和读者的兴趣。直至今日，这种情况依然存在。

　　郑王是泰国国王中被人写得最多的一位，记述郑王的作品形形色色、层出不穷，风行一时的《祖先的伟绩》一书就是在这种氛围下写成的。这本书努力地叙述郑王登基前的历史。这本书流传很广，广泛地为郑王传记的作者作为根据引用。

　　暹文史籍《祖先的伟绩》一书较有系统地述及郑王早期的历史，后来的郑王传记作者多以此书为蓝本。因此，这本书提到的郑王早年历史应该认真加以讨论。

　　问题是，《祖先的伟绩》的叙述到底可信与否，如今实在难于寻到同时代的资料，以逐章逐节地验证其可靠性。

　　有关郑王早年历史的系统资料如今早已荡然无存，仅余下片断记载。根据这些仅存的片断记载，已足以证明《祖先的伟绩》一书谬误百出。可以肯定地说，《祖先的伟绩》一书是拉玛四世或五世时期的人杜撰的，完全没有任何历史凭据。

　　因此，在这里讨论郑王的历史时，不引用《祖先的伟绩》一书的内容，而是直接引用仅存的早期片断记载，重新探索郑王的真实历史面貌。

一　郑王的诞辰

　　这里先讨论郑王的诞辰。

　　《吞武里王朝编年史》，即所谓公摩颂勒拍波罗玛努七齐诺洛审定本，写到郑王驾崩时的岁数说，郑王生于佛历二二七七年（1734 年），为大城王朝波罗摩谷王在位第三年。另一份早期文献《钦天监纪事》说，郑王驾崩时享年 48 岁又 15 日。

　　法国人在郑王驾崩后数月来到暹罗，听到传言说，郑王被弑于佛历二三二五年（1782 年）四月七日。据此推算，郑王的出生日期是佛历二二七七年（1734 年）三月二十三日。

但是，泰国的记载说，郑王驾崩于四月六日。若是如此，郑王的出生日期是佛历二二七七年三月二十二日。

拉玛四世给撰写泰国史的史密斯医生提供的资料说，郑王生于佛历二二七七年三月。

但是，《祖先的伟绩》毫无根据地说，郑王的生日是小历一〇九六年五月黑分十五日。有的人说是佛历二二七七年四月十七日或四月十五日。有的人甚至说是四月七日，这一日却是大城为缅兵所破的日子！

二　郑王的祖籍

尽管有一个时期，泰人对"泽"（这里指泰国的华侨和华裔）的印象不太好，不愿意见到其民族英雄人物是"泽"，但不容否认的事实是，郑王是华人的儿子。

有的作家，如詹益明等，拼命否认郑王是华裔，说郑王的母后是富家女，入宫后与昙摩迪北王子有染①，怀孕后出宫，和一华人商贩结婚。所以说，郑王的母亲为泰人，而且是故都王系后裔。

但是，这些书的作者并不能够提出任何证据来证明所述的故事。后来，尽管这些作者重申其观点，但并没有因此增加其可信度。

与此相反，有不少原始资料一致证明，郑王的父亲是华人。1768 年 6 月 3 日法国神父记载了郑王的出身，其中写道："披耶达一半是华人……"② 值得注意的是，郑王是华裔这个事实在当时已是人所共知的事，连初到吞武里城的外国人都知道。

中国方面，当年的文献明白地提到郑王有华人姓氏，或至少在和中国官员来往时用了华人姓氏。

越南王朝的编年史或《大南实录》，著作年代虽然较晚，但引用了大量的原始文献，提到郑王是潮州人。

郑王同时代人留下的泰文文献，称呼郑王为津（Chin）。有一本编年史，在郑王身后不久著述，其目的明显的是要诽谤郑王，书中提到郑王是空萱蒲港华人的儿子。③

---

①　昙摩迪北王子剃顶髻后，为何仍居住宫中，其并无解释。
②　《泰国历史丛书》第 39 册。
③　津，华人。有一本目前仍保存在泰国国家图书馆的书，登记为第二号，手抄本，用白粉书写于黑纸上，书中写道："当年有一位居于空萱蒲（荖叶园港）的华人儿子，北上经营商务至勐达城，历时多年。这位华人聪慧，且智力过人，时常帮助地方官审理各种案件。勐达城太守患病，不久死去。这位华人即割去辫发成为泰人，转赴大城，四出奔走，意图运动任勐达太守职……"

　　郑王是华裔这个公开的事实，在《祖先的伟绩》一书之前，早已出现在泰文文献。如大城城破之前已面世的坤博隆色那陶的回忆录写道："由勐泰华人任勐达城主。"巴尔利爪神父根据传说叙述吞武里王的事迹（因为王家编年史数处有错）说，王是华人子，母亲是泰人。

　　郑王有华人血统这个事实是郑王研究中少数有可靠证据的结论之一。其余大部分问题，由于根据含糊，至今尚无定论。

　　最早的文献提到郑王父姓 Chaeng，即普通话"郑"音。昭披耶提帕功翁称王父为津海丰；《祖先的伟绩》说是津海丰，名镛，姓郑。

　　后来，"海丰"被误为王父之名。实际上，此是潮州府一县名，故有人认为，王父为这个县人士。关于郑王父亲的原籍有种种说法。

　　施坚雅说其原籍是潮州澄海县华富乡。这种意见来自澄海地方志。但此书修纂年代颇晚，可信度不高。也有人说，郑镛来自惠州。后来，段立生在澄海县华富村发现了郑王的衣冠冢和1922年建的郑氏宗祠。①

　　因此可以肯定，郑王的父亲来自澄海县华富村。这个地方相当穷困。大城王朝晚期由于大米贸易，这个县许多人移民到大城。

　　吞武里王姓郑是不容置疑的，有许多原始材料可以为证，其中包括吞武里王致清朝的公文，其中也用了这个姓氏。后来，节基王朝在致中国的公文中继续使用了这个姓氏。

　　郑王的父亲名镛，并没有较多材料足以为证。

　　《祖先的伟绩》一书引用了四十二梅居士的《郑昭传》。《郑昭传》是辛亥革命以后的作品，其中提到王父名郑镛。但是四十二梅居士的作品一是后来的作品，二受到后

---

　　① 　译者注：1982年12月18日陈棠花在《中华日报》"昭披耶"版写了一篇《郑皇祖籍澄海乌鸦村踏勘记》，文章写道："去年间，北京中国社会科学院世界历史研究所陈健敏来泰访亲，到报社晤我。因他是澄海人，我特地嘱他，假如有机会，请到澄海华富访问郑皇祖籍的乡村。健敏君由泰返国时顺道在广州中山大学晤教授兼东南亚研究所所长张映秋女士，告以我希望学界到澄海华富访郑皇祖籍实地考察的事。张教授答应了我的要求，来信说将在今年假期赴澄海华富一行。张教授赴澄海初步踏勘后，来信述说：'今年六月，我们一起到澄海华富初步考察。此行的主要收获是，证实华富确实系郑皇的祖籍村落，在该地的乌鸦地还保留着郑王的衣冠冢。这座衣冠冢是一个土堆，墓穴大约长3公尺，宽2公尺，周围是农民的耕地。这座土堆虽然表达了当地人民对郑皇这个有郑氏血统的泰国民族英雄和伟大帝业的缅念，却过于草率，但它是澄海县重要保护文物之一。除上述外，该村还保留郑氏宗祠一座，是郑皇祖籍的祠堂。其地郑氏子孙尚有三房，共约100人。'"1985年7月16日《中华日报》载段立生《郑信与中国》一文，文中提到"郑信的祖籍是广东澄海县"，"经笔者到澄海实地调查，证实郑信祖籍澄海一说最为可靠"，"村外的乌鸦地有郑信的衣冠冢，修筑年代不详。四十二梅居士《郑昭传》说：'予家南洋，距华富里仅数里。少时尝访其墓，颓败已甚，遗族数家，余贫不自存。民国初，邑人为之修饰，今犹焕然。'可见郑信衣冠冢是民国以前就有的了"。

来在泰国流行的叙述郑王的中文资料影响颇大。

施坚雅依据中文资料说，王父原名达和海丰，来泰后更名镛。四十二梅居士所著《郑昭传》载，郑镛因父有资产，故不务正业，为浪子，乡人号之曰"歹子达"，犹言浪子也。这可能是施坚雅所指其名达的由来。其后来贫不自聊才到泰国，因赌致富。[①]

郑镛（姑且接受吞武里王父确是此名）来泰国后，定居在大城，或其他地方。这一点意见纷纷。

《祖先的伟绩》说，定居大城，最终为赌摊主，获赐爵坤博。泰国最早的资料说，郑王为空萱蒲华人。《大南实录》载，郑王父定居在故都。

但曼谷王朝拉玛四世不知有何根据，说吞武里王生于班达区，但这不是凭空捏造。《大南实录》载，王父曾为曼察（班达?）的头人，死后，吞武里王继承其父在曼察的披耶（太守）衔。

关于郑王的出生地点，下文再谈，但王父定居在大城的可能性较大。

要指出的是，王父获赐爵为坤博，包揽赌税一事，并没有其他可信的证据，只凭《祖先的伟绩》一书叙述。看来这一点不是事实。有可能郑镛从事内地贸易，其地位也不如《祖先的伟绩》所说那般富裕。

三 郑王的出生地

如果否定了《祖先的伟绩》一书所载的郑王的生平，那么就有必要在《祖先的伟绩》以外的资料来探究郑王的出生地点。有资料提到，郑王的父亲曾是今达府班达村的头人，王生于班达村。这个说法说明，郑王长于班达村，而不是阿瑜陀耶。这份资料的来源是编年史，大概是曼谷王朝拉玛一世时期编写的，是内宫妃子提供的资料，另一个来源是《大南实录》。

郑王出生地的讨论，关系重大，关系到郑王和大城都贵族门阀的亲密程度，对日后郑王的政治活动影响重大。

有卑拉·室利察拉莱（吴福元）者，曾对吞武里王系进行研究，对郑王的出生地和住在大城都的说法提出怀疑说："尚未发现有其他证据。"

要是接受郑王的母亲曾经避缅兵之乱于碧武里府班廉村的话，那么，在缅军围城之

---

① 译者注：四十二梅居士《郑昭传》载："父达，旷荡不羁，乡人号之曰'歹子达'。歹子，犹言浪子也。以贫不自聊，且见恶于乡，乃附航南渡。"

时，郑王的母亲逃至泰国中部，而不在达城。

编年史载，王取得三株菩提树后，曾遣人到华富里，接故朝王系及王的亲戚到吞武里城来照顾。这件史实表明，郑王的亲戚在中部，尤其是（大城）京都，才逃难到华富里。

拉玛四世提到，郑王攻取沙旺卡武里后，接来王在达府来亨县的亲戚，按关系亲疏分别封官。这种说法是为了配合郑王生于班达村而说的。

说郑王定居于大城，或可从中国人在大城定居的状况来寻找证据，以支持此说。

施坚雅说，早在拉玛一世以前，在北榄坡以北的泰北地区，没有任何证据或地方记载说明，曾有过固定的华人社区。已发现的证据表明，在北榄坡以北的泰北和泰东北部，乃至以难河、戎河、旺河流域，最早定居的华人都是海南人。这一带古老的神庙都是水尾娘庙，供奉的是海南人信奉的女神。这些神庙都是从曼谷三升的神庙分支出来的。

郑王的父亲是外来华人，早在大城末年，那里还没有华人的社区，因此，在那里定居是困难的。再者，他又是潮州人，不是后来到泰北和泰东北创业的海南人。

总而言之，郑王的上代定居在泰中部的可能性大，也许正是定居在大城都。那时大城都的华人社区是全国最大的华人社区，即便潮州人那时还不是人数最多的华人。

四　郑王的名字

令人感到诧异的是，有许多证据表明郑王原名信。拉玛一世时，洛坤王（博）的任命中提到"拍耶达信"。《故都人供词》数处提到王名"达信"，提到其职位为勐达城主或来亨城主。

按规矩，称谓城主名时，不在其中附上原名，因为没有必要，通常只有在编写编年史时才这样做。

为什么在《故都人供词》中，提及郑王时要加上"达信"的名字，可能有其原因。例如，那时尚有其他还在世的、被革除的达城主（编年史中一般用来称呼未在职的拍耶达）。亦有可能是，这个供词是郑王成名后才写的。例如，在佛历二三一二年以后，才按当时流行的称呼，以清楚地表明所指的拍耶达名叫信。不过，亦有可能缅文原文郑王称号后面没有注上原名，是翻译为泰文者所加。

无论如何，种种证据表明，在大城朝末年和郑王时期，信可能是正名，至少王曾用过而为人所知，但这并不一定是郑王用过的唯一名字。

拉玛四世曾向史密斯医生提供资料说，在华人圈子里，称吞武里王为"郑信达"，郑是姓，信是名，达是达府。越南编年史载，吞武里王姓 Trinh（郑），名国花，普通话为国英。在莫天赐写的文书中提到这个名字。莫天赐为河仙太守（河仙，越南城，泰国佛台玛）。这份文书是莫天赐起草送广东总督的，报告大城陷后泰境动态。郑国英一名，《大南实录》曾一度用来称呼郑王，国花或国英可能是郑王的另一个名字。至少郑王在和河仙太守莫天赐打交道时用了这个名字，因此河仙太守在报告中才使用了这个名字。

但是，没有发现郑王童年时的中文名字，只是在与莫天赐或莫士麟来往时，他起了个中国名字。前面提到，郑王毕生都没有抛弃华人的特征，因此，一个华人后裔兼有中文和泰文名字，并不是一件奇事。

五　义父昭披耶节基

《祖先的伟绩》一书叙道，郑王出生后，有蟒蛇来，盘绕其身，其华人父亲见状，以为不祥，弃子于昭披耶节基宅前，昭披耶节基发现后，收养为义子，名之为信。

这种荒诞不经的叙述显然是后世之作，意欲说明郑王异于凡人。

事实上，蛇盘于幼儿身为吉人之相，是泰人的习俗。这故事并不只附会在郑王身上，勐高头廊拍罗摩的历史中也提到幼时有蛇盘蜷于吊床上。

在这个故事里，紧要的并不是有关蛇的神话，而是郑王到底是不是贵为昭披耶节基的养子。若确是以养子的身份加以培养，郑王的性格作风固然完全泰化，从而可以为郑王打开仕途。因此，应该详细分析昭披耶节基的故事，这故事和郑王的生平有着重大关系。

《祖先的伟绩》（应该着重指出，这是唯一叙述此故事的著作）叙述了昭披耶节基和郑王的关系。①

这个收养华族婴儿为养子的昭披耶节基，显然是带了名叫信的男孩去托给越哥沙瓦寺通里长老的昭披耶节基。这位昭披耶节基也应该是当过哥沙蒂波里②，然后当节基的昭披耶节基。按越哥沙瓦寺的故事，给名叫信的孩子主持去发髻仪式，然后带着男孩信晋身公职的节基，也应该是其官为节基的义父。也就是说，按照《祖先的伟绩》，自

---

① 昭披耶节基为官名，暹罗旧俗，对高官只称呼其官衔而不述其名。
② 哥沙蒂波里，官名，管财政，晋升后可为昭披耶节基。

1734 年至去发髻的 1747 年，任职节基者应为同一个人，他一直到乃信任职达城军需官时还在。

后来，达城城主死。此时，《祖先的伟绩》一书才提到新的节基说，老节基去世了，郑王当了拍耶达（达城主）。这时，大概是波罗摩谷王晚年（1758 年换代，此时乃信只有 24 岁），节基的职位才换人。

十分幸运的是，波罗摩谷王时期和厄格铎王时期，担任节基一职人员的原始材料还在，可以对《祖先的伟绩》一书的叙述进行校核。结果发现，此书作者是根据曼谷王朝第三世王和第四世王时期人们的回忆来记述任职节基者，其叙述和编年史的叙述颇为相似。

按照各本编年史的叙述，大城朝末期任职节基的人物如下。

在泰萨王末年（1709—1733），昭披耶节基担任讨伐柬埔寨的统帅，其绰号为昭披耶节基廊康（锣廊）。还是在泰萨王时期，此位昭披耶节基逝世，由拍耶叻差颂堪者接任。换代后，波罗摩谷王登基（1733—1758），王不信任这位昭披耶节基（拍耶叻差颂堪），调其去管格拉凤（国防部）。担任前宫节基的銮乍盛耶功为新节基，称为昭披耶碧披猜。这位节基来自泽阿目家族①。一本伪造的《汶纳家族史》书中提到，此人弃伊斯兰教改宗佛教。

昭披耶碧披猜不可能在位长久。编年史提到，1742 年，拍耶阿汶蒙滴为沙没赫纳育（官名），死，王任命拍耶叻差博里兼任沙没赫纳育。波罗摩谷王在位十年，任命节基达三人，即昭披耶碧披猜、拍耶阿派蒙滴和昭披耶叻差博里，后者任职沙没赫纳育兼叻差博里职（按官府职称应为昭公摩叻差颂博）。

从以上的资料看，有可能是郑信养父者，只有昭披耶碧披猜一人。此人在 1734 年郑王出生时尚在世，其他继任为节基者，官阶只是拍耶。

但值得注意的是，这位昭披耶碧披猜没有担任过哥沙蒂波里，并且不可能主持郑信的去发髻仪式和送他入宫，因为他死于 1747 年，这一年正是郑信去髻的年份。再者，昭披耶碧披猜是泽阿目家族，是汶纳（拉玛一世时的昭披耶摩诃色纳）的祖父。若昭披耶碧披猜是郑王的养父，汶纳和郑王的关系不好，这种现象似乎不应发生。算起辈分来，郑信是汶纳的叔父呢。

昭披耶叻差博里约在 1755 年去世。波罗摩谷王任命班巴都津（华人城门村）的拍耶叻差素帕瓦里为昭披耶阿派拉差（官阶），任职沙没赫纳育（官名）。这位节基在波

① 译者注：汶纳家族。

罗摩谷王时期拥护乌吞逢王子。他 1757 年还联名上书，要求立乌吞逢王子为太子。到了厄格铎王时期，他和碧武里城主合谋造反，企图废厄格铎王，改迎乌吞逢（或公摩万贴披匹）为王。此人似乎 1758 年被逐出节里一职。要是乃信在波罗摩谷王时任达城军需官，后来当了达城城主，那时的节基应该是昭披耶阿派拉差。

编年史未提到厄格铎王时期任职节基的人名，但是坤銮赫瓦的回忆录中说，大城城破时的节基大臣当时在叻武里城迎击缅人。

戈梭罗·古腊提到，在厄格铎王时，乃信和汶纳都当过侍卫。

郑王在打下尖竹汶城后遇见銮乃萨，此人后来在吞武里王朝任节基一职。这位拍耶节基的名字叫默，其子后来任职叻沙玛纳和拍耶戎玛叻，都是穆斯林，可见这位銮乃萨为穆斯林。

有人说，銮乃萨为郑王义父之子。故有人说，郑王的养父节基为穆斯林。这么一来就令人糊涂了，养父为穆斯林，却送养子去剃度！

从编年史可以看出，可能是乃信养父的拍耶节基不是穆斯林，连昭披耶碧披猜也要弃伊斯兰教改宗佛教，才可以当节基一职。

可见编年史关于大城王朝末年有关各个任职节基者的记载，应是后期根据回忆而作的，在时间上差错较大。

《三印法典》提到节基一职，说在 1754 年无专人任此职，而由拍耶逢贴兼任之。

编年史说，这时期拍耶叻差博里升为昭披耶，任职内务部。比记载有误。拍耶叻差博里好久都未当上节基，因为在 1748 年，法典提到第十六条款时注明："以披耶格拉凤任职内务部。"直到收集第三十六条款法律时（最后一条定于 1754 年），拍耶叻差博里看来还未当上节基，因为法典中注明了任职者的名字。法庭陪审人员有昭披耶素拉锡、昭披耶参南波立叻（编年史说此人死于 1753 年）、拍耶戈拉凤、拍耶昙玛、拍耶蓬贴、拍耶叻差博里等，这里没有提到节基一职，给人一个印象，拍耶戈拉凤直到 1754 年还兼任节基一职。如果相信编年史所提到任职节基的人顺序是对的，那么拍耶叻差博里当上节基，应该是在波罗摩谷王晚年的事，应在 1754 年以后，而且时间不久。1755 年，波罗摩谷王任昭披耶阿派拉差为沙没赫纳育。

昭披耶阿派拉差在厄格铎王时犯法，1759 年，昭披耶拍康任沙没赫纳育一职。

法国传教士的信件，所署日期是 1760 年 11 月 12 日，写道，企图拥立乌吞逢王子为王的政变失败后，厄格铎王撤去所有大臣，只有拍康一人献出大量财物后，得以继续任职且升职任沙没赫纳育。

根据现存的编年史和其他原始资料，所谓郑信为昭披耶节基的养子，是后期杜撰的故事，因为所谓昭披耶节基者，在可靠的历史资料中不存在此人。也就是说，可能收养他的人，在他入佛寺剃发髻、入宫当侍卫等事之前就死了。郑王入宫当侍卫时期，并未设节基一职。郑王在达城当军需官和当达城城主时，也不可能是同一个节基。

后人讲述郑王历史时，加上了昭披耶节基的养子一节，目的是要让郑王在文化方面更加泰化。

实际上，郑王在统治过程中毫无疑问保持了泰文化。其实，他也别无选择，因为他统治的是泰族。但是，《祖先的伟绩》的作者不这样想，在他的心目中，郑王应是个彻头彻尾的泰化人物，包括其私生活，乃至于价值观。

可是，回过头来看看外国资料，如中国、越南和法国的资料。郑王有着中国血统，或作为"泽"，是人人知道的事。或可以这样推测，郑王对自己的中国人特色从来无意掩饰，显得突出而为人所知。

事实上，作为"泽"或作为泰，对一个人有无益处要看环境。某个时期，作为"泽"（唐人）有利于动员诸商贾或能调集华人力量。这些商贾还满意自己保持华人（泽）特色呢。

从郑王的历史看，作为华人，他得到华人的大力支持，但他也因此要付出代价。

从现存的遗物看，吞武里王朝所有的岁月里，郑王住在吞府王宫里（今海军司令部）的一栋中式建筑里。这种中式宫廷建筑空气不甚流通，适合建在中国。郑王在泰国选用中式或泰式建筑都可，但他选了中式。另外，其亲戚还送衣物在其故乡建立衣冠冢，要知道，这块土地郑王从没有去过。

这些零碎小节都可以看出郑王年轻时所受的文化教育，乃至其价值观。大城朝末年，华人的子女选择做华人还是做泰人一事，没有明显的凭据。

施坚雅研究曼谷王朝初期的资料发现："父为外来华人、母亲为泰人的孩子，多数认为自己是华人。但是，第一代华裔之子，不论妻子是泰人还是华裔，一般认为自己是泰人。"

看来这个结论有许多地方可以用在郑王身上，但不是全部。因为郑王这名华裔，其生活经历比起一般的华裔而言，显然是奇特怪诞得多。

六　郑王的亲戚

郑镛在泰国似乎没有什么亲戚。在郑王时期，出现的亲戚寥寥无几。有昭盛者（中文名字不明），大概是父系亲属。另一人是公摩坤因他拉披他，于1774年死后火葬，看来是郑王颇为尊敬的长辈，其骨灰收藏在王宫里，估计也是父系亲属。

另外，有四个男甥侄辈，如昭纳拉素里翁、昭拉玛叻（公摩坤阿奴叻颂堪，原名汶米）、昭汶赞（公摩坤拉玛蒲北），还有一位是公摩坤素辇他拉颂堪。这四人是父系还是母系子侄，并不十分清楚。

据文件，郑王与昭拉玛叻关系并不甚亲密，因为后者被任命为公摩之前，其职位食田仅 800 莱。此人大概是母系亲属，故任公摩坤阿奴叻颂堪后才出掌碧武里城。其他人的情况大概亦不亲密，在若干年后才受封。

无论是父系还是母系都无亲属可以辅佐。因此，后来各地妃子的氏系逐渐积蓄力量，如洛坤城主家族、昭披耶节基家族，分别掌握国家大权。

郑镛与泰女结婚一事，令人感到诧异的是，《祖先的伟绩》一书不载。戈梭罗·古腊似乎是记载此事的第一个人，记载说此女名"诺央"，似乎和推翻清朝后中国的记载（见四十二梅居士著《郑昭传》）是同一资料来源。

郑王母亲的泰文名字至今不明。戈梭罗·古腊说，她是碧武里城班廉村人。在《祖先的伟绩》一书中，提到郑王母在大城沦陷后逃难到碧武里城班廉村。戈罗梭·古腊之说可能源自此书。又有人说，大城末年，与郑王并肩抗缅的碧武里城主是郑王之亲戚，他死于抗缅之役。如果王母确实是碧武里人，既然有宗亲出任碧武里城主，则应为大氏族。

有的资料说，此位碧武里城主为披耶宋卡洛的父亲，这位拍耶宋卡洛为当今本龙姓氏、拍朗军姓氏和格里瓦姓氏的始祖。如果说拍耶宋卡洛指的是昭拍耶披猜拉差，那么这位碧武里城主赫然是外来的华人或第二代华人（第一代华人当碧武里城主可能性不大）。戈梭罗·古腊在书中提到郑王的母亲是华裔，姓吴，和郑王时期被任命为拍披猜瓦利的座山陵同姓。

上述有关郑王母的叙述不甚可信。后期来泰的商贾，经济中等以上者，往往与华裔女子结婚，较少与泰女通婚（收女奴为妾者除外）。郑镛可能和有华人血统的女性结婚，但不可能是在泰出生的第一代华裔。若是如此，其亲戚碧武里城主为外来华人，这是不太可能的事。

假如郑王的母亲确实有华人血统，有两点值得注意。其一，大城王朝末年，大部分华人，尤其是能在官场中占上席位者，大多是福建人。而郑镛和郑信（郑王）为潮州人，在郑王身边的大部分是潮州人，因此，郑王不可能在母亲世系一方得到有力支持。其二，若郑王母为华裔，则其母系在泰扎根不深，不熟悉泰式公务员制度，缺乏从政经验，如同大部分华人，只有从事贸易的经验。郑王当权后，母系的亲属不可能在政治上相助。

七　达府的牛车商

郑王的父亲从事何种职业，没有可靠的文献提到。《祖先的伟绩》一书说，他能够立业，乃至任赌税司。但除了《祖先的伟绩》，再也找不到任何证据可做旁证。

要当赌税司，务必要和当时有权势的泰人大臣有关系。那时，潮州人尚少，无多大势力。郑王的父亲能担任赌税司，是很罕见的例子。

郑王读了多少书，到底出过家没有，也没有可靠的记载。《祖先的伟绩》提到，他剃度为僧，其师为越哥砂瓦寺的通里长老，后还俗，任侍卫职。空暇时，学习多种外文。这都是难以置信的说法。当沙弥时，又发生奇迹，因故被缚于河岸旁梯级，浸水示众。水涨时，手足仍紧缚于梯级，梯板为水冲脱，浮入岸边，因而未被溺毙。

《祖先的伟绩》的作者说，这些事迹得自越哥砂瓦寺通里长老的记载。令人难以置信的是，一个佛寺的住持会去记载一个孩童的故事，他并不知道这个孩童他日会成为国王呀！

有关学习外文的事是戈梭罗·古腊所说：得侍卫职，在职期间，遇有空暇，辄从华师习华文华语，从越师习越文越语，印师习梵文梵语，乃至缅、孟、玛戈（？）和西洋语。大城王朝末期的人准备做官，要准备这些外文，真叫人莫名其妙。重视外文，其实是拉玛四世以后的情况，竟然被塞给阿瑜陀耶末期的人。那个时期，除宗教语言以外，教授其他外语也是不大可能的事。

根据可信的原始资料，郑王懂得华语、越南语和老挝语罢了。

虽然《祖先的伟绩》和古腊的叙述并不可信，但郑王曾经剃发是可信的事。后来郑王表现出对佛教和泰族风俗习惯的熟悉，乃至能够著述戏剧剧本和支持搜集重要的泰文和巴利文佛教经典，使人觉察到，郑王所受到的教育与当日世家子弟所受的教育相若。

由于对郑王所受教育的认识，有一种看法认为郑王所受泰式教育多于华人教育。这一点颇难定夺，因为郑王的华语十分流利，喜爱居住在华人的宫殿式屋宇。郑王的血缘关系使他遵照华人的习俗生活，亲人甚至还把其衣冠送回中国去埋葬。

自少年至青年，郑王所受到的教育到底是中国式还是泰式？郑王在少年时曾经留辫子，后来还为此事和汶纳发生纠纷，到底是不是事实？如果确实留了辫子，什么时候剪去的辫子呢？

根据施坚雅的研究，外来华人生的儿子，华人味重于泰人。尽管这个结论是后期资料的结论，相信可以用在更早的年代。只有在一种情况下，郑王才会受到泰式的教养，那就是郑王的父亲郑镛在郑王年少时去世了。由于郑镛在泰国亲戚很少，教育郑信成了其母和母系亲戚的责任。若是如此，郑王受到泰式教养是很自然的事。至于懂华语，喜爱某些中国风味，这是因为他要继承其父事业的缘故。

在整个历史时期，没有出现过郑王有兄弟的说法。

无论郑王的父亲是否担任赌税官，他的主要职业大概是商人，因为并未发现郑王继承父业去包揽赌税。有证据表明，在出任公职之前，他可能从事内地贸易，正是因为继承父业，促使他保留了华人的特征，并且和华人社区保持了联系，让他熟悉华人的习俗，能够流利地操华语。

有好几份文献都比《祖先的伟绩》更为可信，或显示郑王曾是牛车商。

攀占努玛本《吞武里王朝编年史》所载的注释里有这么一小段话："……原名振，系牛车商，因有功于国，乃被委为猛达城太守职……"

上述内容与一散本《大城王朝编年史》（编号 2/ก101）的记载一致。这本编年史有多处攻击郑王，亦奇迹般有数处歌颂郑王的段落混杂其中。这本编年史不大能让人相信，因为其中有明显指责郑王的地方，叫人惶惑怀疑。但是其中的资料或许可用来检验其他资料。

在郑王担任公职以前的职业，2/ก101 编年史是这样写的："当时，有一位居于苎叶园港的华人儿子，北上经营商务，至勐达城，历有多年……"诸本吞武里王朝编年史并未提及郑王登基前的历史，而提到其是商人或牛车商。

攀占努玛本提到摩诃梭碧对郑王的预言，说佛历二三一九年（1776年）缅军将来侵，首都必被攻。在预言中提到郑王是"牛车商"。

有原始资料可以证明郑王的语言能力，如果说在登基之前郑王曾经是牛车商，就可以得到圆满的解释。

《往佛台玛城行军志》提到，当越南僧人来见时，"上对僧人以越语曰，要僧人严守戒律"，又说"对越僧以越语，华僧以华语云"。值得注意的是，佛台玛（河仙）城的华僧并不是潮州人，如果和佛台玛太守是同一地方人士，则是广府人或原已移居海外的福建人。

除了潮语，郑王还会讲广府话或福建话。

如果照《祖先的伟绩》的说法，郑王是昭披耶节基（此人在历史上实无其人）的养子的话，则不可能有这种语言能力。但是作为一名华人牛车商，这种语言能力实在是平常的事，操此职业，要到处流浪。

上述行军志还提到，郑王听了前来送讯者说"缅军和帕城主拍耶素里旺的佬人同来"后，郑王"用佬语盘问佬人姓名"。这里所谓佬语指兰那乃至于程逸府披猜和今日达府所使用的坎勐语①。

按照 2/ก101 本编年史的说法，郑王曾北上经营商务多年，后又任公职于达府，能够说流行的坎勐语当然不成问题。

正由于曾经是牛车商，认识了一群华人，当郑王任职达府太守时，这些人纷纷来投。后来，他们又纷纷逃离京城去自立（如果郑王的遭遇如《祖先的伟绩》的说法，就不可能发生这样的事）。

此外，郑王还认识许多地方人士。《吞武里王朝编年史》提到，当郑王向罗勇方向逃去之时，遇见代挽拉蒙城主的乃汶猛，此人持缅人文书，欲往劝降拍耶尖竹汶。郑王说道，乃汶猛者，"原是我的从人"。郑王不但认识，还可能资助过乃汶猛，才说原是他的"从人"。大概乃汶猛此人并非大城所命的代守挽拉蒙城者。在大城城破前，东部各城局面混乱，这一带各城原有官员多被推翻，多人自立为王。有的投靠缅人，仗势为王，主持城政。有的颠覆原城主，不经册立，自立为王。乃汶猛亦是投靠缅人，故持缅人书来劝降尖竹汶太守。这些自立为王者都有地方势力为后盾，或可说是地方头人。乃汶猛的身份对郑王历史的研究有着重要意义。由于业务的关系，郑王认识许多人，其中大部分拥有地方势力或是地方头人，作为贸易商人和地方头人相联系是不足为奇的事。

《吞武里王朝编年史》提到郑王对内地，尤其是北部，极为熟悉，其经验来自当牛车商人，而不是来自任达府太守。按照大城王朝末年的法律，各城太守是严禁与其他城接触的。

而郑王对北部的势力、气候极为熟悉，不仅对达府（来亨）而已，还包括了其他地方。例如，佛历二三一三年（1770 年）率军北伐，得彭世洛城后，急欲取沙旺武里，规定水军三日抵达，那时河水甚浅，但王说三日内水将涨至与岸平，果如其所料。《吞武里王朝编年史》叙述此事时当作奇迹来讲。事实上，根据经验，郑王才能做出如此判断。郑王进行孟驳之战和攻打清迈之战都与他对北部地势熟悉有关。

郑王的作战能力也和他的牛车商职业相关。作为牛车商，在途中要不断防御盗贼的侵犯。随着商业的发达，国家衰弱，盗贼如毛。

大城王朝末年，北方牛车商的活动范围已无证据可寻，但《坤銮越把都颂县供词》和《大城都地图释语》中有关大城都市场的叙述，提到彭世洛和北方城货物大量流入

---

① 译者注：今清迈兰那语。

大城都。搜集山货供应这么大的市场，一定要有相当大的北方内陆贸易。因此，大城王朝末年，在北部的牛车贸易是完全可能的事。在拍耶室塞察那莱波里所作的《断刀拍耶披猜传》里，也提到牛车商从素可泰载着烤鱼和咸鱼贩于达府，一回达13车至14车之多。

前文提到，北榄坡以北的开基华人多为海南人，但宾河流域是例外。施坚雅说，在宾河流域，海南人未尝占优势，只有南奔的海南人首先沿陆路来到南奔，而达府（来亨）和清迈一开始就吸引了潮州人来定居。这两地在贸易上声誉昭著，是马帮汇集之地，联系着云南、缅甸、老挝，乃至下游的暹罗。除了潮州人，不少福建人也在这两地定居。而潮州人在达府定居始于佛历廿四世纪末叶（18世纪中叶）。

尽管华人在达府（来亨）定居的证据较大城王朝末年迟了许多，或许是那时达府（来亨）的华人社区还不够大，所以没有留下神庙之类的遗物。而郑王是牛商车，到北方各城到处流动，不是定居在那里。当了达城太守后，又要更多地表现泰化。再者郑王是华裔，不是外来华人，其基业在大城。郑王从事牛车商的职业和达府（来亨）华人定居的证据迟至佛历廿四世纪并没有任何矛盾。

八　勐达城太守

郑王的牛车贸易生意大概不错，让他后来取得达城太守的职务。

郑王担任达城太守是不可否认的事实，有许多证据可以证明此事。1784年昭披耶纳空（博）的任命书中也提到拍耶达信的名字。如果郑王没有当过达城太守，是没有理由这样称呼他的。

《故都人供词》中提及拍耶达信，中国当时文献亦提到拍耶达一词，法国传教士的信件中也是这样。《吞武里王朝编年史》没有提到郑王登基前的历史，但提到他曾住在班来亨。

在堆考缴山越干寺，郑王对僧人说，"拍蒲宾昭（称呼僧人）记得否，本人曾居班来亨"，曾对宝钟许愿求福。

这种种事实说明，郑王曾任公职为拍耶达。

这位华裔商人之子是怎样当上公职的呢？编年史2/n101本的叙述带有中伤郑王的口吻，但亦值得一提："这位华人聪慧，且智力过人，时常帮助地方官审理各种案件。勐达城太守患病，不久死去，这位华人即割去辫发，成为泰人，转赴大城，四处奔走，意图运动任勐达城太守职。来寻好友乃索，乃索带去找銮乃参普北，是坤銮赫瓦的御林兵。銮乃参普北去拜见拍耶节基，说某人运动去勐达城，请求援手。刚好勐达城太守的暗讯报来，拍耶节基于是上奏。上曰，勐达城是前卫城，要拍耶节基推荐头脑好的人去任职。拍耶节基见时机已到，奏说去办理……拍耶节基带来了此人，上被任命为拍耶达……"

据说此事发生在厄格铎王时期。

曼谷王朝拉玛四世曾对西人说，乃信（郑王）出生于班达城。

这两种说法都一致认为，郑王并不是在大城当御林军，然后派去勐达任职的。

按拉玛四世的说法，郑信原是勐达城的副官，后来晋升为拍耶达，但没有说明他担任两种职务的年代。

郑王原是牛车商，用上述方法取得公职也不是怪事。原来是上层人士之子弟，按正常办法受命出守各城的机会是没有的，唯一的办法是利用财物开路，即所谓"运动"太守职，其办法是要层层托人，直至能援手之人。这里的关键人物就是拍耶节基，他管理着北部各城。

此事发生在厄格铎王时期，在孟云（波道帕耶）之役前，在众大臣造反，欲拥坤銮赫瓦或公摩万提婆披匹为国王后。

这样一来，拍耶节基者指的是拍昭耶拍康，此人献给国王大量财宝，以求不会像其他大臣那样被撤职，结果不但保住了职位，而且还当上了沙没赫纳育。

因此，这位拍耶节基受贿而任命不甚重要的小城太守，实在是可以理解的事。

这种官场的腐败并不限于厄格铎王时期。大量材料记载了泰国官场受贿之事，甚至在兴盛时期，或著名的人物身上，都可见到，如那莱王时期的拍耶戈沙（绿）就是个例子。

尽管此事对郑王来说似乎有损名誉，或许是郑王的政治敌人杜撰出来攻击郑王的，但重要的是，郑王本来不是官僚，不论他用什么方式，凭本领或以行贿取得公职，这种事在当年看并不是怪事。

或许当年勐达城的地位含糊，在朝廷眼里不甚要紧，这么一来，行贿以求达城太守职就来得方便了。

郑王研究的若干问题[*]

黎道纲

一　郑王的华人血统

20 世纪前半叶，由于国际大气候，泰国上层人士对华侨和华裔有不太好的看法，因此他们不愿意其民族英雄是华人，是"泽"。

因此，有人否认郑王是华裔，说郑王的母后是富家女，入宫后与昙摩迪北王子有染，怀孕后出宫，和一华人商贩结婚。这么一来，郑王成了故都王系的血脉。

匿惕·姚西翁在其著作中问道，昙摩迪北王子剃顶髻后，为何仍居住宫中？他们并不能做出合理的解释。按照大城王朝宫廷法，剃顶髻后的王子是一定要从皇宫中分出去居住的。

这些人不能够提出任何证据来证明其所述的是事实，尽管他们一再重申其观点，但并没有因此增加其可信程度。

现在见到的不少原始资料一致证明，郑王的父亲是华人。

海牙荷兰国家档案馆收藏一份文件，文件记载的是与一位华商的对话。此华商 1767 年底在郑王吞武里建立首都并 12 月 28 日登基为王之前到暹罗做生意。回到印尼时，当时的巴城（今雅加达）华人头人做了问话。

问：谁是那里（吞武里）的头人？

答：华人 Peranakan（马来语，指华裔），名叫 Pie-A-Kat，Se Thee。

显然是披耶达，姓郑，潮音 Thee。还说，他看来约 40 岁，手下有三四千人。

《暹史大全》第卅九集法国传教士函件中有传教士阿兰柯尔在 1768 年 6 月 3 日发自柬埔寨的函件，记载了郑王的出身，称"披耶达（郑王）系带有华人血统的混血儿"。

有一本在郑王身后不久著述的编年史，目前仍保存在泰国国家图书馆，登记号是"纪年 2/ก101"，是手抄本，用白粉书写于黑纸上，内容叙述大城行将陷落时的情况，

---

* 原载黎道纲译著《郑王研究散论》，第 67—80 页。

其中有关郑王的记载散见在字里行间。虽然对郑王有所诽谤，书中仍然提到郑王是空萱蒲港华人的儿子。这份文献写道："当年有一位居于空萱蒲（茗叶园港）的华人儿子，北上经营商务至勐达城，历时多年。这位华人聪慧，且智力过人，时常帮助地方官审理各种案件。勐达城太守患病，不久死去。这位华人即割去辫发成为泰人，转赴大城，四出奔走，意图运动任勐达太守职……"

郑王是华裔在当时已是人所共知的事，连初到吞武里城的外国人都知道。

德国人郭实猎（Chales Gutzlaff）1833—1835 年在广州办《东西洋考每月统纪传》，是一种月报，对 18 世纪后期至 19 世纪初期暹罗华侨的记载颇详。其中写道："乾隆年间，缅甸王征剿暹罗，值凶年饥岁，为缅所服。其后有汉人在暹罗者，亦乘缅甸荒年，起兵报复，破缅凯旋，自立为暹罗王。"

清代俞正燮著《癸巳类稿》载："暹罗国跨长，居缅西南海，……缅于乾隆三十六年灭之。郑昭者，中国人也。乾隆四十三年，暹罗遗民愤缅无道，推昭为王，乘缅匪抗拒中国，人伤财尽之后，尽复旧封。"

《癸巳类稿》刊于清道光十三年（1833）。缅军灭暹罗是 1767 年 4 月 8 日，郑王复国在同年年底。俞正燮对此事的这条记载年代皆有误。但是，他指出，郑王"乘缅匪抗拒中国，人伤财尽之后"，尽复其国。这是很有见地的。治暹罗史者，无论中外，乃至泰国，至今都很少人注意这一点，认真触及这一议题。

英国人马礼逊（Robert Morrison）父子编撰的《外国史略》载："乾隆三十八年，缅甸军陷其都城，且灭之，虏其民为奴，全地荒芜，汉人愤之，倡议起兵驱敌，即今国王之祖也。"此书成书于 1840—1842 年，因为小马礼逊死于 1843 年，但其记载缅灭暹罗之年同样有误。

徐继畬《瀛环志略》载："乾隆中，国为缅甸所灭，旋恢复。故王无后，推立大酋郑昭为长。昭中国人。"此书辑于 1843—1848 年。

越南阮朝用中文编写于 1922 年成书的《大南实录》载："戊子三年（1768 年），暹罗茫萨长郑国英自立为王。国英，清潮州人，其父名偓，流寓暹罗为茫萨长。偓死，国英袭职，号丕雅新（信）。乘暹国空虚，遂起兵袭取其地，自称国王。"茫萨即勐达，即来亨。

吞武里王姓郑是不容置疑的，有许多原始材料可以为证，其中包括吞武里王致清朝的公文，后来曼谷王朝致中国公文继承使用了这个姓。

郑王有华人血统是郑王研究中少数有可靠证据的结论之一。

二　吞武里王朝郑王是华裔

陈棠花先生晚年在《中华日报》他主编的"昭披耶"版刊登了大量的泰国研究文字，其中不少关于郑王研究，有一篇题为《吞武里大帝的童年》，提到早期的泰国研究和郑王研究。

他这样写：吞武里大帝便是华侨所称的郑皇。在我们研究泰国历史的畴范，要写一部素可泰皇朝史或大城皇朝史或神宝京曼谷皇朝史，都不觉得会怎样难写，但要写一部吞武里皇朝史或吞武里大帝童年史，会觉得并不容易，因为大帝的历史，已于大帝驾崩后，让后人涂抹了。

说郑王的历史难写，是对的，即便他离开我们才二百余年，但说素可泰王朝或大城朝历史好写，也不见得。因为目前我们看到有关素可泰王朝的描述基本上是错的。素可泰不是暹罗国的前身，它不过是泰国历史上一个内陆小国，它的面貌和作用都被夸大了。拔高素可泰在某种程度上与 20 世纪初大泰族主义的流行分不开。

"记得四十年前，在老《中原报》服务，我和陈育（毓）泰、汤伯器组织泰国研究。当时，育泰找得一本乃巴厘达（华裔，有中文名吴福元。陈毓泰译作卑拉·室利察拉莱）著的吞武里大帝的历史，积极地为大帝身世的被污予反正的描写。

"育泰似乎把乃巴厘达全部著作译完。当日我和汤伯器督促育泰把中文译本出版。育泰也有意要把它付印出版，无奈育泰身子后来患病不治，竟告辞世。他译的吞武里大部历史，分别段落，发表在《中原月刊》。这一段吞武里大帝的童年，是根据陈育泰在《中原月刊》所发表的译作择其要义写出来的，因为原文把一些神话也都和盘托出，我却认为这并不重要。"

下文便是摘录育泰的原文。

"大城都为缅军攻陷之后，披耶甘烹碧（也即是达信王，或后来登皇位的吞武里大帝，华侨称郑皇）率领了一队军民，以一年的时间，在泰柬罗勇生聚与训练，最后，赖他部队英勇的协力冲锋陷阵，为克服强敌，光复泰国河山，出生入死地与缅军交战。结果击毁大敌，恢复泰国山河。以大城都已瓦砾满地，遂奠吞武里为帝都，民众拥戴这位复国英雄为皇，但在一般的情形之下，泰国民众崇拜这位英雄的，当甚普遍，也是事实。惟间有少数的人群，别有用心，把这位大帝的声名，污以墨色，使之模糊不清。如说，大帝在位时，曾发生精神病或其他污蔑的事态等。

"在证实大帝的童年身世史，也有点不大清楚。……郑皇纪念像筹建委员会出版

《昭达信大帝史料汇编》一书第二集第三页说，皇系华裔。……另一册为泰人乃荣所著《安南史》，共分两册，大概是由《大越史》译过来的，字里行间也提到大帝的身世系华裔，即一般华侨口头话说'唐人仔'。

"《泰国历史丛书》第卅九册法国教士函件，阿兰科尔在 1768 年 6 月 3 日发自柬埔寨的函件，称披耶达系含有华人血统的混血儿。以上文字提到郑皇是所谓唐人仔。"

三 郑王祖籍的衣冠冢

陈棠花在 1982 年 12 月 18 日《中华日报》"昭披耶"版写了一篇文章《郑皇祖籍澄海乌鸦村踏勘记》，文章写道："去年间，北京中国社会科学院世界历史研究所陈健敏来泰访亲，到报社晤我。因他是澄海人，我特地嘱他，假如有机会，请到澄海华富访问郑皇祖籍的乡村。健敏君由泰返国时顺道在广州中山大学晤教授兼东南亚研究所所长张映秋女士，告以我希望学界到澄海华富访郑皇祖籍实地考察的事。张教授答应了我的要求，来信说将在今年假期赴澄海华富一行。张教授赴澄海初步踏勘后，来信述说：'今年六月，我们一起到澄海华富初步考察。此行的主要收获是，证实华富确实系郑皇的祖籍村落，在该地的乌鸦地还保留着郑王的衣冠冢。这座衣冠冢是一个土堆，墓穴大约长 3 公尺、宽 2 公尺，周围是农民的耕地。这座土堆虽然表达了当地人民对郑皇这个有郑氏血统的泰国民族英雄和伟大帝业的缅念，却过于草率，但它是澄海县重要保护文物之一。除上述外，该村还保留着郑氏宗祠一座，是郑皇祖籍的祠堂。其地郑氏子孙尚有三房，共约 100 人。'"

1985 年 7 月 16 日《中华日报》载段立生《郑信与中国》一文，文中提到"郑信的祖籍是广东澄海县"，"经笔者到澄海实地调查，证实郑信祖籍澄海一说最为可靠"，"村外的乌鸦地有郑信的衣冠冢，修筑年代不详。四十二梅居士《郑昭传》说：'予家南洋，距华富里仅数里。少时尝访其墓，颓败已甚，遗族数家，余贫不自存。民国初，邑人为之修饰，今犹焕然。'可见郑信衣冠冢是民国以前就有的了"。

就是在这一年，澄海县决定修复郑信衣冠冢。据当地报载，郑信衣冠冢位于其故乡东北面乌雀地，莲阳河流经其前，青山环绕其后，与莲花峰遥遥相对。因陵墓年久失修，目前仅存墓地外围基墙。此次修复首期工程将修复主墓，墓碑正面刻"郑信衣冠冢"字样，四周栽上松柏常青树，并围上石栏，象征中泰友谊万古长青。

1997 年 6 月 27 日，泰国拍贴公主访问澄海，参观了郑王的故乡，在郑王墓献了祭品。

四 郑王的父亲

广州暨南大学历史系教授王绵长曾搜集有关郑昭之父身世的记载。有张荫桓《三洲日记》载："（光绪十四年六月）查岛委员王荣和、余璀会禀：……初十日行抵暹罗。该国王派副外部刘乾兴率闽粤商人到船迎迓，且备客馆。……该员又查暹罗国王百年前系潮州郑氏，在位十数年。"这是 1888 年的事。

《珊瑚》半月刊第 3 卷第 3 号载四十二梅居士《郑昭传》说："郑昭，潮州澄海华富里人（或作惠州人，误，今华富里尚有王祖墓及遗族）。父达，旷荡不羁，乡人号之曰'歹子达'。歹子，犹言浪子也。以贫不自聊，且见恶于乡，乃附航南渡。时暹都大城……侨民商业萃焉。遂诣大城，借赌为生，渐致富，更名曰镛……为摊主。暹旧政右赌，重征以维国用……俱华人擅其业，标领者多豪富，出入宫廷。镛缘是赐爵坤拍……娶暹妇洛央，生一子，即王也。"

这条记载为《祖先的伟绩》一书所引用。施坚雅著《泰国华人社会：历史的分析》一书也据此资料写道："他（郑信）生于 1734 年，父为华人，母系泰人。他的父亲是从潮州澄海县华富里故乡到大城来的。因此达信乃是个潮州人。他的父亲姓郑，早期名达，又名海丰，但在暹罗更名为'镛'。他究竟什么时候到大城来，不得而知，但他在那边发了财，并取得大城赌场的承包权，且因此被赐爵为坤拍。郑镛和一个名为洛央的暹妇结婚，她就是这位未来国王的母亲。"

四十二梅居士《郑昭传》提到王父名郑镛，但《郑昭传》是辛亥革命以后的作品，可信度不高，而且受到在泰国流行的叙述郑王的中文资料影响颇大，因此，郑王的父亲名镛并没有更多证据。

关于郑王父亲的原籍有种种说法。泰国最早的文献提到郑王父姓 Chaeng，即普通话"郑"。昭披耶提帕功翁称王父为津海丰；《祖先的伟绩》说是津海丰名镛姓郑。后来海丰被误为王父之名。也有人说郑镛来自惠州。

郑王的父亲来自澄海县华富里乡是可以肯定的。这个地方相当穷困。大城王朝晚期由于大米贸易，这个县许多人移民到大城。

五 郑镛的职业

1987 年，中山大学东南亚研究所编写了一本《泰国史》，有关吞武里王朝的章节由何肇发和段立生撰稿。书中对郑王的身世是这样写的："披耶达信原姓郑，祖籍中国广东省澄海县华富村。其父名叫郑镛，是一个破产的农民，清雍正初年南渡暹罗谋生。"

从以上的讨论看，这段话大体不错。只是郑王父亲名叫郑镛还查不到确凿证据。这里，为了行文的方便，我们姑且接受其名为郑镛。

该书接着写道："先在阿瑜陀耶城贩卖水果，后包揽赌税，渐至发达，娶暹罗姑娘洛央为妻，一七三四年四月十七日生下郑信。不久，他的父亲便过世了。郑信被当时暹罗的财政大臣昭披耶却克里收为养子，从小接受暹罗贵族子弟的传统教育。长大成人后，郑信被任命为达城的军政长官，封爵为披耶。"

在"郑王的华人血统"一节，我们曾列举 1767—1922 年大量有关郑王的中外文献，都没有提到类似的记载。

吴福元对吞武里王的历史进行研究后，对郑王的出生地和住在大城都的说法提出怀疑说："尚未发现有其他证据（可证明此事）。"

而类似的文字记载最早见于《祖先的伟绩》一书。该书说，郑王的父亲定居大城，最终为赌摊主，获赐爵坤博。

请读者注意，《祖先的伟绩》没有说郑王的父亲南渡暹罗后先在阿瑜陀耶城贩卖水果。"贩卖水果"之说，据我所知，是中山大学东南亚研究所编《泰国史》的发明。

要指出的是，不仅"贩卖水果"说毫无根据，连郑王父包揽赌税等，都没有可信的证据。这种说法仅见于《祖先的伟绩》一书。后人不察，辗转引用，乃至以讹传讹。

匿惕·姚西翁说：可以肯定，《祖先的伟绩》一书是拉玛四世或五世时期的人杜撰的。

依我的推测，从《祖先的伟绩》创作的时代背景看，之所以有"为赌摊主，获赐爵坤博"这样的描述，似有把当日大量华人包揽赌税而发达的事迹，如二哥丰郑智勇之获赐爵坤博移植其中。

1956 年曾建屏写了一本《泰国华侨经济》，由台北"侨务委员会"出版，引用的人很多。他这样写道："据说郑海丰（或郑达）……到泰后即至大城谋生，初时以聚赌为活，后则积有资产，并为'番摊'馆的主人，且因此时与大城王朝的官吏往还，并得出入宫廷，获赐爵为'坤拍'（等于伯爵）……"

在泰文著作里，我们看到赌场包税官往往获赐的爵衔是"坤博"（ขุนพัฒน์），是坤，男爵衔，不是伯爵。

陈毓泰在 1941 年出版的《中原月刊》第 2 期《郑王的童年》一文对国内四十二梅居士著《郑昭传》"镛缘是赐爵为坤拍"之说亦有辩文。

六　郑王和勐达城

越南阮朝用中文编写、1922 年成书的《大南实录》载："戊子三年（1768 年），暹罗茫萨长郑国英自立为王。国英，清潮州人，其父名偓，流寓暹罗为茫萨长。偓死，国英袭职，号丕雅新（信）。乘暹国空虚，遂起兵袭取其地，自称国王。"

越南人用中文记载，但是其读音不是用汉语读音，而是用越南人的方法读音。如茫萨即勐达，即来亨。越南人"萨"音似汉语"达"。

越南这份文献说，郑王的父亲曾是今达府班达村的华人，王生于班达村，而不是大城（阿瑜陀耶）。"当年有一位居于空萱蒲（著叶园港）的华人儿子，北上经营商务至勐达城，历时多年。这位华人聪慧，且智力过人，时常帮助地方官审理各种案件。勐达城太守患病，不久死去。这位华人即割去辫发成为泰人，转赴大城，四出奔走，意图运动任勐达太守职……"

这份资料的来源是编年史，大概是曼谷王朝拉玛一世时期编写的，是内宫妃子提供的信息。这份资料同样没有提到郑王在大城生活的历史。因此，郑王到底是否在大城出生和成长，并没有可靠的原始资料。

郑王出生地的讨论关系重大，关系到郑王和大城都贵族门阀的亲密程度，对日后郑王的政治活动影响至大。

有人记载说，在逃避缅兵之乱时，郑王的母亲曾经逃到碧武里府班廉村。如果确是如此的话，那么缅军围城之日，郑王的母亲并不在达城，而是在泰国中部。

编年史载，王在战胜缅人取得三株菩提树后，曾遣人到华富里，接故朝王系及王的亲戚到吞武里城来。编年史表明，郑王的亲戚在中部，或许在大城都，才会逃难到华富里。

拉玛四世提到，郑王攻取沙旺卡武里后，接来在达府来亨县的亲戚，"按关系亲疏，晋封男女双方的贵族"。这种说法是为了配合郑王生于班达村而说的。

总而言之，郑王的上代定居在泰国中部，特别是定居大城都的可能性大。那时大城都华人众多，由于中国清朝初年的暹米贸易，潮州人大量涌入暹罗，即使那时的潮人还没有挤入统治圈。

2018 年，有人详细考证了郑王当年所在的勐达，是今日达府的来亨村或班达村。①

---

① 见《艺术与文化》2018 年 9 月号，第 104 页。

七　郑王叫什么名字

有许多证据表明，郑王原名信。

拉玛一世时，洛坤王（博）的任命中提到"拍耶达信"。《故都人供词》中数处提到王名"达信"，提到其职位为勐达城主或来亨城主。

按规矩，称谓城主名时，通常不在其中附上原名，因为没有必要，只有在编写编年史时才这样做。

为什么在《故都人供词》中，提及郑王时要加上"达信"的名字，可能有其原因。例如，那时尚有其他还在世的、被革除的达城主。这类人编年史一般称未在职的拍耶达。另一可能是，作供词时郑王已经出名了。比方说，供词作于佛历二三一二年（1768 年）以后，才按当时流行的称呼，以清楚地表明所指的拍耶达名叫信。不过，亦有可能缅文原文郑王称号后面没有注上原名，是翻译为泰文者所加。

无论如何，种种证据表明，在大城朝末年和郑王时期，信可能是正名，至少王曾用过而为人所知，但这并不一定是郑王用过的唯一名字。

拉玛四世曾向史密斯医生提供资料说，在华人圈子里，称吞武里王为"郑信达"，郑是姓，信是名，达是达府。越南编年史载，吞武里王姓 Trinh（郑），名国花，普通话为国英。在莫天赐写的文书中提到这个名字。莫天赐为河仙太守（河仙，越南城，泰语佛台玛）。这份文书是莫天赐起草送给广东总督的，报告大城陷落后泰境动态。郑国英一名，《大南实录》曾一度用来称呼郑王，国花或国英可能是郑王的另一个名字。至少郑王在和河仙太守莫天赐打交道时用了这个名字，因此河仙太守在报告中才使用了这个名字。

但是，没有发现郑王童年时的中文名字，只是在与莫天赐或莫士麟来往时，他起了个中国名字。前面提到，郑王毕生都没有抛弃华人的特征，因此，一个华人后裔兼有中文和泰文名字，并不是一件奇事。

八　拉玛四世为郑王平反

有一本在郑王身后不久著述的史书，是手抄本，用白粉写在黑纸上，目前仍保存在泰国国家图书馆，登记号是"纪年 2/ก101"，内容叙述大城行将陷落时的情况，其中提到郑王是空萱蒲港华人的儿子："当年有一位居于空萱蒲（苕叶园港）的华人儿子，北上经营商务至勐达城，历时多年。这位华人聪慧，且智力过人，时常帮助地方官审理各种案件。勐达城太守患病，不久死去。这位华人即割去辫发成为泰人，转赴大城，四出奔走，意图运动任勐达太守职……"

这份最早的资料说，郑王为居于空萱蒲的华人儿子。空萱蒲，即莪叶园港，这是大城府地名，此地至今仍在，就在越拍南澄寺（三宝佛寺）一带。

因此，郑王的父亲郑镛有可能从事内地贸易，但其地位并不如《祖先的伟绩》所说那般豪富。

曼谷王朝拉玛四世曾用英文撰写过一本小册子《暹罗国简史》，刊载于 1891 年 7 月的 *The Chinese Repository* 杂志。其中对郑王的功绩做了介绍和高度评价。

应该强调的是，拉玛四世这本小册子的撰写年代甚早，比《祖先的伟绩》还要早。据匿惕·姚西翁说，《祖先的伟绩》是拉玛四世或五世时期的人撰写的。

我以为，正是由于拉玛四世给郑王平了反，并且做出了高度评价，才会出现《祖先的伟绩》这样的作品。这样的作品不可能出现在拉玛四世为郑王平反之前。问题是，拉玛四世为郑王平反后，《祖先的伟绩》的作者出于局限，未能用正确的观点和科学的手法撰写其著作。

《暹罗国简史》写道："首先在曼谷称雄的国王是位杰出的华裔，名叫拍耶达，华名叫郑信达，TIA SIN TAT 或 TUAT。他出生在暹罗北部的班达村，在北纬 16 度，出生日期是 1734 年（佛历二二七七年）3 月。大城失陷时，他 33 岁。他曾任勐达城副，后来当了家乡的城主，被授予拍耶达的爵衔，这个爵衔至今为人所熟悉。"

拉玛四世说：吞武里王生于班达区。

前面说过，拉玛四世的《暹罗国简史》的写作年代比《祖先的伟绩》早、可靠，因此郑王在今达府出生并非无可能。

郑王时期吞武里城的布局[*]

黎道纲

有朋友到泰国来寻找吞武里王的遗迹后,写了这样一段话:"我在中国时,原以为吞武里是座老得掉牙的古城,城中村里相连,渠沟纵横。一圈厚厚的城墙,将这座城池严严实实地包裹起来。……然而,我大跌眼镜了!烈焰般的阳光将我送进吞武里,我睁大眼睛地毯式地搜寻着吞武里'古城'的遗韵。但我心目中的'古城'没有出现,连一丝儿痕迹也没有!"[①]

吞武里有没有城墙?如果有,城在哪里?为什么现在没有了?这篇文章要讨论的就是这些问题。

一　吞武里的早期历史

《大城纪年》提到,1433 年(佛历一九七六年)昭三披耶王(波罗摩罗阇二世,1424—1448)时,设立"乃拍卡浓他纳武里"官衔,看管在这一带出入的船只及收税。

百年后,在摩诃乍格博王时期(1548—1569),海上贸易繁荣,西方商人开始来此,于是在这里设立"他纳武里室利摩诃沙没"城。颂昙王时期(1610—1628)前来的外国商人记载说,曼谷有城墙,在河西空挽銮(Klong Bang Luang)有接待重要外宾、宽敞堂皇的迎宾馆。纳莱王时期(1656—1688),在湄南河两岸建炮台,为砖砌小型四角炮台,东西炮台间有横江铁索,由穆斯林和葡萄牙人管理,有外国雇佣军和本地人共400 人看守。[②]

1767 年缅甸灭亡暹罗后,由于中缅边境战争正在激烈进行,缅方不得不迅速撤出其主力,转战中缅边境,在暹罗只留下少数兵力,[③] 分设若干据点,一个据点在大城城郊的菩三屯(三棵菩提树),一个据点在吞武里城。

---

* 　原载黎道纲译著《郑王研究散论》,第 104—110 页。
① 　高伟浓:《泰行漫记》,曼谷大通出版社,2000。
② 　帕拉蒂赛·实提探吉:《室利阿瑜陀耶的首都吞武里》,蓝宝石出版社,1999。
③ 　见本书《1766—1769 年中缅战争和郑王复国:读黄祖文〈中缅边境之役〉》。又见中山大学东南亚研究所《亚太研究(2002)》。

同年 11 月，郑信从尖竹汶起兵复国，分乘百余艘船只前来，一夕工夫袭取吞武里，两日后取得菩三屯。接着，率兵转战全国，伐平各地割据势力，统一国家。1768 年 12 月 28 日，他登基为王，王号颂勒拍室利讪碧或颂勒拍波罗摩罗阇第四。直到 1769 年 10 月 3 日，才建都吞武里。

在郑王建都吞武里以前，吞武里和曼谷是同一地。外国人和百姓只知道曼谷，外国人的著作很少提到吞武里。

外国人的地图叙述从湄南河口上大城的航路，详细记载了沿岸的地名，有的地名至今还在。从河口来到曼谷，然后是暖府（Nontaburi）的哒叻缴宽（Talad Kaewkuan），然后是巴吞他尼府的北革（Pak Kred）和三鹄（Samkhok）、班拉差卡蓝村（Ban Rajakram），再到大城。

从地图看，吞武里或曼谷离海不远，是湄南河北上的咽喉。更重要的是，这里控制着大城与东海岸、西海岸的交通。

乘坐大帆船可从湄南河口出海从事贸易。到东海岸去，可乘坐小船在北榄府，经空三廊（Klong[①] Samrong）通挽巴功河，到春武里，再陆行到罗勇和尖竹汶。曼谷王朝初期大诗人顺通蒲从曼谷到罗勇，走的就是这条路线。

到西海岸去，可以在吞武里的空挽銮经空但（Klong Dan）到他真河口的玛哈猜、夜功，直到碧武里。从这里翻过丹纳沙林山脉可到印度洋畔缅甸境的打脑城、玛立城和打歪城。大城王朝和曼谷王朝初年，西行的使团和军队走的是这条路线。

一般而言，早年航行中，人们尽量避免从湄南河口直接出海，因为出海口处有沙脊，不利航行。

郑王建都吞武里的时间不长，西洋人的记录中没有留下地图，吞武里的面貌十分模糊。

二　缅人地图中的吞武里

有一位电视台主持人，名叫尼拉蒙·梅提素瓦坤，她到缅甸去采访，从素内·促丁他拉暖教授那里拍到一幅地图（图 1），是当年缅人细作潜到吞武里城刺探后画的地图，长三尺、宽六英尺，彩色，对城的结构和重要地点都有说明。原文是缅文，由通晓缅文的朱拉隆功大学素内·促丁他拉暖博士解说。[②]

---

　①　音译为空，指小河或人造渠，华人称港。
　②　素霖·穆希：《缅甸地图中的吞武里都》，《艺术与文化》1990 年 7 月号，第 64—69 页。

图1　缅人绘吞武里城地图

图1表明，吞武里城包括今湄南河（缅文称为摩诃纳提）两岸的吞武里和曼谷，西岸是皇城，比例稍大，较详细。

从湄南河畔空挽谷莲（Klong Bangkok Noi）到空挽銮（Klong Bangkok Yai，即上文的 Klong Bang Luang）是吞武里城西城，有城墙环绕，有21道城门。

空挽銮有威猜巴实炮台，是在大城时期炮台的基础上建的，昔时招待外宾的迎宾馆设在这里。

城内道路相连，有一人工河东通湄南河，西与护城河相连，应是今越拉康寺侧的空挽瓦艾（Klong Bangwa Yai）。今日的空孟（Klong Mon）和空纳空班（Klong Nakhon-ban）不见于地图。

从该地图看，城墙和人工河把吞武里分成三截。

与炮台相邻的四方城是皇城，按纪年所述，是沿原有城墙而建，把越争寺［今黎明寺（Wat Arun）］和越台哒叻寺（Wat Tai Talad）划入。按照纪年，皇城城墙在黎明寺边。

在皇城内可以看见另一圈城墙。解释者说，这里是郑王皇宫所在，而今已荡然无存。

湄南河边有一道通往皇城的城门，缅人注明是"登宫码头"。相邻的另一城门，缅人注明是"誓水城门"。因此，皇宫一侧的大建筑物可能是郑王的议政厅，即举行"咒水誓忠"仪式的场所。但是否为今日所见的议事厅（Tong Pra Rong），还不能确定。

过去的四方城是京都的中心，有一座突出的建筑物，周围有许多小建筑，缅人注说是"拍耶乍基住所"，可能是日后曼谷王朝拉玛一世的官邸，即今日海军船坞厅所在。拉玛一世登基后，纪年中提到的"拍拉差尼域"或"旧宫的大厅"，应该是指这座拍耶乍基住所。此时，郑王皇宫改称"昭达旧宫"。

根据纪年和回忆录，如《公摩銮纳林苔维回忆录》，郑王时期大臣的住所大多在城西，至少有两位大臣在改换朝代为曼谷王朝后还住在那里。一位是昭华公摩銮阿努叻提域或拍耶素里耶阿派，郑王时期，他家住在班本（今里叻医院一带），到了拉玛一世时，他受封为后宫。另一位是昭拍耶昙摩提功，郑王时期他是宫务大臣，家住空孟港口，与拍耶乍基住在同一区域，只是不知道地图中哪一栋是其住所。他是汶耶乐攀姓氏的先祖，其住所即今越克旺寺。

地图中沿着空挽谷莲的围栏显然是象栏。纪年说，郑王的御象有四头。

在空挽瓦艾的是越挽瓦艾寺或越拉康寺，因为缅人注明这里是"上庙码头"，其侧为盐仓（Chang Kler）和班本社区，是拍耶素里耶阿派的旧居范围。

在护城河西侧，有符号指向空挽谷莲，说是"去坟场和船坞之路"，说明皇家船坞向来在今空挽谷莲，而所谓坟场应是空挽谷莲边上的伊斯兰坟场，当年修铁路时已经整平。

湄南河东面城内，缅人注明是"曼谷城主子的宫"，指的应是郑王子公摩坤因他拉披塔王子的宫邸。东面城内有一栋房子，缅人注明是"华人头人住所"，指的应是华人领袖拍耶拉差色提的住所。当时华人多在河东岸居住，人口稠密，图中沿河排列的水上屋宇就是华人社区所在。

湄南河东的护城河北起今国家剧院旁边的空廊磨，南面河口在今拉栖尼学校的北空哒叻，是 1772 年掘的。这条护城河又称内护城河，民间称之为空律。

拉玛一世后来在这里征用土地建皇宫，华人奉命迁往越三饭寺（Wat Sam Pleom）至三聘之间的萱园居住，这就是今日的唐人街——三聘街。①

拉玛一世在河东建皇城时，重新掘了一条护城河，即今空瓮昂（新开港）和空挽榄蒲。

东岸护城河以北是新移民的社区，这些新移民有高棉人、老挝人、越南人等。再上去河两岸居住的是孟人。

河西空挽谷莲以北有一条河，应是暖府稍为上去的旧河道（Mae Nam Om），河口有营寨和炮台，今为越差霖拍杰寺。

再上去，缅人注说是"空西谷"。如果这个空西谷是今挽赛的空西谷，那么地图左边应是大城旧都。

---

① 此说根据素内·促丁他拉暖《缅人古地图中的曼谷-吞武里》一文引文 25，见 Klangwittaya 出版的《曼谷一世王时期编年史》，载 Saitan heng Kuamkit 第 3 册第 298 页。

三　文献中的吞武里

但是，吞武里建都之初并没有图中所见的城墙。1771 年，上谕建防御设施，改名威猜严炮台为威猜巴实炮台。《纪年》记载：上谕古龙（Krung）吞武里尚无城墙可防御敌人，不宜为京都，故征用军民用整株刺桐为桩栅，建营寨，围绕京都两岸。又征用京都和地方子民，建西岸营寨，从旧城墙角起至越挽瓦耐寺（Wat Bangwa Noi，后拉玛一世改名为越阿玛霖寺），再沿大河边，直到皇宫所在的旧城墙。

然后，在城后掘护城渠，从空挽谷莲到空挽谷艾（《星象录》载，掘于小历一一三四年，即 1772 年。据信即今空班克民一段；空班罗一段；空班磨一段；空越台哒叻至空挽谷艾，即空挽銮一段①），将挖掘的泥土填垫三面木栅内，临河一面除外。河东亦然，挖掘城后护城河，从河东原炮台（威猜严炮台）尾旧城墙起至保护神坛（San Teparak Huakord），护城河两头通湄南河。

令人拆取拍帕铃城旧城墙砖②，以及菩三屯和挽赛西谷缅人三个营寨的墙，由船载来，沿两岸三面筑建城墙和炮台，东西城之间为湄南河。

要说明的是，郑王建吞武里城时并没有取用大城城墙。

拉玛一世登基后，改在河东建都，拆去沿护城河的城墙，改在新护城河边建城墙。吞武里成为京都的一部分。拉玛六世时，1915 年划分府治，河东为京都（Pra Nakhon），河西为吞武里府。1971 年，两地合并为大曼谷，吞武里沦为一个区。

---

① 见 S. Plainoi《为什么要建立吞武里都》，《艺术与文化》1990 年 7 月号。
② 此拍帕铃旧城在今叻武拉纳区，不是日日的拍帕铃；今日的拍帕铃，华人称新城，是由勐纳空肯刊城改名的。

因陀罗摩寺考[*]

陈毓泰

一 引言

吞武里（Dhonpuri）与京畿（Phra Nakorn）虽仅一昭披耶河（俗称湄南河，实误）之隔，但两府之地位颇为悬殊，依吞武里居民的口头禅，自认吞武里系领有"庶子"（Luk Mei Noi）的地位。察其含意，系指吞武里为一附属物，不关重要的一个府治，尤以繁荣而辉煌的京畿相对照之下，吞武里益显出其可怜相！

不过，在却克里王朝七世王（已逊位，最近殁于英伦）举行建都叻陀纳哥盛一百五十周年纪念大典时，同期且举行了横跨昭披耶河的却克里王朝一世王拍菩提育华朱拉绿纪念桥的落成礼，因此一河之隔而风气闭塞的吞武里遂获得沟通京畿，而京畿的繁荣，亦逐渐伸进吞武里，排除了吞武里固有的荒凉气象。

佛纪元二四七五年，泰国由君主专制而改为君主立宪政制后，当局对推行地方自治，更不遗余力。全国所划定的自治区，被列为应组立市政府的区域，只有三府地，计有京畿、景迈（俗称清迈或青吻），以及被目为"庶子"的吞武里。

由于吞武里比较落后，于是市政府特予以大事建设，从中整饰市容，冀与京畿的繁荣相媲美。经市政府数年的努力，吞武里已较前繁荣，面目亦一新。但较诸京畿，仍不免有小巫见大巫之感！

其实吞武里，原非不足道的府地。在郑王当国时代，领有首都的地位，为暹罗大王国的中心地，全国精华皆集中于此。假如以朝代为根据，由速古台朝起，而大城朝（或称阿瑜陀朝），甚至现时的叻陀纳哥盛朝，则吞武里朝实属昙花一现。反之，如以每一代的君主在位为准绳，则郑王在吞府奠都的十四年的时间，也不能谓为短暂啊！

领有十四年首都地位的吞府，依现时的情形而言，所遗留下来而足供后世人凭吊

［*］　原载《南洋学报》第 2 卷第 3 辑，1941 年，第 10—20 页。

的，寥寥无几。世人所周知的，只有位于网銮港岸旁的郑王王宫。然而这座王宫，现被辟为海军军官学校，结果成为禁地，外界人士皆不能轻易进入。所以王宫界内，目前究竟留下些什么遗物，无从知道。不过，海军军官学校旁则建有一座神祠，内供有郑王神像，香烟颇盛，尤受人尊崇。所谓郑王神像，不大，和我们通常所见的神像无异（完全是中国式）。

图1　现供奉于海军军官学校旁神祠中之郑王神像

还有被划入王宫界内的郑王寺（泰人称阿仑寺），亦与郑王有关。佛堂内置有一坐坛，颇巨大，系由一块大木板所制就者。此坐坛郑王生时作为静坐用。郑王被迫剃发出家，然后成为阶下囚，亦系拘禁于此。在另一座比较黝黑的佛堂内，则供奉有郑王的骨灰，盛骨灰的尖顶圆盒不大，形式颇美观。

郑王寺比较开放，仍准许参观，只破些小费给守寺人，则不难获得种种便利。

除此外，还会①着较上面所述的更重要的场所，即靠近哒叻蒲（Talat Bhu，义为"蒟叶市场"），有因陀罗摩寺（Wat Indra Rama）这座寺院。在华侨方面，比较少人注意到。因陀罗摩寺系郑王时代最重要的寺院。郑王母后、郑王本身，以及王族、大臣，

①　编者按："会"或为"有"讹。

皆在此寺举行火葬。虽郑王骨灰及郑王后骨灰亦安葬于此。

为使世人了解起见，爰根据泰方有关的各文籍，撰《因陀罗摩寺考》。

图 2　郑王寺中之大幢高达 74 公尺

二　名称沿革

我们应先予以检讨的，就是现时被称为因陀罗摩寺的名称，在从前根本无此。既然从前不称因陀罗摩寺，无疑必另有其称。

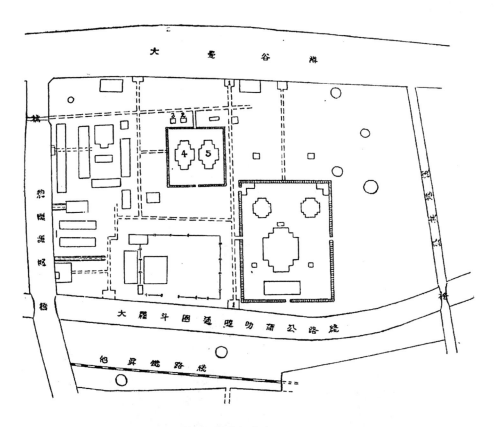

图3　因陀罗摩寺平面图

说明：
1. 入口处。
2. 装有郑王骨灰之复国纪念塔。
3. 装有郑王后骨灰之纪念塔。
4. 供奉有郑王之纪念佛像殿。
5. 供奉有郑王塑像及坐坛之佛殿。

考吞武里城原址，位于天堂寺（Wat Khuha Sawanka）或称四面亭寺（Wat Sala Si Na）。自古城地起，即先抵罗阇瞿流诃寺（Wat Raja Kharuha）。因此罗阇瞿流诃寺通称为内万逾罗寺（Wat Bang Yi Rua）。继此则有庄陀罗摩寺（Wat Canda Rama）居中，乃称此寺为中万逾罗寺（Wat Baug Yi Rua Klang）。接着就是因陀罗摩寺，因前两寺有中内之分，遂称此寺为外万逾罗寺（Wat Bang Yi Rua Nok）。

依照古代的习惯，寺院每无专名，多以所在地的地名名之。遇寺院多，则以内、中、外分之，盖利便当地居民的称呼及区别也。如威卢罗清寺（Wat Valura Chin），俗称水湾新寺（Wat Mai Tong Kung），因位于大曼谷港（Klong Bangkok Yai）湾处也。

根据上述，因陀罗摩寺因位于古城址界外，而被称为外万逾罗寺。这使我们不难推测出这座外万逾罗寺，在大城时代已有此称号了。查大城朝颂绿拍阁耶罗阁王（Somdet Phra Chaiya Raja）时代，靠近威阁耶巴晳提炮台（Pom Vechaiya Prasidti）的大曼谷港仍然为尾端，但颂绿拍阁耶罗阁王谕令开掘一运河与小曼谷港（Klong Bangkok Noi）相衔接。因此大曼谷港与小曼谷港相接口处遂被炸开，而成为现时所见的昭披耶河水流所通过地了。

由于罗阁瞿流诃寺，或称内万逾罗寺，曾一度受懵族所主持。为示区别起见，因陀罗摩寺，或称外万逾罗寺，乃改称泰万逾罗寺（Wat Bang Yi Rua Thai）。

迨至郑王时代，靠近因陀罗摩寺附近，有人从事耕耘稻田，从改为园地，复辟为蒟叶园，因此因陀罗摩寺遂被称为蒟叶园寺（Wat Swan Bhu）。

不过，在居民方面，每喜唤为南寺（Wat Tai），盖将"万逾罗"省去，其完全的名称为南万逾罗寺（Wat Bang Yi Rua Tai）。这是以城址为标准的，至于靠近的庄陀罗摩寺，亦简称为中寺（Wat Klang）。

降至却克里王朝拉玛三世王时代，有披耶室利砂哈贴［Phraya Sri Saha Deba，原名通平（Tong Pang）］者，鉴于南寺荒芜数代，无人过问，乃慨然倾囊，鸠工大事修葺，添造其他建筑物，遂使南寺焕然一新。披耶室利砂哈贴以此寺仍无相当名称，乃奏请三世王赐名为因陀罗摩寺，而迄于今。

三　郑王时代

因陀罗摩寺的命运，也和人类的命运一样，有起有落。在大城时代的因陀罗摩寺，其地位仅属于乡村间的小寺院，全不引起人们的注意，且未受到任何人的赞助或修葺，因此颇为荒凉。

虽然大城时代的因陀罗摩寺不为人所注意，但一到了吞武里朝郑王时代，此无名的小寺院，反引起了郑王的关怀，给予赞助，并加建其他房舍，将寺院的地界予以扩展，提高寺院的地位，成为王室的寺院，甚且举行了多次的大典。于是这座无名的因陀罗摩寺，遂在《吞武里朝史纪》里占有了重要的地位。

距今约一世纪半有奇的因陀罗摩寺史迹，我们不难在各种文籍里看到，如郑王举行太后火葬大典，庆祝太后骨灰大典，火葬重要王族以及各大臣，咸在因陀罗摩寺举行。这些将在下面几节里予以详述。

仅就郑王对因陀罗摩寺充任赞助人而言，郑王所赐予此寺院的各种实物，依照现存的证据可查的，就有一套《三藏经》，另装有《静心经》的双柜，髹有厚金箔、蓬顶盖黄绒的轿船一艘，桨手十名，供寺院之用。

此外，加建僧侣宿舍一百廿座，修茸佛塔，建立殿堂，铸造佛像。佛殿周围掘成环抱的池沼，植以白莲。扩大寺院地界，延聘显宗僧正居于新建的房舍内，恩赐人员供僧侣役使。郑王复亲自向寺内僧侣作有历史性的训示。

迨至佛纪元二三一九年，郑王为追念及报太后教育之恩，特在因陀罗摩寺作五朝的静坐，以示范畴。

四 火葬太后

当郑王在叻丕城万缴村解决进侵的缅军后，返抵京华，立即下令在因陀罗摩寺赶建火葬台（灵山），以便火葬太后宫拍提婆摩多耶（Krom Phra Deba Matya）之遗骸。

所建之火葬台，系尖顶式。郑王一反往例地，不令警卫队负责，而特别指定人员负责各建一面。换言之，即委拍罗阁颂堪（Phra Raja Songgram）负责建北面，委銮室利伽拉砂穆（Luang Sri Kala Samud）负责建南面，委拍罗阁素帕钵底（Phra Raja Suphavadi）负责建东面，委拍贴披良（Phra Deb Pheliang）负责建西面。

至于礼坛、僧侣憩息亭，以及其他列屋，如贮放礼物所、布施所、水亭、特别亭、陪审官亭、围栅、横堤、横廊、大小彩旗等，则谕令下列机关负责：

军政厅，宫务厅，内政厅，市政厅，财政厅，特别财政厅，园艺财政厅，田务财政厅，左右内财政厅，行政厅，民事厅，中央民事厅，港务厅，六项志愿厅，宫女，军人，其他公务人员。

此次火葬太后典礼中所用的各种装饰物有厚彩帜一百五十四；次彩帜五十四；幡廿；大旗十二；水亭卅二；围栅、横堤、横廊，包括四面，每面长五先十三哇；僧侣憩息亭六；哑剧大舞台一；介于大旗间设哑剧台十四；特别亭六；陪审官亭一；布施所一；贮放礼物所二；舞台二；靠厚彩帜北面，则树立烟火柱，长凡二先十五哇。

至于民众方面，内政厅则征民力在沿途树立各种大小纸旗；另由内政厅训练民众表演各种游艺，以资届时表演助兴；制造各种烟火；雇民持莲花列队迎游；宫女则制造其他较高尚的饰物；游行队伍，以梵天及帝释前导。

火葬台之架造，共费两个月之时间，始落成。

佛纪元二三一八年，六月黑分初二，火曜日，太后灵柩迎送至因陀罗摩寺。继后二日，即六月黑分初四，木曜日，正式举行火葬。这次火葬礼，前后共举行三日三夜。在典礼中所表演的各种游艺，则有：

白天：哑剧六台，潮剧三台，贴通（Deba Thong）剧二台，女舞剧四台，皮戏二台、越南傀儡戏一台、佬族傀儡戏二台。

晚上：大皮戏三台，介于大旗之间有大皮戏十台，中国戏二台。三晚皆燃放烟火，情形盛极一时。

此次所举行的太后火葬礼，郑王仍未感到满意。盖当时缅将阿砂温基领军侵彭世洛城，如需认真架造火葬台（灵山），则需时颇久，此举纯不合于战时的措施，所以火葬台的尖顶，郑王亦谕令采用金银纸替代锡箔粘贴。当时已届雨季，举行火葬礼期间，雨水湿透了各种烟火，大部份不能燃放，以致郑王有意减少此次制造烟火的奖励金，陪审官亦认为须减，因所用的火药，全部属于公物，结果实行削减了奖金额。继后国家稍为安宁，郑王即从事筹备举行庆祝太后骨灰的大典，其举行的地点，依然在因陀罗摩寺。

五　庆祝骨灰

这次所举行的庆祝太后骨灰典礼，完全系与上次所举行的火葬礼有关。盖举行火葬礼时，受天雨所阻碍，不克隆重举行，深使郑王不满，认为对母后所应尽的天职，仍未达万分之一。郑王遂决定再度举行庆祝骨灰大典，以求弥补，从而阐扬太后所遗下的浩恩！

由于这次庆祝大典，性质较为隆重，因此郑王谕令调内地诸侯参加筹备。受征调的诸城，北部有华富里、洛坤素旺（北榄坡）、披集、彭世洛，金刚城、亲卡武里、速古台。至于其他部区，则有猜纳、信武里、红统、因武里、梵武里、北柳、公汤、叻丕、佛丕以及素攀武里。受征的诸城，负责清理寺院荆棘，架搭桥梁、建造亭榭、礼坛以供奉太后的骨灰。受征的诸城，概须在因陀罗摩寺工作。

大典的筹备受征的人员，包括京畿以及内地在内，以爵位区分，依史籍载，计有昭披耶二位，波耶九位，拍六位，銮八位，坤十一位，蒙八位。此外征召担任各项工作的人民，计：制造桌凳五十二名，扛象牙台十七名，制造高尚饰物十八名，另由装饰家二位帮助，其他杂务1232名；军政厅负责派送工作人员562名，六项志愿厅派送工作人员负责架搭僧侣憩息所六十三名，警卫厅负责建礼坛203名，近侍237名负责做和尚饭包，军籍厅负责建造供奉骨灰亭199名，市政厅负责建造桥梁105名，内政厅负责清理场地 287 名、水路迎游队桨手 1439 名、负责划猛骨船之女桨手 156 名、负责游迎队杂役 1232 名，各厅合作负责制造旗帜六十名，侍卫负责保管仪品十四名，四方灯燃点者用警卫四名。包括全部人员，不下 6000 人。

庆祝太后骨灰大典，举行于佛纪元二三一九年正月白分十五，月曜日，依现存的文籍，当时所编定的程序如后：

"上午，太后骨灰供奉于象牙桥上，由宫门出，指向哒叻（市场）尾端。有幡伞、笛、法螺、箫、凯旋鼓，以及手持莲花的行列，一对一对前后簇拥迎送。抵大门桥畔，移太后骨灰于宫殿式彩船上，由二艘载有高贵饰物之船前导，另由一队鬃银色的船殿后，接着为乐器船，大小臣员船只，迎送的船只，共有七十九艘，形成一长蛇阵。

"抵因陀罗摩寺后，移太后骨灰于彩亭上。谕令各厅人员导①御款散发参加盛典的公务员，无一或缺，计男性赐一钱，女性赐一钫。延聘高僧诵经。着披耶摩诃社那（Phraya Maha Sena）以御款分给贫民共十斤。另延聘佛门中人，不分宗派共万名，接受布施（依可查的，接受布施的佛门中人，计和尚 3230 位，长老以及沙弥 1738 名，尼姑 153 名）。"

郑王为报答母后教育的浩恩起见，在举行母后骨灰庆典完毕后，即留于因陀罗摩寺内实行静坐共历五朝。

六 其他盛典

郑王太后火葬及庆祝骨灰大典时，每天表演的游艺，不下廿台，由此可见因陀罗摩寺地位的重要了。继此二次大典之后，郑王复恩赐王族以及大臣在此举行隆重的火葬礼，前后共有多次。所举行的火葬礼，概以国葬仪式行之，历次皆有游艺以及烟火的燃放。

依据史籍上所载，就有着如下所列的几宗：

（一）佛纪元二三一九年，三月白分十一，日曜日，郑王恩赐在因陀罗摩寺火葬宫坤因陀罗披达砂（Krom Khun Indra Bidaksh）遗骸，典礼举行七日七夜。

（二）佛纪元二三一九年，三月黑分初二，金曜日，郑王恩赐在因陀罗摩寺火葬六坤王拍昭那罗素里耶汪砂（Phra Chao Nara Suriwougsa）遗骸，典礼举行三日三夜。

（三）佛纪元二三二〇年，十二月白分初四，月曜日，郑王恩赐在因陀罗摩寺火葬

---

① 编者按："导"字疑讹。

王族蒙昭盛（Mom Chao Seng）、披耶速古台（Phraya Sukothai）、披耶披阇耶埃斯湾耶（Phraya Bhitchaiya Aisavanya）等遗骸，典礼各举行三日三夜。

（四）佛纪元二三二三年，七月白分初三，郑王恩赐在因陀罗摩寺火葬生[①]太子昭华戌潘杜汪砂［Chao Fa Supandhuvansa，或称昭华孟（Chao Fa Ment）］之母（即系却可里王朝一世王所生之女公主）遗骸。

不过，各次所举行的火葬礼，其仪式皆视死者的地位而定。宫坤因陀罗披达砂及拍昭那罗素里耶汪砂，所架搭的火葬台，共分三层，每一层皆绕以鲜花瓶，台顶四面树立幡伞，继此为灵柩架。

为使明了当时因陀罗摩寺的繁荣起见，特将前后七次的国葬礼所表演廿九天的游艺，分类汇录如后（筹备以及建筑礼坛所费的时间，未有计算在内）：

白天：大哑剧及普通哑剧九十四台，大潮剧及普通潮剧廿二台，皮戏廿五台，贴通十九台，女舞剧三十一台，吉蔑剧五台，木脚戏十二台，越南戏卅七台，越南傀儡戏三台，佬族傀儡戏廿四台，懵族傀儡戏廿八台，旧拉曼戏十六台，新拉曼戏廿台。

晚上：暹罗大皮戏以及其他泰戏共一百七十五台，中国戏廿五台。晚上游艺表演较少的原因，实由于着重于燃放烟火。

前后七次典礼，游艺表演共有五百廿二宗，计算法系以白天潮剧五台，每台表演三天，合为十五宗，余者同此。

七　一度荒芜

在吞朝时代的因陀罗摩寺，因有暹罗君主——郑王的特别赞助，结果弹[②]成了历代所无的繁荣状态。降至却克里王朝一世王时代，因陀罗摩寺依然被列为"王室寺院"，这在《民俗汇编》第十集载：一世王尝二度赴因陀罗摩寺亲自举行赐布礼。明言之，第一次在佛纪元二三三〇年，十一月黑分初九，日曜日；第二次则在佛纪元二三三二年。可是在二世王时代，因陀罗摩寺未受到王室的维护，于是成为荒寺，院内所有的建筑物，亦次第失修而宣告崩塌。

相信因陀罗摩寺在一世王时代，虽被列为王室寺院，但院内建筑物必未受到保护或修葺。因遍查《君主御建实物录》，亦无记载。此外根据因陀罗摩寺实物损坏情形而

---

① 编者按："生"字或讹或衍。
② 编者按："弹"字疑之讹。

言，当不难推测出因陀罗摩寺在一世王时代起，直至三世王时代的初叶为止，完全未受到王室的保护，作算间有修葺，亦只属于一小部份而已。

八　恢复繁荣

却克里王朝三世王时代，即出现了一位披耶室利砂遐贴（Phraya Sri Sahadheb），独力维护因陀罗摩寺，使它焕然一新。披耶室利砂遐贴不单修葺院内原有且已崩塌的实物，甚且增建了不少实物。由巨大的佛堂起，至其他琐碎的物件为止，咸予以建造，无一遗漏。因陀罗摩寺经改建后，披耶室利砂遐贴即奏请三世王赐名，因此因陀罗摩寺的名称，遂在此时而宣告成立。但因此寺系披耶室利砂遐贴独力所改建，附近居民多称之为因陀罗摩披耶室利砂遐贴寺（Wat Inard Rama Phraya Sri Sahadheb）。

由披耶室利砂遐贴在因陀罗摩寺所兴建的实物，依现时仍能查考者，则有佛堂、佛殿、经典研究亭、大亭、小亭、浮屠纪念塔、大宿舍、小宿舍、厕所、桥、池塘、三藏经楼、钟楼、佛像、菩提树、院墙、水堤、公路、象柱、马柱、天鹅柱、石刻文碑、石凳、中国式宫室、储藏室等。此外派奴仆廿户口，常川驻于寺院内，供和尚之役使。

因陀罗摩寺落成后，特举行落成大典，一连三日三夜，有各种游艺表演。礼成后即迎《三藏经》全套，储藏于精巧的书柜内，然后由水路迎送至因陀罗摩寺。

考披耶室利砂遐贴，原名通平，生于佛纪元二三三五年，四月白分十一，木曜日，卒于佛纪元二三八一年，六月黑分十四，火曜日，任职于却克里王朝二世王至三世王之间。

披耶室利砂遐贴之父乃参南克拉汶（Nai Cam-nan Kra Bvon），名通权（Thong Kwan），尝任职于吞武里朝，领有候补銮罗阇社那（Luang Raja Sena）之爵位。盖当时的銮罗阇社那（原名文亮）奉令领军开赴北碧城腊那区堵截敌军，突告失踪，疑战死沙场，否则成为缅军之俘虏。时一世王即奏请郑王将乃参南克拉汶升为銮罗阇社那补缺。郑王依其请，但指定为候补，因须待銮罗阇社那是否战死之确实证据。虽领有候补职，但銮罗阇社那在当时所应得的利益，依然照发。降至却克里王朝一世王时代，乃参南继续任职，颇得一世王的宠爱，爵至披耶。

披耶室利砂遐贴之母，名通空（Thong Khon）。母系之先祖为披耶罗摩乍都隆（Phraya Rama Chaturong），名吗颂（Ma Song），郑王时代爵居披耶拉曼汪砂却克里（Phraya Raman Vongsa Chakri），系懵族，忠于郑王，职居六项志愿厅长，当吞府发生变动时，尝请缨抗叛党，但为郑王所阻止。

大概系具有上述的关系，因此传至披耶室利砂遏贴，遂决心予以复兴因陀罗摩寺。披耶室利砂遏贴的遗骸，亦举行火葬于因陀罗摩寺，骨灰亦存贮于因陀罗摩寺内。

九　现时状况

在披耶室利砂遏贴时代的因陀罗摩寺，虽一度苏生，然而在披耶室利砂遏贴去世后，又告荒芜了约卅年。迨至佛纪元二四四八年，达信卡尼砂罗长老（Chao Kun Taksin Kanesara）主持因陀罗摩寺后，又告繁荣，而迄于今。

现时的因陀罗摩寺，业已脱离了它的寂寞的气氛。院内所有的实物，咸获得相当的修葺，渐趋于现代化。

因陀罗摩寺现占地约卅五莱而已。但请勿误会从前的面积亦仅此而已。其实在郑王时代，庆祝太后骨灰时，剧台则有卅座，其他如礼坛、仪亭等，数量尤夥。受聘参加盛典的佛门中人以及婆罗门教徒，亦不下六千人。此外盛典举行时间，观礼的官民，何止数万人！由此观之，仅仅卅五莱地，难道可以收容这么多的人众吗？所以，相信因陀罗摩寺在从前所领有的地产，必非常广阔。其逐渐狭小的原因，大约在此寺院无人管看，而宣告荒芜期间，次第失去的。迨至却克里王朝三世王时代，披耶室利砂遏贴始出资购地，设法拓展寺院的面积，即现时所存的卅五莱地。

依据因陀罗摩寺当局的公布，现存的面积，计：北面（大曼谷港）长 221 米突余；南面（大罗斗圈通哒叻蒲公路）长 234 米突余；东面（公共港道）长 128 米突余；西面（万逾罗港）长 138 米突余。

寺院的位置，为吞武里府万逾罗县万逾罗区，门牌列第 200 号。

寺院历年所收容的和尚及沙弥人数，据寺院方面的公布，以佛纪元二四八一年为止，各年的统计，如下表：

年期	和尚	沙弥
二四七五	四十七位	廿一位
二四七六	三十二位	十七位
二四七七	四十二位	十五位
二四七八	四十二位	十八位
二四七九	四十位	十九位
二四八〇	四十三位	十一位
二四八一	三十六位	十六位

现任主持达信卡尼砂罗长老，原名砂耶（Saya），姓涡万（Beo Ban），于佛纪元二三九七年公历 11 月 8 日生于夜公府滩头区，行三，廿二岁出家，而迄于今，共达六十六季，现年八十八岁，于佛纪元二四四八年主持因陀罗摩寺，迄今已达卅六载矣。

十　郑王遗物

距今不下一百七十余年前的因陀罗摩寺，受了郑王的特别保护，结果盛极一时。终郑王时代（在位仅十四年），皆能维持其重要的地位而不衰。迨至佛纪元二三二五年，公历 4 月 6 日，郑王被迫剃度为僧仅廿八天，身上仍披黄袍，即遭受杀害而驾崩。一般忠于郑王的臣员们，如披耶拉曼汪砂、断剑披耶披阇耶等，不下五十位，同以身殉。

郑王遗体以及诸臣员的遗骸，咸被埋葬于因陀罗摩寺内。吞朝至是终结，而叻陀纳哥盛朝代之而起，却克里王族一世王拍菩提育华朱拉绿即位，成为暹罗君主。

降至佛纪元二三二七年（郑王被杀后三年），一世王拍菩提育华朱拉绿乃下令发掘郑王的遗骸，在因陀罗摩寺举行火葬。

经过火葬而遗留下的郑王骨灰，一部份被装入纪念的佛像内。此纪念佛像，现存于因陀罗摩寺的佛殿内。一部份据说被供奉于现时的郑王寺（Wat Arun）佛堂内。余下大部份则在因陀罗摩寺建一塔而贮藏之。

这座储藏有郑王骨灰的塔，现时被改称为复国纪念塔。原塔的尖端系叠莲花式，高十六米突五十生的，基四方形，削角，每边阔七米突。复国纪念塔位于因陀罗摩寺正面（靠大曼谷港岸），即北面。

在复国纪念塔旁，另有一塔，系储藏有郑王后骨灰。塔尖系叠环式，顶端已折，现存高度[①]六米突七生的，阔度与复国纪念塔相等，塔基已损。依推测此塔在完整时，必与复国纪念塔高度相等。

上述两塔，因年久失修，如再予以放任，则将全部倒塌。因此遂有一部份诚意的人们，慨然解囊，重加修葺，塔身粉以白色，焕然一新！

此外距大曼谷港岸约卅二突处，有一古式的佛堂，系郑王所建立者，原无窗牖，达信卡尼砂罗长老主持因陀罗摩寺时，出资辟窗。佛堂内佛像，大部份破坏。后有人出资一万四千铢加以修葺。目前被用作佛殿。

距离港岸约四十米突，而在上述佛堂旁，另有一座较小的佛殿，亦系郑王时代的遗

---

① 编者按：此处当脱"十"字。

图 4　经过修葺的郑王骨灰塔

说明：前者为郑王后骨灰塔，后者系葬有郑王骨灰之复国纪念塔。

物。殿内设有郑王的坐坛。此坛为两块巨木所造成，每块约阔八十八生的，厚五生的，坐坛全长二米突四十八生的，阔一米突七十六生的有半。坛之边缘有纯象牙栏杆共一百十二根，惟已失去一根。另有雕刻精美的象牙片约卅片，间隔于栏杆中。

此坛系郑王举行盛大庆祝太后骨灰时，为报答太后慈恩而实行静坐五朝的唯一坐坛，现时被用作供奉郑王塑像之台。

郑王塑像，泥质，与普通人体相等，为静坐式。此像系乃东汶吗诺（Nai Tang Bunamanop）出资雇工匠所塑造者。郑王塑像现时被罩于镜柜内。

至于寺院内的其他建筑，因无关于郑王，且略。

大概系郑王为泰族建立下了伟大的勋业，因此引起了一大部份①们的追怀已往，乃规定每年公历 4 月 6 日，在因陀罗摩寺举行盛大的郑王升遐纪念典礼。

这是一年一度的公开纪念典礼。但在普通时间，一般崇敬郑王的人们，咸于每周之星期日，赴因陀罗摩寺礼敬及凭吊郑王的遗物。

1941 年 6 月 18 日泰京

---

① 编者按：此处脱"人"字。

吞武里越因伽蓝寺[*]

黎道纲

1781年4月6日，京都吞武里发生叛乱，叛臣披耶讪逼郑王退位，后者入黎明寺（越阿仑寺）剃发为僧。

27日后，征柬埔寨大将昭披耶甲塞束率泰军赶回吞武里，召集大臣开会，讨论如何处置郑王。

结果，主张让郑王复位的大臣先后被斩首。这批忠于郑王的大臣共50多名，其尸体全数埋葬于今吞武里越因伽蓝寺。

1783年，曼谷王朝拉玛一世（昭披耶甲塞束）时，下令将郑王尸体掘起，举行火化。郑王的骨灰塔和郑皇后的骨灰塔亦在今越因伽蓝寺内。

越因伽蓝寺是一座大城朝古寺，原名越挽字粮外寺，因为过去吞武里的旧城在曼谷艾港边的越库哈沙湾寺（今越沙拉四那寺）。从这旧城出发，朝越因伽蓝寺走，先到越拉差克立寺，故此寺叫越挽字粮内寺；然后来到越占伽蓝寺，故此寺叫越挽字粮中寺，俗称越干寺（中寺）；之后才是越因伽蓝寺，故称为越挽字粮外寺。

大城朝时，这是一座小寺。到了吞武里朝，郑王很喜欢到这佛寺，对佛寺进行了许多建设，越因伽蓝寺一跃而成为大寺。郑王曾多次在这里举行盛大仪式。至今，该寺面积达25莱，只是后来马路从中穿过，把该寺分成了两个部分。

曼谷在没有公路前，人们以水路交通为主，故房屋、庙宇都临河溪，越因伽蓝寺的大门也是临河的。后来，寺后修了马路，少用水路交通，只好在寺后另开大门，这就是我们今天见到的大门。

越因伽蓝寺除了越挽字粮外寺的名称，又叫越萱蒲寺，亦有称越挽字粮岱（南）寺的，佛寺一带的老百姓简称之为越岱（寺）。

拉玛一世时期，该寺又称为越挽字粮泰寺，因为前面提到的挽字粮内寺是孟族僧人的佛寺，又称越挽字粮拉曼，简称为越孟（寺）。为了区别，便把越因伽蓝寺称为越挽字粮泰寺。

---

[*] 原载黎道纲译著《郑王研究散论》，第120—121页。

郑王统治晚期常到越因伽蓝寺坐禅、礼佛，对该寺有许多贡献，至今还保留有一张郑王用过的睡床。

曼谷王朝拉玛三世正式命名此寺为越因伽蓝寺。其时有一位披耶叫沙哈贴，曾出钱修缮此寺。

越因伽蓝寺在泰国历史上是极为重要的佛寺，这里发生过许多可歌可泣的英雄故事，值得后人缅怀凭吊。

郑王故宫越南钟考[*]

黎道纲

泰国是个佛教国家，但人民有宗教信仰的自由。根据法律，除小乘佛教外，国家还对天主教、基督教、伊斯兰教、大乘佛教中的越南宗和华宗采取保护态度。

对大乘佛教越南宗采取保护态度有其历史渊源，弄清这段历史可以明白近代大乘佛教在泰国的传播历史。

要弄清这段历史，就要从郑王故宫和黎明寺说起。

一　越僧入泰的种种说法

黎明寺，泰名越阿仑寺（Wat Arun），坐落在湄南河西岸，是一座大城王朝时期的古老寺庙，俗称越玛谷寺。昔时这里到处都是玛谷树，故其地名叫曼玛谷（Bang Makok），此寺亦因此得名为越曼玛谷寺。后来，地名简称为曼谷，寺名亦随之简称为越玛谷寺。传说当年郑王率领军队从大城来到这里正好是黎明，便称此寺为越争寺（Wat Zheng），"Zheng"是黎明的意思。郑王当国后，在这里修建行宫，从老挝迎来的玉佛也供奉在越争寺里。

在此寺郑王故宫里，如今仍存有一口铸钟，其上的中文铭文表明是越南河仙三宝寺僧人造的。

越南僧人是什么时候到泰国来的呢？

段立生写道："过去泰国学术界一般认为，越南僧侣是曼谷王朝初期才来泰国的，拉玛四世皇（1851—1868）为越僧嗡恒修建的庆云寺是泰国第一座大乘派越僧寺。现在看来，越僧来泰国的时间应上推到吞武里王朝时期。"他的理由是："1771 年，暹罗吞武里皇郑信率军征讨河仙取得胜利，命华人将领陈联驻守河仙。河仙镇的越南僧侣大概就是这段时期来到泰国的。"[①]

在另一本书里，他又写道：那是暹罗吞武里王朝时代，越南发生"西山农民起

　＊　原载黎道纲译著《郑王研究散论》，第 122—130 页。

　①　段立生：《从文物遗址看佛教在泰国的传播》，收入《中国与东南亚交流论集》，泰国大通出版有限公司，2001。

义"，王室裔孙逃至暹罗避难，其中有越南僧人，获郑王允许划地而居。为了便于进行宗教活动，越南僧人盖了两座佛寺，一曰甘露寺，在现今万望交通警局后面，泰名叫"蒂哇里威限寺"；另一座原名蚬康佛寺，位于三皇府邹拿叻路，修抛夫叻路的时候，此寺正好在马路内，拉玛五世遂赐地耀华力路义福巷重建，即现今的会庆寺。[①]

段立生推测，越南僧侣是郑王征讨河仙时来到泰国的。他说，郑王故宫中有一口中式铸钟，"是与吞武里王朝有关的一件佛教文物"，钟上的中文铭文曰："河仙镇三宝寺印澄和尚证明，……嘉隆十五岁次丙子冬月吉旦日。"

段立生说此越南钟"是与吞武里王朝有关的一件佛教文物"，是否如此，实有考究的必要。

二　郑王时期的越南寺庙

为此，我们先介绍一点相关的越南历史。[②]

18世纪时，越南北方为郑氏集团统治，南方为阮氏集团统治。两者连年战争，社会危机日益严重，从南到北农民起义此起彼伏。1771年爆发了由阮氏兄弟领导的越南历史上规模最大的西山农民起义。起义军于1776年推翻了南方阮氏集团，1785年击退了暹罗军队的干涉，1786年荡平了北方郑氏政权，1789年击退了清朝军队的干涉，统一了越南，西山王朝建立。

1802年，原广南定王阮福淳之侄阮福映在法国殖民者的帮助下，[③] 推翻了西山王朝，建立了阮朝，定都顺化，改国号为越南。

据《大南实录》正编第1纪第1卷载："戊戌元年（黎景兴三十九年，清乾隆四十三年）六月，遣该奇刘福征入暹。初龙川失守，鄚天赐与尊室春奔暹求援，暹王厚款留之。帝既克复嘉定，遣使往修好，且问天赐等消息。"[④]

戊戌元年是1778年。该奇是越南官名，尊室指王子，帝指孝定帝。这段话说龙川失守时，春王子和鄚天赐走暹。

① 段立生：《泰国的中式寺庙》，泰国大同出版有限公司，1996，第86页。
② 王士录主编《当代越南》，四川人民出版社，1992，第75页。
③ 吴晗1934年写了《李继煜译述的高桑氏〈中国文化史〉》一文，其中"安南之统一与法兰西条"云："（阮福映）乃从法兰西教师披尼耀之劝，约事成，则割让化南及卜老孔多二岛，乃以其子阮景睿和披尼耀共赴法兰西求援。援军既到，乃助阮福映据柴棍，屡破'西山党'之军。"吴晗注道："按自'援军既到'以下，殊不可靠。依据马士（H. B. Morse）的记载，法国并未遵约，援军并未开到。"
④ 段立生辑注《泰国吞武里皇郑信中文史料汇编》，泰国华侨崇圣大学出版社，1999，第118页。

据泰国历史学家昙隆亲王云：春王子于 1776 年来曼谷，获赐地在今抛夫叻一带居住，这一带因此得名班沅（越南人村）。该时期兴建了两座佛寺，一是甘露寺（越南音 Chua Cam Lo），泰名"蒂哇里威限寺"，在万望；一是会庆寺（越南音 Chua Hoi Khanh）。[1]

前文提到，会庆寺原名蚬康佛寺，位于三皇府邹拿干路。修抛夫叻路时，拉玛五世赐地于耀华力路义福巷重建，赐名会庆寺。

后来，春王子等为郑王所杀，泰籍越南裔学者他威·沙汪班扬军说："真正原因不明。"

《大南实录》记载："庚子元年（黎景兴四十一年，清乾隆四十五年）六月，遣该奇参、静（二人名，俱缺姓）入暹修好。会暹商自广东回到河仙洋分，为留守升所杀，尽取货物。暹王怒，遂将参、静系狱。又有真腊遘翁胶潜于暹云：嘉定密书，令尊室春、郑天赐为内应，谋取望阁城。暹王大疑，尽捕鞫问。郑子沿力辩其诬，暹王格杀之。天赐自死。尊室春与参、静及天赐眷属五十三人皆为所害。我国人民居暹者悉徙于远边。"[2]

段立生写道："1671 年，广东雷州人莫玖因不满清朝的统治，率族人来到这里（河仙），建立了一个华侨政权。到了其子莫士麟（又名天赐）时代，河仙……实际俨然一独立小邦。1767 年，暹罗阿瑜陀耶王朝被缅甸灭亡，王孙诏萃、诏世昌亡命河仙，莫士麟遂萌生了立诏萃为王，逐鹿暹罗的野心。……1769 年莫士麟在安南的支持下发动了对暹罗的攻势，派其甥丑才侯率领三万水步兵攻打尖竹汶。双方在尖竹汶鏖战二月余。……1771 年郑信亲率大军征讨河仙，莫士麟败走朱笃道，诏萃被俘处死，郑信派部将陈联占领河仙。1773 年莫士麟遵从广南定王旨意，'遣人入暹，以讲和为名，探其动静。天赐遣舍人莫秀赉书及礼币入暹。暹王大喜，送回所掳子女，召陈联还'。（《大南实录》前编卷十一）接着，安南爆发农民起义，广南定王被杀，莫士麟保护定王弟尊室春流亡富国岛，打算南渡爪哇。这时，郑信派四艘海舶来迎，莫士麟一行遂投奔暹罗。1780 年，郑信截获一封阮福映从安南写给莫士麟的密信，内有'若东山战船到日，宜里应外合'之语，遂将尊室春、莫士麟等逮捕下狱。尊室春不堪鞭笞，供认谋反，莫士麟吞金自杀。"

这是 1780 年郑王时期的事。

---

① 他威·沙汪班扬军：《泰国十六间越南寺庙》，《艺术与文化》2002 年 9 月号，第 100 页。
② 段立生辑注《泰国吞武里皇郑信中文史料汇编》，第 119 页。

值得注意的是，这批越南政治流亡者流亡曼谷前后不过两年，按照昙隆亲王的说法，也不过四年，即发生变故，居暹越人悉徙远边，这两座越南寺庙的情况不明。

三 曼谷王朝初期的越南寺庙

后来，广南定王阮福淳侄阮福映，以阮主复兴势力之领袖与西山阮氏政权作殊死斗争，其间因战事失利，曾两度亡命暹京。

陈荆和说，阮福映入暹，第一次在1784年2—7月；第二次在1785年3月至1787年7月。每次都获得拉玛一世之厚遇。1784年7月，暹罗出水兵2万、战船300艘，随阮王反攻，被西山大败于美湫江。阮氏再投暹以后，于1786年2月曾率部参加对缅作战，3月又遣兵随暹副王讨平北大年之乱，有优异表现。[1]

《大南实录》载，1781年，阮福映因战事失利，率200人来曼谷，请求暹王在曼谷郊外鹄甲布处赐地居住，并派人接其眷属前来。[2]

《曼谷王朝第一世王编年史》载：1782年，阮福映偕母流亡来曼谷，赐地班屯三廊村建住宅，即后来葡萄牙使馆地，赐每日入宫觐见。[3]

这两书实际说的是1785年阮福映入暹事。阮福映1785年留暹时期，兴建的越南寺庙有二。

庆云寺（Chua Khanh Van），在今石龙军路哒叻仔。后来，该寺住持越僧嗡恒为拉玛四世所悦，遂接受越南宗参与国家庆典仪式（段立生说拉玛四世为越僧嗡恒修建庆云寺，不确）。

广福寺（Chua Quang Phuoc），在曼谷挽坡一带。

霍尔《东南亚史》中的阮福映入暹年份与陈荆和说相同，还提到他于1787年8月秘密离开暹罗回越南。[4]

后来，阮福映推翻了西山王朝，建立了阮朝。1802年6月，阮福映登基，称嘉隆帝。

---

① 陈荆和：《〈暹罗国路程集录〉解说》，〔越〕宋福玩、杨文殊主编《暹罗国路程集录》，香港中文大学新亚书院研究所，1966，第14页。

② 他威·沙汪班扬军：《泰国十六间越南寺庙》，第101页。

③ Chaophraya Thipakorawong 编《曼谷王朝第一世王编年史》，教师公会印，1983，第30页。

④ 霍尔：《东南亚史》，中山大学东南亚历史研究所译，商务印书馆，1982，第511—513页。

四　郑王故宫的越南钟

郑王故宫越南钟上之中文铭文曰："河仙镇三宝寺印澄和尚证明，众等善信男女，现罪灭福扬，限满往生净土。嘉隆十五岁次丙子冬月吉旦日。"

河仙镇三宝寺的印澄和尚是否 1771 年郑王征讨河仙后随来泰国？我认为可能性不大，因为 1780 年尊室春被杀、郑天赐自尽事件后，越南人"居暹者悉徙于远边"。而铸钟的嘉隆十五年是 1816 年，其时距离郑王征讨河仙的 1771 年已 45 年，曼谷王朝拉玛一世已去世，拉玛二世在位已六年，距离吞武里王朝覆灭已 34 年。说它"是与吞武里王朝有关的一件佛教文物"，这个结论下早了。

有一本书记述了这口钟的来历："这口中式大钟放在御大厅外，钟口至底高 34 英寸，周径 82 英寸，直径 26 英寸，钟耳有二，呈中式双龙戏珠状，钟底有环供悬挂用。这钟是越凤叻达纳蓝寺住持赠送给海军司令海军上将颂勒召华公摩銮纳空叻差西玛，供旧宫陈列用。海军部于 1924 年 8 月 4 日自越凤寺迎回，并铸造美丽精致的泰式纹饰的悬挂架悬挂这口钟。"①

可见这口钟并不是郑王故宫旧物，而是来自越凤寺。

五　黎明寺塔和郑王故宫

我们今日看到的黎明寺塔并非郑王当年的模样，郑王时期的黎明寺塔比目前所见矮小多了。

黎明寺塔的修缮经过如下：

曼谷王朝拉玛二世当副王前，居住在郑王故宫。登基为王后，他有意把临河巴朗塔加高加大，但才动手掘外围地基时便去世了。拉玛三世登基后，亲自主持巴朗塔的扩建。1842 年 9 月，他主持了奠基仪式。竣工后，赐名越阿仑叻差他拉蓝寺。阿仑是巴利文黎明的意思。拉玛四世时期，对此塔再做维修，改名为越阿仑叻差瓦拉蓝寺。拉玛五世时，寺内发生大火，于是重修。1909 年大修巴朗塔。本朝于 1967 年重修巴朗塔。最近一次大修是 1994 年，维修时拆去了 1967 年维修时用的整块瓷片，按古法仍用瓷器碎片维修。

---

① 提拉猜·他那色：《郑王大帝王宫录》，Theerakit（Thailand）Ltd.。无出版日期，笔者购于 1992 年 7 月。

这里顺便说下郑王身后其宫廷的更替情况。

1782年4月6日郑王去世后，曼谷王朝拉玛一世命在曼谷建新宫时，暂时居住在郑王故宫。同年6月13日，拉玛一世迁往曼谷大皇宫。但鉴于故宫地势险要，且有炮台，特命缩小郑王故宫的规模，供王族居住。先后在故宫居住的贵族及其居住年份如下：[①]

1. 拉玛一世大姐之次子（生于1746年），原名汶良，为召华公摩銮提北波定。在这里居住至1785年，直至去世。

2. 后拉玛一世命其四子召华公摩銮依颂顺通（生于1767年）入住。1806年，此召华被封为副王，后继位为拉玛二世。他在位16年，于1824年去世。

3. 拉玛一世赐其外甥召华公摩銮披塔蒙里（次王姐与华人陈姓座山银所生）在城墙外建宫居住。拉玛二世王时其宫为火焚去，拉玛二世于是赐住故宫，至1822年去世。

4. 拉玛二世之第四十三子召华蒙固生于1804年。年长出宫后，获赐居住故宫。1823年拉玛三世继位后，蒙固王子即出家为僧。1850年拉玛三世去世，蒙固王子还俗，继位为王，即拉玛四世。

5. 蒙固王子出家后，其母及胞弟获拉玛三世赐居故宫。蒙固王子登位为拉玛四世后，赐其胞弟为副王宾告王，1851年[②]迁出故宫。

6. 宾告王迁出后，其子公摩万玻汪威猜仓仍居故宫。1866年，公摩万玻汪威猜仓获其父王赐新宫。1868年，拉玛五世继位，封他为副王，迁居副王宫，1885年去世。

7. 拉玛五世赐拉玛二世第四十九子公摩銮汪沙提腊沙匿居故宫，至1888年去世。

8. 此后，拉玛五世赐其弟召华公摩拍乍格博滴蓬居故宫，至1900年去世。拉玛五世接着赐召华公摩坤纳立沙拉努瓦底翁居故宫。同年，拉玛五世改变主意，把故宫赐给海军办军官学校。

---

① 提拉猜·他那色：《郑王大帝王宫录》，第73—75页。
② 提拉猜·他那色：《郑王大帝王宫录》第75页，第8行。原文作佛历二三四九年，有误。我以为应为二三九四年，后面两个数字印刷时颠倒了。

郑王时期吞武里城华人庙宇探讨[*]

——以四枋厂大老爷宫为例

黎道纲

引言

华人移民海外，往往由于家乡生活困苦，尤其是饥荒或兵荒的年代移民骤多。他们漂洋过海谋生，在海外彷徨无依，借助神灵以为精神寄托，诚属必然。因此，华人到了海外，在社区经济许可的条件下，往往就有神庙的建设。

华人流寓入泰，宋元时期以江浙人为主，那时人数不多，没有华人神庙之类的记载。明末清初，以福建人为主。潮人入泰始于康熙末年的大米贸易，在鸦片战争后逐渐增加，高潮是拉玛五世时期至第二次世界大战前后。①

泰文有关泰国华人神庙的最早记载是乾隆年间泰亡于缅时，被掳逊王的《坤銮哈瓦供词》一书，其中记载了大城晚期的市容。"在环城河中，有舟上集市，是为水上市场。其大者有四：越拍南呈寺（注：三宝佛公寺）前挽格乍水市、回民教堂尾北空库占水市、北空迈朗水市、本头公庙以南北空越登水市，为水市之大者。"②

可见，1767 年以前，大城已有华人庙宇本头公庙，只是如今早已灰飞烟灭了。

那么，郑王时期吞武里城的情形又如何呢？

一　曼谷市有关华人庙宇的记载

2012 年，曼谷市政府城市规划办公室做了一份 2011 年华人庙宇调查报告，其第一

* 原载张禹东、庄国土主编《华侨华人文献学刊》第 4 辑，社会科学文献出版社，2017。又载黎道纲译著《郑王研究散论》，第 131—146 页。

① 黎道纲：《华侨移民泰国及其对社会的贡献》，洪林、黎道纲主编《泰国华侨华人研究》，香港社会科学出版社有限公司，2006，第 3 页。

② 帕实·集帕沙：《大城时期的华人社区》，光远译，曼谷《星暹日报·泰中学刊》第 385—386 期，1997 年 2 月 25 日至 3 月 1 日。

章缘起部分写道："世界各国，为发展经济，皆友好往来。同区域的国家都有着长久的往来，如泰国和中国自素可泰朝以来，华人陆续移民前来贸易谋生，促进泰国的经济兴旺直至迄今。随之而来的是华人的宗教、文化、文明和风俗。因而在泰国华人聚居的社区，兴建了大量的庙宇，祈求神祇保佑……这里是各属华人联谊聚会的地方，是教授华文的学校，是医院，是慈善基金会，是社会救济、扶贫救灾的地方。"①

由此可见，庙宇是重要场所，对维系华人、华裔泰人乃至部分泰人有着重要意义。只是，至今尚未对其历史来源、数量、所在地点进行研究。这些庙宇有的已经颓废破旧，有的缺乏照管，没有按照正确方式进行维护，应给予关心、研究、正确地保护，以保存这些优美的建筑。

在泰国神庙史部分，该报告写道："阿育他耶时期，有证据在水上市场区越登港口哒叻兴建了本头公庙，是潮州人庙宇。在普通且不大的哒叻班津尾，也有华人神庙。在阿育他耶的商业区，应该还有类似的庙宇，只是如今已没有什么证据了。"②

"吞武里时期，随郑王征战的华人在空挽銮一带定居而兴建神庙，是为祖师公庙和关公庙。曼谷朝拉玛三世时期，此二庙因颓废而合并重建为今日的建安宫。曼谷时期，大约在1786年，福建人在挽赛该港边（今曼谷耐火车站一带）兴建暨南庙，泰人称之为'讪笃定'，今日所见为1954年所重建。拉玛五世时期，华人大量移民，这个时期在华人聚居的社区神庙数量急速增加，如三聘、瓦拉乍、耀华叻、石龙军路、哒叻仔、哒叻蒲等。潮州人寺庙最多，其次是福建人、客家人、海南人和广府人。"③

根据该报告，正式登记的曼谷华人庙宇共77处，其中6处已废，实存71处，湄南河东岸城区38处、西岸城区26处，其余在城郊。东岸城区38处，分别为京畿区3处、炮台区6处、三攀塔翁区22处、挽叻4处、度实2处、挽赐1处。西岸城区26处，分别为挽拍2处、曼谷耐8处、曼谷艾2处、空讪5处、吞武里区9处。

三攀塔翁区就是如今的唐人街三聘、耀华叻一带，是曼谷王朝拉玛一世划给华人居住的区域。由于华人居住密集，各属神庙也就纷纷建立，其数量之多，极其罕见。

曼谷的华人寺庙绝大部分没有明确的历史记载，而隔一段时间，庙宇会进行翻修，古老文物往往因破损而被弃，因此要弄清楚庙宇的始创年份颇为困难。本文想要探讨的是，现存的华人庙宇中，是否有吞武里王朝时期始创的庙宇？

---

① 《曼谷市政府城市规划办公室2011年有关神庙的研究报告》，2012。
② 《曼谷市政府城市规划办公室2011年有关神庙的研究报告》，2012。
③ 《曼谷市政府城市规划办公室2011年有关神庙的研究报告》，2012。

二　吞武里王朝时期的都城

为此，我们要先弄清楚吞武里王朝时期的都城范围。

按照泰国的传统，民居聚落应在京畿以外。京畿范围内的佛寺不办理丧事，因此华人的庙宇应该始创在都城之外或护城河边。

就泰国史书而言，对郑王时期吞武里城的细节记载甚少。好在若干年前，一位电视台主持人到缅甸去采访，从那里拍到一幅地图，是当年缅人间谍潜身吞武里城画的地图。①

该地图表明，吞武里城包括今湄南河两岸的吞武里和曼谷。西岸是皇城，从湄南河畔空挽谷莲（Klong Bangkok Noi）到空挽銮（Klong Bangkok Yai，即 Klong Bang Luang）是吞武里城西城，有城墙环绕。

从该地图看，与炮台相邻的四方城是皇城，按《曼谷王朝第一世王编年史》所述，是沿原有城墙而建，把越争寺（今黎明寺）和越台哒叻寺（Wat Tai Talad）划入。按照《曼谷王朝第一世王编年史》所述，皇城城墙在黎明寺边。②

湄南河东面城内，缅人注明是"曼谷城主子的宫"，指的是郑王子的宫邸。城内有一栋房子，缅人注明是"华人头人住所"，指的应是华人领袖拍耶拉差色提的住所。当时华人多在河东岸居住，人口稠密，图中沿河排列的水上屋宇就是华人社区所在。

湄南河东的护城河北起今国家剧院旁边的空廊磨，南面河口在今拉栖尼学校边的北空哒叻，是 1772 年掘的。这条护城河民间称之为空律。

拉玛一世登基后，改在河东建都，在湄南河东征地建皇宫，华人奉命迁往越三饭寺（Wat Sam Pleom）至三聘之间居住，这就是今日的唐人街。

拉玛一世在河东建皇城时，重新挖掘护城河，即今空瓮昂和空挽榄蒲，并拆去旧护城河边的城墙，改在新护城河边修建城墙。吞武里成为京都的一部分。

我们知道，大城王朝建立前后，湄南河河道蜿蜒曲折，通行不便，常常引起洪灾。1534—1537 年，大城王朝猜耶拉差王挖掘了今日郑王庙前的运河，这条运河起自曼谷耐河口至曼谷艾河口。自此以后，这条运河便成了湄南河的主河道。由于河水大多流向这条运河，自曼谷耐至曼谷艾之间旧河道的水流量减少了，速度放慢了，淤泥沉积十分

---

① 素霖·穆希：《缅甸地图中的吞武里都》，《艺术与文化》1990 年 7 月号，第 64—69 页。
② Chaophraya Thiphakorawong 编《曼谷王朝第一世王编年史》，教师公会印，1983，第 202 页。

快速，旧河道于是迅速淤塞。

　　如今，如果仔细观察湄南河及其周围的话，就可以发现湄南河旧河道，特别是曼谷艾河炮台一侧的旧河岸，地势较高，沿岸有许多大城时期的古老佛寺，从越争寺（郑王庙）起，直到越讪格哉寺，寺庙连绵。而其对面谷滴津一带，地势较低，是旧河道，后来才逐渐淤塞成为平地。因此，如今这一带河岸一侧没有古老寺庙。①

　　"大城王朝时期，已有谷滴津（华人庙）聚落，其地靠近检查贸易船只出入的关卡。因此，载货的帆船在此停泊待查，再上大城。其停泊地点自谷滴津村至空讪，乃至下挽揽蒲（今三黎）一带。因此，自谷滴津聚落至空讪聚落都是中国商人聚居之地……华人庙原有华僧住锡，位于弥陀寺东面，名建安宫，村民称之为讪昭谷滴津（华人庙）。"②

　　也就是说，在吞武里王朝时期，都城内没有华人寺庙，谷滴津也好，建安宫也好，都在都城外。

三　大老爷宫的建庙年代

　　上面提到，现存华人庙宇大多依靠现存的最早文物的纪年来确定其始创年份，往往很不准确。就以哒叻仔的汉王庙为例。

　　汉王庙里有一块碑，刻于光绪十五年（1889），碑文云："盖以圣德宏敷，万姓庆安全之福，神恩永赖千秋隆报赛之文。如我客商，崇祀有汉王公康大保尊神，溯其香火来暹，历百余年矣。凡航海经营者，靡不共沐恩庥也。但庙门首左畔有茅屋地基壹所，原业暹官丕耶三挖枇晚之旧址。每值三载，圣驾出巡之期，众人云集，苦无余地。屡欲求就，兹戊午冬董事等协力商议，共襄美举。是以亲到暹官处，恳求地基，幸蒙允诺逊让……"

　　碑末有董事经理人名单，上有刘乾兴、伍淼源等九人的名字。

　　这块碑说明以下几点：

　　第一，立碑于光绪十五年，即1889年。这是购置福地后立碑的年份，不是汉王庙建庙的年份。

　　第二，汉王香火来暹，在立碑的1889年时已经"历百余年矣"，则其香火之立当

---

　　①　梭·派奈:《曼谷故事》第1册，Saitharn Publication House，2001，第24—26页。

　　②　帕拉滴猜·实提坦吉:《吞武里都城》，蓝宝石出版社，出版年份不详，第39页。

在曼谷王朝 1782 年建都曼谷后不久。

第三，根据现存文物来确定庙宇的创建年份往往误差很大。

曼谷湄南河东岸的华人寺庙，我以为最早的应该是四枋厂大老爷宫。这间著名的玄天上帝庙在离秋千棚不远的四枋厂。它所在的马路，泰语叫达瑙路。此寺庙华人称大老爷宫，泰名叫讪昭颇社，即虎神庙。

此华人神庙名气大，每天前来膜拜求签的华、泰两族民众甚多。关于它的始创年份，有着种种说法。

下面我们着重探讨曼谷四枋厂大老爷宫的始创年份。

（一）1834 年建庙说

四枋厂大老爷宫主祀玄天上帝，配祀的神有六：左边依次是清水祖师、天后圣母、李公爷，右边是三宝佛公、诸位福神和关圣。每逢农历初一、十五，或三月初三玄天上帝生日及九月初九玄天上帝升天日，善男信女都会到庙里来拜神求签。

段立生说，此庙始建于清道光甲午年，即 1834 年，佛历二三七七年，现存有一口钟可为证。钟上镌有铭文曰："道光甲午年六月廿三日弟子叩敬。"此钟当铸于建庙之时。此后，该庙清同治七年（1868 年，佛历二四一一年）和 1978 年（佛历二五二一年）两度重修。[①]

庙中有实物如下：

钟一口，铸于清道光甲午年。

石刻："帝德象天，丁卯年伍月吉旦全座重修。"

对联："庙宇重修威灵增光镇暹国，帝德广大显赫普照保唐民。

同治七年岁次戊辰菊月重修，众弟子同敬。"

木匾："通遂而感。佛历二五三一年戊辰全座重修……"

"德被生民。岁次戊辰菊月重修。众弟子同敬。"

重修的年份是同治六年丁卯年和同治七年戊辰年，即 1867 年和 1868 年；再修的年份是佛历二五三一年戊辰，即 1988 年。段立生说重修于 1978 年（佛历二五二一年）是个错误。

段立生主张此庙始建于 1834 年，根据的是庙中的铜钟。他认为，此钟当铸于建庙之时。如今庙中年代最早的文物是铜钟，这没有问题。但说此钟铸于建庙之时，证据尚

---

① 段立生：《泰国的中式寺庙》，泰国大同出版有限公司，1996，第 121 页。

显不足。

1992 年，何翠媚对曼谷玄天上帝庙的描述是：玄天上帝庙，为四邻管理，庙中最早铭文是 1824 年。她写道："玄天上帝庙是目前唯一坐落在都城城墙内的华人庙宇，按照匾上的年代，该庙在 1842 年就已存在。问题是，为什么泰皇朝当时会容许建立玄天上帝庙，并任由它在都城内公开活动？"①

她在文章备注中写道："（1824 年）这是调查中发现的铭文资料的最早年代，他们并不一定代表该寺庙的建筑年代。"②

在庙中，我们没有看到 1824 年的匾。看来何氏的 1824 年是 1834 年之误。

段立生说大老爷宫建于 1834 年，何翠媚说庙中最早的铭文是 1824 年，但"他们并不一定代表该寺庙的建筑年代"。哪一种说法正确呢？

（二）泰文文献中的记述

这座玄天上帝庙，华人俗称大老爷宫，泰人称虎神庙（San Chaopo Sua）。

根据目前见到的泰文资料，虎神庙早在曼谷王朝拉玛一世时已经存在。泰国学者梭·派奈（So Plainoi）查阅泰文文献后，阐述虎神庙历史如下：③

古时，从曼谷东面的坤西育或巴真带象进来，要从繁华桥过护城河，经城门进城后，沿城墙走到巴都皮，沿秋千棚路，在越素塔寺旁过桥，在今国防部后过昌廊西桥，往大皇宫走去。按照这样的路线看，那时马路显然并非笔直，房屋也参差不齐。

梭·派奈写道："挽仑曼路是曼谷早期的重要道路〔大概是都城初建时已有的道路，原名叫里路（椭圆路）和狂路（横路）。拉玛五世以为：'里路和狂路不可能是别的路，只能是挽仑曼和枫那空路。'〕，这里路两侧店铺比别的地方多，而且是唯一的仍旧贩卖僧侣用品的地方。过去这里的饮食店也很有名气，很是繁荣。华人居住甚为稠密……"④

拉玛一世时期，今日的挽仑曼路是一条重要的街道。拉玛一世曾多次走过此街道。明确记载的一次是 1808 年 5 月 9 日，御驾亲自迎奉大佛往越素塔寺。

---

① 何翠媚：《曼谷的华人庙宇：十九世纪中泰社会资料来源》，陈丽华译，《海交史研究》1996 年第 2 期，第 100—108 页。作者 1991 年调查一览表中说是 1824 年。
② 何翠媚：《曼谷的华人庙宇：十九世纪中泰社会资料来源》，陈丽华译，《海交史研究》1996 年第 2 期，第 100—108 页。
③ 梭·派奈：《虎神庙》，《艺术与文化》1989 年 3 月号，第 78 页。又见同作者著《曼谷故事》第 2 册，第 53 页。
④ 梭·派奈：《曼谷故事》第 2 册，第 54 页。

《曼谷王朝第一世王编年史》云："小历一一七〇年（1808 年），龙年，皇上在位第 27 年，阴历六月白分十一日星期四，恭请素可泰城越玛哈塔佛寺大佛堂的大尊主佛下来，此佛像膝距 6 米，在宫前筏上供奉庆祝三天，于六月白分十四日奉请上岸，经由他象码头门至秋千棚路旁宝伞下。该码头由此被称为他拍（佛码头）。因为须把城门拆去佛像才能通过，此佛像后来被命名为拍室释迦牟尼佛。"①

那时，沿途两旁有许多店铺，大部分是华人的。有一座大神庙，叫作训昭社（虎神庙）。这座神庙里有一尊华人神像，金质，重 120 铢，为歹徒所垂涎。1817 年 3 月某日凌晨 5 时，歹徒破门而入，偷走此神像。此神像从此下落不明。当时的县长坤沙瓦那卡林因此被笞 30 下，罪名是玩忽职守。②

1870 年，因为要扩建道路和在两旁兴建新加坡式的排屋，此神庙必须拆迁。刘乾兴奉命执行此任务。那时刘乾兴任职左港务厅税务官，爵衔是拍披汶博他那功伯爵，他与华人社会熟悉。华人社会不同意拆迁神庙，有人落神扶乩，说是若神庙迁离挽仑曼路将有种种不宁，弄得人心惶惶。后来说要游神，以取悦神尊。拉玛五世闻奏，允许华人所请，并御驾在素泰沙宛宫观礼。③

昙隆亲王记载此事说："游行队伍是典型的华人形式，有笙旗、令牌。奇怪的是，有两三人作落神装扮，穿衣裤，头缚红布，坐在椅轿上，随游行队伍行进。有人用铁针插穿面颊，让人看见；有人故意要抬轿的人摇摇晃晃，不朝直走。当走近御座时，圣谕叫警察去背轿夫，笔直走去，观众于是不再迷信。游行完毕后，谕令当局发公告，如果还敢散播妖言，落神者将获罪。不久，尊神又通过落神者云，这回同意迁庙，说迁庙重建是好事，神甚满意云云。"④

从以上记载可以得出以下结论：

1. 1808 年，训昭社（虎神庙）已经存在于挽仑曼路一带。

2. 1870 年拉玛五世时期扩建挽仑曼路，将此庙迁移新址，即今大老爷宫所在。

3. 监督拆迁建庙的是大埔人后裔刘乾兴，他的泰文名字叫天·初律沙天。他原来在华民政务司任职。拉玛五世 1868 年即位后，他受到信任，不久升任华民政务司长官，官名是披耶朱笃拉查色提侯爵，曾负责与清王朝打交道。⑤

---

① 见 Chaophraya Thiphakorawong 编《曼谷王朝第一世王编年史》，第 202 页。此书经昙隆亲王于 1901 年修订。
② Chaophraya Thiphakorawong 编《曼谷王朝第一世王编年史》，第 202 页。
③ Chaophraya Thiphakorawong 编《曼谷王朝第一世王编年史》，第 202 页。
④ 《昙隆亲王回忆录》第 157 页，转引自梭·派奈《曼谷故事》第 2 册，第 55 页注脚 2。
⑤ 黎道纲：《大埔昭坤刘乾兴事迹考》，《华侨华人历史研究》2004 年第 2 期，收入洪林、黎道纲主编《泰国华侨华人研究》一书。

（三）大老爷宫的始建年代

前文提到，泰名叫讪昭社的虎神庙，即今大老爷宫玄天上帝庙，早在 1808 年已经存在于挽曼仑路。段立生的 1834 年说因此已站不住脚。那么，此庙最早兴建于什么时候呢？

2003 年 2 月初，曼谷华文报《世界日报》报道说："泰京神威显赫的四枋厂玄天上帝大老爷公古庙，与帝都同龄，共二百余个春秋……这座全侨尽人皆知的庄严神庙，于年前受回禄之灾，神殿损毁……该庙管理委员会，泰京玄友联谊社和众善信出钱出力，就在这座二百余龄古庙右旁，购地重建一座新庙，宏伟壮观，今已建竣，并詹吉于元月廿四日清晨五时，举行奉请玄天上帝大老爷公暨诸神佛菩萨圣像升殿安奉大典……"

这是庙方发布的新闻，说"玄天上帝大老爷公古庙，与帝都同龄，共二百余个春秋"。此说法虽然比 1834 年建庙的说法好，认为建庙的时间比 1808 年还要早，为 1782 年与曼谷都同龄，但我认为还是不够准确。

前面提到，何翠媚怀疑说："玄天上帝庙是目前唯一坐落在都城城墙内的华人庙宇，……为什么泰皇朝当时会容许建立玄天上帝庙，并任由它在都城内公开活动？"

我以为，要讨论这个问题，还得从吞武里时期说起。

梭·派奈写道："新皇宫所在地，自吞武里王时期以来，原来是披耶拉差色提和华人居住的地方。因此，上谕要这些人迁到越三饭寺（Wat Sam Pleom）南到三聘北一带的园地建屋定居。"[①]

郑王时期，有缅甸间谍潜入吞武里，画了一幅地图。地图中吞武里都城分成河西和河东两部分。"湄南河东面城内，缅人注明是'曼谷城主子的宫'，指的应是郑王子公摩坤因他拉披塔王子的宫邸。东面城内有一栋房子，缅人注明是'华人头人住所'，指的应是华人领袖披耶拉差色提的住所。当时华人多在河东岸居住，人口稠密，图中沿河排列的水上屋宇就是华人社区所在。"[②]

这幅地图表明，今大皇宫所在地原是郑王之子和华人领袖及华人的居住地。郑王时期，湄南河东都城的护城河北起今国家剧院旁边的空廊磨，南面河口在今拉栖尼学校的北空哒吻，掘于 1772 年。这条护城河又称内护城河，民间称之为空律。

拉玛一世后来征用这块土地建皇宫，华人奉命迁往越三饭寺至三聘之间的萱园居

① 梭·派奈：《曼谷故事》第 1 册，第 44 页。
② 素林·木诗：《缅人地图中的吞武里》，素集·汪贴编 Vieng Vang Fang Thonburi，Matichon 出版社，2002，第 105 页。

住，这就是今日的三聘唐人街。1785 年，拉玛一世扩建皇城，再挖掘一条护城河，即今空瓮昂（新开港）和空挽榄蒲。

前面说过，挽仑曼路在拉玛一世时期就存在了。我推想：修建曼谷都城时，原来居住在今大皇宫的华人因为修建皇宫的需要，奉命迁居三聘。但是，1772 年吞武里时期的护城河外今挽仑曼路一带，因为和皇宫建筑无关，这里的华人和其他民族仍旧在原地居住，没有搬迁。也就是说，挽仑曼一带的华人社区比三聘华人社区年代更早。

此座玄天上帝庙在拉玛一世建都曼谷之前的郑王时期已经存在。拉玛一世即位后，扩建都城，1785 年挖掘新开港（空瓮昂）为外护城河，玄天上帝庙于是被圈入皇城。

（四）大老爷宫迁往四枋厂的年代

那么，大老爷宫是何时迁往四枋厂的呢？

泰文资料明确记载，1870 年 10 月 6 日，拉玛五世政府发布扩建挽仑曼路的公告，要扩建马路和建立新加坡式的排屋。虎神庙必须拆迁，刘乾兴奉命执行此任务。[①]

可是，玄天上帝庙中的石刻"帝德象天"注明全座重修是同治六年丁卯年（1867 年）五月。庙中的对联下注明重修于同治七年戊辰（1868 年）菊月。

为什么神庙在拉玛四世时期的 1867 年和 1868 年重修，却在 1870 年拆迁，是重修后再拆迁，还是拆迁后才重修？

上面记载和文物的年代显然正确无误，但却相互矛盾。要怎么解释呢？

泰文资料告诉我们，挽仑曼路在曼谷建都前就已经存在，那时是一条泥路，宽度和今日的三聘街差不多。到了 1863 年拉玛四世时期，谕令重修挽仑曼路，从沙南猜路起，经秋千棚、巴都皮、越色局寺，一直到育社桥。

我认为，1863 年那一次重修挽仑曼路，波及玄天上帝庙，整个庙宇因此需要重修。庙中文物记载 1867 年和 1868 年重修，反映的正是拉玛四世重修挽仑曼路时庙宇不得不重修的事实。

出乎华人社区意料的是，庙宇重修刚刚竣工，拉玛五世政府却宣布挽仑曼路扩建，玄天上帝庙要搬迁。华人社会不满，不同意拆迁神庙。流言四起，说是若神庙迁离挽仑曼路将有种种不宁。虽然有华人领袖刘乾兴出来做工作，还是不能说服众人。几经争执，经过若干争斗与妥协，才搬迁到今日的地点。

---

① 梭·派奈：《曼谷故事》第 2 册，第 54 页。

令人诧异的是，1870 年的拆迁，在庙中竟无丝毫痕迹可寻，没有一件文物记录其事，可见拆迁是在无可奈何的情况下进行的。

（五）几点结论

根据以上的讨论，我的初步结论是：

第一，四枋厂大老爷宫在曼谷王朝建立以前就存在于今挽仑曼路一带，在当时吞武里都城城墙外。拉玛一世建都曼谷时，"逐地建宫"，挽仑曼一带在都城城墙外，因此大老爷宫未受影响。1785 年扩建都城，挖掘新护城河，大老爷宫于是被圈入新都城。

第二，1863 年重修挽仑曼路，波及此神庙，于是出现 1867 年和 1868 年的第一次重修。

第三，1870 年扩建挽仑曼路，大老爷宫不得不迁到四枋厂今址。

四　吞武里区的早年神庙

我们仔细观察今日华人庙宇的所在地就会发现，在曼谷东岸，坐落在新护城河以内京畿区（都城区）新旧护城河之间的华人神庙，并不是只有大老爷宫一处。

三聘城门天后圣母宫，原名福兴宫，说是建于清道光年间，具体时间不详。我认为，它既然地处皇城，便不可能是曼谷王朝时期新建的庙宇。

还有主祀本头公的万望古庙。现在的说法是建于 1816 年，但该庙也是在皇城内，应该是曼谷王朝以前的庙宇。

在吞武里一侧，前面提到，吞武里区有神庙 9 处、曼谷耐有神庙 8 处、空讪有神庙 5 处。除上述建安宫外，坐落在空讪区祀关帝的武圣庙也有一些痕迹。庙内有一匾额，题记时间是 1781 年，但庙祝说，据前辈言，此庙建于 1736 年，是福建人所建。如今庙祝已是潮州人。[①] 传说郑王出征前曾来参拜。

另一处是坐落于今日大罗斗圈火车站后面祀本头公的暨南庙，庙中柱上铭文有 1786 年字样，估计此庙应建于吞武里时期或大城时期。

---

① 屏巴派·披讪卜：《暹罗帆船——曼谷华人的故事》，南美书局，2001，第 119 页。说是据庙方的文件。又见 www. samkok911. com。但何翠媚说建于 1782 年，见其所作《曼谷的华人庙宇：十九世纪中泰社会资料来源》。文中注 10 写道：庙里仍陈放着一块 1802 年的匾。弗兰克拍过那儿更早的两块匾，年份分别为 1782 年、1786 年。

郑王像真伪的争论[*]

黎道纲

郑王是泰国的民族英雄，华人子弟。1767 年大城王朝为缅人灭亡后，他率领中泰健儿，驱逐侵略者，恢复河山，建立吞武里王朝。① 研究郑王，弄清楚其伟大的历史作用，对促进中泰两国人民的相互了解和友好往来有着重大意义。

郑王的容貌怎样？这个问题忽然引起了争论。长期以来流行的一幅郑王像，虽不怎么英武潇洒，但也没有人提出异议。后来，"有人曾在梵蒂冈找到一幅郑王的画像，比泰国过去流传的郑王像更接近事实，也英武潇洒得多"。②

这幅画像一经介绍，由于像中人物"英武潇洒"，于是广为流行。

在曼谷湄南河边的郑王庙，包容并蓄地供奉了各色各样的郑王像，或是画像，或是塑像。这幅画像也陈放其中，位置甚为醒目。但由于此像来历不明，是否真的"更接近事实"，学术界一直存在疑问。

本文追溯了目前所见数幅郑王像的由来，并对其真伪做了讨论。

一　长期流传的郑王像

操·卢特温 1975 年在《每日镜报》工作期间，他撰写专栏，栏目名是"追踪郑王大帝及其光复泰国的勋业"，后来汇集成书，分为上下两册。这本书用了郑王像做封面。作者在卷首进行了说明，对此像的来由做了交代。

说明开头引了一位名叫汶米·格林哄的读者来信。来信说，随信寄来一幅郑王像，望能刊在有关专栏，并说明这幅像是他 1951—1952 年在（曼谷）新城门（挽揽蒲）摊贩上买到的，价格为 3 铢。

操·卢特温于是对这幅像的由来进行说明。他说，这幅郑王画像原藏在旧宫议事厅（今海军司令部），后收藏在今昭华路艺术厅档案收藏室，是郑王去世后画的，据曾经

※ 原载黎道纲译著《郑王研究散论》，第 147—154 页。

① 见本书《1766—1769 年中缅战争和郑王复国：读黄祖文〈中缅边境之役〉》。

② 段立生：《郑王史料钩沉》，《东南亚》1998 年第 4 期，第 52 页。

图1　长期流传的郑王像

见过郑王者口述而绘制，是接近郑王相貌的画像。汶米·格林哄说1951—1952年购得于新城门，确实无误。

操·卢特温记得，当年确有将原像复制出售的事。当时有不少读者写信到报社去询问，问此像是否郑王的相片。有知情者做了回答，其内容如上所述。因为摄影技术传入泰国大概在1832年，初期尚不甚流行。年代可考的最早相片是拉玛四世与其母后贴诗林的合影，时为1856年。①

因此，这幅像是绘制的，不是相片，流传已久，但不甚广泛，一来可能是政治上有所顾忌，二来是印刷技术尚落后，亦可能因其中的郑王不甚英俊。

"英武潇洒"的郑王像出现后，有人对这幅流传已久的绘像提出异议。贴·顺通沙拉吞讲述了如下故事。

公摩坤顺通蒲北是泰国出生的华裔，原名津亮（古时泰人无姓氏，称华裔必冠以"津"字），是春武里府万佛岁人。他和汶玛很要好，汶玛是曼谷王朝拉玛一世弟的原

---

① 操·卢特温：《追踪郑王大帝及光复泰国的勋业》下册，披·瓦廷出版社，1985。见书前有关封面图片由来的说明。

名。大城王朝覆灭后，乃汶玛往叻丕府班廉村接郑王的母亲诺央后，乘舟前往春武里，欲投郑王。到了春武里，会于津亮家。津亮殷勤招待，然后觅来一头象给郑王母亲乘坐，其他人步行护从，直到尖竹汶。那时，郑王正在尖竹汶招兵买马，积蓄力量，准备复国。

拉玛一世登基后，立汶玛为副王。汶玛念及老友津亮，赐以公摩坤顺通蒲北的爵衔，在今日柴场（他珍码头）建宫，即今艺术厅所在，其后裔获赐姓氏为顺通军·纳·春武里。

他认为，这幅画像是公摩坤顺通蒲北的画像，而不是郑王的画像。① 新出现的那幅"英武潇洒"的画像才是郑王像。

二　从意大利带回的郑王像

这幅"英武潇洒"画像的来源有两种说法。一说载于銮布昂·梭罗唁僧人的著作《素攀干拉耶故事的由来》。书中说，约 50 年前，他从意大利带回此画像。② 另一说见于銮披素帕匿差耶叻（蒙銮彭育·依沙拉色纳）火化仪式上分发的纪念册，其中有一段文字这样写道："英萨弟新屋落成赕功德之日，拿了一张明信片大的像给我看，上面是一位男子，下面有一行说明，说是吞武里王像，是信土育家族的先人。英萨说，此像得自一位坤銮。这位坤銮在意大利一家博物馆发现此像，照相复制印成明信片，分发给吞武里王后裔。这位坤銮家在吞武里，和英萨要好。他知道英萨也是郑王后裔，也给了一张。英萨在宴会上给我看，那时人很多，我略看了一下，想以后再看，并询问有关事项。后来竟然忘记了。1945 年，因公出差到罗马去开会好几日，是去看真品的好机会。可是此时英萨已经去世，去找弟媳妇要这张相片。相片找到了，但英萨是如何得到这张相片，得自何人，有哪一位朋友用信土育姓氏，她都一无所知。我又记不起这位坤銮的职称。如果能见到坤銮或他知道此事的后裔，就可以找到这幅画像的线索，或在意大利哪一家博物馆，找起来就要容易些。在意大利，光是罗马一处，博物馆多得数也数不清。情况既然如此，就只能尽力而为。于是把此像拿去复制，印了好几份，就出发去罗马。那次出差到罗马，开会六七日，请假五六日，前前后后待了一个多月。一有空就去博物馆，常去的是梵蒂冈博物馆和另一家博物馆，名字记不清了。可是，梵蒂冈博物馆

---

① 见贴·顺通沙拉吞信《公摩坤顺通蒲北是泰国出生的华裔》，《艺术与文化》1989 年 9 月号，第 17 页，读者来信。
② 巴育·汶纳：《从意大利来的郑王像真伪的讨论》，《艺术与文化》2000 年 8 月号，第 26 页。

图 2　从意大利带回的郑王像

东西实在太多，根本看不完。到意大利去查这幅画像原件因此无功而还。后来有一日翻阅从一份 1918 年印行的档案抄来的官员名单，突然发现有銮巴实提贴（实提·信土育）的名字，想起前面所提到的坤銮，正是此人。既然如此，则此姓氏确实存在，不是随便乱说的。

"还联想到如下两点：英萨那幅所谓吞武里王像或许是无真本的随意伪造，如果说此像照自原件，原件在哪里？其次，信土育姓氏说是郑王后裔，但所有的郑王支系书籍都没有提及此姓氏。"①

銮披素帕匿差耶叻还是不能说明这张"英武潇洒"郑王像的来历，对其真伪不能得出结论。

---

① 銮披素帕匿差耶叻：《郑王像和参与叛乱的杉丽宛公主》，《艺术与文化》1985 年 12 月号，第 65—67 页。

三　对像中链形勋章研究的结论

2001 年，巴育·汶纳对这幅"英武潇洒"的画像做了深入研究，其着眼点是画像中的斜戴金质链形勋章。详细比较大城时期和拉玛一世时期链形勋章的形状和构造，作者得出结论说，所谓郑王画像中出现的链形勋章，其实是拉玛一世时期制作的，是为节基王系所特有。①

因此，这幅"英武潇洒"的画像不是郑王的画像，因为画中人佩戴的金质链形勋章是 1785 年才制作的，此时吞武里王朝结束大约三年，画像中人物当然不可能是郑王。

那么，画像中的人物是何人？

泰国历史学家蒙叻差翁素帕瓦·格森西说："或许是公摩拍叻差翁旺波翁摩诃色纳努叻的像，他是第二世王时期的副王。当时，宫廷内给他起的绰号是'美男子'。" 1793 年这位王子奉拉玛一世圣谕曾穿戴全套大服，佩戴链形勋章。那么，这幅画像可能是拉玛一世时期画的，画中人就是这位王子。

他还出示去世不久的名诗人、历史学家蒙昭紫拉育瓦·叻差尼年轻时的一幅相片，其脸庞和"英武潇洒"画像中人物十分相似。蒙昭紫拉育瓦的曾祖父是拍宾告王，拍宾告王和拉玛四世是同胞兄弟，是拉玛二世王后的儿子。摩诃色纳努叻副王和拉玛二世是同胞兄弟，或许蒙昭紫拉育瓦的脸庞像其高祖（拉玛二世）的弟弟呢！②

只是，这个结论尚属推测，缺乏直接证据，要进一步研究。到这一步，可以肯定的是，该画像中的人物不是郑王。

2001 年 10 月出版的一本有关郑王的通俗读物③刊登了两幅郑王像，一幅是原藏在旧宫议事厅，后收藏在今昭华路艺术厅档案收藏室的郑王像；另一幅是留胡子、佩戴金质链形勋章的郑王画像，这幅画像见于吞府黎明寺郑王庙内。此书中没有"英武潇洒"的郑王画像。这幅"英武潇洒"的画像不是郑王的说法，已开始为人所接受。

这幅留胡子、佩戴金质链形勋章的郑王画像的由来如下：

郑王旧宫古迹保护基金会于 2000 年出版了一本书，书名是《颂勒拍昭达信大帝》，颂扬郑王对国家和民族的贡献，对其中出现的郑王画像有说明。

这里引用的留胡子郑王画像，见于 1997 年朵耶出版社出版的《蓬骚瓦丹格悉》（野史）

---

① 巴育·汶纳：《从意大利来的郑王像真伪的讨论》，《艺术与文化》2000 年 8 月号，第 26 页。
② 巴育·汶纳：《从意大利来的郑王像真伪的讨论》，《艺术与文化》2000 年 8 月号，第 26 页。
③ 诺·他拍占：《军吞武里室利玛哈沙没》，巴嘎通出版社，2001。

图 3　蒙昭紫拉育瓦的相片

图 4　留胡子、佩戴金质链形勋章的郑王画像

一书。① 书中收录了由公摩颂勒拍波罗玛努七齐诺洛撰写②的《祖先的伟绩》一文。书中对此郑王像的来历亦未加说明。

由此可见，今日人们见到的郑王像都是画像，是艺术家的创作，不是真实的遗像。

---

① 班则·因突占勇编《蓬骚瓦丹格悉》，朵耶出版社，1997，第 121 页。

② 素集·翁贴：《公摩颂勒拍波罗玛努七齐诺洛是〈祖先的伟绩〉和〈开基王系篇〉的作者》，《艺术与文化》2002 年 3 月号，第 77 页。

纪念郑王[*]

吴福元 撰　陈毓泰 译

　　编者交来一篇吴福元先生特为《中原月刊》创刊号撰述的泰文原稿，嘱移译华文，且须合"真、美、善"三字，以示郑重。译者对此，颇感到惶惑，自信必难满足编者的初衷。因原稿泰半属于诗词，移译尤为困难。遂放弃素来所循的"直译法"，转而采用了"意译"。因此对于"真、善、美"三字，绝不敢存有任何些微的奢望。

　　吴福元先生，系艺术厅文学局的专任职官，平素最关怀郑王的历史，在这方面埋头研究，历七八载，乃将其研究心得，著述了好几册书，完全系阐扬真理的大胆之作。发掘郑王真理的人，当首推吴先生。同时现代泰国专研究郑王史的史家，也要让吴先生占着前导的地位了。泰族系酷爱真理的民族。吴先生之努力于发掘被埋藏的郑王真理，除了表现吴先生个人的酷爱真理以外，同时还发扬光大了泰族人酷爱真理的至可钦敬的天性！

　　关于吴先生的著述，译者尝征得其同意，移译了两篇，一为《昭披耶宋加绿传》，一为《郑王史辩》。这两篇文，对泰史籍上所加诸郑王的莫须有的罪名，给予了大胆的指证是后人所捏造和添补的。郑王非暴君，且未病痫，笞和尚更无其事！郑王系天才的战将，系泰国历代君主所难比拟的英君！这两篇译文经投登于星洲南洋学会所刊行的《南洋学报》第 1 卷第 2 辑及第 2 卷第 1 辑，可供参阅。

——译者附识

　　佛纪元二三一〇年公历 4 月 7 日，系阿瑜陀耶的沦亡日，泰族成了敌方的奴隶。虽至现时，泰族依然永记着不忘！泰族必须永记的原因何在？泰族根本不愿再看见有此类似的事态发生咧！为什么会产生了那种事态？为使易于了解起见，爱引"泰自由"的诗句以明之。

　　　　阿瑜陀耶没落，命运定，

---

　　* 原载《中原月刊》第 1 卷第 1 期，1941 年，第 5—8 页。

祸患频仍；
泰血流泻大地，
敌人成了主人！

当政者昏庸，
是灭亡的基因，
终日神志不清，
军事全予放任。

虽有途径留下，
仍不忘于争权夺利，
团结成了空头名词，
互相推诿是其习气。

上有样，下复欠和，
阶级分明，各不相容；
只顾吮吸民膏，不管不问，
自私、贪婪复盲从！

基于领导者无能，
阿瑜陀耶类似狂人发疯；
见缅军犹如见虎，
开炮一次概须奏闻。

终于阿瑜陀耶沦陷，
鲜血殷殷流注江湖，
被杀者满谷满坑，
于是泰族沦为缅奴！

但泰族仍未绝，
大家奋起响应，

拍昭德领导全民，

把缅军全部驱逐出境！

复国完成，秩序未复，

内地饥馑，四面荒凉。

建国大业奋力而行，

困难重重，艰苦备尝！

抱百折不挠之精神，

领导全民，向进鼓勇，

荆棘排除，秩序恢复，

饥饿者遂得温饱！

激发民间爱国热情，

国力因而复兴！

拍昭德拓展国疆，

圣威远播，全民宣扬！（意译）

上举诗篇，我们不是获得足够的答案了吗？为什么泰族失了自由权？进行复国及拓展疆土的是谁？

第一项问题，泰族沦为奴隶，其显然的证据，乃是基于当时（即阿瑜陀耶代末叶，或在叨陀纳哥盛代初叶被目为国泰民安时期是也）领导者的无能！

至于第二项问题，泰族恢复自主权，系颂绿拍昭德信大帝（亦即华侨所通称的郑王——译者）进行复国所赐。且在同一□间，努力拓展疆土，面积不下 1150000 平方公里（较诸现时泰国地图，要大上一倍多）！

现代泰族仍能记取颂绿拍昭德信大帝所赐予的浩恩，未有遗忘。浩恩的记忆，将永远铭刻于泰族全民的心坎上；盖现代泰族，乃系过去泰族所流传者，纯系颂绿拍昭德信大帝进行复国时代泰族诸勇士们所传嬗的。大帝所赐的浩恩，永远地披浴于每一个泰族人的心灵上。

理由已如上述，还有谁敢故意地对大帝的史迹加以涂改、诬蔑，因而影响了大帝的荣誉？谁采用了这种卑劣的途径，谁就是忘恩负义者！泰族系感恩知报的民族，当不作此图。泰族的天职，乃是勤于记取大帝的浩恩，且须觅取机会尽各人的能力加以报恩。所以，才有泰族人积极搜集及探讨各种证据，不断地揭露了有关大帝史迹的真理。有骑兵旅军友联袂赴吞武里府靠近哒叻蒲因陀蓝寺礼拜盛有大帝骨灰的复国纪念塔；有诚意发扬光大吞武里史的团体，于每年大帝驾崩日——公历4月6日，举行纪念仪式，并作各种布施（大帝驾崩时圣体仍披有黄袍，即袈裟！）；有人慨然解囊，集款修葺复国纪念塔，树立英雄旗，铸造英威徽章以留纪念，并作了最盛大最隆重的庆典！

上述各例，纯粹表现泰族的心怀。虽然发扬大帝殊勋以及浩恩的新式的纪念碑，仍未被建立，但足以宣示给世人知道大帝勋业的纪念碑，尤其是有关于大帝不断努力为泰族宣扬最高荣誉而建立的勋业，迄今还有证据可查！上述的勋业，就是吞武里时代泰国版图！

这就是大帝在位时的勋业，为着复国以及建立泰国的大业，而贡献了性命的全部。大帝的生命，最低限度其价值亦应等于上举的泰国版图，且包括了泰族形成一体在内，泰族估量当时泰国土价值若干（较现时大了一倍多）？泰族估量援救泰族不致沦为奴隶，而且成了坚强的团结力量的工作价值若干？所有价值的总和，也就是等于颂绿拍昭德信大帝的生命总值。所以，吞武里时代的泰国版图，乃成了泰族全民心坎上铭刻着共通的纪念碑，从而促使泰族永远地纪念着颂绿拍昭德信大帝。在每个泰族人还具有一颗心时，当然会时常呈现出颂绿拍昭德信大帝的烙印！惟无论如何，为使符合现代泰族所一致需要起见，泰国政府拟议另外建立一座纪念像。依一般所周知的，组立纪念像基金筹委会即可证明。预料这组筹委会必能积极进行，早日促其实现！

纪念像，可促使世人明了泰族的信仰心，而且更进一步地，尤能鼓励及导引泰族，依循着颂绿拍昭德信大帝所遗下的途径而进，这是泰族应得牢记的途径，泰族更须努力循行，不应退后，从而实现大帝的故业。泰族仍存在，犹如大帝还活着，显示出伟大的砥柱力。要是任何一位泰族不遵循故道而行，一味株守而食，而期待，远避泰族伟人所遗下的途径而行，则这人将被目为破坏大帝的勋业者。其最终的结果，就是等于国家的拖累者，国家的阻挠者，根本实益毫无。所以发扬光大吞武里史的团体在念念不忘着颂绿拍昭德信大帝的纪念像期间，于是构成了纪念像座下所应刻上的词句①如下：

纪念像的建立，
在使泰族知国土的价值，

① 请参阅《郑王史料汇编》第2集。

捐弃血肉，困难重重，

泰族应保护使其永立！（意译）

在这些词句之后，另外还有短短，而含义非常郑重，使人向往的五行词句，也一并汇集在这里：

国家之赞助个人较易于匡复国家者！

国家破灭后即为战士所匡复，

国家始成其为国家！

因此国家根本不能忘记复国战士们，

推崇复国者即是推崇自身之国族。（意译）

1941 年 1 月 15 日于编辑室

吞武里郑王御马铜像[*]

黎道纲

郑王御马铜像的由来

1993 年 6 月号《艺术与文化》月刊刊登了一封读者来信，信中提到 1954 年 6 月 21 日艺术厅一份关于吞武里王纪念像铭文问题的公文，内容如下：

事由：颂德拍昭军吞武里王纪念碑基座铭文

（致：艺术厅，文件编号 218/2497）

［日期：（佛历）九七年六月廿一日］

呈：文化部次长

有关吞武里王纪念像基座铭文的问题，艺术厅认为应予缜密审阅，故要求历史审查委员会共同深入细致地审阅艺术厅和内外部起草的草案。

如今，由公摩万提帕雅拉普蒂耶功亲王为顾问，以拍耶阿努曼叻差吞为主席的历史审查委员会已经开会审议，修改若干处，并同意铭文内容如下：

"这座像是泰族英雄颂德拍昭军吞武里王丰功伟绩的纪念像，生于佛历二二七七年，死于佛历二七二五年。

"以波·披汶颂堪元帅阁下为总理的皇上政府和泰族人民共建于佛历二四九七年四月十七日，以纪念竭力讨伐敌人，拯救泰族独立，恢复自由的浩荡皇恩。"

艺术厅特呈文请准，望转呈部长审核。

呈文下面是艺术厅厅长签名，呈文化部部长，文化部部长转呈内阁总理。

波·披汶颂堪的批语是："悉。同意，并谢谢，可铭刻。（佛历）九七年六月廿七日。"

---

[*] 原载黎道纲译著《郑王研究散论》，第 155—159 页。

图1　吞武里王纪念像

　　公文接下去是往下传，直至知会意大利雕塑家信·披拉西教授予以执行。

　　这份公文为人注意，因为今日吞武里府郑王御马像基座的铭刻内容与上文略有不同，没有了波·披汶颂堪的名字。原因何在，是怎么一回事？

　　要说清楚这件事，还得从头说起。①

　　1934年，吞武里的人民代表通裕·普博建议在吞武里府建造郑王纪念像，以推崇郑王复国的伟大功绩。那时是拍耶拍凤育庭政府。同年，内阁会议通过此建议。次年，设立工作委员会，并交给艺术厅设计。1937年12月15日庆宪会上，由民众决定纪念碑的形式，结果选择了今日的模样。

① 纳立乍兰占耶翁：《一生奉献给郑王、民主和涅槃的通裕·普博（1889—1971）》，《艺术与文化》2018年9月号，第123页。

四年过去了，工作没有进展。接着与法国发生纠纷，又是第二次世界大战。建造郑王纪念碑事便停了下来。八年后，吞武里人民代表通裕·普博和彭泰·初滴努七再次向波·披汶颂堪政府建议，为内阁接受。

1950 年，披汶颂堪政府设立工作委员会，由内务部次长为主席。此工作委员会议决郑王纪念像设在大罗斗圈。同时，交给艺术厅找人出样和铸造纪念像。责任于是落在信·披拉西身上。他花了一年半时间才完成。1951 年 11 月 30 日开始浇铸，1954 年 4 月 17 日拉玛九世为纪念像揭幕。

颂栽·素巴立说，他得到信·披拉西的旧稿，叙述碑铭的内容，竟和上述读者来信所说完全相同。

而今日在大罗斗圈郑王纪念像的碑文内容大意如下：

"这座像是泰族英雄颂德拍昭达信大帝丰功伟绩的纪念像，

生于佛历二二七七年，死于佛历二七二五年。

泰政府和泰族人民共建于佛历二四九七年四月十七日

以纪念竭力讨伐敌人，拯救泰族独立，恢复自由的浩荡皇恩……"

通裕·普博为建造吞武里郑王御马铜像而努力不懈，凡数十年，其精神实令人钦佩。罗斗圈郑王像的建立是对郑王最大的平反、最大的肯定。

图 2　郑王骑马铜像的面貌

如今每年十二月二十八日，有关方面都要在这里举行隆重的纪念活动。

在这里顺便讨论一下，曼谷吞武里大罗斗圈郑王骑马铜像面貌的由来。

长居泰国的意大利雕塑大师信·披拉西接到雕塑郑王纪念铜像的任务后，他想不出郑王的脸庞应该是什么模样。几经商量后，他找到他威·南他况。他威回忆说："那时我在工艺学校教书，有人说信老师要我去当模特儿。我去见信老师。他说：'我要塑造郑王像。据我想象，郑王的脸庞应该是你的和占叻的混合，你要当我的模特儿。'"

他威是南奔府的傣渤人，占叻·杰功有欧洲人血统。他威的脸庞类中泰混血儿。至于为什么用占叻的欧洲人面孔，据说因为占叻的脸庞有战士刚毅、坚强的特征。[①]

因此，吞武里大罗斗圈郑王骑马铜像的郑王面部是傣渤人和欧洲人的混合体。

吞武里大罗斗圈郑王骑马铜像的郑王留有胡须。有何根据说明郑王有胡须呢？据说，塑像工作委员会认为，华人统帅爱留胡须，样子威武，对敌人有威慑力。郑王是华裔，因此该有胡子。但我所阅读的书籍中，没有任何一处提到郑王留了胡子。[②]

---

① 《信·披拉西教授塑造郑王纪念像》，《艺术与文化》1984 年 11 月号，第 104 页。
② 銮披素帕匿差耶叻：《郑王像和参与叛乱的杉丽宛公主》，《艺术与文化》1985 年 12 月号，第 67 页。

五　中暹通使

中暹通使考[*]

许云樵

按：本文为拙著《中暹交通史》中之一篇，1941 年 11 月应暹罗友好之请，寄《中原月刊》。别有《中暹通商考》亦三万余言，寄暹罗中华总商会，将刊于该会年刊《华商》。不及一月而战事爆发。翌年 2 月 15 日星洲沦陷，急于奔波逃命而不暇念及之。迨一年后，暹马间略有人往返，因托友好探访此二稿。《中暹通商考》已遭浩劫，本文则蒙诸友好转辗传递至星，忽又为军政监部日人所得，挟往苏岛，更托友多方设法绐之，始得索回。今《南洋学报》复刊，亟付手民，并志数语如上，以为纪念。

云樵附识

暹罗本为罗斛及暹二国。罗斛最初见于《宋会要》，政和二年（1115）始通中国。《宋史》不详，仅于卷二百四十八言丹眉流"东北至罗斛二十五程"；惟卷一百十九"礼志"著录朝贡诸国，有直腊、罗殿二名，应为真腊及罗斛之讹。宋赵汝适所撰《诸蕃志》卷上"真腊国"条，举罗斛为十三属国之一，乃吉蔑（Khmer）罗族（Lavo）所建之国。大德三年（1299）以后，其势甚衰，遂为泰族之暹国（Siam）所灭。至于暹，最初见于《宋史》卷四百十八"陈宜中传"，与《元史》卷十二，皆言至元十九年（1282）事，当暹王罗摩坎亨大王（Khun Ramkhamheng Maharaja）在位之第六年也。据《暹史》所载，佛历一八〇〇年（1257，即宋宝祐五年）泰族始建国于速古台（Sukhodaya），至至元十九年（1282），建国已二十五年，罗斛已甚衰矣。故宋元二史只举暹国之名。元周达观所著《真腊风土记》已有暹罗一名，时十三世纪末，《明史》所称罗斛之大城（Ayudhya）泰族国家尚未兴也。自 1279 年至 1350 年，罗斛完全在暹国统治之下，冠以宗主国之名而称曰暹罗，固极合理也。1350 年，乌铜王（Phra cao

* 原载《南洋学报》第 3 卷第 1 辑，1947 年，第 3—35 页。编者按：本文人名前后不统一，由于不明作者参考的版本，保留，另纪年对应错误未标出。

Uthong）建国于大城。1409 年，为苏门邦王（Phra cao Suvarnbhumi）所灭。1377 年（洪武十年），大城并速古台之暹国，即《明史》卷三百二十四"暹罗传"所称之"罗斛并暹"也。实则所谓罗斛，乃暹之别一部族耳，非真罗斛矣。惟中国载籍之称暹罗者，固据《明史》之说，始于洪武十年之赐印也。至《岛夷志略》谓"至正己丑（1349）夏五月，降于罗斛"，殆为大城崛起之讹。

综上所考，可归纳为四时期。（一）华富里（Lavapuri）之罗斛国，1115—1299 年。（二）速古台之暹国，1257—1377 年。（三）大城之罗斛国，1350—1409 年。（四）大城兼并速古台后之暹罗国，1377—1939 年。1939 年起则改称泰焉。惟吾人欲考订其通使中国之史迹，则第四时期尚应根据暹史别为大城前朝（1350—1569 年）、大城后朝（1569—1767 年）、郑昭王朝（1767—1782 年）、曼谷王朝（1782 年至 1869 年末次入朝止）四时期。兹分别考订之如次。

一　华富里之罗斛国（1115—1299）

华富里之罗斛国，与中国之关系甚疏，仅见《宋会要》载其国于政和五年（1115）入贡一次，他书皆不载。兹录其文如下：

"政和五年八月八日，礼部言：福建路提举市舶司状，本路昨自兴复市船，已于泉州置来远驿，及已差人前去罗斛、占城国说谕招纳，许令将宝货前来投进外，今相度欲乞诸蕃国贡奉使、副、判官、首领所至，州军并用妓乐迎送，许乘轿或马……其余应干约束事件，并乞依蕃蛮入贡条例施行。本部寻下鸿胪寺勘会。据本寺契勘，福建路市舶司依崇宁二年（1103）二月六日朝旨，纳到占城、罗斛二国前来进奉。内占城先累赴阙进奉，系是广州解发福建路市舶司申到。外有罗斛国，自来不曾入贡。市舶司自合依政和令，询问其国远近大小强弱，与已入贡何国，为比奏本部勘会。今来本司并未曾勘会施行，诏依本司所申，其礼部并不勘，当郎官降一官，人吏降一资。"

《宋史》、《诸蕃志》及《文献通考》，均仅一见其名而不详其方位疆域、风俗土宜，诚大憾事。

惟泰族所建之暹国，兴自宋宝祐五年（1257），明洪武十年（1377）见并于大城之罗斛。而大城则崛起于元至正十年（1350）。初疑《元史》所载之通使史实均属暹国；顾《元史》所载遣使招谕暹国者三次，暹入朝者九次，罗斛来贡者五次，内有两次暹及罗斛同时来朝，时在大德元年（1297）及三年（1299），罗摩坎亨大王在位之二十一年及二十三年，距大城之兴尚五十余年，是《元史》之罗斛，应仍为吉蔑族之国家也。且考大王于 1292 年所立碑铭，自言其国境南至金地城（Mu'ang Suvarnbhumi，俗作素攀），迤西南经叻丕（Mu'ang Rajapuri，译言王城）、佛丕（Mu'ang Bejrapuri，译言金刚城）而达六坤（Nagara Cri Dharma Raja，译言法王城），而不及东南之华富里与大城，是尤足证明罗斛之未亡也。罗斛之亡虽不可确考，要不出十三世纪末年左右也。

兹据《宋会要》及《元史》所著录之中国及罗斛通使史实列表如次：

中国纪年	公元	佛历	中国遣使	罗斛朝贡
崇宁二年	1103	一六四六	说谕招纳罗斛（《宋会要》）	
政和五年	1115	一六五八		福建路市舶司纳到罗斛前来进奉（《宋会要》）
至元廿六年	1289	一八三二		十月辛丑，罗斛二女人国遣使来贡方物（《元史》卷十五）
至元廿八年	1291	一八三四		十月癸未，罗斛国王遣使上表，以金书字，仍贡黄金、象齿、丹顶鹤、五色鹦鹉、翠毛、犀角、笃缛、龙脑等物（《元史》卷十六）
元贞二年	1296	一八三八		十二月癸亥，赐金齿、罗斛来朝人衣（《元史》卷十九）
大德元年	1297	一八四〇		四月壬寅，赐暹国、罗斛来朝者衣服有差（《元史》卷十九）
大德三年	1299	一八四二		春正月癸未朔，暹番、没剌由、罗斛诸国各以方物来贡，赐暹番世子虎符（《元史》卷二十）

女人国不详其处，金齿即《马可波罗行纪》之"Zardandan"。据《华夷译语》之"百夷国译语"作"晚唱"（Wan Chang），即华语之"永昌"也。暹番即暹国，没剌由即 Melayu 之对音，指满剌加国（Malacca）也。暹番世子似指罗摩坎亨大王之子丕耶罗泰（Phya Lo'thai）。罗斛国之贡品，据至元二十八年所进，为黄金、象齿、丹顶鹤、五色鹦鹉、翠毛、犀角、笃缛、龙脑等物，与《明史》所载暹罗之贡物，无大出入。

二　速古台之暹国（1257—1377）

暹国虽兴自宋宝祐五年（1257），顾与中国无直接关系，仅见《宋史》卷四百十八"陈宜中传"载："益王立，复以为左丞相。井澳之败，宜中欲奉王走占城，乃先如占城谕意。度事不可为，遂不反。二王累使召之，终不至。至元十九年（1282），大军伐占城，宜中走暹，后没于暹。"暹国虽亡于明洪武十年（1377），顾《元史》所载，至治三年（1323）来贡之后，其使遂绝。故暹国与中国之通使，仅《元史》所载之招谕三次，入朝九次耳。

考《元史》卷十二载：至元十九年（1282）六月己亥，"命何子志为管军万户使暹国"；而卷二百一十"占城传"则载：至元十九年十月，"万户何子志、千户皇甫杰使暹国，宣慰使尤永贤、亚兰等使马八儿（Maabar）国，舟经占城皆被执，故遣兵征之……二十年（1283）正月……二十二日……又杀何子志、皇甫杰等百余人"。是则此次招谕之使，实未至暹也。

《元史》卷十七载：至元三十年（1293）四月甲寅，"诏遣使招谕暹国"。是为元廷第二次之招谕，成行与否不可考。

《元史》卷十八载：至元三十一年（1294）七月甲戌，"诏招谕暹国王敢木丁来朝，或有故，则令其子弟及陪臣入质"。此第三次之招谕似甚严重，考《元史》卷二百十"暹国传"所载，使臣确曾至其国。敢木丁应即罗摩坎亨一名之讹。昔精秦文子爵〔Luang Cen Cin Akshara，原名淑斋（Sut Cai）〕据《皇清文献通考》、《钦定续通志》、《明史·外国传》、《钦定续通典》及《广东通志》等五书编译之《中国载籍中之暹罗》（Nangsu Cotmaihet Cin Wadui Sayama Pradeca）一书（成于1909年），竟误解《续通志》卷六十二"元纪六"所载：至元三十一年七月甲戌，"诏招谕暹国王敢木丁来朝，或有故，则令其子弟及陪臣入质"之语，乃译作"暹国王敢木丁来朝，帝谕王如恭顺，应令子弟及陪臣入质"。[①] 只此一语，乃造成暹罗史上之绝大错误，嗣复不特暹罗史家据之，欧人之治暹史者，亦莫不从之，遂误"招谕暹王"为"暹王入朝"。

至于此次招谕之所以严重之故，殆以暹国侵略单马锡国之故。盖据元汪大渊于1349年所著成之《岛夷志略》一书，其"暹国"条云："近年以七十余艘来侵单马锡，攻打城池，一月不下。本处闭关而守，不敢与争。遇瓜哇使臣经过，暹人闻之乃遁，遂掠昔里而归。""单马锡"乃新加坡古名"Tamasak"之对音，"瓜哇"应为"爪哇"之讹。"昔里"藤田丰八考为巫语"Selat"（海峡）之对音，谓指柔佛（Johore）之地。[②] 此事亦即《元史》卷二百十"暹国传"所云"暹人与麻里予儿旧相仇杀"之事，"麻

---

① 见《史乘汇编》卷五，第14页。
② 《岛夷志略》，第46页。

里予儿"殆即《马可波罗行纪》之"Malaiur"①。换言之，即单马锡也。

至于"敢木丁"一名，五省官书局印行之《廿四史》作"甘珠尔丹"。例如《元史》卷十八云，"至元三十一年六月庚寅，必齐罕布里身城甘珠尔丹遣使来贡"，又载"七月甲戌，诏谕暹国王甘珠尔丹来朝，有故则令其弟子及陪臣入质"。"必齐罕布里身城"固为佛丕原名"Bejaraburi"之异译，而"甘珠尔丹"则为"敢木丁"之讹无疑。窃以为"甘"同"敢"，应即"Kham"之对音；"珠尔丹"必系误听"木丁"而更转讹者。元时回教国之入贡者多，遂误以王为"苏丹"（Sultan）而作"珠尔丹"者也。

考暹国第一次入朝，在至元二十九年（1292）。据《元史》卷十七载：是年十月甲辰"广东道宣慰司遣人以暹国主所上金册诣京师"。此次入朝者，系暹国主本身抑系使臣则不详。若谓罗摩坎亨大王确曾入朝，亦只此次，且仅至广东而未达北京朝廷。精秦文子爵之摘译《续通志》竟遗此则②，而误解前引一则，殊属缺憾。

《元史》卷十八载：至元三十一年（1294）六月庚寅"必察不里城敢木丁遣使来贡"。"必察不理"应为"Bejarapuri"（今称 Phechabun，佛丕）之对音，较五省官书局本为正确，是为第二次之入朝。精秦文子爵漏译，伯希和《交广印度两道考》亦失检，盖以其国都之名名国而忽之。由是可知，佛丕亦曾一度为暹国都也。

暹国之第三次朝贡，在 1295 年，盖《元史》卷二百十"暹国传"云："暹国当成宗元贞元年（1295），进金字表，欲朝廷遣使至其国。比其表至，已先遣使，盖彼未之知也。赐来使素金符佩之，使急追诏使同往。以暹人与麻里予儿旧相仇杀，至是皆归顺。有旨谕暹人勿伤麻里予儿，以践尔言。"所谓"已先遣使"即指招谕敢木丁之使也。此节因在"外国传"，而不在"本纪"，故《续通志》不载，精秦文子爵因亦漏译，后惟据《续通志》卷六百三十八"四裔传四"，译其"暹国"一条，不特简略，且不纪年。

《元史》卷十九载：大德元年（1297）四月壬寅，"赐暹国、罗斛来朝者衣服有差"。是为暹国第四次之朝贡。《续通典》不载，精秦文子爵遂亦无译文。

《元史》卷二十载：大德三年（1299）春正月癸未朔，"暹番、没剌由、罗斛诸国各以方物来贡，赐暹番世子虎符"。卷二百十"外国传"亦载："大德三年，暹国主上言，其父在位时，朝廷常赐鞍辔、白马及金缕衣，乞循旧例以赐。帝以丞相完泽

---

① 伯希和：《交广印度两道考》，冯承钧译，台湾商务印书馆，1970，第 82 页。
② 在卷六十一"元纪五"。

答剌罕（Tarkan，官名）言：彼小国而赐以马，恐其怜忻都（印度）辈讥议朝廷，乃赐金缕衣，不赐以马。""本纪"所言之暹番世子，应即"外国传"之暹国主。"外国传"虽言暹国主上言，然亦不能决其必亲自入朝，盖遣使亦得上言也。精秦文子爵之译文，因前条不见《续通志》故缺，而后条因据《续通志》卷六百三十八之简文而作"大德间，暹国遣使乞马，元成宗赐以金缕衣"。盖《续通志》原文云："大德中，来求马，帝以金缕衣赐之。"陈毓泰君据《北方纪年》（Bongshavatara Nua）考暹国主为丕隆（Phra Ruang），亦即罗摩坎亨大王；而暹番世子为丕隆之弟丕勒提（Phra Cao Riddhi），谓为大王之子丕耶勒泰（Phya Pethai）之讹。[①] 余按此说有两点可能，亦有两点不可能。可能者：因（1）名字相近；（2）二人尝驾帆船朝见中国皇帝。不可能者：因（1）《北方纪年》所纪年代，为佛历一千年时，当六朝宋孝武帝大明元年（457），荒诞无稽，犹如说部《征四寇》之言混江龙李俊走海外为暹罗国主同。（2）该书著录名"丕隆"者凡二，一即此人，称之为"天堂城之丕隆"（Phra Ruang Mu'ang Savarn Galoka）；其一稍后，乃佛历一五〇二年（959，即后周恭帝显德六年）登位之"速古台城之丕隆"（Phra Ruang Mu'ang Sukhodaya）。以名称而论似后者较近。惟《北方纪年》之纪年，本不可信，其史实亦真伪混杂。丕隆兄弟赴中国之说，语虽无稽，然可为有暹王入朝之痕迹，但须于1909年以前出版之暹文旧籍中，别觅充分证据耳。

设吾人认暹番世子及暹国主为一人，则应非罗摩坎亨大王而为其子丕耶勒泰矣。如是则对于暹罗史籍之编年，将有重大改革。盖现在一般史籍，均载罗摩坎亨大王在位约四十年（1277—1317）。如以大德三年（1299）之贡属其子，则其在位不过二十二年耳！

《元史》卷二十载：大德四年（1300）六月甲子，"爪哇、暹国、蘸八（占婆）等国二十人来朝，赐衣遣之"。《续通志》引文同。乃精秦文子爵妄译为："大德四年六月甲子，暹国王来朝。"于是一切暹籍，均据以为罗摩坎亨大王第二次之入朝，谬误相承，牢不可破矣！

《元史》卷二十五载：延祐元年（1314）二月癸卯，"暹国王遣其臣爱耽入贡"。又卷二十六载：延祐六年（1319）正月丁巳朔，"暹国遣使奉表来贡方物"。又卷二十八载：至治三年（1323）春正月癸巳朔，"暹国及八番（八百？）洞蛮酋长各遣使来贡"。以上三条，《续通志》均失载，故无暹译文。

---

① 《泰国研究》第 3 卷，第 205 页。

中国纪年	公元	佛历	中国遣使	暹国朝贡
至元十九年	1282	一八二五	管军万户何子志、千户皇甫杰使暹国,中途为占城所杀,未达(《元史》卷十二及卷二百十)	
至元廿九年	1292	一八三五		广东道宣慰司遣人以暹国主所上金册诣京师(《元史》卷十七)
至元三十年	1293	一八三六	诏遣使招谕暹国(《元史》卷十七)	
至元卅一年	1294	一八三七	诏招谕暹国王敢木丁来朝,或有故则令其子弟及陪臣入质(《元史》卷十八)	必察不里城敢木丁遣使来贡(《元史》卷十八)
元贞元年	1295	一八三八		进金字表(《元史》卷二百十)
大德元年	1297	一八四〇		赐暹国来朝者衣服有差(《元史》卷十九)
大德三年	1299	一八四二		暹番来贡,赐其世子虎符(《元史》卷二十);暹国王上言其父在位时朝廷常赐鞍辔、白马及金缕衣,乞循旧例以赐。帝赐金缕衣,不赐马(《元史》卷二百十)
大德四年	1300	一八四三		暹国来朝,赐衣遣之(《元史》卷二十)
延祐元年	1314	一八五七		暹国王遣其臣爱耽入贡(《元史》卷二十五)
延祐六年	1319	一八六二		暹国遣使奉贡(《元史》卷二十六)
至治三年	1323	一八六六		暹国遣使来贡(《元史》卷廿八)

三　大城之罗斛国（1350—1409）

大城之罗斛国,兴于至正十年（佛历一八九三年）,惟终元之朝,未尝通使。据《名山藏》、《四夷馆考》及《殊域周咨录》载:洪武初遣大理少卿闻良辅往谕之。惟《皇明实录》则谓,洪武三年（1370）八月,始命使臣吕宗俊等诏谕之。《明史·外国传》同。吕宗俊于翌年九月回京,偕暹罗国王参烈昭毗牙使臣昭宴狐蛮等同来,贡训象六匹。太祖赐国王织金纱罗文绮及使者一袭。是即《明史》"本纪"及"外国传"所著录之第一次入贡也。余昔据现代暹籍考"参烈昭毗牙"为"Somdec Cao Pha-ngua"之对音,谓指在位方二年之丕波罗摩罗阇提罗阇第一（Somdec Phra Borom Rajadhiraj Thi 1）,因王又名 Khun Luang Pha-ngua 也。今思不然,应为"Somdec Cao Phya"之对音，疑系当时暹藩王之尊称，实指乌铜王（Phra Rama Dhi Badi Thi 1）之子也。暹文史籍均谓王1350—1369年在位，其子丕罗弥孙（Phra Rame Cuar）嗣立一年被废。其子在位之年，现代史籍谓在佛历一九一二年（洪武二年），而《大城纪年》则谓小历七三一年至七三二年（洪武二年至三年），与明使抵暹之时似不符。今有二种解释，均属可能：（一）丕罗弥孙在位不止一年，或自洪武二年即位，至六年秋始被废；（二）乌铜王殁于洪武五年，明使至暹时，彼殆亲征真腊，不在大城，乃由分封于罗斛城之王子丕罗弥孙迎往，并遣使随贡。

是年（1371）末，参烈昭毗牙复遣其臣柰思俚侪剌识悉替（Nai Ciri Jaya Raja Cerishati?）等来朝，进金叶表，贡方物，贺明年正旦。"外国传"亦载并云："明年，正旦诏赐《大统历》及彩币。"《明会典》及《岭海舆图》亦志之。

洪武五年（1372）正月，据《实录》载，暹罗斛国遣其臣宝财赋献黑熊、白猿、苏木等。"外国传"亦云："五年，贡黑熊、白猿及方物。"独"本纪"不载。

洪武六年（1373）十月，《实录》载，暹罗斛国使者昭委直（Cao Vidit?）来贡，国王女兄参列思狞别遣使贡方物于中宫，却之。"外国传"亦云："明年（1373）复来贡，其王之姊参烈思宁，别遣使进金叶表，贡方物于中宫，却之。""本纪"仅著录暹罗入贡，王姊参烈思宁不可考，殆为废王丕罗弥孙之母，即新王丕波罗摩罗阇提罗阇第一之妹，或因其子为兄所迫，拟籍通使中国以为援也。

同年十一月据《实录》谓：国王女兄参烈思宁，遣使柰文隶啰贡方物于中宫，却之；同时暹罗斛国之使者柰思俚侪剌识悉替来进金叶表，谓其国王参烈昭毗牙懦不武，国人推其伯父参烈宝毗牙嗯哩哆禄主国事，故奉表来告云。"外国传"亦云："已而，其姊复遣使来贡，帝仍却之，而宴赉其使。时其王懦而不武，国人推其伯父参烈宝毗邪嗯哩哆啰禄主国事，遣使来告，贡方物，宴赉如制。""本纪"不详。按其王不武之说，应系指丕罗弥孙1352年攻真腊失利之事，时尚为世子，至是为其舅父所迫，逊位偏安于罗斛城，伯父云者，盖暹语"Lung"字，父母之兄初无分别也。至其名参烈宝毗邪嗯哩禄者，据"暹史之父"之昙隆亲王（Krom Phraya Damrong Raja Nubhab）还原为"Somdec Cao Phraya Surindra Raksh"，谓指丕波罗摩罗阇提罗阇第一，信然。唯所以不用其王号，而冠以"Somdec Phraya"者，余以为应系分封于素攀（Subarnburi）之称，时尚未上尊号也。

"外国传"续称："已而，新王遣使来贡，谢恩。其使者亦有献，帝不纳。"《实录》亦载：国王参烈宝毗邪嗯哩哆啰禄，遣使臣柰昭羶哆啰入贡。"本纪"则仍不详。使臣之名疑为"Nai Cao Candra"之对音。

"外国传"称"已遣使贺",又云:"明年(1373)正旦,贡方物,献本国地图。"《明会典》亦志之。应为一事。盖"本纪"虽不载,《实录》则云:是年十二月,国王参烈宝毗邪思哩哆啰禄遣其臣婆坤冈信贺明年正旦。

洪武七年(1374)三月,《实录》"外国传"、《东西洋考》、《殊域周咨录》等,均载其使臣沙里拔来朝。《殊域周咨录》云:"七年暹罗斛国使臣沙里拔来朝,自言本国令陪臣祭里侪剌悉识替入贡。去年八月,舟次乌潴,遭风坏舟,漂至海南,收获漂余贡物苏木、降香、兜罗锦来献,省臣以闻,上怪其无表状,疑为蕃商覆舟,诡言入贡,却之。"又据《东西洋考》载,谕中书及礼部之诏文曰:

"古者,中国诸侯,比年一小聘,三年一大聘;九州之外,则每世一朝。所贡方物,不过表诚敬而已。高丽稍近中国,颇有文物礼乐,与他番异,是以命依三年一聘之礼。其他远国,如占城、安南、西洋、琐里、爪哇、渤泥、三佛齐、暹罗斛、真腊等处,新附国土,入贡既频,劳费甚大,朕不欲也。令遵古典,不必频繁,其移文使诸国知之。"

"外国传"谓:"然而来者不止。"

同年十一月,据《实录》载:世子苏门邦王昭禄群膺亦遣使臣昭悉里上笺于皇太子,贡方物,命引其使朝东宫,宴赉遣之。"外国传"亦载。"本纪"则仅志洪武七年入贡一次。昙隆亲王还原"苏门邦王禄群膺"为"Phra Cao Subarnburi Cao Nagor Indra"颇确切。《暹史》载:昭禄群膺为参烈宝毗牙之犹子,分封于素攀(Subarnburi,金城)者,故有"苏门邦王"之称,"苏门邦"盖即"素攀"之古译也,"昭悉里"应为"Cao Ciri"之对音。

"外国传"载:"八年(1375)再入贡,其旧明台王世子昭孛罗局,亦遣使奉表朝贡,宴赉如王使。"以是年入贡二次。"本纪"仅志一次。检《实录》则有三次:正月,暹罗斛国已入贡;十月遣其臣婆坤冈信入贡,副使昭羶哆啰先于八月入京;十一月,旧明台王世子昭孛罗局遣奈暴崙入朝。所谓"旧明台王",昙隆亲王谓即丕罗弥孙无疑;余颇疑"明台"殆即"Mu'ang Thai"之讹,"昭孛罗局"似为"Cao Phra Raja Cros"(此言"王子")之对音。考暹史,丕罗弥孙于佛历一九一二年(1369)逊位后,至佛历一九三一年(1388)复辟,在位七年薨,其子丕罗摩罗阇提罗阇(Phra Rama Rajadhiraja)嗣,在位十五年,佛历一九五二年(1409)为昭禄群膺所灭,大城之罗斛国亡。洪武八年即佛历一九一八年,丕罗弥孙或乘参烈昭毗牙之北伐而初次入贡作外交活动,惟嗣后似未尝再贡。兹举此一时期之通使史事,列表于次:

中国纪年	公元	佛历	月份	通使事迹	参考
洪武三年	1370	一九一四	八月	命闻良辅、吕宗俊等往谕之	《明史》《名山藏》《吾学编》《皇明实录》《殊域周咨录》
洪武四年	1371	一九一五	九月	国王参烈昭毗牙使臣昭宴狐蛮随贡	《明史》"本纪""外国传"、《实录》、《东西洋考》
			十二月	国王使臣奈思俚侪剌识悉替等来朝	《实录》、"外国传"、《岭海舆图》、《明会典》
洪武五年	1372	一九一六	正月	使臣宝财赋入贡	《实录》、"外国传"
洪武六年	1373	一九一七	十月	使臣昭委直入贡	《实录》、"本纪""外国传"
			十月	王姊参烈思宁遣使入贡,却之	《实录》、"外国传"
			十一月	王姊别遣奈文隶啰入贡,仍却之	《实录》、"外国传"
			十一月	国王使奈思俚侪剌识悉替进表	《实录》、"外国传"
			十一月	使臣奈昭觇哆啰入贡谢恩	《实录》、"外国传"
			十二月	使臣婆坤冈信贺明年正旦	《实录》、"外国传"、《明会典》
洪武七年	1374	一九一八	三月	使臣沙里拔来朝,无表,却之	《实录》、"外国传"、《东西洋考》、《殊域周咨录》
			十一月	世子昭禄群膺遣昭悉里入贡	"本纪"、"外国传"、《实录》
洪武八年	1375	一九一九	正月	暹罗斛国入贡	《实录》
			八月	副使昭觇哆啰先入京	《实录》
			十月	正使婆坤冈信入贡	《实录》、"本纪"、"外国传"
			十一月	旧明台王世子遣奈暴崙入贡	《实录》、"外国传"

上表除最后一次为大城之罗斛国世子之奉贡,二次为其母所遣外,余均为其舅及表弟所遣之使。

四　暹罗之大城前朝（1377—1569）

自 1350 年乌铜王建都大城之后,至 1569 年大城为缅军所残破止,其间实有二朝:第一朝即乌铜王所建立者,传三世而亡,史家称为景莱皇系（Vongca Chiang Rai）;第二朝虽为参烈宝毗牙所立,然其子为丕罗弥孙所杀,后始为其侄昭禄群膺所恢复,故暹史以昭禄群膺之登位为第二朝之始。二朝均在第一次覆亡之前,故曰前朝。今断自 1377 年者,以示其正式改名暹罗之始耳。

《殊域周咨录》载:洪武"九年（1376）,王遣子昭禄群膺奉金叶表文,贡象及胡椒、苏木之属。上命礼部员外郎王恒，中书省宣使蔡时敏，往赐之印，诏曰：'君国子民，非上天之明命，后土之鸿恩，曷能若是？华夷虽间，乐天之乐，率土皆然。若为人上能天地好生之德，协和神人，则禄及子孙，世世无间矣。尔参烈宝毗牙思里哆哩禄自嗣王位以来，内修齐家之道，外造睦邻之方，况类遣人称臣入贡，以方今蕃王言之，可谓盛德矣。岂不名播诸书哉！今年秋，贡象入朝，朕遣使往谕，特赐暹罗国王之印，及衣一袭，尔善抚邦民，永为多福。'恒等与昭禄群膺陛辞，赐文绮衣服并道里费。"《实录》言十年（1377）九月；《明史》"本纪""外国传"，《吾学编》《明会典》《象胥录》等均言十年；唯《名山藏》《四夷馆考》《东西洋考》曰九年。余以为应据《实录》。昭禄群膺之入朝，堪与罗摩坎亨大王先后媲美。据昙隆亲王言："中国人之来大城贸易者殆自兹始。今狮城（Singhapuri）小河沿岸犹有瓷窑遗迹，作中国式，与宋胶洛（Savarglok，天堂城）、速古台等处之瓷窑无异。据此推想，昭禄群膺必步罗摩坎亨之后尘，率中国窑匠来暹为之。"按是年为参烈宝毗牙一统暹罗之时，遣其犹子入朝，谅亦以此。

洪武十一年（1378），《实录》载：三月暹罗国使臣昭直班入贡，十二月暹罗斛国又贡。"本纪"仅志一次，"外国传"不详。

洪武十二年（1379），《实录》载：十月国王参烈宝毗牙毗哩哆啰禄遣其臣亚剌儿文智利等入贡。"本纪"亦载入贡，"外国传"不详。

洪武十五年（1382），《实录》载：六月，暹罗斛国遣使班直三入贡。"本纪"作十四年（1381）暹罗入贡。

洪武十六年（1383）正月，《实录》又载：暹罗斛国入贡。"本纪"亦载是年暹罗入贡。"外国传"且谓："十六年，赐勘合文册及文绮瓷器与真腊等。"《吾学编》、《四夷馆考》及《殊域周咨录》均言："十六年，给勘合文册，令如期朝贡。"又《东西洋考》卷十二载："勘合号簿，洪武十六年始给暹罗，以后渐及诸国。每国勘合二百道，号簿四扇，如暹罗国，暹字勘合一百道及暹罗字底簿各一扇，送贮内府，罗字勘合一百道及暹字号簿一扇，发本国收填，罗字号簿一扇，发（广东）布政司收。比遇朝贡，填写国王使臣姓名，年月方物，令使者赍至布政司先验表文，次验簿比号相同，方许护送至京，每纪元则更换给。"

洪武十七年（1384），《实录》载：正月，国王参烈宝毗牙嗯哩多啰禄遣使入贡；同年八月，暹罗斛国遣使昭禄夸霭观入贡。"本纪"仅言是年暹罗入贡。他书不载。

洪武十八年（1385），《实录》载：正月，暹罗入贡。"本纪"亦载。他书不详。

洪武十九年（1386），《实录》载：正月，暹罗国王遣其臣昭依仁入贡。"本纪"

但言是年入贡。

洪武二十年（1387），《实录》载：七月，暹罗国贡使坤思利济剌试识替（Khun Cri Jaya Raja Cerishathi）入朝。"本纪"失载。《东西洋考》但言"二十年再贡"。《四夷馆考》及《殊域周咨录》均云："二十年又贡胡椒万斤、苏木十万斤。""外国传"载："二十年贡胡椒一万斤、苏木一万斤，帝遣官厚报之。时温州民有市其沉香诸物者，所司坐以通番，当弃市。帝曰：'温州乃暹罗必经之地，因其往来而市之，非通番也。'乃获宥。"按洪武二十七年（1394），命严禁私下诸番互市者，帝以海外诸国多诈，绝其往来，惟琉球、真腊、暹罗许其入贡，而沿海之人往往私下诸番贸易香货，同诱蛮夷为盗，命礼部严禁绝之，凡番香、番货不许贩买。此次温州民当弃市，幸帝优待暹罗，爱屋及乌，乃获宥。惟"本纪"是年入贡诸国，无暹罗名。

洪武二十一年（1388），《实录》云：八月，暹罗斛国入贡。"本纪"亦载是年暹罗入贡。"外国传"谓："贡象三十番、奴六十。"

洪武二十二年（1389），《实录》载：正月，世子苏门邦王昭禄群膺遣使冒罗入贡。"本纪"亦载是年暹罗入贡。"外国传"亦言："世子昭禄群膺遣使来贡。"

洪武二十三年（1390），"本纪"载：暹罗入贡。"外国传"谓"贡苏木、胡椒、降香十七万斤"。《实录》不载。

洪武二十四年（1391），"本纪"载暹罗入贡。他书不载。

洪武二十六年（1393），《实录》载：正月国王参烈宝毗牙遣其臣李三齐德入贡。"本纪"亦载暹罗入贡。"李"字疑"奈"字之讹。

洪武二十八年（1395），《实录》载：十一月暹罗国王嗣王苏门邦王昭禄群膺，遣其臣奈婆即直事剌来贡，告国王参烈宝毗牙嗯哩哆啰禄之讣。《殊域周咨录》载："诏遣中使赵达、宋福等，祭其故王参烈昭昆（毗）牙，赐嗣王昭禄群膺文绮四匹、罗四匹、磩丝布四十匹，王妃文绮四匹、罗四匹、磩丝布十二匹，敕谕之曰：'朕自即位以来，命使出疆，周于四维诸邦国，足履其境者三十六，声闻于耳者三十一，风俗殊异，大国十有八，小国百四十九，较之于今，暹罗为最近。迩者使至，知尔先王已逝，王绍先王之绪，有道于家邦，臣民欢怿。兹特遣人祭已故者，庆王绍位有道。敕至，其罔戾法度，罔淫于乐，以光前烈，其敬之哉！'""外国传"、《东西洋考》、《名山藏》、《象胥录》、《四夷馆考》等均志之。"本纪"亦言：是年暹罗入贡。

考暹史，丕波罗摩罗阇提罗阇第一（参烈宝毗牙）在位十八年，殁于佛历一九三一年（洪武廿一年）；昭禄群膺即位于佛历一九五二年（永乐七年），在位十六年，殁于永乐廿二年。而《大城纪年》则云，参烈宝毗牙在位十二年，殁于小历七四四年

（洪武十五年）；其子嗣位十五日为丕罗弥孙所弑，乃复辟五年；后其子嗣位又十四年，小历七六三年（建文帝三年），为昭禄群膺所篡；昭禄群膺在位十七年，殁于小历七八〇年（永乐十六年）。今考以中国载籍，参烈宝毗牙洪武二十六年尚入贡，二十八年殁，昭禄群膺嗣，在位二十年而殁于永乐十三年，显然不合。昙隆亲王以为王乃分封于素攀之昭禄群膺之父，盖嗣藩王而非真嗣国王也。余颇不以为然，因史文明言苏门邦王为昭禄群膺，且误以为暹王之世子，无更嗣之理。昙隆亲王每斥《明史》言暹罗入贡之非，谓为因通商而修好，非入贡，又言王及藩王均可自由遣使通商修好。然不知自洪武十六年来，入贡必验堪合，安得随便通商修好哉！余以为《大城纪年》既不可信，现代暹罗系年亦有误。洪武二十一年参烈宝毗牙既殁，则洪武二十八年应为丕罗弥孙之薨，昭禄群膺殆于是时与丕罗弥孙之子丕罗摩罗阇提罗阇（Phra Rama Rajadhiraja）分庭抗礼至永乐七年乃兼并之，又六年卒。如以洪武七年初次遣使朝贡时年二十，则其时年已花甲矣。至于《吾学编》以昭禄群膺于永乐十五年尚入贡，则妄矣。

洪武三十年（1397），《实录》载：八月，暹罗国入贡，贡使仍为柰婆即直事剌；十月，暹罗国王又遣其臣柰斯勿罗入贡。"本纪"仅志入贡一次。又据《东西洋考》卷十一载："三十年六月，礼部奏：'诸番国使臣客旅不通。'上曰：'洪武初，海外诸番与中国往来，商贾便之，凡三十国。胡惟庸谋乱，三佛齐生间，绐我使臣，至被爪哇国王闻知，戒饬礼送还朝。是后使臣阻绝，诸国王之意，遂而不通。惟安南、占城、真腊、暹罗、大琉球，自入贡以来，至今来庭。我待诸番国不薄，但未知诸国之心若何。今欲遣使谕爪哇国，恐三佛齐中途阻之。三佛齐系爪哇统属，尔礼部备述朕意，移文暹罗国王，令转达爪哇知之。'于是礼部咨暹罗王。"又载明礼部移暹罗国王檄文：

"自有天地以来，即有君臣上下之分，且有中国四夷之礼。我朝混一之初，海外诸番莫不来庭。岂意胡惟庸造乱，三佛齐乃生间谍，绐我信使，肆行巧诈。岂不知大琉球王与其宰臣，皆遣子弟入我中国受学。皇上赐寒暑之衣，有疾则命医胗[1]之。皇上之心，仁义兼尽矣。皇上一以仁义待诸番国，何三佛齐背大恩而失君臣之礼！据有一蕞之土，欲与中国抗衡。傥皇上震怒，使一偏将将十万众，越海问罪，如覆手耳。何不思之甚乎？皇上尝曰：安南、占城、真腊、大琉球，皆修臣职。惟三佛齐梗我声教。夫智者犹未然，勇者能从义。彼三佛齐可谓不畏祸者矣！尔暹罗国王犹守臣职，我皇上眷爱如此。可转达爪哇，俾以大义告三佛齐。三佛齐系爪哇统属，其言彼必信。或能改过从善，则与诸国咸礼遇之如初，勿自疑也。"

---

① 编者按："胗"当为"诊"。

胡惟庸事详《明史》卷三百八"奸臣传"。三佛齐1377年已为麻喏八歇（Majapahit）所灭，故卒未入贡。

洪武三十一年（1398），《实录》载：正月，暹罗国苏门邦王昭禄群膺遣使贺正旦。"本纪"亦载暹罗入贡。

成祖即位，诏谕其国。《殊域周咨录》云："永乐元年，遣使入贺即位，自是其国止称暹罗国。"《实录》不载。"本纪"、《名山藏》、《东西洋考》、《四夷馆考》、《皇明象胥录》则均志之。"外国传"云："永乐元年，赐其王昭禄群膺哆啰谛刺驼纽镀金银印。其王即遣使谢恩。六月，以上高皇帝尊谥，遣官颁诏有赐。八月，复命给事中王哲，行人成务，赐其王锦绮。九月，命中官李兴等赍敕，劳赐其王，其文武诸臣并有赐。"其王名应为"Cao Nagor Indradhiraj"之对音。

《明会典》云："永乐元年遣使乞量衡为国中式，自后定三年一朝贡，贡道由广东。"

永乐二年（1404），据《皇明象胥录》载："福建布政司奏：有番船泊岸，系暹罗国与琉球通好，已籍其船物请命。上谓礼部尚书李至刚等曰：诸番修好乃美事，漂舟所宜嘉恤，令所司为治舟廪而遣之。""外国传"亦略同，唯《东西洋考》作四年（1406）秋应误。"外国传"载："是月，其王以帝降玺书劳赐，遣使来贡方物，赐赉有加，并赐《列女传》百册。使者请颁量衡，为国永式，从之。"《殊域周咨录》云："二年，遣使坤文现表贡方物，诏内使李兴等赍敕往劳之，并赐文绮纱（钞？）帛。"《东西洋考》略同。"本纪"载是年暹罗入贡者再。《实录》志是年九月国王昭禄群膺哆啰谛刺遣使奈必入贡，十一月遣使奈霭纳字刺入贡。贡使名均与《殊域周咨录》不符。惟奈必之名，《大明一统志》《西洋朝贡典录》《吾学编》均见著录。坤文现若非副使，殆与永乐七年入贡之坤文琨混误而讹。惟《四夷馆考》亦作坤文现。

永乐三年（1405），"本纪"载暹罗入贡者再。《实录》亦志七月及十一月两次：七月入贡之使臣名曾寿贤，殆为华侨；十一月之贡使为奈婆即直事剌，洪武二十年尝入朝。

永乐四年（1406），《实录》载：九月，国王昭禄群膺哆啰谛剌遣使虎都卜的毛那那入贡。"本纪"亦载入贡一次。

永乐五年（1407）十月，《实录》载：暹使奈婆即直事剌入贡。"本纪"及他书皆不载。

永乐六年（1408）十二月，《实录》载：暹使虎都无霞昧入贡。"本纪"亦载暹罗入贡。《明史·外国传》云："先是，占城贡使返，风飘其舶至彭亨。暹罗索取其使，羁留不遣。苏门答剌及满剌加又诉暹罗恃强发兵，夺天朝所赐印诰。帝降敕责之曰：'占城、苏门答剌、满剌加与尔，俱受朝命。安得逞威拘其贡使，夺其诰印？天有显道，福善祸淫。安南黎贼，为可鉴戒！其即返占城使者，还苏门答剌、满剌加印诰。自今奉法循理，保境睦邻，庶永享太平之福。'时暹罗所遣贡使，失风飘至安南，尽为黎贼所杀，止余字黑一人。后官军征安南，获之以归。帝悯之，六年八月命中官张原送还国，赐王币帛，令厚恤被杀者之家。九月，中官郑和使其国，其王遣使贡方物，谢前罪。"按黎贼为胡氏本姓。考越南史籍，季犛于 1400 年三月，废少帝自立，改元圣元元年，自称系出有虞，复姓胡氏，改国号曰大虞。同年十二月，传位于其子汉苍，自号太上皇。汉苍初名火，为季犛幼子。翌年改元绍成元年。1403 年复改元开大元年。开大五年（1407）五月十二日，明征夷将军张辅讨安南，获季犛及子汉苍归金陵，此永乐五年事也。是则失风飘往安南之暹使，应遣于永乐五年五月之前，及四年九月虎都卜的毛那那入贡之后，殆为贺正旦之使。

永乐六年九月，郑和使西洋，据《明史·郑和传》为第二次，惟据近人考证，咸认为第三次。《星槎胜览》之著者费信初次随行，亦至暹罗，其书有"暹罗"条，列于"历览西洋诸番国"中。

永乐七年（1409）十月，《实录》载：暹使坤文琨表贡。惟"本纪"谓暹罗是年入贡者再。《殊域周咨录》云："七年，王遣使奉仪物祭仁孝皇后，命中官以告几筵。是岁复遣坤文琨贡方物。初南海民何八观等，流移海岛，遂入暹罗，至是因其使归。上命传谕国王，遣八观等还，毋纳流移，以取罪戾，并赍王金绒纻丝纱罗织锦。"《东西洋考》亦云："七年，使凡两至。首春以祭仁孝皇后，秋九月更修职贡。厚报之。时南海叛民何八观等，屯聚岛外，窜入暹罗，至是使归，兼谕国王毋为逋逃主。""外国传"、《象胥录》亦均志之。据《广东通志》，致祭之使在正月。

永乐八年（1410）十一月，《实录》载：暹王复遣曾寿贤至。"本纪"言是年暹罗贡马。《殊域周咨录》云："八年贡马及方物，送中国流移人还，赐敕劳之。"《东西洋考》云："八年贡使附送八观等还，降敕嘉美。"《外国传》亦云："其王即奉命贡马及方物，并送八观等还，命张原赍敕币奖之。"

永乐九年（1411）十一月，《实录》载：暹使柰义入贡。"本纪"亦载是年入贡。他书均不载。

永乐十年（1412）十二月，《实录》载：暹王复遣坤文琨至。"本纪"亦言是年暹罗入贡。《东西洋考》及《殊域周咨录》均志之。唯"外国传"云，"十年中官洪保等往赐币"，而不言入贡。《图书集成》作中官冯保。

永乐十四年（1416），《实录》载：暹罗国王昭禄群膺哆啰谛剌卒。五月其子三赖波磨剌札的赖遣使李世贤等告讣，且请袭爵。诏遣中官郭文，往祭其父。别遣使诏封三赖波磨剌札的赖为暹罗国王。“本纪”失载。“外国传”亦云：“十四年，王子三赖波罗磨剌劄的赖遣使告父之丧。命中官郭文往祭。别遣官赍诏封其子而为王，赐以素锦素罗。随遣使谢恩。”按谢恩应在下年。《名山藏》《象胥录》《东西洋考》《殊域周咨录》《图书集成·边裔典》等均言王卒于十三年，《广东通志》且言在是年五月，应可信。按永乐十三年为公元 1415 年、佛历一九五八年、小历七七七年。余考《大城纪年》，三赖波罗磨剌劄的赖乃“Somdec Phra Boom Rajadhiraj Thi 2”之对音，昭禄群膺之第三子也，亦称昭三丕耶（Cao Sam Phya），即位于小历七八〇年至七九六年（1418—1434），惟现代暹籍均作佛历一九六七年（1424）至一九九一年（1448），时期相差六年，在位亦差八载。以中国载籍参证之，则即位应更早三年。《实录》有“景泰四年正月，祭其故王波罗摩剌劄赖”之语，则在位亦至少三十六七年也。

永乐十五年（1417）十二月，据《实录》，国王三赖波磨剌扎的赖遣使奈叫，谢祭其父，并命袭爵恩。“本纪”亦载是年暹罗入贡。“外国传”则与上年混。《边裔典》云：“永乐十五年，定赐暹罗国王及王妃绮币之数。”《大明会典》载：“永乐十五年，给暹罗国王锦四匹、苎丝纱罗各十匹，内各织金四匹；王妃苎丝纱罗各六匹，内各织金二匹。”《殊域周咨录》亦载之，唯遗织金数。

永乐十六年（1418），“本纪”载暹罗入贡。他书不载。

永乐十七年（1419），《实录》“本纪”均不载暹罗入贡。唯“外国传”云：“十七年，命中官杨敏等护归。以暹罗侵满剌加，遣使责命辑睦。王后遣使谢罪。”惟据《四夷馆考》云：“十三年（1415）昭禄群纪卒，其子三赖波磨札剌的剌嗣位，以兵侵满剌加国。满剌加诉于朝，敕谕暹罗国王，令与满剌加平。”《殊域周咨录》《皇明象胥录》《名山藏》《东西洋考》等均言系十三年事。唯“责命辑睦”，《东西洋考》及《图书集成·边裔典》以为十七年事。据嘉靖《广东通志》载：永乐十七年十月遣使谕暹罗国王，俾与满剌加平，敕谕三赖波罗摩剌劄的赖曰：“朕祇纪天命，君主华彝，体天地好生之心为治，一视同仁，无间彼此。王能敬天事大，修职奉贡，朕心所嘉，盖非一日。比者，满剌加国王亦思罕答儿沙嗣立，能继乃父之志，躬率妻子诣阙朝贡。其事大之诚，与王无异。然闻王无故欲加之兵。夫兵者凶器，两兵相斗，势必俱伤。故好兵非仁者之心。况满剌加国王既内属，则为朝廷之臣。彼有过，当申理于朝廷，不务出此而辄加兵，是不有朝廷矣。此必非王之意，或者王左右假王之名弄兵以逞私忿，王宜深思，勿为所惑！辑睦邻国，无相侵越，并受其福，岂有穷哉？王其留意焉！”此敕《东西洋考》及《殊域周咨录》均有著录，仅一二字之出入。至于命杨敏护归者，似为十六年之贡使。至杨敏亦屡次奉使出洋之重要中官也。唯《四夷馆考》《东西洋考》《广东通志》《殊域周咨录》等均以护归事在十八年，则非十六年之贡使矣。亦思罕答儿沙乃《马来纪年》之"Iskandar Shah"也。①

永乐十八年（1420）四月，《广东通志》载："暹罗国遣使入贡方物，赐之钞币，仍遣中官杨敏等护送还国，仍赐其王锦绮纱罗等物。"《实录》载其贡使名柰霭纳。"本纪"亦载暹罗入贡。《东西洋考》志之尤明云："十八年贡又至，遣中官杨敏护其使还国，并报礼王。"

永乐十九年（1421），《广东通志》载："三月暹罗国遣使柰怀等六十人贡方物，谢侵满剌加国之罪，赐钞币有差，七月复入贡。""本纪"亦言："暹罗入贡者再。"唯《实录》仅志是年四月一次，贡使名同，其相差一月，应为由粤入京之时期。《四夷馆考》及《殊域周咨录》亦仅志谢罪之贡。唯《东西洋考》云："十九年春，奉表谢侵满剌加之罪。七月，贡如常仪。盖是岁使又两至云。"

永乐二十年（1422），"本纪"载暹罗入贡。《实录》且言在是年七月，贡使名坤思利（Khun Ciri）。他书均失载。

永乐二十一年（1423），《广东通志》载："三月，暹罗国遣使坤梅贡方物，赐之钞币。"《实录》作二月，贡使名坤梅贵。《殊域周咨录》云："二十一年又贡，赏赐使臣及通事总管客人蕃伴，衣服、纻丝、绢布、靴履、金银、纱帽诸物有差。诏定其例：使臣人等进到物货，俱免抽分，给与价钞。给赏毕日，许于会同馆开市。除书籍及玄黄紫皂大花西番莲段，并一应违禁之物，不许收买，其余听贸易二次。使臣筵宴，回至广东，布政司复宴。"《四夷馆考》《象胥录》亦略志之。"本纪""外国传"不载其是年入贡。《东西洋考》则云："二十一年贡至，锡钞币如礼，其后着令三载一贡。"

《四夷馆考》及《殊域周咨录》皆云："洪熙、宣德间，至如常期，赐王及妃各减永乐十五年之半。"洪熙时，"本纪"不载其入贡。宣德间则有六次，乃元年（1426），二年（1427），三年（1428），八年（1433），九年（1434）及十年（1435）是也。惟宣德八年，"外国传"云："王悉里麻哈赖遣使朝贡。"他无可考。悉里麻哈赖应为"Cri Maha Raja"之对音，此言吉祥大王。昙隆亲王谓指昭三丕耶。窃以为不然，盖暹文史籍不见昭三丕耶有此尊号，应为"列传"之误文，实满剌加王"Seri Maharaja"之对音。《明史·外国·满剌加传》云：永乐"二十二年，西里麻哈剌以父没嗣位，率妻

———————
① 详见张礼千《马六甲史》。

子陪臣来朝。宣德六年遣使者来，言暹罗谋侵本国，王欲入朝，惧为所阻，欲奏闻，无能书者，令臣三人附苏门答剌贡船入诉。归，命附郑和船归国，因令和赍敕谕暹罗，责以辑睦邻封，毋违朝命……八年，王率妻子陪臣来朝，抵南京①，天已寒，命候春和北上，别遣人赍敕劳赐王及妃。洎及朝，宴赍如礼。及还，有司为治舟。王复遣其弟贡驼马方物。时英宗已嗣位，而王犹在广东，赐敕奖王，命守臣送还国，因遣古里、真腊等十国使臣附载偕还。"考郑和之赍敕谕暹罗，应为第七次之奉使。据祝允明《前闻记》所载：宣德六年十二月九日，始自五虎门出发。七年十二月二十六日到鲁乙忽谟斯（Ormuz）。八年二月十八日开船回洋，五月二十三日到赤坎（暹罗境），而未言至暹罗，殆为分䑸所往。是次，费信及《瀛涯胜览》之著者马欢、《西洋番国志》之著者巩珍均随行。

《明史·外国传》云："初，其国陪臣柰三铎等贡船次占城新州港，尽为其国人所掠。正统元年，柰三铎潜附小舟来京，诉占城劫掠状。帝命召占城使者与对质，使者无以对，乃敕占城王，令尽还所掠人物。已，占城移咨礼部言：'本国前岁使遣往须文达那，亦为暹罗贼人掠去。必暹罗先还所掠，本国不敢不还。'三年，暹罗贡使不至，赐敕晓以此意，令亟还占城人物。"据昙隆亲王之考证云："使臣柰三铎其人足智多谋，考六坤方面之古籍所著录，有名 Nai Sam Com 者，曾为钦差往理政务多项。别有名 Nai Sam Khla 者，见于《法典》，云系贡献材料俾定《法典》数则之人。据余考证，二者均为大王朝之职衔，而非人名。华人所谓柰三铎者应系'Nai Sam Com'之对音。"余以为牵强。占城新州港则今之归仁（Quinhon）也。是时暹罗方强盛，故常侵伐邻邦。据《明史》载：满剌加服属暹罗，岁输金四千两为赋，不纳则加兵。初占城贡使返，风飘其船至彭亨（Pahang），亦为暹罗索去羁留。据马来史籍载，彭亨与暹罗盖有戚谊也。此项交涉，《暹史》不载，《大城纪年》仅著录小历八〇三年（1441）出师取满剌加一役而已。

"本纪"载正统间之暹罗入贡凡五次，即二年（1437）、三年（1438）、九年（1444）、十一年（1446）及十二年（1447）。是柰三铎一次，"本纪"殆以非贡而不录。除正统三年一次外，仅十一年一次见"外国传"及《图书集成》著录。"外国传"云："十一年，王思利波罗麻那惹智剌②遣使入贡。"《名山藏》有正统"九年王谷戎有替"一语，不详其意。

---

① 时已非国都，盖 1421 年明成祖已迁北京。
② Cri Borom Rajadhira，即昭三丕耶。

按《明会典》每：暹罗入贡，宣德间赏赐各减半。正统以后，俱照永乐十五年例：正副使臣初到，每人织金罗衣一套，靴袜各一双；未经冠带者，给纱帽束金带；先曾到京冠带者，换给钑花金带；正赏苎丝罗各四匹，折纱绢二匹，绵布一匹，织金苎丝衣一套。通事人等初到，每人素罗衣一套，靴袜各一双；未经冠带者，给纱帽素银带；先曾到京冠带者，换给钑花银带；正赏苎丝罗各二匹，折纱绢一匹，素苎丝衣一套。番伴初到，每人绢衣一套，靴袜各一双；正赏折纱绵布一匹，胖袄裤鞋各一副。其存留广东有进贡者，头目人等每人赏素苎丝衣一套，苎丝罗各二匹。从人每人苎丝绢衣一套，苎丝一匹。番伴人等每人折纱绵布一匹，胖袄裤鞋各一副。使臣人等进到货物，例不抽分，给与价钞。

景泰间（1450—1456），"本纪"载，暹罗凡贡二次，三年（1452）及六年（1455）是。《实录》载："景泰四年正月，命给事中刘洙、行人刘奏为正副使，祭故暹罗国王波罗摩剌劄剌①，封其子把啰蓝孙剌。""外国传"亦志之，唯王名作波罗摩剌劄的赖，其子作把罗兰米孙剌，应即"Phra Ramecuar"之对音。殆即位于 1452 年。惟暹罗史籍或言小历七九六年（1434），或言佛历一九九一年（1448），尚待考证。

天顺间（1457—1464）贡使两至。"外国传"云："天顺元年（1457），赐其贡使钑花金带。六年（1462），王宇利蓝罗者直波智遣使朝贡。""本纪"亦载此二次。宇利蓝罗者直波智应为"Phra Borom Rajadhibadi"之对音，盖即把罗兰米孙剌长子丕波罗摩罗阇提钵底第三。《大城纪年》载其在位于小历八一一年（1449）至八三五年（1473），且误其名作 Somdec Phra Indra Raja Thi 2。据昙隆亲王之考证，应为 Somdec Phraborom Rajadhiraj Thi 3，在位于佛历二〇三一年（1448）至二〇三四年（1491），相差远甚。又《大城纪年》载其父把罗兰米孙剌之在位凡十六年。昙隆亲王谓四十年。唯据《明史》推之，景泰三年（1452）至天顺六年（1462），仅十年许耳，时前王尚在位，惟迁都彭世洛（Bishanulok）而命其子治大城，因疑使臣为其子所遣。

《琼州府志》卷十一上"建置志九·古迹"条载："柔远亭在郡城北五里官道，明天顺间暹罗使臣黄坤普伦建。"所谓天顺间，未知指何次？当以六年（1462）一次为较近理。

成化间，据"本纪"载，暹罗于九年（1473）、十一年（1475）、十三年（1477）、十六年（1480）、十八年（1482）及二十三年（1487）等入贡六次。"外国传"仅著录三次，其文云："成化九年，贡使言：'天顺元年所颁勘合为虫所蚀，乞改给。'从之。

---

① 即昭三丕耶。

十七年，贡使还至中途，窃买子女，且多载私盐。命遣官戒谕诸番。先是，汀州人谢文彬以贩盐下海，飘入其国，仕至坤岳，犹天朝学士也。后充使来朝，贸易禁物。事觉，下吏。十八年，遣使朝贡，且告父丧。命给事中林宵、行人姚隆，往封其子国隆勃剌略坤息剌尤地为王。"

谢文彬事，据《殊域周咨录》云："成化十三年，主遣使群谢提素英必、美亚二人来贡方物。美亚本福建汀州士人谢文彬也，昔年因贩盐下海，为大风飘入暹罗，遂仕其国，官至岳坤。岳坤，犹华言学士之类。至南京，其从子瓒相遇识之，为织殊色花样段匹，贸易蓄货。事觉，下吏，始吐实焉。"《东西洋考》云："汀州士人谢文彬者，以贩盐下海，飘入暹罗，因仕其国。后充贡使至留都，遇从子瓒于途，为织绮贸易。事觉下吏，竟遣归。"《四夷馆考》所载与《殊域周咨录》略同。《名山藏》更简。《皇明象胥录》则讹"岳坤"为"坤岳"。《明史稿》即从之讹。盖"岳坤"者，即前引《琼州府志》之"黄坤"，亦即《四夷馆考》及《清文献通考》卷二百九十七所著录之第四等官制之"握坤"。刊刻《东西洋考》有脱文，原本应亦有"握坤"字样，暹文"Ok Khun"之对音也。行人姚隆，据《殊域周咨录》注云："江西临川人，成化辛丑进士。"

成化十八年（1482）遣使，告父丧。按是年为小历八四四年，佛历二〇二五年，《大城纪年》志其年为 Somdec Phra Jaya Rajadhiraj（小历八三六年至八八九年）在位之第九年，现代史籍则为 Somdec Phra Borom Trailok Nath（即把罗兰米孙剌）在位之第三十五年。据前文推算，把罗兰米孙剌即位于 1452 年，至是年则在位凡三十年薨。其子孛利蓝罗者直波智（第三）在位仅约三年或四年殁。王弟丕罗摩提钵第二（Somdec Phra Ramadhibadi Thi 2）嗣位，三十八年而殁。其子丕波罗摩罗阇提罗阇第四（Somdec PhraBorom Rajadhiraj Thi 4）嗣立，则应在嘉靖二年矣。然与暹史之佛历二〇七二年（嘉靖八年）差六年也。惜《明史》所载之王名国隆勃剌略坤息剌尤地，乃暹文大城全称 "Krung Phra Nagor Cri Ayudhya" 之对音，而非真王名，因难确考。

弘治十八年间，"本纪"载暹罗入贡凡四次，即四年（1491）、六年（1493）、十年（1497）及十六年（1503）。"外国传"仅著录一次云："弘治十年入贡，时四夷馆无暹罗译字官，阁臣徐溥等请移牒广东，访取能通彼国言语文字者，赴京备用，从之。"《四夷馆考》则云："弘治中，遣给事中林恒复往行册封礼。"《象胥录》及《殊域周咨录》均载之。后者且著录刑部侍郎屠勋《送林黄门诗》曰：

八月星槎万里行，载将恩雨过蛮城。
更筹每用占朝暮，土色还应识地名。

陆贾有才堪使粤，班生无处不登瀛。

谁云此去沧溟远？飞梦时常到玉京！

又大学士杨一清《赠林黄门诗》曰：

百年文轨万方同，地尽暹罗古未通。

封建屡崇昭代礼，揄扬兼伏使臣功。

天连岛屿蛮烟静，日射沧溟瘴雨空。

闻道越裳王化在，几多重译颂声中。

三书俱不言无译字官事，而志林恒之奉使既云册封，则王祀应有更替。成化十八年（1482）至此（1497）凡十五年，似把罗兰米孙剌之子孛利蓝罗者直波智（第三）非仅在位三年，而至少应为十三年矣。

正德十六年间，"本纪"不载其入贡。惟据"外国传"云："正德四年，暹罗船有飘至广东者，市舶中官熊宣与守臣议税其物供军需。事闻，诏斥宣妄揽事柄，撤还南京。十年，进金叶表朝贡。馆中无识其字者，阁臣梁储等请选留其使二人入馆肄习。报可。"《殊域周咨录》云："正德十年，国王遣使贡方物进金叶表文。诏译其字，无有识者。礼部以闻。大学士梁储疏曰：'据提督四夷馆太常寺卿沈冬魁等呈：该回回馆教习主簿王祥等呈，切照本馆专一译写回回字，凡海中诸国如占城、暹罗等处进贡来文，亦附本馆带译。但各国言语土字与回回不同，审译之际，全凭通事讲说。及至降敕回赐等项，俱用回回字。今次有暹罗国王差人来京进贡金叶表文，无人识认节次，审译不便。及查得近年八百大甸①等处夷字失传，该内阁具题：暂留差来头目蓝者歌在馆教习成效。合无比照蓝者歌事例，于暹罗国来夷人内，留一二名在馆，并选各馆下世业子弟数名，送馆令其教习。待有成之日，将本夷照例送回本王等因，实为便益。据此臣等看得习译夷字以通朝贡，系是重事。今暹罗夷字委的缺人教习，相应处置，合无着礼部行令大通事并主簿王祥等，将本国差来通晓夷字人，再加审译，暂留一二在馆教习，待教有成效，奏请照例送回，庶日后审译不致差误。'上从之。"《四夷馆考》亦载之，《象胥录》则略有提及，均无此书之详。此书又有按语云："按洪武十五年，命翰林侍讲火源洁等编类《华夷译语》。上以前元素无文字，发号施令，但借高昌书制蒙古字行天下，

---

① 指景迈，亦用泰文。

乃命源洁与编修马懿赤黑等，以华言译其语，凡天文、地理、人事、物类、服饰、器用，靡不俱载。复取《元秘史》参考，以切其字，谐其声音。既成，刊布。自是使臣往来朔漠，皆得其情。又凡四夷分十八所，设通事六十人。大通事有都督、都指挥等官，统诸小通事，总理贡夷、降夷及归正人夷情、番字文书，译审奏闻。此即仿古象胥之制而设是官职。自国初迄正德，不过百有余年，而遂失其所守。何也？且今四夷馆中有译字生，有平头巾通事，有食粮通事，有官带通事，有借职通事，以比太祖之时，已数倍其员，而竟不能谙各国之来文。岂非校试之术疏，黜陟之法废，人皆食其食，不事其事故耶？迄至嘉靖间，如通事胡士绅等乃交结奸夷，捏陷本管主事陈九川等，以兴诏狱，则益不可言矣。兹欲肃其官，常使无素餐旷职，使毋诈上行私，以复太祖建官之盛典，谓非大宗伯之所当加意者哉！"观此，则正德十年实有入贡一次，为"本纪"所漏载者。

嘉靖四十五年间，"本纪"著录暹罗之入贡仅五次，即五年（1526）一次，三十三年（1554）一次，及三十七年（1558）至三十九年（1560）之年各一次。"外国传"及《东西洋考》均著录卅二年（1553）入贡一次。《广东通志》《四夷馆考》《皇明象胥录》《殊域周咨录》则载两次。《殊域周咨录》云："三十二年，国王遣使坤随离等贡白象及方物。白象已毙，遗象牙一枝长八尺，牙首镶金石榴子十颗，中镶珍珠十颗，宝石四颗，尾置金刚锥一根。又金盒内贮白象尾为证。三十七年又贡方物，眠[1]旧颇不同。"《广东通志》则云："暹罗国，洪熙、宣德以后，入贡犹如常期。正统、景泰间，贡或不常。成化迄今，大率六年一贡。近惟嘉靖三十二年遣使坤随离等贡白象及方物。白象已毙，遗象牙一枝，长六尺，首尾镶金起花，牙首大五寸七分，镶石榴子十颗，中镶珍珠十颗，宝石四颗，尾大一寸，镶金刚钻一颗。金盒内贮白象尾毛为证。又象牙一十九枝，共三百五十斤；乌木三十七株，共三千六百斤；树香六百斤；藤黄四百八十斤；大枫子五百八十斤；紫梗三百斤；速香二十一株，共六百五十斤；木香二十斤；白豆蔻六十斤；胡椒八百一十斤；苏木一万四千二百斤。三十七年八月，暹罗遣使坤应命等贡方物：象牙三百斤，树香六百五十斤，藤黄一百五十斤，速香三百一十斤，白豆蔻三十斤，苏木一万三千二百斤，胡椒四百五十斤，乌木三千八百斤，大枫子五千斤。其视旧献颇不同。"按嘉靖三十二年（1553）为佛历二〇九六年，考现代暹籍为白象王 Somdec Phra Maha Cakrabarti 在位之第六年。三十七年（1558）为其在位之第十一年，佛历二一〇一年。佛历二〇九一年（嘉靖二十七年）王登位之年，缅军侵暹，暹王败北，王后殉难。后二王子追击，中伏被执，王以御象赎返。后因猎象供运输，获白象七

---

① 《四夷馆考》作"比"。

头。缅王欲索其二，靳不许。佛历二一〇六年（1563）缅又大举入寇，暹军大败，迫作城下之盟，卒贡白象四头。

隆庆间（1567—1572）暹罗未尝入贡。惟"外国传"云："隆庆中，其邻国东蛮牛求婚不得，惭怒，大发兵，攻破其国。王自经，据其世子及天朝所赐印以归。次子嗣位，奉表请印，予之。自是为东蛮牛所制。"《名山藏》《象胥录》均已著之，而以《东西洋考》为最详。其文云："隆庆初年，东蛮牛（俗名放沙）求婚暹罗。暹罗拒之峻，东蛮牛恚甚，统沙外兵围暹罗，破之。王自经死。虏其世子及中朝所赐印以归。次子摄国，奉表请印，曰：'暹罗部领数十国，非天朝印不得调兵。'上命给予。时郑汝璧为礼部郎，白内阁，不知印文云何。阁臣曰：'第铸暹罗国王印予之可耳。'郑曰：'国初受封，未必即称王。且篆文尺寸或有未合，于彼不便。彼所存公移旧印文固在也，宜檄粤东抚臣往取，循以给之。'内阁曰：'然。'嗣取印文至，则都统使印也。遍考诸书，国王印是永乐所赐，而耳目刺谬若此，岂先朝佯为驾御之术耶？抑迩来在事者，因更给而故杀其权耶？存以俟知者。"东蛮牛，余昔年尝指其为蛮东牛之讹，"Mu'ang Tong-u"之对音，指缅甸也。今检《四夷馆考》，昔年之说，果不谬也。盖书云："先是有东牛国与暹罗邻，因求婚王女不谐，遂拥众攻暹罗国，陷其城。王普喇照普哑先行自尽。掳其长子哪渤喇照为质。时隆庆三年七月也。其次子昭华宋顷嗣为王，以钦赐印信被兵焚无存，因奏请另给。礼部议称：印文颁赐，年久无凭查给，且表字译学失传，难以辨验。复题：行彼国查取印篆字样，并取精通番字人员赴京教习。""放沙"及"沙外"应为"Hongsavadi"（放沙外地）对音之讹略，亦即缅甸也。至于求婚王女，乃南掌（Krung Gri Satna Khon Hut）王之事，暹王许之，送女之中途为缅所劫。暹王羞而让禅次子，入寺为僧，未即自尽也。普喇照普哑似为"Phra Cao Chang Phuak"之对音，乃尊称而非王名。王名实为 Phra Maha Cakrabardi 也。长子哪渤喇照，除"哪"字外，似为"Phra Cao"之对音，亦非其名，真名乃 Phra Ramecuar。且非是时被掳，而为白象之战后质于缅者。隆庆三年（1569）乃佛历二一一二年、小历九三一年，与现代暹史所载合。惟次子嗣位九个月，即国破被掳，死于中途。《四夷馆考》载次子昭华宋顷嗣后，至万历三年（1575）尚入贡，则非白象王次子也明甚。且昭华宋顷一名，前二字应为"Cae Fa"之对音，此言"世子"也，后二字不详，对音似为"Songkhram"，此言"战争"，殆指大城后朝始祖之世子丕那丽孙（Phra Narecuar）言。万历三年为其父在位第六年，英武之名，已著遐迩，贡使谅为彼所遣而伪言为前王次子嗣位也。

大城前朝自 1377 年正式称暹罗以讫覆亡，凡一百九十二年，与中国通使最盛。兹列表于次，以清眉目。

中国纪年	公元	佛历	月份	中国遣使	暹罗朝贡
洪武十年	1377	一九二〇	九月	王恒、蔡时敏往赐印诏	王子昭禄群膺来朝
洪武十一年	1378	一九二一	三月		使臣昭直班入贡
			十二月		又贡
洪武十二年	1379	一九二二	十月		参列宝毗牙毗哩哆啰禄遣其臣亚剌兜文智利入贡
洪武十五年	1382	一九二五	六月		遣使直班三入贡
洪武十六年	1383	一九二六	正月		遣使入贡给勘合令如期朝贡
洪武十七年	1384	一九二七	正月		参列宝毗牙嗯哩哆啰禄遣使入贡
			八月		又遣昭禄霭夸观入贡
洪武十八年	1385	一九二八	正月		暹罗入贡
洪武十九年	1386	一九二九	正月		遣昭依仁入贡
洪武二十年	1387	一九三〇	七月		贡使坤思利济剌试识替入朝
洪武廿一年	1388	一九三一	八月		入贡
洪武廿二年	1389	一九三二	正月		世子昭禄群膺遣冒罗入贡
洪武廿三年	1390	一九三三			入贡
洪武廿四年	1391	一九三四			入贡
洪武廿六年	1393	一九三六	正月		参烈宝毗牙遣李三齐德入贡
洪武廿八年	1395	一九三八	十一月	使赵达、宋福祭故王，赐敕	嗣王昭禄群膺遣柰婆即直事剌入贡
洪武三十年	1397	一九四〇	六月	礼部移檄暹罗转达爪哇	
			八月		遣柰婆即直事剌入贡
			十月		又遣柰斯勿罗入贡
洪武卅一年	1398	一九四一	正月		昭禄群膺遣使贺正旦
永乐元年	1403	一九四六		使赐其王驼纽镀金银印	遣使谢恩
			六月	遣官颁诏有赐	
			八月	命王哲、成务赐其王锦绮	
			九月	命李兴赍敕劳赐	
永乐二年	1404	一九四七	九月		昭禄群膺哆啰谛剌遣柰必入贡
			十一月		遣柰霭纳字剌入贡
永乐三年	1405	一九四八	七月		遣曾寿贤入贡
			十一月		遣柰婆即直事剌入贡
永乐四年	1406	一九四九	九月		昭禄群膺哆啰谛剌遣使虎都卜的毛那那入贡
永乐五年	1407	一九五〇	十月		遣使柰婆即直事剌入贡
永乐六年	1408	一九五一	八月	命张原送字黑还国	
			九月	郑和使其国	
			十二月		遣虎都无霞昧入贡谢罪

中国纪年	公元	佛历	月份	中国遣使	暹罗朝贡
永乐七年	1409	一九五二	正月		遣使祭仁孝皇后
			十月		又遣坤文琨表贡
永乐八年	1410	一九五三	十一月	命张原赏敕奖之	遣曾寿贤附送何八观还
永乐九年	1411	一九五四	十一月		遣柰义入贡
永乐十年	1412	一九五五	十二月	命洪保往赐币	遣坤文琨入贡
永乐十四年	1416	一九五九	五月	命郭文往祭故王昭禄群膺并封其子	嗣王三赖波罗摩剌扎的赖遣使告父丧
永乐十五年	1417	一九六〇	十二月		遣柰叫谢恩
永乐十六年	1418	一九六一			入贡
永乐十七年	1419	一九六二	十月	遣使谕暹罗王与满剌加平	
永乐十八年	1420	一九六三	四月	命杨敏护送贡使还	遣柰霭纳入贡
永乐十九年	1421	一九六四	三月		遣柰怀等六十人入贡并谢罪
			七月		复入贡
永乐二十年	1422	一九六五	七月		遣使坤思利入贡
永乐廿一年	1423	一九六六	二月		遣坤梅贵入贡
宣德元年	1426	一九六九			入贡
宣德二年	1427	一九七〇			入贡
宣德三年	1428	一九七一			入贡
宣德六年	1431	一九七四	十二月	郑和自五虎门放洋	
宣德八年	1433	一九七六			入贡
宣德九年	1434	一九七七			入贡
宣德十年	1435	一九七八			入贡
正统元年	1436	一九七九			陪臣柰三铎附小舟来京诉占城劫状
正统二年	1437	一九八〇			入贡
正统三年	1438	一九八一			入贡
正统九年	1444	一九八七			入贡
正统十一年	1446	一九八九			入贡
正统十二年	1447	一九九〇			入贡
景泰三年	1452	一九九五			入贡
景泰四年	1453	一九九六	正月	命刘洙、刘奏祭故王波罗摩剌劄剌并封其子把罗兰米孙剌	
景泰六年	1455	一九九八			入贡
天顺元年	1457	二〇〇〇			入贡
天顺六年	1462	二〇〇五			入贡
成化九年	1473	二〇一六			入贡,乞改给勘合
成化十一年	1475	二〇一八			入贡

中国纪年	公元	佛历	月份	中国遣使	暹罗朝贡
成化十三年	1477	二〇二〇			遣群谢提素必及美亚（谢文彬）入贡
成化十六年	1480	二〇二二			入贡
成化十七年	1481	二〇二四		遣官戒谕之	
成化十八年	1482	二〇二五		命林宵、姚隆封其嗣王	国隆勅剌略坤息剌尤地遣使告父丧
弘治四年	1491	二〇三四			入贡
弘治六年	1493	二〇三六			入贡
弘治十年	1497	二〇四〇		命林恒往行册封礼（？）	入贡
弘治十六年	1503	二〇四六			入贡
正德十年	1515	二〇五八			进金叶表无识者
嘉靖五年	1526	二〇六九			入贡
嘉靖卅二年	1553	二〇九六			遣坤随离贡白象及方物
嘉靖卅七年	1558	二一〇一			遣坤应命贡方物
嘉靖卅八年	1559	二一〇二			入贡
嘉靖卅九年	1560	二一〇三			入贡

五　大城后朝（1569—1767）

　　大城后朝之始祖虽为缅甸所拥立之傀儡，顾其子丕那丽孙之英武善战，为暹罗民族史上三大王之一，实足一雪其先人倚赖外族之耻。余考丕那丽孙实为大城朝通使中国之第一君主，惟其时尚为世子，故《四夷馆考》称之为招华宋颇（Cao Fa Songkhram），且考之暹籍前无此称也。

　　大城后朝始于隆庆三年（1569），隆庆朝未尝入贡。万历间，据"本纪"载凡入贡六次：元年（1573）、三年（1575）、二十年（1592）、三十九年（1611）、四十五年（1617）及四十七年（1619）是也。唯《四夷馆考》谓始于万历三年，且载其国变经过，其文云："万历三年九月，暹罗国王招华宋颇遣使握坤哪朵思湾等奉金叶表贡方物。先是有东牛国（Muang Tong-u）与暹罗邻，因求婚王女不谐，遂拥众攻暹罗国，陷其城。王普喇照普哑（Phra Cao Chang Phuak）先自尽。掳其世子哪渤喇照为质。时隆庆三年七月也。其次子昭华宋颇嗣为王，以钦赐印信被兵焚无存，因奏请另给。礼部议称：印文颁赐年久，无凭查给；且表字译学失传，难以辨验。复题：行彼国查取印篆字样，并取精通番字人员赴京教习。五年八月，差通字握文源，同夷使握闷辣、握文铁、握文贴，赍原奉本朝勘合赴京请印，并留教习番字，各赐冠带衣服有差。"《东西洋考》所载，已见前引。《皇明象胥录》亦云："隆庆初，东蛮牛求婚，暹罗不许，统沙外兵破其国，虏世子及赐印归。万历初，嗣王击走东蛮牛。是后暹罗益强，移攻真腊。真腊请降。七年复遣使具金叶表文来贡。二十二年，缅酋雍罕等从蛮莫遁归，暹罗卷甲趋之，俘斩数万，缅势遂衰。""外国传"亦云："嗣王励志复仇。万历间，敌兵复至。王整兵奋击，大破之，杀其子，余众宵遁。暹罗由是雄海上，移兵攻破真腊，降其王。从此岁岁用兵，遂霸诸国。六年遣使入贡。二十年日本破朝鲜，暹罗请潜师直捣日本牵其后。中枢石星议从之。两广督臣萧彦持不可，乃已。"《名山藏》亦载："隆庆初年，东蛮牛求婚，暹罗拒之。东蛮牛恚，围暹罗，破之。王自经死，虏其世子及中朝所赐印以归。次子摄国，奉表请印，上命给予。暹罗既败，其后颇为东蛮牛所制。万历间，其国王引兵迎击东蛮牛，杀东蛮牛宵遁。暹罗遂移军攻降真腊。从此年年用兵，雄于海外。"

考暹史，白象王以国破后殉，屈辱求和，长子见质，弱女被劫，厌世为僧，让禅其次子丕摩哂陀罗（Phra Mahindra）。佛历二一一一年（1568）太上皇崩，丕摩哂陀罗乃登极。缅军复至，困大城九月未下。后以权臣卖国而陷，时阴历申月十一日，与《四夷馆考》所志合。白象王长婿以亲缅见立，是为丕摩诃达摩罗阇提罗阇（Phra Maha Dharm Rajadhiraja）。王有二子，长即丕那丽孙，人咸称之为黑王子，九岁时即质于缅，至是始释归，年方十五。次子后即嗣其兄之丕伊迦陀舍罗他王（Phra Eka Dacratha），人称白王子。丕那丽孙归国，初守彭世洛，继以大破真腊之役而大著英名。惟其时缅王莽应里（Burengnong，疑为莽应农之伪）已殁，莽机挞（Nandbureng）嗣立，不修武事，其藩属阿瓦复叛，虽数侵暹终不得逞。佛历二一三三年（1590，万历十八年），王薨，丕那丽孙嗣立。缅军大举入寇，皆为所破。佛历二一三五年（1592，万历二十年），缅军复至。丕那丽孙跨象迎战，斩其主将，余众宵遁。翌年（1593，万历二十一年），移兵征吉蔑（真腊），陷其都，杀其嗣王。后数挫缅师，雄霸一世。中文载籍虽稍有讹误，但大体均符合。至于助捣日本之说，虽暹史不载，以当时暹军之声势论，丕那丽孙贡使之出此雄语，容或有之，然非王之意也。《明史·萧彦传》亦云："日本躏朝鲜，会暹罗入贡，其使请勤王。尚书石星因令发兵捣日本。彦言：'暹罗处极西，去日本万里，安能飞越大海？'请罢其议。星执不从。既而暹罗兵卒不出。"《东西洋考》则云："比倭寇朝鲜，部议遣材官谕诸属国率夷兵攻倭。暹罗愿领所部前驱自效。经略都御史宋应昌以闻，会倭酋死，遁去，不果行焉。"

　　天启、崇祯间，入贡不绝。"本纪"载：天启二年（1622）、三年（1623）及崇祯七年（1634）、八年（1635）、九年（1636）、十六年（1643）皆入贡。《明会典》载其例贡方物凡六十种：象、象牙、犀角、孔雀尾、翠毛、龟筒、六足龟、宝石、珊瑚、金戒指、片脑、米脑、糠脑、脑油、脑柴、檀香、速香、安息香、黄熟香、降真香、罗斛香、乳香、树香、木香、乌香、丁香、蔷薇水、碗石、丁皮、阿魏、紫梗、藤竭、藤黄、硫黄、没药、乌爹泥、肉豆蔻、胡椒、白豆蔻、荜茇、苏木、乌木、大枫子、芯布、油红布、白缠头布、红撒哈剌布、红地纹节智布、红杜花头布、红边白暗花布、乍连花布、乌边葱白暗花布、细棋子花布、织人象花文打布、西洋布、织花红丝打布、织杂丝打布、红花丝手布、剪绒丝杂色红花被面、织人象杂色红色文丝缦。"外国传"所载仅四十四种，盖遗金戒指，及芯布以后各项而代以"撒哈喇西洋诸布"。[①]

　　入清，暹罗仍朝贡不绝，《大清会典》及《皇清文献通考·土贡一》俱言其三岁一贡，唯不尽然。最初之遣使，据《皇清通典》载："顺治九年十二月，暹罗遣使请入贡，并请换给印敕勘合。从之，赐以驼纽镀金银印，文曰：'暹罗国王。'"《皇清文献通考·四裔五》及《皇朝掌故汇编（外编）》卷十七"无约小国"，所载亦一致。唯《古今图书集成》谓据《大清会典》顺治十年始请贡，谅以"广东巡抚奏称"之时言。至于所赐印，据《皇清文献通考》卷一百四十三"王礼十九"云："琉球国王、安南国王、暹罗国王，俱饰金银印，驼纽，方三寸五分，厚一寸，尚方，大篆。"按顺治九年为佛历二一九五年，为暹王丕昭波罗娑陀铜（Phra Cao Prasad Thong）篡位之第二十三年。

　　《古今图书集成》引《大清会典》云："顺治十六年，两广总督题：准暹罗再来探贡，所带压船货物就地方交易，其抽丈船货税银清册，移送户部察核。"按是年为佛历二二○二年，则著名之丕那罗延大王（Phra Narayan）在位之第四年也。

　　前书又引《大清会典》云："康熙二年，暹罗正贡船二只，行至七洲海面，遇风飘失，止有护贡船一只来至虎门，仍令遣回。"道光《广东通志》卷一百七十"经政略"亦同。《图书集成》又云："按《广东通志》：康熙二年十二月，遣使朝贡，进金叶表文一道，贡献方物：龙涎香一斤，象牙三百斤，西洋闪金银花缎六匹，胡椒三百斤，藤黄三百斤，豆蔻三百斤，苏木三千斤，速香三百斤，乌木三百斤，大枫子三百斤，金银香三百斤。贡献皇后方物：龙涎香八两，西洋闪金银花缎四匹，象牙一百五十斤，胡椒一百五十斤，藤黄一百五十斤，豆蔻一百五十斤，苏木一百五十斤，速香一百五十斤，大枫子一百五十斤，金银香一百五十斤。"按是年为佛历二二○六年，丕那罗延大王在位

---

　　① 云樵按：明代朝贡给赐等通例从略，拟别叙之。

之第八年也。

《广东通志》及《古今图书集成》引《大清会典》俱言："康熙三年，暹罗国具表进贡。正贡二船，令员役二十名来京；补贡一船，令六人来京。"《皇清文献通考》卷二百九十七"四裔五"别载："康熙三年七月，平南王尚可喜奏言：暹罗国来馈礼物，却不受，并请嗣后外国禁馈边藩督抚。从之。"时丕那罗延大王在位之第九年也。

《古今图书集成》引《大清会典》云："康熙四年，暹罗进贡至京，礼部题：'定贡期三年一次，贡道由广东。'"嘉庆《广东通志》卷一百七十"经政略"及卷三百三十"暹罗国传"俱志之，但较简。《皇清文献通考·四裔五》载："四年十一月，国王森列拍腊古龙拍腊马嗛陆坤司由提雅普埃（Somdec Phra Cao Krung Phra Maha Nagor Cri Ayudhya Phuyai）遣陪臣坤司㗖喇耶迈低礼（Khun Cirindr Raja Maitri）等赍金叶表文，航海入贡，其文曰：

'暹罗王臣森列拍腊古龙拍腊马嗛陆坤司由提雅普埃诚惶诚恐，稽首顿首，谨奏大清皇帝陛下：伏以新君御世，普照中天，四海沾骈繣之德，万方被教化之恩。卑国久获天朝恩渥，未倾葵藿之心，今特躬诚朝贡，敢效输款，敬差正贡使握坤司㗖喇耶迈低礼、副贡使握坤心勿吞瓦替、三贡使握坤司敕博瓦绌、大通事揭帝典、办事等臣，梯航渡海，赍奏金叶表文、方物、译书一道，前至广东省差官伴送京师进献，用伸拜舞之诚，恪尽远臣之职。伏冀俯垂宽宥不恭。微臣瞻仰天圣，曷胜屏营之至。谨具表称奏以闻。上从优赏赍。'"《皇清通典》卷九十八《边防二》亦略志之。王号乃尊称，非名。副贡使及三贡使之名，或为"Ok Khun Samud Vadi"及"Ok Khun Cri Subhavadi"之对音。王士祯《池北偶谈》卷上"土鲁番表文"条云："予昔在礼部见荷兰、暹罗、琉球诸国表文，用金花笺，文义皆如中国，或谓是闽粤人代作也。"信然。

《古今图书集成》引《大清会典》云："康熙六年，暹罗进贡，正贡船一只，护贡船一只，载象船一只，续发探贡船一只。礼部覆准进贡船不许过三只，每船不许过百人，来京员役二十二名。其接贡船、探贡船，概不许放入。"又按《广东通志》："六年六月，遣使朝贺万寿，进金叶表文一本，译字表文一本。贡献方物：龙亭一座，龙涎香一斤，速香三百斤，苏木三千斤，象牙三百斤，安息香三百斤，白豆蔻三百斤，大枫子三百斤，藤黄三百斤，孔雀四只，乌木三百斤，胡椒三百斤，降香三百斤，驯象一只，犀角六座，六足龟四只，孔雀尾十屏，翠鸟毛六百张，树胶香一百斤，沉水香二百斤，树皮香一百斤，儿茶一百斤，胡椒花一百斤，碗石一斤，紫梗一百斤，鲛绡布六匹，杂花色大布六匹，缦天四条，红布一匹，红撒哈喇唎布六匹，人字花布十匹，花纹人象缦四条，西洋布十匹，大冰片一斤，中冰片二斤，油片二十瓢，樟脑一百斤，黄檀香一百斤，蔷薇露六十罐，硫磺一百斤。贡献皇后齐年方物：龙涎香八两，速香一百五十斤，苏木一千五百斤，象牙一百五十斤，安息香一百五十斤，白豆蔻一百五十斤，大枫子一百五十斤，藤黄一百五十斤，孔雀二只，乌水①一百五十斤，胡椒一百五十斤，降香一百五十斤，犀角三座，六足龟二只，孔雀尾五屏，翠鸟毛三百张，树胶香五十斤，儿茶四十斤，胡椒花五十斤，沉水香一斤，树皮香五十斤，碗石八两，紫梗五十斤，鲛绡布三匹，杂花色大布三匹，缦天二条，红布五匹，红撒哈喇唎布三匹，人字花布五匹，西洋布五匹，人象杂色花缦二条，大冰片八两，中冰片一斤，油片十瓢，樟脑五十斤，黄檀香五十斤，蔷薇露三十罐，硫磺五十斤。”《池北偶谈》卷上“三国贡物”条云：“康熙丁未……暹罗国王森烈拍腊马嘑陆坤遣贡使握坤司答喇耶迈低礼贡六足龟、孔雀、驯象等物。”

康熙七年（1668），又据前书引《大清会典》云：“暹罗入贡，正使到京，其存留边界头目给与口粮。”《皇清文献通考·四裔五》则载：“七年十一月，遣陪臣握坤司吝喇耶迈低礼等来贡时，部议以所贡物与《会典》不符，应令后次补贡。得旨：‘暹罗小国，贡物有产自他国者，与《会典》难以相符。所少贡物，免其补进。以后但以伊国所有者进贡。’”

《图书集成》云：“按《广东通志》，康熙十年十一月，贡献方物，奉诏颁赐暹罗国王锦四匹，缎六匹，织金缎四匹，纱六匹，织金纱四匹，罗六匹，织金罗四匹；诏赐王妃缎四匹，织金缎二匹，罗四匹，织金罗二匹，纱四匹，织金纱二匹；正贡使、二贡使、三贡使，缎各七匹，罗各四匹，织金罗各二匹，绢各二匹，裹各一匹，布各一匹，连毡袜、绿皮牙缝一等靴各一双；通事赏彭缎袍一件；办事赏缎四匹，罗二匹，绢一匹，连毡袜、擦脸马皮靴一双；从人二十二名，赏绢各二匹，布各五匹，连毡袜、牛皮靴各一双；伴贡官赏彭缎袍一件。其赏赐之物，于户、工二部移取，在午门前颁给。在部筵宴二次。俟暹罗贡使到省之日，照例设酒一次遣回。已上进贡，俱一例颁赏使回，合于广东布政司管待。”又据《广东通志》卷一百七十《经政略十三》载：

暹罗国入贡仪注事例

一、贡使人等到省，委员备办牛酒米面筵席等项，俟起贮表文方物前赴犒赏（司册）。

一、起货，通事、船主先期将压舱货物呈报广州府转报委员，查明具货物数目斤

两，册汇同表文方物，由司详候院台会疏题报，俟题允日，招商发卖。其应纳货饷，候奉部行分别免征。

一、贡使入京，通①将启程日期具报广州府转报布政司移会按察司，颁发兵部勘合一道、驿传道路牌一张，并请院宪委护送官员随同伴送，将上京贡使人员廪给口粮、夫船数目填注勘合内，经过沿途州县按日办应。其在省看守贡船人等，以奉旨准贡日移明粮道，每名每日支米八合三勺。

一、贡使入京，伴送官文职应委道府大员，武职应为②黍③副大员，并委丞倅一员，随往长途护送进京外；自省起程，前程抵韶州府，例委分巡广州府之督粮道护送弹压；自韶州府至南雄州度岭，委该管之南韶连道护送弹压出境；仍饬各属照例应付，不准丝毫滥应。京旋之日，一体照办。

一、贡使进京，贡使、通事先将起程日期报府转报，预行取办祭江猪只、吹手、礼生、应用，然后起程。

一、贡使委员自京护送敕书大典回广，船到河下，迎请安奉怀远驿馆，遵奉筵宴一次，等候风帆便日，上船回国。

一、贡使京回，广州府即询令各船修葺，俟风帆顺便回国。所买回国货物，除一切违禁物件不许买带外，具④其应买货物，俱照定例听其买回。应委官一员，监督盘运下船，毋得违禁夹带，并令护送该船出口，俟其扬帆回报。

该书又载《会验暹罗国贡物仪注》云：

是日辰刻，南、番二县委河泊所大使赴驿馆护送贡物，同贡使、通事由西门进城，至巡抚西辕门停放。贡使在头门外帐房站立，候两县禀请巡抚开中门。通事、行商护送贡物，先由中门至大堂檐下摆列。通事复出，在头门外候两县委典史请各官穿补褂，挂朝珠，至巡抚衙门。通事引贡使打躬，迎接各官，会齐升堂开门。各官正坐，司道各官傍坐。通事领贡使由东角门报门，进至大堂檐下，行一跪三叩首礼，赐坐赐茶。各官即起坐，验贡毕，将贡物仍先从中门送出西辕门。通事引贡使由西角门出，至头门外站立，候送各官回，将贡物点交。通事、行商、贡使，同送回驿馆贮顿。

又引《则例》云：

暹罗国贡使贡毕回国，在广东省筵宴，额支银一十七两五钱。又贡使船只在省守候

---

① 编者按："通"为"通事"脱漏。
② 编者按："为"，"委"讹。
③ 编者按："黍"当为"参"讹。
④ 编者按："具"字疑衍。

梢目、水手等，每名日给口粮米八合三勺，于奉旨准贡之日起支，贡使回广之日住支。伴送之委员，自省赴京往回，额给盘费银五十两，均于广东存公银内，并地丁项下，额支米内动支。①

康熙十一年（1672）又贡。《皇清文献通考·四裔五》载："十一年三月遣使来贡，得旨：'贡使所携货物，愿至京师贸易，则听其自运；或愿在广东贸易，督抚委员监视之。'"《皇清通典》亦载之。

康熙十二年（1673）再贡。《皇清文献通考·四裔五》载：

"十二年二月，贡使握坤司吝喇耶迈低礼等至。四月，封森列拍腊照古龙拍腊马嗥陆坤司由提雅普埃为暹罗国王，赐诰命银印，令握坤司吝喇耶迈低礼等赍回，诰曰：

'来王来享，要荒昭事大之诚；悉主悉臣，国家著柔远之义。朕缵承鸿绪，期德教暨于遐陬；诞抚多方，使屏翰跻于康乂。彝章具在，涣号宜颁。尔暹罗国森列拍腊照古龙拍腊马嗥陆坤司由提雅普埃，秉志忠诚，服躬礼义，既倾心以向化，乃航海而请封。砺山带河，克荷维藩之寄；制节谨度，无忘执玉之心。念尔悃忱，朕甚嘉焉。今封尔为暹罗国王，赐之诰命。尔其益矢忠贞，广宣声教，膺兹荣宠，辑乃封圻。于戏！保民社而王，纂休声于旧服；守共球之职，懋嘉绩于侯封。尔其钦哉！无替朕命！'"

《古今图书集成》引《大清会典》、《皇清通典》、《厦门志》及《澳门纪略》下卷"澳蕃篇"等均略志之，而诰文均未著录。《古今图书集成》且云："又谕该国航海远来，抒诚进贡，其虫蛀短少等物，免令补进。"《池北偶谈》卷上"外国封使"条云："康熙十二年，暹罗请封。上以海道遥远，令以敕印付其使臣带往，于事理甚便，而亦不失柔远之体。"

《池北偶谈》卷上"外国封使"条云："康熙……二十三年，暹罗复入贡云。"又同书"暹罗表"条云：

"康熙廿三年暹罗进表云：启奏大清国皇帝陛下：伏以圣明垂统，继天立极，无为而治，德教孚施，万国不动而化，风雅泽及诸彝，巍巍莫测，荡荡难名。卑国世荷皇恩，久沾德化，微臣继袭践祚，身属遐方，莫能仰瞻天颜。幸遇贡期，敢效输款，颛遣正贡使臣坤孛述列瓦提、二贡使臣坤巴实提瓦抒、三贡使臣坤司吝塔瓦喳、正通事坤思吝塔披彩、办事文披述嗒新礼嗥等，梯航渡海，赍捧金叶表文、方物、译书，前至广省，差官伴送京师，朝贡进献，代伸拜舞之诚，恪尽臣子之职。恭祝皇图巩固，帝寿遐昌。伏冀俯垂鉴纳，庶存怀远之义。微臣瞻天仰望，不胜屏营之至。"

---

① 至于各国同遵之仪注，兹不赘。

　　按正贡使之名疑为"Khun Phat Cirivadi"对音，二贡使为"Khun Prasit Dhibadi"对音，三贡使应为"Khun Crindra Vaca"，正通事为"Khun Crindra Bijay"，办事应为"Mun Bisida Seneha"之对音。是年为佛历二二一六年，丕那罗延大王在位之第十八年也。大王共在位三十二年，此后尚有二贡可考。

　　《古今图书集成》引《大清会典》云："康熙二十三年谕：暹罗国进贡员役回国，有不能乘马者，官给夫轿，从人给扛夫。又于伴送官外，特差礼部司官、笔帖式各一员，护送贡物。常贡外，例有加贡物，旧有孔雀、龟，后令免进。恭进御前龙涎香一斤，银盆装象牙三百斤，西洋闪金花缎六匹，胡椒三百斤，藤黄三百斤，豆蔻三百斤，苏木三千斤，速香三百斤，乌木三百斤，大枫子三百斤，金银香三百斤。皇后前贡物并同，数目减半。"《皇清文献通考》卷三十八"土贡一"亦载其贡物，并有注云："旧贡有安息香、紫梗香、红白袈裟、白幼布、阔幼花布、花布幔、孔雀、龟，俱免贡。"而卷二百九十七则云："先是，外洋贡船入广东界，守臣查验属实，进泊河干，封贮所携贡物，俟礼部文到始贸易，物辄毁坏。二十三年六月，国王遣使来贡，因疏请嗣后贡船到广具报后，即次河干，俾货物早得贸易。并请本国采买器用，乞谕地方官给照置办。贡使进京，先遣贡船回国，次年差船奉迎圣敕归国。奏入，部议：'应如所请。'"此一贡也。前书又云："二十四年十二月，阁部议复：'增赏暹罗缎币表里五十。'从之。"《皇清通典》亦载之，虽未言贡，实应有贡，时当佛历二二二八年，大王在位之第三十年也。此又一贡也。余不可考。余疑丕那罗延在位时，自康熙二年（1663）起，三年必一贡。唯康熙十三年至二十二年之十二年间，乃无可考，良用怅然。

　　迨康熙四十七年（1708）即佛历二二五一年，丕那罗延大王殁后已两易君主，淫暴无道之老虎王（Phra Cao Su'a）在位之末年也。《皇清文献通考》云："六月遣使入贡，得旨：贡使所带货物，听随便贸易，免其征税。"[1] 六月即暹阴历之第四月，此贡疑为老虎王所遣，否则应有告丧册立等事矣。

　　康熙六十一年（1722），又《皇清文献通考》云："四月，遣使来贡。赐其国王及王妃纱缎，谕令运米三十万石于福建、广东、宁波等处粜卖。并谕大学士等曰：'暹罗国人言其地米甚饶裕，银二三钱可买稻米一石。朕谕令分运米石至福建等处，于地方甚有裨益。此三十万石系官运，不必收税。'"《皇清通典》及《皇朝掌故》亦载之。此当池端王（Phra Cao Yuhua Thai Sra）在位之第十五年也。

　　《皇清通典》载："雍正二年十月，贡稻种、果树。赏赉如例，又加赐国王蟒缎、

---

① 《皇朝掌故》同。

玉、瓷等物。其船梢目九十六人，以住居暹罗数代，虽系汉人，求免回籍。得旨：'免其回籍。'是年暂停暹罗运米，其随带货物免其征税，嗣后运米至闽浙等处，俱免其税，永着为例。"《广东通志》及《皇清文献通考》载之尤详。《广东通志》卷一百七十云："雍正二年，暹罗国进献谷种、果树、洋鹿、猎犬等物。奉旨：'暹罗国钦奉圣祖仁皇帝谕旨，不惮险远，进献诸物，最为恭顺，殊属可嘉。其谷种、鹿、犬，已经差官送京；各种果树，俟来岁春和，另行委解。来船梢目九十六名，虽系广东、福建、江西等省人民，然住居该国历经数代，各有亲属妻子，实难勒令迁归。着照所请，仍回该国居住，以示宽大之典。'雍正二年定议奖赏，遵旨覆准照。康熙六十一年例加赏，船长照通事例，番梢照从人例，各赏缎罗绢布有差。又覆准船长虽非贡使可比，但载运米石，向化往来，于原赏各十匹外，再各加赏十匹。又特赐国王各色缎二十匹，松花石砚、玉器、瓷器、珐琅器等物。派出礼部司官，同正赏缎匹等物，一并送至广东，交与该督抚，转付暹罗国船长领回。"《皇朝掌故汇编（外编）》卷十七"无约小国·暹罗"条亦云："雍正二年十月，贡稻种、果树。得旨：'暹罗不惮险远，进献稻种、果树，恭顺可嘉。其运来米石，令地方官以时值售卖，毋许行户低昂。随带货物，概免征税。'"①

雍正七年（1729）又贡。据《皇清文献通考》载："七月，遣使入贡。赏赍如例，又加赐国王蟒缎、玉、瓷等器，御书'天南乐国'匾额赐之，并奉旨：'该国远隔海洋，所进方物，赍送不易。朕欲酌量裁减，以示恩恤远藩之意。但此次既已赍送，难以带回本国，着照往例收纳。其常贡土物，内有束香、安息香、袈裟、布匹等，嗣后免其入贡。'是年贡使到广东，呈请采买京弓、铜线等物。上特允之。"《皇清通典》亦载之。按是贡仍为池端王所遣。

乾隆元年（1736），当佛历二二七九年，暹王波罗摩拘叉咤（Phra Cao Yuhua Boram Kosath）在位之第五年也，唯至是始入贡。故《皇清文献通考》载："乾隆元年六月，国王森列拍照广拍马嗹陆坤司由提雅普埃（Somdec Phra Cao Krung Phra Maha Nagor Cri Ayudhya Phuya）以嗣立，故遣陪臣郎三立哇提（Luang Samriddhi Vadi）等，赍旧篆及方物。例贡象一只，因航海，故增一以备。并咨礼部言：'往时钦赐蟒龙大袍，藏承恩亭上。历世久远，难保无虞，恳再邀恩赏赐一二。每年造福送寺，需用铜斤，求暂开禁例，赴粤采买。'部议不可。得旨：'暹罗远处海洋，抒诚纳贡，除照定例给赏外，可特赏蟒缎四匹。至采买铜斤一节，国王称系造福送寺之用，加恩赏给八百

____
① 关于运米事，详见拙文《暹罗米运华考》，《华侨日报》第 1 卷第 26 期，兹不赘述。

斤，后不为例。'"王殁于佛历二三○一年，即乾隆二十三年。除此次外，尚有三贡：（一）《皇清文献通考》云："十四年七月，遣使入贡。御书'炎服屏藩'匾额赐之。"（二）又云："十八年二月，遣使入贡，并恳赐人参、缨牛、良马、象牙，并通彻规仪内监。部议不可，并饬使臣于回国后，晓谕国王恪守规制，益励敬恭。得旨：'方物照例收受，其筵宴赏赉，着加恩照上次例行，并加赐人参。'"（三）又云："二十二年遣使入贡。"

迨乾隆廿七年（1762），大城后朝最后之君主 Phrathinang Suriyacn Amrindr 在位之第五年，始再入贡。终王之世，凡入贡三次。《皇清文献通考》云："二十七年遣使入贡；三十年十月遣使丕雅嵩统呵沛（Phraya Sundra Abhay）等赍表入贡；二十一年遣使入贡，仍照例加赏。"至于赏赐，据同书云："先是乾隆元年，暹罗贡使呈称：国王乞赐蟒龙大袍一二袭，奉旨特赐蟒缎四端①。十四年入贡，特加赐蟒缎、片金、妆缎、闪缎各二匹，缎八匹，玉器六件，玛瑙器二件，珐琅器四件，松花石砚二方，玻璃器十件，瓷器一百四十六件。又因续进黑熊、白猿等物，加赏国王库缎二十匹。十八年特赐人参四斤，缎锦共二十匹，玉器四件，玛瑙器二件，珐琅器六件，铜暖砚二方，玻璃器十件，瓷器一百四十件。二十二年入贡，特赐国王蟒缎、锦缎各二匹，闪缎、片金各一匹，八丝缎四匹，玉器、玛瑙器各一件，松花石砚二方，珐琅器十三件，瓷器一百四十件。二十七年、三十一年，特赐物件，俱与二十二年同。"

佛历二三一○年（1767）即乾隆三十二年，大城为缅军所残破，王出奔，十日不得食，被执，旋死，暹罗遂亡。

中国纪元	公元	佛历	月份	暹罗朝贡	参考
万历元年	1573	二一一六		入贡	"本纪"
万历三年	1575	二一一八	九月	国王招华宋顷遣握坤哪朵思湾奉表入贡	"本纪"《四夷馆考》
万历五年	1577	二一二○	八月	差握文源等入朝请印	《四夷馆考》（《东西洋考》《名山藏》）
万历六年	1578	二一二一		遣使入贡	"外国传"
万历七年	1579	二一二二		遣使具表入贡	《象胥录》《明会典》
万历二十年	1592	二一三五		遣使请助捣日本	"本纪""外国传"（《东西洋考》《广东通志》）

---

① 编者按："端"疑为"匹"。

中国纪元	公元	佛历	月份	暹罗朝贡	参考
万历卅九年	1611	二一五四		入贡	"本纪"
万历四十五年	1617	二一六〇		入贡	"本纪"
万历四十七年	1619	二一六二		入贡	"本纪"
天启二年	1622	二一七二		入贡	"本纪"
天启三年	1623	二一七三		入贡	"本纪"
崇祯七年	1634	二一七七		入贡	"本纪"
崇祯八年	1635	二一七八		入贡	"本纪"
崇祯九年	1636	二一七九		入贡	"本纪"
崇祯十六年	1643	二一八六		入贡	"本纪"
顺治九年	1652	二一九五	十二月	入贡请印	《清通典》《清通考》《清会典》《图书集成》《皇朝掌故汇编》
顺治十六年	1659	二二〇二		再来探贡	《图书集成》引《清会典》
康熙二年	1663	二二〇六		入贡遇风,只来护贡船,令遣回	《图书集成》引《清会典》《广东通志》
			十二月	奉表朝贡	《图书集成》引《广东通志》
康熙三年	1664	二二〇七		具表贡进	《广东通志》《图书集成》引《清会典》
			七月	暹罗国馈平南王尚可喜	《清通考》
康熙四年	1665	二二〇八	十月	进贡至京上表	《清通考》《清通典》《广东通志》《图书集成》
康熙六年	1667	二二一〇	六月	入贡贺万寿	《广东通志》《图书集成》引《清会典》《池北偶谈》
康熙七年	1668	二二一一	十一月	遣握坤司吝喇耶迈低礼等入贡	《清通考》《图书集成》引《清会典》
康熙十年	1671	二二一四	十一月	贡献方物	《图书集成》引《广东通志》
康熙十一年	1672	二二一五	三月	遣使来贡,听其贸易	《清通考》《清通典》

续表

中国纪元	公元	佛历	月份	暹罗朝贡	参考
康熙十二年	1673	二二一六	二月	遣握坤司吝喇耶迈低礼等至请封	《清通考》 《清通典》 《清会典》 《厦门志》 《澳门纪略》 《池北偶谈》
康熙廿三年	1685	二二二七	六月	遣使来贡	《清通考》 《清会典》 《池北偶谈》 《皇朝掌故汇编》
康熙廿四年	1685	二二二八	十二月	增赏缎币	《清通考》 《清通典》
康熙四十七年	1708	二二五一	六月	入贡,听其贸易免税	《清通考》
康熙六十一年	1722	二二六五	四月	遣使来贡,谕令运米	《清通考》 《清通典》
雍正二年	1724	二二六七	十月	贡稻种、果树,梢目免其回籍	《清通考》 《清通典》 《广东通志》 《皇朝掌故》
雍正七年	1729	二二七二	七月	入贡,赐"天南乐国"匾额	《清通典》 《清通考》
乾隆元年	1736	二二七九	六月	嗣王遣陪臣郎三立哇提等至	《清通考》 《清通典》
乾隆十四年	1749	二二九二	七月	入贡,赐"炎服屏藩"额	《清通考》 《清通典》 《皇朝掌故》
乾隆十八年	1753	二二九六	二月	入贡,恳赐人参等	《清通考》 《清通典》 《皇朝掌故》
乾隆廿二年	1757	二三〇〇		入贡	《清通考》
乾隆廿七年	1762	二三〇五		遣使入贡	《清通考》
乾隆卅年	1765	二三〇八	十月	遣丕雅嵩统呵沛等表贡	《清通考》
乾隆卅一年	1766	二三〇九		遣使入贡	《清通考》

六 郑昭王朝（1767—1782）

佛历二三一〇年（1767），大城为缅军所残破，暹罗第二次覆亡。时郑昭（Phra Tak Cao Sin①）方驻军月城（Candapuri，尖竹汶），出师克服之，时为是年戌月（夏历九月），去大城之陷，仅六越月耳。郑昭建都驮那补利（Dhonburi，财城），治国一十四年，佛历二三二五年（1782）遇弑。②

《皇清文献通考》卷二百九十七云：乾隆"四十六年正月，暹罗国长郑昭遣使臣朗丕彩悉呢、霞握抚突（Luang Bijay Saneha Up-dut）等二人入贡，并奏称：'自遭缅匪侵凌，虽复土报仇，绍裔无人。兹群吏推昭为长，遵例贡献方物。'得旨：'览国长遣使航海远来，俱见悃忱，该部知道，原表并发。'上于山高水长连日赐使臣宴。"

俞正燮《癸巳类稿》云："暹罗国踦长，居缅西南③。缅于乾隆三十六年④灭之。郑昭者，中国人也。乾隆四十三年⑤，暹罗遗民愤缅无道，推昭为王，乘缅匪抗拒中国，人伤财尽之后，尽复旧封。又兴师占缅地，赘角牙⑥屡为所困。暹罗于四十六年（1781）入贡陈其事，朝廷不使亦不止也。"

魏源《圣武记》卷六亦云："暹罗者居缅西南（按误）海，与缅世仇。缅酋孟驳于乾隆三十六年灭之。而缅自连年抗中国后，耗费不赀，又其土产木棉、象牙、苏木、翡翠、碧�瓬及海口洋货、波竜厂铜，恃云南官商采买者，皆闭关罢市。缅加戍东北，而力战东南，其用日绌。既并暹罗，征取无艺。乾隆四十三年（按误），暹罗遗民，愤缅无道，推其遗臣郑昭为主，起兵尽复旧封，又兴师侵缅地。于四十六年，航海来贡，告捷朝廷，不使亦不止也。"

《皇朝掌故汇编（外编）》卷十七引《庸庵出使日记》云："缅酋孟驳于乾隆三十六年攻灭暹罗。王诏⑦氏窜迹他所。四十三年，暹罗遗民，推其遗臣郑昭为主，起兵尽复旧封，进侵缅地。四十六年，航海来贡。缅酋孟云惧不能支，乃东徙居蛮得，即今所谓莽达拉城（Mandaley）也。暹罗掣缅之肘，竭其方张之焰，实有功于中国，自是列于

---

① 编者按："Phra Tak Cao Sin"当为"Phra Cao Tak Sin"乙。
② 郑昭事迹，可详陈毓泰君所撰《郑王传》，及拙译《暹罗王郑昭传》，并吴福元君之考证。兹不赘。
③ 按误，应为东南。
④ 按误，应为三十二年。
⑤ 按误，应为三十二年。
⑥ 缅籍作"Singgu Meng"，暹籍作"Cingkuca"。
⑦ 为"Cao"之对音。

朝贡之国。至今王暹罗者，尚属郑氏，实华种也。"

　　周凯《厦门志》卷八"番市略"则云："乾隆三十一年（1766）为缅甸所破，国人郑昭复土报仇。其王无后，推昭为长，入贡土物。五十一年①（1786）封昭为王。"

　　嘉庆《广东通志》卷三百三十"暹罗国传"云：乾隆"三十一年，其国为花肚番②所破。四十六年，该国郑昭立为国长，遣使入贡。四十七年郑昭卒，子华（Phra Buddha Yot Fa Culalok）嗣立"。《大清一统志》卷四百二十三之三同。

　　上引前四书，均以郑昭于乾隆四十六年（1781）入贡，后三书有混误，不足据，唯破国之年则较近情。考暹籍《郑昭本纪》（Phra Raja Bongcavadar Krung Dhonburi）载："小历一一四三年（1781）岁次辛丑，诏命循例遣使奉贡，入朝中国。是年并敕令銮奈利提（Luang Nai Riddihi）为随贡副使往。"余前译注丕雅摩诃奴跋婆（Phraya Maha Nubhab）所著《纪行诗》③时，即颇疑之："暹籍既言辛丑年遣使，安得如《清朝文献通考》所云，于是年正月入贡？况暹历又较夏历迟二月，中国正月，暹罗岂非去年之十一月，又安得为 1781 年？更考《纪行诗》贡使之出发在午月（夏历五月、暹历三月），泛海卅三昼夜，抵广东澳门。是年戌月（夏历九月、暹历七月）初十于广州庆万寿，次月初三启程晋京，云沿途凡三月程，则入觐应在明年正月。如是则中暹载籍，必有一误。窃以《清朝文献通考》为官书，应有档案可据，决不致误。"且暹罗文《宫廷札记》（Cotmaihetu Khuam Song Cam）一书，于小历一一四二年（1780）岁次庚子亦载云："命备舶送使臣入朝北京圣君，云将求尚公主，因命长者昭丕雅室利达摩提罗阇（Caophraya Cri Dharmadhiraja）偕銮奈利提及銮奈释帝（Luang Nai Cakdi）为使臣，统率侍卫多人，备贡物，往北京求尚公主。"

　　吴福元君对于求尚公主之说，力斥其妄，因郑昭所亲草之国书，无是项要求也。④吴君所举该使团人员，有正使丕雅孙陀罗阿跋耶（Phraya Sundra Abhay Raja Dut）、副使銮毗阇耶娑尼诃（Luang Bijay Saneha Updut）、三使銮婆遮那毗支摩罗（Luang Bacana Binmala Tridut）、通事坤婆遮那毗支多罗（Khun Bacana Bictr）、办事万毗毗驮伐遮（Mu'n Bibidh Vaca Ban Su）。此外，据五世王评注本《宫廷札记》注云："据当时财政大臣函称：尚有另一使团，押解帆船十一艘往，中有昭丕雅室利达摩提罗阇、丕雅罗阇苏跋伐底（Phraya Raja Subhavadi）、丕毗良（Phraphiliang）、銮罗阇耶（Luang

　　①　按误，应为四十六年。
　　②　谨按花肚番即缅甸，见纯皇帝《御制诗》五集注。
　　③　见《南洋学报》第 1 卷第 2 辑。
　　④　详见《中原月刊》第 3 期陈毓泰译《郑王入贡中国考》。

Rachai)、銮室利耶舍（Luang Criyoc）、銮罗阇曼帝利（Luang Raja Montri）、奈利提（Nai Ridphi）、乃释帝（Nai Cakdi）以及侍卫多人，令购得建筑材料即先还。"据此，《清朝文献通考》所载贡使名，盖即副使銮毗阇耶婆尼诃之伪。其不言正使者，殆以正使已病殁于途或病留于途，而未入京也。云"等二人者"，殆并三使同计而略其名也。至《宫廷札记》所志贡使三名，实为押贡之使，而非正式贡使也。①

郑昭与中国之正式通使虽仅一次，唯其前已有托广东船商陈万胜带文禀之事。据萧一山著《清代通史》卷中所载云："郑昭托广东船商陈万胜带回文禀一件，内称平定打马（指缅甸）部落，人众投归，内有滇省人十九名，附船送回，并情愿合击缅甸，乞赏给磺铁炮位等语。"② 与五世王评注本《宫廷札记》附录甲所载：小历一一三三年（乾隆三十六年）巳月（暹历二月、夏历四月）白分初三，致南掌王书所云："兹者已探悉缅军实力，足以单独向阿瓦都（缅都）作相当报答矣！且所囤粮秣亦甚充足，乃派人携书致礼部大堂，转奏大清皇帝，派兵至室利阿瑜陀耶都，会师进攻阿瓦都。"均相吻合。是则乾隆三十六年（1771）已非正式之与中国通使矣。故郑昭遣使实有二次：

中国纪年	公元	佛历	月份	郑昭遣使	参考
乾隆卅六年	1771	二三一四		托陈万胜带回文禀	《清代通史》卷中
乾隆四十六年	1781	二三二四	正月	使臣朗丕悉呢霞等入京表贡	《清朝文献通考》《癸巳类稿》《圣武记》《清一统志》《皇朝掌故》引《庸庵出使日记》

七　曼谷王朝（1782—1869）

言曼谷王朝者，从俗也，译暹文 Krung Ratana Kosindtt 应作宝佛朝。曼谷王朝迄未绝也，胡止于 1869？曰 1869 乃同治八年，暹使末次入朝，请废职贡之时也。

《大清一统志》卷四百二十三之三云：乾隆"四十七年郑昭卒，子郑华嗣立"。所谓郑华者，乃拉玛一世（Phra Buddhayotfa Culalok）篡弑后袭其姓而以"Fa"（天）字

---

① 余详吴著陈译《郑王入贡中国考》。
② 见《中原月刊》第 3 期第 2 页引。

为名，为言伪子以蒙清廷而避谴责也。刘锦藻《清朝续文献通考》卷三百三十三云："乾隆五十一年，暹罗国长郑华遣使入贡，并具奏表请封，照康熙二十年之例，内阁撰拟诰命，礼部铸造驼纽镀金银印，于午门前交该国贡使，恭赍回国。又郑华遣陪臣奉金叶表文，进方物龙涎香、金刚钻、沉香、冰片、犀角、孔雀尾、翠羽、西洋毯、红布、象牙、樟脑、降香、白胶香、大枫子、乌木、白豆蔻、荜茇、檀香、甘密皮、桂皮、藤黄、苏木，驯象二。中宫前不贡象，余减半。奉旨：'览国长奏，继嗣父业，恪承先志，遣使远来，进贡方物，诚悃可嘉，该部知道。'"《癸巳类稿》及《圣武记》亦均言五十一年诏封华为暹罗国王。

乾隆五十五年（1790），《清续通考》载："暹罗国王具表进贡，并因庆祝万寿，加进寿烛、沉香、紫胶香、冰片、燕窝、犀角、象牙、通大海、哆啰呢九种。奉谕：'据奏暹罗国王遣使进贡祝釐。该国王情殷祝嘏，恭进方物，阅其表文，欢欣踊跃，具见悃忱。但见届八月初旬，该国贡使抵粤较迟，既未能如期到京，随班庆祝，自毋庸趱进行程。令各国前后贡使，于年底随入燕赏，以示体恤远人之意。'"是年盖高宗八旬万寿也。

《清续通考》云："嘉庆元年，暹罗国王遣使贡金叶表文，贺太上皇归政、仁宗皇帝登极，进方物二十三种。五年，遣使赍祭文仪物，恭诣高宗纯皇帝前进香，并献方物。遵旨令该使臣毋庸进京，仪物、方物令赍回。十年，暹罗贡使入重华宫宴。十四年，暹罗国世子遣使进贡请封，在洋遭风，沉失贡物九种。奉旨：'此实人力难施，并非使臣不能小心防护，不必另行备进。'"按嘉庆十四年为佛历二三五二年，一世王在位之末年，殁于是年申月（夏历七月）二十八日，故是年之贡殆为其子即位后所遣者。又按嘉庆十年秋之贡，《圣武记》及《癸巳类稿》俱言，贡表言方出师攻缅得胜，盖指佛历二三四五年（1802）之役也。

唯《皇朝掌故汇编（外编）》卷十七"缅甸"条载："嘉庆十三年正月，上谕军机大臣等：'至暹罗与缅甸构衅已久，该二国俱臣服天朝，将来设同时入贡，诸有未便。上年暹罗业经遣使朝贡，若因明年为朕万寿，暹罗、缅甸均欲遣使来京，则当传旨晓谕暹罗，以该国甫经入贡，不必复行遣使来京，以示体恤。而缅甸使臣自不与暹罗贡使接晤，亦可泯其猜嫌，仍不致稍露形迹也。'"所谓"上年"之贡，如非指十年之贡，则十二年应别有一贡。清廷虽不欲暹罗于十四年来贡，但十四年仍来贡请封，惟非贺万寿，故未与缅使相值。

嘉庆十五年（1810）《清续通考》载："暹罗国遣使入贡并请封。封世子郑佛为国王，照例给予诰命银印，交该国使臣祗领，恭赍回国。"

《皇朝掌故汇编（外编）》卷十七载："十五年十月，上谕内阁：'据百麟等奏暹罗国赍贡使臣抵粤一折，该国贡船在香山县荷包外洋，突遇飓风击坏，沉失贡物，此实人力难施，并非使臣不能小心防护。其沉失贡物，不必另行备进，用昭体恤。所有郑佛恳请敕封之处，着该衙门照例查办。俟该使臣回国，即令领赍。'"

郑佛者，拉玛二世（Phra Buddhalec Lan Phalay）讹名，佛即"Buddha"之对音也。王在位十五年，殁于佛历二三六七年，即道光四年，除此贡外尚有三贡可考。《清续通考》载：

"十八年，谕：'蒋攸铦奏暹罗正贡船只，在洋失火，贡使人役、表文、方物俱无下落，仅有副贡船抵粤。当降旨：该副贡使及所存贡物十种，派员送京，毋庸补备正贡。'又据蒋攸铦奏：'该副使朗拔察那丕汶知突（Luang Bacana Bimala Tridut）因在海船感冒风寒，又闻正贡船失火，致受惊恐，见患病难以起程，请医治痊愈，再行护送入都。'该副使正需调治，长途跋涉，甚非所宜。见届年节，不必再令进京。着加恩将贡品就近贮粤省藩库，委员解京。该副使令在粤休息调治。该国王抒忱纳贶，正、副使因事不能到京，而航海申虔，即与赍呈无异。所有例赏，着礼部查明奏闻，发交该督转给该副使。令其病痊之日，赍领回国。① 二十年，谕：'蒋攸铦奏，暹罗国王闻上年贡船，被风损坏，复备副贡补进方物到粤。十九年，该国王敬备方物，复遇飓风漂散。见在正、副船已先后收泊。其文表、方物，赍送赴京。该国王因闻贡船遭风，补进方物，其恭顺实属可嘉。该国向例三年一贡，明年又届入贡之期，着加恩即将此次赍到方物，作为嘉庆二十一年例贡，交粤省藩库贮存，俟明年委员解京。其使臣巧銮汶是通②留于粤省，俟本年各贡使旋粤时，一体筵宴，俾令回国，并传知该国王，明年毋庸另备表文、方物航海远来，以示怀柔。'道光元年，暹罗国王遣使进香，并贡方物。温谕止之。"

按嘉庆十五年（1810）及道光元年（1821）之两贡，暹罗史籍亦志之，余不详。《皇朝掌故》载："道光三年二月，赐暹罗国王'永奠海邦'匾额。"

道光五年（1825），《清续通考》载："谕暹罗国世子郑福，应行承袭。见在权理国政，因值例贡之期，虔备方物，遣使入贡，并恳请敕封。该使臣在洋遭风，击散船只，淹毙水手多名，深堪悯恻。该使臣等万里航海，幸获生全。朕念其远道申虔，即与诣阙赍呈无异，自应优加抚恤，即令在粤休息调养，毋庸远道来京。应领诰敕，着该衙门照例撰拟，俟颁发到粤，即交该使臣赍奉回国。"郑福者，拉玛三世（Phra Nangklao Cao

---

① 上文《皇朝掌故》略同，下文缺。
② 前二字为"Khaluang"，此言钦差。其名对音不详。

Yuhua）也，即位于佛历二三六七年（道光四年），薨于佛历二三九四年（咸丰元年）。除此请封之贡外，尚有四贡可考。据《清续通考》载：道光"七年（1827）暹罗国王郑福，恭进册封谢恩礼物。十一年，暹罗国王遣贡使载内地遭风官民回广东。温谕奖赉之。十七年（1837）谕：'邓廷桢奏，暹罗遣使入贡，船已到省。着即伴送，令其于本年封印前到京。'二十三年（1843）谕：'前经特降谕旨，嗣后越南、琉球、暹罗均着改为四年遣使朝贡一次，以示体恤。兹暹罗国王因未接奉改定贡期公文，以致仍照旧例遣使呈进方物，并进二十一年万寿及补进二十年贡物，具见该国王恭顺至诚。此次贡物准其于本年呈进。'"

《皇朝掌故（外编）》卷十七载：道光"二十四年八月上谕：内阁程矞采奏遵查暹罗接贡船只请照成案办理一折，暹罗国王副贡船所载货物，向免输税。至接贡船只，并无免税之例。唯念该国恪守藩封，输忱效顺，自应格外优恤，以示怀柔。着准其仿照琉球国成案，嗣后暹罗国接载贡使京旋之正贡船一只，随带货物，免纳其税；其余副贡船只或此外另有货船，仍着照例收纳，以昭限制"。

拉玛四世（Phra Com Klao Cao Yuhua）即位于佛历二三九四年（咸丰元年）巳月（废历四月），殁于佛历二四一一年（同治七年）戌月（夏历九月），享国十七年半，尝入朝中国两次，表称"郑明"，其国货币亦作"郑明通宝"[1]。《清续通考》载："咸丰元年谕，徐广缙、叶名琛奏，暹罗国王先后奉到孝和睿皇后、宣宗成皇帝遗诏，遣使进香，赍表文、方物，庆贺登极，并因例贡届期，将贡物一并呈进。上年越南国王遣使进香，当经降旨，已在奉移之后，不及恭荐，谕令不必遣使远来，其庆贺登极方物，亦毋庸呈进。今暹罗国遣使更在期年以后，着徐广缙等传知该使臣毋庸来京；仪物、方物，着使臣赍回；应进例贡，在国制二十七月之内，不受朝贺，停止筵宴，着俟该嗣王恭请册封之时，一并呈递。该督即行文该国遵照。"又云："三年，谕徐广缙等，暹罗国王遣使，补进例贡，并谢敕封，具见恭顺之忱。该贡使抵粤，着即派员伴送，于本年封印前抵京。该嗣王郑明请封，应行该衙门撰拟交该使赍回。寻为关吏所苦，遂不至。"为关吏所苦者非，实因盖使[2]回粤时，中途遭劫，英人惑之故也。

四世王郑明之两度遣使，随贡副使丕因陀罗曼帝利（Phra Indra Montri）著有《朝贡北京行纪》，陈棠花君曾译载《中原月刊》创刊号，乃珍贵文献，颇足供参证。唯咸丰三年（1853）之贡，尚非最后之使。同治八年（1869）拉玛五世嗣位之初，尝遣使

① 见《中原月刊》第 9 期。
② 编者按："盖使"当为"贡使"讹。

上声①，请废职贡。盖据《纪事本末》载："道光中，始与英人缔约，各国继之，再②认为独立。暹人亦思自振，朝贡遂缺。及咸丰初年，洪杨乱起，东南沦陷，声播南洋，西人又加煽惑，暹人信之，乘此脱离属国名义。同治八年遣使上书，请废贡献之礼，以后赠献用授受式，与西洋各国同。政府拒之。"唯《清续通考》则载："同治八年，奏准暹罗贡使照旧航海至广东虎门，起旱驰驿，毋庸改从海道由天津进京。"嗣后清廷虽不许，职贡卒不至矣。

《纪事本末》载："光绪四年（1878），曾纪泽使英，过暹京，讽令照旧入贡，暹不允，但请立商约，亦拒之。五年三月，暹廷忽接驻暹英领事转递中国催贡札文。盖英官以战船假中国旗号，伪云责贡之师，以胁暹人，使之求助于己也。暹王知之，向臣下具道历年欠贡之故，因贡表内用跪具字样，近改从西礼，不无窒碍，卒莫能代达中国，故不能不与英加亲云。"③

《皇朝掌故汇编（外编）》卷十七"越南"条载："光绪九年八月，法越构兵。法人攻占顺化河岸炮台，迫胁越南议约十三条。我朝遣兵保护越南。越将刘永福屡与法人战，败之。十二月，钦差大臣彭玉麟奏：密派候选道郑官应暗结暹罗袭取西贡。疏略云：臣查越南所都曰富春，而以广南嘉定为西京，即西贡也，距富春千余里。法酋图越，以此地为根本，壤接暹罗。遍考图志，雍正、乾隆两朝，先后赐御书匾额于暹罗曰：'天南乐国'，曰'炎服屏藩'。乾隆三十六年，暹罗为缅甸所灭。遗臣郑昭，粤人也，复土报仇，众推为主。昭卒，子华嗣，五十一年赐封暹罗国王，十年一贡。其人止尊中国而不知有他。国用汉人为官，属理国事，掌财赋，皆粤人为多。与郑官应之言皆相吻合，则其言可信矣。又考明万历中，平秀吉破朝鲜时，暹罗自请出兵捣日本以牵其后。滇抚陈用宾约暹罗夹攻缅甸，缅疲于奔命，遂不复内犯。永历困于缅，暹罗复起兵攻缅，以援李定国之师。其忠于明若是。乾隆中，缅甸不臣，得暹罗夹攻，而缅甸始纳贡。阮光平篡黎氏，养海盗，寇重洋。及暹罗助阮福映灭新阮，俘献海盗，而南洋始肃清。其忠于本朝又若是。然则暹罗之能助顺可信矣。今越南事棘，滇兵未到，刘永福独力难支，北圻万分吃紧。臣拟密饬郑官应潜往各该处，妥为结约，告以封豕长蛇之患，辅车唇齿之依。该国又夙称忠顺，乡谊素敦，倘另出奇军，内应外合，西贡必可潜师而得。惟是言易行难，其中有无窒碍，先令密速探明。事有端倪，臣再派王之春改装易服，同往密筹。届期密催在越各军，同时并举而不明言其故。西贡失，则河内、海防无

---

① 编者按："上声"据下当为"上书"讹。
② 编者按："再"字疑讹。
③ 《皇朝掌故》引《庸庵日记》亦载之。

根，法人皆可驱除，越南或可保耳。昔陈汤用西域以破康居，王元策用吐蕃以捣印度，皆决机徼外，不由中制用，能建非常之功。我国家厚泽深仁，自应有此得道之助。惟此举若成，则西贡六府，自应归并暹罗，庶能取亦复能守。盖西贡为越之南圻，系嘉庆初阮福映兼并占城及真腊北境，非安南故土。志称安南南北三千七百里，东西一千五百里，系专指北圻言也。阮氏有西贡而不能守，被法人夺占二十余年。暹罗能得之，阮氏岂能复问。倾覆栽培，在圣朝亦因材而笃（驾？）而已。"

按彭玉麟此疏，实昧于国际形势，不知斯时暹罗处英法两强相峙攘夺之下，自顾且不暇，遑论结袭西贡？嗣该书果载：光绪十年"六月彭玉麟奏……称再密陈，正封折间，适道员郑官应自暹罗返粤。据称到彼晓该国君臣，相待甚恭，在彼华民亦欢跃相从，慨许密备相助。唯彼国素不准预蓄军械枪炮，须购于英法而秘谋辗转，必延至五六月之久，方能成军。约计口粮经费，所需不过数十万两。该道正与彼国亲王参赞军机大臣及领事陈金钟等密为筹办，忽闻谅山保胜我华军尽撤入关，全越皆为法有。彼都人士皆为短气，咸谓此举可作罢论。缘彼国兵出，须假道金边国始达越境。越国以袭人，本为险事，我若以重兵向越，彼倚我声威，自可出偏师相助。今见滇、桂各军，一律调回内地，谓我已无保护越南之意，安能为彼声援？倘轻率举事，兵单势孤，不惟立见败衄，而国且危矣。因悉劝该道速归，无得召祸。查道员郑官应，此次子身冒暑，远涉重洋，奔波七十余日，往返一万余里，出入于惊涛骇浪，蛮烟毒瘴之中，可云不避艰险，奋发从公，乃事竟无成，惜哉！"

中国纪年	公元	佛历	中暹通使	参考
乾隆四十七年	1782	二三二五	郑华遣使朝贡请封	《清一统志》《广东通志》《清续通考》
乾隆五十五年	1790	二三三三	上表进贡并祝万寿	《清续通考》
嘉庆元年	1796	二三三九	贺太上皇归政进方物	《清续通考》
嘉庆五年	1800	二三四三	遣使上祭高宗，止之	《清续通考》
嘉庆十年	1805	二三四八	入贡奏克缅师	《清续通考》《圣武纪》《癸巳类稿》
嘉庆十三年	1808	二三五一	论暹明年不必遣使	《皇朝掌故》
嘉庆十五年	1810	二三五三	郑佛遣使入贡	《清续通考》《皇朝掌故》
嘉庆十八年	1813	二三五六	贡船失火，仅余副使（实为三使）	《清续通考》《皇朝掌故》

续表

中国纪年	公元	佛历	中暹通使	参考
嘉庆廿年	1815	二三五八	去年所遣补前贡者,令改充下年例贡	《清续通考》
道光元年	1821	二三六四	遣使进香并贡方物,谕止之	《清续通考》
道光三年	1823	二三六六	赐暹罗国王"永奠海邦"匾额	《皇朝掌故》
道光五年	1825	二三六八	郑福遣使入贡请封	《清续通考》
道光七年	1827	二三七〇	遣使谢恩	《清续通考》
道光十一年	1831	二三七四	遣贡使护官民回广东	《清续通考》
道光十七年	1837	二三八〇	遣使入贡	《清续通考》
道光廿三年	1843	二三八六	补廿年例贡,进廿一年万寿	《清续通考》
道光廿四年	1844	二三八七	限制接贡船只	《皇朝掌故》
咸丰元年	1851	二三九四	郑明遣使入贡,止之	《清续通考》
咸丰三年	1853	二三九六	补贡请封	《清续通考》
同治八年	1869	二四一二	遣使上书,请废职贡	《纪事本末》《清续通考》
光绪四年	1878	二四二一	曾纪泽使英过暹,令入贡,不允,但请立商约,亦拒之	《纪事本末》《清续通志》《皇朝掌故》《庸庵日记》
光绪五年	1879	二四二二	驻暹英领伪递中国催贡札文	《纪事本末》《清续通考》《庸庵日记》《皇朝掌故》
光绪九年	1883	二四二六	彭玉麟议派郑官应结暹袭西贡	《皇朝掌故》

郑昭贡使入朝中国纪行诗译注[*]

许云樵

导言

能于化外识尊亲，不惮波涛溅着身。

胜水鱼龙忘飓母，指天南北托针神。

中朝礼自通甥舅，外国称原列子臣。

方物只将金叶表，圣王从不贵奇珍。

此清初梁佩兰《观暹罗使者入贡诗》也。暹罗朝贡中国，自元明迄清，凡五百余年，恭顺勿渝，贡使入朝，史不绝书；惟咏之于篇，实不多觏。年前于暹京物色得郑昭（Phra Cao Tak Sin）遣使入朝时，随贡侍卫丕雅摩诃奴婆（Phraya Maha Nubhab，时尚未得此封号）所著《纪行诗》一卷，都五千余言，弥足珍视。卷首有序云：

当达那补利朝（Krung Dhanapuri，或作吞富里朝 Krung Thonburi）佛历二三二四年，小历一一四三年，岁阴在丑（1781），达那补利圣君（即郑昭）遣使北京（Pak King），与中朝（Krung Cin）圣君乾隆帝（Phendin Khian Long）修好。按其通使之原因，据《御批书》（Nangsu' Phra Rajavicarn）再版本页一二七尝详载之，云王子宫銮那麟罗那丽舍（Cao Fa Krom Luang Narindra Ranareda）亦奉命往，时尚称銮利陀提柰毗罗侍卫（Luang Riddhi Nai Vera Mahad-lek），见于《一世皇朝国史》。至于丕雅摩诃奴婆，时任何职则莫考，亦随贡往，著有《纪行诗》，题曰《广东纪行诗》（Nirac Mu'ang Kwangtung），为当时泰使入贡中国仅有之文献。就文艺方面言，丕雅摩诃奴婆乃一世皇时代有名之诗家，尝作歌行（Phleng-yau）多篇，惟成专书者，除此诗外，余不可考。

伐耆罗延图书馆（Ho Phra Samud Vajirayan）

佛历二四六二年天秤月十四日

---

[*] 原载《南洋学报》第 1 卷第 2 辑，1940 年，第 33—45 页。本文诗行分节悉依原文。文中注改为脚注。

　　该序文虽然无作者序名，应出其时馆长，暹人尊为"暹史之父"（Phra Bida Heng Pravaticatra Sayam）之宫丕雅昙隆罗阁奴婆（Krom Phraya Damrong Rajanubhab）亲王之手笔。佛历二四六二年即公元 1919 年，天秤月即阳历 10 月，盖该诗刊行之时也。所云郑昭遣使入朝事，吾国载籍亦班班可考。据《清朝文献通考》卷二百九十七"四裔五·暹罗"条云："（乾隆）四十六年正月，暹罗国长郑昭遣使臣朗丕彩悉呢、霞握抚突等二人入贡，并奏称：'自遭缅匪侵凌，虽复土报仇，绍裔无人，兹群吏推昭为长，遵例贡献方物。'得旨：'览国长遣使航海远来，具见悃忱，该部知道，原表并发。'上于山高水长连日赐使臣宴。"魏源《圣武记》卷六"乾隆征缅甸记下"亦云："乾隆四十三年，暹罗遗民愤缅无道，推其遗臣郑昭为主，起兵尽复旧封，又兴师侵缅地，于四十六年航海来贡告捷，朝廷不使亦不止也。"俞正燮《癸巳类稿》所载亦同，云："暹罗国踦长，居缅西南，缅于乾隆三十六年灭之。暹罗遗民愤缅无道，推昭为王，乘缅匪抗拒中国，人伤财尽之后，尽复旧封，又兴师占缅地，赘角牙屡为所困。暹罗于四十六年入贡陈其事，朝廷不使亦不止也。"三书皆言乾隆四十六年入贡，与《暹罗国史》"郑昭本纪"（Phra Raja Bongcavadar Krung Dhanapuri）合。"本纪"云：

　　"小历一一四三年，岁次辛丑，诏命循例遣使奉贡，入朝中国。是年并敕令銮奈利陀提（Luang Mai Riddhi）为随贡副使往。"

　　然窃颇疑之。暹籍既言辛丑年遣使，安得如《清朝文献通考》所云于是年正月入贡？况暹历又较华历迟二月，中国正月，暹罗岂非去年之十一月，又安得为 1781 年？更考《纪行诗》，贡使之出发在十月（夏历五月、暹历三月），泛海卅三昼夜抵广东澳门，是年戌月（夏历九月、暹历七月）初十于广州庆万寿，次月初三启程晋京，云沿途凡三月程，则入觐应在明年正月。如是，则中暹载籍必有一误。窃以《清朝文献通考》为官书，应有档案可据，决不致误，"本纪"与序文应讹。走笔及此，偶忆暹文旧籍《宫廷札记》（Codmaihetu Khwam Song Cam）一书，亟取翻检，于小历一一四二年（1780）岁次庚子，得下录数语云：

　　"命备舶送使臣入朝北京圣君，云将求尚公主：因命长者昭丕雅室利达摩提罗阁（Cao Phraya Cri Dharma Dhi Raja）偕銮奈利陀提及銮奈舍迦底（Luang Nai Cakdi）为使臣，统率侍卫多人，备贡物往北京求尚公主。"

　　其疑遂释。惟所著录之贡使三人，其名与《清朝文献通考》所载，对音不符，殊属可异。唯该诗所纪路程则与《清朝文献通考》卷二九七所著录相合符，谓自曼谷（Bangkok）启碇出港口（Paknam），凡二日过浅滩，又十日至三百峰头（Sam Roi Yod），更二日遥望河仙（Buddhaimaca），再二日过横岛（Ko Khwang）及番薯岛（Ko

Man），又二日抵昆仑山（Khao Khanun），亦曰军屯（Kun Tun），转针越占城（Muang Pasak），前进二日半，得望大越港（Paknam Yuan Yai），后三日见越象山（Khao Chang Kham），再四日达外罗洋（Walo），过此则中国境，入老万港（Lo Ban），抵澳门（Ko Makao），至是碇泊，计程三十三昼夜云。《清朝文献通考》则云："暹罗贡道由广东达京师。其国都在广东省西南，海道约四十五昼夜可至。始自广东香山县登舟，乘北风用午针①出七洲洋，十昼夜抵安南海次，中有一山名外罗，八昼夜抵占城海次，十二昼夜抵大崑崙山，又用东北风转舟向未及申三分②，五昼夜可抵大真树港，五昼夜可抵暹罗港，入港二百里即淡水洋，又五日抵暹罗城。"至其贡物，暹籍均无著录，《清朝文献通考》卷三十八"土贡一"云："暹罗国御前贡龙涎香一斤，象牙三百斤，西洋闪金花缎六匹，胡椒三百斤，□黄三百斤，豆蔻三百斤，苏木三千斤，速香三百斤，乌木三百斤，大枫子三百斤，金银香三百斤；皇后前贡龙涎香等仪物同，数目减半。凡常贡外，例有加贡，无定额。贡朝三岁一至，贡道由广东。旧贡有安息香、紫梗香、红白袈裟、白幼布、幼花布、阔幼布、花布幔、孔雀、龟，俱免贡。"惟《大清会典》卷五十六"朝贡"条云："凡贡物各将其国之土实，非土产勿进。——暹罗无常贡。惟其所献，或输内务府，或入武备院，或纳銮仪卫，或留于盛京及边省，各付所司备用。"至其入贡仪注，据《广东通志》卷一百七十"经略十三"载：

暹罗国入贡注事例

一、贡使人等到省，委员备办牛、酒、米、面、筵席等项，俟起贮表文物后，前赴犒赏（《司册》）。

一、起货，通事船主先期将压舱货物呈报广州府，转报委员查明，具货物数目、斤两册，汇同表文方物，由司详候院台，会疏题报。俟题允日，招商发卖。其应纳货饷，候奉部行分别免征。

一、贡使入京，通事将起程日期，具报广州府转报布政司，移会按察司，颁发兵部勘合一道、驿传道路牌一张，并请院宪委护送官三员，随同伴送。将上京贡使人员廪给口粮、夫船数目，填注勘合内，经过沿途州县，按日办应。其在省看守贡船人等，以奉旨准贡日，移明粮道，每名每日支米八合三勺。

一、贡使入京伴送官，文职应委道府大员，武职应委参副大员。并委委倅一员，随往长途护送进京外，自省起程前抵韶州府。例委分巡广州府之督粮道护送弹压。自韶州

---

① 按：即正南方。
② 按：二十四山之未及申，即坤针之左右。换言之，即今罗盘西南方附近也。

府至南雄州度岭委该管之南韶连道护送弹压出境，仍饬各属照例应付，不准丝毫滥应。京旋之日，一体照办。

一、贡使进京，贡使通事先将起程日期，报府转报，预行取办祭江猪只，吹手礼生应用，然后起程。

一、贡使委员，自京护送敕书大典，回广船到河下迎请安奉怀远驿馆，遵奉筵宴一次，等候风帆便日，上船回国。

一、贡使自京回广州府，即谕令各船修葺，俟风帆顺便回国，所买回国货物，除一均违禁物件不许买带外，其应买货物，俱照定例，听其买回；应委官一员，监督盘运下船，毋得违禁夹带；并令护送该船出口，俟其扬帆回报。

会验暹罗国贡物仪注

是日辰刻，南番二县委、河泊所大使赴驿馆护送贡物，同贡使通事由西门进城，至巡抚西辕门停放。贡使在头门外账房站立，候两县禀请巡抚开中门，通事行商护送贡物。先由中门至大堂檐下摆列，通事复出在头门外，候两县委典史请各官穿补褂，挂朝珠，至巡抚衙门。通事引贡使打躬迎接，各官会齐，升堂开门，各官正坐，司道各官傍坐，通事带领贡使，由东角门报门进至大堂檐下，行一跪三叩首礼，赐坐，赐茶，各官即起坐，验贡毕，将贡物仍先从中门送出西辕门。通事引贡使由西角门出至头门外站立，候送各官回，将贡物点交通事行商，贡使同送回驿馆贮顿（俱同上）。

暹罗国贡使贡毕回国，在广东省筵宴额支银一十七两五钱。又贡使船只在省守候，梢目水手等每名日给口粮米八合三勺，于奉旨准贡之日起支，贡使回广之日住支。伴送之委员，自省赴京，往回额给盘费银五十两，均于广东存公银内，并地丁项下，额支米内动支（《则例》）。

《纪行诗》作者或为留守贡船之随贡侍卫，故所纪惟广东闻见及恭贺万寿事，而不及入京朝拜仪制。据《大清会典》卷五十六"朝贡"条云：暹罗每三岁一贡，"贡舟无过三，每舟人无过百，赴京无过二十。……其不赴京者，留于边境，边吏廪饩之，饩使回至边，率之归国"。又云：

"凡进表：各国贡使就馆，次日黎明，礼部设案于堂正中，提督会同四驿馆鸿胪寺少卿，朝服率贡使暨从官，各服其国朝服，由馆赴部，入左角门，俟于阶下。礼部侍郎一人出，立于案左。仪制司官二人，鸿胪寺鸣赞二人，立于左右楹南，咸朝服。馆卿先升，立于阶前鸣赞。赞进表，司宾序班二人，引贡使奉表升阶，副使从官随升。赞跪，正使以下皆跪。赞接表，侍郎恭接，陈于案正中，复位立。赞跪，叩，兴，正使以下行三跪九叩礼毕，序班引退。仪制司官奉表送内阁，恭俟命下，纳方物于所司。

　　"凡朝仪：贡使至京，遇大朝，常朝之期，皇帝御太和殿，王公百官朝贺毕，序班引贡使暨从官各服其朝服，就丹墀西班末听赞，行三跪九叩礼，赐坐，赐茶，皆如仪。若不遇朝期，由部奏请召见。皇帝御便殿，领侍卫内大臣侍卫左右侍立，礼部尚书一人，采服引贡使，服其国朝服，入至丹墀西，行三跪九叩礼毕，引由右阶升，通事一人从升，至殿门外跪，礼部尚书传命慰问，贡使以其国语对，通事译言，礼部尚书代奏，礼毕引出。如待以优礼，则议政大夫、内大臣、八旗大臣，咸补服入殿侍立，礼部尚书引贡使至丹墀西，行三跪九叩礼，升右阶入殿右门，立右翼大臣之末，乃赐坐。贡使随象跪，一叩，坐。赐茶。跪接，坐饮，皆行一叩礼。皇帝慰问，贡使起跪，奏对如前仪。礼毕引出，赐食于朝房。翼日诣午门外谢恩如常仪。

　　"凡赐予：由部疏请得旨行诸司供具。届期设案于午门外御道左，户部、工部、内务府司官各陈赐物于案，上驷院陈马于庭（各国惟朝鲜国王及贡使赐马）。礼部堂官一人立案南面，主客司官随后立，御史四人，鸿胪寺鸣赞二人，序班二人，夹御道左右东西面立，咸朝服。提督会同四译馆鸿胪寺少卿，朝服率贡使暨从官，各服其国朝服，由长安左门入，至午门外，立御道右东面鸣赞。赞排班：序班引贡使从官北面序立听赞。行三跪九叩礼毕，乃颁赐于国王，主客司官奉授贡使。贡使跪受，转受其从人。次颁赐于正副使及从官从人，主客司吏奉授，各跪受讫，乃谢恩。行三跪九叩礼毕，引贡使退，堂官以下皆退。

　　"凡馆饩：各国贡使就馆，工部饰房宇，备器具，给炭薪；户部支粟米刍豆；光禄寺日具脯资饩牢；皆馆卿稽察而均调之。

　　"凡赐燕：各国贡使朝贡事竣，赐燕于部。将归，燕于馆舍。主席以礼部堂官一人。归及边境，燕于省城，主席以司道一人。

　　"凡迎送：朝鲜贡使以礼部通官迎于凤凰城，送亦如之。各国贡使由各省督抚遣丞倅迎于边界，即令伴送至京。及朝贡礼毕，安南、琉球、暹罗、缅甸、苏禄均疏列礼部满汉司官各二人引见，恭候钦点一人送至各省会城，督抚遣官伴送出境。南掌仍以伴送来京之人送往。西洋贡使，以内务府司官暨西洋人之供职钦天监者，迎送于广东。皆往来乘传所需舟车夫马次舍瓮饩，有司官凭邮符供备。经过地方递拨官军防护，以达远人。

　　"凡市易：各国贡使入境，其舟车附载货物，许与内地商民交易，或就边省售于商行，或携至京师市于馆舍，所过关津，皆免其征。若夷商自以货物来内地交易者，朝鲜于盛京边界中江，每岁春秋两市，会宁岁一市，庆源间岁一市，以礼部通官二人，宁古塔笔帖式骁骑校各一人监视之，限二十日异市。海外诸国，于广东省城，每夏乘潮至省，及冬候风归国，均输税于有司，与内地商民同。

"凡禁令：外国有事，陈请专差陪臣，赍文赴部，或外由督抚为之转奏专达于朝者，禁。贡使入境，及贡道所经各定地界，不由正道越行他省者，禁。私买违制服色、史书、兵器、铜、铁、油、麻、焰硝，及带内地人口、米谷出境者，禁。江海相际，越境渔采者，禁。陆界瓯脱之地，中外军民设屯堠，辟田庐，逋逃寄寓者，禁。封疆文武官，不因公事通文书于外国者，禁。奉使出疆，多受馈遗，往来送迎，私索土宜者，禁。有干禁令者，论如法。"

《纪行诗》在暹罗文学史上，亦占相当位置。全篇凡七百七十五句，每句七言，除起首二句自叶与结句无韵外，每四句一换韵，其第一句末字与第三、第四两句末字相协，第二句无韵，为暹罗诗体之一种，名曰"长歌行"（Klon Phleng Yau）；该体大多为情人互赠以通款曲者。原作音律铿锵，别有格调，惟以唐诗风格绳之，即毕[①]俚不足取矣；然取其纪事以比附史实，固自有其价值，因不避"顶臼串戏"之讥，勉有转成五古一章，以供国人之治中暹交通史者参考，而工拙未暇计也。诗中除行程仪注附见本序外，其间有费解处，别为注释，以明典故。该诗但记出发至广东，而未及归程，其记贡使之贪色诸公，则暹籍之所讳言者也。末段琐琐叙五宝，叩三天，无非为郑昭祈福祷寿，读之既令人乏味，译之颇不易易，而弃之则不成全璧，姑存之以示暹诗风格，想博雅亦不我责也。

1940 年 6 月 18 日，识于《南洋学报》编辑室

虔诚谒梵宫，顶礼拜金容；

愿乞菩提荫，佑贡朝广东。

伏维宵旰忧，深谋国运隆；

庄严赛精金，宝城始足雄。

历代圣君主，天朝久相通；

不幸邦交衰，今昔迥不同。

一绝廿四载[②]，始思赓朝宗；

---

①　编者按："毕"当为"鄙"。

②　此次朝贡出发于 1780 年（乾隆四十五年），翌年元月入京师，如言廿四年未贡，则末次应在乾隆二十一年左右，惟据《清朝文献通考》卷二百九十七"暹罗考"云：乾隆"二十二年，遣使入贡。二十七年，遣使入贡。三十年十月，遣使丕雅嵩统、阿沛等，赍表入贡。三十一年，遣使入贡，仍照例加赏"。乾隆二十二年贡后，尚有三贡，是则"一绝廿四载"之说不确，应改"十四载"始合。

丝萝欲系附，俾即帝家风。
宛比花接木，巧夺造化工；
功成十全美，君国利两蒙。

圣主坐明堂，笑口言端详；
群臣聆旨意，顶礼齐颂扬。
载拜奏卓识，御笔草表章；
瑰丽弥足珍，有若钰津梁。
镂写金贝叶，灿烂目炫光；
职贡进方物，输诚有逾常。
颁敕宝玺印，廷臣费周章；
奉旨广物色，色色见心长。
额外频增益，附置例贡旁；
例贡循古仪，增献新铺张。

诏命六大臣，满载十一艑；
埠头罗列待，黄道俟良辰。
午月值火曜，黑分①十三晨；
熹微卯二刻，相率辞王宸。
纡回遵水道，黯然泪纷纷；
亲朋长别离，依依欲断魂。
欢娱赏心乐，而今未可问；
岁月迢迢远，屈指徒劳神。

曩或捕禽娱，倾巢攫其雏；
而今得果报，万里去王都。
合十敬顶礼，诚心三宝②呼；
守戒荐功德，贫济困亦扶。

① 《大唐西域记》云："月盈至望，谓之白分；月亏至晦，谓之黑分。黑分或十四日、十五日，月有大小故也。"午月黑分十三，盖即夏历五月二十八日也。
② 三宝，原文作 Trai Ratana。释氏以佛、法、僧为三宝，佛说法而僧保守之，得永以济世度人，故皆为宝也。

　　　　乞为七重障，法力佑征夫；
　　　　风涛鱼龙宅，化作平静途。

　　祷罢驶出河，抵港（Paknam）闻晓锣；
　　　　晨禽鸣天际，报道夜已过。
　　　　抛锚俟潮汐，二日易蹉跎；
　　　　潮涨虽得驶，海渠浅难过。
　　　　邪许齐着力，纤引追盂婆；
　　　　水深海天阔，离愁可奈何。
　　　　升帆俟风发，随升愁随多；
　　　　怒涛翻汹涌，颠簸如着魔。
　　　　逆浪迎头击，有若雨滂沱；
　　　　晕船绝饮食，昏昏赛沉疴。

　　　　浪高阻行舟，南风又当头；
　　　　转帆且归港，俟机小逗留。
　　　　急来念佛脚，稽首谨祷求；
　　无量波罗蜜（Parami），正觉心所修。
　　　　伏乞施法力，一帆到神州；
　　　　鱼龙并水鬼，勿使近浮游。
　　　　怪魅驱除净，浪尽水悠悠；
　　　　祷罢见法力，瞬息风飕飕。
　　　　一帆去旬日，直抵三百头①；
　　　　暂泊祀神祇，循例祈庇庥。

　　　　张帆更启航，漂流涉重洋；
　　再日程未半，前瞻河仙乡（Buddhaimac）。
　　　　遥拜投牺牲，洒酒求吉祥；

---

① 三百头，原文 Sam Roi Yot，实应作三百峰头，据暹籍《罗阇补利志》（Samut Rajapuri）第57—63页所载传说，谓上古时文身王（Cao Lia）曾携其大批求婚槟榔退屯于此，其槟榔皆装成尖顶，因名其山曰"三百峰头"云。

焚纸祭魍魉，海天水茫茫。

行行复二日，日落横岛（Ko Khwang）洋；

突岩探海出，庞然跃苍茫。

并岛行终宵，黎明始退藏。

旋迎番薯岛（Ko Man），产薯应逾常；

问之古经历，语焉非荒唐。

两昼抵崑崙（Khao Khahun），云亦称军屯（Kuntun）；

大小凡二岛，去岸五由旬（Yojan）。

扬帆入孔道，左右沙如垠；

夹板①去贸易，无敢乱问津。

投鸡遵古礼，处处祀真神。

转针抵占城（Mu'ang Pasak），港口记分明；

越（Yuan）舟款乃出，渔捕群营生。

前进二日半，石山迎前程。

遥望大越港（Paknam Yuan Yai），触景别生情；

设或突袭劫，殊死矢斗争。

行行三昼夜，有山越象（Chang Kham）名，

巍然峙海隅，传说久流行；

雷击遭回禄，草木永不萌；

犹留焦石迹，足征语入情。

过此海天阔，转瞬起旭日；

崔嵬有灵山（Intangtuabutra）②，怪岩峥嵘拔。

有砫若擎天，迥然易识别。

---

① 夹板，原文作 Kampan，盖指昔日之西洋船也。《厦门志》卷八，"番市略"有"夹板船考"，志之甚详，又卷五"船政略""番船"条云："呷板船又称夹板船，以其船底用夹板也。"唯《台湾志》云："其船用板两层，斫而不削，制极坚厚，中国谓之夹板，其实圆木为之，非板也。"

② 明张燮《东西洋考》卷九"祭祀"条云："灵山石佛头，舟过者，必放彩船和歌，以祈神贶。"

闻道那罗延①，披剃隐石室，

遗矢射妖魔，魔创幻鹿逸，

神箭落山巅，化砫犹屹屹。

商贾今往来，相率同拜谒。

祭祀固寻常，异风有足述。

精制模形船，桅橹色色全，

张帆置衣物，备粮复贮钱，

取纸绘肖像，合船皆图遍。

送船下沧海，随风去天边；

化纸循古俗，消灾自安然。②

二日揖山光，山影连绵长；

前进复二日，始达外罗（Walo）洋。

自此通粤道，远城迷渺茫；

滨海皆大郭，处处进例香。

横山迤逦至，地属越南邦；

至此边界尽，针转折东方。

恶浪滔天起，心神陡怆惶；

昏眩若醉酒，吐尽珍馐尝。

帆还船欲退，飓母势猖狂；

暴雨骤袭射，矢矢见刚强。

波涛激澎湃，冲击势难当；

合船皆惊走，呼号声凄怆。

或抱旧桅木，或超舢板旁；

知非维祈祷，遇难呼梵王。

---

① 那罗延（Narayana）又名毗湿奴（Vishanu），为婆罗门教三大神祇之一，即幻惑天王，司保存之神。一
　　说，幻惑与大自在（Civa）合一而称那罗延。

② 案，此俗昔日南洋各地华侨皆盛行之，余于大泥（Pattani）僻港常见此类小船残骸，谅为远处所漂至者，
　　人咸迷信见之不祥。今独满剌加（Malacca）一地，华侨以祭王舡（Wang Kang）为一年一度之盛举。余友
　　陈君育崧谓"王舡"之"王"字，应为巫语音译，此言钱财，"舡"则闽语。余颇然其说，盖"王舡"
　　应即"宝船"之谓也。

欲泊渺无际，四顾水茫茫；

五人面相觑，葬海情堪伤。

慈悲救苦难，菩萨有心肠；

风暴缓缓息，半帆差堪航。

狂飙虽息影，五内犹惶惶；

中宵悬孤月，昼暝日色黄。

海中何所见，鱼龙媵水藏；

成群绕舷泳，骇目气沮丧。

水深色如黛，好奇探索量；

报道百五托（Wa）①，惕然叹汪洋。

举目心惊怖，有鲸右舷旁，

身长卅五托，尾显首隐藏，

广可十五托，展尾若虾王，

出水高逾树，云仅现脊梁。

张帆欲走避，点烛复焚香。

巨鲸悠然去，投鸡拜踉跄；

谢神尽虔敬，化纸尤不忘。

晨夕祀妈祖（Phra Ma Co）②，鸣锣响镗镗；

入夜悬灯盏，首尾耀辉煌。

更残夜漏尽，远山吐朝阳；

连绵山不绝，极目色苍苍。

道是中华土，闻之喜洋洋。

有客指山阪，云是老万（Loban）洲③；

入粤此孔道，岩山夹峙浮。

风顺进老万，闲眺立船头；

---

① 《东西洋考》卷九"舟师考"有云："沉绳水底，打量某处水，深浅几托，赖此暗中摸索，可周知某洋岛所在。"又注云："方言，谓长如两手分开者为一托。"

② 妈祖，闽潮土语称天妃也，自郑和修祠立碑之后，奉使漂洋者，莫不虔敬天妃。今南洋各地皆有妈祖宫，与大伯公庙同其不衰。据《东西洋考》卷九"祭祀"条载：天妃与协天大帝关壮缪及舟神，皆舶人所崇拜者，"凡舶中来往，俱昼夜香火不绝。特命一人为司香，不他事事。舶主每晓起，率众顶礼"。

③ 按：澳门东澳山南有老万山、老万珠及旧老万三洲。

居民皆饶富，澳门（Ko Makao）踞蕃酋（Frang）①。

　　凭险起堡垒，三门②景清幽；

　　海舶如云集，童山木不留；

但见峨峨石，宛若须弥（Himabant）游。

　　突兀怪石斜，疑是隐士家；

　　斑驳或如锦，白净洁于纱。

　　浮沉是出没，操舟防触涯；

　　渔艇成群出，桅樯森无涯；

　　宛若大军集，阵容殊足夸。

　　程遥景万千，罄竹难终篇；

　　去国卅三日，漂渺在天边，

　　由旬计三百，抵港谒市廛；

　　东西两堡垒，望洋有炮台。③

　　形胜扼险要，正中复一台；④

　　鼎立俱雄壮，入港两道开。

总爷（Cong Ia）镇军门，统帅十万人；

　　贡船初抵港，有吏登舟询。

　　贡使忙对答，道是暹使臣；

奉表修职贡（Cim Kong），遐方世所遵。

　　检点录名册，解衣验痣身。

　　职官奉命至，从卒三十人；

　　青霜耀紫电，威仪绝超伦；

　　相将乘战舰，护行谒军门。

---

① 蕃酋，暹语"Frang"，即《明史》所谓"佛郎机"，指葡萄牙也。

② 按：澳门前山寨有三门，东曰物阜门，南曰前丰门，西曰晏清门。

③ 清印光任、张汝霖合纂之《澳门纪略》上卷，"正面澳门图"，东海岸有东望洋炮台，西海岸有西望洋炮台。

④ 见上图，南海岸正中有伽斯兰炮台，位伽斯兰庙及尼姑寺之前。伽斯兰，殆即葡语"Catholico"之译音。伽斯兰庙应即天主堂。尼姑寺应即"Convento"之译义也。

鱼逝不跃渊，鸢杳无唳天；
童然山尽兀，处处有人烟。
水村遥相望，清幽足流连；
民居鳞次列，檐脊相绵延。
带水起园圃，油油菜色研；
有林皆果树，地洼辟水田。

溯江二日程，匆匆抵羊城；
商舶如云集，面城四行横。
桅樯森然立，时或去来频；
市廛依山筑，雉堞凡三层。

守望建石楼，炮台当中流；
一泓护城水，簇聚艨艟舟，
整装若待发，晨夕不稍休；
设或有变故，应付刃堪游。
去来如穿梭，游弋绕城周；
兵精武备足，领粮戍轮流；
挟弩持利矢，服膺古神谋。

群众拥喧嚣，争观暹来朝。
往来多男妇，趋前操轻船；
欲语语难晓，莞尔颔相招。
群艇如蚁附，频唤售菜肴。
画舫载尤物，移人态妖娆；
体柔若无骨，目接心欲摇。
远望惊绝色，近即玉颜桃；
卖笑无国界，异族亦相邀。

浮家堪物色，登岸莫相招；①

浓装②共斗艳，玉立争苗条，

取媚风流客，莫使失臂交。

云鬓压银钿，首饰竞招摇；

艳服尽丽都，益见粉黛娇。

颠倒有媚术，真个能魂销。

严禁吾暹人，冶游贸问津；

偶或去小坐，不慎便累身。

彼邦俗淫乱，伴宿不避亲；

画舫作阳台，绣被郁芳芬；

相逢不相识，大索缠头银。

有吏走相告，晓谕语谆谆：

金银铜皿器，兵刃及丝珍，

暹人务自重，严禁露水亲。③

拘谨自畏法，胆壮亦恂恂。

惟叹渡艰险，九死抵粤滨；

目接心迷乱，不得真消魂。

岁次赤奋若（Pi Ucubha Caka）④，良辰值吉时；

总督（Mu I Cong Tok）⑤召贡使，肩舆夹道驰。

康庄铺洁石，壮观神亦怡。

市廛栉比对，尽用杉建之；

铺面悬金匾，图文尤足异；

经商尚广告，市招引客奇。

---

① 按：应指疍户，有"登岸莫相招"之句。

② 编者按："装"疑为"妆"

③ 参看"导言"引《大清会典》卷五十"凡禁令"。四句禁令前，二句似不衔接，且无诗意，但直译如是，未便擅改。

④ 原诗或有误，此时应仍为子年而非丑年，因下有戌月初十于广州庆万寿事。

⑤ 总督为"Cong Tok"之对音，"Mu I"对音不详，后或作"Cong Tok Mu I"。考《广东通志》，当时两广总督为正红旗人巴延三，乾隆四十五年（1780）就任，在任四年。

香炉描金篆，台座置适宜；
货物琳琅①陈，满目尽珍奇；
衣饰皆动人，盘皿列参差。
肩担沿街唤，击竹报君知。

鹅豚并羊牛，日宰千余头；
开市虽充斥，瞬息无余留。
为填口腹欲，杀生日不休；
岁时逢佳节，造孽心不羞。
店面勤洒扫，了无纤尘留。

群趋万巷空，争观暹朝宗；
携幼或扶老，踉跄挤如蜂。
年迈步履艰，骑肩追相从；
目架嗳矆镜，冀得识仪容；
仕女纷沓集，凝神注双瞳。

举目尽丽娃，凭楼鬓戴花；
娇丽若图画，情动思欲邪。
玉肤皎如月，明眸润似漆，
胆鼻如钩悬，蛾眉描乙乙。

云鬓束青丝，金钿压总发，
绛唇点胭脂，含笑意似蜜，
丽服色参差，锦绣艳欲绝。
贱女已倾城，公主将安匹？
鲰生荡神魂，恍惚迷若失。
娇羞斜明眸，无奈国族别；
视线偶接触，宛若心相扶。

---

① 编者按："瑯"疑为"琅"。

嗟呼生非朝，良缘难配匹；
孰能效太阿，忘情严自约？

遵陆循官程，行行重行行。
美姝皆庄丽，无复佻达情。
俯见弓鞋紧，崔头巧珑玲；
不惜毁肢体，艰步求娉婷。
迷恋享乐梦，仰依夫婿生。
亦有贱丈夫，枉法甘自轻；
出入任挥霍，昂藏渐落形。

往来残废儿，求乞难疗饥；
百计使苦肉，造孽不自知。
卧地哀哀告，戕身冀布施；
刃研或砖击，满街血淋漓。
无施不遽去，叫号声怆凄。

老将（Lao Ciang）驻军门，藏容冠牦巾；
簇拥泰人去，云是迎使臣。
到达旧贡馆（Kong Kuan Kao），吾使尝作宾；
馆址位城外，堂皇美奂轮。

请表供中堂，贡物且存行（Hang）；
两行皆旧设，例须归收藏。
贡品若干件，件件报周详；
总督严督察，不得稍荒唐；
染指罪该死，法严莫敢尝。
为念远贡役，遣吏递奏章；
星驰廿七夜，往返急匆忙。

总督宣诏书，万岁（Mu'n Pi）圣恩殊：

使臣召入觐，贡献谕免除，

完璧归故国，宛若不足输，

怜念修通好，险海成畏途，

贡品准发卖，携款返大都（Ayudhaya Maha Sathan）；

敕命送牙象，道是例所需；

贸易应征税，乃亦恩免吾。

行主（Nai Hang）① 晤泰使（Kha Luang Thai），任吾通有无。

贡使应遵旨，入朝圣天子（Phra Bat Mu'n Pi Cri Sawarca）；

万岁（Pan Su）寿无疆，皇极建遐迩。

有若吾泰人，尊君殆无比。

万寿（Wan Prasutra Phra Phu Phan Nagara）值良辰，使使祝至尊。

戌月初十夜②，总督行公文，

咨使并钦差，入城遥朝君。

畴昔大吏觐，冠服悉遵循：

穿着迥有别，宛然赛古人；

老迈亦盛饰，挽幔成尾裙，

赐仪实隆重，护行调士军；

供奉扈从去，壮丁抬轿奔。

行行抵辕门，守卫有干城；

剑光耀紫电，威仪肃无伦。

---

① 康熙五十九年（1720），广东商人等组织公行，负责对外贸易。该公行又因地域而分，乾隆二十五年（1760）计有外洋行九家，"专办外洋各国夷人载货来粤发卖、输课诸务"，本港行三家"专管暹罗贡使及夷客贸易纳饷之事"，福潮行七家"报输本省潮州及福建人民往来买卖诸税"。见向达《中西交通史》，第126 页。《纪行诗》所言行主，应指本港行。据《广东通志》"经政略"载："乾隆六十年，因本港商人拖欠暹罗银两，审办后，嘉庆五年，监督吉山恐办之商，复有拖欠之事，奏请将本港行撤销，归外洋行兼理，定以二行轮值，一年而复始。"外洋行则于乾隆四十七年（1782）后，规定为十三家，所谓十三行者是。今暹语以"行主"称巨商，尊于"头家"，殆亦导源于此。
② 戌月即夏历九月。初十夜，原文直译应作白分初十夜。所谓夜，非真夜间，暹俗阴历通称夜不称日，阳历则称日。查《清朝文献通考》卷一百二十六，乾隆万寿应为八月十三日，是年（1780）且为七秩大庆。因疑原诗殆归国后所作，记忆有误。

卫戍负弓矢，枪炮夹道陈；
罗列殆无算，连绵入仪门。
灿烂光夺目，镀金镂图文；
红旗自招展，金书尤精神。
院广堪并驰，班房亦奂轮；
插花载①松针，互道美无伦。

待当总督面，鱼贯恭参见；
鞠躬诺连声，虽厌不觉倦。
相率徒步行，同往拜金殿；
切切低语频，再拜若胆颤。
无聊吾泰人，忍笑三叩见。
拜罢返朝房，总督命赐宴；
护贡诸士官，亦得尝珍膳。
席散将归休，忽闻总督传；
垂顾语寒暄，貌慈意亦善。
吾皆呼万岁，今日荷宠眷。

日夕时不留，相率各归休；
贡使回公馆，滞留心悠悠。
金曜初三夜，亥月白分头②；
总督命奉表，整装备贡舟。
择吉晋京去，路程亦悠悠；
抵达北京（Pak King）城，蟾圆应三周。
所幸护卫密，贡使复何求？

留者事通商，坐思卧亦伤；
消瘦缘底事？道是忒凄凉。

---

① 编者按："载"疑为"栽"。
② 亥月白分初三，应为夏历十月初三日，惟前记万寿节有误，此处未知为九月初三否？

检点装载运，五册核对详；

金银清理讫，饰船备启航；

富丽赛仙槎，碇泊待辰良。

嗟吾修好苦，险阻叹重洋；

栉风复沐雨，坐卧皆惶惶。

官船四艘列，风顺一帆扬；

舱中湫溢甚，殆非身昂藏。

太监（Khanti）设传旨，鞠躬拜仓皇；

得免罹大祸，生还喜有望。

谨慎竭精忠，旨命始有功；

奈何相勾结，避役懒从公。

御史（Yakrabatr）欲论贷，诡言相欺蒙；

称疾匿不出，缘为情所钟。

闻彼金花（Dok Thong）女，绰约天仙容；

消魂染花柳，体发酒色风。

盘询仍泰然，犹复欲蔽蒙；

行主点其首，惊惧始曲躬。

乞怜求恩施，安得私相从；

且拘阿牛（Ai Wua）去，姑免失体容。

再三苦哀求，尚幸官量洪；

薄惩议罚锾，百元（Roi Phen）赎罪躬。

设或严发落，皇银可充公；

人人称奸夫（Cao Chu），吾乃羞重重；

瑕疵玷白璧，竟尔弃前功。

胡为涉重洋，奉贡献圣皇？

险途风涛恶，宁为负贩商；

若征从军役，亦甘走沙场。

奈何无异术，助吾缩程航；

不然输运易，何畏海天长。

仙神聚珍宝，原为佛徒藏；

布施助功德，劫数（Kalapa）① 亦满疆。

欲界天四重②，菩萨③有十宗；

一宗设降生，得国护法隆。

世尊（Jinendra）旧居所，无涯天地中；

觉悟御大宝（Ballangka），静根④自不同。

宝物取九事⑤，禅那（Jhana）⑥ 代五器⑦：

三相⑧作宝冠，美绝仙界地。

法事（Kica Dharma）取忠戒（Cila Sucarit），

聊当项圈（Suvarn Nauva Ratana）使；

解脱（Vimuti Dharma）为伞柄（Khan Chatr），

---

① 劫数，或作劫簸，梵语"Kalapa"之对音，此言时也，有四，故亦称四时（Caturayuga），或四劫。四劫者，成劫（Karitayuga）、住劫（Tretayuga）、坏劫（Davaparayuga）、空劫（Kaliyuga）是也。合此四劫，谓之大劫，亦称大时（Maha Yuga）。成劫为世界初期，凡 1728000 年，住劫继之，凡 1296000 年，坏劫又继之，凡 864000 年，空劫乃世界末期，凡 432000 年，自佛历二六二六年（公元 2083 年）二月十八日起，劫数完满，世界行将毁灭。

② 原文本作兜率陀天（Dusit Savarga）。按释氏，欲界有六天（Chakamavacara），一曰四天王天（Chan Catuma Maha Rajika），二曰忉利天（Chan Dau Dingsa），三曰须焰摩天（Chan Yama），四曰兜率陀天（Chan Dusit），五曰乐变化天（Chan Nim Manaradi），六曰他化自在天（Chan Pranim Mitava Savatdi），兜率陀，此言妙足也。

③ 菩萨，本梵语"Bodhi Satava"之略，《翻译名义集》卷二"三乘通号篇第五"云："菩萨，肇曰：正音云菩提萨埵。菩提，佛道名也。萨埵，秦言大心众生。有大心入佛道，名菩提萨埵，无正名译也。安师云：开士，始士。《荆溪释》云：心初开放，始发心故。《净名疏》云：古本翻为高士，既异翻不定，须留梵音。但诸师翻译不同，今依《大论释》，菩提名佛道，萨埵名成众生。天台解云：用诸佛道，成就众生，故名菩提萨埵。又菩提是自行，萨埵是化他，自修佛道，又化他故。《贤首》云：菩提，此谓之觉；萨埵，此曰众生。以智上求菩提，用悲下救众生。"此云菩萨十宗，殊不可解，余友陈君棠花以为殆指佛陀之十大弟子，或然。

④ 静根，原文本作"Karmathan"，此言根基。佛教修行有二根基，一曰静心，二曰般若。般若，此云明慧。作者殆以郑昭为菩萨降生，而郑昭实亦以为佛陀化身，详见拙译《郑昭外传》（载《南洋周刊》第 25 期）及《暹罗王郑昭传》一书。

⑤ 九宝（Naba Ratana）者，一金刚钻（Phet），二石榴石（Thaptnim），三翡翠（Monkot），四黄玉（Busarakham），五血玉（Komen），六乌玉（Nila），七真珠（Mukda），八死血玉（Phethai），九猫儿眼（Phaithun）。

⑥ 禅那（Jhana），亦略作禅，此言静思，凡四：曰初禅（Pathom Jhana），曰二禅（Dutiya Jhana），曰三禅（Tatiya Jhana），曰四禅（Catutatha Jhana）是也。

⑦ 五器（Bencakukkubhanda）者，一冠（Phra Maha Phichai Mongkut），二剑（Phra Seng Kharnga Jaiya Cri），三履（Chalong Phra Bad），四杖（Dhara Phra Kara）五麈（Phra Secamri）及扇（Phat Valavijani），皆国君所御用之宝也。

⑧ 三相（Phra Trai Lakshana）者，不正相，愁苦相，非己相是也。

大盖（Rabai Phaicala）即真谛（Saca）；

中正（Ubek Khayan）为宝杖（Dharakor），纯净辉无二；

般若（Vaiya Panya）作慧剑（Avudha），斩疑复策励。

光明胜太阳（Dinkor），灿烂永勿替；

观此爱大千（Lokiya），美妙应绝世。

法力（Riddhi）广似神①，永劫（Kalapa）使永丽。

叩求圣三宝（Phra Cri Ratana Traiya），佛教之表目（Cai Com Buddha Sasna）；

护助除孽障，专心臻慧觉（Bodhiyan）。

叩求大自在②，立牛③地光彩；

助战胜心灵，圣志永不改，

叩求幻惑王（Bicanu Bongsha），持螺（Sangkha）跨龙（Bhujongga）翔；

除魔（Mara）灭敌谋，群趋朝相将。

叩求大梵天④，跨鹤居天边⑤；

呵佑去疾病，御肤自美全。

叩求天帝释⑥，坐骑三首象；

降临永呵护，慰诸苍生望。

至若国财富，永祈留各方；

声名震九霄，万寿祝无疆。

---

① 原文"Narayan Ram"（罗那延罗摩），唯后一字有二解，或作神名解，则罗摩是也，或作"金"解，则形容词矣。罗摩者，印度史诗 Ramayana 中之主角也。

② 大自在天王，原文"Baramacevara"，摩诃莫醯伊湿伐罗，为印度三身之首，司破坏之神，八臂三眼骑白牛。

③ 大自在天王之坐骑，原作牡黄牛（Ucubha）。

④ 大梵天王（Bongkajabivalaya），本婆罗门教之王（Brahma），司创造之神。《净名疏》云："梵王是婆婆世界主，住初禅中间，即中间禅也，在初禅、二禅两槛之中。"各地均无专祠，皆附于大自在天王祠中。

⑤ 依原文应作仙鸿（Hongsha Diba），"居天边"直译应作"巢天边"，盖指鹤也。

⑥ 天帝释即因陀罗（Indra）神，又称释提桓因、能天主，系忉利天（Chan Dau Dingsa）之主，居善见城，领四天下及三十三天。

郑王入贡中国考[*]

吴福元 撰　陈毓泰 译

考中泰商务的联系，远古即已有之。仅就水路而言，依现存的中国文籍纪载，在泰国被称为"扶南"时代，即被提及；继后更名为"赤土"，而"暹国"，而"暹罗国"，中泰两民族皆不断作水路上的商务联系。

在这方面的关系，主要目的纯属商务上的经营而已，双方的经营商务，完全在促进商务的发展，根本无政治作用存乎其间。采用逐渐的步骤，并无以实力作为强制的前导，徒促起另一不良的感触。其进展的态势，类似普通的水流，无如山洪之泛滥。职是之故，相互间的情谊紧密，打成一片，无分彼此。有时中国方面亦尝派使节以便促进邦交，从而巩固相互间的关系，及繁荣相互间的商务。有时一方国内发生变动，以致交通中断。降至后代，泰方亦尝派出使团多次。当大城皇朝末叶，再度派出使节，委披耶顺陀罗阿派耶为正使。似乎此次使团仍未返抵泰国，而大城首都已为敌人所统治了。

在大城首都沦陷于敌手期间，泰族成为奴隶，人民被掳去，财物遭没收，重要建筑物被毁。至于留剩下来的泰族人，咸普遍地领受到饥馑、颠沛的苦楚，甚且地方不靖，盗贼如毛。当时泰族所受的痛苦何若？深信必无以复加。谁无恻隐之心，而不寄予同情，虽在现代，亦不免油然生悲悯之情，记忆及当时的情景，无有不代为切齿者。是时如有任何泰族人只图藏匿，自谋幸福，而不思救国，一味期待泰族再度建立国家后，即千方百计地混入合作，而谋自身的福利。这种人实可目为无国家观念的人，虽然他本人宣誓系泰族人，但他依然是泰族的拖累者。无疑地，绝无一民族会承认这种人系自族中的一份子的！

颂绿拍昭德信大帝，即郑王，实系爱国志士的最纯粹的榜样，不顾生死地努力光复国家，进出枪林弹雨中，与刺刀尖相搏斗，虽苦之又苦，冒着绝大的危险，亦不使其后退。大帝的不屈不挠，果敢勇猛，奋进地率领着部属与敌人做殊死战，从而再度地激发了几难使人置信的泰族固有的战士精神。大帝确系泰族无上的领导者，实现了泰族所渴望已久的需要！泰族获得了坚强勇毅的领导者（犹如现时者然）之一日，泰族当能作

＊ 原载《中原月刊》第 1 卷第 3 期，1941 年，第 1—6 页。编者按：本文注释均为译者注。

最坚强的奋斗，生死不计，不管来自何方向的敌人，皆予以勇猛的抗战。这种现象，泰族历史上已数见不鲜。在这种时代中的泰族，皆有着其快速的繁荣！

总而言之，当颂绿拍昭德大帝正在进行复国大计期间，披耶罗阇塞第（华方称莫书麟？）任菩泰目城（位于公岛之东，华方称河仙镇，越语称海天，吉蔑语称万岱墨），系泰国在东南方所属的大城市。披耶罗阇塞第（莫书麟）实际上须尽其爱国的天职，从而参加复国的工作。然而适得其反，存心觅取相当的机会，企图削弱颂绿拍昭德大帝的实力，以资坐享其成。盖他已发现了有成功的途径，暗中派人驰赴中国，谋与中国政府接洽，且呈上泰国的详细地图，以利彼方明了地形，同时所上的奏折，设法中伤颂绿拍昭德大帝，指大帝与缅甸同盟，企图毁灭泰国，最后请中国政府干涉其事。可是结果无效，中国方面深悉其事，根本不作任何干涉或过问。终于颂绿拍昭德大帝平服了敌人，光复了自由的泰国后，始着手剿荡披耶罗阇塞第（莫书麟）。披耶罗阇塞第（莫书麟）仅抗战了二三天，即行逃命。这就是国家寄生虫的榜样：在升平时代，则充分显示其种族的纯洁性能，似乎存心使国家愈进于繁荣的境地。不过，利益略受影响，或自身不能有所发展时，则立即觅取途径，实行削减真心救国者的实力。最后危险来临，为作自保，则采取了逃命的一策。要是国家依然信任此种人，敢保其国势必趋中落。①

复国大计实现，有余暇可促进对外贸易时，颂绿拍昭德信大帝绝不疏忽，立即派出商船出发中国海及印度洋经营商务。仅就中国方面而言，大帝派出使团急速赴中国敦睦邦交，此举主要目的在恢复古时中泰间商务，促其繁荣以及切合国家之需要。

初期，所派出的商轮，在航行上获得了多种的不便。除开其他的原因以外，最重要者莫过于途中不时为海盗所骑劫。在设法训练及增长泰军能力以后，海盗亦不免闻风而胆寒。因此商轮的航行，亦较为安全，对中国的物资贸易所获得的实益，逐渐增厚。

在吞武里朝时代被派赴中国的重要使团，要算佛纪元二三二四年（丑年）所派遣的使团了，有保存至今的国书底稿可资指证。惟我们想全部了解其中的事件，则最少须

---

① 关于莫书麟诬郑王联缅企图毁灭泰国，请中国干涉其事事，必出诸《安南史》。依照《吞武里史》记载，郑王与缅甸始终敌对，根本不能联盟。盖缅系侵泰的主角，而郑王则为复国的主将，各不相容。中国史籍载有："郑昭（即郑王）托广东船商陈万胜带回文禀一件，内称平定打马（指缅甸而言）部落，人众投归，内有滇省人十九名，附船送回。并情愿合击缅甸，乞赏给磺铁炮位等语。"回头查阅泰文籍，记载不期而合。据五世王评注《记忆录》附录甲第5页《郑王致室利娑多那瞿那扈多王书》载："现时缅军攻陀朗城、北碧城、室利砂越城、色梗港城、宋加绿城、披阇耶城，包括南部、北部、西部及东部（疑有误）。各城守军次第将缅军击退，只有室利阿瑜陀耶都军未与缅军较量。特御驾亲征景迈城缅军。兹者已深悉缅军的实力，足以单独向阿瓦都（指缅甸）作相当的报答矣，同时所囤积的粮秣亦甚充足。乃派人携书致礼部大堂，以资上奏大清皇帝，派军至室利阿瑜陀耶都。室利阿瑜陀耶都将调集军队会同进攻阿瓦都。惟现缺乏马匹……"书署小历一一三三年，卯年，第三旬，六月白分初三，火曜日（佛纪元二三一四年）。

阅读中泰双方所存的档案或文籍共十四种以后，始克成功。

泰方所存的文籍，计有：

（一）吞武里朝在佛纪元二三二四年（丑年）所拟定的国书。

（二）披耶摩诃奴博所著《中国记游诗》。

（三）《暹史大全》第五集。

（四）却克里王朝于佛纪元二三二五年所呈国书。

（五）却克里王朝四世王御著《释史集》。

（六）却克里王朝四世王时代使团赴北京路程报告书。

（七）《记忆录》。

（八）却克里王朝五世王评注《记忆录》。

（九）乃荣所译《安南史》卷二。

至于中国文籍方面则有：

（一）《文献通考》。

（二）《东华录》。

（三）《钦定续通志》。

（四）《二十四史》。

（五）《南史》。

这些文籍，有助于我们了解其始末颇巨。为什么作者劝告阅读这么多的文籍？古学研究及检讨专家，必能深知其事因。盖当时交通不甚便利，所传的消息，易于混杂。同时后世的著述，复掩蔽了一部分真理，易使人发生误会。一般爱好真理者实有作各方面讨检的必要，这方能获得直接以及参照后较接近事实的收获。

作者为何指出佛纪元二三二四年（丑年）所派赴中国的使团，系最重要的一次？一般会阅读《记忆录》（即上面所列的第七号），以及却克里王朝五世王评注的《记忆录》（即列第八号）者，必能察出这两篇文籍尝叙述及佛纪元二三二四年度派使团赴中国，称颂绿拍昭德信大帝所拟就的国书，曾向中国皇帝请赐一位公主。这就是显示出著述《记忆录》者（不按事实记述）需要诬蔑颂绿拍昭德信大帝，使大众误以为大帝系好色之徒。然而事实上与大帝的史迹适得其反。所以作者对于此事尤为关怀于查考，虽然深知这不过属于诬蔑的一部份事件而已。但，如要给以全无疑点地辩白，自须搜集充分的证据，指出其妄，否则不易使人相信。关于依凭一己的怀疑，即断定那是诬蔑，这不算辩白，而且是不应该的。

关于中国文籍方面，作者获得了专家陈大民先生代为检查，且译成泰文，而与现存的泰文籍相参照，这应得向陈先生特别在此表示谢忱的。

经过了详细的参照之后，发觉那些诬蔑颂绿拍昭德信大帝的言词，全非事实。盖缺乏证据指证，仅属平空所杜撰而已，即虽旁证，亦不可得，理由不成其为理由，因此可认为在历史上纯粹不可取者。一般尊敬国史者，每一人皆须合力清除此项平空的杜撰。因为它似乎像掩蔽人耳目的烟幕，使人看见了不合事实的图相①，最低限度亦增重了后代子孙的研究，徒费无谓的时间，平白地使他们发生误解。

佛纪元二三二四年泰使团被派赴中国的重要性，事实显然指出中泰间的关系，非常密切，此外还充分地证出颂绿拍昭德信大帝对于建国的精密而深潜的措施。大帝具有勇敢而果断的特性，纯粹是一位天成的战士。大帝的称号，可当之而无愧！不断地为泰族浴于无垠的恩泽中，信守不渝，尊重真理，整顿行政，促其切合于最高的理想，尤合于成为泰族至尊的君主。

当时所派出的使团，计有：

（一）披耶顺陀罗阿派耶，大使。

（二）銮披阁耶砂尼遐，副使。

（三）銮勃乍那披蒙，三使。

（四）坤勃乍那披唧多罗，通事

（五）蒙披碧陀哇乍，办事。②

满载商品的十一艘帆船③，实可算为当时最多数，而且为从前或后来所不能比拟的数量，因此可目为空前绝后的最隆重的一次了。

颂绿拍昭德信大帝亲自拟就国书，内容共有五要项：

（一）追述中国官吏，如总督、抚夷等不合法措施，索取贡物费，不令使团游览市

---

① 编者按："相"疑为"像"。
② 据却克里王朝五世王所评注的《记忆录》（建都曼谷一百廿七年首次印行的版本）第134页载：除了朝贡天朝的正式使团，另有一使团，系押十一艘帆船赴中国的使团。依当时财政大臣的函件称，这一批使团有昭披耶室利达摩提罗阁、披耶罗阁戍帕钵底、拍拔良、銮罗阁耶、銮室利哟砂、銮罗阁蒙蒂、乃勒特、乃塞迪以及侍卫官，规定这批使团购得建筑材料后，先返国。
③ 十一艘帆船所载的商品，除了贡物以外，依现存的文籍有着如下记录。当作礼物的有：赠送礼部大堂苏木一千担，存九千担；乌木三百担；红木一千八百〇二担廿斤。这些礼物共值五十六斤五两。
　　赠送总督、抚夷：苏木五百担，红木五百担。这些礼物共值卅七斤十两。
　　赠送四行主：每一行主苏木一百担，红木一百担。这些礼物共值卅斤。
　　包括贡物以及赠送各方的礼物在内，则全部共值一九八九斤十八两二铢一钱。
　　所余剩下来的物品，计有苏木一千七百担，红木九百〇二担，乌木三百担七十六斤。此类物品规定当作商品销售，充作费用。充作费用用的商品，全部共值四百五十三斤六两三铢二钱一纺（每纺十二土丁）。
　　综合十一艘所运载的物品，全部共值二千四百四十三斤十五两一铢三钱一纺。

衢，阻挠使团趁泰轮，转使乘中国帆船。及使团提出抗争，为邦交计，始予以办理，但下属仍不免索取提呈费……凡此种种事态，呈请天朝有以改善之。

（二）华籍渔夫卅五人，海中遇风，渔船飘至泰海湾，获得优渥礼遇，并附船送回。又一次，中缅发生兵争，一部份华兵在泰边疆为缅兵所掳。后泰兵数破缅兵，俘虏尤夥，中且杂有原为缅方俘虏之华兵，泰方款待有加，并送之返华。此举纯在显示两国邦交之密切及平等也。①

（三）请免征船口税三次，每次三艘，以资派帆船载米、苏木以及其他商品运销于广东、宁波、厦门诸地，每地限一艘，从中换取建筑材料，备兴造新皇宫。

（四）请代物色熟悉赴日本航程之华籍舵手，以资派帆船两艘赴日本运载红铜。

（五）开列倍进方物，计：苏木一万担，颜料一百担，象牙一百担，锡三百担，犀角一担，胡椒三百担，雄象一头。②

当国书被迎上岸时，照例鸣礼炮七响示敬。国书抵中国，中国官方次第加以护送，直至北京为止。

读者当可察出作者所开列国书中第三项有关于换取建筑材料，备建新皇宫之用的事态，这就是指明当时的泰国国都仍缺乏华丽堂皇的宫殿，首都的本身几与内地各城市无甚差别。这并非是说颂绿拍昭德信大帝无力在初期建立壮丽的宫殿，而且也不是没有时间可资兴建，究其事实，倘细加考虑后，即可看出颂绿拍昭德信大帝并非贪恋宝座者，大帝只有专心一志地在进行建国，为泰族谋福利，奠定巩固的国基。在大帝时代耗去的十二足年，完全充满着振发国力从事建立强大的国基，疆土广袤无垠，国防力充分，岁收增加。届成熟时期应整饰国都，使其成为繁荣国家所应具者然，大帝乃于纪元二三二二年间拟议重建新都。这在同年僧侣团于坐夏节终了时所上的祝词，有相当的道及。降至佛纪元二三二四年（丑年）乃有如上所述派使团偕同十一艘帆船赴中国之举。这种事态，当然很明显地指出颂绿拍昭德信大帝多么关怀泰族的安危。在国家仍未有巩固的

---

① 关于郑王护送遇风华籍渔夫卅五名返华事，中国史籍无载。护送滇省人十九名返华，则双方皆有记录，爱将译者所获得的泰文国书有关这事件的内容，摘录如后："派华籍渔夫卅五名出海捕鱼，遇风被吹至暹海湾，赐以衣服食物，费款一斤（八十铢），白米卅五桶，每桶值一铢，共值卅五铢，两数相合则为一斤八两（四铢）三铢。又一次，滇兵战败，为缅方所俘虏，囚于边疆。泰军破缅军，因而获得滇兵十九名，护送返北京。费衣服食物约一斤十二两，每人发给衣裤一套，每套值一铢两钱（每钱廿五土丁），共值七两两钱，白米十九桶，每桶一铢，共值四三铢，总合共费二斤三两三铢二钱。又一次三名，费款九两，每人赐裤一套，每套值一铢二钱，共值一两二钱，白米三桶，每桶一铢，共值三铢，总合共费十两三铢二钱。综合三次共费四斤三两二铢。"

② 所贡方物，依现存国书录载，全部共值一千八百六十六斤三两二铢一钱。这里所提的"倍进方物"，意为除了照例所应进的方物以外，所增加的方物单，纯系另开的。

基础时，大帝全不计及华丽的宫殿。这是泰族应记取，而同时应铭感所赐的恩泽！

当时所派出的使团，于阴历七月间首途，如不受风所阻，必可在同年杪返抵泰国，或最迟亦不过新年。可是，不幸大使披耶顺陀罗阿派耶客死于中国，当使团南下至广东时，适为所阻，不能返泰国。在这期间，泰国首都发生变动，且换新皇系。颂绿拍昭德信大帝虽身披黄袍，即被斩决。于是兴建新吞武里城的计划，遂被取消。新立的却克里王朝即开始在颂绿拍昭德信大帝行宫的对岸建立了叻陀纳哥盛首都。惟无论如何，颂绿拍昭德信大帝自中国所换取满载十一艘帕船的实物，亦不白费，反而成了兴建叻陀纳哥盛首都的重要材料。明言之，即用为建造却克里王族的正殿和前殿，垂至现时仍可看见。

关于颂绿拍昭德信大帝时代入贡中国，请就此予以结束。其实如详细叙述，可得一巨册。这作者愿留给学者予以完成之；同时预料所列举的文籍名称，必大有助于检讨无疑。

1941 年 3 月 5 日译完于编辑室

郑昭入贡清廷考[*]

许云樵

国人之谈暹罗史事及华侨掌故者，恒举郑昭王暹一事为荣，顾于郑昭始末初未能详。有以郑昭乃姓郑名昭①者，有以郑昭为南渡"新唐"②者，有以郑昭原籍为海丰或惠州者③，并皆谬误，殊属可憾。稽之暹文贝叶本《国史》，郑昭原名新（Sin），澄海华富里人郑镛④纳暹妇诺央（Nok Yang）所出，幼为财政大臣昭丕雅遮迦利（Cao Phraya Cakri）之螟蛉子。九岁入拘娑伐多寺（Wat Kosawat），从高僧铜棣（Thong-di）攻读。年十三，入宫补侍卫。比年二十一，复入寺披剃。阅三载，乃还俗。故虽为华侨子弟，其染濡暹化之深，概可想见。

郑昭之入贡清廷，向为人目为中暹关系史上之佳话。惟考中暹典籍，中国方面以郑昭之修职贡，盖为输诚上国，冀列藩属；而暹罗方面则以其入贡为通商，为求尚公主。互相凿枘，使读史者无所适从。窃颇有志于斯题之考证，居恒搜求中暹档案，以为比勘之据，积之有年，卒困于俗务，未暇握管，迄于今日。兹学报需稿，朋辈又多以此项资料见索，爰拨冗走笔，一偿夙愿。

一　中国载籍中之郑昭入贡

郑昭入贡，屡见于中国载籍，兹著录其较著者于次：

（一）《清朝文献通考》卷二百九十七载：乾隆"四十六年（1718）正月，暹罗国长郑昭遣使朗丕彩悉呢霞握抚突（Luang Bijaya Saneha Up-dut）等二人⑤入贡并奏称：自遭缅匪侵凌，虽复土报仇，绍裔无人，兹群吏推昭为长，遵例贡献方物。得旨：览国

---

　*　原载《南洋学报》第7卷第1辑，1951年，第1—17页。原文中注改为脚注。

①　"昭"（Cao）暹语"王"也，郑昭盖即郑王之谓也，初非其名，仅其入贡表文用之，然亦为译字官之所为也。

②　"新唐"者，暹罗潮裔称新自中国南渡者，"唐"即"唐山"也。

③　海丰及惠州均客家，郑昭之父乃澄海人，今其故里犹有遗迹。

④　镛初名达，少无赖，人呼"歹子达"，贫不能自存，乃南渡赴暹，以包赌饷起家。

⑤　《清朝通考》误以"朗丕彩悉呢霞握抚突"为二人，其实乃副使之暹名译音，其"握抚突"即暹语 Updut 之对音，此言"副使"也正使盖已亡故。

长遣使航海远来，俱见悃忱，该部知道，原表并发。上于山高水长，连日赐使臣宴"。

（二）俞正燮《癸巳类稿》云："暹罗踦居缅西南①，缅于乾隆三十六年（1771）灭之。郑昭者，中国人也，乾隆四十三年（1778），暹罗遗民愤缅无道，推昭为王，乘缅匪抗拒中国，人伤物尽之后，尽复旧封，兴师占缅地。赘角牙（缅籍作"Singgu Meng"，暹籍作"Cingkuca"）屡为所困。暹罗于四十六年（1781）入贡，陈其事，朝廷不使亦不止也。"

（三）魏源《圣武记》卷六载："暹罗者，居缅西南海②，与缅世仇，缅酋孟驳（Myedu Meng）于乾隆三十六年（1771）灭之。而缅自连年抗中国后，耗费不赀，又其土产木棉、象牙、苏木、翡翠、碧硟玖及海口洋货、波竜厂铜，恃云南官商采买者，皆闭关罢市。缅加戌东北，而力战东南，其用日绌。既并暹罗，年取无艺。乾隆四十三年（1778），暹罗遗民，愤缅无道，推其遗臣郑昭为主，起兵尽复旧封，又兴师侵缅地。于四十六年（1781），航海来贡告捷。朝廷不使亦不止也。"

（四）《皇朝掌故汇编》外编卷十七，引《庸庵出使日记》云："缅酋孟驳于乾隆三十六年（1771）攻灭暹罗，王诏氏③窜迹他所。四十三年（1778）暹罗遗民，推其遗臣郑昭为主，起兵尽复旧封，进侵缅地。四十六年（1781），航海来贡。缅酋孟云（Bodawapaya，一作孟陨）俱不能支，乃东徙居蛮得，即今所谓莽达拉城（Mandaley）也。暹罗掣缅之肘，过其方张之焰，实有功于中国，自列于朝贡之国。至今王暹罗者尚属郑氏，实华种也。"

（五）周凯《厦门志》卷八《番市略》则云："乾隆三十一年（1766）为缅甸所破，国人郑昭复土报仇。其王无后，推昭为长，入贡土物。五十一年（1786）封昭为王。"

（六）嘉庆《广东通志》卷三百三十《暹罗国传》载：乾隆"三十一年（1766），其国为花肚番所破。四十六年（1781），该国郑昭立为国长，遣使入贡。四十七年（1782）郑昭卒，子华（Phra Buddha Yot Fa Culalok）嗣立"。《大清一统志》卷四百二十三之三同。

按，缅之灭暹，在乾隆三十二年（1767）；郑昭之起义，克复故都，亦在是年，相距仅八阅月耳。《癸巳类稿》及《圣武记》，既误三十六年于前，复以推昭为长在四十三年于后，一误再误，殊堪诧异。其误东南为西南，尤属不该。两书所言，如出一辙。

---

① 按误，应作东南。
② 同上。
③ "诏"译语（Cao）之对音，此言"王"，与"昭"同

考《癸巳类稿》刊于道光十三年（1833），《圣武记》成于道光二十二年（1842），应系循前者之误，而未暇细究者。《庸庵出使日记》即薛福成所著《出使英法义比日记》，凡六卷，记其1890—1891年之奉使，亦循前二书之误。至《厦门志》、《广东通志》及《大清一统志》三书，均以破国在三十一年（1766），仍误。

至于入贡之年，各书均言在乾隆四十六年（1781）。《大清一统志》及《广东通志》且述及其后一年"郑昭卒，子华嗣立"，与暹史相吻合。唯《厦门志》所云："五十一年（1786）封昭为王"，不知何所据？

二　暹罗载籍中之郑昭入贡

暹罗载籍涉及郑昭之入贡清廷者，不胜枚举，应以《郑昭本纪》（Phra Raja Bongcavadar Krung Dhonburi）为主。《本纪》载："小历一一四三年（1781），岁次辛丑，诏命循例遣使奉贡，入朝中国。是年并敕令銮奈利提（Luang Nai Riddhi）为随贡副使往。"惟《宫廷札记》（Cotmaihetu Khuam Songcam）则载："小历一一四二年（1780），岁次庚子，命备舶送使臣入朝北京圣君，云将求尚公主，因命长者昭丕雅室利达摩提罗阇（Caophraya Cri Dharmadhiraja）偕銮奈利提及銮奈释帝（Luang Nai Cakdi）为使臣，统率侍卫多人，备贡物，往北京求尚公主。"

以上引文二则，系年有先后。余昔尝疑而论之，[1] 因《清朝文献通考》载其于乾隆四十六年（1781）正月入贡，乃以后者为近理。后检《东华录》，方知《本纪》不误，盖昭之贡使抵粤，在是年七月，而非正月。

《本纪》仅提副使之名，而不及正使，亦有说乎？曰：有！此銮奈利提盖即王子宫銮那利因陀罗罗那丽舍（Krom Luang Narindra Ranareca），惟非普通使臣，是时尚为侍卫耳。

至《宫廷札记》所云"求尚公主"一则，虽随贡侍卫丕雅摩诃奴婆（Phraya Mahanubhab）所著《入朝中国纪行诗》[2] 有"一绝廿四载，始思赓朝宗。丝萝欲系附，俾即帝家风"之句，词颇暧昧，可附会为求尚公主之意，惟考之中暹档案，实无其事，吴福元君尝力斥其妄。[3] 以是，吾人欲明了郑昭入贡清廷之真相，非查存档不可。至于"一绝廿四载"之说，似亦不确。盖大城后朝最后之一贡，在乾隆三十一年（1766），

---

① 见拙文《中暹通使考》，《南洋学报》第4卷第1辑，第30页。
② 余尝转为汉诗，并加注释，载《南洋学报》第1卷第2辑。
③ 见吴福元《郑王入贡中国考》，陈毓泰译，《中原月刊》第3期。

至此次贡使之出发系在 1781 年，相去仅一十五年耳。余于译注《纪行诗》时已辩之。《纪行诗》纪贡使出发日期甚详。有句云："午月值火曜，黑分十三晨，熹微卯二刻，相率辞王宸。"即是年阴历五月二十八日。航行三十三昼夜而抵广州，则七月初矣。

上引之《宫廷札记》，别有拉玛五世（Rama V）御著之《考释》（Phra Rajavicarana Cotmaihet Khuam Song Cam Khong Somdec Phra Culacomkau Rajakala thi 5），尝著录郑昭之使团凡二组，一组为入贡正使团，别一组为购料副使团。銮柰利提则为购料使团之副使，该团全部名单如下：

正使：昭丕雅室利达摩提罗阇（Cao Phraya Cri Dharmadhiraja）。

副使：丕耶罗阇苏跋伐底（Phraya Raja Subhavati）、丕披亮（Phra Philiang）、銮罗阇耶（Luang Rajaya）、銮室利瑜舍（Luang Cri Yoca）、銮罗阇漫帝利（Luang Raja Mantri）、柰利提（Nai Riddhi，即王子）、柰释帝（Nai Cakti）。

至于入贡正使团之名单，该书未见著录。惟吾人得于档案中求之，详见下文，兹不赘。此购料使团共率帆船十一艘，内有货物一批，计值银 453 斤 6 两 3 铢 2 钱 1 钫（合今暹币 36267.625 铢），云在广东发卖变价后，拨作使团盘费云云。此在清廷档案中亦有提及，以其失体，颇不以为然，详见后考。

三　清廷对郑昭态度之变迁

郑昭之入贡，虽在乾隆四十六年（1781），惟其求贡，实始自三十三年（1768），经十余年不绝之输诚禀求，乃达目的。考其故，盖清廷因听信河仙镇目莫士麟之谗言，致对郑昭印象极恶，故绝之耳。

先是，清廷出师讨缅，屡失利。乾隆三十二年（1767）五月，命明瑞大举征缅。虑缅军窜入暹罗，因谕两广总督李侍尧檄谕暹罗搜擒之。是年闰七月，李侍尧奏折云：

"遵旨檄谕暹罗国搜擒奔窜缅匪一节，传询曾充暹罗国贡使船户及通事等，据称：自广东虎门开船至安南港口，地名河仙镇①，计水程七千三百里。该处系安南管辖，有土官莫姓驻扎。又自河仙镇至占泽问②地方，计水程一千四百里，系暹罗管辖，有土官普兰③驻扎。自占泽问至暹罗城，计水程一千六百余里。统计自广东虎门至暹罗，共一万三百余里。九月中旬，北风顺利，即可开行。如遇好风，半月可到。风帆不顺，约须四

---

① 河仙，越名"Hatien"，暹名"Ban Thaimas"，本柬埔寨属地。其镇目莫氏，即后引存档之莫士麟。
② 占泽问乃"Canthabun"之对音，华侨通作尖竹汶，郑昭起义之地也。
③ 普兰，暹名待考，应为郑昭占领其地前之太守，时已为郑昭所逐。船户及通事殆以早离暹地，尚未知国变也。

十余日。如有公文照会暹罗，交付土官莫姓及普兰，均可赍去。但前往该国系属外洋，内地兵船，水道不熟，未便令其前赴。兹查有本港商船，于九月中旬自粤前往安南港口贸易，计到彼日期，正系十一月间。查有左翼镇中营游击许全，熟谙水务，臣遵谕备缮照会暹罗国王之文，发交附搭商船往安南港口，逾令查探赍投，仍令取该国王回文报闻。"①

是时清廷尚不知暹罗大城后朝，已于去年丑月为缅军所覆亡，郑昭方举义师，匡复暹社也。翌年秋，清廷始知暹已为缅所吞并，惟实情不详，因再谕李侍尧查询，设暹愿复国，清廷可酌调水师策应之。兹再录乾隆三十三年（1768）秋七月丁亥之上谕如次，以其见详②。

"谕军机大臣等：去秋李侍尧奏闻：'暹罗于前岁（1766）即与花肚番构兵，被花肚番将城攻破，该国王逃窜无踪，见令游击许全查探虚实'等语，其探问如何，至今未据覆奏。近又闻暹罗即为缅贼所并。昨缅贼递与将军③文内，亦有'管理暹罗'之语，是花肚番即系缅贼，所属国疆土毗连，肆其吞噬，亦未可知。但此时暹罗或偶被侵陵④，或竟为缅匪蚕食，尚无确信。粤东、澳门等处，向为外番贸易之所，该国商船来往必多。着传谕李侍尧，留心察访该商内晓事之人，询问该国近日实在情形。该国王现在何处及暹罗至缅甸水程若干？陆程若干？远近险易若何？逐一详悉咨询。如能约略绘图，得其大概，亦可存备参酌。目下并非必欲由海道捷取，为此迂阔之计；且轻动舟师，经越外洋，恐岛外远夷，妄生疑畏，自于事无济。若该国王尚有志于恢复，心存释怨而力不能支，欲求助天朝，发兵策应。是即可乘之机，未尝不可酌调水师前往伙助，以期一举两得。但其事当出之审慎，办与不办，尚在未定。李侍尧止宜善为询访，密之又密，切不可稍露圭角，致涉张皇。仍将询得情由，即速据实奏闻！"⑤

李侍尧奉谕，即向自北京回船至粤之暹罗大城后朝最后一次贡使丕雅嵩统呵沛（Phraya Sunthon Aphai）查询暹罗残破一事。贡使因久离祖国，实情不详。故李侍尧据以折奏，亦不明晰，致使别一折奏游击许全奉差在洋病故事，亦不获信。迨再查明，覆奏一折，并麦森呈禀莫士麟⑥呈文，朝廷始信许全之死确实，对其掷还郑昭请封表文为

---

① 见乾隆《东华录》卷六十六。
② 编者按："以其见详"当为"以见其详"讹。
③ 将军盖指明瑞也。
④ 编者按："陵"当为"凌"。
⑤ 见乾隆《东华录》卷六十八。
⑥ 莫士麟为越人，仕柬埔寨，为河仙镇目，乾隆卅六年（佛历二三一四年，公元 1771 年）曾为郑昭所逐，立暹人名丕雅罗阇室帝（Phraya Raja Sethi）者守之。未几，士麟反攻失败。郑昭终以其地难守，撤暹吏弃之。吴福元之《郑王入贡清廷考》（陈毓泰译，《中原月刊》第 3 期）以莫士麟即丕雅罗阇室提，大误。

是。郑昭盖于乾隆三十三年（1768）八月，遣陈美为使臣，上表请封，自称"甘恩敕"①。李侍尧表文掷还，严饬陈美。但此处置，清廷虽以为是，但认尚未能尽合，故是年八月甲戌之上谕云：

"谕军机大臣等：李侍尧奏暹罗国情形各折，朕初闻其奏闻，该国贡使丕雅嵩统呵沛回船至粤，询问暹罗残破一事，所言殊未明晰；又另折游击许全奉差，在洋患病身故之处，亦恐非确情。随于折内批示。及阅至查明复奏一折，并麦森呈禀莫士麟呈文，其事叙述已明，许全之死亦无疑义，而欲将其甘恩敕请封原文掷还，严饬来人陈美之处，所见甚是，但办理尚未能尽合。甘恩敕本系内地微贱之人，飘流海徼，为其夷目，与暹罗国王谊属君臣。今彼国破主亡，乃敢乘其危乱，不复顾念故主恩谊，求其后裔，复国报仇，辄思自立，并欲妄希封敕，以为雄长左券，实为越理犯分之事。若仅将原文掷还，或来人陈美回国时，不将该督严饬之语，逐一转告，无以摄服外邦。自应给以回文，申明大义，俾知天朝礼教广被，衰贬一秉大公。此等负恩僭窃之人，必不肯稍为假借，庶奸回（顽?）② 有所儆惧，而岛夷共懔德威。但恐该督处措词未能尽协，因命军机大臣代拟谕稿寄交李侍尧，按式行文，付陈美赍回谕。示其河仙镇目莫士麟，既将该国形势绘图呈送，而暹罗王之孙逃居该境，又为安顿留养，颇知礼义，亦应谕以数行，稍示嘉奖，已一并令军机大臣拟就寄发。至前谕令查访暹罗情形，如彼有志恢复，欲求中国援助，或可酌调水师，以期一举两得，原属备而不用之说。今暹罗既遭花肚番侵掠，难夷口食不充，其所属禄坤③等三府④又与甘恩敕称兵内讧，势已孱弱无余，自顾且不暇，又安能复图释怨匪番。所有取道海洋一说，竟可不复置议。将此传谕李侍尧知之。"⑤

按军机大臣所代拟之二谕稿，其谕暹罗国夷目甘恩敕者曰：

"尔遣陈美来粤，赍投该夷目呈文，恳请天朝封敕，于理不顺。暹罗国王远在海峤，世供职贡，大皇帝嘉其恭顺，历赐衰封。今汯被花肚番侵扰焚掠，国破身亡。尔既

---

① "甘恩敕"之对音，颇费推敲。因暹史所载郑昭之名，有"丕昭达信"（Phra Cao Tak Sin），"颂德丕昭恭统富里"（Somdet Phra Cao Krung Thonburi），"颂德丕波罗摩罗阁第四"（Somdet Phra Borom Raja Thi Si），及"丕六坤室利阿瑜陀耶"（Phra Nakon Cri Ayudhya）等，均与之不符。窃以"甘恩敕"殆为其自称之名中有"Krung Chat"（民都）或"Krung Raja"（王都）之对音，而为译官抉出为名者。

② 编者按：括号内存疑校语，为原作者所加，下同。

③ "禄坤"应为"六坤"，乃原名"Nagara Cri Dhamaraja"（今译作"Nakhon Si Thamarat"）首字之对音。

④ "三府"殆为传闻之误。其时已裂为六国，禄坤其一也，此外缅甸军之驻地，及彭世洛（Muang Bisanulok）、枋府（Muang Fang）、柯叻（Korat），皆与郑昭所据之统富里相割据。后缅军驻地及柯叻先为郑昭所并，枋府并彭世洛，昭复并禄坤及枋而一统。

⑤ 据乾隆《东华录》六十八。

为其夷目，谊属君臣，目击尔主遭此鞠凶，即应坚秉忠贞，志图恢复，以期殄仇雪耻。即或因残破之后，夷众流离艰食，孱弱不支，势难骤振，即当求尔主族裔，扶戴复国，以续尔主宗祧。则暹罗众僚目，孰不推尔匡翊忠勋，共相钦服。即尔嗣王继立，奏告天朝，自必叙尔功绩。大皇帝闻之，亦必深为嘉予。况闻尔与乌肚、汶仔、婆麻，^① 剿杀得胜。又入山搜寻象牙、犀角等物，给赡难民。是尔之才干，颇为可取。今尔主庶兄诏王吉，孙诏萃、诏世昌，^② 见皆避难，潜居境内。尔不思与众头目择立拥戴，垂名不朽，乃竟乘其危乱，鸱张自立，并欲妄希封号，僭窃称王。似此干名犯分，蔑礼负恩，不详（祥？）孰大？反之，于心岂能自安？且尔本系内地民人，必知大义，岂不闻中国名教，于乱臣贼子，不少假借乎？即为尔计，彼世禄、禄坤、高烈三府，^③ 因尔欲雄长其地，共切同仇，与尔称兵相拒。彼则名正言顺，尔则逆理悖伦。天道助顺恶逆，胜负之势较然，岂可自贻伊戚乎？大皇帝抚有夷夏，惟以仁育义正，表率万方，如尔所陈情节，深乖法纪，不可以据词入告，仍掷交陈美赉还。本部堂典守封疆，职在宣布中朝德化，矜尔愚迷，特为凯切申谕。尔如翻然改悔，效忠尔主，仰体圣朝兴灭继绝之经，自可永受大皇帝无疆福庇，慎毋怙终自误。特谕！"

其谕河仙镇目莫士麟者曰：

"尔僻处海疆，心知向化，因闻天朝查讯暹罗情事，即将海外各夷地形势，绘图具文，差夷官林义等赍投，甚属恭顺。业经据情奏闻。大皇帝鉴尔之诚，深为优奖。又闻尔于暹罗国王之孙诏萃逃入境内，即为安养资生，颇知礼义，亦属可嘉。今特给尔回文，并赏段匹，用示恩意，尔其敬承之。特谕！"

乾隆三十四年（1769）秋七月，再谕军机大臣云：

"谕：据李侍尧奏到'查访暹罗国情'一折看来，诏氏子孙式微已极，大势俱为甘恩敕所占，难复望其振作，亦止可听其自为蛮触，原不必借其力，亦不必为办理也。见将该督所奏原折，及莫士麟原禀图说，钞寄傅恒^④阅看。所有前寄李侍尧檄谕暹罗国文一道，原令该督：如果暹罗系诏氏后裔恢复，自当寄去。今该处既为甘恩敕所占，即毋庸觅便寄往。其原拟谕稿底，可且留广东。如该镇目莫士麟有续行禀报之处，或甘恩敕

---

① "乌肚"即暹北之罗人（Lao），以有文身腹部之俗，故名。无此俗者曰白肚，居东部。"汶仔"殆即蒙人（Mon），亦自缅避难入境者。"婆麻"应为暹语称缅为"Phama"之对音。

② "诏王吉"似为"Cao Ong Kit"之对音，"诏萃"似为"Cao Chai"之对音，"诏世昌"似为"Cao Sichang"之对音，始末未详，待考。

③ "世禄"应即为"彭世洛"之略。"禄坤"之为"六坤"，已见前注。"高烈"乃柯叻之异，见前注。

④ 傅恒于乾隆三十四年春，奉命往征缅，为明瑞复仇雪耻，暹罗之事与征缅有关，故令钞寄存档与之。

有覆该督去岁檄谕之文，仍着速行据实奏闻。将此传谕该督知之！"①

　　莫士麟者，越人，仕于柬埔寨，为河仙镇目，乾隆三十二年（1767）曾为郑昭所
逐。缘其时柬埔寨王子名衲王丕优陀耶罗阇（Nag Ong Phra Udaya Raja）者，乞越师略
万泰璧府（Mu'ang Ban Thai Phet）。王子衲王丕罗摩提钵底（Nak Ong Phra Rama
Dibadi）不能守，率家奔避，入暹乞庇于郑昭。昭方思开拓疆土，乃遣师出征，后以军
中谣传郑昭崩于征六坤之役而班师。迨乾隆三十六年（1771）昭再遣师往讨，命载衲
王丕罗摩提钵底于军中，并自统水师，取道占泽问（尖竹汶），陷河仙。莫士麟即出
走。昭乃封一吏为丕雅罗阇室帝（Phraya Raja Sethi）守其地，已直捣其都万泰璧。衲
王丕优陀耶罗阇奔越。昭即立衲王丕罗摩提钵底为吉蔑（Khmer）王而班师。郑昭返，
莫士麟即乘机反攻河仙，虽不得逞，昭虑其后必多事，乃撤暹吏而弃之。

　　郑昭之亲征柬埔寨，不自统陆路大军，而必欲率水师，自占泽问以取河仙者，即与
其入贡清廷之失败有关。盖昭遣陈美奉表遭严斥后，莫士麟复进谗以陷之，致令其为清
廷所恶，叩求十余年始蒙邀准。盖李侍尧曾于乾隆三十四年（1769）秋七月，别遣游
击蔡汉往河仙，翌年正月始返粤，赍有河仙镇目莫士麟暨暹罗裔孙诏萃之呈禀二件，称
郑昭为"丕雅新"②，谓其逞凶僭据，篡窃鸱张，拟请传檄花肚番（缅甸）合力攻之，
以复暹祚。清廷嘉其志而指其失，盖据乾隆三十五年秋七月乙巳之上谕云：

　　"谕军机大臣等：据李侍尧奏，游击蔡汉回粤，赍有河仙镇目莫士麟暨暹罗裔孙诏
萃呈禀二件，并询蔡汉因何往返迟滞缘由一折，已于折内批示。暹罗僻在海外，地势辽
远，固非声讨所及。即丕雅新篡窃鸱张，自相吞并，止当以化外置之。若河仙镇目莫士
麟欲为邻封力图匡复，亦惟听其量力而行，更不必过问。但所请檄谕花肚番一说，则断
不可行。彼既具呈恳告，自当发给回谕。因令军机大臣代该督缮写谕稿，为彼陈说利
害，俾知中朝大臣体恤外国，代筹万全，自为得体。该督接到后，即行觅便发往。俟彼
有覆禀，再行奏闻。至游击蔡汉，自上年七月起程，直至本年正月始回。此等绿营③恶
弁，原不可信，其中必另有就耽延情弊，不得仅以在洋被风断桅折舵借词搪塞。并着该
督将原驾船户及随往兵丁等，逐一讯究，务得确实情形，具折速奏，毋得稍有徇纵！外

---

　　① 据乾隆《东华续录》卷七十。
　　② "丕雅新"为"Phraya Sin"之对音。"丕雅"者，乃郑昭仕于大城王朝时之爵位，"新"乃其原名。
　　③ "绿营"即绿旗兵。清制：除黄、白、红、蓝等八旗兵外，凡汉军令皆用绿旗，是为绿营。绿营在京者，
　　　为巡捕营，统于步兵统领。在各省者，有督标，统于总督；有抚标，统于巡抚；有提标，统于提督；有镇
　　　标，统于总兵；有军标，统于将军；有河标，统于河道总督；有漕标，统于漕运总督。而综隶于兵部。标
　　　分其治为协，为副将所领；于营，为参将、游击、都司、守备所领；于汛，为千总、把总所领。并见《清
　　　会典》。蔡汉应为粤督标之游击，统于李侍尧者。

寄军机大臣代拟谕稿一道，谕河仙镇目莫士麟曰：尔镇远处海滨，倾心向化。大皇帝嘉尔忱悃，宠赉频加。且自暹罗残破，后裔流离，尔欲为诏氏力图克复，慕义尤可嘉尚。兹尔以丕雅新逞凶僭据，兴兵攻讨，未能取胜闻。花肚番本篡夺余孽，怙恶不悛，前此暹罗遭其劫掠，国邑破亡，人民涂炭。其凶残无赖，尔之所知。且彼既与诏氏构怨于前，安能望其匡复于后？而丕雅新之敢于僭窃，未必非私相勾结，借为声援。假使彼引兵至境，转与丕雅新狼狈为奸，是为虎添翼，一害未除，一害滋益。暹国烬后遗黎，岂堪复罹荼毒？浸假而及尔河仙，两敌并临，其何以济？即幸而殄灭逆新，复立诏氏后，彼必自谓有德于暹罗，遂欲攘为，所属悉索敝赋，惟所欲为，稍不顺意，残虐立被。譬之引寇入室，祸由自致。河仙唇齿之地，庸能免乎？谁敢与抗？是又鬼蜮伎俩所必然！大皇帝岂肯于此狡诈蠢酋，假以事权，听其贻患海外乎？尔所请断不可行。本部堂不便为尔妄渎天听。尔不忍诏氏宗祧不祀，且欲讨逆继绝，用意良厚。夫名正言顺，众不能违，以此号召诸府，必有从而应者。且高烈、禄坤未尝不心乎诏氏，徒胁于逆新之势，强颜相从。尔邻封尚奋同仇，若辈闻之，有不慷慨自励者，必非人情！况前此第以后期败绩，若豫为密约，克日举事，更无可虑者。而以正定乱，以顺取逆，胜负之势较然！尔自量力而行，诚能一举而歼渠魁，复亡国，远近闻之，孰不称尔义，推尔功！本部堂自当为尔转奏，大皇帝亦必奖尔守正扶危，嘉予衷赏。不亦美欤？若尔所计，则有害而无利，实未见其可也。尔既以诚恳来告，本部堂实为尔推究筹画，详举以示，尔其善度之！"①

清廷之欲通暹，意在绝缅后路。莫士麟但知谋郑昭，而不择手段，竟欲请传檄缅甸，合力攻昭。不特清廷不许，即暹人亦不能容，宜其一无成就也。惟清廷亦昧于时势，乃欲莫士麟号召诸府，为暹罗力图匡复，而视郑昭为缅作伥，尤为可哂。莫士麟自接粤督檄谕，亦知缅甸为清廷所深恶，故于蔡汉抵河仙则②，竟教其行文郑昭，一体擒献。汉从之。昭得此机会，乃解缅俘十二名，作第二次之求贡。故乾隆三十六年（1771）八月乙酉之上谕云：

"谕军机大臣等：据李待尧奏，暹罗丕雅新，将擒获花肚番头目男妇，差人解送来粤，见在委员押解进京查讯等语。暹罗送到之花肚番男妇，是否即系缅匪，自愿解京审讯，其真伪无难立辨。至丕雅新当暹罗残破，乘机窃据，妄冀敕封，曾令军机大臣代李待尧拟写檄稿，正词斥谕。今复借奉谕擒花肚番逆匪为名，冀邀赐凭朝贡，自不应允其

---

① 据乾隆《东华续录》卷七十二。
② 编者按："则"疑为"后"讹。

所请。但去岁游击蔡汉往谕河仙镇目截擒缅酋时，蔡汉听信莫士麟之言，曾行文丕雅新一体擒献。今丕雅新既以遵奉宪令为词，尚知敬奉天朝大臣，亦不必概付不答，绝之太甚。自应即以该督之意酌量赏给段匹，稍示羁縻。该督仍给以檄文，回复丕雅新，谕以'尔所送花肚番男妇，是否实系缅匪，其事虚实，本部堂难以凭信，不便率行陈奏。但尔既已送到，姑留内地收管，另为查办。因尔奉令惟谨，遣人航海远来，本部堂特给尔段匹，付来人赍回，以示奖励。至尔所称乞恩赐凭，许照旧例朝贡之处，本部堂更不必代为转奏，已于前谕明白示覆矣'。如此宣谕，于驾驭外夷，自为得体。可将此传谕李侍尧知之。"①

于此可见，清廷对郑昭之态度已在转变，奉贡虽不准许，但已酌赏段匹，欲示羁縻矣。同年冬十月之上谕，已自为昭辩白，脱其篡窃之名矣。

"谕军机大臣等：据李侍尧委员解到暹罗丕雅新拿获番男八名、番妇四名，交军机大臣询问，虽系青霾②国民人居多，而泻都燕达③一名，实系缅匪小头目。丕雅新之遵谕擒献，尚非无因，而其心颇知恭顺。前岁，丕雅新遣人奉书李侍尧，欲求转奏请封。李侍尧因其于暹罗残破之后，戕害诏氏子孙，乘机窃据，不应妄冀封号，曾奏闻拒斥。今岁以擒花肚番逆匪为名，仍希封赏，复不从所请。其论虽亦近理，而不免过甚。荒徼岛夷，不知礼义，其易姓争据，事所常有。如安南国陈、莫、黎诸姓，亦屡更其主，非独暹罗为然。况丕雅新当缅匪攻破暹罗时，以报复为名，因利乘便，并非显有篡夺逆迹。而一闻内地大臣檄谕，奉命惟谨，即遣兵攻打青霾，其所擒获，更有缅匪头目。是其实与缅夷为仇，已无疑义。且屡次邀封望泽，尚知尊戴天朝，自不必固执前见，绝之太甚。至其代立原委，原不必拘于名分，从而过问。丕雅新初立势孤，欲求依附，若中国始终摈弃弗纳，或彼惧而转投缅匪，非策之善也。着传谕李侍尧，嗣后丕雅新处，若无人来则已；设或复遣使禀请加封，愿通朝贡，不必如前固却。察其来意果诚，即为奏闻，予以封号，方合羁縻控驭之道。着于该督奏事之便，传谕知之。"④

此次求贡虽仍失败，惟郑昭并不因此灰心。翌年（1772）再送海丰民人陈俊卿、梁上选等眷口回籍，目的仍在求贡。虽尚未邀准许，顾清廷已不再称之为"甘恩敕"或"丕雅新"，而用"郑昭"一名矣。乾隆三十七年（1772）秋七月乙酉上谕云：

---

① 据乾隆《东华续录》卷七十四。
② "青霾"现俗作"清迈"，亦作"景迈"，乃暹语"Chiengmai"之对音，此言"新城"，为暹北陲重镇，时尚为缅所占。郑昭曾于1770年征之不克；1774年再往征讨，始克复之。
③ "泻都燕达"为缅裨将名，对音不详，应为郑昭初征青霾时所俘获者。
④ 据乾隆《东华续录》卷七十四。

"谕军机大臣等：据李侍尧奏，暹罗国郑昭①禀送粤海丰县民陈俊卿等眷口回籍，并据河仙镇莫士麟差人赍送文禀，李侍尧拟以己意，檄覆两人。俟郑昭处送到内地民人，量为奖励，以示羁縻，亦止可如此办理。但梁上选等系内地民人，辄敢纠伴挈眷潜赴外国港口居住，甚属不成事体。此等民人，于送到时，均应讯明，按例惩治。沿海居民出口禁例綦严，守口地方官弁，何得任其携家擅出，漫无稽察，则平日海禁之废弛已可概见。着李侍尧查明失察梁上选等出口之该管地方员弁，据实参处。俟后仍须严饬沿海各口，实力稽查，毋得稍有疏纵。将此传谕知之。"②

郑昭自乾隆三十三年（1768）遣使臣陈美求贡，不许。三十六年（1771）复解送缅俘男妇十二名，再求朝贡，又不准。三十七年（1772）又送海丰民人陈俊卿、梁上选等回国，意在求贡则可想而知。三十九年（1774），因求贡无望，乃转而谋通市，以攻缅为词，请购硫磺、铁锅等物，清廷因态度已变，即许给之。四十年（1775），再托陈万胜投禀，附送征缅清兵流落暹北者十九名，再请购硫磺、铁炮位等。炮位为禁品，不得出口，硫磺、铁锅仍照上年之数给之。此事乾隆四十年九月乙卯之上谕言之綦详。

"谕军机大臣等：据李侍尧等奏，船商陈万胜投进暹罗国郑昭文禀一件，称'平定打马部落，人众投归，内有滇省兵赵成章等十九名，附商船送回，并情愿合击缅匪，乞赏磺铁炮位'等因一折。该督等，以讯据各兵系上年八月内，缅匪攻破打马随奔至暹罗等语，与郑昭来文云：'因青霾为其所平，打马部落率众来降'之语，其情词不无粉饰，但见将内地兵丁，搭船送回，尚小心恭顺。其所请磺铁等项，李侍尧以炮位不便准给，其硫磺、铁锅等物，查照上年请买数目准行之处，所奏甚是，自应如此办理。至所云：'缅匪于邻疆诸国，多遭残害，自必志切同仇，果能纠约合举，直抵阿瓦，擒其渠魁，上为天朝立功，下为尔土雪耻。大皇帝鉴尔忠贞，必有非常旷典'等语，立言殊不得体。中国当此全盛之时，如果欲征剿缅甸，何必借助于海外小邦？况抚驭外夷，亦自有道。若借其力翦灭叛蛮，彼必恃功而骄，久且效尤滋甚，更难驾驭，此乃一定之理。李侍尧等盖未见及此也。是令军机大臣代拟檄稿发去。再阅奏折，内称'赏磺铁炮位'，并称'炮位碍难准行'之语。及阅钞录郑昭原禀，系'乞磺铁铳仔'。所云

① 中国载籍中，最早著录"郑昭"一名者，即此上谕，殆据其禀文所自称之华名。前引之"甘恩敕"及"丕雅新"皆暹名之译音，与此迥别。故"昭"虽非其原名，但正式公文所用，亦当以其名视之。自此，凡继为暹王者，皆冒称郑氏以邀封号，如本朝一世王表称郑华，二世王表称郑佛，三世王曰郑福，四世王作郑明，至五世王始与清廷绝，罢修职贡。

② 据乾隆《东华续录》卷七十六。

'铳仔'，似即内地之炮子，而非炮位。① 是否钞禀舛伪，抑系叙折偶误，并着查明具奏。见在所拟檄稿，即照'铳仔'立言。并着李侍尧查对原文，再行缮写发往。谕以：本阁部堂接阅来禀，并开列名单，送回滇省兵丁十九名，具见小心恭顺。所请磺铁铳仔，前经驳饬。今除铳仔一项，关系军器定例，不准出洋，未便给发外，其需用硫磺、铁锅，准照上年请买之数，听尔买回，以示奖励。至所称缅匪凶顽，罪在不赦，欲加天讨，昭愿率众合击。但昭统摄初安，军需缺乏。冒乞恩赐磺铁铳仔，并恳据实呈奏等语，所言已悉。但天朝统驭寰宇，中外一家，国富兵强，势当全盛。前此平定准噶尔回部，西北拓地二万余里。今因两金川狼狈为奸，负恩抗拒。官兵征剿，见已捣其巢穴，大功指日告成，献俘行赏，西南诸番部亦可永庆安全。德威所在，遐迩莫不震慑。至缅匪顽蠢负嵎，甘弃生成之外，实为复载所不容，亦属贯盈所自取。迩来因申讨金川，逐将滇兵暂撤。今策勋在迩，或阅一二年，稍息士卒之力，再行厚集兵力，将缅匪一举荡平，此时自难豫定。若果欲扫除缅匪，则以百战百胜之王师，奋勇直前，所向无敌，视攻捣阿瓦，不啻摧枯拉朽，何借尔海外弹丸聚兵合击？或尔欲报故主之仇，纠约青霾、红沙②诸邻境，悉力陈兵，尽除花肚，亦听尔自为之。设或尔志得伸，据实禀报，本部堂覆核无异，自当代为奏闻。大皇帝为天下共主，亦必鉴尔忠诚，予以嘉奖。至于中国之欲平缅匪与否，圣主自有权衡，固非我守土之臣所敢料，亦非尔之所当请问也。将此详悉檄谕，即由六百里传谕李侍尧知之。"③

翌年，郑昭仍托华侨莫广亿带投文禀，搭送内地民人杨朝品等三人回籍，再恳赏买硫磺一百担，并愿助攻阿瓦（Ava）。清廷之态度如前，仍未有进展。盖乾隆四十一年（1776）十二月丁未上谕云：

"谕军机大臣等：据李侍尧奏，商船莫广亿带到暹罗搭送回籍云南人杨朝品等三人，并郑昭文禀一件，称'因连年与缅匪仇杀，再恳赏买硫磺一百担。若天朝用兵阿瓦，愿恩谕知其期，豫为堵截缅匪后路'。询之杨朝品等，均据供似属真情等语。杨朝品等出边虽在未经用兵以前，但以内地民人赴缅甸贸易，曾被拘禁，复又转入暹罗，在外年久，自不便遣回腾越。着李侍尧派员将杨朝品等三犯④解京，沿途小心管解，勿致

---

① "铳仔"实为潮州方言"小炮"之谓。李侍尧奏称"炮位"虽不全正确，但较上谕所误测为"炮子"，则近情多矣。中国虽同文，但方言入文，亦有误解之弊也。

② "红沙"乃缅甸东牛别称"Hongsawadi"对音之略。明张燮之《东西洋考》有"东蛮牛俗名放沙"及"沙外"等称。"东蛮牛"乃暹语"Muang Tong U"之倒误，实在应作"蛮东牛"。"红沙""放沙""沙外"皆"红（放）沙外地"之略也。

③ 据乾隆《东华续录》卷八十二。

④ 流寓在国外之华侨，既经颠沛流离之苦，返国犹以囚犯押解，不得回籍。往日华侨之不幸，于此可见一斑。

疏脱。俟解到时讯问明确，再行办理。至郑昭见内地民人在彼，即行资助送回，尚属恭顺。前已准其所请，听买硫磺、铁锅。此次请买硫磺，仍可准其买回。看来郑昭与缅子仇杀，似非饰词。但中国见在并不征剿缅匪。即欲扫除丑类，亦无借海外弹丸协击。或伊报故主之仇，听自为之。李侍尧仍仿上次檄策之意，给与回文可耳。将此由五百里传谕李侍尧知之。"①

乾隆四十二年（1777），两广总督李侍尧奉命调任云贵总督，遗缺由杨景素继任。乾隆四十四年（1779）三月，杨景素奉调为直隶总督，遗缺由桂林继任。是年十二月桂林溘逝，以巴延三继之。乾隆四十七年（1782）尚安继任为两广总督。郑昭与清廷之发生关系，即在此四人任内，尤以李侍尧之在任最久，凡十余年，对暹罗情形最悉，故调任之初，犹奏闻郑昭求贡请封之事。杨景素虽已继任，清廷犹命其用李侍尧之名檄谕之。乾隆四十二年（1777）夏四月之上谕云：

"谕军机大臣等：李侍尧筹办缅甸边务情形一折，所虑亦是，已于折内批示。据称'缅匪屡以诡词欺诳，借此窥我动静，其反复已非一次，甚为可恶。查从前定议，闭关禁市，绝其资生之路，原属制缅要策。见在该酋来禀，亦吁恳开关。使生计果真窘迫，自当力图完局，因何屡有变更？兹悉心体访，缅地物产，棉花颇多，次则碧霞玗、翡翠玉。近年以来，彼处玉石等物，云南、广东二省售卖颇多，皆由内地每差土人、摆夷出关侦探，兵役因见官差要务，于随身行李搜检未完，夹带势所不免。究之，所侦探者，止在野人地界，撷拾无稽，不但不能得彼真情，转将内地信息，从而泄漏。至棉花一项，臣在粤省时，见近年外洋脚船进口，全载棉花，颇为行商之累，因与监督德魁，严饬行商，嗣后倘再溷装棉花入口，不许交易，定将原船押逐。初不知缅地多产棉花。今到滇后，闻缅匪之晏共羊翁②等处，为洋船收泊交易之所，是缅地棉花悉从海道带运，似滇省闭关禁市，有名无实'等语。所陈悉中缅匪情弊。着传谕杨景素会同李质颖、德魁于海口严行查禁。如此装载棉花船只，概不许其进口。务当实力奉行，勿以空言塞责。仍不时留心访查，如有胥役等受贿私放者，立即重治其罪。至滇省严查边隘，毋许内地民人带货偷越。图思德迩年所办，似亦不过具文，未必实能禁绝。今李侍尧既具及此，自能设法严查，不似从前之虚应故事，惟当实力为之，要以久而勿懈。至于内地差人出关侦探，从无确信，转致泄漏内地风声，实无益而有损。从此差人侦探一事，竟当停止，想李侍尧必能妥办也。又据奏：'暹罗头目郑昭，收合余众，欲为故主复仇，始

---

① 据乾隆《东华续录》卷八十四。
② "晏共"即"羊翁"，皆仰光原名"Rangoon"之对音。

而禀臣转求恩赏封号，经臣以大义奏明檄复，继则以情愿合击缅匪，豫恳示期为请。曾以青霾所获之泻都燕达男妇人等来献。近年复将缅匪所留内地兵民即次送回，并称连岁攻击，军火缺乏，求买硫磺，颇见小心恭顺。节经臣奏明，仍作己意准其买回，并予奖励。窥其心，惟冀邀大皇帝施恩封赏，俾主国事。臣从前入觐时，曾蒙面谕：外夷原不必深求。如郑昭再有禀乞恩，汝可酌量具奏。向特疑其或与暹罗旧部别构衅端，谬思倚仗天威，巧图慑服。其与缅匪仇杀，亦无目睹之人，难保无捏词欺诳。兹询之通事寸博学，及送回腾越州民杨朝品等，佥供郑昭诱杀缅匪多人。且海商传言：郑昭汉子甚好，竟是缅匪劲敌。而近日得鲁蕴①之诡词款阙，又焉知非因郑昭之故，虑及天朝加兵，故为此延缓之计？可否敕下两广督臣，作为己意，檄询郑昭，谓诏氏虽已无子孙，而天朝原颁敕印见在是否存失？微露其意，郑昭自必乞恩求封。俟具禀时，据情转奏，仰恳施恩锡封。伊得有天朝符命，更易号召邻番努力杀贼。虽未必能缚渠献馘，而缅匪频年疲于攻战，俟其困顿，扬言大兵进剿。彼时畏惧腹背受敌，摇尾乞怜，人象到关，准其纳款，亦可借完此局’等语，亦治病仿方，姑试为之，原属并行不悖。但檄文仍宜作李侍尧之意，见令军机大臣代拟檄稿发去。谕以：

‘本阁部堂在粤省数年，屡次接阅来禀，知尔收合余众，欲为故主报仇，曾诱杀缅匪多人，是尔尚知大义。且节次送回缅匪所留滇省兵民，具见尔小心恭顺。是以尔两次需用硫磺、铁锅等物，并准买回，以示奖励，且代为奏闻。大皇帝亦深为嘉予。至尔从前禀恳，欲邀天朝封号。彼时以尔妄冀恩泽，未为正理，且诏氏虽已无人，而天朝原颁敕印，见在或存或失，未经声明，不便入告，因而驳回。原欲俟尔稍有出力之处，及查明原颁敕印下落，陈请有名，再行代尔奏恳加恩。今大皇帝因云贵地方紧要，将本阁部堂调任云贵总督，而简任杨大人为两广总督。本阁部堂已将尔历次禀恳之事，详细告知。尔嗣后如有禀知，新任杨大人自必照本阁部堂所筹，为尔酌办。今启行在即，特将此遇便谕令知之。’

杨景素于接奉后，即照李侍尧任内檄谕郑昭之例，付诚实洋船发往，令其寄到。如郑昭续有禀恳之事，即迅速驿奏，以便筹度办理。惟是，以夷攻夷，虽亦筹边之策，但须中国兵力能至其地，控制得宜，方足以收效。今暹罗与缅匪接壤之处，远隔重洋，断不能发兵往彼协剿。若专借郑昭之力，彼或贪得其土地人民，冀图自利，不能于中国有益。其暹罗争战之处，不过缅匪边界，未必径至阿瓦城，更不足制其死命。设或郑昭果实心剿杀缅匪，亦止可听其自为。若稍露借助外番之意，彼必要求无厌。而此时发檄询

---

① “得鲁蕴”似即赘角牙（Singu）之别称，对音不详。

问，尤不便轻露端倪，致彼居奇观望。抚驭外夷之道，大率如此。李侍尧、杨景素皆不可不知也。"①

由此等檄稿观之，前清封疆大吏之对外藩处置，实均得朝廷指示，不便奏闻云云，皆托词耳。此假借李侍尧之名拟定之檄谕，后以郑昭已遣使叩请进贡，故作罢未发，另命军机大臣代杨景素拟稿谕之。盖乾隆四十二年（1777）七月乙酉之上谕云：

"谕军机大臣等：据杨景素奏：'暹罗郑昭遣有夷使三名来粤，叩请进贡，并押解花肚番六名'等语。霭呵霭左等，今经暹罗送到，自应委员解京。所有前次代拟李侍尧檄稿，原属询探之意，今郑昭既已具禀，前檄即无庸发去。至暹罗之事，屡次所降谕旨甚明。郑昭此次禀来，杨景素即当一面奏闻，一面办理，不必俟请旨再办。此乃杨景素未经阅历大事，不及李侍尧之练达，故不免拘泥也。兹命军机大臣代杨景素拟作檄稿，谕以：

"本督部堂接阅来禀，据称'暹罗残破以后，朝贡久疏。今欲循旧例备贡，差人具禀，恳为转奏'等语，具见悃诚。而收合暹罗余众，思报故主之仇，亦能明于大义。且尔数年来，屡经送回缅甸所留内地兵民，又将所获缅匪，节次解送，实属诚心恭顺。是以，前任李总督嘉尔忠谨，于尔两次请买硫磺、铁锅等物，具准买回应用。今春，李总督调任云贵时，向本督部堂言：尔为暹罗故主杀贼报仇，遂为众所推奉，因诏氏无人，即行统摄国事。且尔心向天朝，屡效诚荩，自当予以奖励。此后如有禀恳之事，不妨酌量办理。本督部堂莅任以来，悉照前例。今尔等既有备贡之请，可以准行。俟尔贡物到境，当为转奏。至尔所称'必借天威以彰民望'，意欲恳求封号，而又不敢明言，如此隐跃其词，未便据情入告。尔果虔修贡礼，遣使恭进，将国人推戴情殷，诏氏已无嫡派，明晰声叙，具禀请封，本督部堂自当代尔奏闻大皇帝，恭候加恩，方为名正言顺。至尔欲征讨缅甸，为故主报仇，听尔自为之，内地断无发兵相助之理。中国征剿所至，饷足兵强。前此平定准部、回部，昨岁平定两金川，并未稍借外邦之力，谅尔亦当闻知。况缅匪近日已知悔罪，送还内地之人，恳求开关纳贡，此后更无可加兵，然亦必不助缅以攻他国。尔如欲请封，转不必以攻剿缅匪为词也。将此由六百里传谕杨景素，照缮发往。其来使起身时，酌量以礼遣回。如郑昭依檄具禀进贡请封，杨景素即可据情由驿速奏。"②

至此清廷对郑昭态度之转变已趋明朗，不啻告以"径可备贡求封，不必隐约其词"

①　据乾隆《东华续录》卷八十五。
②　据乾隆《东华续录》卷八十六。

矣。然郑昭对求封一事，不若往日之感兴趣，而认采购建筑材料为当务之急，明知势已水到渠成，其自草之表文，亦绝无求封之意，盖国基已固，毋庸遑汲，且胜算在握，无虑逸逝也。

四　中暹档案中之入贡真相

上文曾引中暹载籍有关郑昭入贡之纪录，不特语焉不详，抑且转滋疑窦，故惟一之解决方法，厥为搜求双方之存档以比勘之，否则除臆测武断，无澄清之日也。余虽有志于是，惟迟至战后日军乞降时，方乘家庭琐事返暹之便，黉缘得暹廷尚书室所藏存档：备贡仪注也，表文底稿也，使臣名单也，贡品存册也，奇珍瑰宝，美不胜收。乃决为文考订而发表之，以供同好。奈以俗务纷纭，迁延五六年之久，始得抽暇属稿，一偿夙愿。

读上引各上谕，已知郑昭之入贡，筹措达十余年之久，始蒙邀准。其非正式之遣使入清，实已六次：（一）乾隆三十三年秋，遣陈美乞封。（二）三十六年秋，押解花肚番。（三）三十七年秋，送海丰人陈俊卿等回籍。（四）四十年托陈万胜带投文禀，送归沦缅滇兵赵成章等十九名，并请购军火。（五）四十一年冬，令莫广亿带回滇人杨朝品等三名，再购硫磺百担。（六）四十二年秋，押解花肚番六名，并求进贡。至是清廷态度已变，准其入贡。故乾隆四十六年（1781）度郑昭即遣使入贡。两广总督巴延三事前先据情入奏，乃有七月庚申之上谕。

"谕军机大臣等：据巴延三等奏：'接暹罗国郑昭具禀求贡，词意颇为恭顺。惟请给执照，前往厦门、宁波等处伙贩，未敢擅使。至所称贡外之贡，与例不符，及备送礼部督抚各衙门礼物，并馈送行商，及请将余货发行变价以作盘费，概发原船带回。求买铜器，例禁出洋，不敢举行奏请，并拟覆稿谕饬'一折，已于折内批示。外国输忱献纳，自应准其朝贡，以示怀柔。俟该国贡使赍到贡物表文时，巴延三等派委妥员伴送来京呈进后，再降谕旨。其备送各衙门礼物，有乖体制，求买铜器，例禁出洋，自应饬驳。至所请欲住厦门、宁波伙贩，并欲令行商代觅伙长往贩日本之处，该国在外洋与各国通商交易，其贩至内地如广东等处贸易，原所不禁，至贩往闽浙别省及往贩日本，令行商代觅伙长则断乎不可。该督等所拟檄稿驳饬，尚未周到。见令军机大臣另行改定发往，谕以：

'本部堂接来禀据称，暹罗历代供贡，自遭匪之后，绍胄无人，以致贡疏。兹群吏众庶推尔为长，依例备贡恭进等因，具见小心恭顺，出自至诚。本部堂已据情代奏，如蒙大皇帝鉴尔悃忱，加恩格外，准尔入贡，俟本部堂差员伴送尔国陪臣敬赍入都朝觐。至另禀外备苏木、象牙等物，为贡外之贡，天朝抚绥万国，一应朝贡多寡，均有定制，岂容任意加增，难以代奏。至致送礼部督抚各衙门礼物，甚至馈及行商，并求准买铜器千余个，先放空船回国等语，更属琐鄙，不知事体。天朝纲纪肃清，大法小廉，内外臣工，岂有私行收受尔国物件之理？铜斤例禁出洋，更不便准尔采买。若本部堂据情代奏，转滋尔忘分妄干之咎。用是明白晓谕，将贡外之贡，及呈送各衙门礼物，发交原船带回。又，尔禀后附请给照载货前往厦门、宁波等处，并欲令行商代觅伙长，往贩日本等语，尤属不知礼体。尔等在外洋与日本各国贩买交易，原所不禁，若欲请官为给照，及令行商觅伙往贩日本则断乎不可，本部堂亦不敢代为具奏。至尔国所请，余货在广发行变价一节，此向来交易之常，应听尔等自行觅商售卖，亦不必官为经理。至所称余货变价以作来使盘缠等语，向来各国陪臣进贡入境之后，一切往来费用，天朝自有例给口粮，无庸卖货支应。尔国甫求入贡，辄以贸易牟利细事禀请准行，甚非表尔效命归诚之意。本部堂念尔远在外夷，不谙礼法，亦不加责备，是以剀切晓谕。此后务宜益励敬恭，恪守臣节，毋得轻有干渎。'

交巴延三照此檄知。至该国在广贩买①货物，若亦令原船带回，未免徒劳往返，无利可得，殊非体恤远人之意。此项货物，自应听其在广私行交易，亦不必官为经理。在该国僻处遐方，何以知厦门、宁波等县可以伙贩，及行商觅伙往贩日本？查阅禀内开载商船澄海、新会县各字号，俱系内地。此系船户等怂恿该国冀图伙贩牟利，不可不严行查饬。着巴延三等即委干员，将该船户等传询缘由，严行戒饬，据实复奏。"②

此檄谕应与郑昭之暹字表文相参证，该表底稿现尚存暹廷尚书室存档内，③ 昔年余以夤缘得录副本，兹转为汉文如次：

"维佛历二三二四年，小历一一四三年，驮那补利朝（Krung Dhanapuri）入朝中国勘合（Kham Hap）表文云：

"室利阿踰陀耶大城国（Phra Maha Nagara Cri Ayudhaya）之胜利君主，念及与北京朝廷之邦交，乃敕正使丕耶孙陀罗阿沛（Phraya Sundara Abhai），副使銮毗阇耶娑尼诃（Luang Bijaya Saneha），三使銮婆遮那毗摩罗（Luang Bacana Bimala），通事坤婆遮那毗

---

① 编者按："买"当为"卖"讹。下同。
② 据乾隆《东华续录》卷九十四。
③ 此项存档，系以白粉书于黑纸尺帙上，分二部分：一为仪注，列存档第八号，自第九页至第十二页止；一为表文底稿，列第十三号，自第十三页至第二十页。余均转为汉文，载《南洋月报》第 2 卷第 11 期。

支多罗（Khun Bacana Bicitra），办事万毗毗陀伐遮（Mu'n Bibidha Vaca），敬具金叶表文及方物，并牡象一头，牝象一头，共计二头，循旧例前来'进贡'（Cim Kong）于'大清国大皇帝陛下'（Somdet Phra Cao Krung Taching Phuyai）。

"一、室利阿踰陀耶国请进一言：正使丕耶孙陀罗阿沛返国申诉，谓北京之职官'抚院'（Mu-i）前次曾勒令缴交接纳'贡品'（Khru'ng Phra Raja Bannakan）税，计银三十斤。① 凡此大清国大皇帝陛下知否其品德为如何乎？此室利阿踰陀耶国所欲进禀者一也。

"一、室利阿踰陀耶国大小使臣前此赍贡品出发，辄遭幽禁于京都下链之屋内，不得游览。凡此大清国大皇帝陛下得知否？恐或有枉法之处，此室利阿踰陀耶国所欲进禀者一也。

"一、泰国（Krung Thai）新胜利君主尝遣使出发，总督抚院（Congtok Mu-i）不使大小使臣乘泰国原船返国，勒令乘坐中国船归航。大小使臣泣诉亦不听，反令吏胥索银四片（Phen），谓为受诉费。大清国大皇帝陛下知否？此室利阿踰陀耶国所欲进禀者一也。

"一、泰国攻略疆土，获'哀夷'（Ai-i）战俘，别有名单，前曾解送晋京。若辈在泰国皆有定居，而中国置之不理，且已不拟再与缅甸构兵矣，则恳开恩将该哀夷人等释归，勿弃置不顾。

"一、室利阿踰陀耶国送归为风飘往泰国之中国渔夫三十五名，尝予以银钱、布匹、鱼米、膳食等，每次计银一斤，白米三十五桶，每桶值银一铢（Bat），共计银八两（Tam-Lu'ng）三铢，② 合计银一斤八两三铢。③ 一次，滇军（Ho' Thap）为缅所破，缅执送囚禁。泰军往讨得之，凡一十九名，护送至北京，费银钱、布匹、鱼米、膳食等，计开：银一斤十二两；衣裤每人一套，每套值银一铢二两，计银七两二钱；白米十九桶，每桶一铢，计银四两三铢，合计银二斤三两三铢二钱。又一次三名，计银九两；衣裤每人一套，每套一铢二钱，计银一两二钱；白米三桶，每桶一铢，计银三铢，合银十两三铢二钱。总计三条，共去银四斤三两二铢。④ 大清国大皇帝陛下知否？此数乃室利阿踰陀耶国君奉献北京朝廷，以资修好者。

"一、泰国拟重建新都，乞免货船'抽分'（Thiuhun）三次，每次三艘。倘中国皇

---

① 斤（Chang），暹衡制，亦为币制，每斤合八十铢。
② 即35铢。
③ 合115铢。
④ 合334铢。

帝准许，室利阿踰陀耶国即备船载白米、苏枋，并其他货品，出发前往，计：广州（Mu'ang Kwangtung）一艘，宁波（M. Liang-pho）一艘，厦门（M. Emui）一艘，发售其货，以易非禁品之砖石，每地一艘。一也。

"一、乞于中国雇'伙长'（Tonhon）驾泰国货船前往日本（Yipun）装载铜斤二船。一也。

"一、室利阿踰陀耶国奉献贡外之贡于大清国大皇帝陛下以示敦睦，计开苏枋一万担，象牙一百担，锡三百担，犀角一担，藤黄一百担，胡椒三千担，母象一头，希大清国大皇帝陛下晒纳。

"昔勘合例盖驼纽印（Tra Loto）。① 此番遍觅该驼纽印不得，暂盖象首印（Tra Phra Ayarabata）② 为凭。"

考其正使、三使之名，不见中国载籍，独副使銮毗阇耶娑尼诃，见于《清朝文献通考》，作朗丕彩悉呢震握抚突，而误为二人，实则"握抚"即副使，名虽长，并非二人。余考暹廷存档，正使殁于途中。③ 该丕耶孙陀罗阿沛，实即乾隆三十年（1765）十月赍大城后朝表文入贡之丕雅嵩统呵沛④也。暹字表文前三节诉苦之语，殆皆其面诉于昭者。其所禀八则与清廷档案颇多出入。兹列表对照如次：

	暹字表文	清廷档案
一	抚院勒索银三十斤	阙如
二	贡使遭禁不得游览	阙如
三	勒令乘中国船返回	阙如
四	请释前解哀夷战俘	卅六年、四十二年均曾押解花肚番。惟此次檄稿中不详
五	三次送回渔夫，费银暹币 334 铢，以资修好	失考
六	乞免抽分三次，俾往穗厦甬三港购砖石	求买铜器千余个先放空船回国禀后，附请给照载货前往厦甬等处交易
七	乞雇伙长往日本购铜斤	欲令行商代觅伙长往贩日本
八	以苏木、象牙、锡、犀角、藤黄、胡椒、牡象等为贡外之贡	另禀以苏木、象牙等为贡外之贡，而其余货变价后拟作来使盘缠

---

① 驼纽印，暹文实作骆驼印，盖印纽为一骆驼也，顺治九年（1652）清廷赐予大城王朝者。据《清代文献通考》卷一四三"王礼"十九载，该金银印方三寸五分，厚一寸，尚方，大篆，文曰"暹罗国王"。

② 象首印，暹原文实为多首神象印，该神象为天帝释坐骑，本三首，暹人每用为银币之图案，此印特作三十三首，见附图 4。

③ 暹廷尚书室档案第三号《礼部致暹国昭丕雅大库书》中有"死者正使"一语。

④ 见拙文《中暹通使考》，《南洋学报》第 3 卷第 1 辑。

由是得知，其暹字表文经译写成中文后，已面目全非。若根据清暹档案，所谓禀文大致如下：

"暹罗国长臣郑昭诚惶诚恐，稽首顿首，谨奏大清国大皇帝陛下：伏以暹罗历代供贡。自遭缅匪侵凌，虽复土报仇，绍裔无人。兹群吏众庶推昭为长，遵例备贡恭进。敬差正贡使丕雅嵩统呵沛，副贡使朗丕彩悉呢霞，三贡使銮婆遮那毗摩罗，大通事坤婆遮那毗支多罗，办事万毗毗陀伐遮等，赍金叶表文、方物、译书一通，前至广东省差官伴送京师进献，用伸拜舞之忱，恪尽远臣之职。伏冀俯垂宽宥不恭。微臣瞻仰天颜，曷胜屏营之至，谨具表拜奏以闻。

"御前贡物计开：

"牡象一，牝象一，沉香二斤，龙涎香一斤，金刚钻七两，西洋毯二，孔雀尾十屏，翠皮六百张，象牙三百斤，犀角六座，降香三百斤，檀香一百斤，白胶香一百斤，樟脑一百斤，荜茇一百斤，白豆蔻三百斤，藤黄三百斤，大枫子三百斤，乌木三百斤，桂皮一百斤，甘密皮一百斤，苏木三万斤。

"皇后前贡物计开：

"沉香一斤，龙涎香八两，金刚钻三两，西洋毯一，孔雀尾五屏，翠皮三百张，象牙一百五十斤，犀角三座，降香一百五十斤，檀香五十斤，白胶香五十斤，樟脑五十斤，荜茇五十斤，白豆蔻一百五十斤，藤黄一百五十斤，大枫子一百五十斤，乌木一百五十斤，桂皮五十斤，甘密皮五十斤，苏木一万五千斤。"①

至檄稿所谓另禀，大要如下：

"暹罗国长臣郑昭谨奏：除例贡外，又备贡外之贡，奉献大清国大皇帝陛下，计开：苏木一万担，象牙一百担，锡三百担，藤黄一百担，胡椒三千担，犀角一担，牡象一。伏冀俯垂鉴纳，庶存怀远之义。此外呈送苏木一千担，乌木三百担，红木一千八百另二担二十斤，奉赠礼部大堂。苏木五百担，红木五百担，奉赠总督抚院。又苏木各一百担，红木各一百担，奉赠四行主。聊表远臣仰慕上国之盛。② 其押舱货物，恳于广东变价，作为来使盘缠。并求准买铜器千余个，先放空船回国。仅此拜表以闻。"

此项加贡之物，据暹尚书室存档谓值银一千八百六十六斤三两二铢一钱；赠礼部物，值银五十六斤五两；赠督抚物，值银三十七斤十两；赠四行主物，值银三十斤。全

① 据暹廷存档《礼部致昭丕耶大库书》译稿及《清朝通典》卷六十"礼宾"（商务版《十通》"典"第2453页）。
② 贡外之贡及赠物，皆据暹廷存档。

部共值银一千九百八十九斤十八两二铢一钱，合现代暹币十五万九千一百九十四铢（Bath）二十五士丁（Satang）。其例贡之价值不详。惟知满载加贡物、赠品及押舱货物之船十一艘，其全部价值为二千四百四十三斤十五两一铢三钱一钫，合现代暹币十九万五千五百另一铢八十七士丁半，则其押舱货物仅三万六千三百另七铢六十二士丁半而已。今暹罗史家常斥朝贡为妄，谓为国际贸易，于此可见其是否贸易也。惟郑昭并非不欲贸易，不过贸易为另一事耳。盖其禀后附请大抵云：

"附请者：暹罗自遭匪之后，百端待兴，乞免抽分三帮，每帮船三艘，并请给照，载货前往广东、厦门、宁波三处发买，并采购非禁品之建筑材料。并恳令行商代觅伙长，往贩日本，购买铜斤，实为德便。"

郑昭贡使抵粤后，是年九月辛丑，复有一谕如下：

"谕军机大臣等：巴延三等奏，据暹罗国长郑昭预备正贡一分，具表恳请代奏，并备象牙、犀角、洋锡等物，以为副贡等语。该国长输诚纳贡，备具方物，所有正贡一份，自应照例送京收纳。至所备副贡，若盖下令赍回，致劳往返，转非所以体恤远人。着传谕巴延三于副贡内止收象牙、犀角二项，同正贡一并送京，交礼部于照例赏给之外，查例加赏，以示厚往薄来之意。其余所备贡物，准其即在广省自行觅商变价，并将伊等压舱货物，均一体免其纳税。将此并谕礼部堂官知之。"①

前谕拒其贡外之贡，今亦加收其象牙、犀角二色，赏赐时加赍特丰，盖除例赏"御前赐：金缎八匹，织金缎八匹，织金罗八匹，纱十二匹，缎十八匹，罗十八匹，共八十四。皇后赐：织金缎四匹，织金纱四匹，织金罗四匹，缎六匹，纱六匹，罗六匹，共三十四"外，加"赐蟒缎二匹，锦缎二匹，闪缎一匹，片金缎一匹，白纱缎四匹，共十匹；玉器一件，玛瑙器一件，松花白砚二，法琅器十三件，上等瓷器一百有四件；共计一百二十一件"。

清廷对入贡使团人员之赏赐如下：

已故正使、副使、三使、办事，全部四人，每人织金罗三匹，缎八匹，罗五匹，绸二匹，锦五匹，布一匹。

通事一人，缎五匹，罗五匹，绸三匹。

使团随员全部二十一人，每人绸三匹，布八匹。

领带使团晋京之中国官员三人，亦各赐衣一袭。

郑昭努力求贡十三年，至是始告圆满解决，惜贡使赍赏返国时，昭已遇弑，故坐享其成者为宝佛朝（Krung Ratanakosindra）之一世王 Phra Buddha Yot Fa Culalok 也。一世

---

① 据乾隆《东华续录》卷九十四。

王表称郑华，伪为昭子。其"华"字，乃"Fa"之音译也。故乾隆四十七年（1782）九月戊戌之上谕云：

> "谕：据尚安奏暹罗国郑华禀称，因伊父郑昭病故，临终嘱其尊奉天朝，永求福庇，兹特赍文禀报，俟至贡期，当遵例虔备方物朝贡等语。郑昭于上年输忱献纳，极为恭顺，是以准其朝贡，并加恩赏赍筵宴，以示怀柔。今郑华遵父遗言，效忠输忱，理应专遣使臣且表恳请，乃仅遣夷目赍文禀报，自不便遽准所请。见已令军机大臣拟写檄稿，谕以：
>
> '接阅来禀，据称尔父郑昭业已病故，临终之际，谆谆嘱汝以尊奉天朝，永求福庇为念，理合禀报，俟至贡期，当遵例虔备方物朝贡等因。上年尔父献表输忱，备物进贡，小心恭顺，经本部堂据情代奏，仰蒙圣恩俯准入贡，并令贡使附于班联之末，一体入宴，瞻仰天颜，特加赏赍。此皆大皇帝俯鉴尔父悃忱，加恩格外，至为优厚。今尔父病故，尔继嗣为长，谨遵汝父遗命，急欲效忠天朝，具见恭顺悃忱。但汝理应具表叩谢天恩，并将尔父身故，及尔继嗣各情节，详晰声叙，本部堂方可据情转奏。今尔仅遣使禀报，并称俟至贡期，当遵例虔备方物朝贡等语。在尔国僻处遐荒，未谙体制。但本部等职司守土，似此情节不敢冒昧代为具奏。见在尔国贡使俟有北风，即可挂帆归国。俟彼到后，传宣入宴蒙赏。尔屡受大皇帝格外鸿慈，当益加感激。如果欲效忠输悃，承受天朝封号，必须具表自行恳求。本部堂方可代为转奏。用是剀切晓谕，尔其知悉。'
>
> 此檄该督等即可遵照办理发往。至该国贡船入境，所有压舱货物，自当照例免其纳税，并委妥员防护伴送，以示体恤。将此由五百里谕令知之。"①

时郑昭贡使尚未返国，故有"俟有北风，即可挂帆归国"之语。清廷对郑昭之态度，至是已完全转易，故郑华之赐封为暹罗国王，不啻已明言矣。

---

① 据乾隆《东华续录》卷九十六。

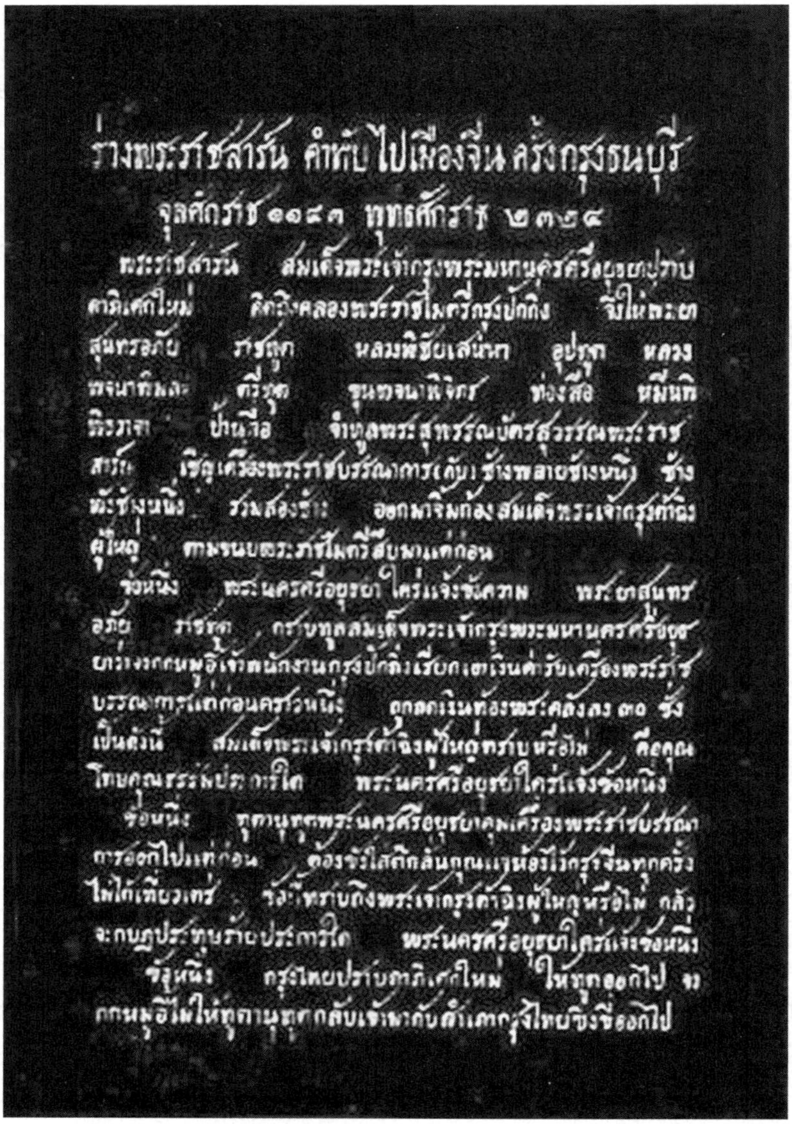

图1 郑昭入贡清廷之暹字表文（上）

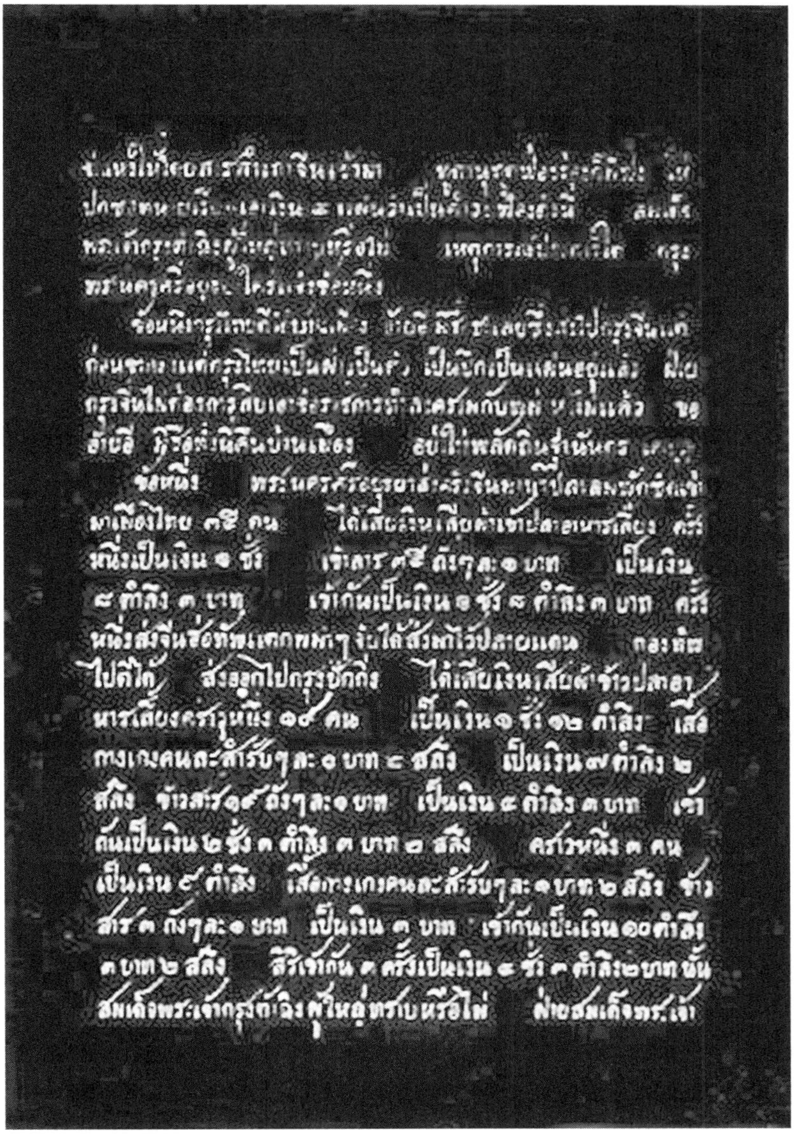

图 2　郑昭入贡清廷之暹字表文（中）

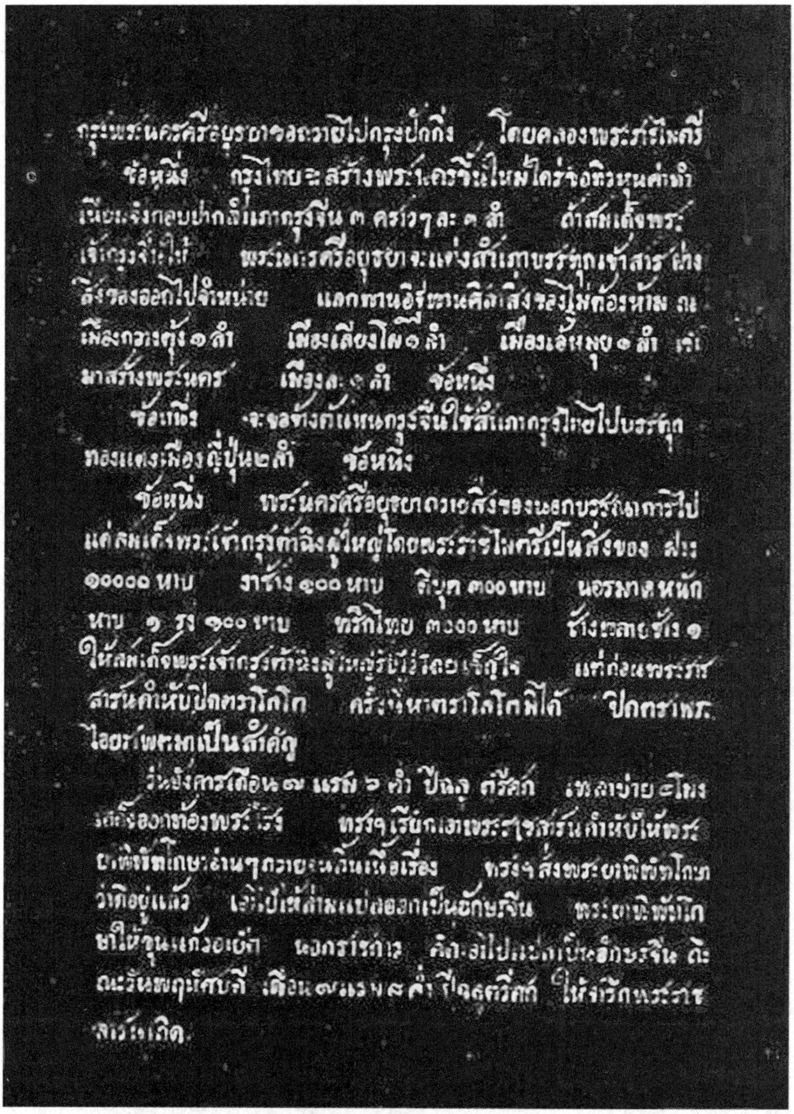

图 3　郑昭入贡清廷之暹字表文（下）

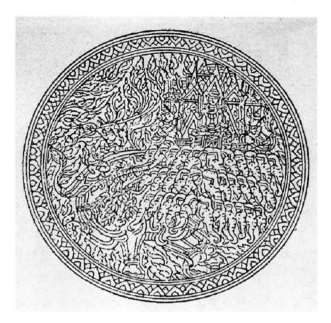

图 4　表文所盖之象首印

泰国最后一次入贡中国纪录书[*]

陈棠花 译

本文见于四十余年前出版之《沙炎巴辟》周刊，为咸丰初泰国入贡中国使者拍因蒙提所著纪录书。此无疑为中泰关系史上之珍费文献，爰为译出，供研究中泰关系者作参考。

复次，其所载入贡事，与《清朝续文献通考》所载相吻合，为并录于左：

（一）咸丰元年……谕："据徐广缙、叶名琛奏，暹国王先后奉到孝和睿皇后、宣宗成皇帝遗诏，遣使奉香，又赍递表文、方物，庆贺登极，并因例贡届期，将贡物一并呈进等语。上年七月内，据郑祖琛奏越南国王遣使进香，当经降旨谕令不必遣使远来，其庆贺登极方物亦毋庸呈进。今暹罗国遣使进香。更在期年以后，着徐广缙等即传知该国使臣：毋庸来京，所有呈进仪物、方物，着该使臣赍回；至应进例贡，见当国制二十七月之内，不受朝贺，并停止筵宴，着俟该国嗣王恭请敕封时，一并呈递。该督等即行文该国遵照可也。"

（二）谕："徐广缙奏，暹罗王遣补进例贡，并请敕封，见已行抵粤东等语。上年暹罗国届当例贡之期，奏请呈进，曾降旨令俟请封时，一并呈递。兹据该国遣使赍奉表文、方物，补行入贡，具见恭顺之忱。该贡使见已抵粤，着即派委妥员伴送，于本年封印前抵京。其该国大库所请将贡船先行回国修整，着照所请行，原贡船随带货物，并准照例免税。至该嗣王郑明（以拉玛第四为郑明甚奇）恳请诰命，应行颁给敕书之处，已饬该衙门查照旧章撰拟，俟该使到京后，照例发给赍回，该署督等即先行谕知该国嗣王可也。"

按，徐广缙为当时两广总督，叶名琛为当时巡抚。

译者附识。

小历一二一二年（佛历二三九三年、咸丰一年），拉玛第四世皇下谕，令国防大臣披耶是素力也旺备二铁板船为入贡中国使节之船。二船一命名威他也康，谕委披耶吗哈

---

[*] 原载《中原月刊》第 1 卷第 1 期，1941 年，第 15—26 页。

奴博为船长，披耶初律（华侨商人也，原名亚乾，晋侯爵为披耶，时为华民政务司）为司舵。披耶吗哈奴博之子乃壬即本文作者，后晋爵为"拍"，理财政文牍。另一船命名为沙炎披博，谕委銮是耀哇吗博为船长，拍沙越哇嘱里（华侨商人，原名亚法）为司舵，乃颂汶管理财政文牍。另有使节，分为二组，一组为依向例呈递国书者，另一组为吊唁前皇（指宣宗）者。所贡之物，亦分二组，分配与二组使节分别携带。使节方面，一组有拍顺吞为正使，銮母旺沙尼哈为副使，坤披尼哇差为通译员，另监督一名，华人通译又二名，音乐师十名，共十七名，此批为呈递国书使节团。另一组有拍沙越顺吞为正使，銮勃差那披蒙为副使，另监督一名，华人通译二名，音乐师十名，共十五名，此批为吊唁使节。二组共三十二员名。

　　是年旧历八月（公历7月——译者），日期已忘记，二组使节全体携鲜花、香烛入旧皇宫，觐见拉玛第四世皇奏请辞行。皇即下谕晋升各使节爵位；及赐正使金质尖顶（帽）一顶，金质槟榔盘一个，金质长颈瓶一个，金质念珠一串，金质环链一串，日本边纹衣一袭，现银三斤（每斤八十铢）；赐副使金质尖顶帽一个，金质槟榔盘一个，金质长颈瓶一个，金质念珠一串，金质环链一串，日本边纹衣一袭，现银三斤；赐第二副使金质尖顶帽一个，金质念珠一串，金质环链一串，日本边纹衣一袭，现银十两（每两二铢五十士丁）；赐通译员金质尖顶帽一个，赐音乐师每人现银十两，及各另赏赐勋章。懋赏已毕，全班使节即拜别出宫前，领取国书，然后有仪仗队导出正门，往下于停泊官商码头前之小御船。即乘小御船出北榄港口，在北榄港口宿一宵。越晨，北榄府尹另备较大之船接载全班使节出外港，往下于停泊外港中之二铁板船。使节下铁板船后，即日下午启锭扬帆，向东北行驶。越十六天，抵广州之虎门，即驶入珠江，至黄埔关前停泊。广州府官员特备"望楼船"四艘载女乐班来迎，其船搭金色围蓬。旋全班使节即被迎上望楼船，女乐班奏乐欢迎。是晚望楼船停泊于关前，广州府官员在船上设宴为使节洗尘。越晨，使节乘船二船即驶入广州市前，停泊于珠江口河面。炮台鸣炮廿四发为礼，使节船鸣炮廿四发答礼。使节船在广州市前停泊一晚。越晨，广州府官员又以望楼船迎使节宴于船中。又一日，广州府官员即派仪仗队来迎国书。岸上鸣炮二十四发，使节船鸣炮二十四发答礼。旋国书迎上轿中，沿三十二行路至广州使节馆，及迎国书至暹暹使所筑之国书楼。全班使节住于馆中五天，广州府官员复来访。又一日，广州府官员携黄牛六头，猪十二头，鸡一百二十只，鸭一百二十只，各种糕饼五筐，及菜肴颇多，赠送使节。据称系奉广东总督①命令携来赠送者。除物品外，另又以现银五百两，

---

　　① 编者按：应为两广总督。以下类似情况不再标出。

分赠各使节。

使节住于使节馆又五天，广东总督即令属员携请帖来，请有爵位之使节赴宴于广东府署，席间有戏剧助兴。欢宴中，广东总督称，贵使节抵达之后，敝职经已驰书北上，奏闻皇上，不久朝廷当有明令云。

使节住于使节馆经四十天，总督即遣人来报，谓已接得北京皇上谕令，请使节往总督府候听谕令。使节即至总督署，总督即宣读谕令，称"咸丰皇帝宣谕称：'因先皇新丧之际，方当哀毁，本年免贡。使节可先返暹，明年再来贡，始受贡物'"云。使节听聆后，即返使节馆，又住卅天。总督令人携请帖来请往总督署会宴，席间另有戏剧助兴。总督称："请贵使节先返暹，明春再来。"总督又赠现银五百两。使节乃返使节馆，遂不赴北京，乃依拉玛第四世皇谕令，在使节馆举行佛事（做功德）一天，请僧人诵经，聘戏剧表演，及答宴广州官员。但以总督尊贵，恐见怪，乃未请赴宴。广州官员数名亦以鲜果极多参加佛事。佛事已毕，使节全班即下船返暹。

越年（佛历二三九四年、咸丰二年），拉玛第四世皇又下谕披耶乌隆旺披博整理二铁板船：委披耶吗哈奴博为威他也康船长，披耶初律（华民政务司亚乾）为司舵，乃纳为管理财政文牍；另一船名叻差铃沙力，则委銮乃实为船长，拍沙越（华商亚法）为司舵，乃颂汶管理财政文牍。委拍沙越顺吞为正使，銮母旺（原名乃壬）为副使，乃裕为第二副使，坡披尼哇差为通译，乃缴为监督。华籍翻译二名，音乐师十名，一行共十七人。于是年旧历八月，日期已忘记，全班使节入宫觐见拉玛第四世皇，奏请赐准登程。皇予懋赏已毕，全班使节即乘舟至北榄外港，下于铁板船，启锭向东北而驶。越十八日抵虎门，即入黄埔滩停泊。广东官员乘望楼船来迎，船载女乐班。是日，广州官员在船中设宴款待使节。越日，使节船驶入广州市前停泊，岸上及使节船互鸣炮致敬。旋广州官员派仪仗队来迎国书至使节馆。全班使节住使节馆五天。总督令人携牛、猪、鸡、鸭、饼、果颇多，前来赐赏。又十五天，总督请赴宴，宴设于总督署，宾主双方约共六十人。席间总督及巡抚对使节称，贵使节抵步后，敝职经即驰书北上，奏知皇帝，料须待月余，当可获回音。使节闻言，答词致谢。迨宴毕，总督以现银二百两见赠，及令巡抚偕使节参观市廛，旋使节即归使节馆。住已月余，总督复请赴宴，并称咸丰皇帝有谕，请贵使节北上入京，敝职将派二属员作向导。继之，总督即令属员备望楼船十艘。船长八哇（每哇二公尺），阔七掠（每掠五十生的），蓬油金箔，窗镶刻花玻璃。广东官员与使节迎国书下船。正副使各乘一船，随员分乘数船，二向导各乘一船，共船十二艘，于十二月下弦十五日（泰旧历）启程由北江进发。启程之前一晚，总督又设宴饯送，有巡抚、布政司、通判等大员作陪。宴设于大望楼船中，船停泊于二十三行路前河面。宴至十二时，各互祝福而别。正月上弦一日（泰旧历），船于行一天即抵三水。越日，离三水北上。经过不知名之市镇数个，而至韶关。至是河水较浅，大望楼船已不能前越，遂在韶关宿二宵，当地职官以小望楼船二十六艘供使节使用，及设宴款待。继又再行，至广东边境之南雄，一路尚有市镇不少。计由广州出发至南雄，共已经过市镇十有六。至是前有山峰屏隔，水程不能再进。南雄之长官乃延使节至使节馆。使节馆之天花板罩绸布，地上敷地毡，步道敷红铜钉。使节在公馆宿一宵，南雄长官特在山间之私邸中设宴款待，席间有演剧及舞狮助兴。南雄为广东边隘地。广东各市镇市区均广大，粮食物丰富。越日，南雄长官备轿、马及牛畜供使节载物。继乃复行越过山岭。又一日而达江西之南安。南安太守迎使节至使节馆，及设宴款待，席间亦有戏剧助兴。南安太守并称，将另备船由赣江北上，请使节暂宿二宵。迨二宵已过之越一晨，即再出发。沿途经过九个市镇，均受相同之欢迎。又十六日抵南昌。江西总督①欢迎尤见热烈，延使节至使节馆，设宴及有戏剧。江西总督①赠正副使各貂鼠皮衣一袭，随员各棉衣一袭，另银二百两嘱使节分给各随员。使节宿使节馆一日，总督即令属员向使节称，水程已止于此，兹须从陆路而至北京也。越日，总督即备大轿八②辆，每轿八人抬，六轿共四十八人，供使节等乘坐。另随员十人各乘马一匹，贡物载于牛车。出行后，每经一市镇即受欢迎。沿途并见农民耕作陇亩间，或有瓜棚、豆茄、园圃、花圃，屋宇或大或小，难尽形容。计由南昌出行，每日必经过有城垣之市镇及均受设宴款待，因程途中遇城必进之，一因所携粮食不多也。迨将至北京时，前横一河（按即永定河），见一大石桥（按即芦沟桥），河水甚浅，水流经山间流出。时为严冬，暹三月间也，河水结冰，可免从桥上经过，乃从河面履冰而过，马轿均同。此间见当地人用雪橇船行于冰面，以铁钩勾冰而驰，往来如飞。途次天气极寒，浓露淅沥如雨，日以继夜。及有奇异之物，从天而降，形如棉絮，纷纷着于人身，落至地而化为浓水（按暹使向未见雪花，乃讶为奇物）。又风常挟沙而飞，着于衣帽上甚多。计由南昌至北京，经过 172 市镇；由广州起算，则共经过 197 市镇，均受欢迎，及以银钱供作路费，多少不等。所经市镇，或过宿或不过宿。至北京后，北京官员即迎使节住于四层大厦之使节馆中。此大厦过去专供暹使节居住者。是日使节即乘③拉玛第四世皇御赐礼服，往谒见吏部及将贡物点交外交大臣，询及吉时（入朝觐见之吉时）后即回归使节馆。是日，有长官先后来访见者共十六员，至晚十一时应酬始止。越日，即有职官来报，谓稍待片时有官员奉咸

---

① 编者按：当为江西巡抚。
② 编者按：据下，"八"当为"六"讹。
③ 编者按："乘"疑为"穿"讹。

丰皇帝谕令，携物来赏赐，请使节即穿礼服迎接御赐物品云。使节乃各穿礼服候待。中午即有官员携物来，对使节谓咸丰皇帝有谕，携物来赐予暹使。该官员即将物单给予使节，计御赐之物有正使红晶顶帽一，第一副使蓝晶顶帽一，第二副使与通译员白品顶帽一，又各裘衣一袭，丝织裤带各一条，鞭各一双，袜各一双，鞋各一双，玉指环各一个。玉指环之价值各别：正使所得值五百两，第一副使所得值三百两，第二副使所得值二百两，通译（办事）所得值一百两。其他随员各有赏赐，计：棉衣各一袭，布帽各一顶，靴各一双，袜各一双，鞋各一双。此种赏赐系初次之赏赐。使节受赏赐时，各下跪拜谢皇恩毕，官员即自回。

晚七时，官员复来报，谓今晚咸丰皇帝将命驾出紫禁城行修善事，迨御驾返宫时即请贵使节入宫觐见。使节应诺。迨三更时候，官员即偕使节往宫廷。已至，时即将天亮。官员偕使节停歇于"五天门"之亭中，为御驾将经过入宫处。天明时，官员偕使节出亭迎驾。旋御驾已临，护驾之兵有炮兵二百余名，步兵二千余名，旗枪或旗叉兵千余名；继至马队，马队均携剑，四马成行，共四百名；继至携各种御用物者又百余人；而至大臣、高级军官，均骑马，携剑、挽弓箭，拥于御驾前，约百名；至是为御轿。当御轿至使节前时，吏部外交大臣下骑三跪拜奏称："兹有暹罗使者候驾于此。"咸丰皇帝点头。吏部外交大臣再三跪拜，皇即谕令禁卫军转令停轿，然后皇以手掀轿帘，转面对暹使而视。官员即促使节下跪三叩头，然后起立。皇宣谕称："暹使远道而来，殊为感谢。"宣谕毕，又命驾前趋，及向官员宣谕称："先偕暹使至公馆平安居住，然后始令入觐。"宣谕毕，御轿即进入宫廷。使节俟全班护驾队伍已尽过，乃返。为言御轿：御轿之左右，各有御林军五十名，以二人为行，各携长三速（每速五十生的）之长棍，两旁御林军离御轿约十速。其间即军官，每旁一百名，各挽剑及携弓箭。御轿前各队伍，每一队伍之前，必有二人抬舁之锣，另一人击之。御轿前另一金纹之锣，离御轿约三哇（每哇二米突）。御轿抬者十六人。御轿木制，雕刻花纹，油金色，有四轿柱，如暹国之轿，轿以黄缎裹贴，外垂坠须，轿内以翡翠毛饰之，其轿顶之内饰以雉鸡之羽。皇穿黄色缎袍，黑帽形如锅盖，上箍无上价值之玉（?），帽上饰以黄丝坠。皇身挽弓箭，手持宝剑。御轿之后，另有御林军，或携斧、长柄刀（关刀）、枪，或戟，或卡头，柄头均有坠须。继之，则骑马挽弓箭及剑之官约三百名；又荷各种军械之骑兵四百名；殿后之队伍或荷火药枪或挽弓箭，或其他军器者，又二千余名。据□使节行之官员对使节称，护驾之将士，共约万员云。使节即询称，此御驾队伍，特备以供使节观瞻者，抑为惯例？官员答谓，系通常惯例。皇每出紫禁城，必每有此护驾队伍焉。若御驾出离畿辅，则护驾队伍且十倍过之。言毕，即相偕返公馆。

　　越日，咸丰皇帝有谕，令太监以玻璃瓶盛酒，石榴实，一桌之肴菜，至公馆赏赐。使节向太监跪拜受赐。又越晨，咸丰皇帝有谕，令文员来称，朝廷以叛乱初平（指太平天国军）及皇履祚之始，国家无如上次使节来时之丰足，故请使节先在公馆安居，而至使节极安适时，始将下谕再来请入朝呈递国书云。至是使节即暂居公馆，每天受筵宴无间日。迨经过十五天，吏部即令人来请。使节即往见。吏部称，咸丰皇帝有谕，令使节于明天下午入朝觐见，请使节均穿暹罗官礼服云。使节□言即辞归公馆。越日下午三时，华官领六轿来迎。使节乘轿沿敷红布之道而行。见当朝臣属，多已候于"史公阁"大殿之前也。使伫候于庭下，及见宫员正在饰御座中。御座之顶为黄缎制，顶盖之边缘有丝制坠须，顶盖之内底，亦承黄缎，帘为黄缎绣金纹，柱饰以白□绕红绸，地敷金纹地毡，美丽夺目。御座之上，有雕纹□油金纹，敷锦，庭前之幕敷地毡。当使节至时，御座尚未竣。"史公阁"尚多所见而不能记忆者。当太监以镶金木桌设于殿内后，即以御用瓶盛酒，以金盘盛之，放于桌上，下跪叩头后，伫立于侧。旋皇即有谕令使节即入内廷，候朝。其时高丽使节先入觐，使节四员，翻译二员，其六员，立于御座前十速（每速五十生的）远。旋下跪三叩头，然后起立。继获谕令由太监延入，至桌前皇之御座前。皇赐酒各一杯，使节下跪三叩头谢恩。使节即面对御座倾饮而尽，又下跪三叩头，乃退至原处伫立。然后四使节各顺序趋前觐见。皇对使节宣谕数言，惟听不清楚。旋下谕太监□暹使入觐。各国使节均四人及翻译二人共六人，各使节均下跪叩头，礼仪如下：正副使下跪叩头后起立，皇赐御酒，一如赐高丽使节者焉。使节下跪谢恩后，皇宣谕称："使节返暹后，祈上奏暹皇，谓暹国君主崇敬朝廷已历数百年，始终不懈。朕殊感谢。"使节闻言即下跪三叩头谢恩，已毕，复退至原处。此外则其他各国使节顺次进觐，计共有六国之使节，均朝觐已毕，皇即返御殿。官员即延六国使节大开筵宴，宴设于"史公阁"侧之大厦中，都三百余人，杯盘碗碟尽为金银所制，瓷器未用。晚十时余宴毕，泰使节即返公馆。

　　越日，皇下谕，令官员携鸟羽所制绒被来赐，鸟羽软如棉花之内絮，六国之正副使均受此赏赐。又数日，官员来领带使节往参观各宫宇。宫殿以石建，巍然甚高，为四角亭式，檐如泰国皇宫之檐，顶盖圆但平低，正殿之四周另有宫宇，大宫为石建，有石墙高十速，围于四周。围墙之外为沟，水洋然满沟。堤为大理石所建，沟阔六哇（每哇二米突），深六速。有石桥通于殿宇，共四桥。于沟口一大理石所敷路阔八速。其次为嫩草之坪，阔约五哇。草坪之外，有石城围住。沟间之墙高三哇；外城高度未知，因太远，未及往观。由晨至夕，参观始毕，乃返公馆。越日又由官员偕往参观御车，车裹以黄金，其顶如御轿，以象拖挽。象有三头，二雄一雌，二头高四速，一头高五速。官员

图1　暹使觐见咸丰帝情景

谓象系老挝所贡，缅甸亦有贡，曼谷一世皇时亦贡三头，泰使答谓亦事实也。该象穿棉衣又棉袜，故天寒而不死。若不然则天寒时，象必死，因生于热带也。参观象厩之后，转参观马厩。马为中国马，共万头有奇，均有看管之人。越日，往参观北平之戏，有数百家均优良之剧班。又一日，官员偕使节往参观御花，系近皇殿之地。

皇宫地也，有水池，池中有岛洲，有御宇，有假山，有亭榭，有旗□或灯□。假山共十六座，山甚低，相离甚近。苑外有围墙，御苑长三十信，阔二十信。□游极乐，难以形容，及难尽记忆。京华各路之□，间建旗□或灯楣。一路多有坊门，为二石柱所建。宫门石建，高十五哇，阔五哇，为中央门也。中央门之两侧，尚有旁门，供人民出入。紫禁城石建，高五哇，每一石为四方形，长阔二速，厚十二寸。官员又偕往参观各行业巨商店，参观竟十六天而未完全。又偕往参观各街市商坊，竟月未完全，街坊数千。又往各巨寺进香，计数百寺。街坊及寺院，不能尽记忆，亦不能尽形容之。贩绸之街坊，为石所建大厦，以北京情形而论，亦不甚□，石雕刻甚美，且贴金如中国床焉。路之两旁多此大厦，共约千间。此等街坊，又共约千条。屋宇若干，难以计算。北京之城垣均为石块所建。每石块阔十六寸，长二速，厚八寸，无灰粉。城高八哇，厚十五哇。城墙为层楼式，如炮台焉，高十七哇。门阔六哇，门裹铁厚二寸，钉帽头钉，此正门也，为皇命驾出城时经过之门。其旁亦二旁门，供人民出入。周城十五门以上。另有外圈墙城又四重，共五重。紫禁城三重，宫墙又三重，均尽石建。除城外，另有城沟，阔十七哇，深四速或三速，水流出城外。但未往观沟之尽头，因离过远。城边大路，均阔十二哇或十四哇或十六哇不等，路上行人络绎不绝。如曼谷有皇室火葬大典时焉，有专供车辆行驶之道，与行人之道不相杂。有广场供军人学射箭及击枪，广场比曼谷王家田草坪广数倍，北京共有八所此种草场。车路有黄牛车、水牛车行驶，日以继夜，至一更（九时）余止。北京多用车及轿以代船，因系高地也。全城人民所用之炭为石炭，产于中国，以骆驼由山林地载来供给。使节曾睹国库之银或税收等，均以桶盛。桶长三速阔十六寸，桶裹铁皮条三条，印红字公款字样。每桶以一牛车载之，及有人由后推之。每天约一百五十辆车往来载送不绝。桶内之银，所见或巨块或小块，不知其量之多寡。又见官方掘获之金，送入国库，每天载送十车，以桶盛如银桶，金亦不知其量之多寡也。黄金间有金沙，间有金条，间有金块。又见殷商出账，一天之间，载出银十辆牛车，入账三十辆车，且数处见之。北京之巨商约五百余名，至显官则多不富足，惟亦生□裕如，富足则不及巨商也。

又一日，官员来偕使节往觐朝，仍穿遏官服。觐朝处为御苑。乘轿前往，至御苑亭而止，时为下午三时。其先六国之使节亦同时并进，亭内各使节均有座位。候至下午四时，即见荷各种武器之兵，四人成排，每排一百名，共四百名；又骑马之官一百，各挽弓及剑；继即皇之御车至，车六轮，以一雄象拖之，象被饰如狮子；御车之后又骑马之官一百，又步行之兵二百，各荷火药枪。华籍翻译员称，此仪仗队仅在宫之范围者。御驾已至，官员即延六国之使节下亭迎驾。御驾临使节前而止。使节齐下跪三叩头。其时吏部外交官即趋于使节前，下跪三叩头后启奏称，六国使节均候驾于此。皇即谕令御者停车，宣谕称，"朕已见六国使节，如亲见六国之王"，继向吏部外交官称，"六国使节上下均平安否？"吏部外交官启奏称，六国使节均平安。皇即宣谕称："六国使者均平安，卿之功也。朕甚感谢。"皇宣谕后，即令御者驱车至御苑门前，然后移步下车，及偕皇后、四皇下①入御苑，时即闻音乐响奏。已毕，官员来向吏部外交官称，皇上有谕，请六国使节入苑会宴。六国使者即入金题四荣花殿会宴，殿位于苑之西。皇与后坐于玉仙位，为御苑石殿也，离使节座约六哇。宴毕，候至晚七时余，官员偕使节先候于东方之□，非西方御驾入时门也，各卫驾之兵均持烛火。旋音乐响奏，翻译对使节谓皇已饱矣，御驾将出，即请候驾。追八时余，皇偕后及四皇子驾临使节前，皇向各国使节

---

① 编者按：据下，"四皇下"系"四皇子"讹。

观看后，及向六国使节点头，但无宣谕。使节均下跪。皇前行，后继之。使节又下跪。后伫立使节前，宣谕令太子及次皇子携在御苑所采之花，赏赐各使节。六国使节各受赐一束。后宣谕称，获六国王贡物，甚感谢也。旋御驾即前去。太子及次皇子赠各使节花束后，盛誉各使节衣服之美，然后即偕皇及后而出。皇乘马，马为西马，黑色，高三速余，比向所见西马尤大。但后与四皇子则乘象拖之御车，向内宫而进。吏部即向六国使节称，皇后仅曾对八位大臣宣谕，此外未曾宣谕与人，今对六国使节宣谕，殊欲使使节受光荣之赐，俾众官对使节钦敬也。至是使节均返公馆。

一次不记何日矣，有官员来向泰使节称，接得报告谓法国使节将来朝觐，贵使节欲先回抑欲观法国使节之朝觐也？泰使节即答谓，曩者法国使节尚曾至暹罗觐见暹皇，因已见之，兹不欲候待，欲先返国。该官员答诺，但又称吏部则因筹备迎接法国使节，将进行订约也，故无时间以礼物答报泰国之贡物，暹罗为小国，应宜候大国之朝觐后始别为宜也。泰使节乃答谓，然则任大臣之意可矣，候待亦可，不候待则将速别也。

旋而待候月余，官员请泰使节往欢迎法国使节之仪仗队，其盛况甚于泰使数倍。法使节入殿朝觐时，六国使节亦欲入殿观礼，但官员谓小国之使仅在殿□前或御苑得朝觐，不能入殿。六国使节乃候于外。待法国使节获国书后，六国使节始获答国书，乃回。又候待许久，官员来谓，咸丰皇帝答报各使节贡物，及各使节均有赏赐，计答贡物之礼物为良绸一百匹，中等绸一百匹，此为皇所赐；后所赐则锦缎二十匹，色绸三十匹，共二五〇匹。又赏赐正使节良绸五十匹，色绸二十匹，蓝布二十匹；副使良绸四十匹，色绸二十匹，蓝布二十匹；办事良绸三十匹，色绸二十匹，蓝布二十匹；监督及华籍大通事、小通事三人，各良绸五匹，色绸十匹，蓝布十匹；其他仆役、音乐师十人各色绸十匹，蓝布十匹。使节得赏赐返公馆。使节居于北京二月又二十三日，即悉偕使节由广东北来之二官，因在经过之各地需索饷粮过多，有违前例，被长官上奏咸丰皇帝。咸丰皇帝下谕斩首治罪，及下谕大臣传令各府地，护送暹使至广东。又久之，一日，官员来报，谓皇已下谕准泰使节返国，及依贡例，使者免辞别，可任何时自动起身云。使节即择定牛年六月下弦十六日启程。届时，官员即护送出行。经过各地，均依例招待。但未依原途而归。因依例，来时之途，各官已迎接，应另换他途也。及新经过之途，一路仍可获剩①赠，系咸丰皇帝厚待使节之谕旨也。使节行月余，乃悉当前途道，匪军（当指太平天国军——译者）甚盛，到处掠劫小城郭或商贾，而至商旅裹足。偕使节行

————————————

① 编者按："剩"当为"馈"。

之官员悉当前途道多匪，兀然而惊，遂不偕使节至 Num Pok Ch□w① 而先自逃逸，中途使节被弃。Num Pok Chow 曾派二人来报，谓将以车马来迎。殊去后，又不复来。使节至是遂将所携物尽弃于途，然后奔至 Num Pok Chow。则见城门尽闭，每门均无人把守，城外□稍有小部分人员把望。使节乃据城外一神庙而居，及令翻译找寻役夫五十名，往收拾途中所弃之物，重聚庙中。越日，使节令通事往见守城员，谓请报告太守备车辆护送，守城员即领命而去。使节仍候于庙中又一晚。黎明，使节即令通事往见守城员，问其如何。守城谓："城门已全闭，君不能入，此城对君已不迎迓，宁不若他去乎，留连□无益也，且闻匪徒将截劫贵使节，宜速他去为妥也。"守城员又谓："离此东去不远，有一城名 P□ng p□k，行程实非遥，仅一天可达。君盍往该城，当胜于住神庙也。"使节乃答谓："不能行，因无车辆也。"守城员谓："君果欲去，我将为设法。"使节闻言大喜，即令通事与接洽，结果得牛车六十辆及役夫五十名，麇集神庙中。使节即令役夫搬物上车，由黄昏至晚，因物太多，已毕，仍留滞庙中过宿。午夜，又令通事雇守城之人员十名，又邻近居民二十名，共三十名，与役夫五十名，打锣守更，以护车物。晨五时，见启明星已起，即动身出行。中午至一关站避热暑，即雇一关站人员导往宁北城。晚七时许抵宁北。通事往找办差，谓泰使已抵此，请往报长官，来迎泰使。旋长官即来迎，在城外设馆供使节居住，携物以赠使节。约一更许，官员来报，谓太守已他去，系往离此八百里处与朝廷之兵凑合防守中，俟二三日当返城，请使节俟于城中二三日云。使节即候三天，犹未见府君来。使节即回办差谓："太守不来，请偕通事往找可乎？"办差即备马四匹，二办差各一匹，大通事、小通事各一匹，即往防兵方面往找寻。迨已遇太守于军中，太守转偕往见大军总长，通事即谓来至宁北已辛苦万分，总长即生怜悯之念，即令太守即返 P□ng P□k，及令四军官携令旗偕通事等往见使节。军官对使节称："总长令吾来领君等往 Num Pok Chow，请转赴 Num Pok Chow，该地顺路，可达汉口。及令由四军官偕往 Num Pok Chow。使节居 P□ng P□k 十五天，即重返 Num Pok Chow。因四军官携有令旗，Num Pok Chow 方面即出迎及代偿往来 Png P□k 之旅资，然后偕使节入城至公馆。四军官以使命已毕，即辞去。越日，备车辆离 Num Pok Chow。至 V□ng S□ng②，宿于关站一晚，府尹出迎，备车及人送至 Hu□□日。至一区名 Siksilvku Cham，停宿一晚，即雇该区人携书往 Veng S□ng 报告，请府君来迎。其人返来谓："太守在备车辆中，明日即来迎接。"是晚，又宿于斯。越日，犹未见来，乃通

---

① 编者按：据下互证，当为 Num Pok Chow，下径补全。
② 编者按：据下，当为 Veng S□ng，下径补全。

令①往见太守，谓何不依朝廷命令护送使节。太守谓因车辆难找，故稍迟耳，及谓明日必来迎，幸勿惊恐也。通事往视车辆，果见车辆已齐备，惟仍恐其践约②，乃宿于城内候促之。小通事即返报使节，谓明日必来迎。使节闻言甚喜，乃俟之三日，犹未见其来。又一日即见 Hu 城之官属纷纷迁移家属，状甚仓□。使节疑之，问其故。人民谓匪军已来攻城，城被焚及杀人甚众，故迁避之，及谓君等在此不畏匪乎？旋又有一妇携幼子逃难来向使节求乞，谓不得食已竟日。使节予以食。该妇谓："吾之夫及子女与余，均被匪所捕，匪杀吾夫及长子。及见匪捕一泰人，系君之伴侣。匪已知君等多财物，将必来劫。吾于今晚逃出，将往山中依亲属居也。"妇言毕即自去。使节闻大通事被捕，即欲逃避，但无车辆，乃守此国家之物，听天由命。旋公馆中之老人对使节称："君等何不他去乎？匪且将至，命将不保也！"使节即令小通事告老人，谓欲逃而无车辆，故不能逃，及不知由何处可达广东。老人谓，不能往广东，前途有匪，须返京城，始可无患；车辆即屋后甚多，雇人驱之可也，惟雇金甚昂耳。使节憬然，乃命其往雇车六十辆，雇该区壮丁五十名。人已至，时为黄昏时候。于是晚，物均全搬上车。此日为月曜日，八月上弦七日也。因夜间不能出行，乃令五十人守护车辆，击锣打更而至天明。

越日为日曜日，牛年也。黎明，因雾甚浓，仍不能行，须俟至日出后雾始散。八时，使节等在公馆早餐。即有匪徒约五百名，各携刀枪戟矛等至，或步行，或骑马，蜂拥狂呼而来，将公馆围住。即将门撞开，砍杀使节所雇用之人，或死，或伤，或越墙而逃。使节等不能与抗，因人数过少，乃相率逃走。匪见使节等不予拒抗，亦不加害，惟将车物尽掠去，北京朝廷所答国书亦丧失，公馆中尚未搬上车之零星物，亦被掠一空。中午，事已平息。使节等即返公馆，则见物已全失，寸布不留。使节各仅剩身上衣服，及咸丰皇帝所赐之玉指环，套于指上人各一个。已无被褥，帽亦无之。旋正使点查人员，则第二副使、办事、通事均失踪，料入匪处，不知生死如何；尚剩二使及十二役人共十四人。即离公馆，雇村民导路往 Veng S□ng。迨至关站，即先□止。关站长以粥飨使节。越日为木曜日八月下弦十日，第二副使与办事亦赶来。第二副使述谓系往一山中荒寺藏匪，不得食二日。继有二老人至荒寺采薪，入寺中遇吾，吾不能说官话。乃偕见办事，办事即告之，谓物均被匪劫尽。二老人即偕吾二人即一养鸭屋，以麦粉煮水食之，气力渐复。二老人即谓君之侣伴被洗劫后，已向 Veng S□ng 而去，君不往追寻乎？吾即谓不识途，但欲去也。二老人即以粥餍吾二人后，即偕行至路间，候商人车。旋有

---

① 编者按："通令"疑为"令通事"脱讹。
② 编者按："践约"疑为"未践约"之脱或"爽约"之讹。

商人车至，欲往 Veng S□ng，乃附其车而来云。至于①十六人已齐，仅缺大通事一人。宿关站已六晚，即向关站长询谓，何不领吾等往 Veng S□ng 城。关站长答谓已向城中报告，并述使节被劫事，须候城中命令，然后前进。使节又居关站中四天。关站长即谓上峰有命，请使节入城。迨至城中，城中太守谓公馆已有其他国使节居住，须暂居城门间一庙宇，亦安适也。至是办事即写一中文呈，呈交太守，述使节被劫，北京朝廷所赐礼物尽失事。太守将何所有示否？越日太守即来称，已行文 Huan Num Sa，现未获其回音，俟有回音后，始行办理。使节又过数日，乃令办事往找太守，谓获②送使节往广东。太守即谓须俟 Hu Num Sa 之总督与巡抚覆示后，始能出行。使节俟至月余，始获总督及巡抚来文，谓总督悉泰使节被劫，及受苦难，殊为悯惜，已行文北京，报告大臣，须俟来文后，始可出行云。约一个月又半，有从北来之官员，谓总督与巡抚令以银五百两交使节，以购衣服用物等，及谓此款非公款，乃系总督所赠。使节即受之，均分各伴侣。而居于庙三个月有奇，至牛年十一月下弦十日，即有一官员兵③偕兵五十，来见使节，谓咸丰皇帝经下谕大臣行文总督、巡抚，派军官一人、士兵五十来护送使节，以免蹈前次之覆辙，总督即令吾来此云。当时，太守即向商人募捐得二百两以赠使节。出离该城之日，太守请使节赴宴。是年十一月下弦十三日即出离该城，由兵护送，至 L□ng Lang 城，宿一晚。越日，由该城官备车送使节至 Lum Su 城。又经过数城，每天宿一城，至卅六城，名均忘记，均受欢迎。迨至金水县，位于一大河之间，县官迎接甚恭，以银三百两赠使节，宿二晚，而备船供用。继至汉口（？），太守迎接如金水县。汉口位于大□之边，河面甚广阔。市镇前一岛洲，岛洲上亦大市镇，但使节未临。其上，汉口之西亦一巨流。汉口太守请使节宿一宵，即备船五艘，向西间之支流而行，一晚即经过数十城市，因得顺风之便也。又一日抵一岛中小城，岛上僧人以银一百两赠使节，其银系募来，专救济被劫灾民者。又五小时抵湖南，太守悉泰使节被劫，即赠银五百两，并谓此非公款，乃系向人民所募得者，请受之以留纪念云。又在此宿一宵。越日，太守请宴。及供④船只又前行，数日经过之城，均不记其名。迨至一可直趋广东之城，名金山，即暂停宿。该长官迎接甚恭，会宴演剧，及向泰使节称，被劫尚有剩物否？使节答仅剩衣服而已。金山官闻言，恻然而流泪，即以黄金赠正使二两，副使二两，其他役人各重一钱，监督及翻译各四钱（一铢重）。金山为产金之地。该官称五百

---

① 编者按："至于"当为"至此"讹。
② 编者按："获"疑讹。
③ 编者按：据下，"官员兵"当作"军官"。
④ 编者按："及供"疑为"及后"讹。

年来，未有泰使由此经过。曩虽有泰使来，亦不经过本地。兹因匪徒之故而临敝地，欲令画师画使节像，以留纪念也。使节允之。画竟日，已竣，各人皆毕肖。使节谓官服已被劫尽，不然穿官服而画之，宁不大佳，兹甚可惜也。

金山太守令属员备船，使节将乘船顺流而行。河中因有石滩，水流湍急。船系以三木板配成，形如独木舟，头尾均有舵，以御急水也。船长十速，阔二速，头尾持舵各一人。船共十六艘，使节十六人，每艘一人，原十七人因大通事已失踪也。使节已下船，即开船而行。因水急，故趋滩而下，目瞩岸上，眼花缭乱。船行已半日，即停于一庙中过宿。越日，船中官员即携香烛爆竹至庙中酬神。官员谓此庙甚灵，及请使节亦膜拜，谓可保无灾。使节即依言膜拜。旋又放船行。两岸尽为山峦，山高或六十哇或八十哇或一百哇。该河之有滩处，长约二百五十信（每信等于十二哇，每哇二公尺也）。已过滩后，即又六小时即抵 Hai ho□。太守名钟联，年已八十岁，犹甚矫健，且骑马焉。太守派人来迎，即居城中。又令演剧供使节参观，又宴请护送使节者卅二人。太守又发银各一两，衣服各一套。及令船夫舁船上陆，抬船由岸路返。太守对使节称："君等由水道来甚辛苦。此水道仅商人于冬季行之，贵人如君等不行也。君等因避匪由此道。惟此去广州则快乐矣。"使节即称，大臣命令如此耳。太守又称："君等此来，沿途受欢迎如北上北京时否？"使节答称亦相似也。使节又令翻译向太守称，使节此来甚快乐，因咸丰皇上鸿恩及大臣恩惠也，一路均获优待，甚喜慰也。太守令翻译转述称，使节所言娓娓动听，殊足为暹罗王之目耳也。太守即令办差以银二百两赏正使，第一副使、第二副使及办事三人各五十两，翻译暨其他十二人各五两，共赏四百又拾两，为太守自己之银，外向人民捐募者。越日，太守令备四艘望楼船，各有金纹厢，镶玻璃，各船一音乐队，借作慰藉。另派六船，每船驻五人相随。沿□经过五个城市，或停或不停，城名亦不复记忆。又十五日或二十日，即抵广东之前，日期不复记，即寓公馆。总督令属员来慰问。又六日，总督令人来请赴宴，宴设于总督邸。又二日，总督来书。翻译读之，其文为："使节请暂候北京朝廷之命令，及补偿失去之进贡答礼也。"使节往见总督，谓今为季风时节，船即将回，船长来催甚急，均欲即返。总督即称："吾殊不愿使节回去，当待补给礼物也。船长来催，于吾何涉也？"使节乃返公馆，又二十天，尚未见有国书及礼物送来。使节为令乃颂汶、乃纳先驶船返暹，使节暂候广州，船遂先回。

旋国书及礼物已到。总督即请使节赴宴，及演剧助兴。总督以朝廷国书亲授使节，及称："君受劫掠，殊可悯，兹赠五百两以分赠各位也。"即令将答贡礼物交点。使节即收纳。交点各国礼之物及赐各使节之物，均符前北京所赐之数。惟使节所得则较前为少，殊亏本也，仅得绸如咸丰皇帝所赐之数而已。使节向香港探消息，即悉大昭披耶之船一艘，尚留香港。即驶来昭披耶巴允拉旺船之船长，请附船返暹，船长即允许。牛年四月下弦十三日，使节即向总督辞行，然后搬物下小火轮，至香港下大帆船，又留五天。香港总督 John Bowing 令人请使节至山顶大厦，询问被劫事。使节及办事共四人乘轿往。总督称，请奏知暹王，暹罗已跻于英法美之同等强大矣，不应再向中国进贡也，且此次有其理由矣（指被劫事——译者）。小历一二一六年虎年五月下弦六日，使节即乘大帆船返抵北榄，计海程十四天。即转乘安南式蓬船二艘入京畿，为五月七日也，即往谒大昭坤（昭披耶巴允拉旺）国防部长也。大昭坤令四①引使节入朝觐见皇于翁吗磷宫，奏述其经过情形，及呈答贡礼物。皇即封正使乃缴为銮沙越乌隆，第一副使乃壬为銮因蒙弟，第二副使乃裕为銮贴博里，办事乃奴为坤通，船长乃甘为銮乃实。撰本文时，銮沙越乌隆（乃缴）及銮乃实（乃甘）已逝世。现笔者，与拍因蒙弟（銮因蒙弟，乃壬）、銮贴博里（乃裕）、坤通（乃奴）尚在也，谨此奏闻。

　　按此纪录书，以奏拉玛第五世皇。文中地名，将再考核之，因本文移译之时间甚短暂也。

---

① 编者按：此处当有错讹。

清末中泰朝贡关系终止探讨[*]

黎道纲

在历史长河中，中泰两国自堕罗钵底国时期就存在朝贡关系。中国《南史》记载，南朝陈后主至德元年十二月（584 年初），头和国遣使来朝。这个头和国又称投和国或堕罗钵底国。后来虽经朝代更替，朝贡关系一直没有中断。但是，这种关系在 19 世纪中叶戛然而止。中泰朝贡关系为何终止，由于资料较少，一直没有明确的分析和结论。

1941 年，陈棠花翻译了一篇泰文文章，题为《泰国最后一次入贡中国纪录书》，叙述了 1852 年暹罗最后一次入贡的经过，详述了该次入贡过程中暹罗使团被抢劫的情况。余定邦对该次入贡及其终止做了分析。但是，由于资料缺乏，对该事件存在的更深层次因素未能涉及。

在 21 世纪里，中国经过改革开放，无论在世界范围或在亚洲内部，特别是在东亚，在政治上、经济上，乃至文化艺术上都发挥着日益重要的作用。在这样一个历史转折时期，重新认识中泰朝贡关系中断的原因，对正确认识中泰关系的历史，发展两国未来的关系，都有莫大的益处。

导致朝贡停止的直接原因

余定邦在其著作《近代中国与东南亚关系史》中，扼要地叙述了 1852 年以后入贡停止的原因。他写道："关于曼谷王朝对清朝'朝贡'活动停止的原因，史书上有过记述。同治八年（1869）九月，清穆宗提到此事时曾说：'至该国自咸丰二年以后屡次失贡，系道途阻滞，事出有因，着加恩免其补进贡物。'光绪十年（1884），（清朝）郑观应在曼谷期间，就暹罗使者多年未入贡一事询问过拉玛五世王的弟弟利云王沙。这位亲王解释说："贡职不修，敝国无罪。在昔二十八年，敝国遣使修贡，入广东境，途中遇盗，劫掠我贡珍，杀伤我贡使，翻译国书又多删改，敝国之意无以上达申诉，自是以来

* 原载黎道纲译著《郑王研究散论》，第 164—170 页。

不敢效贡，上国无得以此相责难。"

言辞犀利，把断贡之责推给清朝。

这位亲王是拉玛四世蒙固王之第四十二子，生于 1858 年 11 月 27 日。1868 年拉玛五世即位后，被任命为稽查处工作人员。1879 年为御秘书。1882—1884 年，任职御秘书兼外交部顾问，以及财务稽查处负责人。1885 年，接任外交部部长。他于 1923 年 6 月 28 日去世，享年 66 岁，任职外交部部长长达 38 年，是提瓦滚姓氏始祖，其后裔至今多任职外交部。

暹罗贡使遇盗被劫是怎么一回事呢？

1851 年，拉玛三世去世，拉玛四世登基后遣使赴华，禀报拉玛三世去世消息。使团到广州后，得知道光帝去世，大丧期间不接待使团。第二年，再遣使赴华，觐见了咸丰帝。回程时，暹罗使团遇劫，通译身亡。

余定邦在其著作中叙述此事云，"据地方官员奏报，咸丰三年五月初九日（1853 年 6 月 15 日），暹罗使者行抵河南商丘县石榴堌驿附近，被抢去衣箱 86 个，朝服 4 件，暹王采买的金丝缎 60 匹，玉器、古玩 4 箱，赏赐木箱 12 个，还有人参、鹿茸、金盔甲、朝珠、金手镯、金案、御书匾额、敕书、兵牌、勘合等物。通事胡鸿准不知下落，贡使披耶司豁里巡段亚派拿车突手脚受伤，跟役潘五、亚烈也受了伤"，回国路过香港，使团拜会了时任港督鲍林，鲍林趁机挑拨，要暹罗不再向中国朝贡。

咸丰三年暹罗贡使被劫事件发生后的第三年（1855），英国派遣港督鲍林率领使团前往暹罗。在英国的压力下，1855 年 4 月 18 日泰国与英国签订了一份条约，史称"鲍林条约"。"鲍林条约"的签订象征着暹罗王室垄断贸易的结束，也象征着朝贡贸易发生了根本性的转变。从此之后，暹罗被迫开放通商。

同治二年（1863），暹罗具文赴粤，陈及道途"梗塞"，请由天津海道入贡。粤督未复。此后，清廷还催贡多次。1875 年，拉玛五世召集御前会议商讨此事，并谕令 1853 年入贡人员报告当年情况，于是出现前述的《泰国最后一次入贡中国纪录书》。御前会议还进行表决，15 名与会大臣和贵族中，赞成继续入贡者 4 人，反对继续入贡者 4 人，赞成拖下去的 7 人。于是入贡问题拖了下来。

问题是，拉玛五世本人的态度如何，入贡为什么要拖了再拖，其中是否有奥秘呢？

1868年拉玛四世蒙固王309号圣谕

2004 年，泰国举行了"暹罗国蒙固王诞生二百周年纪念"国际研讨会，会后出版了两本书，一本是鲍林写的《暹罗王国及其人民》的泰译本，另一本是研讨会文章汇集《暹罗国蒙固王和约翰·鲍林爵士》，汇集的主题论文是仓维·格色实立写的《暹罗国王的世界及泰国的对外政策》。该文叙述了 19 世纪初叶世界的大变动，暹罗蒙固王和清咸丰帝同在 1851 年登基，那时中国发生了太平天国运动。

仓维写道："我们已指出，暹罗国王所处的世界是西洋人称霸的世界，与此同时，中国正在'没落'。蒙固王在位 17 年，圣谕近 400 件，其中有一件很好地反映了这一状况，这份 1868 年 309 号圣谕题为'关于遣使增进友好关系'，很长，其中提到'呈送国书赴中国，已有数百年了'。此圣谕估计为蒙固王亲自起草，其口气和修辞颇为'强硬'，甚至于这样说，泰国的进贡之所以维持'数百年'，是由于'国王愚、大臣蠢、百姓贫困'。"

该文还详细地描述说："受华人风帆商人'欺骗'，以便'收集种种山货到中国去卖……这些华人……谋生致富……然后投资造船，载泰国的货品到中国去出售盈利……（又）在广州选购种种奇珍异物，选些佳品进来，奉献给暹罗国王……暹罗国王收了这些奉献，大臣们收了华人礼品，个个贪财，喜悦万分'。"

蒙固王继续说："暹罗国王和大臣中'计'，'修国书和贡品……派遣使节去通好……中国皇帝。……要修泰文国书一份，内容是致北京示友好以求便利贸易。那国书要刻在金叶上，卷起装筒，金叶上还装饰种种彩色宝石……那时暹罗国王为华人的言语迷惑，禀奏种种骗话。国王和大臣也都愚蠢，同意让华人修中文国书，说会将泰文和泰式国书的内容译作副本。'"

蒙固王接着说到如何为华人"骗"。"那些华人便按照自己的喜好另搞一套，还不让泰方知悉。一旦起草为中文，就有其他损失，其内容是，暹罗国王鞠躬（御注"跪"是鞠躬致敬）致北京皇帝，恭顺为北京皇帝域外小民，为三年一贡贡国（御注"贡"是贡国或属国）。借天下最富上国北京皇帝恩威，恩准暹罗国王的帆船来往贸易中国，在上国购物供应偏僻远国暹罗云。"

接着又细述进贡过程如何进行。泰方要经海路到广州，再行三个月到北京。"北京皇帝接见国书和泰使节，接待泰国为贡国，即属国。"

仓维写道："值得注意的是，这种不平等交往或'原本就弄错了'的关系，蒙固王却解释说，已经维持'500 多年'了（仓维注：若从 1868 年回溯 500 年，则是 1368 年，正是建立大城王朝的乌通王末年。此事实表明，蒙固王认为，中泰间朝贡制度始自大城王朝）。尽管'有损'和'丢脸'，还是维持了那么长久。一方面，'主要原因是华文难懂，不像泰文和其他外文还可以懂得一些，正宗泰人不是华裔，没有懂得华文的'。另一更为重要的方面，蒙固王也承认是'盈利'。蒙固王解释说：'每次进贡都有比送去的贡品更多的盈利回来，出使中国的使节既可领到津贴，中国各城邑又购奇珍异物送给暹罗国王，还送礼给暹罗大臣。对中国人的诱骗失去尊严，要什么时候去进贡就什么时候去，暹罗国王过后也不觉得难为情'。"

"蒙固王还仔细计算了'盈利'，并用数字清楚地表示：'泰方送给北京皇帝的贡品总共价值只不过 50 斤（斤，泰音 Chang，等于 80 铢）……（但）北京皇帝回报给暹罗国的礼品都是贵重品，优质各色绸缎，价值高出泰方数倍……北京皇帝蚀本没有盈利，却要照办，因为要表示其尊严。'简言之，朝贡制度所以能维持数百年，因为有好处。但是，到了蒙固王时期，新型国际关系制度开始建立，'不像北京那样，看不起泰方，不把泰方为友，为中国人诱骗失去尊严'。……到了曼谷王朝蒙固王明白情况后，就不再向中国进贡了。"

以上就是 1868 年 309 号圣谕的主要内容。

朝贡活动停止的时代背景

仓维说，从以上圣谕，或可得出结论，朝贡关系之所以维持如此之久，是因为"盈利"，即便为人"诱骗失去尊严"。这种盈利来自用暹罗的土产换取中国的绸缎和瓷器等奢侈品。从世界贸易的角度来看，这个时期，用土产换取中国产品的传统模式已经发生了巨大变化。英国成了中国的大客户，向中国购买大宗茶叶去消费，乃至于入超，要向中国输出鸦片以解决入超问题，终于和中国发生争执，导致两次鸦片战争。与此同时，作为中国在远东重要贸易伙伴的暹罗，与中国贸易往来的货物也有了变化，之前以苏木、豆蔻等土产换取绸缎和瓷器的方式，已改变为以大米为主要商品输往中国。这种情况应是朝贡制度终结的经济因素。

同治八年（1869），清朝沈葆桢派福建船政总监工叶文澜到暹罗采购木料，带了公文一道。叶文澜带回暹罗国禀文称："咸丰二年请封进贡到京，回到河南永城县被抢，杀死正通事一员，贡使被伤，失去钦赐等物及贡使银货，未蒙官府拿贼追赃。贡使至粤，仅领粤督颁赏物件。贡使所失银货，未蒙赐还。同治癸亥，粤督谕以壬子二年请封进贡，已经颁封，至今未见续进谢封。……自壬子二年以来，及至贡期，问诸来往商船，传说各地发匪未平，无人敢任贡使，倘肯赐由海道往天津起旱，方有勇往行人，未晓能为敝国代陈？"同治帝接报后，决定贡道仍维持古例。光绪十四年（1888），暹罗外交部刘乾兴又一次提出"改道"的请求，也被搁置。

我以为，打从拉玛四世 1868 年的 309 号圣谕开始，拉玛五世本人已蓄意停贡，"改道"之议只是推托朝贡的外交辞令。

拉玛四世的 309 号圣谕说得明白，尽管朝贡关系有着"诱骗失去尊严"等弊病，但是由于"盈利"，这种关系还是维持了 500 年。但是到了 19 世纪下半叶，这种"盈利"关系不复存在，也就到了朝贡关系停止的日子了。

我完全同意余定邦所持观点。他写道："我们认为，（清朝不同意'改道'）这是'朝贡'活动停止的一个方面的原因，但不是主要原因。探索它的主要原因，要从暹罗方面去寻找。首先，应从经济方面去考虑。……其次，在暹罗民族危机日益深重的情况下，拉玛五世执政后，学习西方，进行一系列的经济、社会改革，人民的思想观念发生了变化，再也不想维持过去的'朝贡'关系了。……在一定历史条件下，'朝贡'活动是中国与周边国家友好交往的一种形式，它密切了国家之间的政治、经济关系，促进了文化交流。由于清朝政府实行厚往薄来的政策，'朝贡贸易'曾是暹罗政府财政收入的主要来源。……到 19 世纪后半期，随着世界形势的变化和清朝的日益衰落，这种交往方式已经不适应时代发展的需要了。"

结语

2005 年，在施坚雅的《泰国华人社会：历史的分析》泰文版再版序言中，仓维·格色实立写道："值此泰中两国建交满 30 周年，……在这么一种氛围下，应该是一个回顾泰中两国早在素可泰和大城王朝之前，长达千多年，距郑和下西洋也已长达 600 年的关系史的绝好机会。"

正确回顾中泰朝贡关系维持 500 年的历史，对发展今日中国和周边国家的关系有着重大借鉴意义。

跋　语

2024 年 5 月中下旬，景熙应泰国华人慈善团体"泰国德教会紫真阁"特邀，专程访问泰国曼谷。是月 22 日上午，以《德教概览》为题，为御驾亲临泰京紫真阁，主礼德教崇圣大厦"崇圣殿"揭幕仪式，受呈第四届"德育之奖"、赐讲第四届"德教演讲会"的泰王国玛哈·却克里·诗琳通公主殿下，讲解海外潮人慈善文化。

访泰期间，景熙与紫真阁诸同德达成共识：为纪念泰国吞武里王朝郑信大帝（1734—1782）280 周年诞辰，庆祝诗琳通公主殿下继 1993 年主持紫真阁云霄台揭幕礼之后再度驾幸紫真阁，庆祝中泰两国建交 50 周年（1975—2025），紫真阁委托景熙编纂《郑王研究》一书，由中国社会科学院辖下社会科学文献出版社正式出版。2024 年 6 月 20 日，曾经布施善款扩建汕头市澄海区华富村郑皇达信公园的紫真阁，与汕头大学正式签订科学研究协议书，正式启动此项旨在祝颂中泰友谊万古长青的国际合作学术项目。

250 多年前匡复泰国主权的泰国吞武里王朝郑信大帝（以下按中文学界和泰国华人社会的惯例，简称为"郑王"），是中泰友好的历史象征。250 多年来，中文学界关于郑王的历史记载与学术著述，诚可谓"思虔肃肃，致敬绳绳"。繇是，汇集中文学界的郑王研究学术史成果，遵照当代中国学术规范编纂成册，梓行于世，既具有上揭现实意义，又具有继往开来的学术价值。

景熙措意汇集郑王研究学术史成果，昉自 2014 年应李志贤老师邀请访学于新加坡国立大学期间，赓续至今，已历十载。2020 年秋季学期于汕头大学主讲"海外潮人社会研究"课程时，开始指导该班本科生同学整理录入郑王研究学术史成果。2024 年 6 月 20 日"《郑王研究》编纂出版"项目立项后，更在诸位师友的鼎力支持下，集中精力开展此项工作。在文献汇集方面，承蒙新加坡国立大学中文图书馆、中国国家图书馆、厦门大学南洋研究院图书馆、中山大学图书馆暨历史系资料室、暨南大学图书馆、汕头大学图书馆等图书馆，泰国黎道纲、方强民、黄萍，马来西亚许安妮、廖文辉，新加坡李志贤，中国张长虹、郑爽、曹善玉、胡锐颖、王华、翁频、杨妍、张建奎、李国伟、谢芦青、徐涌、金文坚等师友协助收集资料。在录入校对方面，承蒙汕头大学泰语专业杨劲、刘康定两位同人和景熙指导下张森淳、刘钰琪两位硕士研究生同学赞襄圆成。在校内申报方面，承蒙汕头大学党政领导、文学院党政领导和学校党政办、宣传部、科研处、招投标中心、财务处、出版社等职能部门的领导与同事，以及潮汕文化研究中心行政助理刘于艺积极支持。在出版社方面，承蒙社会科学文献出版社责任编辑李期耀高效高水平作业。

众缘和合，集腋成裘。2024 年 12 月 6 日，系统收录 19 世纪末至今中国、泰国、新加坡、英国学者发表的郑王研究中文论著，充分展示泰国吞武里王朝国王、华裔军事家郑信的生平事迹及其恢复泰国主权、发展中泰关系丰功伟绩的 60 万字书稿《郑王研究》定稿，正式提交社会科学文献出版社。12 月 18 日，一校样排版完毕。

乙巳春元，欣闻李期耀博士赐告，《郑王研究》行将如期面世。景熙肇开笔砚，谨述该书因缘，敬向泰王国诗琳通公主殿下、蓝梧桐理事长等泰国德教会紫真阁诸德长暨上述诸机构众师友，恭致衷诚谢意！恭祝诸位师友、读者诸君：

它它熙熙，吉祥如意！

是为跋。

乙巳立春澄海陈景熙合十于杏林湾泰华精舍

图书在版编目(CIP)数据

郑王研究 / 陈景熙主编. -- 北京：社会科学文献
出版社，2025.5. --（汕头大学国际潮学丛书）.
ISBN 978-7-5228-5160-0

Ⅰ. K336.4

中国国家版本馆 CIP 数据核字第 2025GE4572 号

汕头大学国际潮学丛书
郑王研究

主　　编 / 陈景熙

出 版 人 / 冀祥德
责任编辑 / 李期耀
责任印制 / 岳　阳

出　　版 / 社会科学文献出版社·历史学分社（010）59367256
　　　　　地址：北京市北三环中路甲 29 号院华龙大厦　邮编：100029
　　　　　网址：www.ssap.com.cn
发　　行 / 社会科学文献出版社（010）59367028
印　　装 / 北京联兴盛业印刷股份有限公司

规　　格 / 开　本：787mm×1092mm　1/16
　　　　　印　张：40.25　字　数：775 千字
版　　次 / 2025 年 5 月第 1 版　2025 年 5 月第 1 次印刷
书　　号 / ISBN 978-7-5228-5160-0
定　　价 / 168.00 元